dtv

W0284049

Drei Kinder streiten um eine Flöte. Nur das erste Kind kann darauf spielen. Das zweite Kind ist arm und die Flöte wäre sein einziges Spielzeug. Das dritte Kind hat die Flöte selbst geschnitzt. Wem soll sie nun gehören? Mit dieser Geschichte eröffnet Amartya Sen seine Darstellung der vielfältigen Theorien zur Gerechtigkeit. Dabei gilt sein Augenmerk nicht einer weiteren abstrakten Definition einer gerechten Gesellschaft, sondern der Frage, was all die Theorien zur Bekämpfung der realen Ungerechtigkeiten beitragen können. Er fasst den Rahmen sehr weit, bezieht das Denken unterschiedlicher Kulturen mit ein und eröffnet neue und überraschende Perspektiven für einen gangbaren Weg zu einer gerechteren Welt.

Amartya Sen, geb. 1933 in Indien, ist Professor für Philosophie und Ökonomie an der Harvard University. 1998 erhielt er den Nobelpreis für Ökonomie. Er ist viel gefragter Gesprächspartner und Autor für Zeitungen und Magazine in aktuellen Fragen und hat zahlreiche Veröffentlichungen vorgelegt.

Amartya Sen

DIE IDEE DER GERECHTIGKEIT

Aus dem Englischen
von Christa Krüger

dtv

Ausführliche Informationen über
unsere Autoren und Bücher
www.dtv.de

FSC MIX Papier aus verantwortungsvollen Quellen FSC® C019821

Ungekürzte Ausgabe 2017
2. Auflage 2020
dtv Verlagsgesellschaft GmbH & Co.KG, München
© 2009 Amartya Sen
Titel der englischen Originalausgabe:
›The Idea of Justice‹, erschienen bei Penguin Books, Ltd.
© für die deutsche Ausgabe: Verlag C.H.Beck oHG, München 2010
Das Werk ist urheberrechtlich geschützt.
Sämtliche auch auszugsweise Verwertungen bleiben vorbehalten.
Umschlaggestaltung: Isabella Grill/dtv
Satz: Janß GmbH, Pfungstadt
Druck und Bindung: Druckerei C.H.Beck, Nördlingen
Gedruckt auf säurefreiem, chlorfrei gebleichtem Papier
Printed in Germany · ISBN 978-3-423-34923-9

INHALT

ERSTER TEIL
DIE ANFORDERUNGEN DER GERECHTIGKEIT

ZWEITER TEIL
FORMEN DES ARGUMENTIERENS

DRITTER TEIL
MATERIALIEN DER GERECHTIGKEIT

VIERTER TEIL

ÖFFENTLICHER VERNUNFTGEBRAUCH UND DEMOKRATIE

ANHANG

VORWORT

«In der kleinen Welt, in der Kinder leben», sagt Pip in Charles Dickens' Roman *Große Erwartungen*, «gibt es nichts, was sie so feinsinnig aufnehmen und empfinden wie Ungerechtigkeit.»[1] Pip wird wohl Recht haben: Nach seiner demütigenden Begegnung mit Estella erinnert er sich lebhaft an die «launenhaften und gewalttätigen Zwangsmaßnahmen», die er als Kind von der Hand seiner eigenen Schwester erdulden musste. Aber auch Erwachsene nehmen offenkundiges Unrecht deutlich wahr. Nicht die Erkenntnis, dass die Gerechtigkeit auf der Welt unvollkommen ist – vollkommene Gerechtigkeit erwarten nur wenige von uns –, treibt uns zum Handeln, sondern die Tatsache, dass es in unserer Umgebung Ungerechtigkeiten gibt, die sich ausräumen lassen und die wir beenden wollen.

Das ist greifbar genug in unserem täglichen Leben mit den Unbilligkeiten und Unterdrückungen, die uns zu schaffen machen und mit gutem Grund ärgern, aber es gilt auch für wahrgenommene Ungerechtigkeiten im weiteren Umkreis unserer Lebenswelt. Ohne einen Gerechtigkeitssinn, der ihnen sagte, dass manifeste Ungerechtigkeiten überwunden werden können, hätten die Pariser sehr wahrscheinlich die Bastille nicht gestürmt, hätte Gandhi das Weltreich, in dem die Sonne nicht unterging, nicht herausgefordert, Martin Luther King nicht zum gewaltlosen Widerstand gegen die weiße Übermacht im «Land der Freien und der Heimat der Mutigen» aufgerufen. Sie versuchten nicht, eine vollkommen gerechte Welt zu erstreiten (selbst wenn Einigkeit darüber bestünde, wie sie aussehen würde), sondern sie wollten klares Unrecht beseitigen, so weit sie konnten.

Unrecht zu erkennen, dem man abhelfen kann, ist nicht nur ein Beweggrund für unser Nachdenken über Gerechtigkeit und Ungerechtigkeit, sondern auch zentral für die Theorie der Gerechtigkeit – das möchte ich in diesem Buch zeigen. In der hier vorgelegten Untersuchung wird die Feststellung von Ungerechtigkeit oft genug als Ausgangspunkt für kritische Diskussion fungieren.[2] Aber warum sollte sie nicht auch ein guter Endpunkt sein, könnte man fragen. Warum müssen wir über unseren Sinn für Gerechtigkeit und Ungerechtigkeit hinausgehen? Wozu brauchen wir eine Theorie der Gerechtigkeit?

Um die Welt zu verstehen, reicht es nicht, einfach nur unmittelbare Wahrnehmungen zu registrieren. Zum Verstehen gehört unvermeidlich Nachdenken. Wir müssen «studieren», was wir fühlen und zu sehen scheinen, und wir müssen fragen, was diese Wahrnehmungen anzeigen und wie wir ihnen angemessen Beachtung schenken können, ohne von ihnen überwältigt zu werden. Eine dieser Fragen bezieht sich auf die Zuverlässigkeit unserer Gefühle und Eindrücke. Das Gespür für Ungerechtigkeit könnte als ein Signal dienen, das uns in Bewegung setzt, aber ein Signal muss kritisch untersucht werden, und eine Schlussfolgerung, die lediglich auf Signalen beruht, muss auf ihre Solidität hin geprüft werden. Adam Smith war überzeugt, dass ethische Gefühle wichtig sind, aber das hielt ihn nicht davon ab, nach einer «Theorie der ethischen Gefühle» zu suchen; er bestand darauf, dass ein Gefühl von Unrecht einer durchdachten kritischen Prüfung ausgesetzt werden muss, damit deutlich wird, ob es Grundlage für eine nachhaltige Verurteilung sein kann. Das Gleiche gilt für die Neigung, jemanden oder etwas zu rühmen; auch sie ist kritisch zu prüfen.*

Wir müssen darüber hinaus fragen, welche Arten des Vernunftgebrauchs bei der Beurteilung der ethischen und politischen Konzepte von Gerechtigkeit und Ungerechtigkeit zum Einsatz kommen sollen. Auf welche Weise kann die Diagnose einer Ungerechtigkeit oder dessen, was sie verringern oder beseitigen würde, objektiv sein? Wird Unparteilichkeit in einem besonderen Sinn verlangt, etwa das Absehen von den eigenen erworbenen Ansprüchen? Ist es auch nötig, gewisse Einstellungen zu überprüfen, selbst wenn sie nicht mit erworbenen Ansprüchen zusammenhängen, sondern ortsgebundene Vormeinungen und Vorurteile spiegeln, die in der durchdachten Konfrontation mit anderen, nicht im gleichen Provinzialismus befangenen Denkweisen vielleicht nicht standhalten? Welche Rolle spielen Rationalität und Vernünftigkeit für das Verständnis dessen, was Gerechtigkeit fordert?

Diese Probleme und einige in engem Zusammenhang damit stehende allgemeinere Fragen werden in den ersten zehn Kapiteln behandelt, und anschließend befasse ich mich mit möglichen Anwendungen der Theorie: mit der kritischen Einschätzung der Grundlagen für Urteile

* Smiths klassisches Buch *The Theory of Moral Sentiments* erschien 1759, vor 250 Jahren, und die letzte – die sechste – überarbeitete Fassung wurde 1790 veröffentlicht. In der Einleitung zur Jubiläumsausgabe von 2009 (Penguin Books) kommentiere ich die Besonderheit von Smiths moralischem und politischem Engagement und seine fortdauernde Bedeutung für die Welt von heute.

über Gerechtigkeit und Ungerechtigkeit (das können Freiheiten, Befähigungen, Ressourcen, Glück, Wohlergehen oder andere sein), mit der besonderen Relevanz diverser Erwägungen, die in die Rubrik Gleichheit und Freiheit einzuordnen sind, mit dem offenkundigen Zusammenhang zwischen dem Streben nach Gerechtigkeit und dem Verständnis von Demokratie als «Regierung durch Diskussion» und mit der Natur, Durchführbarkeit und Tragweite der Menschenrechte.

Welche Art von Theorie?

Die Überlegungen, die in diesem Buch präsentiert werden, zielen auf eine Theorie der Gerechtigkeit in einem sehr weiten Sinn. Sie soll klären, wie wir verfahren können, wenn wir Fragen der Erweiterung von Gerechtigkeit und Beseitigung von Ungerechtigkeit in Angriff nehmen wollen; sie hat nicht das Ziel, Antworten auf die Frage nach dem Wesen vollkommener Gerechtigkeit zu bieten. Darin unterscheidet sie sich deutlich von den Theorien der Gerechtigkeit, die in der gegenwärtigen politischen und Moralphilosophie das Feld beherrschen. Vor allem drei Unterschiede verdienen besondere Beachtung – in der Einleitung werden sie ausführlicher behandelt.

Der erste Unterschied: Eine Theorie der Gerechtigkeit, die als Basis für den Gebrauch der praktischen Vernunft dienen kann, muss zeigen können, wie tatsächliche Versuche zur Verminderung von Ungerechtigkeit und Beförderung von Gerechtigkeit einzuschätzen sind; sie sollte sich nicht ausschließlich auf die Charakterisierung vollkommen gerechter Gesellschaften konzentrieren, wie es in den Theorien der Gerechtigkeit der politischen Philosophie von heute häufig geschieht. Es gibt Zusammenhänge zwischen diesen beiden verschiedenen Zielsetzungen, aber trotzdem sind sie analytisch voneinander entkoppelt. Das Ziel, auf das sich dieses Buch konzentriert, hat zentrale Bedeutung für Entscheidungen über Institutionen, Verhaltensweisen und andere Determinanten der Gerechtigkeit; und die Ableitung solcher Entscheidungen muss die wichtigste Aufgabe einer Theorie der Gerechtigkeit sein, die als Richtlinie für praxisorientierte Überlegungen dienen soll. Die Behauptung, dass diese vergleichende Arbeit erst möglich sei, nachdem die Aufforderungen der vollkommenen Gerechtigkeit geklärt wurden, diese Behauptung ist nachweislich ganz und gar falsch (im Kapitel 4, «Stimme und kollektive Entscheidung», wird der Nachweis geführt).

Der zweite Unterschied: Manche Fragen der vergleichenden Beurteilung von Gerechtigkeit können zufrieden stellend geklärt werden, und mittels durchdachter Argumente ist dann Einigung zu erzielen, aber es gibt womöglich auch Vergleiche, in denen Meinungsverschiedenheiten über konkurrierende Erwägungen nicht völlig beigelegt werden können. Hier wird die These aufgestellt, dass mehrere verschiedene Gründe der Gerechtigkeit nebeneinander bestehen können, die alle kritischer Überprüfung standhalten, aber zu unterschiedlichen Folgerungen führen.* Vernünftige, in entgegengesetzte Richtungen weisende Argumente können von Menschen mit unterschiedlichen Erfahrungen und Traditionen stammen, aber auch innerhalb einer einzigen bestimmten Gesellschaft und sogar in derselben Person vorkommen.**

Um mit dem Konflikt zwischen einander widerstreitenden Ansprüchen umgehen zu können, brauchen wir eine vernünftige Auseinandersetzung mit anderen und mit uns selbst; die Haltung, die man «bindungslose Toleranz» nennen könnte und die bequeme Lösungen wie «Sie haben Recht in Ihrer Gemeinschaft und ich in meiner» bietet, ist dazu nicht geeignet. Vernunftgebrauch und unparteiische Überprüfung sind entscheidend. Aber auch nach der gründlichsten kritischen Untersuchung können einander widerstreitende und konkurrierende Argumente übrig bleiben, die durch unparteiische Überprüfung nicht auszuräumen sind. Im Folgenden werde ich mehr dazu sagen, möchte aber an dieser Stelle schon betonen, dass die Notwendigkeit des Vernunftgebrauchs und der kritischen Prüfung keinesfalls dadurch in Frage gestellt wird, dass womöglich einige konkurrierende Prioritäten die Konfrontation mit der Vernunft überdauern. Die Pluralität, mit der wir dann enden, wird das Resultat des Vernunftgebrauchs, nicht des Verzichts auf vernünftiges Denken sein.

Der dritte Unterschied: Dass es Ungerechtigkeiten gibt, die sich beseitigen lassen, kann gut mit Übertretungen von Verhaltensregeln zu-

* Isaiah Berlin und Bernard Williams haben sich ausführlich und überzeugend mit der Wichtigkeit der Wertepluralität befasst. Pluralitäten können in einer bestimmten Gemeinschaft bestehen oder sogar in einer einzelnen Person, sie spiegeln nicht zwangsläufig die Werte «verschiedener Gemeinschaften». Jedoch können auch Unterschiede in den Wertvorstellungen von Menschen in verschiedenen Gemeinschaften signifikant sein (vergl. dazu die wichtigen Beiträge von Michael Walzer, Charles Taylor und Michael Sandel).

** Karl Marx zum Beispiel erläuterte, dass es sowohl Gründe für die Abschaffung der Ausbeutung der Arbeitskraft (im Zusammenhang mit dem Recht auf das Produkt der eigenen Anstrengung) wie für eine Zuteilung nach dem Maß der Bedürftigkeit (im Zusammenhang mit den Forderungen der Verteilungsgerechtigkeit) gibt. In seinem letzten substantiellen Text, *Kritik des Gothaer Programms* (1875), erörterte er dann den unvermeidlichen Konflikt zwischen diesen beiden Prioritäten.

sammenhängen und nicht mit institutionellen Mängeln (Pips in *Große Erwartungen* geschilderte Erinnerung an die Gewalttätigkeit seiner Schwester war nur dies, aber keine Verurteilung der Institution Familie). Gerechtigkeit ist letzten Endes verbunden mit der Lebensführung von Menschen und nicht nur mit der Eigenart der Institutionen in ihrer Umgebung. Im Gegensatz dazu konzentrieren sich viele der wichtigsten Theorien der Gerechtigkeit übermäßig auf die Frage, wie «gerechte Institutionen» einzurichten sind, und gestehen Verhaltensmustern nur eine untergeordnete, nebensächliche Rolle zu. Zum Beispiel ergibt John Rawls' mit Recht berühmter Ansatz der «Gerechtigkeit als Fairness» ein einziges Set von «Gerechtigkeitsgrundsätzen», die ausschließlich auf die Einrichtung «gerechter Institutionen» zielen (um die Grundstruktur der Gesellschaft festzulegen) und verlangen, dass das Verhalten von Menschen vollkommen den Bedingungen für das angemessene Funktionieren dieser Institutionen entspricht.[3] Ich behaupte dagegen, dass diese übermäßige Konzentration auf Institutionen (während vorausgesetzt wird, dass das Verhalten hinreichend makellos ist), statt auf das Leben, das Menschen führen können, einige entscheidende Mängel hat. Wird Gerechtigkeit unter Konzentration auf dieses Leben beurteilt, ergeben sich daraus weit reichende Folgen für die Natur und die Reichweite der Idee der Gerechtigkeit.*

Das Umdenken in der Theorie der Gerechtigkeit, das in diesem Buch versucht wird, hat – so behaupte ich – unmittelbaren Bezug zur politischen und praktischen Philosophie. Aber ich habe auch versucht, darzustellen, welche Relevanz die hier präsentierten Argumente für einige der Auseinandersetzungen haben, die zur Zeit im Rechtswesen, der Ökonomie und der Politik ausgetragen werden; und wenn man optimistisch ist, könnte man sogar sagen, dass die Theorie in der Praxis Auswirkungen auf Debatten und Entscheidungen über politische Maßnahmen und Programme hat.**

* Die «Befähigungsperspektive», die seit einiger Zeit genauer untersucht wird, passt genau zu dem Verständnis von Gerechtigkeit, das sich an der Lebensführung und den Freiheiten orientiert, die für Personen tatsächlich erreichbar sind. Siehe Martha Nussbaum und Amartya Sen (Hg.), *The Quality of Life* (Oxford: Clarendon Press, 1993). Reichweite und Grenzen dieser Perspektive werden in den Kapiteln 11–14 untersucht.

** Zum Beispiel hat die «offene Unparteilichkeit» (siehe Kapitel 6), die zulässt, dass sich Stimmen aus der Nähe und auch aus der Ferne zur Gerechtigkeit von Gesetzen äußern (nicht nur aus Gründen der Fairness gegen andere, sondern auch zur Vermeidung von Provinzialismus, wie Adam Smith in *Theorie der ethischen Gefühle*

Die Sicht aus einer komparativen Perspektive, die deutlich über den engen – und einengenden – Rahmen des Gesellschaftsvertrags hinausgeht, kann hier nützlich sein. Vergleichende Einschätzungen der Erweiterung von Gerechtigkeit treffen wir ständig, ob wir nun gegen Unterdrückung vorgehen (etwa gegen Sklaverei oder Unterjochung von Frauen) oder gegen systematische medizinische Unterversorgung (gegen das Fehlen medizinischer Einrichtungen in Teilen Afrikas oder Asiens oder das Fehlen allgemeiner Krankenversicherungen in den meisten Ländern der Welt einschließlich der USA) protestieren oder ablehnen, Folterung als zulässige Verhörmethode anzusehen (Folter wird in der Welt von heute noch immer bemerkenswert häufig eingesetzt – manchmal sogar in Staaten, die als Stützen des globalen Establishments gelten), oder ob wir uns gegen die stillschweigende Duldung von chronischem Hunger wenden (zum Beispiel in Indien trotz der Abschaffung von Hungersnöten).* Oft genug mögen wir uns einig sein, dass manche Veränderungen (zum Beispiel die Beendigung der Apartheid) Ungerechtigkeit verringern werden, aber selbst wenn alle derartigen übereinstimmend befürworteten Veränderungen erfolgreich durchgeführt sind, werden wir immer noch nicht von einer auch nur annähernd vollkommenen Gerechtigkeit sprechen können. Praktische Sachverhalte scheinen nicht weniger als theoretische Überlegungen eine ziemlich radikale neue Richtung in der Analyse der Gerechtigkeit zu fordern.

Öffentlicher Vernunftgebrauch und Demokratie und globale Gerechtigkeit

Auch wenn Gerechtigkeitsgrundsätze im hier vorgelegten Ansatz nicht im Hinblick auf Institutionen, sondern im Hinblick auf Leben und Freiheiten der betroffenen Menschen definiert werden, haben Institutionen dennoch für die Förderung von Gerechtigkeit zwangsläufig eine wich-

und in den *Vorlesungen über Rechts- und Staatswissenschaften* dargelegt hat), unmittelbare Relevanz für einige aktuelle Auseinandersetzungen im Supreme Court der USA; davon handelt das Schlusskapitel (18) dieses Buchs.

* Ich hatte das Privileg, auf Einladung des Speakers Somnath Chatterjee am 11. August 2008 vor dem indischen Parlament über «The Demands of Justice» zu sprechen. Der Vortrag war die erste Hiren Mukerjee Memorial Lecture, die in Zukunft jährlich im Parlament gehalten wird. Die ungekürzte Fassung des Vortrags ist in einer vom indischen Parlament veröffentlichten Broschüre zugänglich, und eine gekürzte Version mit dem Titel «What should Keep Us Awake at Night» wurde in *The Little Magazine,* Bd. 8, Heft 1 und 2 (2009) abgedruckt.

tige instrumentelle Rolle. Institutionen kommen auf viele verschiedene Arten ins Spiel. Sie können unmittelbar dazu beitragen, dass Menschen in der Lage sind, ihr Leben im Einklang mit den Werten zu führen, die sie mit Grund hochschätzen. Institutionen können Möglichkeiten zu öffentlicher Diskussion bieten (dazu gehört nicht nur, dass tatsächlich Räume für Diskussionen nach Information geschaffen werden, sondern auch, dass Redefreiheit und Recht auf Information garantiert sind) und unterstützen damit unsere Fähigkeit zur kritischen Prüfung der Werte und Prioritäten, die wir in Erwägung ziehen.

In diesem Buch wird Demokratie am öffentlichen Vernunftgebrauch gemessen (Kapitel 15–17), das heißt, als «Regierung durch Diskussion» verstanden (eine Vorstellung, die John Stuart Mill sehr gefördert hat). Aber Demokratie muss auch allgemeiner gesehen werden, im Rahmen ihrer Fähigkeit, durchdachtes Engagement zu fördern, indem sie für mehr Informationen sorgt und interaktive Diskussionen möglich macht. Demokratie ist nicht nur anhand formal existierender Institutionen zu beurteilen, sondern ihr Maß ist die Vielfalt der Stimmen aus unterschiedlichen Bereichen, die tatsächlich gehört werden können.

Auch das Streben nach Demokratie auf globaler Ebene, nicht nur innerhalb eines Staates, kann durch diese Betrachtungsweise geprägt werden. Verlangt das Konzept nicht lediglich, dass einige spezifische Institutionen eingerichtet werden (etwa eine globale Regierung oder globale Wahlen), sondern vielmehr, dass öffentlicher Vernunftgebrauch ermöglicht und gefördert wird, dann kann die Aufgabe, globale Demokratie und globale Gerechtigkeit auf den *Weg* – nicht zur Vollkommenheit – zu bringen, als außerordentlich einleuchtende Idee gelten, die grenzübergreifendes Handeln überzeugend anzuregen und zu beeinflussen vermag.

Die europäische Aufklärung und unsere globale Erbschaft

Was kann ich über die Vorformen des Zugangs sagen, den ich hier zeigen möchte? Diese Frage werde ich in der Einleitung ausführlicher behandeln, weise aber hier schon darauf hin, dass die Analyse der Gerechtigkeit, die ich in diesem Buch vorlege, auf Gedankengänge zurückgreift, die in der Phase intellektueller Unzufriedenheit während der europäischen Aufklärung besonders aktuell waren. Um Missverständnisse zu vermeiden, muss ich jedoch zur Klärung ein paar einschränkende Bemerkungen hinzufügen.

Die erste Einschränkung: Dass dieses Buch der Tradition der europäischen Aufklärung verpflichtet ist, heißt nicht, dass sein Hintergrund ausgesprochen «europäisch» wäre. Vielmehr hat es, verglichen mit anderen Arbeiten zur Theorie der Gerechtigkeit, einige unübliche – manche sagen wahrscheinlich: exzentrische – Züge insofern, als ich mich ausführlich auf Ideen aus nicht-westlichen Gesellschaften, vor allem, aber nicht nur, aus der indischen Geistesgeschichte, beziehe. In Indiens intellektueller Vergangenheit sowie in einer ganzen Reihe anderer nicht-westlicher Gesellschaften finden sich ausgeprägte Traditionen logischen Argumentierens anstelle von Glaubenssätzen und unreflektierten Überzeugungen. Wenn sich die gegenwärtige – weitgehend westliche – politische Philosophie im Allgemeinen und Theorien der Gerechtigkeit im Besonderen fast ausschließlich auf westliche Literatur konzentrieren, verraten sie damit, so möchte ich behaupten, eine gewisse provinzielle Beschränktheit.*

Ich behaupte jedoch nicht, dass im Bereich der politischen Philosophie eine radikale Dissonanz zwischen «westlichem» und «östlichem» (oder generell nicht-westlichem) Denken besteht. Westliche Denkrichtungen sind untereinander so verschieden wie östliche, und die Vorstellung von einer einheitlichen «Westfront» gegen «durch und durch östliche» Prioritäten wäre pure Phantasie.** Solche in zeitgenössischen Diskussionen nicht selten anzutreffenden Meinungen liegen mir sehr fern. Ich behaupte vielmehr, dass in vielen verschiedenen Teilen der Welt gleichartige oder eng verwandte Vorstellungen von Gerechtigkeit, Fairness, Verantwortung, Pflicht, vom Guten und vom Rechten herrschen, die den Argumenten aus der westlichen Literatur zu größerer Tragweite

* Kautilya, der altindische Autor von Schriften zur politischen Strategie und politischen Ökonomie, gilt, wenn er überhaupt wahrgenommen wird, gelegentlich als «der indische Machiavelli». Das ist in mancher Hinsicht nicht überraschend, da beider Ideen über Strategie und Taktik gewisse Ähnlichkeiten aufweisen (trotz profunder Unterschiede in vielen anderen – oft wichtigeren – Bereichen), aber amüsant ist, dass ein indischer Theoretiker der politischen Strategie aus dem vierten vorchristlichen Jahrhundert als Lokalversion eines im fünfzehnten nachchristlichen Jahrhundert geborenen europäischen Autors präsentiert werden muss. Darin kommt selbstverständlich keinerlei plumpe Behauptung über eine geographische Hackordnung zum Vorschein, sondern nur die Tatsache, dass westliche Intellektuelle (und dank der globalen Dominanz westlicher Bildung Intellektuelle in der heutigen Welt überhaupt) kaum mit nicht-westlicher Literatur vertraut sind.

** In meinem Buch *The Argumentative Indian* (London und Delhi: Penguin; New York: FSG, 2005) habe ich die These vertreten, dass es keine durch und durch östlichen, auch keine durch und durch indischen Prioritäten gibt, da in der Geistesgeschichte dieser Länder Argumente sehr unterschiedlicher Denkrichtungen zu finden sind.

verhelfen können, und ich behaupte, dass die Ubiquität dieses Denkens in den dominanten Traditionen des gegenwärtigen westlichen Diskurses oft übersehen oder als nebensächlich behandelt wird.

Einige Gedanken im Indien des sechsten vorchristlichen Jahrhunderts, zum Beispiel die Lehre Gautama Buddhas (des Agnostikers, der den «Pfad der Erkenntnis» ging) oder der Philosophen aus der Lokayata Schule (die sich der unerbittlichen Überprüfung aller traditionellen Glaubenssätze verschrieben), scheinen vielen kritischen Schriften der führenden Köpfe in der europäischen Aufklärung eher nahe zu stehen als zu widersprechen. Aber wir müssen nicht um jeden Preis entscheiden wollen, ob Gautama Buddha als ein vorauseilendes Mitglied der europäischen Aufklärungsliga anzusehen ist (sein Ehrenname bedeutet in Sanskrit «aufgeklärt»); auch die weit hergeholte These, dass die europäische Aufklärung auf einen aus der Ferne wirkenden Einfluss asiatischen Denkens zurückgehen könnte, müssen wir nicht ernsthaft erwägen. Dass zu verschiedenen Zeiten in unterschiedlichen Teilen der Welt vergleichbare intellektuelle Auseinandersetzungen stattgefunden haben, ist keine allzu verstörende Erkenntnis. Da bei der Beschäftigung mit ähnlichen Fragen häufig einigermaßen verschiedene Argumente zum Einsatz kommen, könnten uns jedoch womöglich wichtige Anhaltspunkte für das Nachdenken über Gerechtigkeit entgehen, wenn wir uns mit unseren Untersuchungen an regionale Grenzen halten.

Ein interessantes, nicht belangloses Beispiel ist die folgenreiche Unterscheidung zwischen zwei verschiedenen Konzepten von Gerechtigkeit in der frühen indischen Rechtslehre – die Unterscheidung zwischen *niti* und *nyaya*. *Niti* bezeichnet die Korrektheit von Institutionen und Verhalten, während *nyaya* erfasst, was entsteht und wie es entsteht, und besonders darauf achtet, welches Leben Menschen tatsächlich führen können. Der Unterschied zwischen beiden Konzepten, auf dessen Bedeutung die Einleitung ausführlich eingehen wird, hilft uns, zu begreifen, dass es zwei Arten des Gerechtseins gibt, die verschieden, wenn auch nicht unabhängig voneinander sind, und dass die Idee der Gerechtigkeit beide berücksichtigen muss.*

* Die Unterscheidung zwischen *nyaya* und *niti* hat nicht nur innerhalb eines Staates, sondern über Staatsgrenzen hinweg Bedeutung; siehe dazu meinen Vortrag «Global Justice», den ich auf dem World Justice Forum in Wien im Juli 2008 gehalten habe; Sponsoren dieses Forums waren die American Bar Association, die International Bar Association, Inter-American Bar Association, Inter-Pacific Bar Association und Union Internationale des Avocats. Er gehört zum «World Justice Program» der American Bar Association und wurde in *Global Perspectives on the Rule*

Meine zweite klärende Bemerkung bezieht sich darauf, dass die Autoren der Aufklärung sich nicht einstimmig geäußert haben. Vielmehr teilten sich die führenden Philosophen, die das radikale Denken der Aufklärung prägten, in zwei Gruppen, zwischen denen eine substantielle Dichotomie hinsichtlich ihrer Auffassung von Gerechtigkeit bestand (in der Einleitung mehr dazu). Ein Ansatz konzentrierte sich auf das Erkennen vollkommen gerechter sozialer Abmachungen und hielt die Charakterisierung «gerechter Institutionen» für die Haupt- – und oft die einzige kenntlich gemachte – Aufgabe der Theorie der Gerechtigkeit. Diese Theorie wurde auf unterschiedliche Weise in die Idee eines hypothetischen «Gesellschaftsvertrags» eingewoben, im 17. Jahrhundert von Thomas Hobbes und später vor allem von John Locke, Jean-Jacques Rousseau und Immanuel Kant vertreten. Die gegenwärtige politische Philosophie ist vorwiegend dem kontraktarischen Ansatz verpflichtet, vor allem seit einer bahnbrechenden, 1958 veröffentlichten Arbeit von John Rawls – «Justice as Fairness» –, die seiner definitiven Entscheidung für diesen Ansatz in seinem klassischen Buch *Eine Theorie der Gerechtigkeit* vorausging.[4]

Im Gegensatz dazu wählten eine Reihe anderer aufklärerischer Philosophen (zum Beispiel Smith, Condorcet, Wollstonecraft, Bentham, Marx, John Stuart Mill) eine Vielzahl anderer Ansätze, mit denen sie ein gemeinsames Interesse verfolgten: Sie wollten verschiedene Möglichkeiten vergleichen, wie Menschen ihr Leben führen können, Möglichkeiten, die von Institutionen, aber auch tatsächlichen Verhaltensweisen, sozialen Interaktionen und anderen signifikanten Determinanten beeinflusst werden. Mein Buch stützt sich in hohem Maß auf diese alternative Tradition.* Die analytische – und ziemlich mathematische – Theorie kollektiver Entscheidungen, deren Anfänge auf Condorcets Arbeiten im achtzehnten Jahrhundert zurückgehen, die aber in ihrer jetzigen Form von Kenneth Arrow um die Mitte des zwanzigsten Jahrhunderts entwickelt wurde, gehört zu dieser zweiten Richtung. Entsprechend angepasst, kann die Theorie kollektiver Entscheidungen erheblich dazu beitragen, dass Fragen zur Verbesserung von Gerechtigkeit und zum Ausräumen von Ungerechtigkeit in der Welt geklärt werden.

of Law, hg. v. James J. Heckman, Robert L. Nelson, Lee Cabatingan (New York: Routledge, 2009) veröffentlicht.

* Das wird mich jedoch nicht davon abhalten, auch Erkenntnisse des ersten Ansatzes zu nutzen und von der Aufklärungsarbeit zu profitieren, die die Werke von Hobbes und Kant sowie – in unserer Zeit – von John Rawls leisten.

Der Ort der Vernunft

Bei allen Unterschieden sind sich die beiden Traditionen der Aufklärung – die kontraktarische und die komparative – doch auch in vielen Punkten ähnlich. Dazu gehört das Vertrauen auf vernünftiges Denken und die Forderung nach öffentlicher Diskussion. Auch wenn dieses Buch sich vorwiegend auf die zweite Tradition und nicht auf den kontraktarischen Ansatz Kants und anderer bezieht, verdankt es seinen Antrieb zum guten Teil der elementaren Erkenntnis Kants, die Christine Korsgaard folgendermaßen beschreibt: «Vernunft in die Welt zu bringen, wird zur Aufgabe der Moralität, nicht der Metaphysik, und zur Last wie zur Hoffnung der Menschheit.»[5]

Wie weit vernünftiges Denken eine zuverlässige Basis für eine Theorie der Gerechtigkeit schaffen kann, ist natürlich selbst ein Streitgegenstand. Das erste Kapitel dieses Buchs befasst sich mit der Rolle und Reichweite des Vernunftgebrauchs. Ich widerspreche der Überzeugung, dass man sich für Bewertungen unmittelbar auf Emotionen oder Psychologie oder Instinkte verlassen könne und nicht auf durchdachte Einschätzung angewiesen sei. Impulse und mentale Einstellungen bleiben jedoch wichtig, da wir gute Gründe haben, sie bei unserer Beurteilung von Gerechtigkeit und Ungerechtigkeit der Welt zu berücksichtigen. Hier besteht kein unversöhnlicher Konflikt zwischen Vernunft und Gefühlen, so behaupte ich, und wir haben sehr überzeugende Gründe, die Relevanz von Gefühlen einzuräumen.

Auch aus einer anderen Richtung kommt Kritik an der Zuverlässigkeit vernünftigen Denkens; diese Kritik wird damit begründet, dass Unvernunft die Oberhand in der Welt hat und dass es unrealistisch sei, anzunehmen, die Welt werde sich nach dem Diktat der Vernunft richten. Kwame Anthony Appiah hat in einer freundlichen, aber entschiedenen Kritik an meiner Arbeit auf einem verwandten Gebiet erklärt: «Auch wenn man die Möglichkeiten der Vernunft so weit fasst, wie Sen es gerne tun würde – und das ist ein Projekt, dessen Anspruch ich bewundere –, wird Vernunft uns doch nicht ganz zum Ziel führen. Wenn Sen sich den Blickwinkel der individuellen vernünftigen Person zu eigen macht, muss er die Augen von der alles durchdringenden Unvernunft abwenden.»[6] Appiahs Beschreibung der Welt ist sicherlich zutreffend, und seine Kritik, die sich nicht gegen die Konstruktion einer Theorie der Gerechtigkeit richtet, nennt gute Gründe, warum die praktische Wirkung vernünftiger Diskussionen über verworrene soziale Themen (etwa die Identitätspolitik) mit Skepsis zu betrachten ist. Unvernunft hat Macht und Widerstandsfähigkeit und kann die Wirksamkeit vernunftgeleiteter Antworten auf schwierige Fragen weitgehend blockieren.

Diese besondere Skepsis gegenüber der Reichweite der Vernunft kann und soll (wie Appiah deutlich sagt) jedoch kein Grund gegen den bestmöglichen Vernunftgebrauch sein, wenn es um die Idee der Gerechtigkeit oder eine andere sozial relevante Vorstellung, etwa Identität, geht.* Auch unserem Versuch, uns gegenseitig zur kritischen Prüfung unserer jeweiligen Folgerungen zu bewegen, entzieht diese Skepsis nicht den Boden. Wir müssen ebenfalls bedenken, dass nicht immer «Unvernunft» sein mag, was Vertretern anderer Meinungen als klares Beispiel von Unvernunft erscheint.** Vernunftgeleitete Diskussionen können widerstreitende Positionen berücksichtigen, die anderen wie «unvernünftige» Vorurteile vorkommen, ohne es immer zu sein. Es besteht kein Zwang, alle vernunftgeleiteten Alternativen außer genau einer auszuschließen – auch wenn das manchmal angenommen wird.

Der springende Punkt hier ist jedoch, dass Vorurteile im typischen Fall Trittbrettfahrer einer Art von Argumentation sind – auch wenn es sich um schwache und willkürliche Argumente handeln mag. Tatsächlich neigen auch sehr dogmatische Personen dazu, Gründe irgendwelcher Art, womöglich sehr grobe, zur Bekräftigung ihrer Dogmen zu präsentieren (hierher gehören rassistische, sexistische, von Klassen- und Kastengeist geprägte Vorurteile und auch andere Spielarten einer auf primitiven Argumenten beruhenden Bigotterie). Unvernunft bedeutet meistens nicht, dass man etwas ohne jede Überlegung tut, sondern dass man sich auf ein sehr primitives und mangelhaftes Denken verlässt. Hier besteht Hoffnung, denn schlechtem Vernunftgebrauch kann mit besserem begegnet werden. Also gibt es Handlungsspielraum für eine vernunftgelei-

* Tatsächlich gibt es überzeugende Beweise dafür, dass interaktive öffentliche Diskussionen helfen können, den Widerstand gegen die Vernunft zu schwächen. Siehe das empirische Material dazu in *Development as Freedom* (New York: Knopf, und Oxford: Clarendon Press, 1999) [*Ökonomie für den Menschen*, übersetzt von Christiana Goldmann (München: Hanser, 2000)] und *Identity and Violence: The Illusion of Destiny* (New York: Norton, und London: Penguin, 2006) [*Die Identitätsfalle*, übers. von Friedrich Griese, München: C.H.Beck, 2007].

** James Thurber stellte fest, dass abergläubische Menschen vielleicht nicht unter Leitern durchgehen mögen, während wissenschaftliche Geister, die «sich dem Aberglauben widersetzen», vielleicht eigens «nach Leitern Ausschau halten und mit Vergnügen unter ihnen durchgehen». Aber «wenn Sie lange genug nach Leitern suchen und unter ihnen durchgehen, wird Ihnen ein Unglück zustoßen.» (James Thurber, «Let Your Mind Alone!» *New Yorker,* 1. Mai 1937).

tete Auseinandersetzung, auch wenn viele Menschen sich mindestens anfangs, sogar wenn sie dazu herausgefordert werden, weigern mögen, in die Auseinandersetzung einzutreten.

Nichts, das einer jetzt schon vorhandenen Allgegenwart der Vernunft in jedermanns Denken gleichkäme, ist wichtig für die Argumente in diesem Buch. Eine solche Voraussetzung ist unmöglich und unnötig. Die Behauptung, dass Menschen sich auf ein bestimmtes Vorhaben einigen würden, wenn sie frei und unparteiisch denken könnten, setzt natürlich nicht voraus, dass sie jetzt schon so weit sind oder auch nur sein möchten. Das wichtigste Ziel ist es, zu untersuchen, welche vernünftigen Argumente das Streben nach Gerechtigkeit verlangen würden – dabei muss eingeräumt werden, dass es mehrere verschiedene vernünftige Positionen geben kann. Diese Denkübung ist durchaus verträglich mit der Möglichkeit, sogar der Gewissheit, dass nicht alle zu einer bestimmten Zeit bereit sind, sich auf eine solche kritische Prüfung einzulassen. Vernunftgebrauch ist auch oder besonders in einer Welt voller «Unvernunft» für das Verständnis von Gerechtigkeit entscheidend.

DANKSAGUNG

Mein Dank für die Hilfe bei der Arbeit am hier vorgelegten Buch gilt in erster Linie John Rawls, der mich dazu angeregt hat, auf diesem Gebiet zu forschen. Er war mir über Jahrzehnte hinweg ein wunderbarer Lehrer, und seine Ideen wirken immer noch in mir nach, auch wenn ich mit einigen seiner Folgerungen nicht einverstanden bin. Dieses Buch ist seinem Andenken gewidmet, nicht nur, weil ich viel von ihm gelernt habe und für seine Freundschaft dankbar bin, sondern auch, weil er mich ermutigt hat, meinen Zweifeln nachzugehen.

Ich habe Rawls kennen gelernt, als ich 1968–69 von der Universität Delhi als Gastprofessor an die Universität Harvard kam und gemeinsam mit ihm und Kenneth Arrow ein Seminar hielt. Arrow hatte ebenfalls großen Einfluss auf dieses Buch und viele meiner früheren Arbeiten. Prägend waren nicht nur ausführliche Diskussionen über Jahrzehnte hin, sondern ich ziehe auch Nutzen aus der analytischen Form der modernen Theorie kollektiver Entscheidungen, die er begründet hat.

Das Buch, das ich hier vorlege, entstand in Harvard, meinem Hauptwohnsitz seit 1987, und am Trinity College in Cambridge, vor allem in den sechs Jahren zwischen 1998 und 2004, als ich dorthin zurückging – als Master des wunderbaren College, an dem ich fünfzig Jahre vorher angefangen hatte, über philosophische Fragen nachzudenken. Damals stand ich besonders unter dem Einfluss von Piero Sraffa und C.D. Broad, und Maurice Dobb und Dennis Robertson machten mir Mut, meinen Neigungen zu folgen.

Dieses Buch kam nur langsam zustande, weil sich meine Zweifel und konstruktiven Gedanken nur sehr allmählich herausschälten. In diesen Jahrzehnten hatte ich das Glück, von vielen Menschen Kommentare, Vorschläge, Fragen, Kritik und Ermutigung zu hören, die alle sehr nützlich für mich waren, und die Liste derer, denen ich Dank schulde, ist nicht kurz.

Zuerst gilt mein Dank für Hilfe und Rat meiner Frau Emma Rothschild, deren Einfluss im ganzen Buch spürbar ist. Wie sehr Bernard Williams mein Denken in philosophischen Fragen geprägt hat, wird den Lesern deutlich sein, die mit seinen Schriften vertraut sind. Sein Einfluss ergab sich über viele Jahre hin im «Plausch unter Freunden» und auch aus einer produktiven Phase, in der wir gemeinsam eine Aufsatzsammlung über die utilitaristische Sicht und ihre Grenzen planten, herausgaben und einführten (*Utilitarianism and Beyond*, 1982).

Zu meinem Glück hatte ich Kollegen, die mit mir instruktive Gespräche über politische und Moralphilosophie führten. Großen Dank für viele erhellende Gespräche schulde ich außer Rawls auch Hilary Putnam und Thomas Scanlon. Viel gelernt habe ich auch in Unterhaltungen mit W.V.O. Quine und Robert Nozick, die leider beide nicht mehr leben. Gemeinsam mit Kollegen Kurse zu geben war ebenfalls eine ständige dialektische Schulung durch meine Studenten und natürlich auch meine Mit-Dozenten. Robert Nozick und ich haben fast ein Jahrzehnt lang jedes Jahr einen gemeinsamen Kurs gegeben, mehrmals zusammen mit Eric Maskin, und beide haben mein Denken beeinflusst. Mehrmals habe ich auch gemeinsam mit Joshua Cohen (vom nicht so weit entfernten Massachusetts Institute of Technology), Christine Jolls, Philippe Van Parijs, Michael Sandel, John Rawls, Thomas Scanlon und Richard Tuck unterrichtet und mit Kaushik Basu und James Foster, wenn sie zu Gast in Harvard waren. Diese gemeinsamen Kurse waren eine reine Freude und außerdem noch sehr nützlich für mich, da ich meine Ideen, oft in Streitgesprächen mit meinen Mit-Dozenten, weiter entwickeln konnte.

Alles, was ich schreibe, profitiert von der Kritik meiner Studenten, und dies Buch ist keine Ausnahme. Besonders dankbar bin ich für die Dialoge mit Prasanta Pattanaik, Kaushik Basu, Siddiqur Osmani, Rajat Deb, Ben Fine, Ravi Kanbur, David Kelsey und Andreas Papandreou, viele Jahrzehnte lang und später dann mit Stephan Klasen, Anthony Laden, Sanjay Reddy, Jonathan Cohen, Felicia Knaul, Clemens Puppe, Bertil Tungodden, A.K. Shiva Kumar, Lawrence Hamilton, Douglas Hicks, Jennifer Prah Ruger, Sousan Abadian und anderen. Fruchtbar waren auch Diskussionen über andere, aber verwandte Themen mit meinen Studenten, unter anderen Sourin Bhattacharya, Luigi Spaventa, meine erste studentische Hilfskraft, D.P. Chandhuri, Kanchan Chopra, Luca d'Agliano, John Wriglesworth, Yasumi Matsumoto, Martin Sandbu, Madoka Saito, Rama Mani, Eoghan Stafford, Nirvikar Singh und Jonathan Riley.

Die Freuden und Vorteile der Lehre reichen für mich zurück bis in die 1970er und 1980er, als ich in Oxford gemeinsam mit Ronald Dworkin und Derek Parfit, später auch mit G.A. Cohen Kurse gab – wild gestritten hätten wir, erzählte mir ein Student. Meine angenehmen Erinnerungen an diese streitlustigen Diskussionen wurden vor kurzem lebhaft aufgefrischt, als Cohen in seiner Liebenswürdigkeit im Januar 2009 am

University College London ein faszinierendes Seminar über das Hauptthema dieses Buchs organisierte. Erfreulich viele Teilnehmer waren nicht einer Meinung mit mir, Cohen (natürlich) gehörte dazu, aber auch Jonathan Wolff, Laura Valentis, Riz Mokal, George Letsas und Stephen Guest, deren Kritik aus unterschiedlichen Blickwinkeln sehr hilfreich für mich war (Laura Valentis war so freundlich, mir nach dem Seminar noch zusätzliche Kommentare zu schicken).

Auch wenn eine Theorie der Gerechtigkeit in erster Linie zur Philosophie gehören muss, benutzt dieses Buch doch außerdem Ideen aus einer ganzen Reihe anderer Disziplinen. Eine Quelle, aus der ich viel geschöpft habe, ist die Theorie kollektiver Entscheidungen. Meine Interaktionen mit anderen, die in diesem weiten Feld arbeiten, sind zu zahlreich, als dass ich sie hier in einer kurzen Aufzählung abhandeln könnte, aber den Nutzen, den ich aus der Zusammenarbeit mit Kenneth Arrow und Kotaro Suzumura gezogen habe – wir sind die Herausgeber des *Handbook of Social Choice Theory*, der erste Band ist erschienen und der zweite überfällig –, möchte ich doch besonders erwähnen, und ich möchte betonen, wie hoch ich die Arbeit und die Führungsrolle von Jerry Kelly, Wulf Gaertner, Prasanta Pattanaik und Maurice Salles auf diesem Gebiet schätze – vor allem ihre visionäre Kraft und ihren unermüdlichen Einsatz für die Zeitschrift *Social Choice and Welfare.* Dank schulde ich auch Patrick Suppes, John Harsanyi, James Mirrlees, Anthony Atkinson, Peter Hammond, Charles Blackorby, Tapas Majumdar, Robert Pollak, Kevin Roberts, John Roemer, Anthony Shorrocks, Robert Sugden, John Weymark und James Foster für den Gewinn, den ich aus meiner langen Verbindung und ausführlichen Diskussionen mit ihnen über Social-choice-Probleme in der einen oder andere Form ziehen konnte.

Anhaltenden Einfluss auf mein Denken über Gerechtigkeit, vor allem im Zusammenhang mit Freiheit und Befähigung, hatte Martha Nussbaum. Ihre Arbeit, verbunden mit ihrem hohen Engagement für die Entwicklung der «Befähigungsperspektive», hat viel zu den Fortschritten beigetragen, die in der letzten Zeit auf diesem Gebiet erreicht wurden; dazu gehören Schriften über die Verbindung zwischen dieser Perspektive und den klassischen Aristotelischen Ideen der «Fähigkeit» und des «gelungenen Lebens» oder «Wohlergehens», und Arbeiten, die den Capability-Aspekt in Zusammenhang mit der menschlichen Entwicklung, mit Genderstudies und Menschenrechten bringen.

Die Relevanz und die Anwendung der Befähigungsperspektive wird seit einigen Jahren von einer Gruppe hochqualifizierter Forscher untersucht. Ihre Schriften haben mich stark beeinflusst, aber sie alle namentlich zu nennen, würde den Rahmen dieser Danksagung sprengen. Wenigstens einige muss ich erwähnen: Sabina Alkire, Bina Agarwal, Tania Burchardt, Enrica Chiappero-Martinetti, Flavio Comim, David Crocker, Séverine Deneulin, Sakiko Fukuda-Parr, Reiko Gotoh, Mozaffar Qizilbash, Ingrid Robeyns und Polly Vizard. Ein enger Zusammenhang besteht auch zwischen der Befähigungsperspektive und dem neuen Arbeitsgebiet «menschliche Entwicklung», das mein verstorbener Freund Mahbub un Haq eröffnet hat und das Paul Streeten, Frances Stewart, Keith Griffin, Gustav Ranis, Richard Jolly, Meghnad Desai, Sudhir Anand, Sakiko Fukuda-Parr, Selim Jahan und andere ausbauen. Die Zeitschrift *Journal of Human Development and Capabilities* ist hier besonders zu nennen, aber auch *Feminist Economics* hat großes Interesse an diesem Gebiet, und Gespräche mit ihrer Herausgeberin Diana Strassmann über die Beziehung zwischen der feministischen Sicht und dem Befähigungsansatz waren für mich immer anregend.

Am Trinity College war ich in Gesellschaft exzellenter Philosophen, Juristen und anderer an Rechtsproblemen Interessierter und hatte Gelegenheit zu Gesprächen mit Garry Runciman, Nick Denyer, Gisela Striker, Simon Blackburn, Catharine Barnard, Joanna Miles, Ananya Kabir, Eric Nelson und ab und zu mit Ian Hacking (der manchmal an sein altes College zurückkam, wo wir uns in den 1950ern als Studenten kennen gelernt und miteinander diskutiert hatten). Ich hatte auch die wunderbare Möglichkeit, mit hervorragenden Mathematikern, Naturwissenschaftlern, Historikern, Rechtstheoretikern und Humanwissenschaftlern zu sprechen.

Viel gewonnen habe ich aus Gesprächen mit etlichen anderen Philosophen, unter anderem (zusätzlich zu den schon Erwähnten) mit Elizabeth Anderson, Kwame Anthony Appiah, Christian Barry, Charles Beitz, Isaiah Berlin, der verstorben ist, mit Akeel Bilgrami, Hilary Bok, Sissela Bok, Susan Brison, John Broome, Ian Carter, Nancy Cartwright, Deen Chatterjee, Drucilla Cornell, Norman Daniels, Donald Davidson, der nicht mehr lebt, John Davis, Jon Elster, Barbara Fried, Allan Gibbard, Jonathan Glover, James Griffin, Amy Gutmann, Moshe Halbertal, dem verstorbenen Richard Hare, Daniel Hausman, Ted Honderich, Susan Hurley, die nicht mehr lebt, Susan James, Frances Kamm, dem verstorbenen Stig Kanger, Erin Kelly, Isaac Levi, Christian List, Sebastiano Maffetone, Avishai Margalit, Alastair McLeod, David Miller, dem verstorbenen Sidney Morgenbesser, mit Thomas Nagel, Carol Nicholson, Sari Nusseibeh, der verstorbenen Susan Moller Okin, Charles Parsons, Herlinde Pauer-Struder, Fabienne Peter, Philip Pettit, Thomas Pogge, Henry Richardson, Alan Ryan, Carol Rovane, Debra

Satz, John Searle, mit Judith Shklar, die nicht mehr lebt, Quentin Skinner, Hillel Steiner, Dennis Thompson, Charles Taylor und Judith Thomson.

In Rechtsfragen habe ich viel profitiert von Diskussionen mit Bruce Ackerman, Justice Stephen Breyer, Owen Fiss, Herbert Hart, Tony Honoré, Anthony Lewis, Frank Michelman, Martha Minow, Robert Nelson, Justice Kate O'Regan, Joseph Raz, Susan Rose-Ackerman, Stephen Sedley, Cass Sunstein und Jeremy Waldron. Genau genommen waren die Dewey Lectures (über «Well-Being, Agency and Freedom»), die ich 1984 im Fachbereich Philosophie der Universität Columbia hielt, der Beginn der Arbeit an diesem Buch, und sie kamen mit einer Reihe Philosophievorlesungen (über «Justice») an der Universität Stanford zum Abschluss, aber ich habe meine Argumente zu Theorien der Gerechtigkeit auch an verschiedenen Law Schools getestet. Mehrere Vorlesungen und Seminare an den Law Schools von Harvard, Yale und der Universität Washington gaben mir dazu Gelegenheit, und außerdem hielt ich im September 1990 die Storrs Lectures (über «Objectivity») an der Yale Law School, im September 1998 die Rosenthal Lectures (über «The Domain of Justice») an der Law School der Northwestern Universität und im September 2005 an der Cardozo Law School eine Vorlesung über «Human Rights and the Limits of Law».*

In der Ökonomie, auf die ich mich in meinem Werdegang zunächst konzentrierte und die erhebliche Bedeutung für die Idee der Gerechtigkeit hat, habe ich viel gelernt aus regelmäßigen Diskussionen in vielen Jahrzehnten mit George Akerlof, Paul Anand, Amiya Bagchi, dem verstorbenen Dipak Banerjee, Nirmala Banerjee, Pranab Bardhan, Alok Bhargava, Christopher Bliss, Samuel Bowles, Samuel Brittan, Robert Cassen, dem verstorbenen Sukhamoy Chakravarty, Partha Dasgupta, Mrinal Datta-Chaudhuri, Angus Deaton, Meghnad Desai, Jean Drèze, Bhaskar Dutta, Jean-Paul Fitoussi, Nancy Folbre, Albert Hirschman, Devaki Jain, Jocelyn Kynch, Tapas Majumdar, Mukul Majumdar, Stephen Marglin, Dipak Mazumdar, Mamta Murthi, Luigi Pasinetti, dem verstorbenen I. G. Patel, der verstorbenen Surendra Patel, Edmund Phelps, K. N. Raj, V. K. Ramachandran, Jeffrey Sachs, Arjun Sengupta, Rehman Sobhan, Barbara Solow, Robert Solow, Nicholas Stern, Joseph Stiglitz und Stefano Zamagni.

* Die Dewey Lectures wurden hauptsächlich von Isaac Levi arrangiert, die Storrs Lectures von Guido Calabresi, die Rosenthal Lectures von Ronald Allan und die Rosenthal Lecture von David Rudenstine. Die Diskussionen mit ihnen und ihren Kollegen waren ein großer Gewinn für mich.

Sehr hilfreich waren auch die Gespräche mit Isher Ahluwalia, Montek Ahluwalia, dem verstorbenen Peter Bauer, Abhijit Banerjee, Lourdes Beneria, Timothy Besley, Ken Binmore, Nancy Birdsall, Walter Bossert, François Bourguignon, Satya Chakravarty, Kanchan Chopra, Vincent Crawford, Asim Dasgupta, Claude d'Aspremont, Peter Diamond, Avinash Dixit, David Donaldson, Esther Duflo, Franklin Fisher, Marc Fleurbaey, Robert Frank, Benjamin Friedman, Pierangelo Garegnani, Louis Gevers und W.M. Gorman, die nicht mehr leben, Jan Graaff, Jean-Michel Grandmont, Jerry Green, Ted Groves, Frank Hahn, Wahidul Haque, Christopher Harris, Barbara Harris White, dem verstorbenen John Harsanyi, James Heckman, Judith Heyer, dem verstorbenen John Hicks, Jane Humphries, Nurul Islam, Rizwanul Islam, Dale Jorgenson, Daniel Kahneman, Azizur Rahman Khan, Qaiser Khan, Alan Kirman, Serge Kolm, Janos Kornai, Michael Kramer, dem verstorbenen Jean-Jacques Laffont, Richard Layard, Michel Le Breton, Ian Little, Anuradha Luther, dem verstorbenen James Meade, John Muellbauer, Philippe Mongin, Dilip Mookerjee, Anjan Mukherji, Khaleq Naqvi, Deepak Nayyar, Rohini Nayyar, Mahesh Patel, Thomas Piketty, Robert Pollak, Anisur Rahman, Debraj Ray, Martin Ravallion, Alvin Roth, Christian Seidl, Luigi Spaventa, Michael Spence, T.N. Srinivasan, David Starrett, S. Subramanian, Kotaro Suzumura, Madhura Swaminathan, Judith Tendler, Jean Tirole, Alain Trannoy, John Vickers, William Vickrey, Jorgen Weibull, Glen Weyl und Menahem Yaari.

Sehr gewinnbringend waren auch Gespräche über andere, eng mit der Gerechtigkeit zusammenhängende Themen, die ich über Jahre hinweg geführt habe mit Krishna Ahooja-Patel, Jasodhara Bagchi, Alaka Basu, Dilip Basu, Seyla Benhabib, Sugata Bose, Myra Buvinic, Lincoln Chen, Martha Chen, David Crocker, Barun De, John Dunn, Julio Frenk, Sakiko Fukuda-Parr, Ramachandra Guha, Geeta Rao Gupta, Geoffrey Hawthorn, Eric Hobsbawm, Jennifer Hochschild, Stanley Hoffmann, Alisha Holland, Richard Horton, Ayesha Jalal, Felicia Knaul, Melissa Lane, Mary Kaldor, Jane Mansbridge, Michael Marmot, Barry Mazur, Pratap Bhanu Mehta, Uday Mehta, Ralph Miliband, der nicht mehr lebt, Christopher Murray, Elinor Ostrom, Carol Richards, David Richards, Jonathan Riley, Mary Robinson, Elaine Scarry, Gareth Stedman Jones, Irene Tinker, Megan Vaughan, Dorothy Wedderburn, Leon Wieseltier und James Wolfensohn. Der Teil des Buches, der von Demokratie in ihrer Beziehung zur Gerechtigkeit handelt (Kapitel 15–17), geht auf meine drei Vorlesungen über «Democracy» an der School of Advanced International Studies (SAIS) der Johns Hopkins Universität auf ihrem Campus in Washington DC zurück, die ich 2005 gehalten habe. Diese Vorlesungen waren Resultat einer von Francis Fukuyma unterstützten Initiative Sunil Khilnanis; von beiden habe ich sehr nützliche Vorschläge erhalten. Die Vorlesungen führten zu anderen Diskussionen auf den SAIS-Zusammenkünften, die ebenfalls sehr nützlich für mich waren.

Das neue Harvard «Program on Justice, Welfare and Economics», dessen Leiter ich fünf Jahre lang war, vom Januar 2004 bis Dezember 2008, verschaffte mir wiederum eine wunderbare Gelegenheit zum Meinungsaustausch mit Studenten und Kollegen, die an ähnlichen Problemen auf anderen Gebieten interessiert sind. Der neue Programmdirektor Walter Johnson führt diesen Austausch fort und erweitert ihn, und ich habe mir erlaubt, der Gruppe in meinem Abschiedsvortrag zu schildern, worum es mir in diesem Buch geht; daraufhin hörte ich viele ausgezeichnete Fragen und Kommentare.

Erin Kelly und Thomas Scanlon haben große Teile des Manuskripts gelesen und eine Reihe von Vorschlägen gemacht, die außerordentlich wichtig waren. Ich bin ihnen sehr dankbar für ihre Hilfe. Auch hatte ich das große Glück, mehrere Jahrzehnte lang mit Sudhir Anand zusammenzuarbeiten; aus den regelmäßigen Diskussionen, die ich mit ihm über Themen dieses Buches führte, habe ich viel für mein Verständnis der Forderungen der Gerechtigkeit gewonnen.

Die Kosten für Forschung und Assistenten wurden zum Teil von einem Fünfjahresprojekt über Demokratie übernommen, das am Centre for History and Economics des Kings College, Cambridge, durchgeführt wird, dazu kamen in den Jahren 2003–2008 Gelder von der Ford Foundation, der Rockefeller Foundation und der Mellow Foundation und anschließend aus einem neuen von der Ford Foundation unterstützten Projekt «India in the Global World», das sich besonders auf die Relevanz der indischen Geistesgeschichte für gegenwärtige Fragen konzentriert. Für diese Unterstützung bin ich sehr dankbar und voller Anerkennung für die hervorragende Arbeit Inga Huld Markans, die diese Projekte koordiniert hat. Ich hatte auch das Glück, mit außergewöhnlich fähigen und einfallsreichen Forschungsassistenten zu arbeiten, die hohes Interesse an dem Buch entwickelt haben und zahlreiche sehr produktive Kommentare gaben, die mir halfen, meine Argumente und ihre Darlegung zu verbessern. Großen Dank schulde ich Pedro Ramos Pintos, der über ein Jahr mit mir gearbeitet und bleibenden Einfluss auf das Buch genommen hat, sowie Kirsty Walker und Afsan Bhadelia, die jetzt mit mir arbeiten, für ihre hervorragende Hilfe und ihren intellektuellen Einfluss.

Die Originalausgabe dieses Buches wurde von Penguin und für Nordamerika von Harvard University Press veröffentlicht. Michael Aronson, mein Lektor bei Harvard, hat eine Reihe exzellenter allgemeiner Vorschläge gemacht. Die beiden anonymen Gutachter des Manuskripts gaben bemerkenswert hilfreiche Kommentare, und da ich mit Detektivarbeit herausgefunden habe, dass es Frank Lovett und Bill Talbott waren, kann ich ihnen sogar namentlich danken.

Meine Dankbarkeit für die Arbeit Stuart Proffitts von Peguin Books kann ich kaum in Worte fassen; er hat zu jedem Kapitel – praktisch zu jeder Seite des Buchs – unschätzbare Kommentare gegeben und Vorschläge gemacht und mich dazu gebracht, viele Abschnitte des Manuskripts umzuschreiben, damit sie klarer und verständlicher werden. Auch sein Rat zur generellen Anordnung des Buchs war unentbehrlich. Ich kann mir gut vorstellen, wie erleichtert er gewesen sein muss, als er dieses Buch endlich aus der Hand geben konnte.

Amartya Sen

EINLEITUNG

Ein Zugang zur Gerechtigkeit

Ungefähr zweieinhalb Monate vor dem Sturm auf die Bastille in Paris, mit dem die Französische Revolution begann, sagte Edmund Burke im Parlament in London: «Es ist ein Ereignis eingetreten, über das man kaum sprechen und unmöglich schweigen kann.» Das war am 5. Mai 1789. Burkes Rede hatte nicht viel mit dem aufkommenden Sturm in Frankreich zu tun. Ihr Anlass war ein Verfahren wegen Amtsmissbrauchs gegen Warren Hastings, den Generalgouverneur der britischen East India Company, die seit ihrem Sieg in der Schlacht bei Plassey (am 23. Juni 1757) britische Herrschaft und britisches Recht in Indien durchsetzte. In seiner Anklage gegen Warren Hastings berief sich Burke auf die «immergültigen Gesetze der Gerechtigkeit», die der Gouverneur «gebrochen» habe. Die Unmöglichkeit zu schweigen ist in vielen Fällen zu beobachten, wenn uns eine offenkundige Ungerechtigkeit so aufbringt, dass wir unseren Zorn kaum in Worte fassen können. Und doch verlangt jede Analyse der Ungerechtigkeit auch eine klare Sprache und eine genau durchdachte Überprüfung.

Burke schien allerdings nicht gerade um Worte verlegen: Er zählte beredt nicht ein einzelnes Vergehen, sondern eine große Menge Missetaten von Hastings auf und präsentierte anschließend eine Reihe ganz verschiedener Gründe gleichzeitig, die alle zeigen sollten, dass es notwendig war, Klage zu erheben gegen Warren Hastings und gegen die Art, wie sich die britische Herrschaft in Indien entfaltete.

> Ich klage Warren Hastings an, schwere Vergehen und Verbrechen begangen zu haben.
> Ich klage ihn an im Namen der im Unterhaus versammelten Abgeordneten Großbritanniens, deren Vertrauen er missbraucht hat.
> Ich klage ihn an im Namen aller Bürgerlichen Großbritanniens, dessen Nationalcharakter er entehrt hat.
> Ich klage ihn an im Namen des Volkes von Indien, dessen Gesetze, Rechte und Freiheiten er zerrüttet, dessen Besitz er zerstört, dessen Land er verwüstet und ausgedörrt hat.
> Ich klage ihn an namens und kraft der immergültigen Gesetze der Gerechtigkeit, gegen die er verstoßen hat.

> Ich klage ihn an im Namen der menschlichen Natur selbst, die er in beiden Geschlechtern, allen Altersstufen, Ständen, Lebenslagen und Lebensverhältnissen grausam gekränkt, verletzt und unterdrückt hat.[1]

Kein Anklagepunkt wird hier als *der* eine schlagkräftige, entscheidende Grund für eine Amtsenthebung von Warren Hastings hervorgehoben. Vielmehr präsentiert Burke eine Sammlung unterschiedlicher, klar voneinander getrennter Gründe.* Auf dieses Verfahren der «Mehrfachbegründung», die Methode, die ein ganzes Bündel verschiedener Argumente für eine Verurteilung einsetzt, ohne eine Verständigung über die Rangordnung ihrer Überzeugungskraft anzustreben, werde ich noch zurückkommen. Es geht mir dabei um die Frage, ob wir uns auf eine einzige Richtlinie für Missbilligung geeinigt haben müssen, damit wir zum vernünftigen Konsens kommen, wenn es um die Diagnose eines Unrechts geht, das dringend der Korrektur bedarf. Vorläufig ist es wichtig – und zentral für die Idee der Gerechtigkeit –, festzuhalten, dass wir etwas auf sehr unterschiedlichen Grundlagen als eindeutig ungerecht empfinden können und trotzdem nicht einen bestimmten besonderen Grund einhellig als *das* durchschlagende Argument für die Diagnose verstehen.

Unmittelbarer deutlich wird diese allgemeine Feststellung vielleicht an einem Beispiel aus jüngster Zeit, aus dem Jahr 2003, als die US-Regierung die Entscheidung traf, den Irak mit Truppen zu überziehen. Solche Entscheidungen kann man auf verschiedene Weisen beurteilen, aber der springende Punkt hier ist, dass der Möglichkeit nach eine ganze Reihe unterschiedlicher, divergierender Argumente zum selben Schluss führen können – in diesem Fall zu der Überzeugung, dass die Koalition unter Führung der Vereinigten Staaten eine falsche Politik verfolgte, als sie den Krieg im Irak anfing.

* Ich kommentiere hier nicht den Wahrheitsgehalt von Burkes Behauptungen, sondern nur seine Methode, vielfältige Gründe für eine Amtsenthebung anzuführen. Tatsächlich war Burkes gezielte Behauptung über Hastings' persönliche Perfidie ziemlich unfair. Es ist merkwürdig, dass Burke bei einem früheren Anlass den durchtriebenen Robert Clive verteidigt hatte, der viel mehr Verantwortung für die rechtlose Ausplünderung Indiens in der Zeit der Herrschaft der East India Company trug – Hastings dagegen versuchte, dem Plündern Einhalt zu gebieten, indem er mehr Wert auf Recht und Ordnung legte (und in die Verwaltung der East India Company eine gewisse Humanität brachte, an der es vorher gefehlt hatte). Ich habe diese historischen Ereignisse in einer Gedenkrede in der Londoner City Hall anlässlich des 250. Jahrestags der Schlacht bei Plassey im Juni 2007 geschildert («The Significance of Plassey»). Eine erweiterte Fassung des Vortrags «Imperial Illusions: India, Britain and the wrong lessons» wurde im Dezember 2007 in *The New Republic* veröffentlicht.

Sehen wir uns die unterschiedlichen, jeweils sehr überzeugenden Argumente an, mit denen die Entscheidung für die Irak-Invasion kritisiert wurde.* Erstens kann man die Invasion als einen Fehler verurteilen, weil man es für notwendig hält, dass eine globalere Einigung, vor allem mittels der Vereinten Nationen, erzielt wird, bevor ein Land seine Armee rechtmäßig in ein anderes Land einmarschieren lassen kann. Ein zweites Argument könnte sich darauf konzentrieren, dass derartige militärische Entscheidungen, die zwangsläufig viele Menschen der Gefahr aussetzen, Gesundheit, Land und Leben zu verlieren, erst getroffen werden sollten, nachdem genaue Informationen über das Vorhandensein oder Nichtvorhandensein von Massenvernichtungswaffen im Irak eingeholt wurden. Ein drittes Argument kann sich auf die Demokratie als «government by discussion» berufen (die bekannte Formulierung, die oft John Stuart Mill zugeschrieben wird, aber vorher schon von Walter Bagehot verwendet wurde) und hervorheben, dass die verzerrten Informationen und bewusst falschen Behauptungen, zum Beispiel über die angebliche Verbindung Saddam Husseins mit den Anschlägen vom 11. September oder mit Al Qaida, die dem US-amerikanischen Publikum zugemutet wurden, politische Bedeutung haben, da sie es den Bürgern Amerikas erschwerten, die Kriegserklärung der Regierung richtig einzuschätzen. Ein viertes Argument schließlich könnte keinen dieser drei Kritikpunkte, sondern vielmehr die *Folgen* der Intervention für das entscheidende Kriterium halten: Würde sie Ruhe und Ordnung in das besetzte Land bringen, und hätte man erwarten können, dass sie die Gefahr von globaler Gewalt und globalem Terrorismus verringern und nicht verstärken würde?

Alle diese Überlegungen sind ernst zu nehmen, und sie verbinden sich mit sehr verschiedenen Bewertungskriterien, von denen keines leichter Hand als unwichtig oder belanglos für die Einschätzung von derartigen Handlungen abgewiesen werden kann. Und im Allgemeinen führen sie vielleicht nicht zum selben Ergebnis. Aber wenn sich, wie in unserem Beispiel, zeigt, dass alle brauchbaren Kriterien die gleiche Diagnose eines schwerwiegenden Fehlers ergeben, dann ist dieses spezifische Ergebnis nicht darauf angewiesen, dass eine Rangfolge der Bewertungskriterien festgelegt wird. Um nützliche, robuste Beschlüsse über Hand-

* Natürlich wurden auch Argumente für die Intervention angeführt. Eines davon war die Überzeugung, dass Saddam Hussein für den Terrorakt am 11. September verantwortlich sei, ein anderes behauptete, er stecke mit Al Qaida unter einer Decke. Keine der beiden Anschuldigungen konnte bestätigt werden. Richtig ist, dass Hussein ein brutaler Diktator war, aber das galt – und gilt – für viele Machthaber überall in der Welt ebenso.

lungen zur Korrektur zu fassen, braucht man keine willkürliche Reduktion vielfältiger und potentiell widersprüchlicher Prinzipien, bis nur noch ein einziges übrig bleibt, das alle anderen Bewertungskriterien annulliert. Das gilt für die Theorie der Gerechtigkeit ebenso wie für jedes andere Teilgebiet der praktischen Vernunft.

Vernunftgebrauch und Gerechtigkeit

Eine Theorie der Gerechtigkeit ist notwendig, wenn es um die durchdachte Auseinandersetzung mit einem Thema geht, über das man, wie Burke sagte, kaum sprechen kann. Manchmal wird behauptet, dass Gerechtigkeit gar nichts mit vernünftiger Argumentation zu tun hat, sondern vielmehr mit einer angemessenen Sensibilität und dem richtigen Gespür für Ungerechtigkeit. Es ist verlockend, in dieser Richtung zu denken. Wenn wir zum Beispiel auf eine Hungersnot stoßen, scheint es natürlich zu sein, dagegen zu protestieren, statt komplizierte Überlegungen über Gerechtigkeit und Ungerechtigkeit anzustellen. Und doch wäre eine Katastrophe nur dann ein Fall von Ungerechtigkeit, wenn sie hätte verhindert werden können, vor allem dann, wenn die Zuständigen versäumt hätten, vorbeugende Maßnahmen zu ergreifen. Logisches Denken in der einen oder anderen Form ist unvermeidlich, wenn man von der Beobachtung einer Tragödie zur Diagnose einer Ungerechtigkeit kommen will. Darüber hinaus sind Fälle von Ungerechtigkeit womöglich viel komplexer und subtiler als die Bewertung einer sichtbaren Katastrophe. Unterschiedliche, zu disparaten Schlüssen führende Argumente könnten auftauchen, und Evaluierungen von Gerechtigkeit könnten alles andere als geradlinig sein.

Oft sind nicht empörte Protestierer, sondern gelassene Hüter von Recht und Ordnung daran interessiert, vernünftige Begründungen zu vermeiden. Die Geschichte zeigt, dass Regierende, die unsicher hinsichtlich der Beweggründe ihrer Handlungen waren oder nicht bereit, die Grundlage ihrer Politik genau zu prüfen, immer gern Zurückhaltung geübt haben. Berühmt ist der Rat, den Lord Mansfield, ein mächtiger englischer Richter aus dem 18. Jahrhundert, dem neu ernannten Gouverneur einer Kolonie gab: «Überlegen Sie, was Ihrer Meinung nach die Gerechtigkeit fördert, und handeln Sie dementsprechend. Aber begründen Sie es nie, denn Ihr Urteil wird vermutlich richtig sein, aber Ihre Gründe sicherlich falsch.»[2] Das mag ein guter Rat für taktvolles Regieren sein, aber eine Garantie, dass das Richtige getan wird, ist es ganz sicher nicht. Es verhilft den Betroffenen auch nicht zur Einsicht, dass Gerechtigkeit geübt wird (und dies ist, wie ich später erörtern will, Teil des Unternehmens, Entscheidungen über Gerechtigkeit nachhaltig zu machen).

Zu den Erfordernissen einer Theorie der Gerechtigkeit gehört es, für die Diagnose von Gerechtigkeit oder Ungerechtigkeit die Vernunft ins Spiel zu bringen. Seit Jahrhunderten versuchen in unterschiedlichen Teilen der Welt Verfasser von Schriften über die Gerechtigkeit, das intellektuelle Fundament zu schaffen, auf dem sich das Denken von einem allgemeinen Gerechtigkeitssinn zu spezifischen vernünftigen Diagnosen von Ungerechtigkeit und zur Analyse von Wegen zur Förderung der Gerechtigkeit weiterbewegen kann. Überall auf der Welt gibt es lange – und überraschende – Traditionen des Nachdenkens über Gerechtigkeit und Ungerechtigkeit, aus denen erhellende Anregungen für die Begründung der Gerechtigkeit zu gewinnen sind; im Folgenden sollen sie geprüft werden.

Die Aufklärung und eine grundsätzliche Divergenz

Auch wenn soziale Gerechtigkeit schon seit sehr langer Zeit in der Diskussion ist, hat das Thema während der Europäischen Aufklärung im achtzehnten und neunzehnten Jahrhundert, angeregt durch das politische Klima der Veränderung und auch durch den sozialen und wirtschaftlichen Wandel in Europa und Amerika, besonderen Aufschwung genommen. Die führenden dem radikalen Denken des Zeitalters verbundenen Philosophen, die sich mit der Gerechtigkeit befassen, vertreten zwei grundsätzliche und divergierende Denkrichtungen. Der Unterschied zwischen ihnen ist weit weniger beachtet worden, als er verdient, glaube ich. Ich werde mit dieser Dichotomie beginnen, weil die spezifische Auffassung von der Theorie der Gerechtigkeit, die ich in diesem Buch vorstellen möchte, auf ihrem Hintergrund besser verständlich werden kann.

Ein Denkansatz, den im siebzehnten Jahrhundert Thomas Hobbes entwickelte und in seiner Nachfolge Jean-Jacques Rousseau und andere auf unterschiedliche Weise weiterführten, konzentrierte sich auf die Vorstellung von Institutionen, die gerechte Regelungen für eine Gesellschaft sichern. Dieser Ansatz, der ideale Institutionen zum Maßstab und Garanten für Gerechtigkeit macht – man könnte ihn «*transcendental institutionalism*», transzendentalen* Institutionalismus nennen – hat zwei deutliche

* *transcendental* bezeichnet hier zunächst eine Eigenschaft der Institutionen, die Gerechtigkeit garantieren sollen; sie sind ideal vollkommen oder utopisch; im Sinn

Merkmale. Erstens konzentriert er sich auf vollkommene Gerechtigkeit und nicht auf einen Vergleich von mehr oder weniger Gerechtigkeit und Ungerechtigkeit. Er versucht nur, soziale Charakteristika zu bestimmen, die an Gerechtigkeit nicht zu übertreffen sind, und deshalb befasst er sich nicht mit dem Vergleich machbarer Gesellschaften, die womöglich alle das Ideal der Vollkommenheit verfehlen. Ziel ist eine abstrakte Identifizierung «des Rechten», nicht das Auffinden von Kriterien für die Unterscheidung zwischen ungerechteren und weniger ungerechten Alternativen.

Zweitens konzentriert sich der transzendentale Institutionalismus bei seiner Suche nach Vollkommenheit vorwiegend auf das richtige Verständnis der Institutionen und nicht unmittelbar auf die tatsächlichen Gesellschaften, die am Ende entstehen. Die Eigenart der Gesellschaft, die sich aus einer beliebigen Gruppierung von Institutionen ergibt, hängt zwangsläufig auch von nichtinstitutionellen Faktoren ab, etwa vom tatsächlichen Verhalten und den sozialen Interaktionen der Menschen. Wenn eine auf ideale Institutionen zielende Theorie überhaupt auf wahrscheinliche institutionelle Folgen eingeht, macht sie spezifische Annahmen über soziales Verhalten, die zur Funktionsfähigkeit der ausgewählten Institutionen beitragen.

Beide Merkmale stehen im Zusammenhang mit dem Denkmodell des Gesellschaftsvertrags, das Thomas Hobbes angeregt und John Locke, Jean-Jacques Rousseau und Immanuel Kant[3] weiterentwickelt hatten. Ein hypothetischer «Sozialkontrakt», der – so die Annahme – frei gewählt wurde, soll eine ideale Alternative zu dem Chaos bieten, das womöglich andernfalls eine Gesellschaft kennzeichnen würde, und die Verträge, die in erster Linie von den Autoren erörtert wurden, befassten sich überwiegend mit der Auswahl von Institutionen. Daraus ergaben sich Theorien der Gerechtigkeit, die sich auf eine transzendentale Definition der idealen Institutionen konzentrierten.*

Kants, den Sen als einen Mitbegründer des *transcendental institutionalism* ansieht, wären solche Institutionen transzendent, das heißt, sie «überschreiten die Grenze aller Erfahrung»; – transzendental im Sinn Kants dagegen «bedeutet niemals eine Beziehung unserer Erkenntnis auf Dinge, sondern nur aufs Erkenntnisvermögen». *Institutionalism* wird dann die Methode genannt, die sich auf Idealvorstellungen von Institutionen konzentriert, um Gerechtigkeit zu definieren; in einem begrenzten Sinn kann man sie transzendental nennen. (A. d. Ü.)

* Der Zugang zur Gerechtigkeit über einen Gesellschaftsvertrag, der auf Hobbes zurückgeht, verbindet Transzendentalismus mit Institutionalismus, aber diese beiden Merkmale treten nicht notwendig in Kombination auf. Wir können zum Beispiel eine transzendentale Theorie haben, die sich auf soziale Verwirklichungen,

Man muss hier jedoch festhalten, dass diese Vertragstheoretiker auf ihrer Suche nach vollkommenen Institutionen manchmal auch sehr erhellende Analysen der moralischen oder politischen Gebote für sozial angemessenes Verhalten durchgeführt haben. Das gilt besonders für Immanuel Kant und John Rawls, die beide zum transzendentalen Institutionalismus beigetragen haben, denen wir aber auch weit reichende Analysen der Anforderungen von Verhaltensnormen verdanken. Auch wenn sie ihr Hauptaugenmerk auf die Institutionenwahl richteten, können ihre Analysen allgemeiner gefasst als auf «Regeln konzentrierte» (arrangement-focused) Annäherungen an Gerechtigkeit verstanden werden, wobei die Regeln nicht nur angemessene Institutionen, sondern auch angemessenes Verhalten betreffen.* Offensichtlich besteht ein radikaler Gegensatz zwischen einer auf Regeln konzentrierten Vorstellung von Gerechtigkeit und einem auf Verwirklichung ausgerichteten Verständnis des Begriffs: Dieses muss sich zum Beispiel mit dem tatsächlichen Verhalten von Menschen befassen und wird nicht voraussetzen, dass alle sich ideal verhalten und den entsprechenden Regeln unterwerfen.

Eine Reihe anderer aufklärerischer Theoretiker wählte im Gegensatz zum transzendentalen Institutionalismus eine Vielfalt komparativer, auf soziale Verwirklichung (das heißt, auf die Wirkung tatsächlicher Institutionen, tatsächlichen Verhaltens und anderer Einflüsse) ausgerichteter Ansätze. Verschiedene Versionen dieses komparativen Denkens finden sich zum Beispiel bei Adam Smith, dem Marquis de Condorcet, Jeremy Bentham, Mary Wollstonecraft, Karl Marx, John Stuart Mill und anderen innovativen Denkern im achtzehnten und neunzehnten Jahrhundert. Auch wenn die genannten Autoren sehr unterschiedliche Vorstellungen von den Anforderungen der Gerechtigkeit hatten und ganz verschiedene

aber nicht auf Institutionen konzentriert (die Suche nach der vollkommenen utilitaristischen Welt mit glückseligen Menschen wäre ein einfaches Beispiel für das Streben nach einer «von Verwirklichung ausgehenden Transzendenz»). Oder wir können institutionelle Einschätzungen durch Vergleiche bestehender Institutionen vornehmen, statt uns auf eine über die Realität hinausgehende Suche nach dem vollkommenen Sortiment sozialer Institutionen zu konzentrieren (dem freien Markt lieber eine größere – oder eigentlich geringere Rolle – zuzubilligen, wäre ein Beispiel für die vergleichende Einschätzung von Institutionen).

* Rawls erklärt: «Die andere Beschränkung unserer Erörterung besteht darin, dass ich mich zumeist mit den Gerechtigkeitsgrundsätzen einer wohlgeordneten Gesellschaft befasse. Es wird angenommen, dass jeder gerecht handelt und seinen Teil zur Erhaltung der gerechten Institutionen beiträgt.» (*Eine Theorie der Gerechtigkeit*, Übers.: Hermann Vetter (Frankfurt: Suhrkamp, 1975), S. 24).

Wege zur vergleichenden Betrachtung von Gesellschaften einschlugen, kann man doch ohne große Übertreibung sagen, dass sie alle ihre Analysen nicht auf die «über die Realität hinausgehende» Suche nach einer vollkommenen Gesellschaft beschränkten, sondern sich mit dem Vergleich von Gesellschaften befassten, die schon bestanden oder verwirklicht werden konnten. Für Autoren, die im Interesse an Verwirklichung Vergleiche anstellten, war es oft in erster Linie wichtig, sichtliches Unrecht aus der Welt zu schaffen.

Der Abstand zwischen den beiden Ansätzen, *dem transzendentalen Institutionalismus* auf der einen und dem *auf Verwirklichung konzentrierten Vergleich* auf der anderen Seite, ist beträchtlich. Die Hauptrichtung der gegenwärtigen politischen Philosophie hält sich in ihren Untersuchungen zur Theorie der Gerechtigkeit vorwiegend an die erste Tradition, den transzendentalen Institutionalismus. John Rawls, der bedeutendste politische Philosoph unserer Zeit (seine Ideen und folgenreichen Beiträge sind Gegenstand des zweiten Kapitels in diesem Buch)*, ist das eindrucksvollste Beispiel dafür. Rawls' «Grundsätze der Gerechtigkeit» in seinem Werk *Eine Theorie der Gerechtigkeit* sind ausschließlich auf vollkommen gerechte Institutionen bezogen, obwohl er die Normen des rechten Verhaltens auch – sehr erhellend – im politischen und moralischen Kontext untersucht.**

Auch etliche der anderen herausragenden gegenwärtigen Theoretiker der Gerechtigkeit haben – vereinfacht gesagt – die Richtung des idealistischen Blicks auf Institutionen eingeschlagen – ich denke hier zum Beispiel an Ronald Dworkin, David Gauthier oder Robert Nozick. Ihre Theorien, die verschiedene, aber jeweils wichtige Erkenntnisse über die Anforderungen einer «gerechten Gesellschaft» vermitteln, haben ein gemeinsames Ziel: die Bestimmung gerechter Regeln und

* In *Eine Theorie der Gerechtigkeit* erklärte er: «Ich möchte eine Gerechtigkeitsvorstellung darlegen, die die bekannte Theorie des Gesellschaftsvertrages etwa von Locke, Rousseau und Kant verallgemeinert und auf eine höhere Abstraktionsebene hebt» (S. 27 f.). Siehe auch: Rawls, *Politischer Liberalismus,* übersetzt von Wilfried Hinsch (Frankfurt: Suhrkamp, 2003). Die «kontraktarischen» Wurzeln seiner Theorie der Gerechtigkeit hatte Rawls schon in seinem frühen, bahnbrechenden Artikel «Justice as Fairness», *Philosophical Review*, 67 (1958) betont.

** Wenn Rawls sich dafür einsetzt, dass ein «Überlegungsgleichgewicht» gebraucht wird, baut er in seine soziale Analyse die Notwendigkeit ein, Werte und Prioritäten einer kritischen Prüfung zu unterziehen. Auch ist es, wie schon erwähnt, in dieser Analyse ein Kennzeichen der «gerechten Institutionen», dass eine Übereinstimmung von tatsächlichem Verhalten und den richtigen Verhaltensregeln angenommen wird.

Institutionen, auch wenn sie diese Ordnungsgefüge (arrangements) in sehr verschiedenen Formen identifizieren. Die Charakterisierung vollkommen gerechter Institutionen ist ins Zentrum moderner Theorien der Gerechtigkeit geraten.

Der Ausgangspunkt

Anders als die meisten modernen Theorien der Gerechtigkeit, die sich auf die «gerechte Gesellschaft» konzentrieren, ist dieses Buch ein Versuch, die Realisierungsvergleiche zu überprüfen, die Fortschritte oder Rückschritte der Gerechtigkeit ins Visier nehmen. In dieser Hinsicht reiht es sich nicht in die starke, philosophisch höher angesehene Tradition des transzendentalen Institutionalismus ein, sondern es ist eher der anderen Tradition verbunden, die ungefähr um die gleiche Zeit oder kurz danach Gestalt annahm und für die Smith, Condorcet, Wollstonecraft, Bentham, Marx, Mill und andere stehen. Dass ich den gleichen Ausgangspunkt habe wie diese voneinander sehr verschiedenen Denker, heißt allerdings nicht, dass ich im Wesentlichen mit ihren Theorien übereinstimme – was sich von selbst verstehen sollte, da sie schon untereinander nicht einig waren, und sobald wir über den gemeinsamen Ausgangspunkt hinausgehen, müssen wir auch Zielorte ins Auge fassen.* Der Rest des Buches wird den Weg dorthin untersuchen.

Wichtig ist der Ansatzpunkt, besonders die Auswahl einiger Fragen, die beantwortet werden müssen (zum Beispiel die Frage: «Wie kann Gerechtigkeit erhöht werden?»), während andere nicht beachtet werden sollen (zum Beispiel die Frage nach vollkommen gerechten Institutionen). Dieser Ansatz hat den doppelten Effekt, dass erstens der komparative und nicht ein die Realität überschreitender Weg eingeschlagen wird und dass zweitens tatsächliche Realisierungen in den betrachteten Gesellschaften im Zentrum stehen und nicht allein Institutionen und Regeln. Bedenkt man die gegenwärtige Verteilung der Schwerpunkte in der zeitgenössischen politischen Philosophie, wird diese Entscheidung eine radikale Änderung in der Formulierung der Theorie der Gerechtigkeit verlangen.

Warum brauchen wir eine zweifache Abweichung? Ich beginne mit dem Transzendentalismus. Hier sehe ich zwei Probleme. Erstens gibt es

* Auch verstehen diese Autoren das Wort «Gerechtigkeit» sehr unterschiedlich. Adam Smith schrieb, das «Wort Gerechtigkeit» habe «mehrere verschiedene Bedeutungen». (*Theorie der ethischen Gefühle*, Übers.: W. Eckstein, Hamburg: Meiner, 2004, S. 453).

womöglich selbst unter den strikten Auflagen der Unparteilichkeit und vorurteilslosen Überprüfung, die Rawls' «original position», den «Urzustand», charakterisieren, keine vernunftgeleitete Einigung über das Wesen der «gerechten Gesellschaft»: Das wirft die Frage auf, ob die Suche nach einer einheitlichen transzendentalen Lösung mit Erfolg durchgeführt werden kann. Zweitens verlangt ein Einsatz der praktischen Vernunft, mit dessen Hilfe eine tatsächliche Auswahl getroffen werden soll, einen Bezugsrahmen für den Vergleich zwischen verschiedenen Stadien von Gerechtigkeit, damit die Aufgabe der Wahl zwischen den realisierbaren Alternativen gelöst werden kann; die Bestimmung eines womöglich unerreichbaren vollkommenen Zustands, der nicht mehr zu übertreffen wäre, trägt zur Lösung dieser Aufgabe nichts bei. Das wirft die Frage auf, ob die Suche nach einer transzendentalen Lösung redundant ist. Bevor ich näher auf diese beiden Probleme des transzendentalen Blickwinkels – Realisierbarkeit und Redundanz – eingehe, möchte ich kurz die Konzentration auf Institutionen kommentieren, die den idealistischen Blick kennzeichnet.

Die zweite Komponente meines Ansatzes geht davon aus, dass wir auch tatsächliche Verwirklichungen und Errungenschaften in den Blick nehmen müssen und nicht nur die Etablierung der als richtig erkannten Institutionen und Regeln. Dieser Kontrast steht, wie schon erwähnt, in Zusammenhang mit der generellen – und viel weiter gefassten – Dichotomie zwischen einem auf *Regeln konzentrierten* und einem auf *Realisierung konzentrierten* Verständnis von Gerechtigkeit. Die erste Auffassung spricht dafür, Gerechtigkeit in Begriffen bestimmter Organisationsformen – Institutionen, Satzungen, Verhaltensvorschriften – zu fassen, deren aktive Präsenz zeigen würde, dass Gerechtigkeit geübt wird. In diesem Kontext drängt sich die Frage auf, ob die Analyse der Gerechtigkeit sich darauf beschränken muss, die grundlegenden Institutionen und allgemeinen Regeln richtig zu erfassen. Müssen wir nicht auch untersuchen, was sich in der Gesellschaft entwickelt und welches Leben Menschen im Rahmen der Institutionen und Regeln, aber auch unter Einwirkung anderer Einflüsse, etwa des tatsächlichen Verhaltens, die unvermeidlich Auswirkung auf das Dasein haben, tatsächlich führen können?

Ich werde die Argumente für die beiden Ansätze nacheinander darstellen. Ich beginne mit den Problemen der an Idealvorstellungen ausgerichteten Bestimmung, behandle zuerst die Frage der Durchführbarkeit und die der Redundanz anschließend.

Ist eine transzendentale Übereinkunft erreichbar?

Zwischen konkurrierenden Grundsätzen der Gerechtigkeit, die kritischer Überprüfung standhalten und Anspruch auf Vorurteilsfreiheit erheben, können schwerwiegende Differenzen bestehen. Dieses Problem belastet zum Beispiel John Rawls' Annahme, dass Menschen in einem hypothetischen Zustand ursprünglicher Gleichheit, in dem sie nichts von eigenen vorgängig erworbenen Rechten wissen, eine einstimmige Entscheidung für eine einzige Kombination von zwei Gerechtigkeitsgrundsätzen treffen würden. Das setzt voraus, dass im Prinzip nur ein unparteiischer, von besonderen Ansprüchen befreiter Beweggrund einer einzigen Art die Bedingungen der Fairness erfüllt. Das, würde ich einwenden, könnte ein Irrtum sein.

Zum Beispiel kann es Unterschiede in der genauen vergleichenden Gewichtung geben, die man der Verteilungsgerechtigkeit einerseits und der allgemeinen oder gesamten Verbesserung andererseits zuspricht. John Rawls pickt in seiner transzendentalen Identifikation aus vielen verfügbaren Formeln eine heraus (die lexikographische Maximinregel, die Gegenstand des 2. Kapitels sein wird), ohne überzeugende Argumente zu nennen, die alle Alternativen seiner sehr speziellen Formel für unparteiische Aufmerksamkeit aus dem Weg räumen würden.*

Denkbar sind viele andere vernunftgeleitete Differenzen im Zusammenhang mit den besonderen Formeln, auf die Rawls seine beiden Gerechtigkeitsgrundsätze konzentriert, ohne uns zu zeigen, warum Alternativen in der vorurteilsfreien Atmosphäre seines fiktiven Urzustands keine Aufmerksamkeit mehr auf sich ziehen würden.

Sollte eine Diagnose vollkommen gerechter sozialer Ordnungen unabänderlich problematisch sein, dann ist die gesamte Strategie des transzendentalen Institutionalismus schwer geschädigt, selbst wenn jede auf der Welt denkbare Alternative verfügbar wäre. Zum Beispiel beziehen sich die beiden Grundsätze der Gerechtigkeit in John Rawls' klassischer Untersuchung der «Gerechtigkeit als Fairness» – mehr dazu im 2. Kapitel – ausschließlich auf vollkommen gerechte Institutionen in einer solchen Welt, in der alle Alternativen verfügbar sind. Aber wir wissen eben gerade

* Unparteiische Verteilungsregeln unterschiedlichen Typs schildere ich in meinem *On Economic Inequality* (Oxford: Clarendon Press, 1973; erweiterte Auflage mit neuem Anhang, zusammen mit James Foster (1997)). Siehe auch Alan Ryan (Hg.), *Justice* (Oxford: Clarendon Press, 1993) und David Miller, *Principles of Social Justice* (Cambridge, MA: Harvard University Press, 1999).

nicht, ob die Pluralität der Gründe für Gerechtigkeit zulassen würde, dass sich im Urzustand nur ein einziges Paar von Prinzipien der Gerechtigkeit entwickelt. Deshalb würde die differenzierte Erforschung der sozialen Gerechtigkeit rawlsscher Prägung, die Schritt für Schritt von der Identifizierung und Einrichtung gerechter Institutionen ausgeht, schon im Ansatz stecken bleiben.

In seinen späteren Arbeiten räumt Rawls ein, dass «Bürger natürlich unterschiedlicher Meinung über die Vorstellungen von politischer Gerechtigkeit sind, die sie für die vernünftigsten halten.» In *Das Recht der Völker* ([1999] 2002) geht er sogar noch weiter:

> Der Inhalt der öffentlichen Vernunft wird deshalb durch eine Familie politischer Gerechtigkeitskonzeptionen bestimmt und nicht durch eine einzige. Es gibt viele Formen des Liberalismus und verwandter Auffassungen und darum auch viele Formen der öffentlichen Vernunft, die durch eine Familie vernünftiger politischer Konzeptionen inhaltlich bestimmt wird. Gerechtigkeit als Fairness ist nur eine davon, wie groß ihre Vorzüge auch sein mögen.[4]

Es ist jedoch nicht klar, wie Rawls mit den weitreichenden Konsequenzen dieses Zugeständnisses umgehen würde. Die spezifischen, für die Grundstruktur der Gesellschaft fest gewählten Institutionen würden eine spezifische Bestimmung der Grundsätze der Gerechtigkeit fordern, so wie es Rawls in seinen frühen Werken einschließlich der *Theorie der Gerechtigkeit* (1971) dargestellt hatte.* Sobald der Anspruch auf Ausschließlichkeit [uniqueness] aufgegeben wird (den Grund dafür umreißt Rawls in seinen späteren Arbeiten), litte das Institutionenprogramm unter Unbestimmtheit, und Rawls sagt nicht viel darüber, wie eine bestimmte Familie von Institutionen unter der Voraussetzung ausgewählt würde, dass es eine Gruppe konkurrierender Grundsätze der Gerechtigkeit gibt, die unterschiedliche institutionelle Kombinationen für die Grundstruktur der Gesellschaft fordern. Er könnte dieses Problem natürlich dadurch lösen, dass er die Fixierung auf Idealvorstellungen von Institutionen seiner früheren Arbeiten, vor allem der *Theorie der Gerechtigkeit*, aufgäbe; das wäre die Maßnahme, die diesem besonderen Autor am meisten zusagen

* Über die Schwierigkeiten, im Urzustand zu ausschließlich zwei Leitprinzipien für die Wahl gerechter Institutionen zu kommen, schreibt Rawls in seinem späteren Buch *Justice as Fairness: A Restatement*, herausgegeben von Erin Kelly (Cambridge, MA: Harvard University Press, 2001), S. 132–34; deutsch: *Gerechtigkeit als Fairneß*, S. 208–09. Ich bin Erin Kelly dankbar, dass sie mit mir über die Beziehung zwischen Rawls' späteren Schriften und den früheren Formulierungen seiner Theorie der Gerechtigkeit als Fairness diskutiert hat.

würde.* Aber leider bin ich nicht in der Lage zu behaupten, dass Rawls selbst definitiv diese Richtung einschlug, auch wenn einige seiner späteren Arbeiten es nahe legen mögen.

Drei Kinder und eine Flöte: Eine Erläuterung

Der Kern des speziellen Problems, wie eine einzige unparteiische Bestimmung der vollkommen gerechten Gesellschaft erreicht wird, ist die Frage, ob sich vielfältige und konkurrierende Begründungen für Gerechtigkeit aufrecht erhalten lassen, die sämtlich Ansprüche auf Unparteilichkeit haben und trotzdem voneinander verschieden sind – und einander widerstreiten. Ich möchte das Problem an einem Beispiel erläutern: Stellen Sie sich vor, Sie müssten entscheiden, welches der drei Kinder Anne, Bob und Carla die Flöte haben soll, um die sie sich streiten. Anne verlangt das Instrument für sich, da sie als Einzige von den Dreien Flöte spielen könne (die anderen bestreiten dies nicht) und da es ungerecht wäre, die Flöte dem einzigen Kind zu verweigern, das tatsächlich auf ihr spielen kann. Wenn das alles ist, was Sie wissen, hätten Sie gute Gründe, dem ersten Kind die Flöte zu geben.

In einem alternativen Szenario meldet sich Bob und verteidigt seinen Anspruch auf die Flöte mit dem Hinweis, er als Einziger von den Dreien sei so arm, dass er keine eigenen Spielzeuge besitze. Bekäme er die Flöte, hätte er etwas zum Spielen (die beiden anderen räumen ein, dass sie reicher und wohlversehen sind mit hübschen Dingen zum Zeitvertreib). Wenn Sie nur Bob und keins der beiden anderen Kinder gehört hätten, würde Sie sein Argument überzeugen.

In einem zweiten alternativen Szenario kommt Clara zu Wort und erklärt, dass sie viele Monate lang fleißig gearbeitet hat, um die Flöte selbst zu bauen (die anderen bestätigen dies), und als sie gerade mit der Arbeit fertig gewesen sei, «genau in dem Moment», klagt sie, «sind diese Ausbeuter gekommen und wollten mir die Flöte wegnehmen.» Wenn Sie nur Claras Erklärung gehört hätten, wären Sie vielleicht geneigt,

* John Grays Skepsis gegenüber Rawls' Theorie der Gerechtigkeit ist viel radikaler als meine, aber die Überzeugung, dass es auf Wertfragen nur eine einzige richtige Antwort geben könne, lehnen wir beide ab. Ich stimme Gray auch zu, dass «die Vielfalt von Lebensweisen und Lebensführungen ein Zeichen für Freiheit, nicht für Irrtum ist» (*Two Faces of Liberalism* (Cambridge: Polity Press, 2000)), S. 139). In meiner Untersuchung prüfe ich, wie wir uns trotz unterschiedlicher Ansichten von «idealer» Lebensführung auf Wege zur Verminderung von Ungerechtigkeit einigen können.

ihren verständlichen Anspruch auf etwas, das sie selbst gemacht hat, anzuerkennen und ihr die Flöte zu geben.

Da Sie aber alle drei Kinder und ihre unterschiedlichen Argumente gehört haben, müssen Sie eine schwierige Entscheidung treffen. Theoretiker unterschiedlicher Denkrichtungen, etwa Utilitaristen oder Verfechter eines ökonomischen Egalitarismus oder nüchterne Libertäre, könnten jeder für sich der Ansicht sein, dass es eine eindeutige Lösung gibt und dass sie auf der Hand liegt, also mühelos zu finden ist. Aber fast mit Sicherheit würden sie jeweils völlig verschiedene Lösungen für offensichtlich richtig halten.

Bob, das ärmste Kind, würde am ehesten ziemlich uneingeschränkte Unterstützung vom ökonomischen Egalitarier erhalten, wenn dieser sich verpflichtet fühlt, Lücken in den ökonomischen Mitteln der Menschen zu schließen. Andererseits würde Carla, die Flötenbauerin, sofort den Libertären für sich gewinnen. Der hedonistische Utilitarist hätte vielleicht die schwierigste Aufgabe, würde aber mit Sicherheit der Tatsache, dass Annes Vergnügen wahrscheinlich größer ist als das der anderen, weil nur sie Flöte spielen kann, mehr Gewicht geben als der Libertäre oder der Egalitarier (dazu kommt der Leitspruch: «waste not – want not» [kein Vergeuden – kein Mangel]). Trotzdem müsste der Egalitarier auch anerkennen, dass Bob, der größeren Mangel leidet als die anderen, durch die Flöte einen quantitativ höheren Zuwachs an Glück erfahren könnte. Carlas «Recht», zu erhalten, was sie hergestellt hat, mag dem Utilitaristen nicht unmittelbar einleuchten, aber gründlichere utilitaristische Reflexionen würden wohl berücksichtigen, dass man Anreize zur Arbeit braucht, wenn man eine Gesellschaft aufbauen will, in der die Schaffung von Nutzen dadurch gefördert und ermutigt wird, dass man Menschen behalten lässt, was sie mit eigener Anstrengung gefertigt haben.*

Der Libertäre wird Clara die Flöte zusprechen und seine Unterstützung anders als der Utilitarist nicht an die Bedingung knüpfen, dass damit ein Arbeitsanreiz geschaffen wird, sondern unmittelbar begründen mit dem Eigentumsrecht einer Person auf das, was sie selbst produziert hat. Die Idee des Rechtes auf die Früchte eigener Arbeit kann Libertäre vom rechten und Marxisten vom linken Flügel vereinen (ganz gleich, wie wenig wohl sich die einen in der Gesellschaft der anderen fühlen

* Wir haben hier natürlich den einfachen Fall gewählt, in dem leicht erkennbar ist, wer was produziert hat; Clara hat die Flöte selbst und allein gemacht. Erhebliche Probleme würden sich jedoch ergeben, wenn mehrere Produktionsfaktoren, nicht nur Arbeitsleistung, berücksichtigt werden müssten.

mögen).* Allgemein gesagt, ist es nicht leicht, auch nur einen der Ansprüche, die entweder mit dem Streben nach einem erfüllten Leben oder der Beseitigung von Armut oder dem Recht, die Produkte eigener Arbeit zu genießen, begründet sind, beiseite zu schieben. Für sämtliche unterschiedlichen Lösungen sprechen gewichtige Argumente, und wir können möglicherweise keines der alternativen Argumente ohne eine gewisse Willkür über die anderen stellen.**

Ich möchte hier die Aufmerksamkeit auch auf die einigermaßen offensichtliche Tatsache lenken, dass die Rechtfertigungsargumente der drei Kinder sich nicht in der Einschätzung dessen, was ein individueller Vorteil ist, unterscheiden (alle drei Kinder halten es für einen Vorteil, die Flöte zu besitzen und gründen ihre Argumente darauf), sondern deshalb verschieden sind, weil sie ganz generell unterschiedliche Grundprinzipien für die Allokation von Ressourcen vertreten. In diesen Grundsätzen geht es darum, wie soziale Regelungen getroffen, welche sozialen Institutionen gewählt werden sollen und welche sozialen Verwirklichungen auf diesem Weg zustande kommen würden. Es geht nicht einfach darum, dass die erworbenen Ansprüche der drei Kinder sich unterscheiden (obwohl sie natürlich unterschiedlich sind), sondern darum, dass jedes der drei Argumente auf einen anderen Typ unparteiischer und nicht-willkürlicher Begründung verweist.

Das gilt nicht nur für die Fairness im von Rawls so genannten Urzustand, sondern auch für andere Gebote der Unparteilichkeit, zum Beispiel Thomas Scanlons Forderung, dass unsere Grundsätze dem gerecht werden, «was andere nicht mit Vernunft widerlegen können».[5] Wie bereits gesagt, können Theoretiker unterschiedlicher Denkrichtungen, also Utilitaristen, ökonomische Egalitarier, Arbeitsrechtstheoretiker oder nüch-

* Karl Marx selbst äußerte sich zunehmend skeptisch über das «Recht des Produzenten auf seine Arbeit», das er als ein «bürgerliches Recht» ansah, das letzten Endes zugunsten einer «Verteilung dem Bedarf entsprechend» abzulehnen sei; über die notwendige Ungleichheit des Rechts siehe sein letztes substantielles Werk, *Kritik des Gothaer Programms* (1875). Zur Wichtigkeit dieser Dichotomie siehe mein Buch *On Economic Inequality* (Oxford: Clarendon Press, 1973), Kapitel 4. Siehe auch G.A.Cohen, *History, Labour and Freedom: Themes from Marx* (Oxford: Clarendon Press, 1988).

** Bernard Williams behauptet: «Uneinigkeit muss nicht notwendig überwunden werden.» Sie «kann sogar ein wichtiger, konstitutiver Zug unserer Beziehungen zu anderen sein und im Licht der besten Erklärungen, die wir für das Entstehen solcher Uneinigkeit haben, auch als etwas Erwartbares verstanden werden.» (*Ethics and the Limits of Philosophy* (London: Fontana, 1985, S.133). Deutsch: *Ethik und die Grenzen der Philosophie* (1999).

terne Libertäre alle der Ansicht sein, dass es eine unkomplizierte gerechte und leicht zu findende Lösung gibt, aber sie würden sich jeder für eine andere offenkundig richtige Lösung einsetzen. Es kann sein, dass es tatsächlich keine erkennbare vollkommen gerechte soziale Regelung gibt, aus der eine unparteiische Einigung hervorginge.

Ein komparatives oder ein transzendentales Bezugssystem?

Das Problem mit der transzendentalen Orientierung entsteht nicht nur durch die mögliche Pluralität konkurrierender Grundsätze, die den Anspruch haben, wichtig für die Einschätzung von Gerechtigkeit zu sein. So gravierend das Problem der Nichtexistenz einer identifizierbaren vollkommen gerechten sozialen Regelung sein mag, ist doch das entscheidende Argument zugunsten der komparativen Annäherung an die praktische Begründung der Gerechtigkeit nicht die Undurchführbarkeit, sondern die Redundanz der transzendentalen Theorie. Wenn eine Theorie der Gerechtigkeit Leitfaden für die rationale Wahl von Grundsätzen, Strategien oder Institutionen sein soll, dann ist die Bestimmung von vollkommen gerechten sozialen Regelungen weder notwendig noch hinreichend.

Machen wir uns das an einem Beispiel klar: Wenn wir versuchen, zwischen einem Bild von Picasso und einem von Dalí zu wählen, hilft die Diagnose (wenn sie denn möglich wäre), dass die *Mona Lisa* das ideale, auf der Welt unübertreffliche Gemälde sei, uns bei der Entscheidung nicht. Diese Diagnose mag interessant sein, besagt aber für die Entscheidung zwischen Picasso und Dalí gar nichts.[6] Um eine dieser beiden Alternativen zu wählen, ist es überhaupt nicht notwendig, über das großartigste oder vollkommenste Gemälde auf der Welt zu reden. Es ist auch weder hinreichend noch hilfreich zu wissen, dass die *Mona Lisa* dieses vollkommenste Gemälde ist, wenn wir nur die Wahl zwischen einem Picasso und einem Dalí haben.

Ist es so einfach, oder täuscht man sich? Würde eine Theorie, die eine transzendentale Alternative bestimmt, uns nicht mittels des gleichen Verfahrens auch sagen, was wir über komparative Gerechtigkeit wissen wollen? Die Antwort ist Nein. Wir könnten natürlich die Idee verlockend finden, womöglich eine Rangordnung der Alternativen nach Maßgabe ihrer Nähe zur vollkommenen Wahl zu treffen, sodass eine transzendentale Bestimmung indirekt auch eine Einstufung der Alternativen hergäbe. Aber dieses Verfahren bringt uns nicht viel weiter, teils deshalb, weil Gegenstände sich in unterschiedlichen Dimensionen voneinander unterscheiden (man müsste also zusätzlich die relative Bedeutung von Abständen in den je verschiedenen Dimensionen einschätzen), und auch deshalb, weil deskriptiv erfassbare Nähe nicht notwendig ein Leitfaden zu Nachbarschaft auf einer Werteskala ist. (Wer lieber Rotwein als Weißwein trinkt, zieht womöglich beide einer Mischung aus Rot- und Weißwein vor, obwohl die Mischung in deskriptivem Sinn offensichtlich dem Wunschkandidaten Rotwein ähnlicher sieht als reiner Weißwein.)

Natürlich ist eine Theorie möglich, die beides leistet: vergleichende Einschätzungen von Alternativpaaren und eine transzendentale Bestimmung (wenn dies nicht dadurch ausgeschlossen ist, dass eine Pluralität von unparteiischen Begründungen weiterhin unsere Beachtung verlangt). Das wäre eine «Mischtheorie», aber keiner der beiden verschiedenen Typen der Beurteilung folgt aus dem anderen. Auch sind die Standardtheorien der Gerechtigkeit, die für die transzendentale Bestimmung stehen – zum Beispiel die Theorien von Hobbes, Rousseau, Kant oder in unserer Zeit Rawls und Nozick –, keine Mischtheorien. Richtig ist jedoch, dass einige dieser Autoren, als sie ihre transzendentalen Theorien entwickelten, auch einzelne Argumente verwendeten, die sich auf die vergleichende Arbeit auswirken. Aber im Allgemeinen bietet die Festlegung einer transzendentalen Alternative keine Lösung für die Aufgabe, zwei nicht-transzendentale Alternativen miteinander zu vergleichen.

Eine transzendentale Theorie befasst sich einfach nicht mit derselben Frage wie eine vergleichende Einschätzung – sondern mit einer Frage, die von großem intellektuellen Interesse sein mag, aber nicht unmittelbar relevant für das anstehende Problem der Auswahl ist. Stattdessen benötigen wir eine auf öffentlichem Vernunftgebrauch* beruhende Einigung über die Rangfolge von Alternativen, die verwirklicht werden können. Die Trennung zwischen dem transzendentalen und dem komparativen Ansatz ist durchgängig; das wird im 4. Kapitel, «Stimme und kollektive Entscheidung», näher ausgeführt. Der komparative Ansatz ist übrigens zentral für die analytische Theorie kollektiver Entscheidungen, deren Entwicklung im 18. Jahrhundert mit den Untersuchungen des Marquis de Condorcet und anderer vorwiegend in Paris arbeitender französischer Mathematiker begann.[7] Diese mathematische Entscheidungstheorie wurde lange Zeit

* A. d. Ü.: Der Begriff «*public reasoning*» oder «*the exercise of public reasoning*» wurde, wie Sen (im 15. Kapitel) sagt, von Rawls geprägt und ist womöglich eine Übersetzung von Kants Formulierung «der öffentliche Gebrauch der Vernunft» (Kant, *Beantwortung der Frage: Was ist Aufklärung* (1784)), die Habermas aufnimmt (vergl. 1. Kapitel).

wenig beachtet, obwohl die Arbeit im Spezialgebiet der Theorie des Wahlverhaltens weiterverfolgt wurde. Mitte des zwanzigsten Jahrhunderts führte Kenneth Arrow die mathematische Formulierung der «Social Choice» Theorie wieder ein und entwickelte sie zu ihrer gegenwärtigen Form.[8] Dieser Ansatz hat in den letzten Jahrzehnten zu hoher Produktivität auf dem Gebiet analytischer Untersuchungen geführt, man nutzt ihn, um Wege und Mittel zu finden, wie man die Werte und Prioritäten der beteiligten Personen zur Grundlage für vergleichende Einschätzungen sozialer Alternativen machen kann.* Weil die Literatur zur Logik kollektiver Entscheidungen typischerweise sehr technisch und weitgehend mathematisch ist und weil viele Ergebnisse auf diesem Gebiet nur in umfangreichen mathematisch-logischen Formeln ausgedrückt werden können**, wurde ihr Grundansatz vor allem von Philosophen relativ wenig beachtet. Und doch sind dieser Ansatz und die Logik, die ihm zugrunde liegt, nicht weit entfernt vom alltäglichen Verständnis der charakteristischen Merkmale angemessener sozialer Entscheidungen. Für den konstruktiven Ansatz, um den ich mich in diesem Buch bemühe, spielen Einsichten der «Social Choice» Theorie eine wesentliche Rolle.***

Verwirklichungen, Leben und Befähigungen

Ich komme nun zum zweiten Teil meines Ansatzes, also der These, dass wir eine Theorie brauchen, die sich weder auf die Auswahl von Institutionen beschränkt noch auf die Festsetzung idealer sozialer Regelungen.

* Zu den generellen Merkmalen dieses Ansatzes, der die analytischen Ergebnisse motiviert und unterstützt, siehe meine Alfred Nobel Lecture, die ich im Dezember 1998 in Stockholm gehalten habe; sie wurde später als «The Possibility of Social Choice», in *American Economic Review*, vol. 89 (1999), und in *Les Prix Nobel 1998* (Stockholm: The Nobel Foundation, 1999) veröffentlicht.

** Die mathematischen Formeln sind jedoch für den Inhalt der durch Axiome und Theoreme dargestellten Argumente einigermaßen wichtig. Einige Zusammenhänge zwischen formalen und informellen Argumenten erörtere ich in meinem Buch *Collective Choice and Social Welfare* (San Francisco, CA: Holden-Day; wieder abgedruckt, Amsterdam: North-Holland, 1979), in dem mathematische und informelle Kapitel abwechseln. Siehe auch meinen kritischen Überblick über die einschlägige Literatur im Artikel «Social Choice Theory», in Kenneth Arrow und Michael Intriligator (Hg.) *Handbook of Mathematical Economics* (Amsterdam: North-Holland, 1986).

*** Die Zusammenhänge zwischen der Theorie kollektiver Entscheidung und der Theorie der Gerechtigkeit werden im Kapitel 4, «Stimme und kollektive Entscheidung», genauer untersucht.

Diese Theorie muss vielmehr davon ausgehen, dass Gerechtigkeit nicht indifferent gegenüber dem Leben sein darf, das Menschen tatsächlich führen können. Die hohe Bedeutung menschlicher Lebensführung, Erfahrung und Verwirklichung ist nicht zu ersetzen durch Informationen über bestehende Institutionen und funktionierende Regeln. Institutionen und Regeln üben natürlich großen Einfluss auf das Geschehen aus, deshalb sind sie wichtig, und zur gegenwärtigen Welt gehören sie ebenfalls, aber die tatsächliche Wirklichkeit geht weit über das Bild der Organisationen hinaus und schließt das Leben ein, das Menschen führen – oder nicht führen können.

Bedenken wir die Eigenart menschlicher Lebensführung, haben wir Grund, uns nicht nur für die vielfältigen Dinge zu interessieren, die uns gelingen, sondern auch für unsere tatsächlichen Freiheiten, zwischen verschiedenen Lebensweisen zu wählen. Die Freiheit, uns unser Leben auszusuchen, kann erheblich zu unserem Wohlbefinden beitragen, aber abgesehen vom Wohlergehen könnte die Freiheit selbst als wichtig verstanden werden. Die Urteils- und Entscheidungsfähigkeit ist ein signifikantes Element des menschlichen Lebens. Wir sind durchaus nicht verpflichtet, nur unser eigenes Wohlergehen anzustreben, und es ist an uns, zu entscheiden, welches Ziel zu verfolgen wir gute Gründe haben (im 8. und 9. Kapitel Näheres dazu). Wir müssen weder Gandhi sein noch Martin Luther King Jr., Nelson Mandela oder Desmond Tutu, um zu erkennen, dass wir andere Ziele oder Prioritäten haben können als das ausschließliche Streben nach unserem eigenen Wohlergehen.* Auch die Freiheiten und Befähigungen, die wir genießen, haben Wert für uns, und wie wir sie nutzen, ist schließlich unsere Entscheidung.

Schon an dieser Stelle will ich auf eine wichtige Veränderung hinweisen, auf die ich in den Kapiteln 11–13 näher eingehen werde: Wenn soziale Verwirklichungen nicht nach den Kriterien von Nutzen oder Glück beurteilt (wie Jeremy Bentham und andere Utilitaristen empfehlen), sondern an den Befähigungen oder Chancen abgelesen werden, die Menschen tatsächlich haben, dann ergeben sich damit signifikante Perspektivenwechsel. Erstens wird auch in den Blick genommen, wie Menschen leben oder welche wirklichen Freiheiten sie besitzen; man blendet

* Adam Smith behauptete, dass sogar ein selbstsüchtiger Mensch «offenbar gewisse Prinzipien in seiner Natur» hat, «die ihn dazu bestimmen, an dem Schicksal anderer Anteil zu nehmen» (*Theorie der ethischen Gefühle*, S. 1) und fährt fort: «Auch der größte Rüpel, der Hartgesottene, der die Gesetze der Gesellschaft skrupellos verletzt, ist nicht ganz ohne diese Prinzipien».

nicht mehr alles aus bis auf das Vergnügen oder den Nutzen, den sie am Ende haben. Freiheit hat aber auch einen zweiten signifikanten Aspekt: Sie überträgt uns die Verantwortung für das, was wir tun.

Die Freiheit der Wahl gibt uns die Möglichkeit zu entscheiden, was wir tun sollten, aber damit zugleich auch die Verantwortung für das, was wir tun – soweit unsere Handlungen frei gewählt sind. Da eine Befähigung das Vermögen ist, etwas zu tun, erfasst die neue Perspektive auch die Verantwortlichkeit, die aus diesem Vermögen – dieser Macht – hervorgeht, und das kann Raum für Pflichtgebote, in weitem Sinn deontologische Forderungen, schaffen. Hier ergibt sich eine Überschneidung zwischen handlungsorientierten Überlegungen und den Implikationen des Befähigungsansatzes, aber nichts unmittelbar mit der utilitaristischen Perspektive Vergleichbares, da diese uns nur die Verantwortung für unser Glück zuschreibt.* Die Konzentration auf soziale Verwirklichungen einschließlich der tatsächlichen Befähigungen dafür, die Menschen haben können, führt uns unausweichlich zu einer Vielzahl anderer Fragen, die für die Analyse der Gerechtigkeit in der Welt zentrale Bedeutung haben und gründlich geprüft werden müssen.

Eine klassische Unterscheidung in der indischen Jurisprudenz

Um den Kontrast zwischen einem auf Regeln gerichteten und einem auf Verwirklichung gerichteten Rechtsverständnis zu erfassen, ist es hilfreich, auf eine alte Unterscheidung aus der Sanskrit-Literatur zur Ethik und Rechtslehre zurückzugreifen. Sehen wir uns zwei verschiedene Wörter an – *niti* und *nyaya* –; beide sind im klassischen Sanskrit Ausdrücke für Gerechtigkeit. Der Begriff *niti* bezeichnet unter anderem Korrektheit von Organisationen und Verhaltensweisen. *Nyaya* dagegen steht für ein umfassendes Konzept von verwirklichter Gerechtigkeit. In dieser Perspektive muss die Rolle von Institutionen, Regeln und Organisation, so wichtig sie sein mag, doch unter dem weiter gefassten, mehr einschließenden Kriterium von *nyaya* beurteilt werden, das unlöslich mit der Welt verbunden ist, wie sie sich tatsächlich entwickelt, und nicht nur mit den Regeln und Institutionen, die wir gerade haben.**

* Das Thema wird in den Kapiteln 9, «Die Pluralität unparteiischer Gründe», und 13, «Glück, Wohlergehen und Befähigungen», näher ausgeführt.

** Der berühmteste altindische Rechtstheoretiker, Manu nämlich, befasste sich ausgiebig mit *nitis*, und zwar häufig mit *nitis* der härtesten Sorte. (In aktuellen indischen Diskussionen habe ich gehört, wie Manu mit einer gewissen Berechtigung als «faschistischer Gesetzgeber» beschrieben wurde). Aber auch Manu konnte nicht

Ein Beispiel für die Anwendung von *nyaya*: Frühe indische Rechtstheoretiker sprachen abschätzig vom Recht des Stärkeren, von *matsyanyaya*, «Gerechtigkeit in der Welt der Fische», in der ein dicker Fisch ungehindert einen kleinen Fisch verschlingen kann. Wir werden gemahnt, dass die Vermeidung von *matsyanyaya* ein wesentlicher Teil der Gerechtigkeit sein muss und dass es entscheidend ist, die «Gerechtigkeit der Fische» von der Menschenwelt fernzuhalten. Die zentrale Erkenntnis hier besagt, dass die Verwirklichung von Gerechtigkeit im Sinne des Begriffs *nyaya* nicht einfach mit der Beurteilung von Institutionen und Regeln zu tun hat, sondern mit der Einschätzung der Gesellschaften selbst. Ganz gleich, wie korrekt etablierte Organisationen sein mögen, muss es doch als offene Verletzung der Gerechtigkeit zwischen Menschen im Sinn von *nyaya* gelten, wenn ein großer Fisch trotzdem nach Belieben einen kleinen Fisch verschlingen kann.

Ein anderes Beispiel macht den Unterschied zwischen *niti* und *nyaya* vielleicht noch deutlicher: Ferdinand I., im sechzehnten Jahrhundert Kaiser des Heiligen Römischen Reichs, ist berühmt für seine Forderung: «Fiat iustitia, et pereat mundus» – «Gerechtigkeit soll geübt werden, auch wenn die Welt dabei untergeht.» Diese rigide Maxime könnte als *niti* besonders strenger Ausprägung fungieren und von einigen verteidigt werden (Kaiser Ferdinand gehörte zu ihnen), aber wenn wir Gerechtigkeit im weiteren Sinne von *nyaya* verstehen, wäre es sehr schwer, eine totale Katastrophe als Beispiel für eine gerechte Welt einzuordnen. Sollte die Welt tatsächlich untergehen, wäre das keine besonders rühmliche Errungenschaft, selbst wenn die harte, strenge *niti*-Gerechtigkeit, die zu diesem Ergebnis geführt hätte, womöglich mit sehr komplizierten Argumenten verschiedener Art verteidigt werden könnte.

Eine auf Verwirklichung gerichtete Perspektive macht es auch leichter zu verstehen, warum es wichtig ist, offenkundigem Unrecht in der Welt vorzubeugen, statt nach dem vollkommen Gerechten zu suchen.

umhin, sich mit Fragen der Verwirklichung und *nyaya* zu befassen, wenn er die Rechtmäßigkeit einzelner *nitis* verteidigte; zum Beispiel werden wir belehrt: Es ist besser, verhöhnt zu werden, als zu verhöhnen, «denn der Mann, der verhöhnt wird, schläft glücklich, erwacht glücklich und geht glücklich durch die Welt; aber der Mann, der verhöhnt, kommt um.» (Kapitel 2, Weisung 163). Ähnlich: «Wo Frauen nicht verehrt werden, sind alle Riten fruchtlos», denn «wo die Frauen der Familie unglücklich sind, wird die Familie bald zerstört, aber sie gedeiht immer dort, wo Frauen nicht unglücklich sind» (Kapitel 3, Weisungen 56 und 57). Die englischen Zitate stammen aus Wendy Donigers ausgezeichneter Übersetzung *The Laws of Manu* (London: Penguin, 1991).

Wie am Beispiel von *nyaya* deutlich wird, besteht Gerechtigkeit nicht lediglich in dem Versuch, eine vollkommen gerechte Gesellschaft oder soziale Regelungen zu schaffen – oder zu erträumen –, sondern sie hat die Aufgabe, eindeutig schweres Unrecht, zum Beispiel den schrecklichen Zustand von *matsayanya*, zu verhindern. Als Menschen im achtzehnten und neunzehnten Jahrhundert für die Abschaffung der Sklaverei kämpften, arbeiteten sie nicht in der Illusion, dass die Welt durch die Abschaffung der Sklaverei vollkommen gerecht würde. Vielmehr gingen sie davon aus, dass eine Gesellschaft, die Sklaverei duldete, vollkommen ungerecht sei (die schon erwähnten Autoren Adam Smith, Condorcet und Mary Wollstonecraft vertraten diese Sichtweise ausdrücklich). Weil Sklaverei als untragbare Ungerechtigkeit diagnostiziert wurde, erhielt ihre Abschaffung höchste Priorität, und dazu brauchte man keinen Konsens über das Aussehen einer vollkommen gerechten Gesellschaft. Wer mit gutem Grund meint, dass der Amerikanische Bürgerkrieg, der zur Abschaffung der Sklaverei führte, ein großer Fortschritt für die Gerechtigkeit in Amerika war, müsste sich damit abfinden, dass dieser Erfolg in der auf Idealvorstellungen von Institutionen fixierten Perspektive, die nur den Kontrast zwischen dem vollkommen Gerechten und allem anderen zu sehen erlaubt, nicht viel zur Erhöhung der Gerechtigkeit beigetragen hat.*

Die hohe Bedeutung von Verfahren und Verantwortlichkeiten

Wer dazu neigt, Gerechtigkeit eher im Sinn von *niti* als von *nyaya* zu sehen, wird, auch wenn er dieser Dichotomie einen anderen Namen gibt, von der Furcht beeinflusst sein, dass eine Konzentration auf tatsächliche Verwirklichungen womöglich die Signifikanz sozialer Prozesse außer Acht lässt, zu denen es gehört, dass individuelle Pflichten und Verantwortlichkeiten übernommen werden müssen. Wir könnten das Richtige tun und trotzdem scheitern. Oder ein gutes Ergebnis erzielen, nicht weil wir danach gestrebt haben, sondern aus einem anderen, viel-

* Es ist interessant, dass Karl Marx den Amerikanischen Bürgerkrieg «das einzig großartige Ereignis der Zeitgeschichte» nannte, weil er zur Abschaffung der Sklaverei geführt habe (siehe *Das Kapital,* Bd. 1, Abschnitt 3 (Marx-Engels Werke Berlin: Dietz, Bd. 23, S. 270, Anm. 90)). Marx behauptete, dass kapitalistische Arbeitsregelungen ausbeuterisch sind, wies aber darauf hin, dass Lohnarbeit, verglichen mit Sklavenarbeit, ein riesiger Fortschritt sei. Dazu siehe auch seine *Grundrisse.* Marx' Analyse der Gerechtigkeit ging weit über seine von den Kritikern viel diskutierte Begeisterung für den Kommunismus als Endstadium der Geschichte hinaus.

leicht rein zufälligen Grund, und könnten uns dann einreden, dass Gerechtigkeit geschehen sei. Es könne kaum angemessen sein – so der Gedankengang –, nur das zu beachten, was tatsächlich geschieht, ohne die Verfahren, Anstrengungen und Verhaltensweisen zu beachten, die dazu geführt haben. Philosophen, die sich mit der Rolle der Pflicht und anderen Aspekten des so genannten deontologischen Ansatzes befassen, sind womöglich besonders misstrauisch, weil die Unterscheidung zwischen Regeln und Realisierungen dem alten Gegensatz zwischen einem deontologischen und einem konsequentialistischen Verständnis von Gerechtigkeit sehr ähnlich sehen könnte.

Diese Sorge verdient Beachtung, ist aber – möchte ich behaupten – alles in allem fehl am Platz. Eine vollständige Charakteristik von Verwirklichungen müsste detaillierte Angaben über die Verfahren enthalten, mit denen sie erzielt werden. In einem Artikel in *Econometrica* habe ich dies vor ungefähr zehn Jahren *comprehensive outcome* genannt, das ist das umfassende Ergebnis, das auch den Akt der Auswahl und andere prozedurale Aspekte berücksichtigt, die es herbeigeführt haben, und unterschieden werden muss vom *culmination outcome*, dem einfachen Ergebnis, das unabhängig von prozeduralen Gesichtspunkten bewertet wird.[9] Zum Beispiel ist eine willkürliche Verhaftung mehr als die Festnahme und Inhaftierung einer Person – sie ist wie gesagt willkürlich. Ebenso kann, auch wenn ausschließlich das Endergebnis im Blickpunkt steht, nicht außer Acht gelassen werden, ob Menschen aktiv eingegriffen haben, um es herbeizuführen. Zum Beispiel macht es einen gravierenden Unterschied, ob jemand Opfer einer Hungersnot wird, die höherer Gewalt zuzuschreiben und nicht zu verhindern war, oder ob Menschen verhungern, weil andere es so geplant hatten (natürlich ist das erste wie das zweite eine Tragödie, aber sie können nicht auf die gleiche Weise mit Gerechtigkeit verbunden sein). Oder, ein Fallbeispiel aus einem anderen Bereich, wenn ein Präsidentschaftskandidat oder eine -Kandidatin vor der Wahl behauptet, wirklich wichtig für ihn oder sie sei nicht lediglich ein Wahlsieg, sondern «die Wahl fair zu gewinnen», dann muss das angestrebte Ergebnis so etwas wie ein *comprehensive outcome* sein.

Oder denken wir an ein anderes Beispiel. In dem *Bhagavadgita* (oder kurz *Gita*) genannten Teil des indischen Epos *Mahabharata* spricht der unbesiegbare Held und Heerführer Arjuna am Abend vor der Schlacht, die im Mittelpunkt des Epos steht, von seinen tiefen Zweifeln an dem Kampf, der so viele Menschenleben kosten wird. Sein Ratgeber Krishna erklärt ihm, dass er – Arjuna – seine Pflicht zum Kämpfen ohne Rücksicht auf die Folgen über alles stellen müsse. Dieses berühmte Streitgespräch wird oft als eine Auseinandersetzung zwischen Deontologie und Konsequentialismus verstanden: Der Deontologe Krishna drängt Arjuna, seine Pflicht zu tun, während der Konsequentialist Arjuna die schrecklichen Folgen des Kriegs bedenkt.

Krishnas Heiligung des Pflichtgebots soll in dem Streitgespräch siegen, jedenfalls aus religiöser Sicht. Und *Bhagavadgita* ist zu einem Traktat von großer theologischer Bedeutung für die hinduistische Philosophie geworden, vor allem in der «Beseitigung» von Arjunas Zweifeln. Auch viele philosophische und literarische Kommentare überall auf der Welt unterstützen Krishnas moralischen Standpunkt. T.S. Eliot fasst in den *Vier Quartetten* Krishnas Sicht in Form einer Mahnung zusammen: «And do not think of the fruits of action / Fare forward [Aber denket nicht an die Früchte des Handelns. / fahret vorwärts]». Damit wir auch wirklich verstehen, worauf es ankommt, macht Eliot deutlich: «Not fare well, / but fare forward, voyagers [Nicht fahret wohl, / sondern fahret vorwärts, ihr Reisenden]».[10] Wenn wir uns aber nicht auf die kurze Passage am Ende des Streitgesprächs in Bhagavadgita beschränken, sondern zurückblättern zu dem Teil, in dem Arjuna sein Argument vertritt, oder wenn wir Mahabharata im Ganzen betrachten, werden, wie ich an anderer Stelle ausgeführt habe (in *The Argumentative Indian*), auch die Grenzen von Krishnas Blickwinkel deutlich.[11] Angesichts der totalen Verwüstung des Landes am Ende des siegreichen «gerechten» Krieges, angesichts der brennenden Scheiterhaufen hüben und drüben und der Frauen, die den Tod ihrer Lieben beweinen, fällt es sehr schwer, überzeugt zu sein, dass Arjunas mehr erfassende Sichtweise von Krishna endgültig widerlegt wurde. Für «Wohlfahrt», nicht nur «Vorwärtsstreben» mag immer noch viel sprechen.

Zwar mag der Gegensatz in weitem Sinn dem Unterschied zwischen konsequentialistischer und deontologischer Sichtweise entsprechen, aber an dieser Stelle ist es besonders wichtig, darüber hinaus zu prüfen, worauf sich Arjuns Sorgen, dass er womöglich nicht «wohl fahren» werde, insgesamt richten. Arjuna macht sich nicht nur Sorgen darüber, dass viele Menschen getötet werden, wenn es zu dem Krieg kommt, in den er das Heer der Gerechten führen soll. In Gita-Passagen nicht lange nach dem Anfang äußert er die Sorge, dass er selbst in dem Bruderkampf einer entzweiten Familie, an dem auch andere, beiden Seiten wohlbekannte Helden teilnehmen, ganz unvermeidlich würde töten müssen, oft sogar Menschen, die ihm nahe stehen, denen er eng verbunden ist. Arjunas Sorgen über das drohende Ereignis gehen weit über die verlaufsunabhängige Betrachtung von Konsequenzen hinaus. Ein angemessenes

Verständnis sozialer Verwirklichung, so wie es für *nyaya* zentral ist, muss die umfassende (comprehensive) Form einer ausführlichen, Verfahren einschließenden Charakteristik annehmen.[12] Eine Konzentration auf soziale Verwirklichung mit der Begründung abzulehnen, sie sei borniert konsequentialistisch und lasse die Überlegungen außer Acht, die deontologischen Sorgen zugrunde liegen, würde schwer halten.

Transzendentaler Idealismus und globale Versäumnisse

Abschließend möchte ich auf einen besonders restriktiven Aspekt in der gängigen, weitgehend auf Idealvorstellungen von Institutionen konzentrierten politischen Philosophie hinweisen. Denken Sie an einen der vielen möglichen Vorschläge zu Veränderungen, die auf eine Reform der institutionellen Struktur der Welt von heute zielen, um Unfairness und Ungerechtigkeit (im Sinn weithin akzeptierter Kriterien) zu verringern. Nehmen Sie zum Beispiel die Reform der Patentgesetze mit dem Ziel, dass bewährte und billig herzustellende Medikamente für Patienten, die darauf angewiesen, aber arm sind, etwa AIDS-Patienten, verfügbar werden – eine Aufgabe, die klarerweise einige Bedeutung für die globale Gerechtigkeit hat. Hier geht es um die Frage: Welche internationalen Reformen brauchen wir, um die Welt etwas weniger ungerecht zu machen?

In den Ohren der Adepten von Hobbes – und Rawls –, die überzeugt sind, dass wir einen souveränen Staat brauchen, um die Grundsätze der Gerechtigkeit mittels Auswahl eines Netzes von vollkommenen Institutionen umzusetzen, wären Diskussionen dieser Art über eine Steigerung der Gerechtigkeit im Allgemeinen und eine Erweiterung der globalen Gerechtigkeit im Besonderen jedoch leeres Gerede: Ihr abschätziges Urteil ist eine unmittelbare Folge davon, dass Fragen der Gerechtigkeit an Idealvorstellungen von Institutionen gemessen werden. Vollkommene globale Gerechtigkeit durch eine tadellos gerechte Gruppe von Institutionen würde, wenn überhaupt irgendwo aufzufinden, mit Sicherheit einen souveränen globalen Staat, eine Weltregierung, bedingen, und solange es diesen Staat nicht gibt, kann man nach Meinung der Transzendentalisten Aufgaben globaler Gerechtigkeit nicht in Angriff nehmen.

Überlegen Sie, wie entschieden mein Freund Thomas Nagel, einer der originärsten, am meisten prägenden und humansten Philosophen unserer Zeit, aus dessen Werk ich so viel gelernt habe, «die Idee globaler Gerechtigkeit» ablehnt. In einem höchst faszinierenden Artikel aus dem Jahr 2005 in *Philosophy and Public Affairs* stützt er sich ausdrücklich auf seine transzendentale Auffassung von Gerechtigkeit, um zu begründen, dass globale Gerechtigkeit nicht zum Diskussionsgegenstand taugt, da die hohen Anforderungen an Institutionen, die für eine gerechte Welt gebraucht werden, in unserer Zeit nicht zu erfüllen sind. In seinen Worten: «Es erscheint mir sehr schwer, Hobbes' These über die Beziehung zwischen Gerechtigkeit und Herrschaft zu widerstehen», und «wenn Hobbes Recht hat, ist die Idee globaler Gerechtigkeit ohne eine Weltregierung eine Chimäre.»[13]

Im Kontext des Themas Globalität konzentriert sich Nagel deshalb auf die Klärung anderer, von den Bedingungen der Gerechtigkeit verschiedener Erfordernisse, zum Beispiel auf «ein Minimum humaner Moralität» (die «unsere Beziehung zu allen anderen Personen bestimmt») und auch auf langfristig angelegte Strategien für eine radikale Veränderung in institutionellen Regelungen («Ich glaube, der wahrscheinlichste Weg zu einer gewissen Version globaler Gerechtigkeit führt über die Schaffung offenkundig ungerechter, rechtswidriger globaler Machtstrukturen, die mit den Interessen der mächtigsten heutigen Nationalstaaten vereinbar sind»).[14] Hier geht es mir um den Gegensatz zwischen zwei Kriterien zur Beurteilung von institutionellen Reformen. Das eine Kriterium ist die Rolle, die sie für unsere Annäherung an transzendentale Gerechtigkeit spielen (Nagels Maßstab); das andere Kriterium ist die Verbesserung, die solche Reformen tatsächlich bewirken, vor allem indem sie Vorkommnisse ausschalten, die als Fälle massiver Ungerechtigkeit anzusehen sind (dieser Maßstab ist ein wesentlicher Teil des Zugangs zur Gerechtigkeit, der in diesem Buch präsentiert wird).

Auch in Rawls' Ansatz verlangt die Anwendung einer Theorie der Gerechtigkeit ein weit gespanntes Netz von Institutionen, das die Grundstruktur einer vollkommen gerechten Gesellschaft sichert. Es ist keine Überraschung, dass Rawls seine eigenen Grundsätze der Gerechtigkeit aufgibt, wenn es darum geht, einzuschätzen, was von globaler Gerechtigkeit zu halten ist, und dass er sich nicht auf den wirklichkeitsfremden Wunsch nach einem globalen Staat einlässt. In einem späteren Beitrag *Das Recht der Völker* behilft er sich mit einer Art «Supplement» zu seiner Vorstellung, dass die Erfordernisse von «Gerechtigkeit als Fairness» national (oder innerhalb eines Landes) zu erfüllen sind. Aber dieses Supplement wirkt sehr ausgedünnt, nur wie eine Art Verhandlung zwischen den Vertretern verschiedener Länder über einige sehr elementare Fragen der Redlichkeit und der Humanität – die man nur sehr begrenzt als Merkmale der Gerechtigkeit bezeichnen kann. Rawls versucht auch nicht, «Grundsätze der Gerechtigkeit» abzuleiten, die aus diesen Verhandlungen hervorgehen könnten (in der Tat würde sich daraus nichts ergeben, was diesen Namen verdient), sondern er konzentriert sich stattdessen auf gewisse allgemeine Prinzipien humanitären Verhaltens.[15]

In der Tat reduziert die Theorie der Gerechtigkeit, so wie sie vom gegenwärtig vorherrschenden, auf ideale Institutionen fixierten Blick bestimmt wird, viele der wichtigsten Anliegen der Gerechtigkeit zu leerer – wenn auch anerkannt «gut gemeinter» – Rhetorik. Wenn Menschen überall auf der Welt sich für *mehr* globale Gerechtigkeit einsetzen – und ich betone ausdrücklich den Komparativ «mehr» –, dann rufen sie nicht lautstark nach einer Art Minimum von humanitärem Verhalten. Sie agitieren auch nicht für eine «vollkommen gerechte» Weltgesellschaft, sondern nur für die Abschaffung einiger empörend ungerechter Abmachungen, sie setzen sich für die Vermehrung globaler Gerechtigkeit ein, so wie Adam Smith, Condorcet oder Mary Wollstonecraft in ihrer Zeit, ein Bestreben, für das in öffentlicher Diskussion Übereinstimmung erreicht werden kann, trotz der Divergenzen, die in Ansichten zu anderen Fragen bestehen bleiben werden.

Die Benachteiligten mögen stattdessen ihre Stimme in einem Hoffnung spendenden Gedicht von Seamus Heaney wieder erkennen:

History says, Don't hope	Die Geschichte sagt, Hoffe nichts
On this side of the grave,	Diesseits des Grabes,
But then, once in a lifetime	Aber dann, einmal im Leben,
The longed-for tidal wave	Kann die lang ersehnte Flutwelle
Of justice can rise up,	Der Gerechtigkeit steigen
And hope and history rhyme.[16]	Und Hoffnung und Historie reimen sich.

So mitreißend diese Sehnsucht, dass Hoffnung und Geschichte sich reimen, auch sein mag, die Gerechtigkeit, die der auf ideale Institutionen fixierte Blick erlaubt, hat wenig Raum für ein solches Engagement. Diese Begrenztheit ist ein deutlicher Hinweis darauf, dass eine deutliche Abkehr von den das Feld beherrschenden Theorien der Gerechtigkeit notwendig ist. Das ist das Thema dieses Buches.

ERSTER TEIL

DIE ANFORDERUNGEN DER GERECHTIGKEIT

1. VERNUNFT UND OBJEKTIVITÄT

Ludwig Wittgenstein schrieb im Vorwort zu seinem 1921 veröffentlichten *Tractatus Logico-philosophicus*: «Was sich überhaupt sagen lässt, lässt sich klar sagen; und wovon man nicht reden kann, darüber muss man schweigen.»* In seinen späteren Werken überdachte Wittgenstein seine Ansichten über Sprache und Klarheit neu, trotzdem ist es eine Erleichterung, dass der große Philosoph sein strenges Gebot schon während der Arbeit am *Tractatus* selbst nicht immer befolgte. In einem Brief vom 31. März 1917 an Paul Engelmann machte Wittgenstein die wunderbar enigmatische Bemerkung: «Ich arbeite ziemlich fleissig und wollte ich wäre besser und gescheidter. Und diese beiden sind Ein und Dasselbe.»[1] Wirklich? Ein gescheiterer Mensch und eine *bessere* Person zu sein wären ein und dasselbe?

Mir ist natürlich klar, dass der moderne transatlantische Sprachgebrauch die Unterscheidung zwischen *being good* und *being well*, «Gutsein» als moralischer Eigenschaft und «sich Wohlfühlen» als Aussage über die Gesundheit einer Person (keine Schmerzen und Beschwerden, Blutdruck in Ordnung und so weiter), verwischt hat, und ich bin schon lange nicht mehr verstört über die haarsträubende Unbescheidenheit von Freunden, die auf die Frage, ob sie sich wohl befinden, mit allem Anschein nach deutlichem Selbstlob antworten: «Ich finde mich sehr gut (*I am very good)*». Aber Wittgenstein war kein Amerikaner, und die Welt wurde erst lange nach 1917 vom dynamischen amerikanischen Sprachgebrauch erobert. Als Wittgenstein sagte, «besser» und «gescheidter» seien ein und dasselbe, muss er eine gewichtige Behauptung aufgestellt haben.

Vielleicht steckt dahinter die Erkenntnis, dass viele gehässige Handlungen von Menschen begangen werden, die sich auf die eine oder

* Interessant ist, dass sich auch Edmund Burke über die Schwierigkeit geäußert hat, unter gewissen Umständen zu sprechen (siehe das Burke-Zitat in meiner Einleitung), aber Burke sprach dann trotzdem zu seinem Thema, weil er eine Angelegenheit von derartiger Tragweite vortragen müsse (die Anklage gegen Warren Hastings wegen Amtsmissbrauchs), dass «Schweigen unmöglich» sei. Wittgensteins Rat, zu schweigen, wenn wir uns nicht klar genug ausdrücken können, könnte in vielen Hinsichten als Gegenteil von Burkes Verhalten erscheinen.

andere Weise über das täuschen, was sie tun. Mangel an Verstand kann sicherlich eine Ursache für fehlenden moralischen Anstand im Verhalten sein. Nachdenken, was zu tun klug wäre, kann uns manchmal helfen, andere besser zu behandeln. Dass es leicht dahin kommen kann, hat die moderne Spieltheorie sehr deutlich hervorgehoben.[2] Zu den klugen Gründen für gutes Verhalten kann sehr wohl der eigene Gewinn aus solchem Verhalten gehören. Es könnte sich sogar ein großer Gewinn für alle Mitglieder einer Gruppe daraus ergeben, dass sie Regeln des guten Verhaltens befolgen, die allen helfen. Wenn eine Gruppe so handelt, dass alle ihre Mitglieder ruiniert werden, ist sie nicht gerade gescheit.[3]

Aber vielleicht hat Wittgenstein etwas anderes gemeint. Gescheiter zu sein kann uns auch befähigen, genauer über unsere Ziele, Zwecke und Werte nachzudenken. Wenn Eigeninteresse letzten Endes ein primitiver Gedanke ist (trotz der gerade erwähnten Komplexitäten), würde Klarheit über kompliziertere Prioritäten und Verpflichtungen, die wir hochschätzen und einhalten möchten, womöglich von unserer Denkkraft abhängen. Ein Mensch könnte wohlüberlegte Gründe zum sozial redlichen Handeln haben, ohne auf seinen persönlichen Vorteil aus zu sein.

Gescheiter zu sein, kann dazu beitragen, dass man nicht nur das Selbstinteresse versteht, sondern auch begreift, wie das eigene Handeln starken Einfluss auf das Leben anderer üben kann. Anhänger der so genannten «Rational Choice» Theorie (sie wurde zuerst in den Wirtschaftswissenschaften entwickelt und von einer Vielzahl Politik- und Rechtswissenschaftler begeistert übernommen) haben sich viel Mühe gegeben, uns für ihre sonderbare Auffassung zu gewinnen, dass rationale Wahl nur im klugen Fördern des Selbstinteresses besteht (so wird eine rationale Wahl von den Anwälten der Theorie mit dem Markennamen «Rational Choice» Theorie definiert). Trotzdem hat sich diese einigermaßen befremdliche Überzeugung nicht ganz und gar in unseren Köpfen festgesetzt. Es regt sich beträchtlicher Widerstand gegen die Idee, dass es offenkundig irrational – und dumm – wäre, wollte man etwas für andere tun, es sei denn, man fördere dadurch das eigene Wohlergehen.[4]

«Was wir anderen schulden» ist ein wichtiges Thema für intelligentes Nachdenken.[5] Dieses Nachdenken kann uns über den engen Gesichtskreis des Selbstinteresses hinausführen, und wir können sogar feststellen, dass wir die engen Grenzen des Eigennutzes ganz hinter uns lassen. Es kann auch vorkommen, dass wir Grund haben, das ausschließliche Verfolgen unserer eigenen Ziele (ganz gleich, ob sie ausschließlich eigennützig sind oder nicht) zurückzustellen, weil wir uns an Regeln des redlichen Verhaltens halten, die unseren Mitmenschen Raum geben, ihrerseits (mit oder ohne Eigennutz) Ziele zu verfolgen.*

Da die so genannte «Rational Choice» Theorie schon zu Wittgensteins Zeit Vorläufer hatte, wollte er vielleicht sagen, dass gescheiter zu sein uns hilft, klarer über unsere sozialen Belange und Verantwortungen nachzudenken. Man hat behauptet, dass manche Kinder sich gerade deswegen brutal gegen andere Kinder oder gegen Tiere benehmen, weil sie nicht in der Lage sind, die Art und Intensität der Schmerzen anderer richtig einzuschätzen, und dass Urteilsvermögen im Allgemeinen mit der intellektuellen Reifung einhergeht.

Wir können natürlich nicht mit Sicherheit wissen, was Wittgenstein gemeint hat.** Aber es gibt viele Anhaltspunkte dafür, dass er einen guten Teil seiner Zeit und seines Verstandes auf das Nachdenken über seine eigenen Verantwortlichkeiten und Verpflichtungen verwendet hat. Das Ergebnis war nicht immer sehr intelligent oder weise. Als Hitler 1938 auf seinem Triumphzug durch Wien war, wollte Wittgenstein, obwohl er Jude und unfähig zum Schweigen und zu Diplomatie war, unbedingt in diese Stadt fahren; Kollegen aus seinem College in Cambridge konnten ihn nur mit Mühe davon abhalten.*** Aus den überlieferten Gesprächen

* Manche Kommentatoren finden es rätselhaft, wie wir mit gutem Grund zulassen könnten, dass unser energisches Verfolgen unserer eigenen Ziele behindert wird, indem wir anderen Menschen Raum geben, ihre Ziele zu verwirklichen (einige sehen darin eine Art «Beweis», dass unsere Ziele gar nicht die waren, die wir dafür hielten), aber das Rätsel löst sich, wenn die Reichweite praktischer Begründungen angemessen eingeschätzt wird. Davon handeln die Kapitel 8, «Rationalität und die Anderen», und 9, «Die Pluralität unparteiischer Gründe».

** Tibor Machan hat dieses Interpretationsproblem in «A Better and Smarter Person: A Wittgensteinian Idea of Human Excellence», seinem Vortrag auf dem 5. Internationalen Wittgenstein Symposium 1981, luzide ausgeführt.

*** Vor allem der Ökonom Pierro Sraffa, der beträchtlichen Einfluss auf Ludwig Wittgenstein hatte, als dieser seine frühere, im *Tractatus Logico-philosophicus* vertretene philosophische Position überarbeitete – Sraffa half den Weg zu Wittgensteins späteren Werken, einschließlich der *Philosophischen Untersuchungen* (1953), zu ebnen –, konnte Wittgenstein den Plan ausreden, nach Wien zu fahren und dem triumphierenden Hitler ernsthaft ins Gewissen zu reden. Zur intellektuellen und persönlichen Beziehung zwischen Sraffa und Wittgenstein siehe meinen Eassay «Sraffa, Wittgenstein und Gramsci», *Journal of Economic Literature*, 41 (Dezember 2003). Sraffa und Wittgenstein waren enge Freunde und als Fellows des Trinity College in Cambridge auch Kollegen. Zur Erörterung von Sraffas intellektuellem Dialog zuerst mit Antonio Gramsci und dann mit Wittgenstein vergl. auch Kapitel 5, «Unparteilichkeit und Objektivität»; dieses Kapitel berichtet auch, welche Bedeutung

mit Wittgenstein lässt sich jedoch schließen, dass er meinte, er müsse sein Denkvermögen unbedingt dafür einsetzen, die Welt zu einem besseren Ort zu machen.*

Kritik der Aufklärung und ihrer Tradition

Wenn das tatsächlich Wittgensteins Überzeugung war, dann gehörte er in einem wichtigen Sinn zur mächtigen Tradition der europäischen Aufklärung, die klares Denken als einen Hauptverbündeten sah, wenn es um den Wunsch ging, Gesellschaften besser zu machen. Gesellschaftliche Verbesserung durch systematisches Denken war ein markanter Zug in den Argumenten, die für die intellektuelle Antriebskraft der europäischen Aufklärung vor allem im 18. Jahrhundert wesentlich waren.

Die Behauptung, das Denken der Aufklärung sei generell durch eine wie immer geartete Dominanz der Vernunft geprägt, ist jedoch problematisch. Wie Isaiah Berlin gezeigt hat, war das «Zeitalter der Aufklärung»[6] auch von verschiedenen kontra-rationalen (irrationalen) Strängen durchzogen. Aber mit Sicherheit setzte sich das Denken der Aufklärung vor allem durch sein starkes – und selbstgewisses – Vertrauen in die Vernunft von den bis dahin herrschenden Traditionen ab. Und in gegenwärtigen politischen Diskussionen wird ziemlich regelmäßig behauptet, die Aufklärung habe die Reichweite der Vernunft überschätzt. Man hat sogar die These aufgestellt, das überzogene Vertrauen in die Vernunft, das sich mithilfe der Aufklärung im modernen Denken eingebürgert habe, sei mitverantwortlich für den Hang zu Gräueltaten in der Welt nach der Zeit der Aufklärung. Der Philosoph Jonathan Glover liefert in seiner «Moralgeschichte des zwanzigsten Jahrhunderts» sehr überzeugende Argumente für diesen Vorwurf: Die menschliche Psychologie sei in der Sicht der Aufklärung immer ärmer und mechanischer geworden, und «die Hoffnungen der Aufklärung, durch die weite Verbreitung von Humanität und wissenschaftlicher Weltsicht werde gesellschaftlicher Fortschritt erreicht», wirkten heute ziemlich «naiv».[7] Im nächsten Schritt sieht er (wie auch andere Kritiker der Aufklärung) moderne Formen der Tyrannei als Spätfolgen dieser Mechanisierung und erklärt, nicht nur

die Gegenstände dieser Dreierdiskussion für einige Themen des vorliegenden Buchs haben.

* Diese Verpflichtung hängt mit der «Pflicht des Genies» zusammen, wie sein Biograph Ray Monk sie genannt hat. (Ray Monk, *Ludwig Wittgenstein: The Duty of Genius*, London: Vintage, 1991).

«Stalin und seine Erben» seien ganz und gar «der Aufklärung untertan» gewesen, sondern selbst Pol Pot «war indirekt von ihr beeinflusst».[8] Aber da Glover die Autorität der Religion oder der Tradition nicht als bessere Alternative verstehen will (in dieser Hinsicht «können wir der Aufklärung nicht entrinnen», stellt er fest), konzentriert er seinen Angriff auf starrsinnig vertretene dogmatische Überzeugungen, die durch einen allzu unkritischen Einsatz der Vernunft wesentlich bekräftigt werden. «Die Roheit des Stalinismus», behauptet er, «hatte ihren Ursprung in den Überzeugungen.»[9]

Gegen Glovers Hinweis auf die Macht starker Meinungen und schrecklicher Überzeugungen ist kaum etwas einzuwenden, und seine These von der «Rolle der Ideologie im Stalinismus» ist nicht zu bestreiten. Hier geht es nicht um Zweifel an der zerstörerischen Macht übler Ideen, sondern um das Problem, dass Glovers These in gewisser Weise eine Kritik an der Tragweite der Vernunft im Allgemeinen und der Perspektive der Aufklärung im Besonderen enthält.[10] Ist es wirklich richtig, die Tradition der Aufklärung dafür verantwortlich zu machen, dass grauenvolle politische Führer einen Hang zu vorschnellen Gewissheiten und unreflektierten Überzeugungen haben? Spricht dagegen nicht, dass so viele Theoretiker in der Aufklärung der Rolle des Denkens bei der Entscheidungsfindung höchste Bedeutung zugesprochen haben, um die Abhängigkeit von blindem Glauben zu durchbrechen? Wie Dissidenten zeigten, konnte man gegen die «Roheit des Stalinismus» opponieren, indem man überzeugend nachwies, welch breiter Abgrund zwischen Versprechen und Praxis klaffte, und die Brutalität des Regimes deutlich machte, die all seinen angeblichen Zielen widersprach – eine Brutalität, die von den Autoritäten durch Zensur und «Säuberungen» jeder genauen Prüfung entzogen wurde.

Vernunft hilft uns, Ideologie und blinden Glauben gründlich zu prüfen; das ist eines der wichtigsten Argumente zu ihren Gunsten.* Nicht

* Es stimmt natürlich, dass viele plumpe Glaubenssätze irgendwie auf – vermutlich ziemlich primitiven – Gründen beruhen (zum Beispiel halten sich rassistische und sexistische Vorurteile oft genug, weil angeblich «begründet» werden kann, dass Nicht-Weiße oder Frauen biologisch oder intellektuell minderwertig seien). Wer sich auf die Vernunft verlässt, muss nicht leugnen, dass Menschen tatsächlich Gründe irgendwelcher Art zur Verteidigung ihrer Glaubenssätze anführen, auch wenn diese noch so plump sind. Die Vernunft sachkundig zu gebrauchen, heißt, allgemein verbreitete Glaubenssätze und angebliche Gründe kritischer Prüfung zu unterziehen. Mehr dazu in den Kapiteln 8, «Rationalität und die Anderen», und 9, «Die Pluralität unparteiischer Gründe».

die Vernunft war Pol Pots Hauptverbündeter. Diese Rolle übernahmen Wahn und bedenkenlose Überzeugung, Raum für durchdachte Überprüfung blieb nicht. Glovers Kritik an der Tradition der Aufklärung weist auf interessante, wichtige Probleme hin, vor allem auf die dringliche Frage: Wo findet sich ein Gegenmittel gegen den Missbrauch der Vernunft? Im Zusammenhang damit steht eine andere Frage: Welche Beziehung besteht zwischen Vernunft und Emotionen, Mitgefühl und Anteilnahme eingeschlossen? Darüber hinaus muss man auch fragen: Worin besteht die endgültige Rechfertigung für das Vertrauen in die Vernunft? Wird sie als gutes Werkzeug geschätzt, und wenn ja, als Werkzeug wofür? Oder trägt die Vernunft ihre Rechtfertigung in sich selbst, und wenn ja, wie unterscheidet sie sich von blindem, fraglosem Glauben? Diese Themen werden seit eh und je erörtert, aber hier und jetzt müssen wir uns besonders mit ihnen auseinandersetzen, da rationale Argumentation für dieses Buch über die Idee der Gerechtigkeit zentral ist.

Akbar und die Notwendigkeit der Vernunft

W.B. Yeats schrieb an den Rand seines Exemplars von Nietzsches «Zur Genealogie der Moral»: «Aber warum meint Nietzsche, dass die Nacht keine Sterne hat, sondern nur Fledermäuse, Eulen und den irren Mond?»[11] Nietzsches Skepsis gegenüber der Humanität und seine erschreckende Vision der Zukunft stammen aus der Zeit unmittelbar vor der Wende zum 20. Jahrhundert (er starb 1900). Die Ereignisse des neuen Jahrhunderts samt Weltkriegen, Holocaust, Völkermorden und anderen Gräueln sind Grund genug, uns zu fragen, ob Nietzsche mit seiner Skepsis gegen die Menschheit nicht vollkommen recht hatte.* Jonathan Glover überdenkt am Ende des zwanzigsten Jahrhunderts Nietzsches Befürchtungen und kommt zu dem Schluss: «Wir müssen gewisse Monster in uns selbst sehr genau und aufmerksam im Auge behalten» und überlegen, wie wir sie «einsperren und zähmen können».[12]

Eine Jahrhundertwende war schon für viele Menschen Anlass, kritisch zu prüfen, was geschieht und was zu tun ist. So pessimistisch und skeptisch wie Nietzsche (und Glover) sind ihre Reflexionen über die

* Der Urdu-Dichter Javed Akhtar sagt in einem Ghazel: «Religion or war, caste or race, these things it does not know/ Before our savagery how do we judge the wild beast» [von Religion und Krieg, von Kaste und Rasse, von unserer Wildheit weiß es nichts, das wilde Tier, wie können wir ein Urteil fällen.] (Javed Akthar, *Quiver: Poems and Ghazals*, übers. v. David Matthews (New Delhi: HarperCollins, 2001), S. 47).

menschliche Natur und die Möglichkeit zu vernünftigen Veränderungen nicht immer. Einen interessanten Gegensatz zur skeptischen Sicht kann man in den viel früheren Überlegungen des Mughal-Kaisers Akbar in Indien finden, deren Anlass nicht eine bloße Jahrhundert-, sondern eine Jahrtausendwende war. Als 1591–2 (tausend Mondjahre nach Mohammeds epischer Reise von Mekka nach Medina im Jahr 622)* in der Zählung des moslemischen Hijri-Kalenders das erste Jahrtausend zu Ende war, nahm Akbar eine weit reichende Überprüfung sozialer und politischer Werte sowie juristischer und kultureller Praxis in Angriff. Da Indien im sechzehnten Jahrhundert schon multikulturell war, galt seine besondere Aufmerksamkeit um die Jahrtausendwende den Problemen der Beziehung zwischen einzelnen Gemeinden und der dauernden Notwendigkeit, Frieden und fruchtbare Zusammenarbeit aufrecht zu erhalten. Wir müssen uns klar machen, wie ungewöhnlich für seine Zeit Akbars Politik war. Damals hatte in Europa die Inquisition große Macht, und im Jahr 1600, als Akbar in Indien religiöse Toleranz verkündete, wurde Giordano Bruno in Rom als Ketzer auf dem Scheiterhaufen verbrannt. Akbar bestand nicht nur darauf, dass es zu den Pflichten des Staates gehöre, dafür zu sorgen, «dass niemand in der Ausübung seiner Religion behindert wird und dass jedermann nach Belieben zu jeder Religion übertreten darf»,[13] sondern machte in seiner Hauptstadt Agra auch systematische Dialoge zwischen Hindus, Moslems, Christen, Jainisten, Parsen, Juden und anderen, sogar Agnostikern und Atheisten, zur Regel.

Akbar schuf im Bewusstsein der religiösen Vielfalt in seinem Volk das Fundament für Säkularisierung und religiöse Neutralität des Staates; die säkulare Verfassung, die Indien 1949 nach der Unabhängigkeit von der britischen Herrschaft beschloss, trägt viele Züge, für die sich Akbar schon um 1590 eingesetzt hatte. Zu den Gemeinsamkeiten gehört das Verständnis von Säkularisierung: Der Staat muss gleiche Distanz zu unterschiedlichen Religionen halten und darf keine Glaubensrichtung bevorzugt behandeln.

Gesellschaftliche und politische Sitten beurteilte Akbar nach Maßgabe seiner allumfassenden These, dass «das Streben nach Vernunft», nicht aber der Gang durch das «Sumpfland der Tradition», wie er es nannte, der Weg zur Lösung schwieriger Probleme des guten Verhaltens und der Schaffung einer gerechten Gesellschaft sei.[14] Die Säkularisierung ist nur

* Ein Mondjahr hat eine mittlere Dauer von 354 Tagen, 8 Stunden und 48 Minuten und ist deshalb schneller vorbei als ein Sonnenjahr.

einer von vielen Fällen, in denen Akbar darauf bestand, dass wir die Freiheit haben müssen, beliebige herrschende Sitten und öffentliche Maßnahmen daraufhin zu prüfen, ob die Vernunft sie unterstützt und rechtfertigen kann oder nicht; zum Beispiel schaffte er alle Sondersteuern ab, die Nicht-Muslimen auferlegt waren, und begründete seine Entscheidung damit, dass diese Steuern diskriminierend seien, da sie nicht alle Bürger gleich behandelten. 1582 beschloss er, alle «Kaiserlichen Sklaven» freizulassen, da es «die Grenzen der Gerechtigkeit und der guten Sitten überschreitet», Nutzen aus «Macht» zu ziehen.[15]

Beispiele für die Kritik Akbars an herrschenden gesellschaftlichen Gepflogenheiten kann man auch in den Argumenten finden, die er anführte. Er war zum Beispiel gegen die damals ganz übliche (und leider auch heute noch auf dem Subkontinent nicht völlig abgeschaffte) Kinderehe. Seine Begründung: das in der Ehe «angestrebte Ziel» sei noch «weit entfernt und die Gefahr einer Versehrung unmittelbar». Er kritisierte auch den Hindu-Brauch, Witwen die Wiederverheiratung zu verbieten (eine Praxis, die erst mehrere Jahrhunderte später aufgehoben wurde), und fügte hinzu: «In einer Religion, die einer Witwe die Wiederheirat verbietet», ist es «viel grausamer», Kinderehen zu erlauben. Zum Erben von Grundbesitz bemerkte Akbar: «In der muslimischen Religion wird der Tochter nur ein kleinerer Teil des Erbes zugestanden, obwohl sie wegen ihrer Schwäche einen größeren Anteil verdient hätte.» Ein Beispiel vernünftigen Denkens ganz anderer Art kann man darin sehen, dass er religiöse Rituale gestattete, die er selbst mit großer Skepsis betrachtete. Als Murad, sein zweiter Sohn, der wusste, dass Akbar Vorbehalte gegen alle religiösen Rituale hatte, ihn fragte, ob diese Rituale verboten werden sollten, führte Akbar sofort dagegen an: «Würde man den unsensiblen Einfaltspinsel, der Leibesübungen für eine Gottesanbetung hält, an der Ausführung hindern, würde man ihm unmöglich machen, sich überhaupt an Gott zu erinnern.»

Während Akbar selbst gläubiger Moslem blieb, vertrat er doch die Meinung, dass jedermann seinen ererbten Glauben und seine Prioritäten kritisch prüfen müsse. Vielleicht Akbars wichtigstes Argument für die Befürwortung einer säkularen und toleranten multikulturellen Gesellschaft war die Funktion, die er der Vernunft für sein gesamtes Unternehmen zuschrieb. Er hielt die Vernunft für die oberste Richterin, da wir selbst dann, wenn wir Vernunft bestreiten, vernünftige Gründe dafür angeben müssten. Als er von harten Traditionalisten seiner eigenen Glaubensrichtung angegriffen wurde, die sich für ein bedingungsloses instinktives Vertrauen in die islamische Tradition einsetzten, erklärte er seinem Freund und Vertrauten Abul Fazl, der ein Gelehrter und Kenner des Sanskrit wie des Arabischen und Persischen war: «Das Streben nach Vernunft und die Ablehnung des Traditionalismus sind so offensichtlich einleuchtend, dass sie keine Argumente brauchen.»[16] Er schloss daraus, dass der «Weg der Vernunft» oder «die Herrschaft des Denkvermögens» (*rahi aql*) die Grundbestimmung für gutes und gerechtes Verhalten so wie für ein annehmbares System gesetzlicher Pflichten und Rechte sei.*

Ethische Objektivität und vernunftgeleitete Prüfung

Akbar betonte mit Recht die Unentbehrlichkeit der Vernunft. Sie ist auch zuständig für das Einschätzen der Wichtigkeit von Emotionen; mehr darüber im Folgenden. Wie wichtig Emotionen für unsere Überlegungen sind, wird deutlich an den Gründen, sie ernst zu nehmen (jedoch nicht unkritisch hinzunehmen). Wenn uns eine bestimmte Emotion heftig ergreift, haben wir gute Gründe, uns zu fragen, was uns damit angezeigt wird. Vernunft und Gefühl spielen in unserer Reflexion komplementäre Rollen, und ihre komplexe Beziehung wird in diesem Kapitel noch näher betrachtet werden.

Es ist nicht schwer zu verstehen, dass ethische Urteile den Einsatz der Vernunft – *rahi aql* – verlangen. Damit ist jedoch nicht die Frage beantwortet: Warum sollten wir einverstanden sein, dass die Vernunft die oberste Instanz zur Beurteilung ethischer Überzeugungen ist? Hat Denken – vielleicht Denken einer besonderen Art – eine spezifische Rolle, so dass es umfassend und entscheidend für ethische Urteile ist? Da rationale Unterstützung kaum für sich genommen eine Wert verleihende Eigenschaft sein kann, müssen wir fragen: Warum genau ist vernunftgeleitete Unterstützung so entscheidend? Kann man behaupten, eine vernunftgeleitete Überprüfung sei eine Art Garantie dafür, dass man zur Wahrheit kommt? Diese Behauptung wäre schwer aufrechtzuerhalten, nicht nur, weil die Natur der Wahrheit in moralischen und politischen Überzeugungen ein so diffiziles Thema ist, sondern hauptsächlich deshalb, weil auch eine äußerst rigorose Suche in der Ethik wie auf jedem andere Gebiet scheitern kann.

* Akbar hätte Thomas Scanlons These zugestimmt, dass wir «die Idee der Vernunft nicht für mysteriös halten oder meinen sollten, sie müsse oder könne in einer philosophischen Erklärung auf einen anderen, elementareren Begriff zurückgeführt werden». Über die Aufgabe der Vernunft, zu bestimmen, «was wir einander schulden», siehe Thomas Scanlon, *What We Owe to Each Other* (Cambridge, MA: Harvard University Press, 1998, S. 3).

Umgekehrt könnte auch ein sehr dubioses Verfahren zufällig am Ende zu einer korrekteren Antwort führen als extrem scharfes Denken. In der Epistemologie ist das offensichtlich: Auch wenn ein wissenschaftliches Verfahren mit höherer Wahrscheinlichkeit zum Erfolg führen mag als seine Alternativen, könnte trotzdem in einem Sonderfall sogar ein verrücktes Verfahren die korrekte Antwort oder, genauer gesagt, eine korrektere Lösung als rationalere Verfahren ergeben. Zum Beispiel wird eine Person, die sich auf die Zeitangabe einer stehen gebliebenen Uhr verlässt, zweimal am Tag eine exakte richtige Auskunft erhalten, und wenn die Person zufällig in einem dieser beiden Momente auf die Uhr sieht, wird der still stehende Zeitmesser womöglich alle gehenden Uhren, die auch befragt werden könnten, an Genauigkeit übertreffen. Will man aber eine einigermaßen zutreffende Information über die Tageszeit erhalten, spricht wenig für das Verfahren, sich auf eine stehen gebliebene, statt auf eine ungefähr richtig gehende Uhr zu verlassen, auch wenn diese zweimal täglich vom still stehenden Zeitmesser an Präzision übertroffen wird.*

Es ist plausibel, anzunehmen, dass es ein ähnliches Argument für die Wahl des am besten durchdachten Verfahrens gibt, obwohl weder die Garantie besteht, dass es ausnahmslos richtig wäre, noch dass es immer richtiger wäre als ein anderes, weniger rationales Procedere (selbst wenn wir die Korrektheit von Urteilen mit irgendeinem messbaren Grad von Vertrauen einschätzen könnten). Durch vernunftgeleitete Überprüfung gewinnt man keine absolut sichere Methode, alles genau richtig zu verstehen – eine solche Methode gibt es nicht –, sondern nur so viel Objektivität, wie vernünftigerweise von uns zu erwarten ist.** Meiner Meinung nach sind die Forderungen der Objektivität der Grund dafür, dass man sich bei ethischen Beurteilungen auf die Vernunft verlässt, und sie verlangen eine besondere Disziplin des Denkens. Dass der rationalen Argumentation in diesem Buch eine wichtige

* Die bengalische Schriftstellerin (und Tante des großartigen Filmemachers Satyjit Ray) Leela Majumdar erzählte in einer Kindergeschichte, wie sie als freche Collegestudentin in Kalkutta einen Fremden auf der Straße angehalten und nur zum Schabernack gefragt hatte: «O, hallo, wann sind Sie denn aus Chittagong gekommen?» Der Mann war bass erstaunt und antwortete: «Gestern, aber woher wissen Sie das?»

** Siehe Bernard Williams über die Ansicht, vernunftgeleitete Überzeugung «ziele auf Wahrheit» («Deciding to believe», in *Problems of the Self* (Cambridge: Cambridge University Press, 1973)). Siehe auch Peter Railton, *Facts, Values and Norms: Essays Toward a Morality of Consequence* (Cambridge: Cambridge University Press, 2003).

Rolle zugeteilt wird, hängt damit zusammen, dass objektives Denken in den Überlegungen zu Gerechtigkeit und Ungerechtigkeit notwendig ist.

Da die Objektivität für sich genommen in der Moral- und politischen Philosophie ein ziemlich schwieriges Thema ist, müssen wir hier genauer auf den Gegenstand eingehen. Nimmt das Streben nach Objektivität in ethischen Fragen die Form der Suche nach ethischen *Objekten* an? Während komplexe Erörterungen zur Objektivität der Ethik sich häufig und gern im Begriffsrahmen der Ontologie bewegen (das gilt insbesondere für die metaphysische Frage, «welche ethischen Objekte existieren»), ist kaum zu verstehen, wie diese ethischen Objekte beschaffen sein mögen. Stattdessen möchte ich mich Hilary Putnams Ansicht anschließen, dass dieser methodische Ansatz wenig hilfreich und weitgehend fehlgeleitet ist.* Wenn wir über die Erfordernisse ethischer Objektivität debattieren, streiten wir nicht über Eigenart und Inhalt irgendwelcher mutmaßlicher ethischer «Objekte».

Es gibt natürlich ethische Aussagen, die voraussetzen, dass gewisse bestimmbare Objekte existieren, die beobachtet werden können (wenn man zum Beispiel nach sichtbaren Beweisen sucht, um zu entscheiden, ob eine Person mutig oder mitfühlend ist), während das Thema anderer ethischer Aussagen diese Assoziation nicht enthält (zum Beispiel das Urteil, dass eine Person völlig unmoralisch oder ungerecht ist). Aber trotz einer gewissen Überschneidung von Beschreibung und Bewertung kann Ethik nicht einfach nur in der wahrheitsgetreuen Beschreibung spezifischer Objekte bestehen. Vielmehr bilden «wirkliche ethische Fragen eine Spezies praktischer Fragen, und praktische Fragen umfassen nicht nur Wertungen, sondern sie schließen auch eine komplizierte Mischung aus philosophischen, religiösen und tatsachenbezogenen Überzeugungen ein.»[17] Die wirklich für die Suche nach Objektivität eingesetzten Verfahren mögen nicht immer klar sein oder deutlich erklärt werden, aber, wie

* Hilary Putnam, *Ethics without Ontology* (Cambridge, MA: Harvard University Press, 2004). Putnam betont nicht nur, dass die ontologische Sicht auf die Objektivität der Ethik nicht weiterhilft, sondern auch, dass sie einen Fehler begeht, wenn sie nach etwas Ausschau hält, das dem Gegenstand seiner Natur nach fern liegt. «Ich verstehe den Versuch, eine ontologische Erklärung der Objektivität der Mathematik zu geben, als einen Versuch, *Gründe für die Wahrheit mathematischer Aussagen anzugeben, die nicht Teil der Mathematik sind*, und ich sehe den Versuch, eine ontologische Erklärung der Objektivität der Ethik anzubieten, analog dazu als den Versuch an, *Gründe, die nicht Teil der Ethik sind, für die Wahrheit ethischer Aussagen* anzugeben; beide Ansätze sehe ich als von Grund aus fehlgeleitet an» (S. 3).

Putnam darlegt, ist Klarheit zu erzielen, wenn die Grundfragen angemessen überprüft werden.*

Um die Erfordernisse der Gerechtigkeit zu analysieren, braucht man ein rationales Vermögen, das gewisse Grundforderungen der Unparteilichkeit erfüllt, denn sie gehören zur Idee der Gerechtigkeit und Ungerechtigkeit. An diesem Punkt empfiehlt sich ein Blick auf die Ideen von John Rawls und die Analyse der moralischen und politischen Objektivität, die er in seiner Verteidigung der Objektivität von «Gerechtigkeit als Fairness» vornimmt (sie werden im nächsten Kapitel ausführlich besprochen).** Rawls stellt fest: «Das erste wesentliche Merkmal fordert, dass eine Objektivitätskonzeption einen öffentlichen gedanklichen Rahmen etablieren muss, der ausreicht, um den Begriff des Urteils anzuwenden und Schlußfolgerungen auf der Basis wechselseitig anerkannter Gründe und Tatsachen zu ziehen.» Und er führt weiter aus: «Zu sagen, eine politische Überzeugung sei objektiv, bedeutet, daß es Gründe gibt, die sich aus einer vernünftigen Gerechtigkeitskonzeption ergeben, die wechselseitig anerkannt werden kann; Gründe, die ausreichen, alle vernünftigen Personen davon zu überzeugen, daß sie vernünftig ist.»[18]

Über die Frage, ob dieses Kriterium der Objektivität, das offensichtlich normative Elemente enthält (vor allem in der Definition «vernünf-

* In meinem Buch *Ökonomie für den Menschen* (München: Hanser, 2000) habe ich auf eine ausführliche Behandlung ethischer Methodologie verzichtet und die Akzeptabilität einiger genereller Entwicklungsprioritäten mit Argumenten begründet, die dem Alltagsverstand einleuchten. Hilary Putnam hat die Methodologie, die dem Buch zur Entwicklungsökonomie zugrunde liegt, mit Klarheit und Entschiedenheit analysiert und dargestellt, wie die besondere Methodologie dieses Buchs mit seinem allgemeinen Umgang mit Objektivität übereinstimmt – zu meinem Glück. Siehe Putnam, *The Collapse of the Fact/Value Dichotomy and Other Essays* (Cambridge, MA: Harvard University Press, 2002). Siehe auch Vivian Walsh, «Sen after Putnam», *Review of Political Economy*, 15 (2003).

** Ich möchte hier darauf hinweisen, dass es substantielle Unterschiede zwischen Putnams und Rawls' Sicht des Problems der Objektivität gibt. Putnams Auffassung gibt seiner Skepsis gegen «allgemeingültge Prinzipien» Raum (*Ethics without Ontology*, «wenige wirkliche Probleme sind dadurch zu lösen, dass man sie als bloße Beispiele einer universellen Generalisierung behandelt», S. 4), während Rawls für die Behandlung des Problems neben der Untersuchung der Besonderheiten bestimmter ethischer Probleme seine universellen Prinzipien zur Hilfe nimmt. (*Politischer Liberalismus*, S. 193 ff.) Weder Rawls noch Putnam sind jedoch versucht, Objektivität im ethischen Rahmen der Ontologie oder als Suche nach tatsächlichen Objekten zu verstehen. In diesem Buch ziehe ich aus Putnams wie aus Rawls' Analysen Nutzen, verfolge aber die spezifischen Fragen, auf denen ihre Differenzen beruhen, nicht weiter.

tige Personen»), der Tendenz nach deckungsgleich mit dem ist, was wahrscheinlich einer offenen, aufgeklärten öffentlichen Debatte standhält, könnte sich eine interessante Diskussion ergeben. Jürgen Habermas hat sich im Gegensatz zu Rawls auf diesen zweiten, weitgehend prozeduralen Weg festgelegt und verlässt sich nicht auf eine verfahrensunabhängige Bestimmung dessen, was Menschen überzeugen würde, die «vernünftig» sind und auch irgendeine politische Überzeugung «vernünftig» finden würden.[19] Ich sehe, dass Habermas damit ein starkes Argument hat und dass die kategorische Unterscheidung, die er trifft, korrekt ist, bin jedoch nicht ganz überzeugt, dass die Ansätze von Rawls und Habermas tatsächlich hinsichtlich ihrer Strategien rationalen Argumentierens radikal verschieden sind.

Auch Habermas stellt hohe Anforderungen an die öffentliche Deliberation, die für eine politische Gesellschaft von der Art, wie er sie anzielt, nötig ist. Wenn diskursfähige Menschen sich dadurch auszeichnen, dass sie sich in die Perspektive anderer versetzen können und Informationen begrüßen – beides muss zu den wesentlichen Forderungen eines aufgeschlossenen öffentlichen Dialogs gehören –, dann mag die Kluft zwischen den beiden Ansätzen nicht notwendigerweise tief sein.* Ich werde keinen großen Unterschied machen zwischen den «vernünftigen Personen» in Rawls' Sprachgebrauch und anderen Menschen, auch wenn Rawls sich häufig auf die Kategorie der «vernünftigen Personen» bezieht. Ich habe an anderer Stelle versucht darzulegen, dass wir im Großen und Ganzen alle fähig sind, vernünftig zu sein, dadurch, dass wir offen für Informationen sind, über Argumente aus verschiedenen Denkrichtungen reflektieren und dazu interaktive Überlegungen anstellen und Debatten über die Sichtweise der ihnen zugrunde liegenden Probleme führen.[20] Diese Annahme scheint mir nicht grundsätzlich verschieden zu sein von Rawls' Idee der «freien und gleichen Personen», die

* Habermas behauptet auch, dass die Art von Konsens, die in dem von ihm beschriebenen System zustande kommt, substantiell verschieden von Rawls' eher «liberalen» Regeln und Prioritäten sein wird («Reconciliation trough the Public Use of Reason: Remarks on John Rawls' Political Liberalism», *The Journal of Philosophy* (1995)). Geklärt werden muss, ob diese Differenzen zwischen den habermasschen und rawlsschen Folgerungen in substantiellen Ergebnissen tatsächlich Resultat der beiden klar voneinander verschiedenen Verfahren sind, die Habermas und Rawls benutzen, oder ob sie aus den jeweiligen Vorstellungen vom erwartbaren Prozess offener, interaktiver Überlegungen in freiem demokratischen Diskurs folgen. Siehe auch Jürgen Habermas, *Erläuterungen zur Diskursethik* (1991).

alle «moralisches Vermögen» haben.* Rawls' Analyse scheint sich mehr auf die *Charakterisierung* denkender Menschen zu konzentrieren als auf die *Kategorisierung* irgendwelcher *«vernünftiger Personen»* unter Ausschluss anderer.** Ein uneingeschränkter öffentlicher Gebrauch der Vernunft ist für demokratische Politik im Allgemeinen und das Streben nach sozialer Gerechtigkeit im Besonderen von einigermaßen zentraler Bedeutung.***

Adam Smith und der unparteiische Zuschauer

Der öffentliche Gebrauch der Vernunft ist eindeutig ein entscheidendes Merkmal der Objektivität in politischen und ethischen Überzeugungen. Präsentiert Rawls eine Spielart des Denkens über die Rolle der Objektivität für die Einschätzung von Gerechtigkeit, bietet Adam Smith mit seinem unparteiischen Zuschauer einen anderen Zugang. Dieser «alte» Ansatz (2009 sind 250 Jahre seit der Erstveröffentlichung von Smiths *Theorie der ethischen Gefühle* (1759) vergangen) ist sehr weitreichend. Er hat prozedurale und substantielle Inhalte. Sucht man eine Problemlösung durch öffentlichen Gebrauch der Vernunft, gibt es eindeutig gute Gründe, nicht auf die Perspektiven und Überlegungen von Personen zu verzichten, deren Einschätzungen wichtig sind, entweder weil es um ihre Interessen geht oder weil ihre Ansichten über diese Probleme ein erhellendes Licht auf spezifische Urteile werfen – ein Licht, das vielleicht fehlen würde, wenn man den betreffenden Personen keine Gelegenheit gäbe, ihre Perspektiven zu erläutern.

Während Rawls sich offenbar vor allem auf Varianten in persönlichen Interessen und persönlichen Prioritäten konzentriert, befasste sich Adam Smith auch mit der Notwendigkeit, die Diskussion zu erweitern, um eine provinzielle Beschränkung von Werten zu vermeiden, die womög-

* Rawls bezieht sich insbesondere auf «zwei moralische Vermögen», nämlich «die Anlage zum Gerechtigkeitssinn» und «die Fähigkeit, sich eine Vorstellung vom Guten zu machen» (*Gerechtigkeit als Fairneß*, S. 44).

** Genau genommen hören wir von Rawls nicht viel zu der Frage, wie die sozusagen «unvernünftigen Personen» mit Vorstellungen von Gerechtigkeit umgehen und wie sie in die gesellschaftliche Ordnung eingegliedert werden.

*** Siehe Joshua Cohen, «Deliberation and Democratic Legitimacy» in Alan Hamlin und Philip Pettit (Hg.), *The Good Polity: Normative Analysis of the State* (Oxford: Blackwell, 1989) und *Politics, Power and Public Relations*, Tanner Lectures at the University of California, *Berkeley*, 2007. Siehe auch Seyla Benhabib (Hg.), *Democracy and Difference: Contesting the Boundaries of the Political* (Princeton, NJ: Princeton University Press, 1996).

lich sachdienliche Argumente ausschloss, nur weil sie in einer bestimmten Kultur befremdlich wirkten. Da die Berufung auf öffentliche Diskussion eine kontrafaktische Form annehmen kann («Was würde ein unparteiischer Zuschauer aus der Entfernung dazu sagen?»), geht Smith in seinem methodologischen Hauptanliegen davon aus, dass es notwendig ist, eine große Vielfalt von Gesichtspunkten und Ansichten aus der Nähe und aus der Ferne heranzuziehen, die auf unterschiedlichen Erfahrungen beruhen; er will verhindern, dass man sich auf – tatsächliche oder kontrafaktische – Begegnungen mit «Nachbarn» beschränkt, mit Menschen, die im selben kulturellen und gesellschaftlichen Milieu leben und geprägt sind durch dieselbe Art von Erfahrungen, Vorurteilen und Überzeugungen hinsichtlich dessen, was vernünftig oder unvernünftig ist, und sogar dessen, was machbar oder unmöglich wäre. Adam Smith besteht darauf, dass wir unsere Gefühle *inter alia* aus einer «gewissen Entfernung von uns» betrachten müssen, weil er das Ziel hat, nicht nur den Einfluss begründeter Interessen, sondern auch die Auswirkung fest eingewurzelter Traditionen und Sitten genau zu prüfen.*

Smith, Habermas und Rawls setzen zwar Argumente unterschiedlichen Typs ein, sind sich aber insofern ähnlich, als sie alle die Objektivität direkt oder indirekt in Zusammenhang bringen mit der Fähigkeit, sachkundigen kritischen Einwänden aus unterschiedlichen Richtungen standzuhalten. In diesem Buch werde ich ebenfalls eine begründete kritische Prüfung aus unterschiedlichen Perspektiven für einen wesentlichen Bestandteil der Forderungen halten, die Objektivität an ethische und politische Überzeugungen stellt.

Ich muss jedoch hinzufügen – und nachdrücklich betonen –, dass die Prinzipien, die einer solchen kritischen Prüfung standhalten, nicht eine einzige, andere ausschließende Gruppe sein müssen – die Gründe dafür habe ich in der Einleitung schon genannt. Damit stehe ich in stärkerem Widerspruch zu John Rawls als zu Hilary Putnam.** Rawls' Theorie der Gerechtigkeit und alle Ansätze, die wie sie der Wahl der Gerechtigkeitsgrundsätze eine einzige rigide institutionelle Struktur folgen lassen – ein charakteristisches Merkmal des in der Einleitung dargestellten transzen-

* Siehe auch Simon Blackburns Ausführungen über die Rolle des «alltäglichen Gesichtspunkts» und besonders über die Beiträge von Adam Smith und David Hume zur Entwicklung dieser Perspektive (*Ruling Passions: A Theory of Practical Reasoning* (Oxford: Clarendon Press, 1998) vor allem Kapitel 7).

** Im Widerspruch zu Bernard Williams befinde ich mich nicht, siehe *Ethics and the Limits of Philosophy* (London: Fontana, 1985)[*Ethik und die Grenzen der Philosophie*], Kapitel 8. Siehe auch John Gray, *Two Faces of Liberalism* (London: Polity Press, 2000).

dentalen Institutionalismus – und uns anschließend Schritt für Schritt eine fiktive Entwicklungsgeschichte der Gerechtigkeit darlegen, haben Mühe, in ihrem System konkurrierende Grundsätze unterzubringen, die ebenfalls kritischer Überprüfung standhalten und nicht mit nur einer Stimme sprechen. Wie in der Einleitung erwähnt, werde ich Argumente dafür präsentieren, dass entgegengesetzte Positionen gleichfalls überdauern und nicht in einem Radikalverfahren so zurück geschnitten werden können, dass sie alle in einen übersichtlichen Setzkasten mit vollständig gesammelten, gut passenden Forderungen passen – ein Verfahren, das uns nach Rawls' Theorie auf den ausschließlich richtigen Weg zur Erfüllung dieser Erfordernisse bringen würde (die von einem souveränen Staat in Kraft gesetzt werden).

Zwar bestehen Differenzen zwischen den hier betrachteten Zugängen zur Objektivität, aber alle Entwürfe erkennen an, dass eine rationale Diskussion auf der Grundlage von Unparteilichkeit notwendig ist; Differenzen bestehen vor allem über den Bereich der geforderten Unparteilichkeit; im Kapitel 6 mehr dazu. Rationalität kann natürlich unterschiedliche Formen annehmen, die auf viele verschiedene Weisen genutzt werden.* Aber insofern wir ethische Objektivität suchen, muss der dazu nötige Gebrauch der Vernunft die Forderungen der Unparteilichkeit erfüllen. Gründe der Gerechtigkeit können sich von Gründen der «Selbstliebe», wie Smith sie genannt hat, und auch von Gründen der Klugheit unterscheiden, aber sie werden immer noch ein ausgedehntes eigenes Territorium besetzen. Ein guter Teil dieses Buchs wird sich mit der Erforschung dieses riesigen Geländes befassen.

Die Reichweite der Vernunft

Nachdenken ist eine sichere Quelle der Hoffnung und Zuversicht in einer Welt, die von vergangenen und gegenwärtigen finsteren Taten verdüstert ist. Warum sich das so verhält, ist leicht einzusehen. Selbst wenn wir etwas unmittelbar empörend finden, können wir diese Reaktion prüfen und uns fragen, ob sie angemessen ist und ob wir uns von ihr leiten lassen sollen. Nachdenken kann man über die richtige Art, andere Menschen, andere Kulturen, andere Ansprüche einzuschätzen und zu behandeln, und über andersartige Gründe für Achtung und Toleranz. Wir können auch über unsere eigenen Fehler nachdenken und vielleicht

* Einige dieser Unterschiede werde ich in den Kapiteln 8, «Rationalität und die Anderen», und 9, «Die Pluralität unparteiischer Gründe», betrachten.

lernen, sie nicht zu wiederholen, so wie der japanische Schriftsteller Kenzaburo Oe hofft, dass die japanische Nation an «der Idee der Demokratie und dem Entschluss, nie wieder einen Krieg anzufangen», festhält und dass sie in ihrem Entschluss bestärkt wird, wenn sie versteht, welche territorialen Invasionen zu ihrer eigenen Geschichte gehören.*

Wenn es darum geht, Taten zu erkennen, die nicht in der Absicht, Schaden anzurichten, verübt wurden, aber sich schädlich auswirken, ist der Einsatz des Verstandes genauso wichtig. Zum Beispiel kann es geschehen, dass furchtbare Hungersnöte nicht analysiert werden, da man von der falschen Voraussetzung ausgeht, dass man sie nicht vermeiden kann, ohne die Gesamtmenge verfügbarer Nahrungsmittel zu vermehren, was kaum mit der gebotenen Eile organisiert werden kann. Hunderttausende, sogar Millionen Menschen können sterben infolge einer katastrophalen Untätigkeit, die auf unbedachtem Fatalismus beruht und sich als Gelassenheit aus Realitätssinn und gesundem Menschenverstand maskiert.** In Wirklichkeit sind Hungersnöte leicht zu verhindern, auch deshalb, weil sie nur einen geringen Prozentsatz der Bevölkerung (selten mehr als 5 Prozent und fast nie mehr als zehn Prozent) treffen und weil eine Umverteilung vorhandener Nahrung mithilfe von Sofortmaßnahmen organisiert werden kann, zum Beispiel mit Nothilfeprogrammen zur Arbeitsbeschaffung, die den Bedürftigen umgehend Geld für Lebensmittel verschaffen. Selbstverständlich wäre das Problem leichter zu lösen, wenn man mehr Nahrungsmittel hätte (die öffentliche oder staatliche Verteilung würde dadurch erleichtert, und wenn mehr Nahrung auf den Märkten verfügbar ist, kann das helfen, die Preise niedrig zu halten, die im anderen Fall steigen würden), aber um Hungersnöte

* Kenzaburo Oe, *Japan, the Ambiguous, and Myself* (Tokyo und New York: Kodansha International, 1995), S. 118 f. Siehe auch Onuma Yasuaki, «Japanese War Guilt and Postwar Responsibilities of Japan», *Berkeley Journal of International Law,* 20 (2002). Auch im Nachkriegsdeutschland sind die Lehren aus vergangenen Fehlern, vor allem der Nazizeit, ein wichtiges und vorrangiges Thema.

** Die Ursachen und die erforderlichen politischen Maßnahmen zur Prävention von Hungersnöten habe ich in *Poverty and Famines: An Essay on Entitlement and Deprivation* (Oxford: Clarendon Press, 1981) und in dem gemeinsam mit Jean Drèze verfassten Buch *Hunger and Public Action* (Oxford: Clarendon Press, 1989) dargestellt. Das ist ein Beispiel für das allgemeine Problem, dass eine irrige Theorie fatale Folgen haben kann. Dazu siehe mein *Ökonomie für den Menschen* und Sabina Alkire, «Development: A Misconceived Theory Can Kill», in Christopher W. Morris (Hg.), *Amartya Sen* (Cambridge: Cambridge University Press, 2010). Siehe auch: Cormac Ó Gráda, *Famine: A Short History* (Princeton, NJ: Princeton University Press, 2009).

einzudämmen, ist es nicht unbedingt nötig, mehr Lebensmittel zu haben – obwohl dies oft für selbstverständlich gehalten wird und als Rechtfertigung dafür gilt, dass man untätig bleibt, statt sofort Hilfsmaßnahmen einzuleiten. Die relativ geringe Umverteilung von Nahrungsmitteln, die man braucht, um Verhungern zu verhindern, kann dadurch erreicht werden, dass man denjenigen Kaufkraft verschafft, die aufgrund der einen oder anderen Katastrophe völlig ohne Geld sind – und diese Mittellosigkeit ist typischerweise die primäre Ursache für Verhungern.*

Ein anderes Thema, das jetzt allmählich die Aufmerksamkeit erhält, die es längst verdient hätte, betrifft die Missachtung und Zerstörung der Umwelt. Wir erkennen immer deutlicher, wie gravierend dieses Problem ist und wie eng es mit den negativen Auswirkungen unseres Verhaltens zusammenhängt, auch wenn die Umweltbelastung nicht deshalb entsteht, weil die heute Lebenden den Wunsch hätten, zukünftige Generationen zu schädigen, oder absichtlich gleichgültig gegenüber deren Interessen wären. Trotzdem sind wir immer noch nicht bereit zu gut durchdachtem Engagement und Handeln und versäumen damit, angemessene Sorge für die Umwelt zu tragen und die Bedingungen für ein gutes Leben aufrecht zu erhalten. Um Katastrophen zu verhindern, die durch Nachlässigkeit oder abgestumpfte Borniertheit verursacht werden, brauchen wir kritische Überprüfung, nicht nur Wohlwollen gegenüber unseren Mitmenschen.[21]

Der Gebrauch der Vernunft ist dabei eine Hilfe und keineswegs eine Gefahr für uns. Warum sehen Menschen, die das Vertrauen auf vernünftiges Denken für hochproblematisch halten, dies so anders? Womöglich lassen sich die Kritiker des Vertrauens auf Vernunft davon beeinflussen, dass manche Menschen *allzu* überzeugt von ihrem Denkvermögen sind und deshalb Gegenargumente und andere Begründungen, die zu ent-

* Außerdem können Gesundheitsfürsorge und medizinische Einrichtungen viel helfen, denn die meisten Opfer von Hungersnöten leiden oder sterben an üblichen Krankheiten, da Infektionen sich während einer Hungersnot schneller ausbreiten, und bereits vom Hunger Geschwächte keine Widerstandskraft mehr haben. Mehr als vier Fünftel der Menschen, die während der bengalischen Hungersnot von 1943 umkamen, starben geschwächt durch Krankheiten, die in der Region weit verbreitet waren, und nur ein Fünftel verhungerte (siehe Anhang D in *Poverty and Famines).* Ein ähnliches Bild ergibt sich aus vielen anderen Hungersnöten. Siehe besonders Alex de Waal, *Famine that Kills: Darfur, Sudan, 1984–1985* (Oxford: Clarendon Press, 1989); siehe auch sein Buch *Famine Crimes: Politics and the Disaster Relief Industry in Africa* (London: African Rights and the International African Institute, 1997). Siehe auch meinen Eintrag «Human Disasters» in *The Oxford Textbook of Medicine* (Oxford: Oxford University Press, 2008).

gegengesetzten Schlüssen führen könnten, einfach ignorieren. Vielleicht ist das der Hauptgrund für Glovers Besorgnis, und sie kann sehr berechtigt sein. Aber besorgniserregend ist hier wohl nur eine voreilige und schlecht begründete Gewissheit, nicht der Gebrauch der Vernunft. Das Heilmittel für schlechtes Begründen liegt in besserem Begründen, und es ist die Aufgabe kritischer Prüfung, diese Verbesserung in Gang zu setzen. Denkbar ist auch, dass in manchen Ausführungen von «Autoren der Aufklärung» nicht zureichend betont wurde, wie unumgänglich Neueinschätzung und Vorsicht sind, aber aus diesem Mangel eine generelle Anklage gegen die Sichtweise der Aufklärung zu machen, wäre sehr schwierig, und die Rolle der Vernunft für gerechtes Verhalten oder gute Sozialpolitik im Ganzen könnte man erst recht nicht anfechten.

Vernunft, Gefühle und die Aufklärung

Dazu kommt jedoch noch die Frage, welche Bedeutung instinktive Gefühle und kühle Kalkulation relativ zueinander haben; darüber hatten verschiedene Autoren der Aufklärung einiges zu sagen. John Glovers Argumente für die Notwendigkeit einer «neuen Psychologie» stützen sich auf seine Erkenntnis, dass Politik und Psychologie miteinander verwoben sind. Man kann sich kaum vorstellen, dass vernünftiges Denken auf der Grundlage der verfügbaren Daten über menschliches Verhalten nicht zur Anerkennung dieser Verwobenheit führen würde. Instinktiver Widerwillen gegen Grausamkeit und gefühlloses Benehmen kann sicherlich bei der Verhinderung von Gräueltaten eine wichtige Rolle spielen, und Glover betont mit Recht unter anderem die Bedeutung «der Tendenz, auf Menschen mit einer gewissen Achtung [und] Sympathie zu reagieren: das Elend und das Glück anderer wichtig zu nehmen.»

Hier muss jedoch kein Konflikt mit der Vernunft entstehen, da sie genau diese Prioritäten unterstützen kann. In Glovers Untersuchung über die Gefahren einseitiger und allzu selbstgewisser Überzeugungen hat gutes Argumentieren eindeutig diese Funktion übernommen. (Akbars Hinweis, dass wir selbst dann, wenn wir Vernunft bestreiten, vernünftige Gründe dafür angeben müssten, ist hier einschlägig.) Auch muss vernünftiges Argumentieren nicht zwangsläufig der – unter Umständen berechtigten – Auffassung im Wege stehen, dass ausschließliches Bauen auf kühle Kalkulation womöglich keine gute – oder vernünftige – Methode ist, die Sicherheit der Menschen zu gewährleisten.

Die Hochachtung für die Vernunft enthält keinen besonderen Grund, die weitreichende Rolle intuitiver Psychologie und spontaner Reaktionen zu leugnen.[22] Sie können einander ergänzen, und in vielen Fällen kann das Verständnis für die erweiternde und befreiende Funktion unserer Gefühle guten Stoff für vernünftiges Argumentieren ergeben. Adam Smith, die Leitfigur der schottischen Aufklärung (und von großem Einfluss auf die französische Aufklärung), erörterte die zentrale Rolle von Gefühlen und psychischen Reaktionen in seiner *Theorie der ethischen Gefühle* ausführlich.* Smith ist vielleicht nicht so weit gegangen wie David Hume mit der Behauptung, dass «Verstand und Gefühl in fast allen moralischen Bestimmungen und Folgerungen zusammenwirken»[23], aber beide sahen Denken und Fühlen in enger Wechselbeziehung. Hume und Smith waren natürlich nicht weniger ausgeprägte «Autoren der Aufklärung» als Diderot und Kant.

Aber der Bedarf an rationaler Prüfung psychischer Verhaltensweisen ist auch dann noch nicht gedeckt, wenn die Macht von Emotionen anerkannt und die positive Rolle vieler instinktiver Reaktionen (zum Beispiel des Widerwillens gegen Grausamkeit) betont wird. Vor allem – und vielleicht noch mehr als Hume – teilte Smith der Vernunft eine gewaltige Aufgabe beim Einschätzen unserer Gefühle und psychischen Anliegen zu. Hume scheint häufig die Leidenschaft für mächtiger als den Verstand zu halten. Wie Thomas Nagel in *The Last Word*, seiner nachdrücklichen Verteidigung der Vernunft, sagt, «glaubte Hume, so etwas wie eine spezifisch praktische Vernunft oder spezifisch moralische Vernunft könne es nicht geben, da jedem Motiv eine rationaler Einschätzung unzugängliche ‹Leidenschaft› zugrunde liege».** Smith war nicht dieser Ansicht, obwohl er wie Hume Gefühle für wichtig und einflussreich hielt und behauptete, dass unsere «ersten Wahrnehmungen» von richtig oder falsch «nicht Gegenstand der Vernunft, sondern unmittelbarer Empfindung und Gefühle» seien. Aber Smith behauptete auch, dass sogar diese instinktiven Reaktionen auf ein bestimmtes Verhalten in einer großen Vielfalt von Fällen zwangsläufig, wenn auch womöglich nur implizit,

* Siehe auch Martha Nussbaum, *Upheavals of Thought: The Intelligence of Emotions* (Cambridge: Cambridge University Press, 2001).

** Thomas Nagel, *The Last Word* (New York: Oxford University Press, 1997), S. 102. Hume scheint jedoch bezüglich der Prioritätsfrage zu schwanken. Während er der Leidenschaft eine Vorrangstellung gibt, die dominanter wirkt als die Rolle der Vernunft, behauptet er doch auch: «In dem Moment, da wir wahrnehmen, dass eine Annahme falsch oder eine Methode unzureichend ist, geben unsere Leidenschaften dem Verstand ohne Widerstand nach» (David Hume, *A Treatise of Human Nature,* hg. v. L.A. Selby-Bigge (Oxford: Clarendon Press, [1888], 1978), S. 416) [*Traktat über die menschliche Natur*].

auf unser rationales Verständnis der Kausalverknüpfungen zwischen einem Verhalten und seinen Konsequenzen angewiesen sind. Darüber hinaus können sich die ersten Wahrnehmungen auch infolge kritischer Prüfung ändern, zum Beispiel auf der Grundlage empirischer Kausalforschung, die zeigen mag, dass ein bestimmtes «Objekt das Mittel zur Gewinnung eines anderen ist», wie Smith sagt.[24]

Das Argument, mit dem Smith die bleibende Notwendigkeit vernünftiger Prüfung begründet, wird an einem Beispiel deutlich, wenn er erörtert, wie wir unsere Einstellung zu üblichen Praktiken einschätzen sollen. Das ist offensichtlich wichtig für Smiths wortgewaltige Unterstützung von Reformen, zum Beispiel die Abschaffung der Sklaverei, oder den Abbau willkürlicher bürokratischer Restriktionen, die Handelsbeziehungen zwischen verschiedenen Ländern behindern, oder die Linderung der als Strafe gedachten, über Mittellose verhängten Beschränkungen, die Bedingung für die wirtschaftliche Unterstützung durch die Armengesetze waren.*

Es ist zweifellos richtig, dass Religion und Gewohnheiten nicht die einzigen Quellen für Ideologie und Dogmatismus sind und dass beide häufig andere Ursprünge haben, aber das spricht nicht dagegen, dass die Vernunft genauso die Aufgabe hat, die Gründe für instinktive Einstellungen und Reaktionen zu beurteilen, wie sie Argumente zur Rechtfertigung reflektierter politischer Strategien prüfen muss. Der «Pfad der Vernunft» in Akbars Worten schließt weder aus, den Wert instinktiver Reaktionen zu erkennen, noch ignoriert er den Informationsgehalt unserer mentalen Reaktionen. Und all das ist vollkommen verträglich damit, dass wir unseren ungeprüften Instinkten nicht das uneingeschränkte letzte Wort geben.

* John Broome sagt in seinem einleuchtenden Essay «Why Economics Needs Ethical Theory»: «Ökonomen drängen ihre ethische Meinung nicht gern anderen auf, aber darum geht es nicht. Sehr wenige Ökonomen sind in der Position, ihre Meinung irgendjemandem aufzuzwingen … Sie lösen das Problem für sich, indem sie gute Argumente suchen und die Theorie ausarbeiten. Es wäre keine Lösung, sich hinter den Präferenzen anderer Menschen zu verstecken, wenn diese Präferenzen nicht gut begründet sind und wenn die Menschen selbst womöglich auf Hilfe von Ökonomen hoffen, um bessere Präferenzen zu entwickeln.» (*Arguments for a Better World: Essays in Honor of Amartya Sen*, hg. v. Kaushik Basu und Ravi Kanbur, Vol. 1 (Oxford: Oxford University Press, 2009), S. 14.) Smith versuchte, denselben Lösungsweg zu gehen.

2. PRO UND KONTRA RAWLS

Dieses Kapitel ist in der Hauptsache eine Kritik an John Rawls' wegweisender Theorie der Gerechtigkeit. Ich werde darlegen, in welchen Punkten ich nicht mit Rawls übereinstimme, aber ich kann mit meiner Kritik nicht beginnen, ohne anzuerkennen, wie sehr mein eigenes Verständnis von Gerechtigkeit – und politischer Philosophie im Ganzen – beeinflusst ist durch das, was ich von ihm gelernt habe; wir alle stehen tief in Rawls' Schuld, denn er hat das philosophische Interesse am Thema Gerechtigkeit wieder geweckt. Rawls hat es zu dem gemacht, was es heute ist; dass ich miterleben konnte, wie er die zeitgenössische politische Philosophie radikal veränderte, war eine elektrisierende Erfahrung für mich; die Erinnerung daran soll am Beginn dieser Kritik stehen. Nicht nur Rawls' Schriften waren ein Gewinn für mich, ich hatte auch das Privileg, diesen bewundernswerten Mann zum Freund und Kollegen zu haben – seine Güte war erstaunlich, und seine souveränen Kommentare, kritischen Anmerkungen und Vorschläge haben mir immer wieder zu größerer Klarheit verholfen und mein Denken radikal beeinflusst.

Ich hatte Glück mit dem Zeitpunkt. Die Moralphilosophie und die politische Philosophie bewegten sich unter Rawls' Leitung mit großen Schritten vorwärts, als ich gerade angefangen hatte, das Thema aus der Sicht des Beobachters, der in anderen Fachgebieten zu Hause war (zuerst in der Mathematik und Physik, dann in der Ökonomie), wahrzunehmen. Sein 1958 erschienener Artikel «Gerechtigkeit als Fairness» steckte mir ein Licht auf – heute fällt es mir schwer, es angemessen zu beschreiben –, und schon seine Arbeiten aus den frühen fünfziger Jahren über «Entscheidungsverfahren» und unterschiedliche Auffassungen von «Regeln», die ich als College-Student las, waren aufregend erkenntnisstiftend für mich.[1]

Und dann kam 1971 Rawls' bahnbrechendes Werk *Eine Theorie der Gerechtigkeit*.[2] Rawls, Kenneth Arrow und ich hatten bereits eine frühere Fassung des Buchs in einem gemeinsamen Seminar über politische Philosophie benutzt, als ich im akademischen Jahr 1968–69, von meiner Heimatuniversität Delhi beurlaubt, Gast der Universität Harvard war. Ich arbeitete an meinem Buch *Collective Choice and Social Welfare* (1970), das auch das Thema Gerechtigkeit behandelte, und profitierte erheblich von

Rawls' scharfsinnigen Kommentaren und Vorschlägen. Nicht lange danach hatte ich das Privileg, für die Harvard University Press einen förmlichen Kommentar zur endgültigen Fassung von *Eine Theorie der Gerechtigkeit* zu schreiben. Es mag übertrieben klingen, aber ich glaubte wirklich, das Gefühl zu verstehen, das Wordsworth in Worte fasste: «Bliss was it in that dawn to be alive, / But to be young was very heaven!». [Glück wars, in jener Morgenröte am Leben zu sein / Aber jung zu sein, war der Himmel].

Dieses Gefühl hat sich im Lauf der Jahre nicht verloren, nur weil ich jetzt meine, dass einige der wichtigsten Pfeiler von Rawls' Theorie der Gerechtigkeit Schwachstellen haben. Bevor ich meine Einwände darlege, muss ich anerkennen, dass Rawls dem Gegenstand dieser Theorie eine solide Basis verschafft hat.[3] Etliche Grundkonzepte, die er als entscheidend erkannt hat, tragen noch immer zu meinem Verständnis von Gerechtigkeit bei, auch wenn ich mit meiner eigenen Arbeit eine andere Richtung eingeschlagen habe und zu anderen Schlüssen komme als Rawls.

Gerechtigkeit als Fairness: Der rawlssche Ansatz

Rawls' Grundvorstellung, dass Gerechtigkeit die Forderungen der Fairness erfüllen muss, ist vielleicht das prägnanteste Beispiel dessen, was seiner Meinung nach für ein angemessenes Verständnis von Gerechtigkeit entscheidend ist. Zwar ist jede Zusammenfassung letzten Endes eine Barbarei, aber trotzdem ist es nützlich, Rawls' Theorie der «Gerechtigkeit als Fairness» kurz (und deshalb womöglich allzu stark vereinfacht) zu beschreiben, um einige Grundzüge hervorzuheben, die das Verständnis von Rawls' Ansatz erleichtern; auch der Versuch, weiter über Gerechtigkeit zu arbeiten, kann dadurch gefördert werden.* In diesem Ansatz wird

* Die Idee der Gerechtigkeit erscheint in Rawls' Werk in mindestens drei verschiedenen Kontexten. Erstens werden die Grundsätze der Gerechtigkeit aus der Idee der Fairness abgeleitet und daraus dann die auf Gerechtigkeit gründenden Institutionen bestimmt, die für die Grundstruktur der Gesellschaft notwendig sind. Diese Theorie, die Rawls sehr detailliert ausarbeitet, wird von dort aus Schritt für Schritt weiterentwickelt bis zur Gesetzgebung und Durchsetzung der Erfordernisse der «Gerechtigkeit als Fairness» in seinem Sinn. In einem zweiten Bereich – dem der Reflexion und der Entwicklung eines «Überlegungsgleichgewichts» (reflective equilibrium) – können die Ideen der Gerechtigkeit eine Rolle spielen, aber im Zentrum stehen hier unsere jeweils persönlichen Einschätzungen des Guten und Rechten. Der dritte Kontext ist der «übergreifende Konsens» (overlapping

Fairness als fundamental verstanden, und sie soll in gewissem Sinn der Entwicklung der Gerechtigkeitsgrundsätze «vorgeordnet» sein. Meiner Meinung nach haben wir guten Grund, uns von Rawls überzeugen zu lassen, dass das Streben nach Gerechtigkeit mit der Idee der Fairness verbunden – und in gewissem Sinn aus ihr abgeleitet – werden muss. Diese zentrale Auffassung ist nicht nur wichtig für Rawls' eigene Theorie, sondern auch von entscheidender Bedeutung für die meisten Analysen der Gerechtigkeit, mein Buch nicht ausgenommen.*

Was ist Fairness nun? Diese Grundvorstellung kann in unterschiedlicher Gestalt auftreten, aber im Zentrum muss immer die Forderung stehen, dass wir in unseren Wertungen Voreingenommenheit vermeiden, dass wir die Interessen und Anliegen anderer mit berücksichtigen und vor allem darauf achten, uns nicht von unseren eigenen erworbenen Vorrechten, persönlichen Prioritäten, Exzentrizitäten oder Vorurteilen beeinflussen zu lassen. Allgemein gefasst kann man Fairness als Unparteilichkeit verstehen. Rawls spezifiziert die Forderungen der Unparteilichkeit auf der Basis seiner konstruktiven Idee des «Urzustands», die für seine Theorie der «Gerechtigkeit als Fairness» zentral ist. Der Urzustand ist eine fiktive Situation ursprünglicher Gleichheit, in der die Beteiligten weder ihre persönlichen Identitäten kennen noch von individuellen erworbenen Vorrechten innerhalb der gesamten Gruppe wissen. Ihre Repräsentanten müssen eingehüllt in diesen «Schleier des Nichtwissens» wählen, das heißt, in einem fiktiven Zustand selektiven Nichtwissens – genauer gesagt: sie wissen nichts von ihren unterschiedlichen persönlichen Interessen und tatsächlichen Ansichten vom guten Leben, sie haben, in Rawls' Formulierung, keine «comprehensive preferences», umfassenden Präferenzen, und in diesem hypothetischen Zustand des Nichtwissens wählen sie die Gerechtigkeitsprinzipien einstimmig. Diese Prinzipien bestimmen laut Rawls die grundlegenden sozialen Institutionen, unter deren Leitung diejenige

consensus), wie Rawls ihn nennt; er behandelt die komplexen Fragen unserer Einigung und Uneinigkeit, von denen die Stabilität gesellschaftlicher Ordnungen abhängt. Ich befasse mich hier hauptsächlich mit den Gerechtigkeitsgrundsätzen, dem ersten der drei Bereiche.

* Stark beeinflusst von Rawls' Denken sind andere zeitgenössische Arbeiten über Gerechtigkeit, zum Beispiel die Bücher von Ronald Dworkin, Thomas Nagel, Robert Nozick, Thomas Pogge, Joseph Raz, Thomas Scanlon und viele mehr, auch wenn der Einfluss sich in manchen Fällen, so wie bei Robert Nozick, ziemlich dialektisch auswirkt und Streitlust provoziert. (Siehe Nozicks *Anarchy, State and Utopia* (New York: Basic Books, 1974) [*Anarchie, Staat und Utopia,* 1976]).

Gesellschaft steht, welche sie, die Menschen im fiktiven Urzustand, «schaffen» würden.

Die Überlegungen zu den Gerechtigkeitsgrundsätzen in diesem fiktiven Urzustand verlangen die Unparteilichkeit, die für Fairness notwendig ist. Rawls formuliert dies in *Eine Theorie der Gerechtigkeit* (S. 34 f.) folgendermaßen:

> Der Urzustand ist der angemessene Ausgangsstatus, der gewährleistet, daß die in ihm erzielten Grundvereinbarungen fair sind. Daraus ergibt sich der Name «Gerechtigkeit als Fairneß». Damit ist klar, was ich behaupten möchte: eine Gerechtigkeitsvorstellung ist vernünftiger oder eher zu rechtfertigen als eine andere, falls vernünftige Menschen im Urzustand die einen Grundsätze anstelle der anderen als gerecht akzeptieren würden. Gerechtigkeitsvorstellungen sind danach zu beurteilen, wie annehmbar sie für Menschen unter solchen Bedingungen sind.

In seinen späteren Arbeiten, vor allem in *Politischer Liberalismus* (*Political Liberalism* 1993), seinen ausgearbeiteten Dewey Lectures, verteidigte Rawls seine These von der Verfahrensweise der Fairness noch ausführlicher.* Gerechtigkeit als Fairness wird «von Anfang an als eine politische Gerechtigkeitskonzeption vorgestellt» (S. 13). Rawls befasst sich mit der Grundfrage, wie Menschen, die «durch vernünftige und gleichwohl einander ausschließende religiöse, philosophische und moralische Lehren einschneidend voneinander getrennt sind», trotzdem in einer Gesellschaft kooperieren können. Die Zusammenarbeit wird möglich, «wenn Bürger eine vernünftige politische Gerechtigkeitskonzeption teilen» und damit eine gemeinsame Basis haben, «auf deren Grundlage öffentliche Diskussionen über grundlegende politische Probleme stattfinden und auf vernünftige Weise entschieden werden können; natürlich nicht in allen Fällen, aber, so hoffen wir, doch in den meisten, die wesentliche Verfassungsinhalte oder Fragen grundlegender Gerechtigkeit betreffen.» (S. 17 f.) Zum Beispiel in Glaubensfragen oder ihren allgemeinen An-

* Die außergewöhnliche Spannweite von Rawls' Denken wurde kürzlich bestätigt durch die Ausgabe seines Gesamtwerks einschließlich bisher unveröffentlichter Schriften, die seine früheren Publikationen konsolidiert und erweitert. Siehe John Rawls, *Collected Papers*, hg. v. Samuel Freeman (Cambridge, MA: Harvard University Press, 1999); *The Law of Peoples* (Cambridge, MA: Harvard University Press, 1999); *Lectures on the History of Moral Philosophy*, hg. v. Barbara Herman (Cambridge, MA: Harvard University Press, 2000); *A Theory of Justice* (Cambridge, MA: Harvard University Press, überarb. Aufl., 2000); *Justice as Fairness: A Restatement*, hg. v. Erin Kelly (Cambridge, MA: Harvard University Press, 2001).

sichten über die Inhalte eines guten und lebenswerten Lebens mögen die Bürger sich unterscheiden, aber nach Rawls' Darstellung werden sie sich durch vernünftige Überlegung darauf einigen, wie sie solche unterschiedlichen Meinungen innerhalb ihrer Gruppe berücksichtigen und einen einzigen Satz von Gerechtigkeitsprinzipien verfassen können, der für die gesamte Gruppe fair ist.

Von der Fairness zur Gerechtigkeit

Ziel der so strukturierten Fairness ist es, angemessene Grundsätze zu finden, welche die Wahl gerechter, für die Grundstruktur einer Gesellschaft notwendiger Institutionen bestimmen. Rawls legt einige sehr spezifische Gerechtigkeitsgrundsätze fest (dazu mehr im Folgenden) und stellt die starke Behauptung auf, dass die politische Konzeption von Gerechtigkeit als Fairness zu einer einstimmigen Entscheidung für diese Grundsätze führen müsse. Sein Argument: Da alle im Urzustand der ursprünglichen Gleichheit diese Grundsätze wählen würden, sind sie die angemessene «politische Konzeption» von Gerechtigkeit, und Menschen, die in einer wohlgeordneten, an diesen Grundsätzen ausgerichteten Gesellschaft leben, hätten gute Gründe, sich zu einem darauf beruhenden Gerechtigkeitssinn zu bekennen (unabhängig von der spezifischen Vorstellung von einem guten Leben und von persönlichen «umfassenden» Prioritäten, die jeder für sich hat). Also leistet die einstimmige Wahl dieser Gerechtigkeitsgrundsätze im rawlsschen System eine Menge Arbeit, dazu gehört unter anderem die Wahl der *Institutionen* für die Grundstruktur der Gesellschaft und auch die Festlegung einer *politischen Konzeption von Gerechtigkeit*, die, wie Rawls annimmt, individuelle Verhaltensweisen so beeinflussen wird, dass sie mit dieser gemeinsamen Konzeption in Einklang sind (mehr dazu später in diesem Kapitel).

Die Wahl der Grundsätze der Gerechtigkeit ist der erste Akt in Rawls' vielstufiger Entwicklung sozialer Gerechtigkeit. Dieser erste Akt führt zur nächsten «konstitutionellen» Stufe, auf der tatsächliche Institutionen in Übereinstimmung mit dem gewählten Gerechtigkeitsprinzip und unter Berücksichtigung der Verhältnisse in jeder einzelnen Gesellschaft ausgesucht werden. Die Arbeit dieser Institutionen führt dann auf späteren Stufen im rawlsschen System zu weiteren sozialen Entscheidungen, etwa mittels angemessener Gesetzgebung (auf der «legislativen Stufe» in Rawls' Bezeichnung). Der fiktive Stufenplan folgt Schritt für Schritt genau vorgezeichneten Linien, und dabei entfalten sich ausführlich charakterisierte, vollkommen gerechte gesellschaftliche Ordnungen.

Der gesamte Prozess dieser Entwicklung beruht darauf, dass die «beiden Gerechtigkeitsgrundsätze» schon auf der ersten Stufe auftauchen und alles beeinflussen, was im rawlsschen Stufenplan nachkommt. Ich muss beträchtliche Skepsis an Rawls' hochspezifischer Behauptung anmelden, die besagt, dass im Urzustand einstimmig ein einziger Satz von Prinzipien für gerechte Institutionen, die notwendige Bedingungen einer vollkommen gerechten Gesellschaften sind, gewählt würde. Mein Einwand: Es gibt eine Vielzahl von wirklichen und manchmal einander widersprechenden allgemeinen Interessen, die sich auf unser Verständnis von Gerechtigkeit auswirken.[4] Sie unterscheiden sich nicht notwendig auf bequeme, das heißt die Wahl erleichternde, Art und Weise, so dass nur ein einziger Satz von Prinzipien wirklich Unparteilichkeit und Fairness garantieren würde, die anderen aber nicht.* Viele von ihnen sind ebenfalls unvoreingenommen und leidenschaftslos und bieten Maximen, die so beschaffen sind, dass man «auch wollen könne, … [die] Maxime solle ein allgemeines Gesetz werden» (um Kants berühmte Forderung zu zitieren).[5]

Besteht eine Vielzahl unvoreingenommener Grundsätze, so heißt das meiner Meinung nach, dass Unparteilichkeit viele verschiedene Formen annehmen und ganz unterschiedliche Gestalten haben kann. Das Beispiel aus der Einleitung, in dem drei Kinder konkurrierende Ansprüche auf eine Flöte vertreten, sollte deutlich machen, dass jeder dieser Ansprüche auf einer allgemeinen Theorie gründet, die festlegt, wie man Menschen unvoreingenommen und unparteiisch begegnet; diese Theorien unterstützen entweder effektiven Einsatz und Nutzen oder ökonomische Gleichheit und Fairness der Verteilung oder das Recht auf die Früchte eigener Arbeit. Ihre Argumente sind vollkommen allgemein, und ihre Überlegungen zur Natur einer gerechten Gesellschaft spiegeln unterschiedliche Grundvorstellungen wider, die jeweils unparteiisch verteidigt werden können (und nicht auf erworbene Vorrechte zurückgreifen müssen). Wenn aber nicht nur ein einziger gegebener Satz von Gerechtigkeitsprinzipien auftaucht, die zusammen alle für die Grundstruktur der Gesellschaft notwendigen Institutionen festlegen, dann wäre das gesamte Verfahren der Gerechtigkeit als Fairness, so wie es in Rawls' klassischer Theorie entwickelt wird, schwer anzuwenden.**

* Die alternativen Theorien der Gerechtigkeit, die John Roemer in seinem Buch *Theories of Distributive Justice* (Cambridge, MA: Harvard University Press, 1996) vergleicht und einander gegenüberstellt, erheben sämtlich ebenfalls Anspruch auf Unparteilichkeit, und die Wahl zwischen ihnen muss anders begründet werden.

** Meine Skepsis gegenüber Rawls' Behauptung, dass im «Urzustand» ein Gesellschaftsvertrag einstimmig gewählt würde, ist leider kein neuer Gedanke. Meine

In der Einleitung habe ich schon darauf hingewiesen, dass Rawls die Grundbehauptung seiner *Theorie der Gerechtigkeit* – dass Parteien im «Urzustand» einstimmig zwei Gerechtigkeitsgrundsätze wählen würden – in seinen späteren Schriften deutlich modifiziert und eingeschränkt hat. In *Gerechtigkeit als Fairneß: Ein Neuentwurf* erklärt er, dass «es unbegrenzt viele Überlegungen gibt, auf die man sich im Urzustand berufen kann, und dass jede Alternativkonzeption der Gerechtigkeit von manchen Überlegungen untermauert und von anderen geschwächt wird.» Er sagt weiter, «dass die Bilanz der Gründe ihrerseits auf einem Urteil beruht, einem Urteil allerdings, das von rationalen Überlegungen geprägt und gesteuert wird».[6] Wenn Rawls einräumt, dass «unser Denken ... hinter diesem Ideal zurückbleibt», meint er damit seine ideale Theorie der Gerechtigkeit als Fairness. Aber wenn eine Theorie der Gerechtigkeit Raum für bleibende Uneinigkeit und Meinungsverschiedenheit über einige Fragen lässt, während sie sich auf viele fundierte Schlüsse konzentriert, die sich zwingend aus vernünftiger Einigung über die Erfordernisse der Gerechtigkeit ergeben, muss sie nicht notwendig etwas «hinter dem Ideal Zurückbleibendes» enthalten.

Sollten Rawls spätere Bedenken jedoch wirklich besagen, was sie zu sagen scheinen, dann müsste seine frühere Stufentheorie der Gerechtigkeit als Fairness ohne Zweifel aufgegeben werden. Wenn Institutionen auf ausschließlich zwei Gerechtigkeitsprinzipien beruhen müssen, die durch die im Urzustand geübte Fairness zustande kommen, dann wäre die Theorie ihrer Basis beraubt, falls diese Ausschließlichkeit fehlt. In Rawls' Denken ist über die Jahre hin eine deutliche Spannung zu erkennen. Er gibt die Theorie der Gerechtigkeit als Fairness nicht auf, jedenfalls nicht ausdrücklich, und doch scheint er anzuerkennen, dass unüberwindliche Probleme entstehen, wenn man im Urzustand eine einhellige Übereinkunft über ausschließlich zwei Gerechtigkeitsgrundsätze erreichen will, und dass diese Probleme sich zwangsläufig verheerend auf seine Theorie der «Gerechtigkeit als Fairness» auswirken.

Ich neige zu der Einschätzung, dass Rawls' ursprüngliche Theorie

ersten Zweifel, die ich mit meinem Freund Garry Runciman teilte, kommen in einem gemeinsamen Artikel zum Ausdruck: «Games, Justice and the General Will», *Mind* 74 (1965). Das war natürlich noch vor dem Erscheinen von Rawls' *A Theory of Justice* (Cambridge, MA: Harvard University Press, 1971), basierte aber auf Rawls' Darstellung des «Urzustands» in seinem bahnbrechenden Artikel «Justice as Fairness», *Philosophical Review*, 67 (1958). Siehe auch mein Buch *Collective Choice and Social Welfare* (San Francisco, CA: Holden-Day, 1970, wiederaufgelegt: Amsterdam: North-Holland, 1979).

uns ungeheuer viel geholfen hat, die vielfältigen Aspekte der Idee der Gerechtigkeit zu verstehen, und dass ein großer Teil der Aufklärung, die wir Rawls' bahnbrechendem Beitrag verdanken, erhalten bleiben und die politische Philosophie auch in Zukunft bereichern wird, selbst wenn seine Theorie aufgegeben werden müsste, wofür es meiner Meinung nach gute Gründe gibt. Man kann eine Theorie zugleich hochschätzen und ernsthaft kritisieren, und nichts würde mich glücklicher machen, als in dieser «dualistischen» Einschätzung der Theorie der Gerechtigkeit als Fairness Rawls zur Seite zu haben, wenn das möglich wäre.

Anwendung der rawlsschen Gerechtigkeitsgrundsätze

Genug davon und zurück zu meiner Skizze von Rawls' Theorie der Gerechtigkeit als Fairness. Rawls hat sie nie aufgegeben, und sie hat die moderne politische Moralphilosophie wohl mehr beeinflusst als jede andere Theorie der Gerechtigkeit. Rawls behauptete, dass die folgenden Gerechtigkeitsgrundsätze von Parteien im Urzustand einstimmig angenommen würden (*Politischer Liberalismus*, S. 406):

a. Jede Person hat das gleiche Recht auf ein völlig adäquates System gleicher Grundfreiheiten, das mit einem gleichartigen System von Freiheiten für alle vereinbar ist.
b. Soziale und ökonomische Ungleichheiten müssen zwei Bedingungen genügen: erstens müssen sie mit Ämtern und Positionen verbunden sein, die allen unter Bedingungen fairer Chancengleichheit offen stehen; und zweitens müssen sie den größten Vorteil für die am wenigsten begünstigten Mitglieder der Gesellschaft bringen.

Es ist wichtig, darauf zu achten, dass die von Rawls festgelegten Gerechtigkeitsgrundsätze die Priorität der Freiheit (im «ersten Grundsatz») enthalten und maximaler Freiheit für jede Person, soweit sie mit gleichartiger Freiheit für alle vereinbar ist, den Vorrang vor anderen Gesichtspunkten, auch dem der ökonomischen oder sozialen Gleichheit, einräumen. Gleiche Freiheit der Person ist den Forderungen des zweiten Grundsatzes übergeordnet; dieser bezieht sich auf die Gleichheit bestimmter allgemeiner Chancen und auf die Gleichheit bei der Verteilung von Mehrzweck-Ressourcen. Das heißt: Die Vermehrung von Reichtum oder Einkommen oder eine bessere Verteilung ökonomischer Ressourcen können nicht als Gründe dafür gelten, dass Freiheiten, die allen zustehen, verletzt werden. Obwohl Rawls die Freiheit auf ein Podest stellt, sodass sie unanfechtbar über allen möglichen Alternativen thront (eine einigermaßen extreme Position), zielt er auf eine allgemeinere Behauptung: Freiheit kann nicht lediglich als eine Vergünstigung (facility) verstanden werden, die andere Vergünstigungen (zum Beispiel ökonomische Opulenz) ergänzt; vielmehr hat persönliche Freiheit einen ganz besonderen Platz im menschlichen Leben. Diese allgemeinere – und nicht notwendig extreme – Behauptung wird eines meiner Stichworte für den konstruktiven Teil dieses Buchs sein.

Andere Aufgaben der Institutionenwahl löst Rawls in seinen Gerechtigkeitsgrundsätzen durch eine gemischte Gruppe von Forderungen, die im «zweiten Grundsatz» zusammengestellt sind. Der erste Teil des zweiten Grundsatzes befasst sich mit den notwendigen institutionellen Garantien dafür, dass öffentliche Chancen allen zugänglich sind und dass niemand aus Gründen der Zugehörigkeit zu einer Rasse, einem Volk, einer Kaste oder einer Religion ausgeschlossen oder benachteiligt wird. Der zweite Teil des zweiten Grundsatzes, das «Differenzprinzip», befasst sich mit Verteilungsgleichheit und Gesamtnutzen und zielt darauf, die am wenigsten begünstigten Mitglieder der Gesellschaft so gut wie möglich zu stellen.

Rawls stellt für seine Analyse der Gleichheit bei der Verteilung von Ressourcen eine Liste der «Grundgüter» auf, die als übergreifende Mittel zu einer Vielfalt von Zwecken verstanden werden (sie umfassen alle denkbaren Ressourcen, die generell Menschen zu dem verhelfen könnten, was sie brauchen, so vielfältig ihre Bedürfnisse auch sein mögen). Rawls zählt zu den Grundgütern auch «Rechte, Freiheiten und Chancen, Einkommen und Vermögen und die sozialen Grundlagen der Selbstachtung».[7] Es ist bemerkenswert, dass in dieser Liste wiederum Freiheiten genannt werden, diesmal aber nur als gesetzlich gesicherte Rechte oder Vergünstigungen, die andere Vergünstigungen, zum Beispiel Einkommen und Besitz, ergänzen.

Nicht nur das, was Rawls in seine Überlegungen zur Verteilung aufnimmt, ist signifikant, sondern auch das, was er ausschließt: Bestimmte Verteilungsansprüche, die andere Theoretiker betont haben, werden von Rawls nicht unmittelbar bewertet, zum Beispiel Ansprüche, die auf Berechtigungen im Zusammenhang mit Vorstellungen von Verdienst und Belohnung beruhen oder auf Grundbesitz. Rawls rechtfertigt diese Auslassungen genauso mit rationalen Argumenten wie das, was er in seine Liste aufnimmt.*

* Siehe auch Liam Murphy und Thomas Nagel, *The Myth of Ownership: Taxes and Justice* (New York: Oxford University Press, 2002); in diesem Buch werden allge-

Arbeitsleistungen erhalten jedoch eine indirekte Anerkennung; gewürdigt wird ihr Beitrag zur Förderung von Effizienz und Gleichheit, so dass mit ihnen zusammenhängende Ungleichheiten in Rawls' Verteilungstheorie zugelassen sind und verteidigt werden, wenn sie im Ergebnis dazu beitragen, dass die am wenigsten begünstigten Menschen besser gestellt werden, zum Beispiel dadurch, dass man Arbeitsanreize für sie schafft. In einer Welt, in der individuelles Verhalten nicht allein von der «Gerechtigkeitskonzeption» der Parteien im Urzustand geformt wird, gibt es offensichtlich keine Möglichkeit, Probleme zu vermeiden, die durch Arbeitsanreize entstehen.

Wenn nun aber Parteien im Urzustand die durch notwendige Anreize bedingten Ungleichheiten als falsch und ungerecht beurteilen würden (man kann die Anreize als eine Art Bestechung sehen, die man Menschen zukommen lässt, damit sie fleißig arbeiten und gehörig produktiv sind), müssten dann nicht die Grundsätze, die von Parteien im Urzustand gebilligt wurden, solche Anreize überflüssig machen? Wenn eine gerechte Ökonomie keine durch Anreize entstehenden Ungleichheiten dulden dürfte, müssten dann die Grundsätze, die im Stadium der Unparteilichkeit zustande kommen, nicht vorsehen, dass Menschen vereinbaren, jeweils ihren Teil zu tun, ohne durch Bestechung motiviert zu werden? Und müssten wir nicht unter der Voraussetzung von Rawls' Argument annehmen, dass in der Welt nach dem Abschluss des Gesellschaftsvertrags alle Personen sich im Einklang mit der aus dem Urzustand hervorgehenden Gerechtigkeitskonzeption verhalten und dass in jener pflichtorientierten Welt jeder seine Produktionspflichten (als Teil der besagten Gerechtigkeitskonzeption) erfüllt, ohne Anreize zur Arbeit zu brauchen?

Die Idee, dass Menschen spontan tun werden, worauf sie sich im Urzustand verpflichtet haben, stammt von Rawls.* Und doch scheint Rawls «bis hierhin und nicht weiter» zu gehen, und es steht nicht eindeutig fest, ob eine klare Trennlinie gezogen werden kann, so dass Ungleichheiten, die auf Arbeitsanreizen beruhen, hinzunehmen sind (sogar in einer Welt, in der einheitliche Verhaltensnormen wirksam sind, die aus dem Urzustand stammen), während andere Gründe für Ungleichheit zurückgewiesen werden.[8]

meine Ideen der Gerechtigkeit auf den ideologiebelasteten Streit über Steuerpolitik angewendet (S. 4).

* Vergl.: «Es wird angenommen, dass jeder gerecht handelt und seinen Teil zur Erhaltung der gerechten Institutionen beiträgt.» (*Eine Theorie der Gerechtigkeit*, S. 24).

Dieses Problem kann zwei verschiedene Arten von Reaktionen hervorrufen. Die eine ist das Argument, das G.A. Cohen in seinem Buch *Rescuing Justice and Equality* (2008) überzeugend vertreten hat: Er behauptet, dass die Reichweite von Rawls' Theorie der Gerechtigkeit eingeschränkt wird, wenn Ungleichheit, die auf Anreizen beruht, als zulässig gilt.[9] Das Zugeständnis an Anreize mag, pragmatisch gesehen, Sinn haben, aber kann es Teil einer plausiblen Theorie sein, die sich ausdrücklich Theorie der Gerechtigkeit nennt? In einer Welt, in der es nur um realitätsüberschreitende ideale Gerechtigkeit geht, würde Cohens Einwand als eine legitime Kritik gelten.

Aus anderer Sicht besteht das Problem darin, dass man sich schwer vorstellen kann, Anreize wären dann nicht mehr notwendig, wenn man auf die Erwartung bauen würde, dass die Gerechtigkeitskonzeption von Parteien im Urzustand alle Personen dazu bringt, ihr Produktionssoll ohne jeden Anreiz zu erfüllen. Cohen mag wohl recht damit haben, dass einer Gesellschaft, die als vollkommen gerecht anzusehen ist, nicht das Hindernis einer auf Anreizen beruhenden Ungleichheit in den Weg gestellt werden dürfte, aber das ist nur ein zusätzlicher Grund, sich bei der Entwicklung einer Theorie der Gerechtigkeit nicht so sehr auf ideale Gerechtigkeit zu konzentrieren. Rawls' Kompromiss mag für Cohen nicht ideal genug sein, aber Rawls muss sich (aus Gründen, die schon genannt wurden) anderen Problemen stellen, die aus der Konzentration auf realitätsüberschreitende Kriterien folgen, auch wenn er sich Cohens Sicht nicht zu eigen macht. In einer Welt der komparativen Gerechtigkeit mag Cohens gerechte Welt noch über derjenigen rangieren, die Rawls in der Theorie der Gerechtigkeit als Fairness entwirft, aber der Hauptnutzen einer Theorie der komparativen Gerechtigkeit würde darin bestehen, dass sie Vergleiche zwischen erreichbaren Möglichkeiten anstellt, die – an der Gerechtigkeit gemessen – weniger ideal und überhöht sind als Cohens und Rawls' «gerechte» Welten.

Positive Lernergebnisse

Es ist nicht schwer einzusehen, dass Rawls uns mit seiner Theorie der Gerechtigkeit als Fairness und mit der Darstellung und Erläuterung ihrer Konsequenzen wichtige Erkenntnisse vermittelt hat. Erstens ist seine einleuchtend verfochtene Idee, dass Fairness für Gerechtigkeit zentral sei, ein Bekenntnis, das uns weit über die in der älteren Literatur vertretene Auffassung von Gerechtigkeit hinausführt (dazu gehört zum Beispiel die Rechtfertigungsgrundlage der utilitaristischen Theorie Benthams).

Auch wenn ich nicht glaube, dass die Unparteilichkeit, die Rawls mit dem Gedankenkonstrukt des «Urzustands» begründet, zweckdienlich ist, heißt das keineswegs, dass ich gegen Rawls' Grundidee rebelliere, der zufolge die Priorität der Fairness die Basis für die Entwicklung einer Theorie der Gerechtigkeit bilden muss.

Zweitens muss ich noch einmal, wie schon im 1. Kapitel, auf die weitreichende Bedeutung von Rawls' These hinweisen, dass Objektivität in der praktischen Vernunft eine besondere Rolle spielt; vor allem geht es mir um seine bereits zitierte Aussage: «Das erste wesentliche Merkmal besteht darin, dass eine Objektivitätskonzeption einen öffentlichen gedanklichen Rahmen etablieren muss, der ausreicht, um den Begriff des Urteils anzuwenden und nach Diskussion und gebührendem Nachdenken auf der Basis von Gründen und Tatsachen zu Schlußfolgerungen zu kommen.»[10] Im ersten Kapitel («Vernunft und Objektivität») habe ich das Thema bereits abgehandelt und will es hier nicht weiter ausbreiten.

Drittens hat Rawls nicht nur deutlich gemacht, dass die Idee der Fairness eine der Gerechtigkeit vorgeordnete Stellung hat, sondern ebenso grundlegend ist sein Hinweis auf das «moralische Vermögen» der Menschen, das mit ihrer «Anlage zu einem Gerechtigkeitssinn» und «einer Konzeption des Guten» zusammenhängt. Diese Aussage ist weit entfernt von der imaginierten Welt, auf die sich die ausschließliche Aufmerksamkeit einiger Versionen der «Rational Choice» Theorie richtet (im 8. Kapitel, «Rationalität und die Anderen», mehr dazu); in dieser Welt haben Menschen nur Selbstinteresse und Klugheit, aber offensichtlich weder die Fähigkeit noch die Neigung, sich einen Begriff von Fairness und Gerechtigkeit zu machen.[11] Rawls bereichert das Konzept der Rationalität und geht außerdem auch dem Unterschied zwischen «rationalem» und «vernünftigem» Verhalten auf sehr nützliche Art und Weise nach,[12] eine Unterscheidung, die ich in diesem Buch ziemlich extensiv verwenden werde.

Viertens räumt Rawls der Freiheit Priorität ein – allerdings wählt er das Extrem der totalen Priorität – und lenkt so die Aufmerksamkeit auf die guten Gründe, die dafür sprechen, bei der Einschätzung der Gerechtigkeit sozialer Regelungen Freiheit als ein gesondertes und in vielen Hinsichten vorrangiges Gut zu betrachten. Freiheit wirkt natürlich auch mit anderen Komponenten zusammen, wenn es darum geht, den Gesamtvorteil für eine Person zu ermitteln: Sie gehört zur Liste der «Grundgüter», die Rawls aufstellt, um das Bild individueller Vorteile zu vervollständigen, das er in seinem Differenzprinzip benutzt. Aber Freiheit ist nicht nur eines von mehreren Grundgütern, sondern sie hat, für sich gesehen, zusätzlich einen Status mit eigener Bedeutung. Ihr diese besondere Position – einen generellen Vorrang – einzuräumen, geht deutlich über die Feststellung hinaus, dass Freiheit als einer von vielen Einflüssen auf den Gesamtvorteil eines Menschen wichtig ist. Zweifellos ist persönliche Freiheit nützlich, so wie Einkommen und andere Grundgüter, aber zu ihrer Wichtigkeit gehört noch mehr. Als Freiheit der Person tangiert sie die eigensten Aspekte des Privatlebens einer Person und ist deshalb ein zentrales Anliegen, und zugleich ist sie – zum Beispiel als Redefreiheit – eine elementare Notwendigkeit für den öffentlichen Gebrauch der Vernunft, der in der sozialen Evaluierung so entscheidend ist.* Es ist keine Überraschung, dass persönliche Freiheit seit vielen Jahrhunderten als wichtig wahrgenommen, erkämpft und verteidigt wird. Rawls gibt der Bedeutung einer allen gemeinsamen Freiheit einen Sonderstatus und lenkt damit die Aufmerksamkeit auf einen Unterschied – den zwischen Freiheit und anderen hilfreichen Vergünstigungen –, der so wichtig ist, dass man ihn im Auge behalten und weiterverfolgen muss.[13]

Fünftens betont Rawls im ersten Teil des zweiten Grundsatzes die Notwendigkeit fairer Verfahren und hat damit die sozialwissenschaftliche Literatur zur Ungleichheit um einen wichtigen Gesichtspunkt erweitert, denn in den Sozialwissenschaften gibt es eine ausgeprägte Tendenz, ausschließlich auf Disparitäten im gesellschaftlichen *Status* oder in ökonomischen *Ergebnissen* zu achten und zu übersehen, durch welche Verfahren solche Ungleichheiten zustande kommen, zum Beispiel dadurch, dass man Menschen aufgrund ihrer Rasse, Farbe oder Geschlechtzugehörigkeit von Ämtern ausschließt.**

Sechstens führt Rawls das Differenzprinzip ein, nachdem er der Freiheit gebührenden Raum verschafft und dargelegt hat, dass faire Chancengleichheit für alle, die sich um Ämter und Positionen bewerben, garantiert werden muss, und dieses Differenzprinzip betont die Bedeutung der Gleichheit in sozialen Regelungen, sodass die Aufmerksamkeit besonders auf die Notlage der am schlechtesten gestellten Menschen ge-

* Siehe auch Thomas Scanlon, *The Difficulty of Tolerance* (Cambridge: Cambridge University Press, 2003).

** Das weltweit außergewöhnlich positive Echo auf die Wahl Barack Obamas zum Präsidenten der Vereinigten Staaten hat seinen Grund auch darin, dass sie als ein Zeichen für den Abbau der Rassenschranken in der Politik des Landes verstanden wird. Dieser Grund ist klar verschieden davon, dass Obama selbst als visionärer Regierungschef unabhängig von seinem rassischen Hintergrund ganz offenkundig für sein Amt geeignet ist.

lenkt wird.[14] Das Problem der Armut, das heißt des Mangels an Grundgütern, nimmt in Rawls' Theorie der Gerechtigkeit breiten Raum ein und hat großen Einfluss auf die Analyse öffentlicher Hilfsprogramme zur Bekämpfung der Armut ausgeübt.

Und schließlich (aber dies ist weitgehend meine persönliche Interpretation, die andere eine einleuchtende Lesart der rawlsschen Theorie finden mögen oder auch nicht) erkennt Rawls mit seiner Konzentration auf «Grundgüter» – das heißt auf die Mehrzweck-Mittel zum Erreichen umfassender individueller Ziele – indirekt an, wie wichtig Freiheit ist, wenn es darum geht, Menschen wirkliche, nicht nur formell zugestandene Chancen zu geben, mit ihrem Leben anzufangen, was sie möchten. Im 11. und 12. Kapitel werde ich Argumente dafür präsentieren, dass die Übereinstimmung zwischen den Grundgütern, die eine Person besitzt, und den substantiellen Freiheiten, die sie tatsächlich genießt, unter Umständen sehr unvollkommen ist und dass dieses Problem in Angriff genommen werden kann, indem man sich stattdessen auf die tatsächlichen Befähigungen oder Chancen von Menschen, ihre Ziele zu verwirklichen, konzentriert.[15] Trotzdem hat Rawls meiner Meinung nach dadurch, dass er die Bedeutung menschlicher Freiheit so nachdrücklich unterstrichen hat, dem auf Freiheit bezogenen Denken einen festen Platz im Gebäude seiner Theorie der Gerechtigkeit gegeben.*

Beherrschbare Probleme

Rawls' Theorie bietet jedoch auch Probleme und Schwierigkeiten. Ich möchte mit ein paar Problemen beginnen, die gravierend sind, mit denen man aber fertig werden kann, glaube ich, ohne seinen Grundansatz in Frage zu stellen; diese Probleme haben in der Literatur schon beträchtliche Aufmerksamkeit gefunden.

Erstens wurde eingewendet, dass die absolute Priorität der Freiheit zu extrem ist. Warum sollten wir in jedem Fall Hunger, Verhungern und mangelhafte medizinische Versorgung für weniger wichtig halten als die Verletzung beliebiger Arten von persönlicher Freiheit? Zweifel hat als Erster Herbert Hart kurz nach dem Erscheinen von *Eine Theorie der Gerechtigkeit* mit schlagkräftigen Argumenten geäußert[16], und Rawls ist in

* Vergl. Philippe Van Parijs' überzeugende Argumente zugunsten eines Grundeinkommens für alle Personen, zwecks Erhöhung der Freiheit aller. Siehe sein Buch *Real Freedom for All: What (If Anything) Can Jusitify Capitalism* (Oxford: Clarendon Press, 1995).

seinen späteren Werken, vor allem in *Politischer Liberalismus*, etwas von seiner extremen Position bezüglich der absoluten Priorität der Freiheit abgerückt.[17] Man kann durchaus akzeptieren, dass Freiheit eine gewisse Priorität haben muss, aber eine totale uneingeschränkte Priorität ist fast mit Sicherheit des Guten zu viel. Es gibt zum Beispiel viele verschiedene Typen von Gewichtungsschemata, die dem einen oder anderen Anliegen eine partielle Priorität geben können.*

Zweitens schätzt Rawls im Differenzprinzip die Chancen, die Menschen haben, nach Maßgabe der Mittel ein, über die sie verfügen, lässt aber die großen und vielfältigen Unterschiede in ihren Fähigkeiten, Grundgüter in gutes Leben zu *konvertieren*, außer Acht. Zum Beispiel kann ein Invalide mit dem gleichen Einkommen und den gleichen Grundgütern wie ein Gesunder viel weniger anfangen als dieser. Eine schwangere Frau braucht unter anderem eine gehaltreichere Ernährung als eine, die keinen Embryo miternähren muss. Die Umwandlung von Grundgütern in die Chance, viele Dinge zu tun, die einem wichtig sind, kann höchst unterschiedlich ausfallen, je abhängig von unterschiedlichen angeborenen Eigenschaften (zum Beispiel der Disposition für erbliche Krankheiten) und erworbenen Merkmalen oder auch bedingt durch unterschiedliche Umgebungen (zum Beispiel eine Umgebung, in der es endemische Krankheiten gibt oder häufig ansteckende Krankheiten ausbrechen). Deshalb spricht viel dafür, das Zentrum der Aufmerksamkeit von den Grundgütern auf die Einschätzung tatsächlich vorhandener Freiheiten und Chancen zu verlagern.** Wenn ich aber Rawls' Motiv für

* Womöglich hat die mathematische Frage nach der «richtigen» Gewichtung mitgespielt, als Rawls der Freiheit totale lexikographische Priorität gab. Rawls fand es offensichtlich falsch, der Freiheit keinen höheren Rang zu geben als anderen Mitteln zur Förderung des Wohlergehens. Das führte dem Anschein nach dazu, dass er der Freiheit in allen Konfliktfällen unumstößliche Priorität gab – eine Überinterpretation seiner Absicht, wenn ich ihn richtig verstanden habe. Die Mathematik der Gewichtung erlaubt viele Abstufungen in der Höherbewertung der Freiheit (mit variierenden Intensitätsgraden). Einige Methoden, Gewichtungen deutlich flexibler vorzunehmen, habe ich in meinem *Choice, Welfare and Measurement* (1982) vorgestellt, besonders in den Essays 9–12. Man kann einem Grundgut eine gewissen Priorität vor anderen zuordnen, ohne diese Priorität unter allen Umständen absolut unangreifbar zu machen (wie die von Rawls gewählte «lexikalische» Rangordnung impliziert).

** Dazu siehe mein «Equality of What?» in S. McMurrin (Hg.), *Tanner Lectures on Human Values*, vol. I (Cambridge: Cambridge University Press, und Salt Lake City, UT: University of Utah Press, 1980); *Commodities and Capabilities* (Amsterdam: North-Holland, 1985); *Inequality Reexamined* (Cambridge, MA: Harvard University

die Ausrichtung auf Grundgüter richtig verstehe, nämlich als indirekte Konzentration auf die Freiheit, dann möchte ich behaupten, dass ein Wechsel von Grundgütern zu Verwirklichungschancen keine grundsätzliche Abkehr von Rawls' Programm wäre, sondern nur eine Adjustierung der Strategie der praktischen Vernunft.*

Schwierigkeiten, die neu überdacht werden müssen

Die im vorigen Abschnitt dargestellten Probleme wurden und werden in der Literatur aufmerksam wahrgenommen und erörtert. Sie sind nicht vollständig gelöst, aber man kann mit gutem Grund annehmen, dass ihre zentralen Schwachstellen inzwischen klar und verständlich geworden sind. Sie werden in diesem Buch nicht außer Acht gelassen, aber zunächst möchte ich die Aufmerksamkeit auf einige andere Probleme im rawlsschen Ansatz lenken, die in der aktuellen Literatur kaum bedacht werden.

(1) Die unausweichliche Relevanz des tatsächlichen Verhaltens Erstens: In Rawls' Denkmodell garantiert der Gesellschaftsvertrag Fairness nur dadurch, dass durch «Übereinkunft über Grundsätze ..., die die Institutionen der Grundstruktur einer Gesellschaft selbst in der Gegenwart und in der Zukunft ordnen sollen», gerechte Institutionen bestimmt werden.[18] Im rawlsschen System der Gerechtigkeit als Fairness gilt unmittelbare Aufmerksamkeit fast ausschließlich den «gerechten Institutionen», sie konzentriert sich jedoch nicht auf «gerechte Gesellschaften», die versuchen können, sich sowohl auf wirksame Institutionen wie tatsächliche Verhaltensmerkmale zu stützen.

Samuel Freeman, der zusammen mit Erin Kelly Rawls' umfangreiches Werk mustergültig gesammelt und ediert hat, fasst die Strategie von «Gerechtigkeit als Fairness» folgendermaßen zusammen:

> Rawls verwendet die Idee einer hypothetischen gesellschaftlichen Übereinkunft als Argument für Gerechtigkeitsgrundsätze. Diese Grundsätze haben im

Press, und Oxford: Oxford University Press, 1992); gemeinsam mit Martha Nussbaum (Hg.), *The Quality of Life* (Oxford: Clarendon Press, 1993). Die Grundfragen werden in Kapitel 11 und 12 dieses Buchs wieder aufgenommen.

* Siehe Philippe Van Parijs, *Real Freedom for All* (1995), über den strategischen Vorteil, sich des Einkommens zu bedienen, auch wenn das Grundziel die Erhöhung der Freiheit ist. Siehe auch Norman Daniels, *Just Health* (Cambridge: Cambridge University Press, 2007).

> ersten Fall die Funktion, über die Gerechtigkeit von Institutionen zu entscheiden, die die *Grundstruktur der Gesellschaft* bilden. Einzelpersonen und ihre Handlungen sind gerecht, insofern sie den Ansprüchen gerechter Institutionen genügen ... Die Art und Weise, wie [diese Institutionen] spezifiziert und in ein Gesellschaftssystem integriert werden, hat starken Einfluss auf den Charakter, die Wünsche, Pläne und Zukunftsaussichten der Menschen und auch auf ihre Vorstellungen von der Person, die sie sein möchten. Weil diese Institutionen eine so tiefgehende formende Wirkung auf uns haben, sagt Rawls, dass die Grundstruktur der Gesellschaft «der vorrangigste Gegenstand der Gerechtigkeit» ist.[19]

Wir können sehen, wie stark sich dieser *niti*-Ansatz von jedem auf *nyaya* begründeten Modell der Gerechtigkeit, etwa dem der Theorie kollektiver Entscheidungen, unterscheidet (vergl. den in der Einleitung skizzierten Gegensatz). Das *nyaya*-Modell würde dazu tendieren, Kombinationen von gesellschaftlichen Institutionen und öffentlichen Verhaltensmustern auf der Basis der sozialen Konsequenzen und Verwirklichungen einzuschätzen, zu denen sie führen (unter anderem würde es die Bedeutung berücksichtigen, die spezifische Institutionen und Verhaltensmuster innerhalb der einzuschätzenden sozialen Verwirklichungen haben).

In diesem Vergleich verdienen vor allem zwei Punkte besondere Aufmerksamkeit. Erstens: Wird Gerechtigkeit als *nyaya* verstanden, können die tatsächlichen sozialen Verwirklichungen, die – unter Berücksichtigung anderer sozialer Komponenten, auch tatsächlicher Verhaltensmuster – erwartbare Folgen einer beliebigen Wahl von Institutionen wären, nicht außer Acht gelassen werden. Aus der Perspektive von *nyaya* muss im Zentrum einer Theorie der Gerechtigkeit die Frage stehen, was mit Menschen wirklich geschieht (sie lässt jedoch keinen inhärenten Wert außer Acht, der mit vernünftigen Gründen der Tatsache zugeschrieben werden kann, dass es Institutionen und Verhaltensnormen gibt, die auch für sich gesehen als wichtig verstanden werden).

Zweitens: Selbst wenn wir akzeptieren, dass sich aus einer einstimmig getroffenen Entscheidung über grundlegende soziale Institutionen eine gewisse Bestimmung eines «vernünftigen» (oder gerechten) Verhaltens ergeben würde, bleibt doch die große Frage, wie die gewählten Institutionen in einer Welt funktionieren würden, in der das tatsächliche Verhalten jeder Person nicht selbstverständlich, sondern nur vielleicht, vielleicht aber auch nicht, ganz und gar auf einer Linie mit dem als vernünftig bestimmten Verhalten ist. Rawls argumentiert, die einstimmige Wahl der Gerechtigkeitsprinzipien sei für die Beteiligten Grund genug, eine «politische Gerechtigkeitskonzeption» zu entwickeln, die alle akzeptieren, aber der Abstand zwischen dem Akzeptieren der Konzeption und den tatsächlichen Verhaltensmustern, die sich in irgendeiner tatsächlichen Gesellschaft mit den fraglichen Institutionen ergeben, könnte trotzdem groß sein. John Rawls, der so überzeugend und differenziert wie kein anderer klargemacht hat, dass eine Gesellschaft auf das «vernünftige» Verhalten jedes Einzelnen angewiesen ist, um gut funktionieren zu können, muss wissen, wie problematisch die Annahme ist, dass alle Mitglieder einer Gesellschaft irgendwie spontan zu allgemeinem vernünftigem Verhalten übergehen würden.

Daraus ergibt sich die Frage: Wenn die Gerechtigkeit dessen, was in einer Gesellschaft geschieht, abhängig ist von einer Kombination aus institutionellen Faktoren und tatsächlichen Verhaltensmerkmalen und außerdem von anderen Einflüssen, die auf die sozialen Verwirklichungen einwirken, ist es dann möglich, «gerechte» Institutionen für eine Gesellschaft zu ermitteln, ohne sie von tatsächlichem Verhalten (das nicht notwendig «gerecht» oder «vernünftig» ist) abhängig zu machen? Wenn die angestrebte Theorie der Gerechtigkeit in irgendeiner Weise als Leitfaden für die Wahl der Institutionen in wirklichen Gesellschaften anwendbar sein soll, genügt es nicht, dass man bestimmten Grundsätzen zubilligt, die richtige «politische Gerechtigkeitskonzeption» zu bilden.

Wir haben gute Gründe, uns einzugestehen, dass das Streben nach Gerechtigkeit zum Teil auf die allmähliche Entstehung von Verhaltensmustern angewiesen ist – einen plötzlichen Sprung vom Akzeptieren einiger Gerechtigkeitsgrundsätze zum vollständigen Neuentwurf aller individuellen Verhaltensweisen, so dass sie auf einer Linie mit dieser politischen Gerechtigkeitskonzeption liegen, einen solchen Sprung gibt es nicht. Generell müssen die Institutionen nicht nur passend zur Eigenart der fraglichen Gesellschaft gewählt werden, sondern auch unter Berücksichtigung der tatsächlichen Verhaltensmuster, die zu erwarten sind, selbst wenn – und selbst nachdem – eine politische Gerechtigkeitskonzeption von allen akzeptiert worden ist. Im rawlsschen System soll die Wahl der beiden Gerechtigkeitsgrundsätze sowohl die Entscheidung für die richtigen Institutionen garantieren wie auch ein allerseits angemessenes tatsächliches Verhalten, das heißt, dass individual- und sozialpsychologische Phänomene durch und durch von einer politischen Ethik abhängig gemacht werden. Rawls' bewundernswert konsistente und geschickt aufgebaute Theorie enthält die formelhafte, drastische Vereinfachung der gewaltigen, vielschichtigen Aufgabe, die Anwendung der Gerechtigkeitsgrundsätze mit dem tatsächlichen Verhalten von Menschen zusammenzubringen; diese Aufgabe ist für den Einsatz der praktischen Vernunft in Fragen der sozialen Gerechtigkeit zentral. Die Vereinfachung ist ungünstig und womöglich ein Versäumnis, da man behaupten kann, dass die Beziehung zwischen sozialen Institutionen und wirklichem – im Gegensatz zu idealem – individuellen Verhalten zwangsläufig für jede Gerechtigkeitstheorie, die das Ziel hat, «Social Choice» zu sozialer Gerechtigkeit zu lenken, entscheidend ist.*

(2) Alternativen zum kontraktarischen Ansatz Rawls' Methode beruft sich auf «kontraktarisches» Denken und führt zu der Frage: Welcher «Gesellschaftsvertrag» würde von allen Parteien im Urzustand einstimmig angenommen? Der kontraktarische Ansatz steht in weitem Sinn in der kantischen Tradition[20] und hat großen, überwiegend von Rawls geprägten Einfluß auf die gegenwärtige politische und Moralphilosophie. Rawls ordnet seine Theorie der Gerechtigkeit als Fairness weitgehend in diese Tradition ein, und er beschreibt sie, wie in der Einleitung bereits erwähnt, als einen Versuch, die «bekannte Theorie des Gesellschaftsvertrags etwa von Locke, Rousseau und Kant zu verallgemeinern und auf eine höhere Abstraktionsebene zu heben.»[21]

Rawls vergleicht die Denkrichtung, die zu einem Gesellschaftsvertrag führt, mit der utilitaristischen Tradition, deren Konzeption der Gesellschaft sich darauf konzentriert, dass «im Hinblick auf alle Angehörigen dieser Gesellschaft die größte Gesamtsumme an Gutem produziert wird, wobei dieses Gut ein vollständiges Gut ist, das durch eine Globaltheorie bestimmt wird.»[22] Das ist ein interessanter, wichtiger Vergleich, allerdings kann Rawls aufgrund seiner ausschließlichen Konzentration auf diesen speziellen Gegensatz darauf verzichten, andere Ansätze zu prüfen, die weder kontraktarisch noch utilitaristisch sind. Adam Smith zum Beispiel führt den «unparteiischen Zuschauer» ein, um Beurteilungen der Gerechtigkeit auf der Grundlage der Anforderungen der Fairness vornehmen zu können. Sein Denkmodell greift weder auf das Muster des Gesellschaftsvertrags zurück noch auf das der Maximierung des

* Wie ich gleich näher ausführen werde, war die Beziehung zwischen diesen beiden Faktoren im Streben nach Gerechtigkeit im frühen indischen politischen Denken ein Zankapfel; zum Beispiel stritten sich Kautilya und Ashoka darüber (siehe 3. Kapitel, «Institutionen und Personen»). Auch Adam Smith setzt sich in seiner Untersuchung über politische Philosophie und Jurisprudenz an zentraler Stelle mit dem Thema auseinander; siehe *Theorie der ethischen Gefühle* und *Vorlesungen*.

Gesamtnutzens (oder gar der Maximierung eines sonstigen Gesamtindikators für das «vollständige Gut»).

Die Idee, das Thema Fairness durch die Brille von Smiths unparteiischem Zuschauer zu betrachten, eröffnet einige Möglichkeiten, die in Rawls' kontraktarischem Denkmodell nicht ohne weiteres verfügbar sind. Wir müssen untersuchen, in welchen Hinsichten Smiths Überlegungen, die den unparteiischen Zuschauer einschließen, Möglichkeiten erfassen können, die der Gesellschaftsvertrag nicht ohne weiteres bietet; dazu gehört:

(1) vergleichende Einschätzungen zu treffen und nicht nur eine transzendentale Lösung zu bestimmen;

(2) soziale Verwirklichungen zu beachten und nicht nur die Ansprüche von Institutionen und Regeln;

(3) Unvollkommenheit bei sozialen Einschätzungen zu gestatten, aber trotzdem Richtlinien für wichtige Probleme der sozialen Gerechtigkeit zu geben, etwa für die Dringlichkeit, manifeste Ungerechtigkeiten auszuräumen; und

(4) die Stimmen außerhalb der kontraktarischen Gruppe zu hören, entweder, um ihre Interessen wahrzunehmen, oder um zu vermeiden, dass wir in die Falle einer provinziellen Beschränktheit geraten.

Ich habe in der Einleitung schon auf diese Probleme hingewiesen, die die Grenzen des kontraktarischen Ansatzes und der rawlsschen Theorie der «Gerechtigkeit als Fairness» markieren und einen höheren konstruktiven Einsatz verlangen.

(3) Die Bedeutung globaler Perspektiven In der von Rawls verwendeten Form des Gesellschaftsvertrags ist die Menge der am Streben nach Gerechtigkeit Beteiligten begrenzt; nur die Mitglieder eines Gemeinwesens – Rawls nennt sie «the people», das Volk, ein Begriff, der ungefähr dem «Nationalstaat» der herkömmlichen politischen Theorie entspricht – gehören dazu. Der Kunstgriff des fiktiven Urzustands lässt wenig Spielraum, es sei denn, man denkt an einen gigantischen globalen Gesellschaftsvertrag, wie Thomas Pogge und andere in einer «kosmopolitischen» Erweiterung des rawlsschen Begriffs vom Urzustand.[23] In diesem Fall ist es jedoch höchst problematisch, dem rawlsschen Stufenplan zu folgen und für die globale Gesellschaft gerechte Institutionen festzusetzen, das heißt eine Weltregierung zu fordern; die Skepsis, die Autoren wie Thomas Nagel dazu gebracht hat, schon die Möglichkeit einer globalen Gerechtigkeit zu bestreiten, habe ich bereits in der Einleitung kommentiert.

Und doch muss die Welt jenseits der Landesgrenzen aus mindestens zwei Gründen bei der Einschätzung der Gerechtigkeit innerhalb eines Landes mit berücksichtigt werden. Erstens hat das, was in diesem Land geschieht, ebenso wie die Arbeit seiner Institutionen zwangsläufig Auswirkungen, manchmal ungeheure Konsequenzen für den Rest der Welt. Das ist offenkundig am Beispiel des weltweiten Terrorismus oder der Versuche, terroristische Aktivitäten zu verhindern, oder auch der Irak-Invasion unter Führung der USA, aber in der Welt, in der wir leben, sind Einflüsse, die sich nicht an Landesgrenzen halten, allgegenwärtig. Zweitens mag jedes Land oder jede Gesellschaft provinzielle Überzeugungen haben, die einer Überprüfung unter globalerem Blickwinkel bedürfen, denn Klasse und Typ der Fragen, die in dieser Perspektive kritisch betrachtet werden, könnten einen weiteren Horizont haben, und die faktischen Annahmen, die den Hintergrund spezifischer ethischer und politischer Urteile bilden, könnten mit Hilfe der Erfahrungen anderer Länder oder Gesellschaften neu überprüft werden. Eine für globale Gesichtspunkte sensible Überprüfung zum Beispiel der Fakten und Werte im Zusammenhang mit der ungleichen Stellung von Frauen oder der Rechtfertigung von Folter – oder auch der Todesstrafe – kann für eine differenzierte Einschätzung wichtiger sein als Diskussionen unter ortsgebundenen Gesichtspunkten. Rawls' Analyse der Fairness befasst sich mit anderen Themen, vor allem mit unterschiedlichen individuellen Interessen und Prioritäten von Personen *innerhalb* einer gegebenen Gesellschaft. Die Mittel und Wege, mit erworbenen Vorrechten wie auch mit regionaler Beschränktheit umzugehen, werden in den nächsten Kapiteln untersucht werden.

Justitia und Justitium

Ich schließe dieses Kapitel mit der Betrachtung eines anderen und vielleicht weniger gewichtigen Themas. In Rawls' Theorie der «Gerechtigkeit als Fairness» bezieht sich die Idee der Fairness auf *Personen* (um faires Verhalten gegenüber anderen zu sichern), während seine Prinzipien der Gerechtigkeit auf die Wahl von Institutionen anzuwenden sind (um gerechte Institutionen zu bestimmen). In Rawls' Analyse – einer Analyse, der ich mit einiger Skepsis begegne – führt die erste Überlegung zur zweiten, aber wir müssen beachten, dass Fairness und Gerechtigkeit für Rawls klar unterschiedene Begriffe sind. Wie bereits erwähnt und kommentiert, erklärt er den Unterschied zwischen beiden mit großer Sorgfalt.

Aber wie fundamental ist dieser Unterschied zwischen Fairness und Gerechtigkeit, der für Rawls' Theorie der «Gerechtigkeit als Fairness» unentbehrlich ist? Als ich John Rawls um einen Kommentar zu einer besonderen, von Isaiah Berlin in einem Gespräch geäußerten Kritik an dieser Theorie bat, erhielt ich eine Antwort von charakteristischer Luzidität. Berlin hatte mir erklärt, «Gerechtigkeit als Fairness» könne kaum eine so grundlegende Idee sein, da einige der wichtigsten Sprachen auf der Welt nicht einmal klar unterschiedene Worte für die beiden haben. Im Französischen gibt es zum Beispiel keine spezifischen Begriffe für das eine ohne das andere: «justice» heißt sowohl Fairness wie Gerechtigkeit.* Rawls erwiderte auf diesen Einwand, ob es tatsächlich ausreichend unterschiedliche spezielle Worte für den Sachverhalt gebe, sei nicht wirklich signifikant; entscheidend sei, ob Menschen, deren Sprache nicht über eine auf einem einzigen Wort beruhende Unterscheidung verfügt, trotzdem zwischen den beiden Konzepten unterscheiden können und dann den Gegensatz mit so vielen Worten ausdrücken, wie sie dafür benötigen. Ich glaube, das ist in der Tat die richtige Antwort auf Berlins Einwand.**

Auch mit dem Wort «justice», Justiz, ist ein interessanter Gegensatz verbunden; darauf machte mich W.V.O. Quine aufmerksam, als er mir einen Kommentar zu einem meiner Essays gab. In einem Brief vom 17. Dezember 1992 schrieb mir Quine:

> Mir ist aufgefallen, dass das Wort *justice* Ähnlichkeit mit *solstice* hat. Solstice, *solstitium*, ist eindeutig *sol + stit*, ein abgeschliffenes *stat*, heißt also Sonnenstillstand; also habe ich mich gefragt, ob *iustitium* [ius stat] ursprünglich einen Rechtsstillstand bezeichnete? Ich schlug im Meillet nach und fand meinen

* Das englische Wort «fair» hat germanische Wurzeln und kommt aus dem althochdeutschen *fagar*, aus dem sich das altenglische *faeger* herleitet. Die Worte bezeichneten ursprünglich ästhetische Qualitäten; sie bedeuteten «angenehm» oder anziehend». Erst viel später, im Mittelenglischen, nimmt «fair» die Bedeutung von «recht und billig» an.

** Als die französische Übersetzung von Rawls' Buch über die Vorzüge von «Gerechtigkeit als Fairness» angekündigt wurde, war ich gespannt, welche Lösung des Sprachproblems «justice comme justice» die französischen Intellektuellen wohl finden würden. Ich muss jedoch gleich dazu sagen, dass Rawls' französische Übersetzerin den Unterschied zwischen den beiden Begriffen mit gut gewählten Umschreibungen und durch die Betonung der Grundidee als «la justice comme équité» wiedergegeben hat. Siehe John Rawls, *Théorie de la justice*, übersetzt von Catherine Audard (Paris: Editions du Seuil, 1987). Siehe auch John Rawls, *La justice comme équité: Une Reformulation de Théorie de la justice*, übersetzt von Bertrand Guillaume (Paris: Éditions La Découverte, 2008).

> Verdacht bestätigt. Seltsam: Das Wort bedeutete Gerichtsferien. Ich ging der Sache weiter nach und fand, dass *iustitia* nichts mit *iustitium* zu tun hat. *Iustitia* ist iust(um) [gerecht]+ *itia*, also just-ness, Gerecht-heit, ganz wie es sein soll, während *iustitium ius* [Recht] + *stitium* ist.

Als ich Quines Brief gelesen hatte, war ich so besorgt über unser Demokratie-Erbe, dass ich sofort in der *Magna Charta* nachsah, diesem klassischen Dokument demokratischer Regierungskunst. Ich las mit Erleichterung: «Nulli vendemus, nulli negabimus aut differemus, rectum aut iustitiam», was man in der Tat übersetzen kann als: «Wir werden niemandem Recht oder Gerechtigkeit verkaufen, versagen oder vorenthalten.» Wir haben Grund, die Tatsache zu feiern, dass die Vorkämpfer dieser großen anti-autoritären Bewegung nicht nur wussten, was sie taten, sondern sich auch mit Worten auskannten (obwohl ich mir gut vorstellen kann, dass amtierende Richter überall auf der Welt womöglich beunruhigt sind, dass die Magna Charta keinerlei Gerichtsferien zusichert).

John Rawls' wegweisende Beiträge zu den Ideen der Fairness und Gerechtigkeit sind zu rühmen, und doch enthält seine Theorie der Gerechtigkeit auch andere Ideen, die meiner Meinung nach kritisch geprüft und modifiziert werden müssen. Rawls' Analyse von Fairness, Gerechtigkeit, Institutionen und Verhaltensweisen hat unser Verständnis des Begriffs vertieft und spielt bis heute eine höchst konstruktive Rolle für die Weiterentwicklung der Theorie der Gerechtigkeit. Aber wir können Rawls' Einstellung zur Gerechtigkeit nicht zu einem intellektuellen «Stillstand» machen. Wir müssen den Ideenreichtum nutzen, den wir von Rawls haben – und dann weitermachen, statt «Ferien» zu nehmen. Wir brauchen iustitia, nicht iustitium.

3. INSTITUTIONEN UND PERSONEN

Wittgensteins These, dass Gutsein viel mit Klugsein zu tun hat (siehe 1. Kapitel), ist nicht ganz so neuartig, wie es zunächst den Anschein hat. Schon seit langem äußern sich viele Autoren über den Zusammenhang zwischen beiden, auch wenn sie die Verbindung nicht so nachdrücklich betonen wie Wittgenstein. Ein interessantes Beispiel dafür ist der berühmte in Stein geschnittene Kommentar des indischen Herrschers Ashoka, der im dritten Jahrhundert vor Christus regierte und überall innerhalb und außerhalb seines Landes zahlreiche Mahnungen zum guten und gerechten Verhalten als Inschriften in Felsplatten und Säulen meißeln ließ.

Ashoka trat gegen Intoleranz an und setzte sich dafür ein, dass «andere Glaubensgemeinschaften» auch von einer sozialen oder religiösen Gemeinschaft, die sich im Widerstreit mit ihnen befindet, «zu allen Gelegenheiten auf jede Weise gebührend geehrt werden sollen». Er begründete diese Verhaltensregel unter anderem in weitem Sinn epistemisch damit, dass «alle Glaubensgemeinschaften anderer Menschen aus dem einen oder anderen Grund Ehrfurcht verdienen». Aber er sagte weiter: «Wer seiner eigenen Gemeinschaft Ehrfurcht erweist, wegen seiner Verbundenheit mit ihr jedoch die Glaubensgemeinschaften anderer ganz und gar missachtet, der fügt in Wahrheit durch solches Verhalten *seiner eigenen Gemeinschaft schwersten Schaden zu.*»[1] Ashoka wies unmissverständlich darauf hin, dass Intoleranz gegenüber Glaubenssätzen und Religionen anderer Menschen nicht dazu beiträgt, das Vertrauen in die Großartigkeit der eigenen Tradition zu fördern. Damit wird behauptet, dass es töricht und kontraproduktiv sein kann, in der Einschätzung dessen, was der eigenen Glaubensgemeinschaft – gerade der, die man zu stärken versucht –, den «schwersten Schaden» zufügt, nicht genug geistige Beweglichkeit aufzuwenden. Ein derartiges Verhalten wäre in dieser Analyse «nicht gut» und «nicht klug».

Zu Ashokas Gedanken über soziale Gerechtigkeit gehörte nicht nur die Überzeugung, dass der Staat für die Förderung des Wohlergehens und der Freiheit der Menschen im Allgemeinen und ebenso der Einzelnen in der Gesellschaft eine wichtige Rolle spielt, sondern auch die Erwartung, dass diese soziale Verbesserung durch das freiwillige, nicht mit

Gewalt erzwungene gute Verhalten der Bürger selbst erreicht werden könne. Ashoka verwendete einen beträchtlichen Teil seines Lebens auf den Versuch, Menschen zum spontanen guten Umgang miteinander zu erziehen, und die Inschriften, die er überall im Land anbringen ließ, gehörten dazu.*

Im Gegensatz zu Ashoka, für den menschliches Verhalten im Mittelpunkt stand, hielt Kautilya den Aufbau und Einsatz sozialer Institutionen für vordringlich; Kautilya lebte im vierten Jahrhundert vor Christus; er war der engste Berater von Ashokas Großvater Chandragupta (dem Maurya-Herrscher, der die Dynastie begründete und der erste König von fast ganz Indien war) und Verfasser des berühmten Traktats *Arthasastra* (so viel wie «Politische Ökonomie»). Seine politische Ökonomie baute darauf, dass Institutionen für erfolgreiche Politik wie für effiziente ökonomische Unternehmungen eine Hauptrolle spielen, und er sah institutionelle Regulierungen samt Restriktionen und Verboten als wichtige Mittel zur Sicherung von gutem Verhalten und als notwendige Beschränkungen allzu großer Freizügigkeit im Betragen. Das ist offenkundig ein nüchterner, auf Institutionen konzentrierter Ansatz zur Förderung der Gerechtigkeit; der menschlichen Fähigkeit, Gutes freiwillig zu tun, traute Kautilya wenig zu; er hielt Anleitung durch gut geplante materielle Anreize oder notfalls durch Einschränkung und Bestrafung für unabdingbar. Natürlich teilen viele Ökonomen unserer Zeit Kautilyas Verdacht, dass Menschen bestechlich sind, aber diese Ansicht steht in scharfem Gegensatz zu Ashokas optimistischer Überzeugung, dass man Menschen bessern könne, indem man sie dazu bringt, mehr nachzudenken, und ihnen Mut macht, zu begreifen, dass stumpfes Denken leicht zu rohem Verhalten mit furchtbaren Folgen für alle führen kann.

Ashoka hat fast mit Sicherheit überschätzt, wie viel allein durch eine Reform des Verhaltens erreicht werden kann. Er hatte als strenger, harter Herrscher begonnen, aber die Grausamkeit seines eigenen mit einem Sieg endenden Krieges gegen ein bis dahin noch nicht erobertes Territo-

* Mit Ashokas ungewöhnlichem sozialem Engagement und seinen weit ausgreifenden Versuchen, die Einrichtungen der Sozialfürsorge für seine Untertanen zu verbessern, begründete H.G. Wells in *The Outline of History* die Behauptung, dass «aus den zehntausenden Namen von Monarchen, die die Annalen der Geschichte bevölkern, dero Majestäten, dero Gnaden und Durchlauchten und königlichen Hoheiten und so weiter, der Name Ashoka hervorleuchtet und fast allein leuchtet wie ein Stern» (H.G. Wells, *The Outline of History: Being a Plain History of Life and Mankind* (London: Cassell, 1940), S. 389).

rium in Indien – Kalinga, das heutige Orissa – hatte ihn so erschüttert, dass er eine moralische und politische Kehrtwendung vollzog. Er entschied sich, seine ethischen und politischen Prioritäten zu ändern, schloss sich Gautama Buddhas Lehre der Gewaltlosigkeit an, löste nach und nach seine Armee auf, begann, die Sklaven und Schuldknechte in die Freiheit zu entlassen, und trat nicht mehr als strenger Herrscher, sondern als Lehrer der Moral auf.[2] Leider zerfiel Ashokas Riesenreich nicht lange nach seinem Tod in Teile, aber manches spricht dafür, dass dies noch nicht zu seinen Lebzeiten geschah, unter anderem deshalb, weil sein ganzes Volk ihn verehrte, aber auch, weil er den von Kautilya aufgebauten Verwaltungsapparat der disziplinarischen Regulierungen nicht völlig abgeschafft hatte (wie Bruce Rich gezeigt hat).[3]

Ashoka hat in seinem Optimismus offensichtlich die Reichweite und Durchsetzungskraft moralischen Verhaltens überschätzt, aber war Kautilyas skeptische Einschätzung richtig, dass eine soziale Ethik kaum gute Ergebnisse bewirken könne? Es erscheint plausibel, dass die Perspektiven sowohl Ashokas wie Kautilyas für sich genommen unvollständig waren, dass aber beide Aufmerksamkeit verlangen, wenn man über Mittel und Wege zur Förderung der Gerechtigkeit in der Gesellschaft nachdenkt.

Die Kontingenz der Wahl von Institutionen

Die wechselseitige Abhängigkeit von Institutionen und Verhaltensmustern spielt eine wichtige Rolle, wenn es darum geht, Gerechtigkeit in einer Gesellschaft durchzusetzen; diese Interdependenz ist nicht nur bei der Einschätzung von Ideen über die Anleitung zur Gerechtigkeit, wie sie zum Beispiel Ashoka und Kautilya in ferner Vergangenheit entwickelt haben, zu berücksichtigen, sondern natürlich auch im Spiegel der Ökonomie und politischen Philosophie unserer Zeit zu betrachten.* Folgende Frage wirft John Rawls' Formel der Gerechtigkeit als Fairness auf: Wenn Verhaltensmuster in unterschiedlichen Gesellschaften verschieden ausfallen – und es gibt Belege dafür, dass das so ist –, wie kann Rawls dann in der «verfassungsgebenden Phase» dieselben Gerechtigkeitsgrundsätze zur Einrichtung der wichtigsten Institutionen in unterschiedlichen Gesellschaften einsetzen?

* Siehe Edmund S. Phelps feine Analyse der Interdependenz in Friedrich Hayeks Auffassung vom Kapitalismus: «Hayek and the Economics of Capitalism: Some Lessons for Today's Times», 2008 Hayek Vorlesung, Friedrich August von Hayek Institut Wien, Januar 2008.

Bei der Antwort auf diese Frage muss man bedenken, dass Rawls' Grundsätze für gerechte Institutionen im Allgemeinen keine greifbaren einzelnen Einrichtungen spezifizieren, sondern Regeln bestimmen, die Leitlinien für die Wahl realer Institutionen sein sollen. Daher können für diese Wahl auch wirkliche Parameter normalen sozialen Verhaltens so weit wie nötig beachtet werden. Nehmen wir zum Beispiel Rawls' zweiten Gerechtigkeitsgrundsatz:

> Soziale und ökonomische Ungleichheiten müssen zwei Bedingungen erfüllen: erstens müssen sie mit Ämtern und Positionen verbunden sein, die unter Bedingungen fairer Chancengleichheit allen offen stehen; und zweitens müssen sie den am wenigsten begünstigten Angehörigen der Gesellschaft den größten Vorteil bringen.[4]

Auch wenn der erste Teil vermuten lässt, dass hier eine direkte Forderung nach nicht diskriminierenden Institutionen gestellt wird, die nicht unbedingt von Verhaltensnormen abhängen müssen, liegt doch der Gedanke nahe, dass die Erfordernisse «fairer Chancengleichheit» trotzdem Verhaltensmustern eine viel größere Rolle zuschreiben (zum Beispiel könnte man fragen, welche Art von Auswahlkriterien bei gegebenen Verhaltensmerkmalen effektiv wäre und so weiter), sobald feststeht, wie Institutionen angemessen auszuwählen sind.

Wenn wir uns dem zweiten Teil dieses Leitsatzes für die Wahl von Institutionen zuwenden (der wichtigen Forderung, die Rawls das «Differenzprinzip» genannt hat), müssen wir untersuchen, wie die verschiedenen möglichen institutionellen Regelungen sich mit den üblichen Verhaltensnormen in der Gesellschaft verzahnen würden. Schon die Sprache des Differenzprinzips verrät, dass dieses Kriterium mit berücksichtigt, was in einer Gesellschaft tatsächlich geschehen würde, ob also Ungleichheiten wirklich «den am wenigsten begünstigten Angehörigen der Gesellschaft den größten Vorteil bringen.» Durch diese Formulierung gewinnt Rawls wieder Raum, um Sensibilität für Verhaltensdifferenzen unterzubringen.

Verhaltensregulierung durch kontraktarische Argumente

Noch ein zweites Problem muss in der Diskussion über die Beziehung zwischen tatsächlichem Verhalten und der Institutionenwahl erörtert werden. Dieses im letzten Kapitel angesprochene Problem betrifft Rawls' Annahme, dass die Bürger nach Abschluss des Gesellschaftsvertrages keine engstirnigen Eigeninteressen mehr verfolgen und sich nur noch an die Verhaltensregeln halten würden, die nötig sind, um den Gesellschaftsvertrag umzusetzen. Rawls' Idee vom «vernünftigen» Verhalten erfasst auch das tatsächliche Betragen, das vorausgesetzt werden darf, sobald die – von den Parteien im Urzustand einstimmig – gewählten Institutionen ihre Arbeit aufgenommen haben.[5]

Vom Verhalten nach Abschluss des Vertrages erwartet Rawls viel. Er schreibt in *Politischer Liberalismus:*

> Vernünftige Personen ... erstreben eine soziale Welt um ihrer selbst willen, in der sie als freie und gleiche mit anderen unter Bedingungen kooperieren können, die für alle akzeptabel sind. Sie bestehen darauf, dass in dieser Welt Reziprozität herrscht, so dass jedermann zusammen mit allen anderen profitiert. Menschen sind demgegenüber in derselben grundlegenden Hinsicht unvernünftig, wenn sie an kooperativen Systemen teilnehmen, aber nicht bereit sind, irgendwelche allgemeinen Grundsätze oder Standards, die faire Bedingungen der Kooperation festlegen, zu achten oder gar vorzuschlagen, es sei denn als eine notwendige öffentliche Verstellung. Sie sind bereit, solche Regeln zu verletzen, wann immer es die Umstände zulassen und es ihren Interessen dient.[6]

Indem Rawls annimmt, dass sich das tatsächliche Verhalten in der Welt nach Abschluss des Gesellschaftsvertrags als vernünftiges Verhalten gemäß dem Vertrag gestalten würde, vereinfacht er die Wahl der Institutionen umso mehr, als uns erklärt wird, was wir von individuellem Verhalten zu erwarten haben, sobald die Institutionen eingesetzt sind.

Man kann Rawls also keinerlei Inkonsistenz oder Unvollständigkeit bei der Vorstellung seiner Theorien vorwerfen. Trotzdem bleibt die Frage, wie dieses konsistente und kohärente politische Modell sich so umsetzen lässt, dass es als Maßstab zur Beurteilung der Gerechtigkeit nicht in der imaginären Welt, mit der Rawls hier hauptsächlich befasst ist, sondern in der Welt, in der wir leben, dienen kann. Rawls' Blickpunkt hat freilich Sinn, wenn dargestellt werden soll, wie die vollkommen gerechten sozialen Regulierungen und, mit der zusätzlichen Hilfe vernünftigen Verhaltens, eine absolut gerechte Gesellschaft zu erreichen sind.* Aber dadurch

* Ob Rawls' Theorie eine hinreichende Charakterisierung der transzendentalen Gerechtigkeit bietet, wird fraglich, wenn er Ungleichheiten konzediert, da er sie braucht, um Anreize zu rechtfertigen. Überzeugt G. A. Cohens Argument, dass Rawls' Theorie durch dieses Zugeständnis als eine Theorie der vollkommenen Gerechtigkeit unbefriedigend wird, da diese überflüssig machen würde, dass Ungleichheit eingeräumt wird, um Menschen zum rechten Verhalten zu überlisten (in einer gerechten Welt würden sie das Rechte auch ohne persönliche Anreize tun), dann wäre Rawls' Theorie der vollkommenen Gerechtigkeit untergraben.

wird der Abstand zwischen transzendentalem Denken und vergleichenden Beurteilungen sozialer Gerechtigkeit, von dem in der Einleitung die Rede war, noch größer und problematischer.

Rawls' Vermutung, dass vernünftiges Verhalten aus den vermutlich im Urzustand getroffenen Übereinkommen folgt, gleicht Ashokas Vision von einer Gesellschaft, deren Leitidee das rechte Verhalten (*dharma*) ist, nur dass uns Rawls ein viel kritischeres Bild davon zeichnet, wie die Dinge sich in einer Welt gestalten würden, die wir in Kenntnis der dualistischen Rolle von Institutionen und Verhalten anstreben könnten. Das kann man als wichtigen Beitrag zum Nachdenken über ideale Gerechtigkeit für sich gesehen auffassen. Rawls stellt seine idealisierte oder realitätsüberschreitende Vision von Institutionen und Verhaltensweisen mit Nachdruck und Klarheit dar:

> Ich nenne kurz die folgenden Punkte: (I) Neben der Befähigung zu einer Konzeption des Guten haben Bürger die Befähigung, Konzeptionen der Gerechtigkeit und Fairneß auszubilden, und den Wunsch, in Übereinstimmung mit diesen Konzeptionen zu handeln. (II) Wenn sie davon überzeugt sind, dass Institutionen und soziale Praktiken (im Sinne dieser Konzeptionen) gerecht oder fair sind, sind sie bereit und geneigt, ihren Teil zu diesen Arrangements beizutragen, wenn sie einigermaßen sicher sind, dass andere das Ihre tun. (III) Wenn andere sich in offen erkennbarer Weise bemühen, ihren Teil zu gerechten und fairen Arrangements beizutragen, werden Bürger dazu neigen, ihnen gegenüber Vertrauen und Zuversicht zu entwickeln. (IV) Vertrauen und Zuversicht werden stärker und umfassender, wenn erfolgreiche Arrangements über längere Zeit bestehen bleiben. (V) Dasselbe gilt für grundlegende Institutionen zum Schutz unserer wichtigsten Interessen (der Grundrechte und Freiheiten), in dem Maße, indem sie zunehmend fester und bereitwilliger anerkannt werden.[7]

Rawls' Vision ist erhellend und auch auf vielfache Weise überaus anregend. Trotzdem: Wenn wir versuchen, Ungerechtigkeit in unserer Lebenswelt zu bekämpfen, die an Lücken im Netz der Institutionen und Unzulänglichkeiten im Verhalten leidet, dann müssen wir auch überlegen, wie hier und jetzt Institutionen eingesetzt werden sollten, die Gerechtigkeit vorantreiben, das heißt, Grund- und Handlungsfreiheiten

Wie im vorigen Kapitel dargelegt, geht es hier um ein wichtiges Problem der Theorie, denn Rawls stellt zwar hohe Ansprüche an das individuelle Verhalten in der Welt nach Vertragsabschluss, muss aber kein ideales Verhalten ohne Anreize verlangen, da er solche Anreize bereits in den Gesellschaftsvertrag aufgenommen hat.

und Wohlfahrt der Menschen verbessern, die heute leben und morgen nicht mehr da sein werden. Und gerade an dieser Stelle wird ein realistisches Verständnis von Verhaltensnormen und Regularitäten wichtig, wenn es um die Wahl von Institutionen und das Streben nach Gerechtigkeit geht. An das heutige Verhalten Ansprüche zu stellen, von denen man nicht erwarten kann, dass sie erfüllt werden, hilft der Sache der Gerechtigkeit nicht weiter. Diese elementare Erkenntnis muss die Art, wie wir über Gerechtigkeit und Ungerechtigkeit heute nachdenken, mit bestimmen, und sie wird in der konstruktiven Arbeit, die in Folgenden versucht wird, eine Rolle spielen.

Macht und die Notwendigkeit eines Machtgleichgewichts

Hier ist es vielleicht auch angebracht, auf John Kenneth Galbraiths grundlegende Erkenntnis über die Art der sozialen Institutionen, die eine Gesellschaft braucht, hinzuweisen. Galbraith sah sehr deutlich, welchen negativen Einfluss unkontrollierte Macht hat, weil ein institutionelles Gleichgewicht sehr wichtig für die Gesellschaft ist und auch, weil Macht korrumpiert. Er betonte die Bedeutung klar getrennter sozialer Institutionen, die Macht mit «Gegenmacht» ausgleichen könnten. Diese Forderung und ihre Bedeutung erläutert Galbraith in seinem Buch von 1952, *American Capitalism*; im selben Buch wird auch überraschend und luzide geschildert, wie weitgehend der Erfolg der amerikanischen Gesellschaft davon abhängig ist, dass eine Vielzahl von Institutionen sich gegenseitig in der Ausübung ihrer Macht kontrollieren und auf diese Weise für den Ausgleich sorgen, der den übermächtigen Einfluss und die Alleinherrschaft einer einzigen Institution verhindert.[8]

Galbraiths Analyse hat einiges an Erklärung für eine Tendenz anzubieten, die sich in den letzten Jahren in den USA übel ausgewirkt hat, da die Exekutive versuchte, mehr unbeschränkte Macht auszuüben, als die amerikanische Verfassung offenbar vorsieht. Aber noch eindringlicher macht Galbraith klar, was in Einparteienstaaten mit zentraler Kontrollfunktion, etwa der Ex-Sowjetunion, fehlschlägt. Die Oktoberrevolution hatte Hoffnungen auf Gerechtigkeit geweckt, und die Politikbegeisterung war anfänglich groß, aber schon bald wurde politisches und ökonomisches Versagen in riesigem Ausmaß zum Charakteristikum der UdSSR – dazu gehören Säuberungen, Schauprozesse und Gulag-Straflager ebenso wie bürokratielastige, nicht funktionierende ökonomische und soziale Institutionen. Dieses Versagen ist meiner Meinung nach zumindest teilweise darauf zurückzuführen, dass in der institutionellen Struktur der Sowjetunion ausgleichende Gegenkräfte völlig fehlten. Das hat offensichtlich mit dem Mangel an Demokratie zu tun – auf dieses Thema werde ich wieder zurückkommen (im Kapitel 15, «Demokratie als öffentliche Vernunft»). Demokratische Praxis lässt sich eng verbinden mit der Existenz und dem Einsatz ausgleichender Gegenkräfte in einer Gesellschaft, die über eine Vielzahl von Stimmen und «Energiequellen» verfügt.

Institutionen als Fundamente

Jede Theorie der Gerechtigkeit muss der Rolle von Institutionen einen wichtigen Platz einräumen, so dass die Institutionenwahl zwangsläufig ein zentraler Bestandteil jeder plausiblen Darstellung der Gerechtigkeit ist. Allerdings müssen wir uns – aus den bereits genannten Gründen – um Institutionen bemühen, die Gerechtigkeit *fördern*, und wir sollten nicht Institutionen schon für sich genommen als Erscheinungsformen von Gerechtigkeit behandeln, denn das würde die Überzeugung widerspiegeln, dass ausschließlich Institutionen das Fundament der Gerechtigkeit sind. Auch wenn die auf Regelungen gerichtete Perspektive von *niti* oft so interpretiert wird, als seien die Anforderungen der Gerechtigkeit schon erfüllt, wenn angemessene Institutionen existieren, legt die umfassendere Perspektive von *nyaya* doch nahe, dass geprüft werden muss, welche sozialen Verwirklichungen auf diesem institutionellen Fundament tatsächlich zustande kommen. Natürlich können die Institutionen selbst mit gutem Grund als *Teil* der Verwirklichungen zählen, die durch sie erreicht werden, aber sie können kaum die Gesamtheit dessen sein, was wir im Blick haben müssen, denn es geht auch um das Leben von Menschen.*

Das Verfahren, verwirklichte Gerechtigkeit gleichzusetzen mit der institutionellen Struktur, die als die richtige gilt, hat in ökonomischen und sozialen Analysen eine lange Tradition. Es gibt zahlreiche Beispiele für diese Konzentration auf Institutionen, verbunden mit eindrucksvollen Plädoyers für alternative, ebenfalls auf Institutionen konzentrierte Visionen von einer gerechten Gesellschaft, Visionen, deren Vielfalt vom All-

* Justice Stephen Breyer hat mit großer Überzeugungskraft und Klarheit erläutert, wie wichtig es ist, bei der Interpretation einer demokratischen Verfassung auf «Absicht und Folgen» zu achten; an den Folgen könne man abmessen, welches «Ausmaß an Treue zu den demokratischen Absichten eine gegebene Interpretation hat». (*Active Liberty: Interpreting Our Democratic Constitution* (New York: Knopf, 2005), S. 115).

heilmittel wunderbar florierender freier Märkte und des Freihandels bis zum Shangri-La der Produktionsmittel im Besitz der Gesellschaft und der an Zauberei grenzenden Effizienz zentraler Planung reicht. Wir können jedoch mit stichhaltigen Gründen annehmen, dass es für keine dieser großartigen Institutionsformeln typisch ist, die Hoffnungen ihrer visionären Befürworter einzulösen, und dass das Gelingen ihrer geplanten guten sozialen Verwirklichungen weitgehend von wechselnden sozialen, ökonomischen, politischen und kulturellen Bedingungen abhängt.[9] Die Überzeugung, dass ausschließlich Institutionen das Fundament der Gerechtigkeit sind, könnte nicht nur zu einer groben Missachtung der Komplexität von Gesellschaften führen, sondern die Selbstzufriedenheit, die ziemlich häufig mit vermeintlich souveräner Klugheit bezüglich der Institutionen einhergeht, blockiert sogar eine kritische Überprüfung der tatsächlichen Konsequenzen, die sich aus der Verfügbarkeit der empfohlenen Institutionen ergeben. Der ausschließlich auf Institutionen gerichtete Blick erfasst zumindest formal keine Geschichte der Gerechtigkeit über die Einrichtung der «gerechten Institutionen» hinaus. Trotzdem, ganz gleich, mit welchem Gut man die gewählten Institutionen in Verbindung bringt, ist es schwer vorstellbar, dass sie für sich genommen grundsätzlich gut sind und nicht nur potentiell wirksame Mittel zum Erzielen akzeptabler oder hervorragender sozialer Leistungen.

Dem Anschein nach ist dies leicht einzusehen. Und doch impliziert die Art des gewählten, auf Institutionen konzentrierten Plädoyers selbst in der politischen Philosophie die Überzeugung, dass ausschließlich Institutionen das Fundament der Gerechtigkeit sind. David Gauthier zum Beispiel verlässt sich in seiner mit Recht berühmten Untersuchung von «morals by agreement» auf Verträge zwischen verschiedenen Parteien, die in Form einer Einigung über institutionelle Regelungen geschlossen werden, und dies allein soll uns bis zur sozialen Gerechtigkeit führen. Institutionen erhalten eine überwältigende Priorität – eine Priorität, der die Art der Konsequenzen, die sich aus den übereinstimmend gewählten Institutionen ergeben, anscheinend nichts anhaben kann. Gauthier baut im Übrigen sehr darauf, dass die Marktwirtschaft ihre Aufgabe erfüllt, das heißt, effiziente Regelungen trifft, auf die sich die Einigung anstrebenden Parteien – so die Vorstellung – konzentrieren, und sobald die «rechten» Institutionen etabliert sind, sollen wir bei ihnen in sicheren Händen sein. Gauthier argumentiert einleuchtend, dass die Einrichtung der «rechten» Institutionen die Parteien auch vom ständigen Zwang moralischer Verpflichtungen befreit. Das einschlägige Kapitel in Gauthiers Buch hat die entsprechende Überschrift: «Der Markt: Freiheit von Moralität».[10]

Dass Institutionen eine so grundlegende Rolle für die Bewertung sozialer Gerechtigkeit spielen sollen, wie Gauthier behauptet, mag außergewöhnlich sein, aber viele andere Philosophen haben sich in die gleiche Richtung locken lassen. Die Annahme, dass Institutionen unangreifbar sind, wenn man sich vorgestellt hat, sie seien durch ein hypothetisches gerechtes Abkommen rational gewählt, besitzt offenbar große Anziehungskraft. Generell geht es hier um die Frage, ob wir alles der Wahl der Institutionen überlassen können (die ja offenkundig insofern mit Blick auf Ergebnisse ausgewählt wurden, als in den Verhandlungen und Abkommen Resultate angezielt werden), ohne den Status der Abkommen und der Institutionen *nach* der Wahl weiter zu überprüfen, ganz gleich, welche tatsächlichen Konsequenzen sich herausstellen. *

Es gibt Theorien, die nicht so ausschließlich Institutionen als Fundament benutzen wie Gauthiers Doktrin, die aber auch den gewählten Institutionen Vorrang vor der Natur der Ergebnisse und der Verwirklichung einräumen. Wenn zum Beispiel Robert Nozick sich dafür einsetzt, dass individuelle Freiheiten – einschließlich des Rechts auf Grundbesitz, freien Tausch, freien Transfer und freie Erbschaft – aus Gründen der Gerechtigkeit garantiert werden müssen, dann erklärt er die für diese Rechte notwendigen Institutionen – juristische wie ökonomische Regelwerke – zu wesentlichen Bedingungen seiner Vision von einer gerechten Gesellschaft.[11] Und er ist bereit, sich auf diese Institutionen zu verlassen, statt eine Überprüfung zu fordern, die Ergebnisse bewertet. (In seiner Theorie – zumindest in ihrer reinen Form – ist es nicht gestattet, die Ergebnisse in ein Bewertungsschema zu pressen.) Formal besteht immer noch ein Unterschied zwischen einer Bewertung der Institutionen für sich genommen und Nozicks System, in dem eine Institution für Gerechtigkeit essentielle Bedeutung hat, weil sie für die Verwirklichung von etwas anderem, zum Beispiel der «Rechte» von Menschen, notwendig ist. Der Unterschied ist jedoch rein formal, und es wäre nicht vollkommen irreführend, Nozicks Theorie als ein Derivat der «institutionsfundamentalistischen» Doktrin anzusehen.

Aber was ist, wenn die Gesamtheit der so genannten «gerechten Institutionen» zu Ergebnissen führt, die für die Menschen in jener Gesellschaft katastrophal sind, ohne ihre unmittelbaren Ansprüche, etwa die

* Wer sich für Marktwirtschaft einsetzt, braucht jedoch nicht zu ignorieren, dass diese Unterstützung bedingt ist. Vergl. zum Beispiel John Grays starke Verteidigung des Marktes als einer Institution, die folgenabhängig ist. (*The Moral Foundations of Market Institutions* (London: IEA Health and Welfare Unit, 1992)).

Garantie von Freiheitsrechten, zu verletzen?* Nozick erkannte das Problem. Er ging sogar so weit, eine mögliche Ausnahme für den Fall zu machen, dass das von ihm befürwortete System mit der uneingeschränkten Priorität von Freiheitsrechten zu einer «schweren moralischen Katastrophe» führen würde.** Er räumt ein, dass man in Extremfällen von den institutionellen Erfordernissen absehen könne. Aber wenn eine solche Ausnahme gemacht wird, ist nicht klar, was noch übrig bleibt von den grundsätzlichen Prioritäten in seiner Theorie der Gerechtigkeit und von der fundamentalen Funktion, die sie den notwendigen Institutionen und Regeln zuschreibt. Wenn schwere moralische Katastrophen ein zureichender Grund sind, das Vertrauen in die angeblich rechten Institutionen ganz aufzugeben, könnten dann nicht auch schlimme soziale Konsequenzen, die nicht absolut katastrophal, aber übel genug sind, zureichende Gründe sein, die Priorität von Institutionen auf weniger drastische Weise in Zweifel zu ziehen?

Ein generelles Problem besteht natürlich in der elementaren Unzuverlässigkeit, die ungeachtet der möglichen Exzellenz von Institutionen entsteht, wenn man nicht ständig aufmerksam beobachtet, was in der Welt geschieht. Obwohl John Rawls ganz unmissverständlich darauf hinweist, dass Institutionen ihm deshalb wichtig sind, weil sie die Sozialstruktur verbessern, bewegt auch er sich ein Stück weit in Richtung einer rein auf Institutionen gestützten Auffassung von Gerechtigkeit.*** Das Gleiche gilt für eine Anzahl anderer tonangebender Theoretiker der

* Man kann zeigen, dass ökonomische und politische Kräfte, die schwerste Hungersnöte erzeugen, dieses Ergebnis bewerkstelligen, ohne irgendjemandes Freiheitsrechte zu verletzen. Siehe dazu mein Buch *Poverty and Famines: An Essay on Entitlement and Deprivation* (Oxford: Oxford University Press, 1981). Siehe auch Kapitel 1, «Vernunft und Objektvität»; siehe Cormac Ó Gráda, *Irelands Great Famine: Interdisciplinary Perspectives* (Dublin: University College Dublin Press, 2006).

** Nozick lässt jedoch eine Frage offen: «Die Frage, ob diese Nebenbedingungen, die Rechte widerspiegeln, absolut sind oder verletzt werden dürfen, damit schwere moralische Katastrophen verhindert werden können, und falls ja, wie dann die Struktur, die sich daraus ergibt, aussehen könnte, diese Frage hoffe ich weitgehend vermeiden zu können.» (Robert Nozick, *Anarchy, State and Utopia* (Oxford: Blackwell, 1974), S. 30).

*** Es ist natürlich richtig, dass im rawlsschen System der «Gerechtigkeit als Fairness» Institutionen mit Blick auf Ergebnisse ausgewählt werden. Aber nachdem sie mittels der «Gerechtigkeitsgrundsätze» gewählt sind, gibt es innerhalb des Systems kein Verfahren, mit dem man überprüfen könnte, ob die Institutionen die antizipierten Resultate tatsächlich erzielen.

Gerechtigkeit, da sie sich letzten Endes auf die Solidität der Institutionen verlassen, die sie aufgrund ihrer erwarteten Wirkung empfehlen.

Und hier trennen sich die Wege. Es gibt Theorien der Gerechtigkeit und der kollektiven Entscheidungen, die, im Gegensatz zu solchen institutionellen Ansätzen, ausführlich zur Kenntnis nehmen, welche gesellschaftlichen Zustände sich tatsächlich ergeben, und entsprechend einschätzen, welchen Lauf die Dinge nehmen und ob die Regelungen als gerecht gelten können. Der Utilitarismus macht sich diese Sicht zu eigen (auch wenn seine Einschätzung gesellschaftlicher Zustände sich auf die Perspektive des geschaffenen Nutzens beschränkt und alles andere außer Acht lässt); viel umfassender wird ihr jedoch die Theorie kollektiver Entscheidungen gerecht, ein Zugang zur Evaluierung und zur Gerechtigkeit nach einem von Kenneth Arrow entwickelten System, das in weitem Sinn mit den normativen Ansätzen von Condorcet, Adam Smith und anderen übereinstimmt. In diesem System ist es nicht notwendig, allein den erreichten Nutzen zum Maßstab der Einschätzung von Zuständen zu machen, oder sich auf die von Nozick so genannten «Endzustände» zu stützen und die überragende Bedeutung der eingesetzten Verfahren zu ignorieren. Vielmehr gilt der im Ganzen gesehene Zustand, der sich tatsächlich ergibt, als entscheidend für die Einschätzung, ob wir das Richtige tun oder ob wir es besser machen könnten.

In der umfassenden Perspektive von *nyaya* gesehen, können wir niemals die Aufgabe der Gerechtigkeit einfach an ein *niti* sozialer Institutionen und sozialer Regeln delegieren, die wir für genau richtig halten, es dabei belassen und entlastet von allen ferneren sozialen Einschätzungen sein (und uns schon gar nicht «Freiheit von Moralität» verschaffen, um David Gauthiers plastischen Ausdruck zu zitieren). Zu fragen, welchen Lauf die Dinge nehmen und ob sie verbessert werden können, gehört konstant und unumgänglich zum Streben nach Gerechtigkeit.

4. STIMME UND KOLLEKTIVE ENTSCHEIDUNG

Als Alexander der Große 325 v. Chr. durch Nordwestindien zog, kämpfte er gegen die Könige in der Pandschab-Region und gewann immer. Aber er konnte bei seinen Soldaten keine Begeisterung für einen Angriff auf die mächtige Nanda-Dynastie wecken, die von ihrer im Osten gelegenen Hauptstadt Pataliputra (Patna) aus über den Großteil Indiens herrschte. Alexander war jedoch nicht bereit, sich friedlich nach Griechenland zurückzuziehen, und als guter Schüler von Aristoteles verwendete er viel Zeit auf entspannte Gespräche mit indischen Philosophen und Theoretikern – über religiöse wie soziale Themen.*

In einer ziemlich lebhaften Debatte fragte der Welteroberer eine Gruppe jainistischer Philosophen, warum sie sich weigerten, ihm auch nur die mindeste Aufmerksamkeit zu schenken. Darauf erhielt er folgende, in weitem Sinn demokratische Antwort:

> König Alexander, jedermann kann nur soviel von der Erdoberfläche zum Eigentum haben wie diesen Fleck, auf dem wir stehen. Ihr seid ein Mensch wie wir, nur dass Ihr immer geschäftig seid und Ungutes im Schilde führt, so viele Meilen fern von Eurer Heimat, ein Ärgernis für Euch selbst und andere! … Bald werdet Ihr tot sein, und dann besitzt Ihr gerade so viel von der Erde, wie für Euer Grab gebraucht wird.[1]

Arrian, der Biograph Alexanders, berichtet, sein Herr habe auf diesen strengen egalitären Tadel mit der gleichen intensiven Bewunderung reagiert wie in seiner Begegnung mit Diogenes, habe dem Gesprächspartner große Achtung erwiesen und dem gegen ihn erhobenen Einwand zugestimmt. Aber Arrian vermerkt auch, Alexander selbst sei völlig

* In Indien gab es in dieser Zeit, ungefähr der Periode zwischen dem siebten und fünften Jahrhundert v. Chr., in der die großen Epen *Ramayana* (vor allem *Valmiki Ramayana*) und *Mahabharata* entstanden, viele heterodoxe Lehren. Auf die Vielfalt heterodoxer Glaubenslehren und Denkrichtungen in den Epen gehe ich in meinem Vorwort zur neuen von Richard Gombrich und Sheldon Pollock herausgegebenen Clay Sanskrit Library Ausgabe von *Valmiki Ramayana* ein (New York: New York University Press, 2009). Das war auch die Zeit, in der – vom 6. Jahrhundert an – die revolutionären Lehren von Gautama Buddha und Mahavira Jain die herrschende religiöse Orthodoxie bedrohten.

unverändert geblieben: «das genaue Gegenteil dessen, was er nach eigenem Bekenntnis bewunderte.»[2]

Selbstverständlich haben Streitgespräche und Diskussionen nicht immer Wirkung. Aber es kann dazu kommen. Sogar in Alexanders Fall hatten diese scheinbar müßigen Plaudereien mit Diogenes, den Jainisten und vielen anderen womöglich doch einen gewissen Einfluss auf die zunehmende Reichweite und Liberalität seines Denkens und auf seine entschiedene Ablehnung geistiger Engstirnigkeit. Aber ganz gleich, was mit Alexander selbst geschah, hatte der Gedankenaustausch, den er mit seiner Indien-Expedition anbahnte, jahrhundertelang tiefe Wirkung auf indische Literatur, Dramen, Mathematik, Astronomie, bildende Kunst und viele andere Gebiete und veränderte das Gesicht Indiens.*

Der Versuch, die Ansprüche der Gerechtigkeit zu verstehen, ist so viel oder so wenig ein isoliertes, einsames Geschäft wie andere Sparten der Wissenschaften vom Menschen. Wenn wir einschätzen wollen, wie wir uns verhalten und Gesellschaften welcher Art als offen ungerecht gelten sollten, haben wir Grund, einige Aufmerksamkeit auf die Anschauungen und Vorschläge anderer zu verwenden, da sie unter Umständen dazu führen können, dass wir manche unserer Schlüsse revidieren. Oft genug versuchen wir auch, die Aufmerksamkeit anderer für unsere Prioritäten und Gedankengänge zu gewinnen, und manchmal gelingt uns das, manchmal scheitern wir damit. Dialog und Verständigung sind nicht nur Themengebiete in der Theorie der Gerechtigkeit (wir haben guten Grund, die Möglichkeit einer «Gerechtigkeit ohne Diskussion» mit Skepsis zu betrachten), sondern die Theorien selbst sind für ihre Ausprägung, Solidität und Tragweite auf Diskussion und Diskurs angewiesen.

Eine Theorie der Gerechtigkeit, die ausschließt, dass wir trotz bestem Bemühen in dem einen oder anderen Irrtum – und sei er noch so verbor-

* Im Kapitel 15, «Demokratie als öffentliche Vernunft», wird dargestellt, dass die Inder auch unter griechischem Einfluss eigene Experimente mit demokratischer Gemeindeverwaltung begannen. Andererseits interessierten sich die Griechen sehr für – oft romantisch verklärte – indische Vorstellungen und Philosophie. Über die Ähnlichkeiten zwischen indischer und griechischer Philosophie dieser Zeit siehe die ausgezeichnete Studie von Thomas McEvilley, *The Shape of Ancient Thought: Comparative Studies in Greek and Indian Philosophies* (New York: Allworth Press, 2002). Einige Ähnlichkeiten können unabhängig voneinander entstanden sein, aber in weiten Bereichen lassen sich auch Einflüsse und Wechselbeziehungen feststellen. Eine wichtige, leider unveröffentlichte Studie dazu ist John Mitchener, «Indian, Greece and Rome: East-West Contacts in Classical Times», vervielfältigt (Office of the UK Deputy High Commissioner, Kolkata, Indien, 2003).

gen – befangen bleiben können, eine solche Theorie stellt Behauptungen auf, die kaum zu rechtfertigen wären. Ein Ansatz, der zugesteht, dass Urteile unvollständig sein können, der auch hinnimmt, dass es keine ein für alle Mal endgültige Lösung gibt, ist nicht defätistisch. Eine Theorie der praktischen Vernunft müsste vor allem so konstruiert sein, dass sie Raum für vernünftige Auseinandersetzung enthält – das ist jedenfalls der Ansatz zu einer Theorie der Gerechtigkeit, der in diesem Buch verfolgt wird.

Die Masse der auf diesem Gebiet Arbeitenden versteht jedoch Theorien der Gerechtigkeit keineswegs lediglich als allgemeinen, unspezifizierten Argumentationsrahmen. Vielmehr sind diese Spezialisten offenbar entschlossen, uns direkt zu einer detaillierten Formel für soziale Gerechtigkeit und zu einer eindeutigen Festlegung der Merkmale gerechter Institutionen zu leiten. Rawls' Theorie der Gerechtigkeit macht das sehr deutlich. Wie wir gesehen haben, gibt es viele kritische Einwände entweder gegen den Vorrang der Fairness oder die Konzeption vom Urzustand, den Charakter der damit verbundenen Repräsentation und den Typ von Einstimmigkeit, die man erwartet, wenn Parteien im Urzustand die für Institutionen verbindlichen Grundsätze wählen. Wie uns versichert wird, führen alle diese allgemeinen Überlegungen zu klaren Regeln, die als eindeutige Grundsätze der Gerechtigkeit zu befolgen sind und singuläre institutionelle Implikationen haben. Diese Grundsätze beziehen sich im Fall der Theorie von Rawls (wie im Kapitel 2 ausgeführt) vor allem auf die Priorität der Freiheit (das erste Prinzip), einige Forderungen nach Verteilungsgleichheit (im ersten Teil des zweiten Prinzips) und gewisse Ansprüche an Billigkeit zusammen mit Effizienz; sie sind formuliert als Gebot, vorrangig die Interessen und Vorteile der am schlechtesten gestellten Gruppe zu fördern (zweiter Teil des zweiten Grundsatzes). Diese Zuordnungen in der Theorie von Rawls sind so detailliert, dass man kaum fürchten muss, ihr würde Unbestimmtheit vorgeworfen.

Aber herrscht hier etwa zuviel Bestimmtheit? Wenn die bis jetzt angeführten Argumente richtig sind, dann verlangt dieses Ausmaß an Bestimmtheit, dass wir vor einer Anzahl relevanter, sogar entscheidender Überlegungen die Augen verschließen müssten. Eigenart und Inhalt der rawlsschen «Grundsätze der Gerechtigkeit» und das Verfahren ihrer Ableitung können das sehr problematische Ergebnis haben, dass einige wichtige Bereiche ausgeschlossen werden:

(1) Die ausschließliche Konzentration auf die Erfordernisse einer vollkommen gerechten Gesellschaft lässt keinen Raum für Antworten auf Fragen der Gerechtigkeitsvergleiche;

(2) da die Erfordernisse der Gerechtigkeit in Gerechtigkeitsgrundsätzen formuliert werden, die ausschließlich mit «gerechten Institutionen» befasst sind, wird die umfassendere Perspektive der sozialen Verwirklichungen außer Acht gelassen;

(3) da es keine institutionelle Notwendigkeit gibt, die Stimmen der in Mitleidenschaft gezogenen Bewohner anderer Länder zu hören, werden die möglicherweise ungünstigen Auswirkungen übersehen, die Handlungen und Entscheidungen in diesem Land auf Menschen jenseits der Landesgrenzen haben;

(4) es fehlt ein systematisches Verfahren zur Korrektur der Einflüsse provinzieller Werte, denen jede Gesellschaft ausgesetzt ist, wenn sie sich vom Rest der Welt abkoppelt;

(5) ausgeschlossen wird die Möglichkeit, dass auch im Urzustand verschiedene Personen aufgrund der Pluralität ihrer wohlüberlegten politischen Normen und Werte – und nicht aufgrund der Differenzen in ihren erworbenen gesetzlichen Ansprüchen – selbst nach ausführlicher öffentlicher Diskussion noch sehr verschiedene Gerechtigkeitsgrundsätze für angemessen halten könnten;

(6) es wird nicht eingeräumt, dass manche Menschen sich dem hypothetischen Gesellschaftsvertrag zum Trotz vielleicht nicht immer «vernünftig» verhalten, und das könnte die Angemessenheit all der sozialen Regelungen (einschließlich der Wahl der Institutionen) in Frage stellen, die drastisch vereinfacht sind, weil sie konsequent die summarische Annahme nutzen, dass alle sich zu einem «vernünftigen» Verhalten spezifischer Art verstehen.*

Das sind Verlockungen, die Augen vor wichtigen Fragen zur Gerechtigkeit zu verschließen; wollen wir ihnen widerstehen, dann müssen wir vielleicht eine viel geräumigere und weniger unbedingte Form finden, um die Erfordernisse der Gerechtigkeit bestimmen und ihnen nachkommen zu können. Wie wichtig es ist, dass ein Bezugsrahmen für den öffentlichen Vernunftgebrauch bereitgestellt wird, hat schon John Rawls betont; es ist für dieses breiter angelegte Unternehmen besonders relevant.

* Einige dieser Begrenzungen wurden schon erörtert, und andere werden in den nächsten Kapiteln besprochen. Dem letzten Punkt auf dieser Liste der Handlungen und Unterlassungen hat die Standardliteratur einige Aufmerksamkeit gewidmet, allerdings in etwas stilisierter Form, indem sie anerkannte, dass man Theorien braucht, die auf «nicht-ideale» Bedingungen zugeschnitten sind. Die Unterscheidung zwischen «ideal» und «nicht-ideal» trägt jedoch zum Verständnis der anderen Punkte wenig bei; deshalb sollte man sie nicht über alle über einen Kamm scheren. Reichweite und Grenzen einer «Ideal-Theorie» wurden in einem von Ingrid Robeyn und Adam Swift geleiteten erhellenden Symposium über «Social Justice: Ideal Theory, Non-Ideal Circumstances» in *Social Theory and Practice*, 34 (Juli 2008) untersucht.

Vielleicht lässt sich die Beschaffenheit der Aufgabe mit Hilfe der Theorie kollektiver Entscheidungen etwas verdeutlichen. Ihr wende ich mich jetzt zu.

Die Theorie kollektiver Entscheidungen als möglicher Ansatz

Diskussionen über Ethik und Politik sind nichts Neues. Im vierten Jahrhundert v. Chr. behandelte Aristoteles diese Themen vor allem in der *Nikomachischen Ethik* und der *Politik* umfassend und klar; sein indischer Zeitgenosse Kautilya vertrat in *Arthasastra*, dem berühmten Traktat über politische Ökonomie, einen streng institutionsbezogenen Ansatz (vergl. dazu das vorige Kapitel). Aber die Untersuchung der formalen Verfahren bei öffentlichen Entscheidungen und der – oft verborgenen – normativen Annahmen, die ihnen zugrunde liegen, begann viel später. Einen Zugang zu diesen Themen vermittelt die Theorie kollektiver Entscheidungen, die als eigenes systematisches Forschungsgebiet während der Französischen Revolution entstand.

Bahnbrechend für diese Theorie waren die Arbeiten französischer, meist Pariser Mathematiker am Ende des achtzehnten Jahrhunderts; Jean-Charles de Borda und der Marquis de Condorcet zum Beispiel brachten das Problem, wie man auf der Basis individueller Prioritäten zu Einschätzungen gesellschaftlicher Entscheidungen kommen kann, in mathematische Formeln. Sie begründeten den formalen Ansatz der Theorie kollektiver Entscheidungen, indem sie das Verfahren der Aggregation individueller, von einer Gruppe verschiedener Personen stammender Urteile entwickelten.[3] Das intellektuelle Klima der Periode war geprägt durch die europäische, besonders die französische Aufklärung – und durch die Französische Revolution – mit ihrem Interesse an einer logisch durchdachten Konstruktion der gesellschaftlichen Ordnung. Manche der frühen Entscheidungstheoretiker gehörten auch zu den führenden Köpfen der Französischen Revolution, Condorcet ist der berühmteste von ihnen.

Die frühen Theoretiker kollektiver Entscheidungen suchten nach einer Möglichkeit, in den Wahlverfahren Willkür und Instabilität zu vermeiden. Ihre Arbeit konzentrierte sich auf die Entwicklung eines Systems für rationale und demokratische Gruppenentscheidungen, das die Präferenzen und Interessen aller Gruppenmitglieder beachtete. Aber ihre theoretischen Überlegungen führten typischerweise zu ziemlich pessimistischen Ergebnissen. Condorcet zeigte zum Beispiel, dass die

Mehrheitsregel inkonsistent sein kann: A erhält bei einer paarweisen Abstimmung mehr Stimmen als B, und B siegt über C, aber C gewinnt die Abstimmung gegen A (ein mathematischer Beweis, der manchmal das Condorcet-Paradoxon genannt wird). Im neunzehnten Jahrhundert wurde die Arbeit an diesem Problem in Europa intensiv fortgesetzt – oft wiederum mit pessimistischen Resultaten. Einige sehr kreative Menschen betätigten sich auf diesem Gebiet und kämpften mit den Schwierigkeiten, zum Beispiel schrieb Lewis Carroll, der Autor von *Alice im Wunderland*, unter seinem richtigen Namen, C. L. Dodgson, über kollektive Entscheidungen.[4]

Als Kenneth Arrow das Thema um 1950 wieder aufgriff und in eine moderne Form brachte (das Arrow-Theorem), befasste auch er sich mit den Problemen von Gruppenentscheidungen und den Inkonsistenzen, zu denen sie führen können. Arrow brachte diese Probleme der kollektiven Entscheidungen durch genau formulierte und geprüfte Axiome in eine strukturierte, analytische Gestalt und verlangte, dass gesellschaftliche Entscheidungen gewissen Minimalbedingungen der Vernünftigkeit genügen müssten, aus denen die angemessenen sozialen Rangfolgen und Entscheidungen für gesellschaftliche Zustände sich ergeben würden.[5] Dies führte zur Geburt der modernen «Social Choice» Theorie; sie ersetzte den etwas planlosen Ansatz von Condorcet, Borda und anderen durch die Erkenntnis, dass ausdrücklich festgestellt werden muss, welche Bedingungen jedes derartige Entscheidungsverfahren zu erfüllen hat, damit es akzeptiert werden kann; und sie ließ zu, dass andere Theoretiker Arrows Axiome und Anforderungen nach logisch begründeter Kritik veränderten.

Das war der Weg zu positiven und konstruktiven Ergebnissen, den Arrows Pionierarbeit bahnte. Mit seinen eigenen Axiomen vertiefte Arrow jedoch die vorherrschende düstere Stimmung, weil er ein erstaunliches – und ungeheuer pessimistisches – offenbar universell gültiges Resultat präsentierte, das jetzt als «Arrows Unmöglichkeitstheorem» bekannt ist. (Arrow selbst gab ihm den freundlicheren Namen «Allgemeines Möglichkeitstheorem»).[6] Das ist ein mathematisches Resultat von bemerkenswerter Eleganz und Überzeugungskraft; es demonstriert, dass kein Verfahren gesellschaftlicher Entscheidung, das – in Arrows plausibler Charakterisierung – als rational und demokratisch zu beschreiben wäre, alle Bedingungen gleichzeitig erfüllen kann, die von sozialen Entscheidungen eine vernünftige Sensibilität für die Wünsche der Mitglieder einer Gesellschaft verlangen – selbst wenn einige dieser Bedingungen sehr milde sind. Zwei Jahrhunderte, nachdem die Hoffnungen auf gesellschaftliche Rationalität im Denken der Aufklärung und den Schriften der Theoretiker der Französischen Revolution ihre Blütezeit hatten, schienen rationale demokratische Entscheidungen unausweichlich zum Scheitern verurteilt zu sein, ausgerechnet zu einer Zeit, da aus dem Blutvergießen des Zweiten Weltkriegs eine friedliche Welt voll neuer demokratischer Bestrebungen hervorging.[7]

Arrows pessimistisches Theorem und eine Menge neuer mathematischer Resultate, die seiner Pioniertat folgten, wirkten sich, zusammen mit den durch diese überwiegend technische Literatur ausgelösten breit gefächerten allgemeinen Diskussionen, sehr konstruktiv auf das Fachgebiet der Logik kollektiver Entscheidungen aus.* Das Theorem zwang die Theoretiker der Gruppenentscheidungen, gründlich zu untersuchen, wie es dazu kommt, dass sich aus den offensichtlich vernünftigen Anforderungen an eine sensible demokratische Praxis diese Unmöglichkeitsresultate ergeben. Es stellte sich ebenfalls heraus, dass derartige Unmöglichkeiten und ausweglose Situationen zwar sehr häufig und mit erstaunlich weit reichenden Folgen zustande kommen, aber auch in den meisten Fällen weitgehend dadurch beseitigt werden können, dass soziale Entscheidungsprozesse durchlässiger für Informationen werden.[8] Informationen über interpersonelle Vergleiche von Wohlergehen und relativen Vorteilen erweisen sich als besonders entscheidend für diese Problemlösung.[9]

Die meisten Mechanismen politischer Entscheidung (wie Abstimmungen und Wahlen) oder ökonomischer Wertung (zum Beispiel die Evaluierung des Nationaleinkommens) können nur mit wenigen Informationen dienen, außer in den Diskussionen, die diese Unternehmungen begleiten. Ein Wahlergebnis für sich genommen offenbart nur, dass ein Kandidat mehr Stimmen erhalten hat als ein anderer. Ähnlich stützt sich das ökonomische Aggregationsverfahren zur Bestimmung des Nationaleinkommens nur auf die Information, was zu welchem Preis ge- und verkauft wurde. Und so weiter. Wenn alle Informationen, die wir in das

* Die motivierenden wie die analytischen Verbindungen zwischen dem Unmöglichkeitstheorem und den konstruktiven Abweichungen, die daraus hervorgingen, werden in meinem Vortrag anlässlich der Verleihung des Nobelpreises dargestellt: «The Possibility of Social Choice», *American Economics Review*, 89 (1999) und in *Le Prix Nobel 1998* (Stockholm: The Nobel Foundation, 1999). Die dazu gehörigen mathematischen Relationen habe ich in meinem *Choice, Welfare and Measurement* (Oxford: Blackwell, 1982; Cambridge, MA: Harvard University Press, 1997) und in K.J. Arrow und M. Intriligator (Hg.), *Handbook of Mathematical Economics*, Bd. 3 (Amsterdam: North Holland, 1986) untersucht.

System der Evaluierung oder Entscheidungsfindung einspeisen können, so mager sind, dann müssen wir uns mit den pessimistischen Resultaten abfinden. Aber um angemessen verstehen zu können, worum es bei den Anforderungen der Gerechtigkeit, den Bedürfnissen sozialer Organisation und Institutionen und befriedigenden öffentlichen politischen Entscheidungen geht, müssen wir uns um viel mehr Informationen und gründlich geprüfte Daten bemühen.

Kenneth Arrow suchte mit anderen zusammen nach Mitteln und Wegen, die Informationsbasis der kollektiven Entscheidungen zu verbreitern.[10] Schon Condorcet hatte nach 1780 mit sehr allgemeinen Begriffen in dieselbe Richtung gewiesen.[11] Seine Motive dafür sind eng verwandt mit seinem leidenschaftlichen Einsatz für allgemeine Schulbildung und vor allem Schulbildung der Frauen: Condorcet war einer der ersten, die betonten, wie wichtig es sei, Mädchen in Schulen zu schicken. Es besteht auch eine enge Verbindung zu Condorcets Interesse an der Anreicherung von gesellschaftlichen Statistiken und zu seinem Einsatz für die Fortdauer öffentlicher Diskussion, da alle diese Bestrebungen dazu beitragen, dass in öffentlichen Entscheidungsverfahren und in der Erforschung sozialer Gerechtigkeit mehr Informationen verwendet werden.[12]

Ich werde diese Themen wieder aufnehmen. Zuvor befasse ich mich mit dem Charakter und den Folgen der großen Differenz zwischen den Formeln der Theorie kollektiver Entscheidungen, die das Ziel hat, eine Rangordnung alternativer sozialer Verwirklichungen aufzustellen, und der Form der gängigen Theorien der Gerechtigkeit, die sich nicht auf die Einschätzung von Verbesserungen und Verschlechterungen der Gerechtigkeit konzentrieren, sondern auf die Bestimmung vollkommen gerechter sozialer Regelungen in Gestalt von «gerechten Institutionen».

Die Reichweite der Theorie kollektiver Entscheidungen

Weil die formale Logik kollektiver Entscheidungen dem Anschein nach Fragen von unmittelbarem Interesse zu fern steht, neigen viele Kommentatoren dazu, sie für sehr begrenzt anwendbar zu halten. Die kompromisslos mathematische Form dieser Theorie hat auch den Eindruck erweckt, dass sie weit entfernt von anwendbarer praktischer Vernunft sei. Mit Sicherheit steht wirklichen Wechselbeziehungen zwischen der Theorie kollektiver Entscheidungen und der Beschäftigung mit praktischen Anliegen die Meinung im Weg, dass die anspruchsvollen formalen mathematischen Methoden durch eine tiefe Kluft von leicht verständlichen öffentlichen Argumenten getrennt seien.

Kein Wunder, dass viele Kommentatoren meinen, die Logik kollektiver Entscheidungen befinde sich hinsichtlich ihrer praktischen Bedeutung im Nachteil gegenüber philosophischen Analysen der Gerechtigkeit. Auch wenn die Schriften von Hobbes, Kant oder Rawls angestrengtes Nachdenken und komplexe Reflexion verlangen, sind ihre zentralen Botschaften dem Anschein nach im Allgemeinen viel leichter zu verstehen und anzuwenden als alles, was sich aus der «Social Choice» Theorie ergibt. Deshalb haben viele Menschen den Eindruck, dass die gängigen philosophischen Theorien der Gerechtigkeit viel größere Nähe zur Welt der Praxis haben, als diese Entscheidungstheorie für sich erhoffen kann.

Ist dieser Eindruck richtig? Ich möchte behaupten, dass er nicht nur falsch ist, sondern dass es sich beinahe umgekehrt verhält, zumindest in einer wichtigen Hinsicht. Die Logik kollektiver Entscheidungen hat viele Elemente, die sich eine Theorie der Gerechtigkeit zunutze machen kann – dazu später mehr, aber ich möchte hier schon auf einen der mit Sicherheit größten Gegensätze zwischen dieser Entscheidungstheorie und gängigen Theorien der Gerechtigkeit hinweisen. Sie ist eine wertende Theorie, und deshalb befasst sie sich intensiv mit der rationalen Basis, auf der soziale Urteile und öffentliche Entscheidungen bei der Wahl zwischen sozialen Alternativen beruhen. Die Ergebnisse des kollektiven gesellschaftlichen Entscheidungsverfahrens werden als Einstufung unterschiedlicher Sachlagen aus «sozialer Sicht», im Licht der Einschätzung der Beteiligten, formuliert.* Das ist sehr verschieden von der Suche nach der einen einzigen unübertrefflichen Alternative, mit der die Theorien von Hobbes bis Rawls und Nozick befasst sind.[13]

Diese klare Unterscheidung ist aus den bereits in früheren Kapiteln genannten Gründen wichtig. Ein transzendentaler oder utopischer Ansatz für sich genommen kann nichts zu Fragen über die Förderung von Gerechtigkeit und den Vergleich alternativer Vorschläge für das Erreichen

* Die individuellen Rangordnungen, die als Informationen in den Prozess eingespeist werden, können sehr unterschiedlich interpretiert werden, und diese Vielseitigkeit ist wichtig für die Reichweite der Logik kollektiver Entscheidung und für ihre Fähigkeit, ihr Format unterschiedlichen Problemen sozialer Einschätzung anzupassen, siehe *Social Choice Re-examined*, hg. v. Kenneth J. Arrow, Amartya Sen und Kotaro Suzumura (London: Macmillan, 1997); *Handbook of Social Choice and Welfare*, Bd. 1, herausgegeben von Kenneth Arrow, Amartya Sen und Kotaro Suzumura (Amsterdam und Oxford: Elsevier, 2002; Bd. 2 in Vorbereitung); *The Handbook of Rational and Social Choice;* hg. v. Paul Anand, Prasanta K. Pattanik und Clemens Puppe (Oxford: Oxford University Press, 2009).

einer gerechteren Gesellschaft beitragen – nichts außer dem utopischen Vorschlag, einen fiktiven Sprung in eine vollkommen gerechte Welt zu tun. Die Antworten, die ein solcher Ansatz gibt oder geben kann, sind sehr verschieden und sehr weit entfernt von jenen Bestrebungen, die Menschen in Diskussionen über Gerechtigkeit und Ungerechtigkeit in der Welt verfolgen (zum Beispiel über die Ungerechtigkeit von Hunger, Armut, Analphabetentum, Folter, Rassismus, Unterdrückung von Frauen oder fehlender medizinischer Versorgung – soziale Missstände, die beseitigt werden müssen).

Der Abstand zwischen dem transzendentalen und dem komparativen Ansatz

Dieser elementare Gegensatz ist wichtig, trotzdem besagt die Ferne von funktionalen Urteilen über Gerechtigkeit, die der transzendentale Ansatz auf Grund seiner Form hat, für sich genommen noch nicht, dass ein solcher Ansatz nicht der richtige sein kann. Womöglich gibt es eine weniger offensichtliche Verbindung, eine Beziehung zum komparativen, so dass der transzendentale Ansatz einen Weg zu vergleichenden Einschätzungen vermittelt. Das muss untersucht werden, aber der verlockende Glaube, dass eine transzendentale Theorie Rechtfertigungsgründe enthalten müsse, die auch helfen, alle komparativen Aufgaben zu lösen, hat keine solide Basis. Es ist sogar so, dass manche Theoretiker eines utopischen Ansatzes nicht nur zugeben, dass hier eine Kluft besteht, sondern sogar stolz darauf sind, denn sie halten es für Unsinn, das Nebengleis der komparativen Einschätzung zu befahren (und aus rein transzendentaler Sicht ist es tatsächlich ein Nebengleis). Robert Nozick zum Beispiel gibt sich mit der Forderung zufrieden, dass alle Freiheitsrechte gewahrt sein müssen (das ist *sein* transzendentales Bild), und hält nichts davon, die fehlende Anerkennung einiger Rechtstypen durch Austausch (Trade-off) mit anderen auszugleichen (für einen – in seinen Worten – «Utilitarismus von Rechten» hat er kaum Verwendung).[14] Auch kann man sich nicht gut vorstellen, wie die Diagnose der Vollkommenheit in den Systemen von Hobbes, Locke oder Rousseau zu maßgeblichen Vergleichen zwischen unvollkommenen Alternativen führen würde.

Kant oder Rawls sind komplexere Fälle, da ihre differenzierte Argumentation zur Auffindung der transzendentalen Lösung auch Anhaltspunkte für einige – jedoch nicht alle – Probleme des komparativen Ansatzes bietet. Zum Beispiel verschafft uns Rawls' Formulierung des Differenzprinzips, das Teil seines zweiten Gerechtigkeitsgrundsatzes ist, eine Basis, auf der wir Alternativen nach Maßgabe der jeweiligen Vorteile für die am schlechtesten Gestellten einstufen können.[15] Das gilt jedoch nicht für den anderen Teil von Rawls' zweitem Grundsatz, in dem unterschiedliche Verstöße gegen faire Chancengleichheit nach Kriterien eingeschätzt werden müssten, für die uns Rawls keinerlei Richtlinien gibt. Dasselbe gilt für die Missachtungen von Freiheiten – solche Missachtungen würden den ersten Gerechtigkeitsgrundsatz negieren –, denn, wie Rawls selbst darlegt, gibt es unterschiedliche Typen von Freiheiten, aber es ist durchaus nicht klar, wie unterschiedliche Verletzungen von Freiheiten im Vergleich bewertet würden. Verschiedene Möglichkeiten einer solchen Bewertung sind denkbar, und Rawls gibt keiner davon den Vorrang. Er sagt zu dieser Frage überhaupt relativ wenig. Und das ist für seine Absichten in Ordnung, da eine realitätsüberschreitende, transzendentale Bestimmung nicht verlangt, dass dieses zusätzliche Problem des Vergleichs behandelt wird. Eine transzendentale Theorie muss nicht «zusammengesetzt» – im Wortgebrauch der Einleitung zu diesem Buch – sein, muss nicht transzendentale und komparative Aufgaben gleichzeitig lösen, und so bleibt eine tiefe Kluft zwischen beiden, obwohl in Rawls' Argumentation mehr komparative Fragen angeschnitten werden als in vielen anderen transzendentalen Theorien. Rawls braucht für seine Gerechtigkeitsgrundsätze (zur Bestimmung vollkommen gerechter Institutionen) keine zusammengesetzte Theorie, und er bietet keine.

Aber sagt uns eine transzendentale Kennzeichnung für sich genommen nicht schon etwas über komparative Fragen, auch wenn sie nicht ausdrücklich gestellt werden? Und gibt es hier nicht einige Zusammenhänge auf *analytischem* Gebiet? Lassen wir uns irreführen von künstlichen Trennungen, die es in Wirklichkeit gar nicht gibt? Diese Zweifel verlangen nach ernsthafter Untersuchung. Besonders zwei Fragen müssen geprüft werden. Erstens: Kann es sein, dass die transzendentale Kennzeichnung der vollkommen gerechten sozialen Regelung uns automatisch lehrt, wie ihre Alternativen einzustufen sind? Genauer: Können die Antworten auf transzendentale Fragen indirekt, als Nebenprodukt sozusagen, auch vergleichende Beurteilungen von Gerechtigkeit ergeben? Könnten vergleichende Messungen des «Abstands vom Idealzustand», in dem sich die verschiedenen gesellschaftlichen Regelungen befinden, die Basis derartiger komparativer Einschätzungen sein? Könnte der transzendentale Ansatz «hinreichen», um viel mehr zu ergeben, als seine formalen Aussagen vermuten lassen?

Zweitens: Wenn es um hinreichende Bedingungen geht, muss auch nach notwendigen Bedingungen gefragt werden. Könnte es sein, dass zuerst die Frage nach der vollkommen gerechten Gesellschaft beantwortet werden muss, dass ohne eine Antwort darauf keine kohärente und gut begründete Theorie *komparativer* Gerechtigkeit möglich ist? Ist der transzendentale, auf die Bestimmung eines vollkommen gerechten Zustandes zielende Ansatz für komparative Beurteilungen von Gerechtigkeit etwa *notwendig?*

Die implizite Überzeugung, der transzendentale Ansatz sei für vergleichende Einschätzungen hinreichend oder notwendig (oder beides), spielte offensichtlich eine Schlüsselrolle in der weit verbreiteten Ansicht, dass dieser Ansatz für die gesamte Theorie der Gerechtigkeit entscheidend ist.[16] Viele Theoretiker haben weder die praktische Bedeutung noch die intellektuelle Anziehungskraft von vergleichenden Einschätzungen geleugnet, trotzdem aber den transzendentalen Ansatz als eine zentrale Bedingung für eine gut begründete Theorie der Gerechtigkeit angesehen. Daher müssen wir die Hypothesen, er sei hinreichend und notwendig, genauer betrachten, um festlegen zu können, welcher Platz transzendentalen Theorien in der politischen Philosophie eingeräumt werden muss.

Ist der transzendentale Ansatz hinreichend?

Liefert der transzendentale Ansatz als Nebenprodukt die Möglichkeit, vergleichende (relationale) Schlüsse zu ziehen, so dass Transzendenz uns am Ende sehr viel mehr bietet, als sie in ihrer offen gezeigten Form zu erkennen gibt? Genauer: Kann man anhand der Spezifizierung einer vollkommen gerechten Gesellschaft die Abweichungen von diesem Ideal nach dem Maß ihrer Abstände von der Vollkommenheit vergleichen und einstufen, so dass eine transzendentale Bestimmung unter anderem auch komparative Einstufungen nach sich zieht?

Die Methode, Abstände zu vergleichen, hat zwar auf den ersten Blick eine gewisse Plausibilität, aber sie funktioniert nicht. Die Schwierigkeit besteht darin, dass der Abstand nicht leicht zu messen ist, da er unterschiedliche Merkmale enthält, die auch damit zu tun haben, dass die Abweichung unterschiedliche Ausgangspunkte hat, dass die Überschreitungen mehrdimensional sind und dass die einzelnen Verstöße auf unterschiedliche Weisen bewertet werden können. Die Bestimmung der Transzendenz ist kein Mittel zur Lösung dieser Probleme, die einer vergleichenden Einstufung der Abweichungen von Transzendenz im Weg stehen. In einer rawlsschen Analyse der gerechten Gesellschaft zum Beispiel können derartige Abweichungen in vielen verschiedenen Bereichen vorkommen, unter anderem als Verstöße gegen Freiheitsrechte, und nicht nur das, sondern es kann sich darüber hinaus um diverse Verletzungen klar verschiedener Freiheiten handeln (von denen viele in Rawls' umfassender Absicherung der Freiheit und ihres Vorrangs figurieren). Auch Verstöße – wiederum womöglich verschieden geartete – gegen die Forderung der Verteilungsgleichheit von Grundgütern sind nicht ausgeschlossen; viele verschiedene Abweichungen vom «Differenzprinzip» sind denkbar.

Das Ausmaß jeder einzelnen Diskrepanz und die relative Ferne wirklicher Verteilungen von dem, was die Grundsätze vollkommener Gerechtigkeit fordern, können auf viele verschiedene Weisen eingeschätzt werden. Außerdem müssen wir auch Abweichungen vom Grundsatz der Verfahrensgleichheit berücksichtigen (zum Beispiel Verstöße gegen die faire Chancengleichheit, die den Zugang zu öffentlichen Ämtern und Positionen für alle ermöglicht), die im ersten Teil von Rawls' zweitem Gerechtigkeitsgrundsatz festgeschrieben ist. Um diese prozeduralen Abweichungen *abwägen* zu können gegen Mängel in den Strukturen, die bei der interpersonellen Verteilung (zum Beispiel von Grundgütern) entstehen, würden wir eine eindeutige Spezifikation – möglichst in axiomatischer Form – ihrer relativen Wichtigkeit oder Bedeutung brauchen (oder Trade-offs, wie sie manchmal im eher groben Vokabular der mehrdimensionalen Einschätzung genannt werden). Solche vergleichenden Wertungen können sehr hilfreich sein, liegen jedoch jenseits der spezifischen Aufgabe, Transzendenz, ideale oder utopische Vollkommenheit, zu identifizieren; aber sie sind die elementaren Bestandteile eines komparativen Zugangs zur Gerechtigkeit. Die Charakterisierung einer makellosen Gerechtigkeit, wenn sie denn eindeutig und klar zu formulieren wäre, würde keinerlei Angaben über Verfahren zum Vergleichen und zur Einstufung diverser mit Makeln behafteter Formen von Gerechtigkeit enthalten.

Die transzendentale Theorie selbst wird durch das Fehlen von komparativen Implikationen natürlich nicht in Verlegenheit gebracht, da sie sich als eine frei und für sich stehende Errungenschaft betrachtet. Das Schweigen über vergleichende Schlüsse ist keine «interne» Schwierigkeit; im Gegenteil, einige Befürworter einer reinen transzendentalen Theorie sind gegen jedes Flirten mit Rangordnungen und komparativen Wertungen und möchten relationale Schlüsse ganz und gar umgehen. Insbesondere könnten sie darauf hinweisen, dass nach ihrer Auffassung eine «rechte» soziale Regelung keinesfalls als eine «beste» Regelung verstanden werden darf, denn damit würde man sich auf das intellektuell rutschige Gelände abgestufter Wertungen begeben, die – bezogen auf die vergleichsweise beste soziale Ordnung – andere Varianten als «besser» oder «schlechter» bezeichnen. Die Absolutheit des transzendental «Rechten» mag gegenüber der Relativität des «Besseren» und des «Besten» einen mit starken Argumenten begründeten Status für sich haben (auf diese Frage möchte ich hier nicht eingehen).* Aber sie trägt überhaupt nichts zu komparativen Einschätzungen von Gerechtigkeit bei, das heißt sie ist keine Hilfe bei der Wahl zwischen alternativen Strategien – und darauf kommt es hier an.

Mit Sicherheit können sich Mitglieder eines jeden Gemeinwesens ausmalen, wie eine gewaltige, alles umfassende Reorganisation in Gang gesetzt werden könnte, die es auf einen Schlag in das Ideal einer vollkommen gerechten Gesellschaft verwandeln würde. Aber in den tatsächlichen Debatten über Gerechtigkeit, die uns ständig beschäftigen, hat der Traum vom Handstreich, der alles mit einem Schlag verändert, keinen Platz. Fragen nach Möglichkeiten, die vielfältigen Ungerechtigkeiten zu verringern, die unsere Welt charakterisieren, bestimmen den Bereich, in dem die Analyse der Gerechtigkeit Anwendung findet; der Sprung in die transzendentale Vollkommenheit gehört nicht hierher. Zu bedenken ist auch der schon in der Einleitung erwähnte allgemeine analytische Gesichtspunkt, dass die Diagnose einer Ungerechtigkeit nicht auf die Festsetzung der einen einzigen «gerechten Gesellschaft» angewiesen ist, da eine einstimmige Diagnose der Mängel in einer Gesellschaft, in der zum Beispiel bedrohlicher Hunger herrscht oder Analphabetentum oder krasse medizinische Unterversorgung weit verbreitet sind, mit sehr unterschiedlichen Auffassungen von vollkommen gerechten sozialen Regelungen auf anderen Gebieten einhergehen kann.

Selbst wenn wir uns Transzendenz nicht in der von Einstufungen freien Sprache der «rechten», sondern in den abgestuften Begriffen der «besten» sozialen Regelungen denken, sagt uns die Bestimmung des Besten für sich genommen nicht viel über die gesamte Einstufung, sie erklärt nicht, wie zwei Alternativen, die beide nicht die besten sind, zu vergleichen wären, und sie spezifiziert auch keine eindeutige Rangordnung, nach der das Beste an der Spitze steht; dasselbe Beste könnte sogar in sehr verschiedenen Rangordnungen dieselbe Spitze einnehmen.

Kommen wir noch einmal auf eine oben benutzte Analogie zurück: Dass eine Person die *Mona Lisa* für das beste Gemälde der Welt hält, sagt

* Siehe dazu jedoch Will Kymlicka, «Rawls on Teleology and Deontology», *Philosophy and Public Affairs*, 17 (Sommer 1988).

nichts darüber aus, wie sie einen Picasso relativ zu einem van Gogh einstufen würde. Das Streben nach transzendentaler Gerechtigkeit kann für sich genommen eine intellektuelle Herausforderung sein, aber – unabhängig davon, ob wir Transzendenz als das unvergleichliche «Rechte» denken oder im Rahmen einer Rangordnung als das «Beste» einstufen – sagt es uns nicht viel über die relativen Verdienste, die verschiedene gesellschaftliche Ordnungen im Vergleich haben.

Ist der transzendentale Ansatz notwendig?

Prüfen wir jetzt die Hypothese, dass die Bestimmung des Besten oder des Rechten, wenn nicht hinreichend, so doch notwendig für die Einstufung zweier Alternativen bezüglich ihrer Gerechtigkeit ist. Im gewöhnlichen Sinn von Gerechtigkeit wäre dies eine etwas verwunderliche Möglichkeit. Fällt man komparative Urteile, ganz gleich in welchem Bereich, so wird es bei einer Bewertung von zwei Alternativen relativ zueinander im Allgemeinen nur um diese beiden gehen, ohne dass die Hilfe einer dritten – «irrelevanten» – Alternative erbeten werden muss. Es ist überhaupt nicht ersichtlich, warum wir für das Urteil, dass eine soziale Regelung X besser als ihre Alternative Y ist, die Erkenntnis brauchen, dass eine ganz andere Alternative, nennen wir sie Z, die allerbeste (oder absolut «richtige») soziale Regelung ist. Wenn wir begründen wollen, warum wir einen van Gogh einem Picasso vorziehen, müssen wir uns nicht damit aufhalten, das vollkommenste Gemälde auf der Welt zu identifizieren, das besser ist als die van Goghs und die Picassos und alle anderen Bilder, die es gibt.

Man könnte jedoch auf den Gedanken kommen, dass die Analogie zu einer ästhetischen Einschätzung problematisch ist, da eine Person womöglich gar keine Idee von einem vollkommenen Bild hat, die so klar erkennbar erschiene, wie die Idee «der gerechten Gesellschaft» in transzendentalen Theorien der Gerechtigkeit auf viele Menschen wirkt. (Ich werde im Folgenden die These vertreten, dass die Existenz einer besten – oder unantastbaren – Alternative auch dann nicht gesichert ist, wenn alle Alternativen nach dem Maß ihrer jeweils erzielten relativen Gerechtigkeit in eine möglichst vollständige Rangordnung gebracht werden, aber zunächst gehe ich von der Voraussetzung aus, dass eine solche beste Alternative gefunden werden kann.) Dass es womöglich eine erkennbar vollkommene Alternative gibt, indiziert nicht, dass es notwendig oder auch nützlich wäre, sich bei der Einschätzung der relativen Verdienste von zwei anderen Alternativen auf diese dritte zu beziehen; zum Beispiel können wir akzeptieren, dass der Mount Everest mit großer Sicherheit der höchste Berg der Welt ist und von keinem anderen Gipfel an Höhe übertroffen werden kann, aber diese Einsicht ist weder nötig noch besonders hilfreich, wenn wir zum Beispiel die Höhe des Kilimandscharo mit der des Mount McKinley vergleichen wollen. Eine allgemeine Überzeugung, dass ein Vergleich von zwei Alternativen ohne vorgängige Identifizierung einer allen übergeordneten dritten Alternative nicht vernünftig durchgeführt werden könne, wäre sehr sonderbar. Ein Zusammenhang, der einer Analyse standhalten würde, besteht hier nicht.

Wird Transzendenz durch Vergleich dingfest gemacht?

Eine transzendentale Kennzeichnung ist also weder eine notwendige noch eine hinreichende Bedingung für komparative Einschätzungen von Gerechtigkeit. Wir müssen jedoch noch einen dritten Verbindungstyp prüfen, der womöglich komparative mit transzendentalen Kriterien in Zusammenhang bringt. Könnte es sein, dass die komparative Einstufung der verschiedenen Alternativen unter anderem auch in der Lage sein muss, die nach Maßgabe transzendentaler Kriterien gerechten sozialen Regelungen kenntlich zu machen? Würde das Transzendentale unweigerlich aus der vollständigen Nutzung des Komparativen folgen? Wäre das der Fall, könnten wir überzeugend behaupten, dass die transzendentale Alternative sich mit einer gewissen Notwendigkeit in das komparative System einfügen lassen muss. Damit wäre natürlich nicht gesagt, dass man den transzendentalen Ansatz in irgendeiner Weise braucht, um zu komparativen Einschätzungen zu kommen, aber wenigstens wäre dieser Ansatz dann für die Theorie der Gerechtigkeit notwendig in dem Sinn, dass wir aus der Unmöglichkeit, die transzendentale Frage zu beantworten, schließen müssen, dass wir auch die komparative Frage nicht vollständig beantworten können.

Würde uns eine Reihe paarweiser Vergleiche immer zur allerbesten Alternative führen? Diese Annahme hat einiges für sich, da der Superlativ als der natürliche Endpunkt eines robusten Komparativs erscheinen könnte. Aber im Allgemeinen wäre dieser Schluss ein *non sequitur*. Nur eine «wohlgeordnete» Rangfolge (zum Beispiel die vollständige und transitive Ordnung über einer endlichen Menge) ist eine Garantie dafür, dass die Menge der paarweisen Vergleiche immer eine «beste» Alternative identifizieren muss.

Deshalb müssen wir fragen: Wie vollständig sollte die Einschätzung sein, damit sie zu einem systematischen Fachgebiet wird? In den Standardtheorien der Gerechtigkeit, einschließlich der Theorie von Rawls, die auf Totalität zielen, gilt Unvollständigkeit der Tendenz nach als Scheitern oder wenigstens als Zeichen dafür, dass die Arbeit nicht abgeschlossen ist. Bleibende Unvollständigkeit einer Theorie der Gerechtigkeit wird manchmal sogar als ein Defekt angesehen, der die positiven Aussagen dieser Theorie fragwürdig macht. In Wirklichkeit kann aber eine Theorie der Gerechtigkeit, die systematischen Raum für Unvollständigkeit schafft, starke – und hochgradig relevante – Urteile ermöglichen (zum Beispiel, dass fortdauernde Hungersnöte in einer prosperierenden Welt oder die beharrliche, groteske Unterjochung von Frauen ungerecht sind), ohne dass hoch differenzierte Einschätzungen jeder politischen und sozialen Regelung im Vergleich mit jeder anderen nötig wären (wie zum Beispiel Fragen nach der genauen Höhe der Benzinsteuer, die zwecks Umweltschutz in einem bestimmten Land erhoben werden sollte).

Warum eine systematische Theorie logischer Evaluierung, einschließlich der Wertung sozialer Gerechtigkeit, nicht den Anspruch auf Totalität erfüllen muss, habe ich an anderer Stelle dargelegt.* Unvollständigkeit kann aus verschiedenen Gründen von der dauerhaften Art sein, auch deshalb, weil unüberbrückbare Informationslücken bestehen oder weil es aufgrund disparater Überlegungen zu einer Unstimmigkeit in der Beurteilung kommt, die nicht ganz auszuräumen ist, auch wenn alle Informationen vorhanden sind. Zum Beispiel kann es schwer sein, die widerstreitenden Ansprüche unterschiedlicher Auffassungen von Gleichberechtigung in Einklang zu bringen; Rawls hat mit dem lexikographischen Maximin einen sehr speziellen Fall dieses Problems ausgewählt; in diesem Fall hat der winzigste Gewinn der am schlechtesten gestellten Gruppe absolute Priorität, auch wenn daraus folgt, dass Gruppen, die nicht am schlechtesten, aber sehr schlecht gestellt sind, dadurch riesige Verluste erleiden – ein Problem, das unparteiische Zuschauer unter sehr unterschiedlichen vernünftigen Gesichtspunkten betrachten können.

* Das war ein Hauptmerkmal des Zugangs zur Theorie kollektiver Entscheidungen, den ich in meinem Buch *Collective Choice and Social Welfare* (1970) zu entwickeln versucht habe. In einigen meiner neueren Essays habe ich das Thema wieder aufgegriffen und bin auf kritische Kommentare eingegangen; siehe «Maximization and the Act of Choice», *Econometrica*, 65 (1997); «The Possibility of Social Choice», *American Economic Review*, 89 (1999); und «Incompleteness and Reasoned Choice», *Synthese*, 140 (2004). Siehe auch Isaac Levis Entgegnung auf den letztgenannten Essay, in «Amartya Sen», in derselben Nummer von *Synthese* und in seinem wichtigen Buch *Hard Choices* (Cambridge: Cambridge University Press, 1986).

Denkbar sind auch unterschiedliche vernünftige Kompromisse, die kleine Gewinne an Freiheit – laut Rawls' erstem Gerechtigkeitsgrundsatz haben sie Priorität – abwägen gegen eine schwache oder starke Minderung ökonomischer Ungleichheit. Wie wichtig es ist, die Pluralität der Gründe für Gerechtigkeit zu erkennen, wurde in diesem Buch bereits erörtert, und das Thema wird weiter verfolgt werden.

Und doch können wir trotz fortdauernder Mehrdeutigkeit bereitwillig zugeben, dass anhaltende Hungersnöte oder in weiten Gebieten fehlende medizinische Versorgung eindeutig auf Fehler in der sozialen Organisation zurückgehen, die dringend korrigiert werden müssen (eine Korrektur, die eine Verbesserung der Gerechtigkeit ist), auch nachdem wir erfahren haben, mit welchen Kosten dies verbunden ist. In ähnlicher Weise könnten wir die Möglichkeit einräumen, dass die Freiheiten verschiedener Einzelpersonen bis zu einem gewissen Grad miteinander in Konflikt geraten (so dass die Feinabstimmung der Ansprüche «gleicher Freiheit» schwer durchzuführen ist), und würden trotzdem uneingeschränkt zustimmen, dass von einer Regierung arrangierte Folterungen von Gefangenen oder willkürliche Inhaftierung von Schuldverdächtigen ohne ordentliche Gerichtsverfahren ungerechte Verletzungen von Freiheitsrechten sind, die dringend behoben werden müssen.

Es gibt noch eine zusätzliche Erwägung, die überzeugend dafür spricht, dass in Beurteilungen sozialer Gerechtigkeit politischer Raum für Unvollständigkeit freigehalten werden soll, selbst wenn jede Person für sich mögliche soziale Regelungen in eine vollständige Ordnung gebracht hat. Da die Standardtheorien der Gerechtigkeit sich auf Übereinkommen zwischen verschiedenen Parteien stützen (zum Beispiel in der einhelligen Übereinkunft, die von den Parteien im «Urzustand» in Rawls' Konstruktion angestrebt wird), kann sich Unvollständigkeit auch daraus ergeben, dass einzelne Personen sich weiterhin in ihren Einschätzungen unterscheiden (vereinbar mit ihrer Übereinstimmung in vielen vergleichenden Urteilen). Selbst nachdem überkommene oder erworbene gesetzliche Ansprüche und persönliche Prioritäten mit dem Kunstgriff des «Schleiers der Unwissenheit» irgendwie aus dem Denken «ausgeschaltet» wurden, können noch unvereinbare Ansichten über soziale Prioritäten bleiben, zum Beispiel beim Abwägen der Befriedigung eines dringenden Bedarfs gegen das Recht auf die Früchte der eigenen Arbeit (wie im Modell von den drei Kindern, die sich um eine Flöte streiten).

Selbst wenn alle beteiligten Parteien für sich alle Elemente der Gerechtigkeit in vollständige Ordnungen gebracht haben, die nicht kongruent sind, wird die «Schnittmenge» dieser Rangordnungen – das heißt, die übereinstimmenden Überzeugungen der verschiedenen Parteien – trotzdem eine teilweise Rangordnung ergeben (abhängig vom Ausmaß der Ähnlichkeiten zwischen den Ordnungen).[17] Wie eine Unvollständigkeit von Evaluierungen akzeptiert werden kann, ist ein zentrales Thema der Theorie kollektiver sozialer Entscheidungen im Allgemeinen, und das Thema ist auch für Theorien der Gerechtigkeit relevant, obwohl Rawls' «Gerechtigkeit als Fairness» und andere gleichartige Theorien unerschütterlich behaupten, dass im «Urzustand» und anderen ähnlichen Konstruktionen definitiv eine vollständige Übereinstimmung erreicht würde – dies bleibt eine Behauptung, die durch die vorgelegten Argumente nicht wirklich bewiesen wird.

Aus diesen beiden Gründen der unvollständigen individuellen Wertungen und der unvollständig kongruenten Einschätzung verschiedener Einzelpersonen könnte fortdauernde Unvollständigkeit ein bleibendes Merkmal von Beurteilungen sozialer Gerechtigkeit sein. Das kann für die Bestimmung einer vollkommen gerechten Gesellschaft zum Problem werden und die Ableitung transzendentaler Schlüsse erschweren.* Trotzdem würde eine solche Unvollständigkeit komparative Urteile über Gerechtigkeit und Ungerechtigkeit in sehr vielen Fällen – dann, wenn eine faire Einigung über einzelne paarweise Einstufungen zustande kommt – nicht verhindern.

Folglich scheint der Graben zwischen dem relationalen und dem transzendenten Zugang zur Gerechtigkeit ziemlich breit zu sein. Die Frage «Was ist eine gerechte Gesellschaft?» mag zwar für sich genommen interessant sein, aber sie ist, wie ich dargelegt habe, kein guter Ausgangspunkt für eine brauchbare Theorie der Gerechtigkeit. Dem muss ich jetzt hinzufügen, dass sie womöglich auch kein plausibler Schlusspunkt ist. Eine systematische Theorie komparativer Gerechtigkeit braucht

* Aus mathematischer Sicht muss eingeräumt werden, dass eine transitive, aber unvollständige (schwache) Ordnung über einer endlichen Menge immer ein oder mehrere «maximale» Elemente ergibt, das heißt, eine oder mehrere Alternativen, denen kein anderes Element übergeordnet ist. Damit ist jedoch nur gesagt, dass es ein Element gibt, das nicht schlechter ist als irgend ein anderes; eine Garantie für die Existenz eines «besten» Elements ist damit nicht gegeben; eine maximale Menge darf nicht mit einer Menge «bester» Elemente verwechselt werden. Über den weit reichenden Unterschied zwischen Maximalität (eine notwendige Bedingung für eine akzeptable Wahl) und Optimalität (eine notwendige Bedingung für eine perfekte Wahl) siehe mein «Internal Consistency of Choice», *Econometrica*, 65 (1997). Über den grundlegenden mathematischen Unterschied zwischen beiden siehe N. Bourbaki, *General Topology*, Teil I und II (Reading, MA: Addison-Wesley, 1966), und *Theory of Sets* (Reading, MA: Addison-Wesley, 1968).

weder noch ergibt sie notwendig eine Antwort auf die Frage: «Was ist eine gerechte Gesellschaft?»

Die Logik kollektiver Entscheidungen als Argumentationsrahmen

Welche Stärken der Theorie kollektiver Entscheidungen sind für die Theorie der Gerechtigkeit wichtig? Den wichtigsten Vorzug, die zentrale Position der sozialen Verwirklichungen, habe ich bereits dargestellt; im Folgenden will ich mich auf sieben Punkte konzentrieren, die zusätzlich signifikante Beiträge markieren.[18]

(1) Schwerpunkt auf komparativer Betrachtung, kein ausschließlich transzendentaler Blickwinkel Die «Social Choice» Theorie befasst sich mit komparativen Wertungen; das ist ihr vielleicht wichtigster Beitrag zur Theorie der Gerechtigkeit. Sie bietet einen relationalen Bezugsrahmen und konzentriert sich damit im Gegensatz zu einem transzendental orientierten System auf die praktische Vernunft als den Maßstab für Auswahlen und Entscheidungen und vermeidet Spekulationen über die Gestalt einer vollkommen gerechten Gesellschaft (über die Einigkeit bestehen mag oder auch nicht). Eine Theorie der Gerechtigkeit muss etwas über die tatsächlich zur Verfügung stehenden Optionen zu sagen haben; sie darf uns nicht in einer fiktiven, unwahrscheinlichen Welt unübertrefflicher Großartigkeit gefangen halten. Da ich diesen Gegensatz schon ausführlich besprochen habe, werde ich ihn hier nicht weiter kommentieren.

(2) Anerkennung der unausweichlichen Pluralität konkurrierender Grundsätze Die Logik kollektiver Entscheidungen berücksichtigt die Pluralität von Gründen, die sämtlich unsere Aufmerksamkeit fordern, wenn es um Gegenstände der sozialen Gerechtigkeit geht, und diese Gründe können in Konflikt miteinander geraten. Diese unausweichliche Pluralität kann, muss aber nicht zu einem Unmöglichkeitsergebnis und in eine ausweglose Situation führen, jedoch in der Theorie der Gerechtigkeit muss Raum für die Möglichkeit sein, dass es zu andauernden Konflikten zwischen unabweisbaren Grundsätzen kommt. In den folgenden Kapiteln mehr dazu.

(3) Zulassen und Erleichtern neuer Überprüfung Die Theorie kollektiver Entscheidungen hat kontinuierlich Raum für Neueinschätzung und wiederholte Überprüfung geschaffen. Arrows Unmöglichkeitstheorem

zum Beispiel hat – unter anderem – gezeigt, dass allgemeine Grundsätze über soziale Entscheidungen, die zunächst plausibel wirken, sich womöglich als sehr problematisch herausstellen, da sie tatsächlich in Konflikt mit anderen allgemeinen Grundsätzen geraten können, die ebenfalls zumindest anfangs plausibel erscheinen.

Über die Plausibilität von Grundsätzen denken wir häufig nach, wenn auch nur implizit, wenn spezifische Fälle unsere Aufmerksamkeit auf jene Ideen lenken – der ungeheuren Tragweite allgemeiner Grundsätze ist das menschliche Denkvermögen oft genug nicht gewachsen. Sobald aber solche Prinzipien bedingungslos formuliert werden und weit mehr Fälle erfassen als jene, die unser Interesse ausgelöst hatten, können wir in Schwierigkeiten geraten, die wir zunächst, als wir sozusagen unsere Unterschrift auf die gestrichelte Linie setzten, nicht vorausgesehen hatten. Dann müssen wir entscheiden, was aufgegeben werden muss und warum. Manche mögen die Theorie kollektiver Entscheidungen zu permissiv und unentschieden finden (Condorcet verstand seine Resultate als den Beginn, nicht das Ende einer Diskussion), aber die Alternative, das starre Insistieren auf höchst anspruchsvollen Regeln, das in den üblichen Theorien der Gerechtigkeit, zum Beispiel von Rawls oder Nozick, deutlich wird, gibt der Idee der Gerechtigkeit nicht, was ihr gebührt.

(4) Die Zulässigkeit von Teillösungen Die Theorie kollektiver sozialer Entscheidungen lässt die Möglichkeit zu, dass selbst eine vollständige Theorie der Gerechtigkeit unvollständige Einstufungen von Gerechtigkeit ergeben kann. In vielen Fällen kann die Unvollständigkeit sogar «assertiv» sein, indem sie zum Beispiel feststellt, dass x und y *nicht* mit dem Maß der Gerechtigkeit gemessen werden können. Das steht im Gegensatz zu einer Unvollständigkeit, die vorläufig hingenommen wird, während man darauf hofft oder hinarbeitet, dass auf der Basis von mehr Informationen oder gründlicherer Überprüfung oder mithilfe zusätzlicher Kriterien Vervollständigung erreicht wird.

Die Theorie der Gerechtigkeit muss für beide Arten der Unvollständigkeit, die assertive wie die vorläufige, Raum bieten. Vorläufige Unvollständigkeit könnte Anwendungsprobleme anzeigen, muss jedoch keine schwerwiegende konzeptuelle oder wertbezogene Blockade bedeuten. Die Anwendungsprobleme könnten damit zusammenhängen, dass zu wenige Informationen verfügbar sind, dass die Berechnung sehr komplex ist oder dass andere Barrieren bestehen (Überlegungen von der Art, die Herbert Simon erkenntnisstiftend untersucht und mit dem wichtigen Begriff «begrenzte Rationalität» (bounded rationality) bezeichnet hat).[19] Selbst wenn Unvollständigkeit in diesem Sinn vorläufig ist, kann sie doch so langfristig bestehen, dass sie in eine funktionierende Theorie der Gerechtigkeit aufgenommen und mit Raum für Überprüfung und womöglich Erweiterung kombiniert werden sollte. Im Gegensatz dazu gilt für assertive Unvollständigkeit: Teillösungen sind integraler Teil der Schlüsse, die von einer Theorie der Gerechtigkeit unterstützt werden, auch wenn die Theorie selbst für genauere Überprüfung und Revision offen bleibt.

(5) Vielfalt von Interpretationen und Inputs Die formale Struktur der «Social Choice» Theorie, die als eine anhand von Axiomen durchgeführte Untersuchung funktionaler Verbindungen zwischen individuellen Rangordnungen und Prioritäten einerseits und sozialen Folgerungen andererseits beschrieben werden kann, lässt alternative Interpretationen zu. Zum Beispiel besteht bei Vertretern dieses Fachs beträchtliches Interesse an der Unterscheidung zwischen der Aggregation individueller Interessen und der Aggregation individueller Urteile.[20]

Die Stimme einer Person könnte entweder Gewicht haben, weil ihre Interessen auf dem Spiel stehen oder weil ihre Argumente und ihr Urteil eine Diskussion bereichern. Das Urteil einer Person kann wichtig erscheinen, entweder, weil sie zu den unmittelbar beteiligten Parteien gehört (dies könnte «Berechtigung aufgrund von Mitgliedschaft» genannt werden) oder weil ihre Perspektive und die Gründe, die sie dafür hat, zu einer Wertung wichtige Erkenntnisse beisteuern und das Urteilsvermögen stärken; in diesem Fall würde man die Einschätzung anhören, ganz gleich, ob die Person zu den unmittelbar beteiligten Parteien gehört (dies könnte «Relevanz für Aufklärung» heißen).[21] In Rawls' Universum der Gerechtigkeit als Fairness scheint auf der politischen Ebene die «Berechtigung aufgrund von Mitgliedschaft» die gesamte Aufmerksamkeit zu beanspruchen (obwohl Rawls das Konstrukt des Urzustands einführt, damit die Parteien in diesem fiktiven Zustand die Wahl der Gerechtigkeitsgrundsätze unbeeinflusst von ihren erworbenen Rechtsansprüchen treffen können), während in Adam Smiths Erfindung des «unparteiischen Zuschauers» Stimmen aus der Ferne aufgrund ihrer Relevanz für Aufklärung ein wichtiges Mitspracherecht haben; sie könnten zum Beispiel den Provinzialismus lokaler Sichtweisen durchbrechen. Dazu mehr im 6. Kapitel.

Manchmal kann man die so genannten «individuellen» Einstufungen und Prioritäten so verstehen, dass sie nicht unterschiedlichen Personen zuzuordnen sind, sondern verschiedene, jeweils Achtung und Aufmerksamkeit verdienende Methoden derselben Person im Umgang mit Entscheidungsproblemen bezeichnen. Eine andere Variante entspricht der Möglichkeit, dass individuelle Rangordnungen überhaupt nicht, wie in der gängigen Theorie kollektiver Entscheidungen angenommen wird, individuelle Präferenzen widerspiegeln, sondern diverse Einstufungen, die sich aus unterschiedlichen Argumentationstypen ergeben. Generell ist das Fachgebiet der «Social Choice» Theorie dafür zuständig, einzelne, auf einer Vielfalt von Perspektiven und Prioritäten beruhende Entscheidungen zu Gesamturteilen zu bündeln.

(6) Präzise Ausdrucksweise und Argumentation Vollständig formulierte Axiome und sorgfältig begründete Ableitungen sind immer verdienstvoll, denn Annahmen und das, was aus ihnen folgt, sind umso leichter zu verstehen, je deutlicher sie ausgedrückt werden. Da die Ansprüche, die sich in öffentlichen Diskussionen und manchmal auch in Theorien der Gerechtigkeit mit dem Streben nach Gerechtigkeit verbinden, oft hinsichtlich klarer Formulierung und vollständiger Beweisführung viele Wünsche offen lassen, kann Deutlichkeit für sich genommen schon eine Hilfe sein.

Nehmen wir die rawlssche Behauptung, dass im Urzustand ein Vertrag mit den von ihm spezifizierten Prioritäten zustande kommen würde, das heißt, dem unbedingten Vorrang der Freiheit im ersten Grundsatz und der bedingten Priorität der Interessen der Ärmsten nach Maßgabe der Grundfreiheiten, über die sie verfügen, im zweiten Grundsatz.* Rawls stützt seine Überzeugung, dass diese beiden Grundsätze von den Parteien im Urzustand einstimmig gewählt würden, nicht mit definitiver logischer Beweisführung irgendeiner Art ab, und es ist nicht einmal vollkommen klar, welche normativen Prämissen zu genau dieser Wahl führen oder konsistent mit ihr sein würden. Allerdings haben einige ziemlich detaillierte entscheidungstheoretische Untersuchungen die axiomatische Basis dieser rawlsschen Voraussetzungen kenntlich gemacht, so dass klarer geworden ist, worum es geht.[22] Auch wenn die axiomatischen Entsprechungen keine Antwort auf die schwierige Frage geben, wie man sicher wissen kann, was gewählt werden sollte, zeigen sie doch, in welcher Richtung die normativen Debatten weiterkommen können.

* Rawls führt in seiner *Theorie der Gerechtigkeit* (1971) mehrere Argumente dafür an, dass diese Grundsätze im Urzustand einleuchten würden, und untermauert sie in seinen späteren Schriften, vor allem in *Politischer Liberalismus* (1993), durch eine breiter angelegte Beweisführung.

Da menschliche Werte und soziales Denken komplex sind, lassen sie sich oft nur schwer in Axiome fassen, und doch muss das Bedürfnis nach möglichst großer Deutlichkeit in Dialogen hoch eingeschätzt werden. Wie weit die Axiomatisierung getrieben werden soll, ist zwangsläufig weitgehend eine Frage der Abwägung zwischen zwei kaum vereinbaren Zielen: Einerseits ist präzise Charakterisierung gefordert, und andererseits sind die Komplexitäten zu berücksichtigen, die sich schwer in Axiome kleiden lassen, aber dennoch wichtige Belange sind, die mit Gewinn in allgemeineren – und weniger festgelegten – Begriffen diskutiert werden können. «Social Choice» Theorien können in diesem interaktiven Prozess eine wichtige Rolle spielen.

(7) Die Rolle des öffentlichen Vernunftgebrauchs für kollektive Entscheidungen Auch wenn die Theorie kollektiver Entscheidungen von Mathematikern angeregt wurde, ist das Thema doch eng mit der Kampagne für den öffentlichen Gebrauch der Vernunft verbunden. Die mathematischen Resultate können Material für die öffentliche Diskussion sein, wie Condorcet, selbst ein Mathematiker von Format, es sich gewünscht hatte. Die Unmöglichkeits-Resultate, einschließlich des Condorcet-Paradoxons und des viel umfassenderen Unmöglichkeitstheorems von Arrow, sind unter anderem als Beiträge zu einer öffentlichen Diskussion gedacht, in der erörtert wird, wie diese Probleme bearbeitet werden können und welche Varianten berücksichtigt und genau geprüft werden müssen.*

Ein anderes Unmöglichkeitstheorem in der «Social Choice» Theorie ist die «Unmöglichkeit des paretianischen Liberalen»; es zeigt, dass selbst ein minimales Bestehen auf der individuellen Freiheit, über das eigene Leben zu verfügen, unvereinbar ist mit der Achtung für einhellige Präferenzen aller für eine andere Wahl.[23] Dieses Resultat, das ich 1970 vorgelegt habe, löste eine Vielzahl von Schriften über die Art und Verursachung und die Implikationen des Theorems aus.[24] Die Feststellung dieser Unmöglichkeit führt vor allem dazu, dass kritisch geprüft wird,

* Ein gewichtiger Beitrag zur Klärung der Rolle und Bedeutung des öffentlichen Vernunftgebrauchs sind die Arbeiten von James Buchanan und der auf ihn zurückgehenden «Public Choice»-Schule. Siehe James Buchanan, «Social Choice, Democracy, and Free Markets» und «Individual Choice in Voting and the Market», beide in *Journal of Political Economy*, 62 (1954). Siehe auch seine Bücher *Liberty, Market and The State* (Brighton: Wheatsheaf Books, 1986) und, zusammen mit Gordon Tullock verfasst, *The Calculus of Consent* (Ann Arbor, MI: University of Michigan Press, 1962).

wie relevant Präferenzen sind (sie verdeutlicht, dass die Logik, die hinter einer Präferenz steht, trotz Einstimmigkeit einen Unterschied machen kann), und welche Weise, den Wert der Freiheit und der Liberalität in kollektiven sozialen Entscheidungen zu erfassen, die richtige ist. (Im Kapitel 14, «Gleichheit und Freiheit», mehr dazu). Sie hat außerdem Diskussionen über die Frage ausgelöst, ob Menschen die Rechte anderer über ihre persönlichen Freiheitsrechte stellen müssen, da die Unmöglichkeitsbehauptung sich auch auf eine «universal domain» genannte Bedingung bezieht, die allen logisch möglichen individuellen Präferenzordnungen gleiche Zulässigkeit gibt. Wenn sich zum Beispiel zeigt, dass wir in unseren je persönlichen Werten Toleranz gegenüber anderen üben müssen, um die Freiheit aller zu schützen, dann ist damit gerechtfertigt, dass beim öffentlichen Vernunftgebrauch Toleranz geübt wird.[25] Was formal nur ein Unmöglichkeitsresultat ist, kann somit Implikationen für verschiedene Arten von öffentlichem Vernunftgebrauch haben, so dass unter anderem der normative Status von Präferenzen, das Verständnis der Ansprüche der Freiheit und die Notwendigkeit zur Überprüfung der Verhaltens- und Argumentationsnormen öffentlich diskutiert werden.[26]

Wechselseitige Abhängigkeit von institutioneller Reform und Verhaltensänderungen

Wie schon erwähnt, besteht angesichts der Verhaltensparameter in einer Gesellschaft eine Wechselbeziehung zwischen der Anregung, das Verhalten aus Gründen sozialer Gerechtigkeit neu zu überdenken, und der Notwendigkeit, dass Institutionen das Streben nach sozialer Gerechtigkeit fördern. Zum Beispiel betonte Condorcet die Wichtigkeit der Schulbildung für Frauen unter anderem deswegen, weil er erkannte, dass die Stimmen von Frauen in öffentlichen Angelegenheiten genauso gebraucht werden wie in der Familie und im gesellschaftlichen Leben. Umgekehrt kann uns die Erkenntnis, dass die Stimmen von Frauen wichtig sind, dazu bringen, in der öffentlichen Politik der Ausbildung von Frauen Vorrang zu geben, weil dies Bestreben sowohl aufgrund seines unmittelbaren Nutzens wie seiner mittelbaren Folgen zur Förderung der Gerechtigkeit in der Gesellschaft gehört.

Bildung und Aufklärung sind in Condorcets Gesellschaftstheorie zentrale Anliegen. Seine differenzierten Ansichten zum Bevölkerungsproblem stehen im Kontrast zu Malthus' einseitiger Sorge, dass die menschliche Rationalität dem Problem nicht gewachsen sei. Condorcet wies vor Malthus darauf hin, dass eine gravierende Übervölkerung der

Welt drohe, wenn das Ansteigen der Geburtenrate nicht verlangsamt werde – eine Beobachtung, auf die Malthus sich nach eigenen Angaben stützte, als er seine pessimistische Theorie der Bevölkerungskatastrophe entwickelte.

Condorcet hielt aber auch fest, dass eine besser ausgebildete Gesellschaft mittels sozialer Aufklärung, öffentlicher Diskussion und weit verbreiteter Frauenbildung das Bevölkerungswachstum erheblich verlangsamen, vielleicht sogar zum Stillstand bringen oder rückläufig machen könne – eine analytische Denkrichtung, die Malthus vollkommen ablehnte und als einen Ausdruck von Condorcets Leichtgläubigkeit tadelte.* Heute, da Europa mit der Angst vor Bevölkerungsschwund, nicht vor einer Bevölkerungsexplosion, kämpft und da überall auf der Welt die Beweise sich häufen, dass Bildung im Allgemeinen und Frauenbildung im Besonderen das Bevölkerungswachstum verlangsamen, ist Condorcets hohe Meinung von Aufklärung und interaktiver Verständigung rehabilitiert und erscheint weitaus zutreffender als Malthus' düsterer Zynismus, der leugnete, dass ein ohne Zwang geübter Vernunftgebrauch bei der Familienplanung mitspielen könne.[27] Ein Echo der Bedeutung, die Condorcet privatem und öffentlichem Vernunftgebrauch für die Familienplanung und gesellschaftliche Prozesse zuschrieb, hallt im allgemeinen Ansatz der Theorie kollektiver Entscheidungen nach.

Die grundlegende Verbindung zwischen öffentlichem Vernunftgebrauch und den Ansprüchen auf Mitbestimmungsrecht ist entscheidend nicht nur für die praktische Aufgabe, Demokratie effektiver zu machen, sondern auch für das begriffliche Problem, eine angemessen formulierte Idee sozialer Gerechtigkeit auf der Basis von kollektiven Entscheidungen und Fairness zu entwickeln. Beide Arbeitsziele verfolgt dieses Buch.

* Siehe Marie-Jean-Antoine-Nicolas de Caritat, Marquis de Condorcet, *Esquisse d'un tableau historique des progrès de l'esprit humain* ([1795]; Stuttgart: Friedrich Frommann Verlag, 1968); Thomas Robert Malthus, *Essay on the Principle of Population, As It Affects the Future Improvement of Society with Remarks on the Speculation of Mr. Godwin, M. Condorcet, and Other Writers* (London: J. Johnson, 1798; in der Penguin Classics edition, herausgegeben von Anthony Flew, *An Essay on the Principle of Population* (Harmondsworth: Penguin Books, 1982)). Deutsch: *Das Bevölkerungsgesetz*, München: dtv, 1977.

5. UNPARTEILICHKEIT UND OBJEKTIVITÄT

Die Pariser Bastille, königliche Festung und Gefängnis, wurde am 14. Juli 1789 gestürmt. Im August, als die Revolution Boden gewonnen hatte, verabschiedete die französische Nationalversammlung die «Erklärung der Menschenrechte», und im November untersagte sie ihren Mitgliedern, unter Ludwig XVI. ein Amt anzunehmen. Begrüßte Edmund Burke, der so viel Mitgefühl mit den im Herrschaftsbereich der East India Company unterdrückten Indern aufbrachte (siehe Einleitung) und der sich 1776 während der Amerikanischen Revolution für die Unterjochten einsetzte, auch die Französische Revolution? War er einverstanden mit der Londoner Revolutionary Society, die während der berühmten Sitzung vom November 1789 der französischen Nationalversammlung zu ihrem radikalen Engagement gratulierte? Die Antwort lautet: Nein. Burke war entschieden gegen die Französische Revolution und verurteilte sie im Februar 1790 in einer Rede vor dem Parlament in London nachdrücklich.

Burke galt als ein Whig, aber seine Einstellung zur Französischen Revolution war eindeutig konservativ. Sein Urteil über diese Revolution hielt er in den *Reflections on the Revolution in France* fest, die zu einem Fundament der konservativen Philosophie der Moderne wurden. Trotzdem liegt darin kein Widerspruch zu seiner radikalen Verurteilung der neuen britischen Herrschaft in Indien, die im Grunde ebenfalls konservativ war, da er unter anderem die Zerstörung der alten indischen Gesellschaftsordnung und einer funktionierenden Gesellschaft beklagte. Im Einklang mit seiner konservativen Denkweise war Burke gegen den Umsturz, den die neue britische Herrschaftsordnung in Indien verursachte, und ebenso gegen den Umsturz in Frankreich. Im heutigen klassifizierenden Denken würde man Burkes Einstellung zur britischen Herrschaft über Indien als politisch linksgerichtet verbuchen, während seine Verurteilung der Französischen Revolution der politischen Rechten zugeordnet würde, aber gemessen an Burkes eigenen Grundsätzen passen sie gut und genau zusammen.

Und der amerikanische Unabhängigkeitskrieg? Hier war Burke sicherlich nicht konservativ in seinem Urteil, denn er sprach sich für den Umsturz in Amerika und für große Veränderungen aus. Wie passt das zusammen? Ich glaube, man macht einen Fehler, wenn man versucht, die unterschiedlichen Entscheidungen, die eine Person in einer Vielfalt von disparaten Fragen trifft, alle in dieselbe Rubrik eines Klassifikationsschemas einzuordnen – in diesem Fall den Konservativismus. Das gilt besonders für Burke, der einen weit ausgreifenden Intellekt hatte, sich mit vielen deutlich verschiedenen Themen befasste und Aufmerksamkeit auf eine ganze Reihe nicht zusammenhängender Befunde lenken konnte. Aber es trifft ebenso auf ein Sortiment unterschiedlicher Gründe für Gerechtigkeit zu, die sich auf ein beliebiges einzelnes Geschehen auswirken. Es wäre ein absurder Versuch, Burkes Reaktion auf verschiedene Ereignisse in seiner vom achtzehnten Jahrhundert geprägten Welt mit *einer* politischen Einstellung erklären zu wollen – sei sie konservativ, radikal oder noch anders.

Und doch hatte die Vision von Vereinigten Staaten, die Burke im Fall der Amerikanischen Revolution befürwortete, ein starkes konservatives Element. Die radikale britische Aktivistin und frühe Frauenrechtlerin Mary Wollstonecraft legte ihm nicht lange nach seiner Parlamentsrede gegen die Französische Revolution einige sehr kritische Fragen vor. Ihre Kritik erschien als Buch in der Form eines langen Briefs: Sie kritisierte darin nicht nur Burkes Einstellung zur Französischen Revolution, sondern auch zum amerikanischen Unabhängigkeitskrieg, den er befürwortete. Eine auf den ersten Blick rätselhafte Äußerung Wollstonecrafts lautet: «Auf welchem Grundsatz Mr. Burkes Verteidigung der amerikanischen Unabhängigkeit beruht, kann ich mir nicht vorstellen.»* Wie konnte die radikale Mary Wollstonecraft Burke kritisieren, weil er die Amerikanische Revolution unterstützte?

Sie kritisierte eine Verteidigung der Freiheit, die manche Menschen anderen vorzieht, indem sie nur ihre Freiheit und Unabhängigkeit achtet und schützt, die Notlage der anderen aber außer Acht lässt. Wollstonecraft prangerte an, dass Burke über die Rechte der amerikanischen Sklaven schwieg, während er sich für die Freiheit der Nicht-Sklaven

* Dieser sogenannte Brief war das erste der beiden Bücher Wollstonecrafts zum Thema «Menschenrechte», wie wir jetzt sagen würden: *A Vindication of the Rights of Men, in a Letter to the Right Honourable Edmund Burke; occasioned by his Reflections on the Revolution in France*, abgeschlossen 1790; zwei Jahre danach folgte *A Vindication of the Rights of Woman* [*Ein Plädoyer für die Rechte der Frau*, Übersetzung: Irmgard Hölscher, Weimar: Böhlau, 1999]. Beide Monographien sind zusammen abgedruckt in Mary Wollstonecraft, *A Vindication of the Rights of Men and A Vindication of the Rights of Woman*, hg. v. Sylvana Tomaselli (Cambridge: Cambridge University Press, 1995).

einsetzte, die laut ihre Unabhängigkeit einforderten. Wollstonecraft sagte:

> Die Gesinnung seiner [Burkes] plausiblen Argumente gibt der Sklaverei ein für alle Zeiten unerschütterliches Fundament. Wenn wir ihm zugestehen, dass seine servile Verehrung der Antike und seine umsichtige Beachtung des Eigeninteresses so viel Überzeugungskraft haben, wie er beharrlich versichert, dann dürfte der Sklavenhandel nie abgeschafft werden; und weil unsere ignoranten Vorfahren, die nichts von der angeborenen Würde des Menschen verstanden, einen Handel guthießen, gegen den sich jede Vernunft und Religion auflehnt, sollen wir uns dem unmenschlichen Brauch fügen und einer grausamen Beleidigung der Humanität den Namen Vaterlandsliebe geben oder gebührliche Unterwerfung unter die Gesetze, die unser Eigentum sichern.[1]

Die Sklaverei wurde in den USA viel später abgeschafft als im Britischen Weltreich, nämlich erst nach dem Sezessionskrieg (1861–65). Im Rückblick kann man sagen, dass Wollstonecrafts Kritik an Burkes Ansicht von der Amerikanischen Revolution weit über den Vorwurf theoretischer Inkonsistenz hinausgeht. Die Vereinigten Staaten brauchten Zeit, bis sie die Anomalie ihres Umgangs mit Sklaven korrigierten, die schwere Zweifel an der Glaubwürdigkeit von Amerikas Versprechen der Freiheit für alle weckte. Selbst Präsident Abraham Lincoln hatte anfangs keine politischen und sozialen Rechte für Sklaven gefordert, sondern ihnen nur gewisse Minimalrechte auf Leben, Freiheit und Früchte ihrer Arbeit zugestanden – und das noch siebzig Jahre nach Mary Wollstonecrafts unmissverständlichem Hinweis auf die Widersprüche in der Freiheitsrhetorik der Vereinigten Staaten.

Mary Wollstonecrafts Haupteinwand hier wie auch an anderen Stellen richtet sich dagegen, dass beim Schutz der menschlichen Freiheit Unterschiede gemacht werden zwischen Menschen, deren Freiheiten wichtig sind, und anderen, die nicht zu dieser begünstigten Kategorie gehören sollen; eine solche separierende Verteidigung der Freiheit erklärt sie für unhaltbar.*

In ihrem zweiten Traktat über Menschenrechte, *A Vindication of the*

* Wollstonecrafts Argument reicht sehr weit; es gilt zum Beispiel für den Status der Unberührbaren in Indien (Unberührbarkeit wurde zur Zeit des Weltreichs geduldet und erst 1947 nach der Unabhängigkeitserklärung Indiens abgeschafft), für die Stellung der Nicht-Weißen in Südafrika zur Zeit der Apartheid (die Verhältnisse änderten sich erst nach dem Sturz der Apartheidsregierung), und für weniger klar erkennbare Fälle, in denen Personen aufgrund ihrer Klasse, Religion oder ethnischen Zugehörigkeit benachteiligt werden.

Rights of Women,[2] argumentiert sie, dass wir uns nicht für den Schutz der Menschenrechte (oder Männerrechte) einsetzen können, ohne ein vergleichbares Interesse an den Rechten für Frauen zu zeigen. Hier wie in anderen Texten geht es ihr hauptsächlich darum, dass das Prinzip Gerechtigkeit per definitionem allgemeingültig sein muss, also nicht auf die Probleme und Notlagen ausgewählter Menschen beschränkt sein, andere dagegen außer Acht lassen darf.

Unparteilichkeit, Verständnis und Objektivität

Ist ein befriedigendes Verständnis von Ethik im Allgemeinen und Gerechtigkeit im Besonderen denkbar, das nur manche Menschen berücksichtigt, andere aber nicht, da es – vielleicht nur implizit – voraussetzt, dass manche Menschen relevant sind, andere dagegen nicht? Im Großen und Ganzen geht die heutige Moral- und politische Philosophie in Mary Wollstonecrafts Richtung, bestreitet die Möglichkeit eines derartigen Ausschlussverfahrens und fordert, dass jeder Mensch als moralisch und politisch relevant begriffen wird.* Selbst wenn wir uns aus dem einen oder anderen Grund auf die Freiheit einer bestimmten Gruppe konzentrieren – etwa auf die Mitglieder einer Nation, einer Gemeinde oder einer Familie –, muss dieses eng begrenzte Unternehmen eine Art Fingerzeig enthalten, der es einem allgemeineren, weiter gespannten Rahmen zuweist, so dass alle Menschen einbezogen werden können. Wird selektiv und auf willkürlicher Basis über die Aufnahme in eine bevorzugte Kategorie entschieden, in der diejenigen untergebracht sind, deren Interessen Gewicht haben oder deren Stimmen zählen, dann kommt damit ein Vorurteil zum Ausdruck. Die Allgemeingültigkeit, die alle einschließt, wie von Wollstonecraft gefordert, ist ein wesentliches Element der Unparteilichkeit, deren Position in der Ethik im Allgemeinen und der Theorie der Gerechtigkeit im Besonderen bereits erörtert wurde (vor allem im 1. Kapitel).

Diese Allgemeingültigkeit hat vielleicht niemand besser verständlich gemacht als Kant, dessen Formulierung des kategorischen Imperativs so häufig zitiert wird: «*handle nur nach derjenigen Maxime, durch die du zugleich*

* Der dem Andenken an Susan Moller Okin gewidmete Sammelband *Toward a Humanist Justice: The Political Philosophy of Susan Moller Okin* (Hg. Debra Satz und Rob Reich (New York: Oxford University Press, 2009)) enthält Essays führender Philosophen, die schildern, wie dieser Kampf um Aufnahme aller ausgefochten – und in der Theorie weitgehend gewonnen – wurde.

wollen kannst, dass sie ein allgemeines Gesetz werde.»[3] Als der große utilitaristische Ökonom und Philosoph Henry Sidgwick den Universalitätsanspruch seines eigenen Imperativs anmeldete, berief er sich trotz des Abstands zwischen dem Utilitarismus und der kantischen Philosophie auf Kant. Im Vorwort zu seinem Klassiker *The Methods of Ethics* schreibt er: «Dass alles, was recht für mich ist, für alle Personen in gleichen Verhältnissen recht sein muss – das war die Form, in der ich die kantische Maxime annahm –, erschien mir mit Gewissheit fundamental, mit Gewissheit wahr und nicht ohne praktische Bedeutung.»[4] Wenn Sidwick Kants Maxime als «mit Gewissheit wahr» bezeichnet, benutzt er eine Sprache, die manchmal gern für Sachverhalte der Wissenschaft und Erkenntnistheorie reserviert wird und nicht als verwendbar in der Ethik gilt.

Wie die Unparteilichkeit einer Evaluierung in der Moral- und politischen Philosophie eine verständliche und überzeugende Idee der Objektivität liefern kann, habe ich bereits erörtert. Was gemäß der konventionellen Trennung von Wissenschaft und Werten einfach als ein sprachlicher Missgriff erscheinen mag, kann zum Spiegel einer Disziplin werden, die die Sprache selbst in sich aufgenommen hat. Wenn Sidgwick Kants Forderung als «mit Gewissheit wahr» bezeichnet, dann ist klar genug, was er damit meint; wir können es verstehen, ohne erst ausführlich debattieren zu müssen, in welchem Sinn ethische Forderungen objektiv oder wahr sein können. Die Art, wie wir über Gerechtigkeit und Ungerechtigkeit sprechen, gibt zu erkennen, dass wir uns über den Gehalt von derartigen Aussagen und Forderungen verständigen können, weil wir sie weitgehend in der gleichen Weise verstehen, selbst wenn wir uns im Anschluss an die Verständigung darüber streiten können, wie wesentlich diese Forderungen sind.

Hier handelt es sich in Wirklichkeit um zwei verschiedene Bereiche der Nicht-Subjektivität: Einmal geht es um das Verständnis und die Verständigung auf einer objektiven Basis (so dass die Überzeugungen und Äußerungen einer jeden Person nicht unausweichlich auf eine persönliche Subjektivität beschränkt sind, die für andere womöglich unzugänglich ist), und zum anderen um die objektive Möglichkeit einer Einigung (so dass Menschen in Debatten über die Korrektheit der von verschiedenen Personen erhobenen Forderungen eintreten können). Wollstonecrafts Behauptung, dass es unbedingt korrekt sei, alle Menschen in moralische und politische Überlegungen einzubeziehen, und Sidgwicks Aussage, dass Allgemeingültigkeit und Vorurteilsfreiheit als Forderungen mit Gewissheit wahr sind, betreffen sowohl interpersonelles Verständnis wie allgemeine Wahrheit. Beide stehen in unterschiedlichen Zusammenhängen mit der Idee der Objektivität. Die Literatur über ethische Objektivität hat sich mit beiden Fragen befasst – und beide sind miteinander verknüpft, aber nicht ganz das Gleiche.

Verflechtungen, Sprache und Kommunikation

Ich beginne mit dem ersten Thema – der Kommunikation und dem interpersonellen Verständnis, Fähigkeiten, die für den öffentlichen Vernunftgebrauch entscheidend sind. Unsere Sprache spiegelt die Vielfalt der Angelegenheiten, auf die sich unsere Einschätzungen beziehen. Werte und Tatsachen sind hier weitgehend miteinander verflochten oder verfilzt, aber – das hat Vivian Walsh einfühlsam bemerkt – «während der Ausdruck ‹Verflechtung von Tatsache und Wert› eine handliche Kurzform ist, haben wir es – wie Hilary Putnam gezeigt hat – im typischen Fall mit einer *dreifachen* Verflechtung zu tun: der von Tatsache, Konvention und Wert.»[5] Besonders bemerkenswert ist hier, dass wir verstehen müssen, welche Rolle Konventionen spielen, damit unsere sozialen und ethischen Untersuchungen einen Sinn ergeben.

Konformisten sind wir alle, wie Antonio Gramsci beobachtete, der vielleicht innovativste marxistische Philosoph des zwanzigsten Jahrhunderts. Er wurde von den Faschisten verhaftet und in ein Gefängnis in Turi gebracht; während seiner Haftzeit verfasste er die *Gefängnishefte*; darin schreibt er: «Durch die eigene Weltauffassung gehört man immer zu einer bestimmten Gruppierung, und genau zu der aller gesellschaftlichen Elemente, die ein- und dieselbe Denk- und Handlungsweise teilen. Man ist Konformist irgendeines Konformismus, man ist immer Masse-Mensch oder Kollektiv-Mensch.»[6]

Auch wenn es wie eine Digression aussehen mag, möchte ich Gramscis Konzentration auf Verschränkungen und den Gebrauch von Sprachregeln – sie hatte weit reichende Folgen für die Entwicklung der heutigen Philosophie – genauer betrachten. Gramscis Denken hatte, wie ich an anderer Stelle zu zeigen versucht habe[7], indirekte, aber wichtige Auswirkungen auf eine entscheidende, deutlich von Piero Sraffa beeinflusste Änderung in Wittgensteins Philosophie: Wittgenstein kehrte sich ab vom weitgehend zum Scheitern verurteilten Versuch, mit dem *Tractatus Logico-philosophicus* (1921) eine vollständige Darstellung seiner «Bildtheorie des Satzes» zu liefern, wie sie manchmal etwas irreführend genannt wird. Diese Theorie betrachtet einen Satz als Wiedergabe eines Sachverhalts durch Abbildung: Ein Satz ist ein Bild der Wirklichkeit, so dass er selbst und das, was er beschreibt, in gewissem Sinne die gleiche logische Form haben.

Wittgenstens Zweifel an der Stichhaltigkeit dieses Ansatzes wuchsen und reiften, als er im Januar 1929 nach Cambridge zurückkehrte (in früheren Jahren hatte er dort bei Russell studiert). Für diese Umbesinnung spielte Piero Sraffa eine wichtige Rolle; Sraffa, ein Wirtschaftswissenschaftler, der wie Wittgenstein am Trinity College in Cambridge lehrte, war sehr beeinflusst von Antonio Gramsci, mit dem er eng zusammenarbeitete (unter anderem in der intellektuell aktiven Welt der von Gramsci gegründeten Zeitschrift *L'Ordine Nuovo*, die später von der faschistischen Mussolini-Regierung verboten wurde). Wittgenstein schrieb im Rückblick an den finnischen Philosophen Henrik von Wright, in den Gesprächen mit Sraffa habe er sich gefühlt «wie ein Baum, der seiner Äste beraubt wird». Es ist üblich, in Wittgensteins Werk zwischen der «frühen» und der «Spätphilosophie Wittgensteins» zu unterscheiden, und das Jahr 1929 war eindeutig der Einschnitt, der die beiden Phasen voneinander trennte. Im Vorwort zu seinen *Philosophischen Untersuchungen* vermerkte Wittgenstein: «Mehr noch … verdanke ich der [Kritik], die ein Lehrer dieser Universität, Herr P. Sraffa durch viele Jahre unablässig an meinen Gedanken geübt hat», und fügte hinzu, dieser Kritik verdanke er «die folgereichsten seiner Ideen».[8]

Wittgenstein erzählte einem Freund (Rush Rhees, einem anderen Philosphen in Cambridge), das wichtigste, was Sraffa ihn gelehrt habe, sei der «ethnologische Blick» auf philosophische Probleme.[9] Während der *Tractatus* versucht, Sprache von den gesellschaftlichen Bedingungen, in denen sie benutzt wird, zu isolieren, betonen die *Philosophischen Untersuchungen* die Konventionen und Regeln, die Äußerungen spezifische Bedeutung geben. Und das gehört natürlich zu der «dreifachen Verflechtung», von der Vivian Walsh spricht; Gramsci wie Sraffa betrachteten diese Verflechtung mit großem Interesse. Es ist leicht einzusehen, dass diese Sichtweise eng verbunden ist mit der «Ordinary-Language-Philosophie», der Philosophie der Normalsprache, die in der anglo-amerikanischen Philosophie so breiten Raum einnimmt und in hohem Maß von der Spätphilosophie Wittgensteins beeinflusst ist.*

* Vielleicht sollte ich hier kurz – und sei es nur aus Interesse am Anekdotischen – auf eine häufig wiederholte Geschichte eingehen, die angeblich ein Schlüsselmoment für Wittgensteins Wende vom *Tractatus* zur Welt der *Philosophischen Untersuchungen* war. Die Geschichte: Als Wittgenstein Sraffa erklärte, dass man die logische Form einer Aussage betrachten müsse, um ihre Bedeutung zu erfassen, erwiderte Sraffa mit einer Geste. Er strich mit der Außenseite seiner Fingerspitzen

Gramsci war sehr daran gelegen, die Rolle der Normalsprache in der Philosophie hervorzuheben, und er verknüpfte dieses erkenntnistheoretische Thema mit seinen sozialen und politischen Anliegen. In einem Essay *Einleitung ins Studium der Philosophie* erklärte Gramsci: «Man muss das weitverbreitete Vorurteil zerstören, die Philosophie sei etwas Schwieriges aufgrund der Tatsache, dass sie die spezifische intellektuelle Tätigkeit einer bestimmten Kategorie von spezialisierten Wissenschaftlern oder professionellen und systematischen Philosophen ist.» Vielmehr müsse man «vorab zeigen, dass alle Menschen ‹Philosophen› sind, indem man die Grenzen und Wesenszüge dieser ‹spontanen Philosophie› definiert, die ‹jedermann› eigen ist.» Und was gehört zu dieser spontanen Philosophie? Als ersten Punkt auf seiner Liste nennt Gramsci «die Sprache selbst, die ein Ensemble von bestimmten Bezeichnungen und Begriffen ist und nicht etwa nur von grammatikalisch inhaltsleeren Wörtern» (*Gefängnishefte*, 11, § 12). Wie viel diese Auffassung dazu beiträgt, Sprache und Kommunikation mit dem «ethnologischen Blick» zu betrachten, den Wittgenstein Sraffa verdankte, ist kaum zu übersehen; und sie nimmt einen wichtigen Platz in Gramscis *Gefängnisheften* ein.

Öffentlicher Vernunftgebrauch und Objektivität

Konformismus in irgendeiner Form ist offensichtlich in allen Bereichen, auch für ethische Behauptungen, notwendig, um Verständnis zu ermöglichen, aber wenn eine Behauptung verstanden worden ist, geht es anschließend auch um Einverständnis oder Nichtübereinstimmung mit ihr. Gramsci, ein politischer Radikaler, wollte Denken und Prioritäten der Menschen ändern, aber auch dieses Ziel verlangte die Beschäftigung mit

vom Hals zum Kinn – ein bekannter neapolitanischer Ausdruck von Skepsis – und fragte dann: «Was ist die logische Form davon?» Piero Sraffa (ich hatte das Privileg, ihn kennen zu lernen, da ich zuerst sein Student und später sein Kollege am Trinity College war) betonte nachdrücklich, dass diese Anekdote, wenn nicht ganz und gar apokryph («ich kann mich nicht an eine Gesprächssituation erinnern, die genau so gewesen wäre»), doch eher eine Geschichte mit einer Moral als eine tatsächliche Episode sei («ich habe mit Wittgenstein so oft und viel gestritten, dass meine Fingerspitzen nicht auch noch reden mussten»). Aber die Anekdote zeigt sehr anschaulich, dass die neapolitanische Geste (auch wenn sie von einem in Turin geborenen Toskaner ausgeführt wird), in Kenntnis – und nur in Kenntnis – von Regeln und Konventionen, die sich in der neapolitanischen Welt eingespielt haben, als Ausdruck von Skepsis verstanden werden kann. Ein Beispiel für den «Fluss des Lebens», wie man im Gramsci-Kreis zu sagen pflegte.

den allen gemeinsamen Denk- und Handlungsweisen, da wir laut Gramsci «Konformist[en] irgendeines Konformismus, ... immer Masse-Mensch[en] oder Kollektiv-Mensch[en]» sind. Also ist eine Doppelaufgabe zu lösen: Sprache und Metaphern, die aufgrund konformistischer Regeln gute, effiziente Kommunikation garantieren, müssen diese Regeln beachten, um nicht-konformistische Vorschläge zu vermitteln. Gramsci musste Ideen formulieren und diskutieren, die signifikant neuartig waren, sich aber trotzdem an konventionelle Ausdrucksregeln halten, damit sie leicht verstanden würden.

Wie wichtig diese Doppelaufgabe ist, wird schnell deutlich, wenn gut eingespielte Ideen der Gerechtigkeit weiterverfolgt und zugleich ergänzende Ideen vorgebracht werden sollen, die eine Theorie der Gerechtigkeit mit berücksichtigen müsste. Da öffentlicher Vernunftgebrauch und öffentliche Debatten für das Streben nach Gerechtigkeit zentral sind (aus bereits aufgeführten Gründen), spielt die Doppelaufgabe im Vorhaben dieses Buches eine Hauptrolle. Um die Korrektheit eines Vorschlags zur Ethik beurteilen zu können, muss besonders kritisch geprüft werden, auf welcher Grundlage die Argumentation für den Vorschlag beruht und ob die Art dieser Argumentation akzeptabel ist. Wie schon dargelegt (im Kapitel 1), ist Objektivität für diese Aufgabe von zentraler Bedeutung. Ich habe dort behauptet, dass ethische Objektivität eng verbunden ist mit der Fähigkeit, öffentlichem Vernunftgebrauch standzuhalten, und dass diese Fähigkeit wiederum davon abhängt, ob die vorgeschlagenen Positionen und die Argumente zu ihren Gunsten die Bedingung der Unparteilichkeit erfüllen.

Mary Wollstonecrafts Kritik an Burke richtet sich erstens dagegen, dass Burke der Sklaverei ein «für alle Zeiten unerschütterliches Fundament» gegeben hat, indem er die amerikanische Unabhängigkeitsforderung unbedingt verteidigte. Nach dieser Erklärung greift Wollstonecraft den ausschließenden Charakter von Burkes genereller Einstellung an; diese Einstellung ist unvereinbar mit Unparteilichkeit und Objektivität. Sie würde zum Beispiel Rawls' Bedingung nicht erfüllen, dass eine politische Überzeugung objektiv sein muss, das heißt, «daß es Gründe gibt, die sich aus einer vernünftigen Gerechtigkeitskonzeption ergeben, die wechselseitig anerkannt werden kann; Gründe, die ausreichen, alle vernünftigen Personen davon zu überzeugen, daß sie vernünftig ist.»[10] Wenn Objektivität für Kommunikation und für die Sprache der öffentlich gebrauchten Vernunft notwendig ist, dann folgt daraus, dass sie auch eine spezifische Bedingung für ethische Evaluierung ist und die Forderung nach Unparteilichkeit einschließt. Objektivität im einen wie im anderen Sinn des Wortes spielt eine Rolle beim öffentlichen Vernunftgebrauch, die eine hängt mit der anderen zusammen, aber sie sind nicht gleichzusetzen.

Differierende Bereiche der Unparteilichkeit

Die Position der Unparteilichkeit in der Bewertung sozialer Gerechtigkeit und gesellschaftlicher Ordnungen ist, aus dieser Perspektive gesehen, zentral für das Verständnis von Gerechtigkeit. Unparteilichkeit kann man jedoch auf zwei grundsätzlich verschiedene Weisen ins Feld führen, und der Kontrast zwischen ihnen muss genauer betrachtet werden. Ich werde zwischen «offener» und «geschlossener» Unparteilichkeit unterscheiden. «Geschlossene Unparteilichkeit» nenne ich das Verfahren zur unparteiischen Urteilsfindung, das nur die Mitglieder einer bestimmten Gesellschaft oder Nation (oder, wie Rawls sagt, eines bestimmten «Volks»), für die diese Urteile getroffen werden, an der Entscheidung beteiligt. Rawls' Methode der «Gerechtigkeit als Fairness» nutzt die Denkfigur eines Urzustands und eines darauf basierenden Gesellschaftsvertrags zwischen den Bürgern eines bestimmten politischen Gemeinwesens. Außenseiter sind in einem solchen kontraktarischen Verfahren weder als Beobachter noch als Vertragspartner vorgesehen.

Im Gegensatz dazu kann (und muss in manchen Fällen) «offene Unparteilichkeit» bei der Urteilsfindung auch Einschätzungen Außenstehender berücksichtigen, um provinzielle Vorurteile zu vermeiden. Adam Smith nutzt sein berühmtes Denkmodell des «unparteiischen, fairen Zuschauers», der nicht notwendig (manchmal sogar idealerweise nicht) zur Gruppe der Vertragspartner gehört, um die interesselosen Urteile sicherzustellen, die in seiner *Theorie der ethischen Gefühle* zur Unparteilichkeit nötig sind.[11] Unparteiische Ansichten können aus der Ferne kommen oder innerhalb eines Gemeinwesens, einer Nation oder einer Kultur entwickelt werden. Adam Smith vertrat die Auffassung, dass Raum für beide da ist und dass beide gebraucht werden.

Der für die Theorie der Gerechtigkeit wichtige Unterschied zwischen offener und geschlossener Unparteilichkeit ist Thema des nächsten Kapitels.

6. GESCHLOSSENE UND OFFENE UNPARTEILICHKEIT

Adam Smiths Gedankenexperiment zur Unparteilichkeit arbeitet mit dem «unparteiischen Zuschauer» und unterscheidet sich damit wesentlich von der geschlossenen Unparteilichkeit der «Gerechtigkeit als Fairness». Die Grundidee macht Smith in der *Theorie der ethischen Gefühle* deutlich: Wenn wir unser eigenes Verhalten beurteilen, müssen wir es «prüfen, wie es unserer Ansicht nach irgend ein ... unparteiischer Zuschauer prüfen würde», oder in der weiter ausgeführten Formulierung einer späteren Auflage seines Buchs: «[unser Verhalten] prüfen, wie es nach unserer Vorstellung irgend ein anderer fairer und unparteiischer Zuschauer prüfen würde.»[1]

Die heutige Moral- und politische Philosophie gibt in ihrem Beharren auf Unparteilichkeit häufig einen starken kantischen Einfluss zu erkennen. Auch wenn Smiths Ausführung dieser Idee weniger präsent ist, bestehen doch in einigen Punkten substantielle Ähnlichkeiten zwischen seinem und dem kantischen Ansatz. Smiths Analyse kann sogar mit einiger Berechtigung als die Leitidee für das Verständnis von Unparteilichkeit und die Formulierung der Anforderungen der Gerechtigkeit gelten, die in der Welt der europäischen Aufklärung so viel Aufmerksamkeit gewannen. Smiths Ideen waren wichtig nicht nur für Aufklärer wie Condorcet, der über ihn schrieb. Auch Kant hatte die (1759 veröffentlichte) *Theorie der ethischen Gefühle* gelesen und kommentierte sie 1771 in einem Brief an Markus Herz (der allerdings den stolzen Schotten als «den Engländer Smith» bezeichnete).[2] Das war lange vor dem Erscheinen von Kants klassischen Schriften zur Ethik, *Grundlegung zur Metaphysik der Sitten* (1785) und *Kritik der praktischen Vernunft* (1788), und es ist gut möglich, dass Kant von Smith beeinflusst wurde.

Zwischen dem «unparteiischen Zuschauer» in Smiths Ansatz und dem kontraktarischen Denkmodell, das vor allem in Rawls' «Gerechtigkeit als Fairness» zur Anwendung kommt, besteht eine scharfe Dichotomie. Die Forderung, Dinge aus der Sicht «irgend eines anderen fairen und unparteiischen Zuschauers» zu betrachten, kann Urteile einbringen, die auch von interesselosen Menschen aus anderen – fernen und nahen – Gesellschaften getroffen werden könnten. Im Gegensatz dazu beschränkt das rawlssche, auf die Rolle von Institutionen konzentrierte System den Spielraum, in dem Perspektiven von «Außenseitern» in die unparteiische Einschätzung einbezogen werden könnten. Zwar bezeichnet Smith den unparteiischen Zuschauer häufig als «den Mann in der eigenen Brust», aber trotzdem zielte seine intellektuelle Strategie hauptsächlich darauf, unser Verständnis zu erweitern und die Reichweite unserer ethischen Nachforschungen zu erhöhen.* Smith sagt dazu: (*Theorie der ethischen Gefühle*, III. 3. S. 230):

> Allein mit uns, sind wir geneigt, alles, was mit uns zu tun hat, zu stark zu empfinden ... Das Gespräch mit einem Freund bringt uns in eine bessere, das mit einem Fremden in eine noch bessere Gemütsverfassung. Der Mann in unserer Brust, der abstrakte und ideale Zuschauer unserer Gefühle und unseres Verhaltens, muss oft durch die Gegenwart eines wirklichen Zuschauers geweckt und an seine Pflicht erinnert werden: Und immer ist es wahrscheinlich, dass wir von diesem Zuschauer, von dem wir am wenigsten Sympathie und Nachgiebigkeit erwarten, die vollständigste Lektion in Selbstbeherrschung lernen.

Smith benutzte den Spiegeleffekt des unparteiischen Zuschauers, um über eine Denkweise hinauszukommen, die – vielleicht unmerklich – durch lokale Konventionen eingeschränkt sein könnte, und um bewusst in Form einer Verfahrensweise zu überprüfen, wie die akzeptierten Konventionen in der Sicht eines «Zuschauers» aus der Distanz aussehen würden. Smiths Rechtfertigung dieses Verfahrens offener Unparteilichkeit lautet folgendermaßen:

> Niemals können wir unsere Empfindungen und Beweggründe überblicken, niemals können wir ein Urteil über sie fällen, sofern wir uns nicht gleichsam von unserem natürlichen Standort entfernen, um sie gleichsam aus einem gewissen Abstand von uns selbst zu betrachten. Aber dies können wir nicht anders erreichen als durch das Bemühen, sie mit den Augen anderer Menschen zu sehen, oder so, wie andere Menschen sie wahrscheinlich sehen würden.[3]

* In seiner schönen Studie über die Bedeutung des «gewöhnlichen Gesichtspunkts» in der Moralphilosophie interpretiert Simon Blackburn Smiths Verwendung des unparteiischen Zuschauers aus dieser Perspektive (*Ruling Passions: A Theory of Practical Reasoning* (Oxford: Clarendon Press, 1998)). Diese spezifische Verwendung des unparteiischen Zuschauers kommt sicherlich in Smiths Werk vor. Aber Smith nutzt sein Gedankenexperiment auch als ein dialektisches Hilfsmittel, um allgemein gebräuchliche Überzeugungen in Frage zu stellen und zu bestreiten. Das ist mit Sicherheit eine wichtige Verwendung, selbst wenn sich daraus keine allgemein gebräuchliche – und deshalb, wie Blackburn zu Recht betont, relevante – Ansicht ergeben sollte.

Smiths Denken lässt nicht nur zu, sondern verlangt, dass die Ansichten anderer Fern- wie Nahestehender berücksichtigt werden. So gesehen ist seine Annäherung an Unparteilichkeit ein offenes Verfahren, das sich nicht wie die geschlossene Unparteilichkeit auf die Perspektiven und Auffassungen des lokalen Gemeinwesens beschränkt.

Der Urzustand und die Grenzen des kontraktarischen Ansatzes

Auch wenn der «Schleier des Nichtwissens» in Rawls' Theorie den Einfluss der vorgängig erworbenen Rechte und persönlichen Meinungen unterschiedlicher Einzelner in der ursprünglichen Gruppe ausschaltet, lässt er nicht die kritische Prüfung durch die «Augen der übrigen Menschheit» (in Smiths Worten) zu. Ein «Blackout der Identität» *innerhalb* der Fokusgruppe reicht nicht, um eine solche Prüfung zu ermöglichen. In dieser Hinsicht kann man das prozedurale Hilfsmittel der geschlossenen Unparteilichkeit in *«Gerechtigkeit als Fairneß»* als ein «provinzielles» Konstrukt bezeichnen.

Um nicht missverstanden zu werden, möchte ich ausdrücklich sagen, dass ich mit diesem Hinweis auf die begrenzte Reichweite von Rawls' Ableitung seiner «Grundsätze der Gerechtigkeit» (und der daraus folgenden Bestimmung «gerechter Institutionen») nicht behaupte, Rawls sei provinziell – das wäre vollkommen absurd. Fragwürdig erscheint mir nur die spezifische Strategie, die Rawls einsetzt, um über das Konstrukt des Urzustands zur «Gerechtigkeit als Fairness» zu kommen; das ist jedoch nur ein Teil seines Gesamtwerks zur politischen Philosophie; wenn Rawls zum Beispiel die Notwendigkeit eines «Überlegungsgleichgewichts» [reflective equilibrium] in der Bestimmung unserer persönlichen Präferenzen, Prioritäten und unseres Gerechtigkeitssinns analysiert, besteht keine derartige Beschränkung. Viele Argumente, die Adam Smith zugunsten der Offenheit, das heißt des Interesses an der Sicht «mit den Augen der übrigen Menschheit», anführte, hätte Rawls nicht zurückgewiesen, sondern selbstverständlich gebilligt. Dass Rawls als politischer Philosoph ein generell ökumenisches Interesse an Argumenten aus verschiedenen Denkrichtungen hatte, steht außer Zweifel.* In dem Teil seiner Analyse,

* Rawls antwortete mir am 16. April 1991, gütig und beruhigend, wie es seine Art war, mit einem Brief auf einige Fragen, die ich ihm nach meiner Lektüre des Manuskripts von «Law of Peoples» – des Artikels, den er später zu einem Buch ausarbeitete – geschickt hatte. Er schrieb: «Ich habe eine Art kosmopolitische

der die Bedeutung eines «öffentlichen gedanklichen Rahmens» und die Notwendigkeit, «unsere Gesellschaft und unsere Stellung in ihr objektiv zu betrachten»,[4] hervorhebt, gibt es viele Gemeinsamkeiten mit dem Denken Smiths.*

Trotzdem verhilft das Verfahren, Parteien in einem fiktiven Urzustand isoliert agieren zu lassen, nicht zur Garantie einer angemessen objektiven Überprüfung von gesellschaftlichen Konventionen und provinziellen Empfindungen, die Einfluss auf die im Urzustand getroffene Wahl der Regeln haben können. Wenn Rawls sagt: «Unsere moralischen Grundsätze und Überzeugungen sind in dem Maße objektiv, wie sie unter [einem] allgemeinen Blickwinkel getroffen und geprüft worden sind», versucht er, einer offenen kritischen Prüfung das Tor zu öffnen, und doch wird dieses Tor noch im selben Satz durch das Verfahren, das Übereinstimmung mit dem lokal begrenzten Urzustand fordert, wieder teilweise verschlossen: «und wie die Argumente für sie den Einschränkungen genügen, die dem Begriff des Urzustands entsprechen.»[5]

Der kontraktarische Rahmen der «Gerechtigkeit als Fairness» ist der Grund dafür, dass Rawls die Überlegungen der Parteien im Urzustand auf eine politisch isolierte Gruppe einschränkt, deren Mitglieder «in die Gesellschaft hineingeboren sind, in der sie ihr Leben führen.»** Hier gibt es nicht nur keine prozedurale Schranke, die verhindern würde, dass lokale Vorurteile Einfluss nehmen, sondern es fehlt auch ein systemati-

Ansicht von der Weltgesellschaft oder der Möglichkeit einer solchen, obwohl es sicherlich viele Variationen gibt.»

* Wie später gezeigt werden soll, bestehen noch größere Gemeinsamkeiten zwischen Smiths Modell des öffentlichen Vernunftgebrauchs und Thomas Scanlons «kontraktualistischem» Ansatz, der sich von Rawls' kontraktarischem Denkmodell unterscheidet, aber beibehält, was Scanlon als «ein zentrales Element in der auf Rousseau zurückgehenden Tradition des Gesellschaftsvertrags» sieht, nämlich «die Idee der allen gemeinsamen Bereitwilligkeit, private Ansprüche zurückzuschrauben, um eine Basis der Rechtfertigung zu finden, die auch andere mit gutem Grund akzeptieren können» (Scanlon, *What We Owe to Each Other* (1998), S. 5). Solange ich mich auf der Basis von Rawls' Formulierung mit kontraktarischer Argumentation befasse, möchte ich nicht auf Scanlons «kontraktualistischen» Ansatz eingehen, aber im 8. Kapitel, «Rationalität und die Anderen», und im 9. Kapitel, «Die Pluralität unparteiischer Gründe», werde ich darauf zurückkommen.

** Ausführlicher: «Gerechtigkeit als Fairneß ist eine Neufassung der Lehre vom Gesellschaftsvertrag … für sie beruhen die fairen Bedingungen sozialer Kooperation auf einer Übereinstimmung der an der Kooperation Beteiligten, das heißt, der freien und gleichen Bürger, die in die Gesellschaft, in der sie leben, hineingeboren werden» (Rawls, *Politischer Liberalismus*, S. 90).

sches Verfahren, das die Überlegungen im Urzustand für die Augen der übrigen Menschheit sichtbar machen könnte. Beunruhigend an dieser Stelle ist der Mangel an prozeduraler Insistenz auf einer zwingenden Untersuchung lokal beschränkter Werte, die sich in einer kritischen Überprüfung als vorgefasste Meinungen und Voreingenommenheiten aller Mitglieder einer Gruppe im «Urzustand» erweisen könnten.

Rawls stellt anschließend fest, dass seine regional begrenzte, auf das «Volk» eines bestimmten Landes oder Gemeinwesens zugeschnittene Formulierung der Gerechtigkeit erweitert werden müsste: «An einem gewissen Punkt muss sich eine politische Gerechtigkeitskonzeption mit den Beziehungen zwischen Völkern oder dem Recht der Völker, wie ich sagen werde, befassen.» Dieses Thema behandelte Rawls in einem späteren Werk (*Das Recht der Völker* (2002)). Aber die «gerechten Beziehungen zwischen Völkern» haben nichts zu tun mit der Notwendigkeit, Werte und Praktiken einer bestimmten Gesellschaft oder Gemeinde in einem nicht lokal beschränkten offenen Verfahren kritisch und in offener Unparteilichkeit zu überprüfen. Die geschlossene Formulierung des rawlsschen programmatischen «Urzustands» kostet einen hohen Preis, da keine prozedurale Garantie dafür besteht, dass lokale Werte offen überprüft werden.

Mit dem «Schleier des Nichtwissens» im «Urzustand» kann Rawls Menschen auf sehr effiziente Weise dazu bringen, für ihre persönlichen vorgängig erworbenen Anrechte und Ziele blind zu sein. Und doch trägt dieses fiktive Nichtwissen wenig dazu bei, dass eine offene kritische Überprüfung lokaler und womöglich engstirniger Werte stattfinden kann. Smiths Skepsis gegenüber der Möglichkeit, lokale Vorurteile – oder gar implizite Bigotterie – zu überwinden, «es sei denn, wir entfernen uns sozusagen von unserem natürlichen Standort und bemühen uns, sie aus einem gewissen Abstand zu uns selbst zu betrachten», ist lehrreich. Aus Smiths Verfahren ergibt sich, dass Unparteilichkeit offen sein muss (und nicht lokal begrenzt, das heißt, geschlossen, sein darf), und dass wir «dies … nicht anders erreichen [können] als durch das Bemühen, sie mit den Augen anderer Menschen zu sehen, oder so, wie andere Menschen sie wahrscheinlich sehen würden.»[6]

Bürger eines Staates und andere außerhalb

Warum ist es ein Problem, wenn ausschließlich die Standpunkte und Belange der Bürger eines souveränen Staates berücksichtigt werden? Geht die tatsächliche Politik in einer aus souveränen Staaten bestehenden Welt nicht immer so vor? Soll die Idee der Gerechtigkeit über das hinausgehen, was praktische Politik zu bieten hat? Sollten diese allgemeineren Anliegen nicht lieber im Korb humanitärer Belange abgelegt statt in die Idee der Gerechtigkeit aufgenommen werden?

Hier haben wir es mit mindestens drei Problemen zu tun. Erstens ist Gerechtigkeit zum Teil eine Beziehung, in der Vorstellungen von der Pflicht gegenüber anderen wichtig sind. Rawls zählt ausführlich auf, was wir füreinander tun sollen und wie wir zu einem «Überlegungsgleichgewicht» kommen, wenn wir abwägen, was wir wirklich – mindestens – für andere Menschen tun müssten. Kant führte aus, dass viele von uns anerkannte Pflichten die Form «unvollkommener Pflichten» haben, die nicht genau bis in Einzelheiten definiert, aber trotzdem weder nicht vorhanden noch zu vernachlässigen sind (im 17. Kapitel werde ich im Zusammenhang mit der Erörterung der Menschenrechte darauf zurückkommen). Zu behaupten, dass wir anderen, die nicht in unserer Nähe sind, nicht wirklich etwas schulden, auch wenn es sehr tugendhaft wäre, freundlich und wohltätig mit ihnen umzugehen, würde unseren Pflichten sehr enge Grenzen setzen. Wenn wir anderen – Menschen, die uns nahe und solchen, die uns fern stehen – eine gewisse Rücksicht schulden, dann muss eine entsprechend weit gefasste Theorie der Gerechtigkeit auch unsere Pflicht zur Gerechtigkeit gegenüber diesen Menschen einschließen (und sie nicht dem abgetrennten Bereich mildtätiger Humanität zuordnen). Eine Theorie der Unparteilichkeit, deren Grenzen deckungsgleich mit den Grenzen eines souveränen Staates sind, hält sich an territoriale Richtlinien, die natürlich juristische Signifikanz haben, aber vielleicht keine vergleichbare politische oder moralische Klarheit besitzen (im nächsten Kapitel mehr dazu). Damit soll nicht bestritten werden, dass wir uns oft mit Gruppen identifizieren, die einige einschließen und andere rigoros ausschließen. Aber unser Zugehörigkeitsgefühl – und wir haben viele Zugehörigkeiten oder Identitäten – ist nicht ausschließlich an die Staatsgrenze gebunden. Wir identifizieren uns mit Menschen, die der gleichen Religion oder Rasse angehören, das gleiche Geschlecht, die gleichen politischen Überzeugungen oder den gleichen Beruf haben wie wir.[7] Diese vielfachen Identitäten überschreiten nationale Grenzen, und Menschen tun tatsächlich Dinge, die sie glauben tun zu «müssen» und nicht nur tugendhaft als Aufgabe hinnehmen.

Zweitens können die Aktivitäten eines Landes das Leben anderenorts schwerwiegend beeinflussen. Das geschieht nicht nur durch vorsätzlichen Gebrauch schlagkräftiger Mittel (ein Beispiel dafür ist die Besetzung des Irak im Jahr 2003), sondern auch durch den weniger direkten

Einfluss über Handels- und Geschäftsbeziehungen. Wir leben nicht allein und eingesponnen in Kokons. Und wenn die Institutionen und politischen Entscheidungen eines Landes das Leben außerhalb beeinflussen, sollten dann nicht die Stimmen von «Ausländern», die unter diesem Einfluss stehen, mitzählen und mitbestimmen, was an der Ausrichtung einer Gesellschaft gerecht oder ungerecht ist, da diese Ausrichtung im typischen Fall gravierende direkte oder indirekte Wirkungen auf Menschen in anderen Gesellschaften hat?

Drittens und zusätzlich zu diesen Problemen ist Smiths Hinweis zu bedenken, dass engstirniger Provinzialismus entstehen kann, wenn alle Stimmen von außerhalb unbeachtet bleiben. Hier geht es nicht darum, dass Stimmen und Ansichten von anderswo berücksichtigt werden müssen, nur weil sie existieren – sie könnten zwar vorhanden, aber vollkommen belanglos und ohne Überzeugungskraft sein –, sondern darum, dass Objektivität eine genaue kritische Überprüfung und Beachtung anderer Blickwinkel aus der Distanz verlangt, die von anderen Erfahrungen beeinflusst sind. Eine abweichende Ansicht stellt etwas in Frage, und selbst wenn der Einwand in vielen Fällen nach angemessener Überlegung als unzutreffend abgewiesen werden kann, muss dies jedoch nicht immer der Fall sein. Wenn wir in einer lokal begrenzten Welt aus festen Überzeugungen und spezifischen Praktiken leben, könnte sich daraus ein nicht wahrgenommener und nicht reflektierter engstirniger Provinzialismus ergeben (das erläuterte Smith, indem er darauf hinwies, dass die alten Athener, sogar Platon und Aristoteles, die etablierte Praxis des Kindsmordes intellektuell unterstützten, da sie nicht vertraut mit Gesellschaften waren, die ohne diese angebliche Notwendigkeit gut funktionierten). Das Nachdenken über die Ansichten anderer und die Gründe, die dazu geführt haben, kann ein wirksames Mittel zur Bestimmung dessen sein, was Objektivität fordert.

Zusammenfassend: Die Einschätzung von Gerechtigkeit verlangt den Blick mit den «Augen der Menschheit» erstens, weil wir uns verschiedentlich mit den anderen anderenorts identifizieren könnten und nicht nur mit unserer lokalen Gemeinde; zweitens, weil unsere Entscheidungen und Handlungen sich auf das Leben anderer in der Nähe wie in der Ferne auswirken können; und drittens, weil das, was sie aus ihren jeweils von Geschichte und Geographie geprägten Blickwinkeln sehen, uns helfen könnte, den eigenen Provinzialismus zu überwinden.

Smith und Rawls

Adam Smiths Nutzung des unparteiischen Zuschauers verhält sich zu kontraktarischem Denken ungefähr so wie Modelle fairer Schiedsverfahren (in denen Meinungen von jedermann eingeholt werden können) zu Modellen fairer Verhandlung (an denen nur die Mitglieder der Gruppe teilnehmen dürfen, die den ursprünglichen Vertrag für die «Bevölkerung» eines bestimmten souveränen Staates geschlossen hat). In Smiths Analyse können die relevanten Beurteilungen aus der Distanz zur Perspektive der Verhandlungspartner kommen; sie können sogar von – in Smiths Worten – irgendeinem «fairen und unparteiischen Zuschauer» stammen. Mit seiner Denkfigur des unparteiischen Zuschauers beabsichtigt Smith natürlich nicht, die Entscheidung dem endgültigen Schiedsspruch einer interesselosen unbeteiligten Person zu überlassen, und in diesem Sinn besteht keine Analogie zu einem Schiedsgericht. Aber die Analogie funktioniert insofern, als Gelegenheit geschaffen wird, Stimmen und Meinungen zu hören, nicht weil sie aus der Gruppe derer kommen, die zu entscheiden haben oder auch nur Interessen vertreten, sondern weil es wichtig ist, die Ansichten anderer zu erfahren, die uns zu besserem und fairerem Verständnis verhelfen können.

Das wäre natürlich ein hoffnungsloses Unternehmen, strebten wir eine einzige vollständige Einschätzung von Gerechtigkeit an, die jedes Entscheidungsproblem löst.* Wie in der Einleitung und im 1. Kapitel bereits dargestellt, gehört das vorsichtige oder entschlossene Zulassen von Unvollständigkeit zur Methode einer Disziplin, die gestatten und erleichtern kann, dass Ansichten unparteiischer Zuschauer von nah und fern zur Wirkung kommen. Diese Zuschauer werden nicht als Schiedsrichter verstanden, sondern als Menschen, deren Auffassungen und Wertungen uns dazu verhelfen können, die Ethik und Gerechtigkeit eines Problems weniger parteiisch einzuschätzen, als es uns möglich wäre, wenn wir uns ausschließlich auf die Stimmen der unmittelbar Beteilig-

* John Gray hat, wie ich glaube, überzeugend dargelegt, dass der Liberalismus nur dann eine Zukunft hat, wenn er «die Suche nach einem rationalen Konsens über die beste Lebensführung aufgibt» (*Two Faces of Liberalism* (Cambridge: Polity Press, 2000), S. 1). Es gibt ebenfalls gute Gründe, die Möglichkeit eines rationalen Konsenses über eine vollständigen Einschätzung von Gerechtigkeit skeptisch zu betrachten. Damit wird nicht ausgeschlossen, dass eine durchdachte Einigung über die Wege und Mittel zur Verbesserung der Gerechtigkeit zustande kommen kann, indem man zum Beispiel die Sklaverei abschafft oder gewisse besonders kontraproduktive ökonomische Strategien aufgibt (wie Smith erörtert hat).

ten konzentrieren (und allen andern erklären würden, sie sollten sich gefälligst um ihre eigenen Angelegenheiten kümmern). Die Stimme einer Person kann relevant sein, weil sie zu einer Gruppe gehört, die an den Vertragsverhandlungen für ein bestimmtes Gemeinwesen beteiligt ist, aber sie kann auch Bedeutung haben, wenn sie von außen kommt und deshalb den Vertragsparteien zu einer Klärung und Erweiterung der Perspektiven verhelfen kann. Der Kontrast zwischen «Berechtigung aufgrund von Mitgliedschaft» und «Relevanz für Aufklärung» (vergl. 4. Kapitel) ist ein signifikanter Unterschied. Das Gewicht der ersten hebt die Bedeutung der zweiten nicht auf.

Es gibt auch signifikante Ähnlichkeiten zwischen Teilen von Rawls' Argumentation und der Einübung offener Unparteilichkeit mit Hilfe unparteiischer Zuschauer. Wie schon gesagt, ist der Gesellschaftsvertrag, auch wenn die rawlssche Theorie der Gerechtigkeit als Fairness «kontraktarische» Form hat, nicht das einzige Mittel, auf das Rawls in seinem allgemeinen Umgang mit der politischen Philosophie sowie in seinem besonderen Verständnis von Gerechtigkeit zurückgreift.* Die fiktiven Geschehnisse im Urzustand haben einen «Hintergrund», dessen genauere Betrachtung hier wichtig ist. Ein guter Teil der Gedankenarbeit ist bereits getan, wenn die Fiktion der im Urzustand zusammenkommenden Volksvertreter präsentiert wird. Der «Schleier des Nichtwissens» kann als eine prozedurale Bedingung für Unparteilichkeit verstanden werden, denn er soll die moralischen und politischen Reflexionen einer Person beschränken, ganz gleich ob man sich am Ende auf einen Vertrag beruft oder nicht. Zudem ist diese Unparteilichkeit zwar immer noch der Form nach «geschlossen» im bereits erörterten Sinn, aber es wird klar, dass Rawls unter anderem willkürliche, mit der historischen Vergangenheit (und individuellen Vorteilen) zusammenhängende Einflüsse ausschalten möchte.

* Es ist besonders wichtig, dass man nicht versucht, Rawls' weitreichenden Beitrag zur politischen Philosophie in eine Schublade namens «Urzustand» oder auch «Gerechtigkeit als Fairness» wegzusperren. Ich habe die Erfahrung gemacht, dass man größere Einsichten gewinnt, wenn man Rawls' Schriften im Zusammenhang liest, auch wenn sein Werk sehr umfangreich ist. Das ist leichter geworden, seit wir Zugang zu John Rawls, *Collected Papers*, hg. v. Samuel Freeman (Cambridge, MA: Harvard University Press, 1999); *Lectures on the History of Moral Philosophy* (2000); *A Theory of Justice* (überarb. Ausgabe, 2000) und *Justice as Fairness: A Restatement*, hg. v. Erin Kelly (Cambridge, MA: Harvard University Press, 2001) haben. Alle, die von Rawls' Ideen und Argumenten beeinflusst sind, schulden Erin Kelly und Samuel Freeman großen Dank für ihre Arbeit: Sie haben die späteren Bände von Rawls' Schriften – oft aus schwer lesbaren Manuskripten – zusammengestellt.

Rawls versteht den fiktiven Urzustand als «Darstellungsmittel», mit dessen Hilfe er versucht, verschiedene Typen willkürlicher Einflüsse auf unser tatsächliches Denken einer ethischen Disziplinierung zu unterwerfen, um so einen unparteiischen Standpunkt zu erreichen. Schon in der ersten Erklärung der Absicht, die er mit dem Urzustand verfolge, machte Rawls diesen Aspekt deutlich:

> Dieser Standpunkt mit den formalen Merkmalen, die ich den «Schleier des Nichtwissens» genannt habe, ist der Urzustand ... Die kontingenten Vorteile und zufälligen Einflüsse der Vergangenheit sollten ohne Einfluss auf eine Übereinkunft über Grundsätze bleiben, die die Institutionen der Grundstruktur einer Gesellschaft selbst in der Gegenwart und in der Zukunft ordnen sollen.[8]

Die Disziplinierung durch den «Schleier des Nichtwissens» bewirkt allerdings, dass die Parteien (das heißt die Einzelpersonen unter diesem Schleier) bereits miteinander einig sind, wenn es zu Vertragsverhandlungen kommt. Rawls bemerkt das und fragt, ob angesichts dieser vorvertraglichen Einigung überhaupt noch ein Vertrag nötig sei. Er erklärt, dass der ursprüngliche Vertrag trotz vorheriger Einigung noch eine signifikante Funktion habe, da der Akt des Vertragsschlusses selbst in seiner hypothetischen Form für sich genommen wichtig sei und da die Besinnung auf diesen Vertragsschluss – mit verbindlichem Votum – vorvertragliche Überlegungen beeinflussen könne.

> Warum ist noch ein Übereinkommen nötig, wenn keine Meinungsverschiedenheiten zu verhandeln sind? Die Antwort: Übereinstimmung ohne verbindliches Votum zu erreichen ist nicht das Gleiche wie die Einigung aller auf dieselbe Wahl oder dieselben Absichten. Dass dieses eine Verpflichtung ist, die Menschen eingehen, mag die Überlegungen aller Beteiligten auf gleiche Weise prägen, so dass die Übereinstimmung, die sich daraus ergibt, eine andere ist als die Wahl, die jeder sonst getroffen hätte.[9]

Also bleibt der ursprüngliche Vertrag für Rawls wichtig, und doch befasst er sich in einem wesentlichen Teil seiner Argumentation mit vorvertraglichen Überlegungen, und sein Gedankengang verläuft in mancher Hinsicht parallel zu Smiths fairem Schiedsverfahren. Der Unterschied zwischen Rawls' Methode und Smiths Ansatz, der auch in diesem Teil bestehen bleibt, ist die «Geschlossenheit» der mitwirkenden Parteien, die Rawls herbeiführt, indem er den «Schleier des Nichtwissens» nur den Angehörigen einer bestimmten Gruppe im «Urzustand» zuteilt.*

* Smith und Rawls unterscheiden sich auch insofern, als sie unterschiedlich große

Das entspricht Rawls' Neigung, in diesem Kontext nur «Berechtigung aufgrund von Mitgliedschaft» anzuerkennen, ohne die «Relevanz für Aufklärung» hinreichend zu berücksichtigen. Das ist eine erhebliche Einschränkung, und trotzdem lernen wir aus Rawls' System etwas sehr Grundsätzliches über den Ort der Unparteilichkeit in der Idee der Gerechtigkeit; das muss ich noch einmal betonen, bevor ich zum alternativen Ansatz von Smith übergehe (der die Relevanz für Aufklärung betont). Rawls erklärt mit überzeugenden Argumenten, warum Bewertungen von Gerechtigkeit keine vollkommen private, für andere unzugängliche Angelegenheit sein können, und seine Berufung auf einen «öffentlichen gedanklichen Rahmen», der für sich genommen keinen «Vertrag» verlangt, ist ein Schachzug von entscheidender Bedeutung: «wir betrachten unsere Gesellschaft und unsere Stellung in ihr objektiv: wir nehmen mit den anderen einen gemeinsamen Standpunkt ein und urteilen nicht mit persönlicher Einseitigkeit.»[10] Dieser Schachzug wird abgesichert durch Rawls' vor allem in *Politischer Liberalismus* vorgetragenes Argument, dass der relevante Standard der Objektivität ethischer Prinzipien und die Möglichkeit, ihn in einem öffentlichen Denkrahmen zu verteidigen, grundsätzlich deckungsgleich sind.*

Wie unterscheidet sich Rawls' Theorie von dem Zugang zu einer Theorie der Gerechtigkeit, die sich aus einer Erweiterung der Smithschen Idee vom unparteiischen Zuschauer ableiten ließe? Die beiden Theorien unterscheiden sich in vielen Punkten, aber die drei wichtigsten sind: erstens Smiths Beharren auf offener Unparteilichkeit, wie ich sie genannt habe: Smith hält es für legitim und wichtig, dass dem Blick-

Einhelligkeit von Unparteilichkeit und Fairness erwarten. Wir können verschiedene – und konkurrierende – Denkansätze haben, die alle den Test der Unparteilichkeit bestehen: Zum Beispiel können alle Scanlons Bedingung erfüllen, dass sie «nicht mit Vernunft zu widerlegen» sind (vergl. Scanlon, *What We Owe to Each Other* (1998)). Das ist vollkommen verträglich mit Smiths Anerkennung spezifischer vergleichender Beurteilungen, aber nicht mit dem einen einzigen Gesellschaftsvertrag, der in Rawls' Theorie «Gerechtigkeit als Fairness» vom Urzustand erwartet wird.

* Wie schon besprochen (S. 71 f.) kann man darüber streiten, ob der rawlssche Ansatz normativ und keineswegs so prozedural wie der Ansatz von Habermas ist. Eine solche Unterscheidung wäre meiner Meinung nach überzogen, sie würde einige wichtige Elemente in Rawls' eigenen Prioritäten außer Acht lassen und nicht berücksichtigen, wie er demokratische Überlegungen mit Hilfe der «beiden moralischen Vermögen» charakterisiert, die er allen freien und gleichen Personen zuschreibt. Siehe jedoch Christian List, «The Discursive Dilemma and Public Reason», *Ethics*, 116 (2006).

winkel anderer Menschen «Relevanz für Aufklärung» zugeschrieben wird (für ihn hat nicht nur die «Berechtigung aufgrund von Mitgliedschaft» Geltung). Zweitens konzentriert sich Smith auf komparative Untersuchungen und nicht auf die utopische Suche nach einer vollkommen gerechten Gesellschaft. Drittens befasst sich Smith mit sozialen Verwirklichungen (und geht über die Suche nach vollkommen gerechten Institutionen hinaus). Diese Unterschiede sind in gewisser Weise miteinander verbunden, denn wenn mehr Stimmen aus dem Raum jenseits der Grenzen des lokalen Territoriums oder Gemeinwesens zugelassen werden, können für die Antwort auf eine breite Vielfalt von Fragen zur Gerechtigkeit Prinzipien ins Spiel gebracht werden, die nicht kongruent sind. Natürlich wird eine beträchtliche Divergenz zwischen verschiedenen unparteiischen Ansichten – aus der Nähe wie aus der Ferne – herrschen, aber aus den schon in der Einleitung skizzierten Gründen würde sich daraus eine auf kongruent eingestuften Alternativpaaren beruhende unvollständige soziale Rangordnung ergeben, und diese unvollständige Rangordnung könnte man als von allen gemeinsam akzeptiert verstehen. Überlegungen zu dieser akzeptierten Teilordnung sowie Reflexionen über die damit verbundenen Differenzen (die sich auf die nicht eingeordneten Teile der unvollständigen Rangfolge beziehen) können den öffentlichen Vernunftgebrauch in Fragen der Gerechtigkeit und Ungerechtigkeit erheblich anreichern.*

Smiths «unparteiischer Zuschauer» ist natürlich ein Mittel kritischer Überprüfung und öffentlicher Diskussion. Dazu muss keine Einstimmigkeit oder vollkommene Einigkeit in der Weise angestrebt werden, wie es die Zwangsjacke der Ausrichtung auf Institutionen in der rawlsschen Theorie der Gerechtigkeit verlangt.** In Smiths Denkmodell braucht

* Damit würde es jedoch auch sehr schwer, zu erwarten, dass eine vollkommen gerechte Gesellschaft einhellig bestimmt werden kann. Einigungen über spezifische Gerechtigkeit fördernde Maßnahmen sind materiell genug für öffentliches Agieren (das wurde in der Einleitung im Zusammenhang mit der Mehrfachbegründung (plural grounding) beschrieben), und für diese Richtlinie braucht man kein einstimmiges Urteil über das Wesen der vollkommen gerechten Gesellschaft.

** Allerdings geht Rawls' Argumentation, wie schon gesagt, weit über dieses formale Modell hinaus. Obwohl das charakteristische Merkmal seiner transzendentalen Theorie darauf beruht, dass die Überlegungen im Urzustand auf Prinzipien übertragen werden, die für eine vollkommen gerechte Gesellschaft eine spezifische institutionelle Struktur festlegen, erlaubt sich Rawls den Gedanken: «… angesichts der vielen Hindernisse, die einer Übereinstimmung in politischen Urteilen auch unter vernünftigen Personen entgegenstehen, [werden wir] nicht immer und vielleicht nicht einmal häufig zu einer Übereinstimmung gelangen.» (*Politischer Libera-*

eine Übereinstimmung nicht über eine teilweise Einstufung in einer Formulierung hinauszugehen, die begrenzt ist, aber trotzdem feste und nützliche Aussagen machen kann. Und entsprechend müssen Übereinkünfte nicht unter der Bedingung getroffen werden, dass ein Vorhaben einzigartig gerecht ist, sondern vielleicht muss es nur wahrscheinlich gerecht oder wenigstens nicht eindeutig ungerecht sein. Die Ansprüche einer vernunftgeleiteten Praxis können auf die eine oder andere Weise viel Unvollständigkeit oder ungelöste Konflikte vertragen. Die Übereinkunft, die in einem «öffentlichen gedanklichen Rahmen» zustande kommt, kann von der unvollständigen Art, aber nützlich sein.

Über Rawls' Interpretation von Smith

Zwischen der offenen Unparteilichkeit des unparteiischen Zuschauers und der geschlossenen Unparteilichkeit des Gesellschaftsvertrags gibt es nicht nur substantielle Unterschiede, sondern auch Ähnlichkeiten. Man könnte fragen: Kann der unparteiische Zuschauer wirklich die Basis für eine brauchbare Methode zu moralischer oder politischer Einschätzung bieten, ohne direkt oder indirekt parasitär von einer Version der geschlossenen Unparteilichkeit, etwa dem Modell des Gesellschaftsvertrags, zu zehren? Dieses Thema hat John Rawls selbst in der *Theorie der Gerechtigkeit* angeschnitten, als er sich zum Begriff des unparteiischen Zuschauers als allgemeinem Mittel der Definition äußerte (*Eine Theorie der Gerechtigkeit*, Abschnitt 30, S. 211–220).

Rawls interpretiert die Vorstellung vom unparteiischen Zuschauer als ein besonderes Beispiel für den «idealen-Beobachter»-Ansatz (S. 211). So gesehen hat man, wie Rawls mit Recht bemerkt, eine gewisse Freiheit hinsichtlich der Konkretisierung der Definition. Er stellt fest, «dass bisher kein Gegensatz zwischen dieser Definition und der Gerechtigkeit als Fairneß besteht» (S. 211 f.). Denn: «Es könnte durchaus sein, dass ein ideal rationaler und unparteiischer Zuschauer ein Gesellschaftssystem genau dann billigt, wenn es den Gerechtigkeitsgrundsätzen genügt, die in der Vertragssituation beschlossen wurden» (S. 212).

Gewiss kann man den «idealen Beobachter» so auffassen, aber diese Interpretation entspricht definitiv nicht Smiths Vorstellung vom «unpar-

lismus, S. 204). Das erscheint mir sehr richtig, auch wenn nicht absolut klar ist, wie diese Erkenntnis zu dem rawlsschen Programm passt, das die grundlegenden Institutionen der Gesellschaft gemäß unikaler Gesellschaftsverträge strukturieren will, die eine vollkommene Einigkeit der betroffenen Parteien spiegeln.

teiischen Zuschauer». Es ist richtig, dass der Zuschauer wahrnehmen kann, was von dem Versuch, einen rawlsschen Gesellschaftsvertrag zu schließen, zu erwarten ist, aber Smith verlangt mehr von ihm, nämlich, dass er zumindest erkennt, wie die Probleme «mit den Augen anderer Menschen» gesehen würden, also aus der Perspektive «wirklicher Zuschauer» von fern und nah.

Auch Rawls merkt im Folgenden an: «[Es] ist ... zwar möglich, die mit dem unparteiischen Beobachter arbeitende Definition durch die Vertragstheorie zu ergänzen, doch man kann ihr auch auf andere Weise eine deduktive Grundlage geben» (S. 212). Aber anschließend beschäftigt er sich seltsamerweise nicht mit Adam Smiths, sondern mit David Humes Schriften. Dadurch kommt er dazu, die Alternative zu betrachten, in der ein unparteiischer Beobachter sich auf das angenehme Gefühl verlässt, das eine mitfühlende Betrachtung der Erfahrungen anderer ihm verschafft, und interpretiert: Die Stärke seiner Billigung «bestimmt sich nach der Summe des Wohlergehens, das er beobachten konnte» (S. 214). Im nächsten Schritt folgert Rawls dann, dass der unparteiische Zuschauer in Wahrheit ein verkleideter «klassischer Utilitarist» sein könnte. Nach dieser äußerst merkwürdigen Diagnose argumentiert Rawls vorhersehbar – und vorhersehbar zwingend. Er weist darauf hin, dass er sich schon im ersten Kapitel der *Theorie der Gerechtigkeit* (Abschnitt 5) mit der Perspektive des unparteiischen Zuschauers befasst und Grund gefunden habe, auf diesen Ansatz zu verzichten, da «der klassische Utilitarismus in einem bestimmten Sinn die Verschiedenheit der Menschen nicht ernst [nimmt]» (S. 214).

Eine Verwechslung, die Rawls noch weiterführt, wenn er die Geschichte des klassischen Utilitarismus skizziert und zu dessen frühen Vertretern neben David Hume auch Adam Smith zählt.[11] Das ist eine ganz falsche Diagnose, da Smith das utilitaristische Verfahren, Ideen vom Guten und Rechten auf Lust und Schmerz zu gründen, entschieden ablehnte und nur Verachtung für die Ansicht hatte, dass die für komplexe moralische Urteile nötigen Überlegungen schlicht auf das Anrechnen von Schmerz und Lust zu reduzieren wären oder, allgemeiner, dass man unterschiedliche relevante Erwägungen auf «eine Spezies der Schicklichkeit» reduzieren könne.[12]

Damit ist Rawls' Interpretation Adam Smiths und seiner Verwendung des «unparteiischen Zuschauers» ein einziger Irrtum*. Wichtiger ist, dass

* Da Rawls die Ideengeschichte souverän beherrscht und die Ansichten anderer mit außergewöhnlicher Generosität darstellt, ist es uncharakteristisch, dass er den

das Denkmodell des unparteiischen Zuschauers als Grundlage weder den kontraktarischen Ansatz rawlsscher Prägung noch den klassischen Utilitarismus nach Art von Bentham braucht – Rawls zieht nur diese beiden Optionen in Erwägung. Vielmehr sind gerade die diversen moralischen und politischen Bedenken, die Rawls selbst so erhellend darstellt, auch die Anliegen, mit denen sich der unparteiische Zuschauer auseinandersetzen muss, allerdings ohne zusätzlich (und in Smiths Perspektive zwangsläufig willkürlich) auf geschlossener Unparteilichkeit zu bestehen. Im Denkmodell des unparteiischen Zuschauers bleibt die Notwendigkeit der vernunftgeleiteten Auseinandersetzung mit ethischen und politischen Fragen erhalten, und die Forderung nach Unparteilichkeit hat Priorität: Nur deren «Geschlossenheit» fehlt. Der unparteiische Zuschauer kann arbeiten und aufklären, ohne *entweder* Partner eines Gesellschaftsvertrags *oder* ein getarnter Utilitarist zu sein.

Grenzen des Urzustandes

Der Urzustand als Darstellungsmittel, wenn ein bestimmtes Verständnis von Fairness dazu benutzt wird, Gerechtigkeitsgrundsätze zu schaffen, kann unter verschiedenen Gesichtspunkten kritisch geprüft werden. Fraglich ist die Angemessenheit der Motive, insbesondere ist zu fragen, ob Rawls sich in seiner Argumentation womöglich zu sehr auf Gründe der «erweiterten Klugheit» (extended prudence) beschränkt und die Reflexionen der «vernünftigen Personen» so begrenzt, dass sie am Ende nur darüber nachdenken, wie sie aus der «Kooperation mit anderen» Vorteile ziehen können.* Das könnte heißen, dass das Modell unparteiischen Denkens im spezifischen sozialvertragstheoretischen Ansatz im Ganzen

Schriften Smiths, besonders der *Theorie der ethischen Gefühle*, so wenig Aufmerksamkeit zukommen lässt. In Rawls' weit gespannten *Lectures on the History of Moral Philosophy*, herausgegeben von Barbara Herman (Cambridge, MA: Harvard University Press, 2000), wird Smith fünfmal erwähnt, aber diese Anmerkungen beschränken sich darauf, dass er (1) ein Protestant, (2) ein Freund von Hume, (3) ein amüsanter Spieler mit Worten, (4) ein erfolgreicher Ökonom war und (5) sein Buch *Wealth of Nations* im Todesjahr Humes (1776) veröffentlichte. Ganz allgemein ist es verwunderlich, dass der Professor der Moralphilosophie in Glasgow, der das philosophische Denken seiner Zeit (auch Kants) so deutlich beeinflusste, von den Moralphilosophen unserer Zeit so wenig beachtet wird.

* Siehe Rawls, *Politischer Liberalismus*. Ein unmittelbarer Gegensatz dazu findet sich in Thomas Scanlons allgemeinerem Kriterium, das nicht auf erweiterter Klugheit fußt (*What We Owe to Each Other*, 1998).

eingeschränkt ist, da ein solcher Vertrag, wie Thomas Hobbes festgestellt hat, im Grunde ein Mittel für beiderseits gewinnbringende Kooperation ist. Unparteilichkeit muss nicht immer mit beiderseits gewinnbringender Kooperation verbunden sein, sondern kann auch einseitige Verpflichtungen einschließen, die wir anerkennen würden, weil wir das Vermögen haben, soziale Ergebnisse durchzusetzen, die wir mit Grund hoch bewerten (ohne notwendig von diesen Ergebnissen zu profitieren).*

Im Folgenden möchte ich mich auf einige spezifische Punkte konzentrieren, die eng mit der im Urzustand angestrebten geschlossenen Form von Unparteilichkeit zusammenhängen.[13] Die möglichen Begrenzungen können in drei ziemlich allgemeine Rubriken eingeordnet werden.

(1) *Ausschließende Nichtbeachtung*: Geschlossene Unparteilichkeit kann die Stimmen von Menschen ausschließen, die nicht zur Gruppe im Urzustand gehören, auf deren Leben die Entscheidungen dieser Gruppe jedoch Auswirkungen haben. Vielstufige Formulierungen der geschlossenen Unparteilichkeit, wie in Rawls' «Recht der Völker», können das Problem nicht zureichend lösen.

Dieses Problem entsteht nicht, wenn Entscheidungen der Gruppe (zum Beispiel im Urzustand) keinerlei Auswirkungen auf Außenstehende haben; das wäre allerdings sehr ungewöhnlich, es sei denn, Menschen würden in einer Welt vollständig gegeneinander isolierter Gemeinwesen leben. Besonders gravierend ist dieses Problem für «Gerechtigkeit als Fairness», wenn es um grenzenübergreifende Gerechtigkeit geht, da die Grundstruktur, die für eine Gesellschaft gewählt wird, Einfluss nicht nur auf das Leben der Mitglieder dieser Gesellschaft haben kann, sondern auch auf Außenstehende (die im Urzustand nicht vertreten waren). Ohne Interessenvertretung kann viel Verdruss entstehen.

(2) *Inkohärenz innerhalb der Gruppe*: Möglicherweise können Inkonsistenzen beim «Schließen» der Gruppe entstehen, wenn durch die Entscheidungen ihrer Repräsentanten die Größe oder Zusammensetzung der Gruppe selbst beeinflusst wird. Wenn zum Beispiel Größe oder Zusammensetzung der Bevölkerung in einem Land oder einem Gemeinwesen selbst direkt oder indirekt von den im Urzustand getroffenen Entscheidungen beeinflusst werden (das betrifft insbesondere die Wahl der

* Dazu mehr im 8. Kapitel, «Rationalität und die Anderen», und im 9. Kapitel, «Die Pluralität unparteiischer Gründe».

sozialen Grundstruktur), dann würde die Mitgliederzahl der Repräsentantengruppe sich mit den Entscheidungen verändern, die von ihr selbst getroffen werden sollen. Strukturelle Argumente wie das rawlssche «Differenzprinzip» haben zwangsläufig Einfluss auf das Muster des sozialen – und biologischen – Verkehrs mit anderen und schaffen dadurch Bevölkerungen von unterschiedlicher Größe und Zusammensetzung.[14]

(3) *Prozeduraler Provinzialismus*: Geschlossene Unparteilichkeit ist dazu gedacht, Parteilichkeit hinsichtlich vorgängig erworbener Rechte oder persönlicher Ziele Einzelner in der Gruppe der Repräsentanten auszuschalten, aber sie ist nicht dafür vorgesehen, die Parteilichkeit so einzuschränken, dass sie vor den gemeinsamen Vorurteilen oder Voreingenommenheiten dieser Gruppe selbst Halt macht.

Der zweite und dritte Punkt haben in der allgemeinen Literatur noch keine systematische Aufmerksamkeit erfahren und sind nur selten überhaupt wahrgenommen worden. Der erste Punkt, «ausschließende Nichtbeachtung», wurde dagegen viel beachtet. Ich beginne mit der Untersuchung dieses besser bekannten Problems des rawlsschen Fairness-Modells.

Ausschließende Nichtbeachtung und globale Gerechtigkeit

Es ist offensichtlich ein Problem, dass die Interessen und Perspektiven derjenigen Menschen außer Acht gelassen werden, die nicht Partner im Gesellschaftsvertrag eines Gemeinwesens sind, aber einige Folgen der in diesem Gemeinwesen getroffenen Entscheidungen zu tragen haben. Ich möchte in diesem Zusammenhang betonen, dass wir klar sehen müssen, warum die «globale Gerechtigkeit» sich in ihren Erfordernissen wesentlich von der «internationalen Gerechtigkeit» unterscheidet.[15] Eine offene Unparteilichkeit, wie sie Smiths unparteiischer Zuschauer vorführt, hat Erkenntnisse zu diesem schwierigen Thema zu bieten. Beziehungen zwischen verschiedenen Ländern und Gemeinwesen sind in einer Welt gegenseitiger Abhängigkeiten allgegenwärtig und wirken interaktiv. Neben anderen hat auch John Rawls selbst dieses Thema besonders im Kontext der grenzüberschreitenden Gerechtigkeit behandelt; er hat ein «Recht der Völker» vorgeschlagen, das sich auf einen zweiten Urzustand für Vertreter verschiedener Gemeinwesen (oder «Völker») beruft.[16] Charles Beitz, Brian Barry, Thomas Pogge und andere haben dieses Problem ebenfalls untersucht und Wege und Mittel zu seiner Lösung vorgeschlagen.[17]

Der zweite fiktive Urzustand, den Rawls einführt, um das Problem in Angriff zu nehmen, lässt sich, verkürzt gesagt, als *inter*national (er herrscht zwischen Vertretern verschiedener Nationen) verstehen, während der erste Urzustand *intra*national (zwischen Einzelpersonen einer Nation) ist. In beiden Fällen wird geschlossene Unparteilichkeit geübt, aber die beiden zusammen erfassen die Bevölkerung der gesamten Welt.

Dieses Verfahren tilgt natürlich nicht die Asymmetrie zwischen verschiedenen Gruppen mitbetroffener Menschen, da die verschiedenen Gemeinwesen unterschiedlich gut mit Aktivposten und Chancen ausgestattet sind, und deshalb besteht ein klarer Gegensatz zwischen Rawls' Methode, die Weltbevölkerung in einer Reihe von Unparteilichkeiten zu erfassen, die durch Prioritäten geprägt sind, und dem Modell einer einzigen umfassenden Unparteilichkeit (etwa der «kosmopolitischen» Version des rawlsschen Urzustands, die Thomas Pogge und andere präsentieren). Dass man die Idee eines globalen Gesellschaftsvertrags für die gesamte Weltbevölkerung durchsetzen könnte, scheint jedoch durch und durch unrealistisch zu sein – sowohl jetzt wie in absehbarer Zukunft. Hier besteht mit Sicherheit eine Institutionenlücke.*

Man muss jedoch bedenken, dass die Erkenntnis dieses gravierenden praktischen Problems nicht zwangsläufig die Möglichkeit ausschließt, Einsichten und Anweisungen, die ein grenzübergreifender «öffentlicher gedanklicher Rahmen» zur Verfügung stellt, so zu berücksichtigen, wie es Smith und viele andere versucht haben. Die Relevanz und der Einfluss globaler Diskussionen sind nicht abhängig von der Existenz eines globalen Staates oder eines gut organisierten weltweiten Forums für gigantische institutionelle Übereinkünfte.

Zunächst aber müssen wir schon in der politisch polarisierenden Welt, in der wir leben, gründlicher erkennen, dass unterschiedliche Personen diesseits und jenseits von Staatsgrenzen nicht notwendig nur mittels internationaler Beziehungen in Kontakt treten. Die Welt spaltet sicherlich, aber sie spaltet auf unterschiedliche Weisen, und die Aufteilung der globalen Bevölkerung in einzelne «Nationen» oder «Völker» ist

* Thomas Nagels in «The Problem of Global Justice» (*Philosophy and Public Affairs*, 33 (2005)) vorgetragene skeptische Betrachtung der globalen Gerechtigkeit, auf die in der Einleitung hingewiesen wurde, könnte sehr viel mehr Gewicht für die Suche nach einem kosmopolitischen Gesellschaftsvertrag haben als für das Streben nach globaler Gerechtigkeit auf dem weniger anspruchsvollen Smithschen Weg der offenen Unparteilichkeit. Der kosmopolitische Gesellschaftsvertrag ist stärker auf globale Institutionen angewiesen als der eher «lockere» Smithsche Ansatz.

nicht die einzige mögliche Teilung.* Auch hat die Zuordnung zu Nationen keine höchste Priorität gegenüber anderen Kategorisierungen (wie implizit im «Recht der Völker» vorausgesetzt wird).

Grenzübergreifende interpersonelle Beziehungen gehen in vielen Hinsichten über internationale Wechselbeziehungen hinaus. Der «Urzustand» von Nationen oder «Völkern» hätte nur sehr beschränkte Möglichkeiten für den Umgang mit vielen grenzübergreifenden Wirkungen menschlicher Tätigkeit. Wenn die Auswirkungen von Aktivitäten transnationaler Korporationen eingeschätzt oder kritisch überprüft werden sollen, müssen sie als das gesehen werden, was sie sind: Korporationen, die ohne Grenzen arbeiten, die unternehmerische Entscheidungen über gesetzliche Registrierung und Steuerheimat und ähnliche kontingente Angelegenheiten so treffen, wie es dem Geschäft am besten nützt. Sie lassen sich kaum in das Modell zweier aufeinander einwirkender Nationen oder «Völker» pressen.

Auch die grenzübergreifenden verbindlichen Pflichten und Rücksichten gegenüber anderen Menschen sind nicht notwendig an die Zugehörigkeit zu einer Nation geknüpft.** Zum Beispiel wird eine Feministin in Amerika, die sich für die Verminderung bestimmter Benachteiligungen von Frauen etwa im Sudan einsetzen will, womöglich aus einem Gefühl der Verwandtschaft oder Solidarität mit diesen Frauen handeln, das nicht notwendig durch das Mitgefühl der amerikanischen

* Es ist interessant, dass die Priorität genau einer spezifischen Aufteilung der Weltbevölkerung in vielen verschiedenen politischen Diskussionen vorgeschlagen wurde, wobei jeweils anderen *disparaten* singulären Kategorisierungen der Vorzug gegeben wurde. Die Kategorisierung, die dem so genannten «Kampf der Kulturen» (clash of civilizations) zugrunde liegt, ist ein Beispiel für eine alternative Aufteilung (siehe Samuel P. Huntington, *Kampf der Kulturen: Die Neugestaltung der Weltpolitik im 21. Jahrhundert*, übersetzt von Holger Fließbach (2002)), da nationale oder politische Kategorien nicht mit kulturellen oder zivilisatorischen Kategorien übereinstimmen. Die Koexistenz dieser widerstreitenden Ansprüche illustriert schon für sich genommen, warum keine der vermeintlich grundlegenden Aufteilungen – angeblich grundlegend für Ethik und Politik – die konkurrierende Relevanz anderer Einteilungen verdrängen kann, und sie zeigt im Zusammenhang damit, dass man auch andere Identitäten von Menschen überall auf der Welt in Betracht ziehen muss. Vergl. dazu mein *Identity and Violence: The Illusion of Destiny* (New York: W. W. Norton & Co., und London und Delhi: Penguin, 2006) [*Die Identitätsfalle*: München (C. H. Beck 2007)].

** David Cocker, *Ethics of Global Development: Agency, Capability and Deliberate Democracy* (Cambridge: Cambridge University Press, 2008) zeigt aufschlussreich die Vielfalt und die ethische und politische Signifikanz der Verbindungswege, über die Menschen heute global kommunizieren.

Nation mit dem Dilemma der sudanesischen Nation hervorgerufen wird. Ihre Identität als Frau oder als (männliche oder weibliche) Person mit feministischen Anliegen kann in einem bestimmten Kontext wichtiger sein als ihre Staatsangehörigkeit, und die feministische Perspektive könnte sehr wohl in einer «offenen Unparteilichkeit» zu Geltung kommen, ohne eine «Folge» nationaler Identität zu sein. Andere Identitäten, etwa die Zugehörigkeit zu einer Klasse, einer Sprache, Literatur, einem Beruf etc., die in anderen Formen offener Unparteilichkeit zur Wirkung kommen, können verschiedene und konkurrierende Perspektiven auf die Priorität national bestimmter politischer Strategien bieten.

Sogar unsere vielleicht grundlegende Identität, dass wir menschliche Wesen sind, kann, wenn sie vollständig begriffen wird, unseren Blickwinkel entsprechend erweitern. Die Gebote, die wir mit unserer Menschlichkeit assoziieren, müssen uns nicht durch unsere Zugehörigkeit zu kleineren Kollektiven, etwa spezifischen «Völkern» oder Nationen, vermittelt werden. Die normative Forderung, dass wir uns von unserer «Menschlichkeit» oder «Humanität» leiten lassen sollen, kann sich ohne Ansehen unserer besonderen Nationalitäten, Sekten oder (traditionellen oder modernen) Stammesmitgliedschaften auf unsere Zugehörigkeit zur weiten Kategorie der menschlichen Wesen berufen.*

Globaler Handel, globale Kultur, globale Politik, globale Philanthropie oder auch globaler Protest (zum Beispiel die Proteste, die kürzlich auf den Straßen von Seattle oder Washington, Prag, Melbourne, Quebec oder Genua stattfanden) speisen sich aus unmittelbaren Beziehungen zwischen Menschen – mit ihren eigenen Standards und ihren je eigenen, auf eine Vielzahl von Klassifikationen zurückgehenden Inklusionen und Prioritäten. Diese Ethik lässt sich natürlich auf verschiedene Weisen unterstützen oder prüfen oder kritisieren, auch durch Berufung auf andere Beziehungen zwischen Gruppen, aber sie muss sich nicht notwendig auf internationale Beziehungen (oder das «Recht der Völker») beschränken oder gar durch sie bestimmt sein. Die Ansicht, dass die politische Aufteilung in Staaten (hauptsächlich Nationalstaaten) nicht lediglich eine prak-

* Eine auf Identität basierende Argumentation muss, auch in ihrer tolerantesten Ausprägung, etwa der identitätsstiftenden Zugehörigkeit zur Gruppe aller Menschen, ihrem Typ nach klar unterschieden werden von solchen Argumenten für Rücksichtnahme, die sich nicht auf irgendeine besondere Gemeinsamkeit durch Mitgliedschaft beziehen, aber trotzdem auf ethische Normen rekurrieren (zum Beispiel Güte, Fairness oder Menschlichkeit), von denen man erwartet, dass sie das Verhalten aller Menschen leiten. Mit dieser Unterscheidung will ich mich hier nicht näher befassen. (Siehe aber *Die Identitätsfalle.*)

tische Beschränkung ist, mit der man sich auseinandersetzen muss, sondern vielmehr eine irgendwie grundlegende Aufteilung von elementarer Bedeutung für Ethik und politische Philosophie, diese Ansicht verrät eine gewisse Tyrannei der Ideen.* Identitätsstiftend können sehr verschiedene Gruppen sein, man kann sich als Geschäftsmann oder Arbeiter verstehen, als Libertären oder Konservativen oder Sozialisten, als Armen oder Reichen, als Mitglied einer Berufsgruppe (zum Beispiel der Ärzte oder der Rechtsanwälte).** Kollektive von sehr verschiedenem Typ können beteiligt sein. Internationale Gerechtigkeit reicht für globale Gerechtigkeit einfach nicht aus.

Dieses Thema spielt in den gegenwärtigen Diskussionen über Menschenrechte eine Rolle. Die Idee der Menschenrechte hat ihren Grund darin, dass wir alle Menschen sind. Menschenrechte sind nicht aus einer Staatsangehörigkeit oder Nationalität abgeleitet, sondern gelten als Rechtsansprüche aller Menschen. Deshalb unterscheiden sie sich von verfassungsmäßig zugesicherten Rechten für bestimmte Menschen (etwa amerikanische oder französische Staatsbürger); das Menschenrecht, dass eine Person nicht gefoltert oder terroristischen Anschlägen ausgesetzt werden darf, gilt unabhängig von dem Land, dessen Bürger die Person ist, und ohne Rücksicht auf das, was die Regierung dieses Landes bestimmt oder unterstützt.

Die eng mit Smiths Konzept des unparteiischen Zuschauers verwandte, in einen universalistischen Ansatz eingebettete Idee der offenen Unparteilichkeit kann dazu genutzt werden, die Schranken der «ausschließenden Nichtbeachtung» zu überwinden. Dieser weite Rahmen der Unparteilichkeit lässt besonders deutlich erkennen, warum Belange elementarer Menschenrechte – der Schutz elementarer Bürger- und politischer Rechte hat darin einen wichtigen Platz – nicht von Staatsbürgerschaft und Nationalität abhängig sind und womöglich auch keine

* Eine ähnliche Tyrannei besteht darin, dass man einer angeblichen «kulturellen» oder «rassischen» Identität den Vorrang vor anderen Zugehörigkeiten und vor solchen Anliegen gibt, die nicht auf Identitäten basieren; siehe dazu K. Anthony Appiah und Amy Gutmann, *Color Conscious: The Political Morality of Race* (Princeton, NJ: Princeton University Press, 1996) und Susan Moller Okin, mit Gesprächspartnern, *Is Multiculturalism for Women?* (Princeton, NJ: Princeton University Press, 1999).

** Entschlossene Aktivisten, die für globale NGOs arbeiten (etwa für OXFAM, Amnesty International, Ärzte ohne Grenzen, Human Rights Watch und andere) konzentrieren sich ebenfalls ausdrücklich auf Affiliationen und Verbindungen, die nationale Grenzen überschreiten.

institutionelle Bindung an einen national bedingten Gesellschaftsvertrag brauchen. Außerdem ist es dazu nicht notwendig, eine Weltregierung anzunehmen oder sich auf einen hypothetischen globalen Gesellschaftsvertrag zu berufen. Die «unvollkommenen Verpflichtungen», die mit der Anerkennung dieser Menschenrechte verbunden sind, können so aufgefasst werden, dass sie ganz allgemein jedem zufallen, der in der Lage zu helfen ist.*

Die befreiende Wirkung offener Unparteilichkeit gestattet, dass unterschiedliche Typen unvoreingenommener und vorurteilsfreier Sichtweisen berücksichtigt werden können, und bestärkt uns darin, Nutzen aus Erkenntnissen zu ziehen, die von unterschiedlich positionierten unparteiischen Zuschauern kommen. Prüft man diese Erkenntnisse insgesamt, könnte sich daraus sehr wohl ein deutlich ausgeprägtes gemeinsames Verständnis ergeben, auch ohne die Voraussetzung, dass alle Differenzen, die aufgrund klar verschiedener Perspektiven zustande kommen, auf gleiche Weise geschlichtet werden können. Wie schon dargelegt, kann sich eine systematische Hinführung zu vernunftgeleiteten Entscheidungen aus unvollständigen Rangordnungen ergeben, die ungelöste Konflikte widerspiegeln. Die neuere Literatur zur «Theorie kollektiver Entscheidungen», die Ergebnisse von «entspannter Form» (zum Beispiel unvollkommene Rangordnungen) zulässt, hat deutlich gemacht, dass soziale Beurteilungen nicht nutzlos oder hoffnungslos problematisch werden, nur weil das Wertungsverfahren viele Alternativenpaare nicht erfasst und viele Konflikte ungelöst lässt.[18]

Es ist nicht notwendig, darauf zu beharren, dass wir uns auf vollständige Ordnungen oder allgemein akzeptierte vollständige Aufteilungen und strenge Abtrennung des Gerechten vom Ungerechten geeinigt haben müssen, damit eine gemeinsame brauchbare Verständigung über viele substantielle Gegenstände von Rechten und Pflichten (und auch von Richtigem und Falschem) möglich wird; ein gemeinsamer Entschluss, zum Beispiel für die Abschaffung von Hungersnöten, Völkermord, Terrorismus, Sklaverei, Unberührbarkeit, Analphabetentum oder Epidemien zu kämpfen, verlangt nicht, dass eine ähnlich breit gefächerte Einigung über die angemessenen Formulierungen im Erbschaftsrecht, über Einkommenssteuertabellen, Höhe von Minimallöhnen oder Urheberrechte zustande kommt. Die elementare Relevanz der voneinander verschiedenen Perspektiven – manche kongruent, manche divergent – der Menschen auf der Welt (so unterschiedlich wie die Menschen selbst)

* Mehr dazu im 17. Kapitel, «Menschenrechte und globale Imperative».

ist Teil des Verständnisses, das eine offene Unparteilichkeit stiften kann. Diese Erkenntnis hat nichts Defätistisches.

Inkohärenz der Gruppenzugehörigkeit und Plastizität der entscheidenden Gruppe

Dass die Mitglieder der entscheidenden Gruppe beim Vertragsschluss einen Status haben, der Nichtmitgliedern nicht zugebilligt wird, schafft auch dann Probleme, wenn wir uns nur mit einer Gesellschaft – oder einem einzigen Volk – befassen. Umfang und Zusammensetzung einer Bevölkerung können sich abhängig von politischen Maßnahmen ändern (ganz gleich, ob es sich dabei ausdrücklich um «Bevölkerungspolitik» handelt), und die Einwohnerzahlen können schon mit der «Grundstruktur» der Gesellschaft variieren. Jede Umordnung ökonomischer, politischer oder sozialer Institutionen (Regelungen wie das «Differenzprinzip» nicht ausgenommen) hat die Tendenz, Änderungen im Heirats-, Kohabitationsverhalten und anderen Reproduktionsparametern zu bewirken und dadurch die Zahl und Zusammensetzung der Gruppe derer, die geboren werden, zu beeinflussen; das geht aus Derek Parfits luzider Studie hervor.[19] Die Gruppe, die für die Wahl der «Grundstruktur» zuständig ist, würde durch die Wahl selbst beeinflusst, und damit wird das «Schließen» dieser Gruppe zwecks geschlossener Unparteilichkeit zu einem potentiell inkohärenten Unternehmen.

Ein Beispiel für das Problem der Gruppenplastizität: Nehmen wir zwei institutionelle Strukturen an, A und B, die Bevölkerungszahl der einen soll 5 Millionen, die der anderen 6 Millionen betragen. Sie könnten aus ganz verschiedenen Menschen bestehen, aber um zu zeigen, wie schwierig das Problem auch bei günstigsten Annahmen ist, setzen wir weiter voraus, dass die 6 Millionen, von denen wir reden, die 5 Millionen ganz gleicher Menschen einschließen und eine Million dazu. Jetzt fragen wir, wer davon zu den Menschen im Urzustand gehört, in dem soziale Entscheidungen getroffen werden, die unter anderem auch die Wahl zwischen A und B betreffen und damit die Zahl und Zusammensetzung der entsprechenden Bevölkerungsgruppen beeinflussen.

Um diese Schwierigkeit zu umgehen, nehmen wir an, wir würden stattdessen die größere Gruppe der 6 Millionen Menschen als im Urzustand entscheidende Gruppe betrachten, und nehmen wir weiter an, dass diese Gruppe sich auf die Wahl der institutionellen Struktur A einigt, die zu einer tatsächlichen Bevölkerungszahl von 5 Millionen Menschen führt. In diesem Fall wäre die Entscheidungsgruppe falsch beschrieben worden. Wir können auch fragen: Wie hat die weder jetzt noch *je* vorhandene zusätzliche sechste Million Menschen am Urzustand teilgehabt? Was aber, wenn die kleinere Gruppe der 5 Millionen als Entscheidungsgruppe angenommen wird und diese Gruppe sich im Urzustand für die institutionelle Struktur B entscheidet, mit der Folge, dass die tatsächliche Bevölkerungszahl 6 Millionen beträgt? Dann wäre die Gruppe wieder falsch bestimmt. Die zusätzliche sechste Million Menschen hätte nicht an der Wahl im Urzustand teilgenommen, also nicht mit über die institutionellen Strukturen entschieden, die ihr Leben maßgeblich beeinflussen würden (und nicht nur entscheiden würden, ob sie überhaupt geboren würden, sondern auch, welche Merkmale ihr tatsächliches Leben hätte). Wenn die Entscheidungen im Urzustand die Zahl und Zusammensetzung der Bevölkerung beeinflussen und wenn die Bevölkerungszahl und -zusammensetzung Einfluss auf den Charakter des Urzustands und die darin gefällten Entscheidungen haben, dann kann es keine Garantie dafür geben, dass die mit dem Urzustand verbundene Gruppe kohärent charakterisiert wird.

Die eben geschilderte Schwierigkeit besteht auch, wenn wir die so genannte «kosmopolitische» oder «globale» Version der rawlsschen «Gerechtigkeit als Fairness» betrachten, die alle Menschen auf der Welt an einem großen Vertragsschluss beteiligt (wie zum Beispiel Thomas Pogge und andere vorgeschlagen haben). Das Problem der Plastizität der Bevölkerung würde wiederum auftreten, ganz gleich, ob wir eine Nation oder die gesamte Weltbevölkerung betrachten.

Wenn jedoch das rawlssche System auf ein bestimmtes «Volk» in einer größeren Welt angewandt wird, gibt es zusätzliche Probleme. Die Abhängigkeit der Geburten- und Sterbeziffern von der sozialen Grundstruktur hat eine Parallele im Einfluss dieser Struktur auf die Migration von einem Land in ein anderes. Dieses allgemeine Problem hat eine gewisse Ähnlichkeit mit den Gründen, die David Hume für seine Skepsis gegenüber der theoretischen Bedeutung wie der historischen Durchsetzungskraft des «Urvertrags» anführte:

> Das Gesicht der Erde wandelt sich ständig. Kleine Königtümer werden zu großen Reichen. Große Reiche verfallen zu kleinen Königtümern, Kolonien werden gegründet, Stämme wandern ... wo ist die wechselseitige Übereinkunft oder der freiwillige Zusammenschluss, von dem so viel geredet wird?[20]

In unserem Kontext geht es jedoch nicht nur – nicht einmal hauptsächlich – darum, dass die Zahl und Zusammensetzung der Bevölkerung sich ständig verändern, sondern darum, dass diese Veränderungen nicht unabhängig von den sozialen Grundstrukturen sind, die im gesellschaftstheoretischen Modell durch den Urzustand selbst erreicht werden sollen.

Wir müssen aber weiter untersuchen, ob die Abhängigkeit der entscheidenden Gruppe von der sozialen Grundstruktur für die rawlssche «Gerechtigkeit als Fairness» wirklich ein Problem ist. Muss diese Gruppe wirklich die soziale Grundstruktur durch den ihr entsprechenden Urzustand bestimmen? Die Antwort ist natürlich eindeutig Ja, wenn die Parteien im Urzustand genau die entscheidende Gruppe sein sollen (das heißt, *alle* Mitglieder des Gemeinwesens oder der Gesellschaft und *nur* diese). Aber manchmal bezeichnet Rawls den «Urzustand» als «lediglich ein Darstellungsmittel».[21] Deshalb ist das Argument verlockend, wir müssten nicht annehmen, dass jeder in der Gesellschaft oder dem Gemeinwesen Vertragspartner des Urvertrags zu sein habe, und folglich sei die Abhängigkeit der entscheidenden Gruppen von den im Urzustand getroffenen Entscheidungen nicht unbedingt ein Problem.

Aus zwei Gründen halte ich dies nicht für ein überzeugendes Gegenargument. Erstens geht Ralws' Idee der «Darstellung» nicht so weit, dass damit eine ganz neue Gruppe von Menschen (oder Phantomen) als Parteien im Urzustand eingeführt würde, die sich von den tatsächlichen Mitgliedern des Gemeinwesens unterschiede. Vielmehr handelt es sich um *dieselben* Menschen unter dem «Schleier des Nichtwissens», nur wird jetzt erklärt, sie «repräsentierten» sich selbst (aber im Zustand unter dem «Schleier»). Rawls erklärt das mit den Worten: «Dies wird bildlich ausgedrückt, indem gesagt wird, die Parteien seien unter einem Schleier des Nichtwissens. Kurz, der Urzustand ist einfach ein Darstellungsmittel» (*Collected Papers*, S. 401). Die Begründung, die Rawls für die Notwendigkeit eines Vertrags gibt, mit dem (wie bereits erwähnt) «Menschen eine Verpflichtung eingehen», zeigt, dass eine konkrete Beteiligung genau der Menschen (unter dem Schleier des Nichtwissens) gemeint ist, die Partner des Urvertrags sind.[22]

Zweitens: Selbst wenn die Repräsentanten andere Menschen (oder Phantasiegebilde) wären, würden sie die entscheidende Gruppe repräsentieren oder darstellen müssen (zum Beispiel könnten sie durch den Schleier des Nichtwissens der Möglichkeit nach jedes beliebige Mitglied dieser Gruppe darstellen). Damit würde die Variabilität der Gruppe nun in der Variabilität der Menschen gespiegelt, deren *Repräsentation* die *Repräsentanten* im Urzustand übernehmen.*

* Um mögliche Einwände vorwegzunehmen, muss ich betonen, dass dies ein anderes Problem ist als die Schwierigkeit, Angehörige der als *feste Gruppe* verstan-

Das wäre kein großes Problem, *wenn* erstens die Bevölkerungszahl keinen Unterschied für die Organisation der gesellschaftlichen Grundstruktur machen würde (vollkommene Skaleninvarianz), und zweitens jede Gruppe von Individuen in ihren Prioritäten und Wertungen jeder anderen genau gleich wäre (vollkommene Werteinvarianz). Weder das eine noch das andere kann ohne weiteres, das heißt, ohne zusätzliche Restriktionen in der Struktur jeder substantiellen Theorie der Gerechtigkeit angenommen werden.* Gruppenplastizität bleibt deshalb ein Problem für die Anwendung des Verfahrens geschlossener Unparteilichkeit auf eine *vorgegebene* Gruppe individueller Personen.

Wir müssen jedoch auch fragen, ob Smiths Denkmodell des unparteiischen Zuschauers etwa ein vergleichbares Problem mit der durch Gruppenplastizität bedingten Unstimmigkeit hat, und wenn nicht, warum nicht. Es hat dieses Problem tatsächlich nicht, und zwar genau deshalb, weil der unparteiische Zuschauer nicht aus der vorgegebenen entscheidenden Gruppe kommen muss. Smiths «abstrakter, idealer Beobachter» ist ein «Zuschauer» und nicht «Partner» eines Gruppenvertrags. Es gibt keine vertragschließende Gruppe, und niemand insistiert, dass die Bewerter mit der betreffenden Gruppe gleich sind. Aber auch wenn die sehr schwierige Aufgabe ungelöst ist, wie ein unparteiischer Zuschauer

denen nächsten Generation zu repräsentieren. Auch in diesem zweiten Fall besteht ein Problem (zum Beispiel, wie viel von der Argumentation zukünftiger Generationen, die ja noch nicht da sind, vorweg genommen werden kann). Dieses zweite Problem, Annahmen über die Übereinkunft zukünftiger, als feste Gruppe verstandener Generationen zu machen, ist zu unterscheiden von dem ersten, dass es unmöglich ist, von einer festen Gruppe auszugehen, die bei der Wahl der Grundstruktur der Gesellschaft repräsentiert werden soll, wenn die Menge der wirklichen Personen sich abhängig von der Wahl dieser Struktur verändert.

* Es ist auch wichtig, ein anderes Missverständnis auszuräumen, das mir begegnet ist, als ich versuchte, dieses Argument vorzulegen (siehe auch meinen Artikel «Open and Closed Impartiality», 2002). Dieses Missverständnis besagt, dass unterschiedliche Bevölkerungen für den rawlsschen Urzustand keinen Unterschied machen können, da unter dem «Schleier des Nichtwissens» jeder Einzelne genau wie alle anderen sei. Aber auch wenn der «Schleier des Nichtwissens» bewirkt, *dass unterschiedliche Einzelne innerhalb einer vorgegebenen Gruppe* ihre Interessen und Werte jeweils nicht kennen (dass also alle in der «Als ob»-Denkübung für eine vorgegebene Gruppe ziemlich gleich sind), gibt es keinen Hinweis darauf, dass dieser Schleier auch *unterschiedliche Gruppen von Einzelnen* dazu bringt, dieselben Muster von Interessen und Werten zu haben. Allgemeiner gesagt: Ganz unabhängig von der Größe und Zusammensetzung der entscheidenden Gruppe kann geschlossene Unparteilichkeit nur durchgeführt werden, wenn ihre substantielle Reichweite stark eingeschränkt wird.

bei seiner Entscheidung mit veränderlichen Bevölkerungszahlen umgeht (eine ethische Frage von hoher Komplexität)*, hat das Problem der Inkohärenz und Unstimmigkeit in der «Ausgrenzung durch Einschluss» (inclusionary closure) des kontraktarischen Ansatzes keine Parallele in Smiths Denkmodell.

Geschlossene Unparteilichkeit und Provinzialismus

Dass geschlossene Unparteilichkeit in der Form des fiktiven Urzustands die Grundidee – und die Prinzipien – der Gerechtigkeit in die engen Grenzen lokaler Perspektiven und Vorurteile einer Gruppe oder eines Landes einsperren kann, wurde schon ausgeführt. Zu diesen Ausführungen möchte ich hier noch drei Punkte ergänzen.

Erstens müssen wir bedenken, dass prozeduraler Provinzialismus durchaus nicht allgemein als problematisch gilt. In einigen Theorien zu sozialen Beurteilungen besteht kein besonderes Interesse daran, Gruppentendenzen zu vermeiden – im Gegenteil. Manche Versionen des Kommunitarismus heben die «lokale» Eigenart solcher Prioritäten sogar lobend hervor. Dasselbe mag für andere Formen lokaler Gerechtigkeit gelten.

Ein extremes Beispiel dafür ist die Forderung der Talibanherrscher in Afghanistan, die vor der Militärintervention darauf bestanden, dass ausschließlich eine Gruppe islamischer, der Shariah verpflichteter Geistlicher über Osama bin Laden zu Gericht sitzen solle. Sie bestritten nicht, jedenfalls nicht prinzipiell, dass eine gewisse Unparteilichkeit in diesem Verfahren notwendig sei (sie waren gegen persönliche Vergünstigungen oder parteiische Behandlung bin Ladens).** Sie verlangten jedoch, dass die unparteiischen Urteile von einer geschlossenen Gruppe gefällt werden sollten, deren sämtliche Mitglieder auf einen bestimmten religiösen und ethischen Kodex eingeschworen waren. Deshalb besteht in solchen Fällen keine innere Spannung zwischen geschlossener Unparteilichkeit und den Normen, auf denen sie beruht. Die allgemeineren Spannungen im Zusammenhang mit der Frage, ob es akzeptabel ist, nur lokal be-

* Die Komplexität wäre noch größer, wenn diese Urteile in Form *vollständiger* Rangordnungen getroffen werden müssten, aber, wie schon gesagt, ist das für einen brauchbaren öffentlichen Denkrahmen nicht notwendig und auch keine Bedingung für öffentliche Entscheidungen, die auf «Maximalität» basieren (vergl. dazu auch mein «Maximization and the Art of Choice», *Ecometrica* 65, 1997).

** Ich beziehe mich hier selbstverständlich nur auf die Prinzipien der Gerechtigkeit, auf die sich die Taliban beriefen, nicht auf ihre Praxis.

grenzte, isolierte Überlegungen zu berücksichtigen, bleiben natürlich bestehen. Und genau diese Schwierigkeiten und Beschränkungen nahm Smith unter die Lupe.

Wenn wir die Welt lokal begrenzter Ethik verlassen und versuchen, ein Verfahren geschlossener Unparteilichkeit mit Intentionen zu verbinden, die ansonsten universalistisch sind, muss der prozedurale Provinzialismus als gravierendes Problem angesehen werden. Das gilt sicherlich für Rawls' «Gerechtigkeit als Fairness». Die generellen Absichten des rawlsschen Ansatzes sind durch und durch unprovinziell, und trotzdem enthält die geschlossene Unparteilichkeit, die im Zusammenhang mit dem «Urzustand» zum Einsatz kommt – entsprechend seinem Programm wird die unparteiische Einschätzung ausschließlich beschränkt auf die Mitglieder der entscheidenden Gruppe unter einem «Schleier des Nichtwissens», also in Unkenntnis ihrer individuellen Interessen und Ziele –, keinerlei prozedurale Absicherung gegen eine Vereinnahmung durch lokale Gruppenvorurteile.

Zweitens müssen wir besonders auf das *Verfahren* des Urzustands achten und nicht nur auf die Absichten, die sich vielleicht gegen die empfohlenen Verfahren durchsetzen wollen. Trotz seiner generell universalistischen Tendenzen schlägt Rawls mit dem fiktiven Urzustand ein formales Verfahren vor, das anscheinend nur wenig frischen Wind von außen zulassen soll. Rawls besteht sogar darauf, dass die Geschlossenheit des Urzustands zumindest im Prinzip gut abgesichert sein müsse:

> Ich nehme an, dass wir es mit der Grundstruktur einer geschlossenen Gesellschaft zu tun haben: das heißt, wir betrachten sie als autark und ohne Beziehungen zu anderen Gesellschaften ... die Annahme einer geschlossenen Gesellschaft stellt eine beträchtliche Abstraktion dar, die nur darum gerechtfertigt ist, weil wir uns durch sie ohne ablenkende Einzelheiten auf gewisse grundlegende Fragen konzentrieren können. (*Politischer Liberalismus*, S. 77.)

Damit wird unterstellt, dass Ideen und Erfahrungen, die von außen beigesteuert werden, nur «ablenkende Einzelheiten» wären, die zugunsten der Reinheit der angestrebten Fairness irgendwie umgangen werden müssen.

Drittens könnte man denken, dass trotz dieser starken Gründe für eine offene Unparteilichkeit doch ernsthafte Schwierigkeiten entstehen könnten, weil das menschliche Denkvermögen und unsere Fähigkeit, über unsere lokale Welt hinauszugehen, selbst begrenzt sind. Können Begriffsvermögen und normative Reflexion geographische Grenzen überwinden? Zwar sind manche Theoretiker offenbar versucht zu glauben, dass wir einander nicht über die Grenzen eines vorgegebenen Gemeinwesens oder Landes oder einer spezifischen Kultur hinaus folgen können (vor allem die Popularität einiger Spielarten des kommunitarischen Separatismus hat diese Verlockung verstärkt), aber es gibt keinen ersichtlichen Grund, warum man annehmen sollte, dass interaktive Verständigung und öffentliches Engagement nur innerhalb solcher Grenzen – oder nur unter denen, die als «ein Volk» zu verstehen sind – angestrebt werden können.

Adam Smith setzte sich nachdrücklich für die Möglichkeit ein, dass der unparteiische Zuschauer Gewinn aus der Ansicht Fernstehender wie Nahestehender ziehen könnte. Diese Möglichkeit war ein wichtiger Punkt in den intellektuellen Anliegen der Autoren der Aufklärung. Dass Kommunikation und Erkenntnis über Grenzen hinweg möglich sein sollen, dürfte heute nicht absurder erscheinen als in Smiths Welt des achtzehnten Jahrhunderts. Wir haben weder einen globalen Staat noch eine globale Demokratie, aber der Einsatz des unparteiischen Zuschauers, den Smith so beharrlich verlangte, hat unmittelbare Auswirkungen auf die Rolle globaler öffentlicher Diskussion in der gegenwärtigen Welt.

In der Welt von heute kommt der globale Dialog, der für globale Gerechtigkeit lebenswichtig ist, nicht nur durch Institutionen wie die Vereinten Nationen oder die WTO zustande, sondern auf viel breiterer Basis durch die Medien, durch politische Agitation, das Engagement von Bürgerbewegungen und NGOs und durch soziale Arbeit, die nicht nur auf nationalen Identitäten fußt, sondern auch auf anderen Gemeinsamkeiten, etwa Gewerkschaftsbewegungen, kooperativen Tätigkeiten, Menschenrechtsorganisationen oder feministischen Aktivitäten. Die Sache der offenen Unparteilichkeit wird in der heutigen Welt nicht ganz außer Acht gelassen.

Mehr noch, gerade jetzt, da die Welt Mittel und Wege zur grenzübergreifenden Bekämpfung des Terrorismus diskutiert (und über die Wurzeln des globalen Terrorismus debattiert) und Auswege aus den globalen Wirtschaftskrisen sucht, die das Leben von Milliarden Menschen auf der Erde belastet, gerade jetzt ist es schwer hinzunehmen, dass wir einander einfach nicht über die Grenzen unseres Gemeinwesens hinaus verstehen können.* Stattdessen sollten wir uns wieder auf die entschlossen «offene»

* In der Fachliteratur über die Probleme transkultureller Kommunikation wird manchmal Mangel an Übereinstimmung verwechselt mit fehlendem Verständnis. Die beiden Phänomene sind jedoch ganz verschieden. Eine wirkliche Mei-

Sicht besinnen, die Smiths «unparteiischer Zuschauer» praktiziert. Sie könnte einen entscheidenden Unterschied in unserem Verständnis dessen bewirken, was Unparteilichkeit von der Moralphilosophie und der politischen Philosophie in unserer Welt verlangt.

nungsverschiedenheit setzt voraus, dass verstanden wird, was strittig ist. Über die konstruktive Rolle, die das Verstehen für den Umgang mit Gewalt in der gegenwärtigen Welt spielt, siehe den Report der Commonwealth Commission for Respect and Understanding, deren Vorsitz zu führen mir eine Ehre war: *Civil Paths to Peace* (London: Commonwealth Secretariat, 2007).

ZWEITER TEIL

FORMEN DES ARGUMENTIERENS

7. STANDORT, RELEVANZ UND ILLUSION

Als König Lear dem blinden Gloster sagte: «Kann man doch sehen, wie es in der Welt hergeht, ohne Augen», riet er ihm auch:

> Schau mit dem Ohr; sieh, wie jener Richter auf jenen einfältigen Dieb schmält. Horch – unter uns –, den Platz gewechselt und die Hand gedreht: wer ist der Richter, wer Dieb? Sahst du wohl eines Pächters Hund einen Bettler anbellen?[1]

Ein Platzwechsel ist eine Möglichkeit, verborgene Dinge in der Welt zu «sehen», das ist Lears allgemeingültige Aussage, ein Zusatz zu dem politisch subversiven Hinweis, mit dem er Gloster darauf stößt, dass er im Hund «das große Bild des Anseh'ns erblicken» könne.

Dass wir versuchen müssen, die engen Grenzen einer positionellen (d.i. standortgebundenen oder standpunktabhängigen) Sicht zu überwinden, ist in der Moral- wie in der politischen Philosophie und auch in der Jurisprudenz wichtig. Es mag nicht immer leicht sein, sich von einem festen, allein bestimmenden Standpunkt zu lösen, aber es ist eine Aufgabe, mit der sich Überlegungen zu Ethik, Politik und Recht auseinandersetzen müssen. «Jenen Richter», der «auf jenen einfältigen Dieb schmält», müssen wir hinter uns lassen.

Standortgebundenes Beobachten und Wissen

Das Bemühen, die eigene Standortgebundenheit zu überwinden, ist auch für die Erkenntnistheorie zentral. Die eingeschränkte Perspektive ist ein Problem, da sie nur begrenzte Beobachtungen erlaubt und uns häufig hindert, zu sehen, was in der Welt vorgeht. Was wir sehen können, ist nicht unabhängig von unserem Standort relativ zu dem, was wir zu sehen versuchen. Und das wiederum kann unsere Überzeugungen, Auffassungen und Entscheidungen beeinflussen. Standortgebundene Beobachtungen, Meinungen und Wahlen können für die Suche nach Erkenntnis und auch für die praktische Vernunft wichtig sein. Epistemologie, Entscheidungstheorie und Ethik müssen sich damit auseinandersetzen, dass Beobachtungen und Rückschlüsse von der Position, dem Standpunkt des Betrachters, abhängen. Objektivität bezieht sich, wie schon gesagt*, natürlich nicht immer auf Objekte, aber sofern Beobachtungen und das Verständnis des Beobachteten sich auf die Art der angestrebten Objektivität auswirken, muss mitbedacht werden, dass diese Beobachtungen standpunktabhängig sind.

Dass Beobachtungen mit der Position variieren, ist so einfach wie elementar. Man kann es sich an einem sehr unkomplizierten physikalischen Beispiel klar machen. Nehmen wir die Behauptung: «*Mond und Sonne sehen gleich groß aus.*» Diese Beobachtung ist offensichtlich nicht unabhängig vom Standort des Beobachters, und die beiden Himmelskörper könnten von anderswo, etwa vom Mond aus betrachtet, sehr verschieden groß aussehen. Aber es gibt keinen Grund, die zitierte Behauptung als nicht-objektiv oder als ein mentales, nur einer bestimmten Person eigenes Phänomen aufzufassen. Eine andere Person, die Sonne und Mond vom selben Standort (der Erde) aus betrachtet, müsste die Behauptung bestätigen können, dass sie gleich groß aussehen.

Auch wenn der Bezug zum Standort in der Aussage nicht eigens hergestellt wird, ist sie doch klar positionsgebunden, standortabhängig und könnte genauer so formuliert werden: «*Von hier, von der Erde aus betrachtet, sehen Mond und Sonne gleich groß aus.*» Beobachter können natürlich auch eine Behauptung darüber aufstellen, wie Dinge aussähen, wenn sie von einem anderem als dem augenblicklichen Standort aus besichtigt würden, und diese Behauptung müsste der zweiten Aussage nicht zwangsläufig widersprechen. Wenn wir auf der Erde stehen, können wir immer noch sagen: «*Vom Mond aus betrachtet würden Sonne und Mond nicht gleich groß aussehen.*»

Positionelle Objektivität verlangt interpersonelle Invarianz, wenn die Beobachtungsposition festgelegt ist, und diese Forderung ist vollkommen verträglich damit, dass Objekte von unterschiedlichen Standorten aus unterschiedlich gesehen werden.** Unterschiedliche Personen können denselben Standort haben und die gleiche Beobachtung bestätigen;

* Siehe 5. Kapitel, «Unparteilichkeit und Objektivität». Dass es «Objektivität ohne Objekte» geben kann, zum Beispiel in der Mathematik und in der Ethik, hat Hilary Putnam in *Ethics without Ontology* (Cambridge, MA: Harvard University Press, 2004) einprägsam dargelegt.

** Die Idee der positionellen Objektivität habe ich zum ersten Mal in meinen Storrs Lectures (1990) an der Yale Law School versuchsweise vorgetragen und später in meiner Lindley Lecture *Objectivity and Position* (Kansas City: University of Kansas, 1992) weiterverfolgt. Siehe «Positional Objectivity», *Philosophy and Public Affairs*, 22 (1993); wieder abgedruckt in *Rationality and Freedom* (Cambridge, MA: Harvard University Press, 2002).

und dieselbe Person kann unterschiedliche Standorte einnehmen und ungleiche Beobachtungen machen.

Klärung und Illusion durch Standortgebundenheit

Die Standortabhängigkeit von Beobachtungsergebnissen kann sowohl klären (in diesem Beispiel die Frage beantworten: Wie sieht ein großes Objekt von unserem Standort betrachtet aus?) wie auch irreführen (wenn Antworten auf andere Fragen zum Umfang eines Gegenstandes, zum Beispiel Angaben in einem Normmaß, erwartet werden). Die beiden Aspekte der standortbedingten Veränderlichkeit führen zu Antworten auf sehr verschiedene Fragen, sind aber beide nicht vollkommen subjektiv. Dieser Punkt soll noch etwas ausgeführt werden, vor allem deshalb, weil es nicht dem typischen Verständnis des Begriffs Objektivität entspricht, sie als standortabhängiges Phänomen zu charakterisieren.

Thomas Nagel charakterisiert Objektivität in seinem tiefgründigen Buch *Der Blick von nirgendwo* folgendermaßen: «Eine Ansicht oder Form des Denkens ist dann objektiver als eine andere, wenn sie weniger abhängig ist von den Besonderheiten in der Veranlagung eines Individuums und seiner Stellung in der Welt oder vom Charakter des besonderen Typs, zu dem es gehört.»[2] Dieses Verständnis von Objektivität hat klare Vorzüge: Es konzentriert sich auf einen wichtigen Aspekt der klassischen Konzeption, dass nämlich Unabhängigkeit vom Standpunkt zur Objektivität gehört. Würde man aus der Beobachtung, dass Sonne und Mond, von der Erde aus betrachtet, gleich groß aussehen, den Schluss ziehen, dass ihre Massen gleich sind, so wäre dieser Schluss ein grober Verstoß gegen die Standortunabhängigkeit der Objektivität. Standortgebundene Beobachtungen können demgemäß irreführend sein, wenn wir ihre standortbedingte Variabilität nicht genügend beachten und nicht versuchen, entsprechende Korrekturen vorzunehmen.

Im Gegensatz dazu soll der Begriff «positionsbedingte Objektivität» (positional objectivity) die Objektivität dessen bezeichnen, was man von einem genau bestimmten Standpunkt aus beobachten kann. Dabei geht es um personeninvariante, aber standortabhängige Beobachtungen und Möglichkeiten zur Beobachtung. Der Gegenstand einer in diesem Sinn objektiven Einschätzung ist ein Phänomen, das jede normale Person von einer vorgegebenen Beobachtungsposition aus nachprüfen kann. Wie am Beispiel der Aussagen über die Größe von Sonne und Mond relativ zueinander deutlich wurde, kann das Beobachtete von Standort zu Standort variieren, aber unterschiedliche Betrachter können ihre Beobachtungen vom gleichen Standort aus durchführen und zu weitgehend gleichen Ergebnissen kommen.

In diesem Fall geht es darum, wie ein Objekt von einer festgelegten Beobachtungsposition aussieht, und so würde es für jeden Beobachter mit den gleichen positionellen Merkmalen aussehen.* Die standpunktbedingten Variationen bei Beobachtungen können kaum der «Subjektivität» zugeschrieben werden, auch wenn das manchen Leuten verlockend erscheinen mag. Nach Maßgabe der beiden Standardkriterien für Subjektivität besteht kein besonderer Grund, anzunehmen, die Aussage «Sonne und Mond sehen gleich groß aus» habe «ihren Ursprung im Geist» oder sei «Teil oder Eigenart eines individuellen Subjektes oder dessen mentaler Tätigkeiten» (laut Definition der Subjektivität im *Oxford English Dictionary*).

Eine Aussage über eine Beobachtung ist nicht zwangsläufig eine Aussage über die spezielle Geistestätigkeit einer Person. Sie bezeichnet ein Phänomen, das auch – unabhängig vom Denken des Beobachters – physische Eigenschaften hat; zum Beispiel kann eine totale Sonnenfinsternis genau deshalb eintreten, weil Mond und Sonne von der Erde aus gesehen gleich groß erscheinen und deshalb die kleine Masse des Mondes in dieser Perspektive die große Masse der Sonne verdunkelt, und von einer Sonnenfinsternis kann man kaum behaupten, sie habe «ihren Ursprung im Geist». Wenn wir die Aufgabe haben, Sonnenfinsternisse vorherzusagen, dann ist besonders ein Aspekt der Rede vom Umfang der Sonne und des Mondes relativ zueinander wichtig: die Kongruenz ihrer positionsabhängigen Projektionen von der Erde aus; die Massen von Sonne und Mond sind für diese Aufgabe nicht – das heißt nicht unmittelbar – wichtig.

Aryabhata, der indische Mathematiker und Astronom aus dem fünften Jahrhundert, hatte die Größe von Projektionen für seine Erklärung der Sonnenfinsternisse herangezogen: Das war einer seiner vielen Beiträge zur Astronomie.** Kein Wunder, dass Aryabhata wegen seiner radi-

* Die standpunktabhängigen Merkmale brauchen natürlich nicht nur ortsgebunden zu sein, sie können auch eine beliebige nicht-mentale Verfassung einschließen, die Einfluss auf die Beobachtung haben könnte und systematisch auf verschiedene Beobachter und Beobachtungen zutrifft. Diese Merkmale können manchmal mit den besonderen nicht-mentalen Eigenschaften einer Person zusammenhängen, zum Beispiel mit Blindheit. Verschiedene Personen können die gleiche Art von Blindheit haben, und ihre Beobachtungen würden einander entsprechen.

** Aryabhata bestritt auch, dass die Sonne um die Erde kreise, und wies darauf hin, dass es eine Gravitationskraft geben müsse, die erkläre, warum Gegenstände trotz der täglichen Erdumdrehung nicht von ihr weggeschleudert werden.

kalen Abweichung von der orthodoxen Religionslehre angegriffen wurde und dass zu den Kritikern auch sein brillanter Schüler Brahmagupta gehörte, ebenfalls ein großer Mathematiker, der pro-orthodoxe Erklärungen abgab, aber Aryabhatas Neuerungen nutzte und sogar erweiterte. Als der berühmte iranische Mathematiker und Astronom Alberuni mehrere Jahrhunderte später, zu Beginn des 11. Jahrhunderts, Aryabhata verteidigte, betonte er, dass die praktisch nutzbaren Vorhersagen von Sonnenfinsternissen mit Hilfe von Aryabhatas Projektionsmethode möglich geworden waren und dass selbst Brahmagupta sich in diesem Fall nicht an seinen Kompromiss mit der Hindu-Orthodoxie gehalten hatte. In einer bemerkenswerten intellektuellen Verteidigung warf Alberuni vor tausend Jahren Brahmagupta Folgendes vor:

> Wir werden nicht mit ihm [Brahmagupta] streiten, sondern ihm nur ins Ohr flüstern: ... Warum wetterst du erst mit so harten Worten [gegen Aryabhata und seine Anhänger] und fängst dann an, den Monddurchmesser zu berechnen, um die Sonnenfinsternis zu erklären, und den Durchmesser des Erdschattens, um zu erklären, dass er den Mond verfinstert? Warum berechnest du beide Finsternisse mit der Theorie dieser Häretiker und nicht im Einklang mit den Ansichten derer, denen beizupflichten du für geziemend hältst?[3]

Standpunktbedingte Objektivität kann tatsächlich, je nachdem, welche Aufgabe wir ausführen, das angemessene Verständnis von Objektivität sein.

Es gibt Beispiele verschiedenen Typs für positionelle Parameter, die nicht schrullige mentale Verhaltensweisen oder Psychologie sind und Gemeinsamkeiten verschiedener Individuen erfassen: zum Beispiel eine bestimmte Sprache beherrschen oder nicht beherrschen; zählen können oder nicht können; farbenblind sein oder normale Sehfähigkeit haben. Positionelle Objektivität verbietet nicht, eine Aussage darüber zu machen, wie die Welt für eine Person mit gewissen spezifizierten «standpunktgebundenen» Eigenschaften aussehen würde.

Hier ist wichtig festzuhalten, dass damit nicht behauptet wird, alles, was sich kausal «erklären» ließe, sei standortbedingt objektiv. Viel hängt von der Art der betrachteten Variabilität ab. Das wird an einem klassischen, in der frühen indischen Erkenntnistheorie viel diskutierten Beispiel deutlich: Dass man ein Seil für eine Schlange hält, weil man besonders nervös ist oder krankhafte Angst vor Schlangen hat, macht diese eindeutig subjektive Diagnose nicht zu einer positionell objektiven Aussage. Die Idee positioneller Objektivität kann jedoch mit Recht angeführt werden, falls ein Seil für eine Schlange gehalten wird, weil dieses

Stück Seil zum Beispiel dann, wenn die Beobachter seine auffallenden schlangenartigen Windungen im Dämmerlicht sehen, für jedermann genauso aussieht wie eine Schlange.

Zwischen ethischer und politischer Bewertung besteht ein Unterschied, der mit dem Gegensatz zwischen der erhellenden und der irreführenden Rolle der Standortgebundenheit vergleichbar ist. Hält man sich an Theorien über persönliche Verantwortlichkeiten, die auf engen Beziehungen beruhen und deshalb einen besonderen Einsatz verlangen – etwa den Einsatz von Eltern, die für ihre Kinder sorgen –, dann kann es ethisch vertretbar sein, den Interessen der eigenen Kinder besonderen Vorrang zu geben. In diesem Kontext mag ein asymmetrisches Interesse am Leben der eigenen Kinder keine subjektive Torheit sein, sondern vielmehr die Spiegelung einer ethischen Sichtweise, die objektiv angestrebt wird (und sich in diesem Beispiel mit der standpunktabhängigen Relevanz der Elternrolle verbindet).*

Deshalb würde in diesem Theorierahmen eine Art Lücke entstehen, wenn man ethische Objektivität nur gemäß dem «Blick von nirgendwo» auffassen und nicht den Blick «von einem fest umrissenen Irgendwo» berücksichtigen würde. Standpunktabhängige Merkmale können eine besondere Bedeutung haben, die eine umfassende Ethik hinreichend anerkennen und entsprechend mit bedenken muss. Denn, um auf das Beispiel zurückzukommen, die Verpflichtung gegenüber den eigenen Kindern hat ihren Ursprung nicht einfach «im Geist», und in spezifischen Auffassungen von Ethik könnte ihr reale Bedeutung zugesprochen werden.

Wenn subjektrelative – oder allgemeiner, standortrelative – Einschätzungen und Verpflichtungen untersucht werden (wie im Kapitel 10), stehen die erhellenden Aspekte der standpunktabhängigen Objektivität im Vordergrund. In anderen Kontexten, aus der Sicht einer nicht-relationalen Ethik, muss es jedoch als klarer Fehler gelten, dass jemand die Interessen der eigenen Kinder in den Vordergrund stellt. Wenn zum Beispiel ein Beamter die Interessen seiner Kinder für wichtiger hält als die Erfüllung seiner staatsbürgerlichen Pflichten, könnte man dies als moralisches

* Die Relevanz persönlicher Verbindungen und Beziehungen ist im Fachgebiet der moralischen Bewertung ein wichtiges und komplexes Thema. Bernard Williams hat viele grundlegende Fragen, die dieses Thema aufwirft, mit großer Klarheit und Überzeugungskraft erörtert, vor allem – aber nicht nur – in seiner Kritik am Utilitarismus, siehe sein «A Critique of Utilitarism», in J.J.C. Smart und B. Williams, *Utilitarism: For and Against* (Cambridge: Cambridge University Press, 1981), besonders den Artikel «Person, Character and Morality».

und politisches Versäumnis ansehen, auch wenn die Interessen seiner Kinder, da sie ihm näher stehen, vordringlicher für ihn wären.

In diesem Fall könnte ein von standpunktbedingten Vorurteilen freier Ansatz nötig sein. Er würde eine angemessene Berücksichtigung der Tatsache verlangen, dass für andere Kinder gleichermaßen große und wichtige Interessen auf dem Spiel stehen wie für die eigenen, und dass der Blick von einem «fest umrissenen Irgendwo» (das zum Beispiel durch die Eltern-Kind-Beziehung bestimmt ist) in diesem Kontext ein Fehler wäre.

Die Suche nach einem positionsunabhängigen Verständnis der Welt ist zentral für die ethische Klärung, die in einem nicht-relationalen Ansatz angestrebt wird. Als Mary Wollstonecraft Edmund Burke anprangerte, weil er die Amerikanische Revolution unterstützte, ohne sich für den Status der Sklaven zu interessieren, als ob die Freiheit, die er für weiße Amerikaner wünschte, ihren schwarzen Sklaven nicht zustünde (vergl. Kapitel 5), setzte sich diese Frau für eine universalistische Perspektive ein, die positionelle Voreingenommenheit und selektive Bevorzugungen überwinden würde. Hier geht es nicht um positionsabhängige Einsicht, sondern um ein transpositionelles Verständnis. Ein «Blick von nirgendwo» wäre in diesem Kontext das angemessene Verfahren.

Objektive Illusionen und positionelle Objektivität

Selbst wenn für epistemologische, ethische oder politische Einschätzungen eine positionsunabhängige Sicht angemessen ist, müsste die Realität der Standpunktabhängigkeit von Beobachtungen trotzdem berücksichtigt werden, wenn die Schwierigkeit, zu einem von positionsbedingten Vorurteilen freiem Verständnis zu kommen, erklärt werden soll. Menschen, für die standpunktgebundene Perspektiven zur Gewohnheit geworden sind, können sich nur schwer von diesem eingeschränkten Blickwinkel lösen. Zum Beispiel kann eine Gesellschaft, die traditionell Frauen in untergeordnete Stellungen abdrängt, so stark von der kulturellen Norm geprägt sein, die gewisse angebliche Charakteristika der unterstellten weiblichen Inferiorität in den Blickpunkt nimmt, dass eine hohe geistige Unabhängigkeit aufgebracht werden muss, um diese Charakteristika anders zu interpretieren. Wenn es etwa in einer Gesellschaft, die Frauen nicht zum Studium der Naturwissenschaften ermutigt, nur wenige Naturwissenschaftlerinnen gibt, kann schon die Tatsache, dass ihre Zahl so gering ist, zur Hemmschwelle für die Erkenntnis werden, dass Frauen in Wirklichkeit genauso fähig in der Naturwissenschaft sind und dass sie sich trotz gleicher Begabung und Eignung für das Fach nur deshalb so selten auf diesem Gebiet hervortun, weil ihnen zu wenig Gelegenheit und Ermutigung zum entsprechenden Studium geboten wird.

Die – positionsbedingte – Beobachtung, dass es in einer bestimmten Gesellschaft nur wenige Naturwissenschaftlerinnen gibt, kann ganz richtig sein, auch wenn die Folgerung, dass Frauen nicht für dieses Fach taugen, vollkommen falsch ist. In einer Gesellschaft mit fest verwurzelter Diskriminierung wäre es dringend notwendig, die Standpunktabhängigkeit lokaler Beobachtungen zu überwinden. Beobachtungen aus anderen Gesellschaften, in denen Frauen mehr Chancen haben, würden wohl bestätigen, dass Frauen in den Naturwissenschaften genauso gut sein können wie Männer, wenn man ihnen die notwendigen Gelegenheiten und Hilfsmittel zur Verfügung stellt. Dieses Argument beruft sich darauf, dass hier ein Fall für «offene Unparteilichkeit» vorliegt, und nutzt Adams Smiths Darstellungsmittel des unparteiischen Zuschauers, um Nah- wie Fernperspektiven zur Geltung zu bringen. (Vergl. Kapitel 6, «Geschlossene und offene Unparteilichkeit».)

Wenn die Grenzen lokaler Überzeugungen starr und schwer zu überschreiten sind, kann das zu einer hartnäckigen Leugnung der Tatsache führen, dass Frauen in ihrer eigenen Gesellschaft wirklich ungerecht behandelt werden, und aufgrund des angeblichen «Augenscheins», der auf eine falsche Interpretation lokaler Beobachtungen in einer Schichtengesellschaft zurückgeht, glauben viele dieser Frauen selbst, dass sie intellektuell unterlegen sind. Die widerstandslose Duldung sozialer Asymmetrie und Diskriminierung, die in vielen traditionalistischen Gesellschaften zu beobachten ist, verlangt nach einer Erklärung: Einen quasi wissenschaftlichen Beitrag dazu kann die Idee der positionellen Objektivität leisten, indem sie uns erkennen lässt, wie es zur illegitimen Anwendung eines standpunktbedingten Verständnisses kommt (in Fällen, da transpositionelles Begreifen gebraucht würde).

Die Idee der positionellen Objektivität kann auch helfen, den wichtigen marxistischen Begriff der «objektiven Illusion» zu interpretieren.*

* Der Begriff objektive Illusion kommt nicht nur in Marx' philosophischen Abhandlungen, sondern auch in den Schriften zur Ökonomie vor, einschließlich *Das Kapital*, Bd. I, und *Theorien über den Mehrwert*. Marx ging es vor allem darum, zu zeigen, dass die allgemeine Überzeugung, der Austausch auf dem Arbeitsmarkt sei fair, eine Illusion ist und dass diese Fairness-Behauptung «objektiv» von Menschen akzeptiert wird, die sehen, wie Waren entsprechend dem Gleichwert zu Marktpreisen getauscht werden. Selbst die ausgebeuteten Lohnarbeiter, die, wie Marx analysiert, um einen Teil des Wertes ihrer Produkte gebracht werden, finden es

So verstanden ist eine objektive Illusion eine auf positioneller Ojektivität beruhende Überzeugung, die sich, gemessen an den Kriterien transpositioneller Überprüfung, als irrig erweist. Der Begriff objektive Illusion enthält sowohl die Idee einer positionell objektiven Überzeugung *wie* die transpositionelle Feststellung, dass diese Überzeugung auf einem Irrtum beruht. Schätzt man den Umfang des Mondes relativ zu dem der Sonne ein, kann – gesetzt den Fall, dass keine anderen Informationen und Ideen verfügbar sind und keine Gelegenheit zu kritischer Überprüfung besteht – der Anschein gleicher Größe (der von der Erde aus gesehen positionell objektiv ist) dazu führen, dass der «tatsächliche», etwa an der Zeit, die man zu ihrer Umrundung braucht, gemessene Umfang der beiden Himmelskörper in einem positionsbedingten «Verständnis» als gleich groß gilt. Diese irrige Überzeugung wäre dann ein Beispiel für eine objektive Illusion.

G.A.Cohen stellt in seinem Buch *Karl Marx's Theory of History: A Defence* eine interessante Überlegung zur Idee der objektiven Illusion in der Marxschen Theorie an:

> Nach Marx'Ansicht führen uns unsere Sinne bezüglich der Zusammensetzung der Luft und der Bewegung der Himmelskörper in die Irre. Aber eine Person, die durch Atemholen unterschiedliche Komponenten in der Luft entdecken könnte, hätte eine Nase, die nicht wie gesunde Nasen funktionieren würde. Und eine Person, die ernsthaft behauptete, eine unbewegte Sonne und eine rotierende Erde wahrnehmen zu können, würde an einer Sehstörung leiden oder ihre Motorik ungenügend beherrschen. Wer die Luft als einheitliches Element und die Sonne als in Bewegung befindlich wahrnimmt, macht Erfahrungen, die eher der Wahrnehmung einer Luftspiegelung als einer Halluzination gleichen. Denn wenn ein Mensch unter entsprechenden Bedingungen keine Luftspiegelung sehen kann, dann stimmt etwas nicht mit seinen Augen. Sie konnten das Lichterspiel in der Ferne nicht erkennen.[4]

Hier beziehen sich die Beobachtungen, die für objektiv gehalten werden, auf die positionellen Merkmale des Atmens durch eine gesunde Nase, des Blicks auf die Sonne mit normalen Augen, der Wahrnehmung eines fernen Lichteffekts mit normalem Sehvermögen und so weiter. Und diese beobachteten Merkmale sind tatsächlich objektiv, allerdings irreführend oder fehlgedeutet, wenn sie an jenen anderen – im Kontext zwingenderen – Kriterien für Wahrheit gemessen werden, die verfügbar sind, sobald wir positionelle Sichtweisen hinter uns lassen.

womöglich schwer, einzusehen, dass auf dem Arbeitsmarkt etwas anderes als ein Austausch gleicher Werte stattgefunden hat.

Gesundheit, Morbidität und positionsbedingte Variationen

Karl Marx sprach hauptsächlich im Zusammenhang mit seiner Klassengliederung von objektiver Illusion und kam über diese Idee zur Untersuchung des «falschen Bewusstseins». Einer anderen Art objektiver Illusion können Personen bei der Selbstwahrnehmung ihres Gesundheitszustandes unterliegen, und dies kann für die Analyse der Morbidität in Entwicklungsländern besonders wichtig sein. Zum Beispiel ist in Kerala die Lebenserwartung bei der Geburt weitaus höher als in allen anderen indischen Staaten, höher als in China und ähnlich hoch wie in Europa, und professionelle medizinische Einschätzungen belegen, dass die Reform des Gesundheitswesens in Kerala gelungen ist. Zugleich jedoch stammen in den Berichten über selbst wahrgenommene Morbidität die höchsten Ziffern aus Kerala (das gilt für Durchschnittswerte wie für altersspezifische Angaben). Am anderen Ende der Skala stehen Bihar und Uttar Pradesh mit sehr niedriger Lebenserwartung und außergewöhnlich hohen altersspezifischen Sterblichkeitsziffern (und wenig Anzeichen für einen Wandel in der Gesundheitsfürsorge), jedoch erstaunlich niedrigen Werten für selbst wahrgenommene Krankheiten. Wenn die medizinischen Belege und die Beweiskraft von Sterblichkeitsziffern anerkannt werden (und es gibt keine besonderen Gründe, die dagegen sprechen), dann muss das Bild der relativen Morbiditätsziffern, das sich aus der Selbsteinschätzung ergibt, als falsch oder mindestens als hochproblematisch angesehen werden.

Trotzdem wäre es abwegig, diese auf selbst wahrgenommenen Krankheiten beruhenden Morbiditätsziffern als bloß zufällige Irrtümer oder Ergebnisse individueller Subjektivität abzutun. Woher kommt ein derartig systematisches Muster der Diskrepanz zwischen Sterblichkeitsziffern und Morbiditätsziffern laut Selbsteinschätzung? Hier hilft das Konzept der objektiven Illusion weiter. Der Anteil der schreib- und lesekundigen Bevölkerung (auch der Frauen mit Schulbildung) Keralas liegt deutlich höher als in den anderen indischen Staaten, und die staatliche Gesundheitsfürsorge ist viel besser. Folglich ist das Bewusstsein für mögliche Erkrankungen und die Notwendigkeit, ärztliche Hilfe zu suchen und Vorbeugungsmaßen zu ergreifen, in Kerala viel weiter entwickelt. Gerade die Ideen und Maßnahmen, die helfen, die Morbidität und Sterblichkeit in Kerala zu verringern, wirken sich auch als Verstärkung des Krankheitsbewusstseins aus. Die Staaten Uttar Pradesh und Bihar am anderen Ende der Skala haben weniger Lese- und Schreibfähige und eine gravierende Unterversorgung mit medizinischen Einrichtungen, und in diesen Staaten ist auch die Aufmerksamkeit auf mögliche Krankheiten geringer. Das führt dazu, dass der Gesundheitszustand schlechter und die Lebenserwartung geringer sind und die bewusste Wahrnehmung von Morbidität eingeschränkter als in Kerala.

Die Illusion geringer Morbidität in den sozial rückständigen Staaten Indiens hat allerdings für eine Bevölkerung mit begrenzter Schulbildung und wenig medizinischer Erfahrung eine objektive – oder positionsbedingt objektive – Basis.* Die positionelle Objektivität dieser durch Provinzialismus bedingten falschen Diagnosen verlangt Aufmerksamkeit, und Sozialwissenschaftler können sie kaum als lediglich subjektiv und unzuverlässig disqualifizieren. Ebenso wenig können diese Selbstwahrnehmungen jedoch als akkurate Spiegelungen von Gesundheit und Krankheit in einem angemessenen transpositionellen Verständnis aufgefasst werden.

Die Möglichkeit und Häufigkeit objektiver Illusionen von diesem Typ hat großen Einfluss darauf, wie vergleichende Statistiken zu Gesundheit und Medizin gegenwärtig von nationalen und internationalen Organisationen präsentiert werden. Die vergleichenden Daten zu Krankheiten, die die Betroffenen selbst melden und medizinisch behandeln lassen, müssen unter genauer Beachtung standortgebundener Perspektiven kritisch geprüft werden.**

* Die empirische Arbeit über dieses Problem basiert im wesentlichen auf Daten aus Indien und ihrer Auswertung; siehe dazu die Diskussion und die Hinweise auf die ausführliche Literatur in meinen zusammen mit Jean Drèze verfassten Büchern *India: Economic Development and Social Opportunity* (Delhi und Oxford: Oxford University Press, 1995) und *India: Development and Participation* (Delhi und Oxford: Oxford University Press, 2002). Es gibt jedoch empirische Informationen aus anderen Ländern der Dritten Welt, die dieser Interpretation weitgehend entsprechen; siehe mein *Development as Freedom* (New York: Knopf, und Oxford: Oxford University Press, 1999), 4. Kapitel [Deutsch: *Ökonomie für den Menschen*, übersetzt von Christiana Goldmann, München, Wien: Carl Hanser Verlag, 2002]. Vergleiche zwischen indischen (einschließlich Kerala) und US-amerikanischen Werten für selbst eingeschätzte Morbidität bestätigen unseren Erklärungsansatz. Im Einzelvergleich der Krankheiten stellt sich heraus, dass Kerala zwar für die meisten Krankheiten eine viel höhere Selbsteinschätzungsrate aufweist als die anderen indischen Bundesstaaten, aber deutlich geringere Werte als die Vereinigten Staaten. Vergleiche dazu Lincoln Chen und Christopher Murray, «Understanding Morbidity Change», *Population and Development Revue*, 18 (September 1992).

** Ausführliche Angaben zu diesem wichtigen praxisbezogenen Thema finden sich im 4. Kapitel von *Ökonomie für den Menschen.*

Gender-Diskriminierung und positonsbedingte Illusionen

Ein anderer interessanter Beispielfall hängt mit der Diskrepanz zwischen wahrgenommener Morbidität und festgestellter Mortalität von Männern und Frauen zusammen. Im Ganzen haben Frauen in Indien (und vielen anderen Ländern Asiens und Nordafrikas, zum Beispiel China, Pakistan, Iran oder Ägypten) geringere Überlebenschancen als Männer. Bis vor kurzem waren die Sterblichkeitsziffern für Frauen aller Altersgruppen (abgesehen von Neugeborenen in den ersten Lebensmonaten) bis hin zur Gruppe von 35 bis 40 Jahren höher – obwohl medizinische Daten besagen, dass altersspezifische Sterblichkeitsraten bei symmetrischer Krankenversorgung für Frauen niedriger sind als für Männer.*

Trotz der an den Sterblichkeitsziffern ablesbaren relativen Benachteiligung ist die Morbidität von indischen Frauen in ihrer Selbstwahrnehmung häufig nicht höher – manchmal sogar viel niedriger – als die von Männern. Das scheint mit dem Mangel an Bildungsschancen für Frauen zusammenzuhängen und auch mit der sozialen Tendenz, Gender-Disparitäten der Geschlechter als ein «normales» Phänomen anzusehen.** Zum Glück (den Ausdruck benutze ich hier in einem Sinn, den Utilitaristen nicht billigen werden) hat sich im ganzen Land die Unzufriedenheit von Frauen mit ihrem Gesundheitszustand systematisch verstärkt, was darauf hindeutet, dass der Einfluss einer positionsbedingt eingeschränkten Wahrnehmung von guter und schlechter Gesundheit nachlässt. Es ist interessant zu beobachten, wie in dem Maß, in dem das Thema der Benachteiligung von Frauen politisiert wurde – nicht zuletzt von Frauenorganisationen –, die Vorurteile bei der Wahrnehmung dieser Be-

* Die Lebenserwartung von Frauen in Indien ist seit kurzem höher als die von Männern, aber das Verhältnis von weiblicher zu männlicher Langlebigkeit liegt in Indien immer noch deutlich unter dem, was man bei symmetrischer Krankenversorgung erwarten kann. Kerala bildet auch hier eine Ausnahme, da die Lebenserwartung hier für Frauen deutlich höher ist als für Männer (mit einem ähnlichen Zahlenverhältnis wie in Europa und Amerika).

** Zu einer früheren Gelegenheit habe ich die bemerkenswerte Tatsache dargestellt, dass in einer Studie über die Zeit nach der bengalischen Hungersnot von 1944 Witwen ihren Gesundheitszustand fast nie als angegriffen bezeichnet hatten, während Witwer massiv über genau diese Verfassung klagten (siehe mein *Commodities and Capabilities* (Amsterdam: North-Holland, 1985), Anhang B). Zu verwandten Themen siehe mein Buch *Resources, Values and Development* (Cambridge, MA: Harvard University Press, 1984) und den zusammen mit Jocelyn Kynch verfassten Artikel «Indian Women: Wellbeing and Survival», *Cambridge Journal of Economics,* 7 (1983).

nachteiligung weniger üblich geworden sind. Das wachsende Verständnis für das Problem und für die Illusionen über die Gesundheit von Frauen hat wesentlich dazu beigetragen, dass die Geschlechter-Vorurteile für die Mortalität eine geringere Rolle spielen (und sich in manchen Regionen Indiens gar nicht mehr auswirken).*

Die Idee der positionellen Objektivität ist generell für das Verständnis der Gender-Ungleichheit entscheidend. Zum Funktionieren von Familien gehören Konflikte wie Interessenkongruenz bei der Verteilung von Aufgaben und Vergünstigungen (eine Eigenschaft von Gruppenbeziehungen, die man «kooperativen Konflikt» nennen könnte), aber ein harmonisches Familienleben verlangt, dass der Widerstreit der Interessen implizit geschlichtet, nicht durch explizites Aushandeln beigelegt wird. Über solche Konflikte lange nachzudenken, würde generell als abnormes Benehmen gelten. Das führt dazu, dass gewohnheitsmäßige Verhaltensmuster einfach als legitim und sogar vernünftig angesehen werden, und in weiten Teilen der Welt neigt man dazu, die systematische Benachteiligung von Frauen gegenüber Männern auf dem einen oder anderen Gebiet nicht zur Kenntnis zu nehmen.

Standortgebundenheit und die Theorie der Gerechtigkeit

Dieses Thema ist wichtig für die Formulierung einer Theorie der Gerechtigkeit und insbesondere für die Untersuchung einer Theorie, die dem öffentlichen Vernunftgebrauch eine besondere Funktion für das Verständnis der Gerechtigkeitsforderungen zuschreibt.

In der Praxis kann die Reichweite des öffentlichen Vernunftgebrauchs eingeschränkt sein durch die Art, wie Menschen die Welt verstehen, in der sie leben. Und wenn der starke Einfluss der Positionsabhängigkeit dieses soziale Verständnis vernebelt, dann verlangt dies allerdings besondere Beachtung, sobald es um die Erkenntnis der gravierenden

* Das Phänomen der «fehlenden Frauen» in Indien, China und vielen anderen Ländern, der Frauen, die nicht fehlen würden, wenn es keine Gender-Vorurteile gäbe, hätte stark zurückgehen müssen, da in weiten Teilen der Welt Fortschritte in der Bekämpfung der Geschlechter-Voreingenommenheit dazu geführt haben, dass sie sich weniger auf die Mortalität auswirkt. Leider hat das relativ neue Phänomen, dass Gender-Vorurteile die Geburtenziffer beeinflussen (Föten werden abgetrieben, wenn oder weil sie weiblich sind), in die entgegengesetzte Richtung gewirkt. Die Veränderung des Bildes habe ich in zwei Artikeln erörtert: «Missing Women», *British Medical Journal,* 304 (März 1992) und «Missing Women Revisited», *British Medical Journal,* 327 (Dezember 2003).

Schwierigkeiten geht, die bei der Einschätzung von Gerechtigkeit und Ungerechtigkeit zu erwarten sind.

Die Positionsabhängigkeit von Beobachtungen und Konstruktionen spielt für den wissenschaftlichen Erkenntnisgewinn eine wichtige Rolle, aber sie wirkt sich umfassender auf die Überzeugungsbildung im Allgemeinen aus, nicht nur in den Naturwissenschaften, sondern auch im sozialen Bereich. Systematische und dauerhafte Illusionen, die soziales Verstehen und die Bewertung öffentlicher Angelegenheiten signifikant beeinflussen – und verzerren – können, sind ohne Beachtung der Positionsabhängigkeit nicht verständlich.

Betrachten wir noch einmal das einfache Beispiel der Größe von Sonne und Mond relativ zueinander, wenn sie von der Erde aus gesehen werden. Stellen wir uns eine Person aus einer Gemeinschaft vor, die sich nicht mit entfernungsabhängigen Projektionen auskennt und auch sonst keinerlei Informationen über Sonne und Mond hat. Da ihr der entsprechende Denkrahmen und ergänzendes Wissen fehlen, könnte diese Person allein auf der Basis positionsabhängiger Beobachtungen schließen, dass Sonne und Mond tatsächlich den gleichen Umfang haben, so dass man ungefähr gleich viel Zeit brauchen würde, um die eine und den anderen mit gleicher Geschwindigkeit zu umrunden. Das wäre nur dann ein sonderbares Urteil, *wenn* die Person etwas über Entfernungen, Projektionen und Ähnliches wüsste. Ihre Überzeugung, dass Sonne und Mond tatsächlich den gleichen Umfang haben, ist natürlich ein Irrtum (eine Illusion), kann aber unter diesen Umständen – in Anbetracht ihrer vollständig positionsabhängigen Sicht – nicht als rein subjektiv klassifiziert werden. Jeder Mensch in genau der gleichen Position und mit der gleichen Unkenntnis relevanter Konzepte und Informationen kann vor einer kritischen Überprüfung aus weitgehend gleichen Gründen die gleiche Ansicht haben.* Illusionen, die mit positionsgebundener Objektivität zusammenhängen, lassen sich nur schwer korrigieren, auch wenn

* Philosophen der *Nyaya*-Schule in Indien, die in den letzten vorchristlichen Jahrhunderten großen Einfluss gewannen, hatten behauptet, dass nicht nur Wissen, sondern auch Illusionen von bereits bestehenden Konzepten abhängig sind. Wenn ein Beobachter bei schwachem Licht ein Seil für eine Schlange hält (vergl. S. 188), dann entsteht diese Illusion genau deshalb, weil er vorher das «Schlangen-Konzept» gekannt – und *richtig* verstanden – hatte. Eine Person, die keine Ahnung hat, wie eine Schlange aussieht, und nicht zwischen dem «Schlangen-Konzept» und einem «Schweine-Konzept» unterscheiden kann, wäre nicht in Gefahr, ein Seil mit einer Schlange zu verwechseln. Zu den Folgen dieser (und ähnlicher) Verbindungen zwischen Konzepten und Realität, die von der *Nyaya*-Schule und ihren Opponen-

diese Positionsabhängigkeit in die Irre führt und falsche Informationen gibt, statt aufzuklären.* Angesichts der Fehlwahrnehmungen wird es schwierig sein, tolerierte Gender-Ungleichheiten zu überwinden oder sie auch nur als Ungleichheiten zu erkennen, die Aufmerksamkeit verlangen.[5] Da Gender-Ungleichheiten innerhalb der Familie häufig andauern, weil die Benachteiligten zu Verbündeten gemacht werden, hat die durch positionsgebundene Perspektiven getrübte Sicht großen Anteil am Vorherrschen und der Beharrlichkeit dieser Ungleichheiten.

Wie überwindet man positionsbedingte Grenzen?

Positionsbedingte Illusionen können hohe Hürden für das Streben nach Gerechtigkeit aufbauen, die dadurch überwunden werden müssen, dass die Informationsbasis für Bewertungen verbreitert wird, und dies ist einer der Gründe, warum Adam Smith forderte, Perspektiven von anderswo, auch aus der Ferne, systematisch mit zu berücksichtigen (siehe Kapitel 6). Auch wenn durch offene Unparteilichkeit viel erreicht werden kann, besteht doch wenig Hoffnung auf einen vollständigen und reibungslosen Übergang von positionsabhängigen Ansichten zu einem endgültigen «Blick von nirgendwo».

Man könnte einwenden: Unser gesamtes Verständnis der Welt ist abhängig von den begrenzten Wahrnehmungen, die uns möglich sind, und den Gedanken, die wir entwickeln können. Unser Denken wie unsere Wahrnehmungen sind vollkommen angewiesen auf unsere Sinnesorgane, unser Hirn und andere physische Befähigungen. Schon die Vorstellung, dass wir einen «Blick» haben – von wo auch immer – lebt von unserem Verständnis des Sehens mit eigenen Augen, einer körperlichen Aktivität in der physischen Form, zu der Menschen sich entwickelt haben.

ten untersucht wurden, siehe Bimal Matilal, *Perception: An Essay on Classical Indian Theories of Knowledge* (Oxford: Clarendon Press, 1986), 6. Kapitel.

* Wie schon erwähnt, kann eine Theorie der Gerechtigkeit auch Platz bieten für relationale Rücksichten aus positionsabhängigen Perspektiven, die den Beteiligten womöglich wichtig sind und berücksichtigt werden müssen. Das gilt zum Beispiel für die Frage der akteurzentrierten Pflichten und Prioritäten (wobei dem Akteur, der für eine Handlung verantwortlich ist, vielleicht eine besondere Haftpflicht zugeschrieben wird) genauso wie für besondere Verpflichtungen aufgrund spezifischer zwischenmenschlicher Beziehungen, zum Beispiel der Elternpflicht. Die wirkliche Relevanz positionsabhängiger Perspektiven (wenn sie zu rechtfertigen sind) unterscheidet sich stark von dem, was hier im Kontext nicht-relationaler Ethik und Politik betrachtet wird, und soll im Kapitel 10, «Verwirklichungen, Folgen und Handeln», thematisiert werden.

In Gedanken können wir natürlich darüber spekulieren, wie es wäre, die Anker zu lichten, die uns an unsere Lebenswelt ketten und an die physischen Aktivitäten binden, die unser Urteils- und Denkvermögen bestimmen. Wir können sogar versuchen, uns eine Welt zu denken, in der uns andere Wahrnehmungen möglich sind als das Empfangen von Licht-, Ton-, Wärme-, Geschmacks-, Tast- und ähnlichen Signalen, aber es ist schwer, irgendeine konkrete Vorstellung davon zu entwickeln, wie die Welt in jenem anderen sensorischen Universum «aussehen» würde. Dieselben Grenzen gelten für die Reichweite unseres Denkprozesses und die Erweiterung unserer Reflexionsfähigkeit. Unser Vermögen, die äußere Welt zu verstehen, ist so in unseren Erfahrungen und unserem Denken verankert, dass die Möglichkeit, darüber hinaus zu gehen, ziemlich begrenzt sein wird.

Trotzdem kann Positionsabhängigkeit partiell oder ganz derart überwunden werden, dass wir zu einem weniger engen Blickwinkel kommen. Auch hier (wie bei der Wahl des Schwerpunkts einer Theorie der Gerechtigkeit) können wir mit gutem Grund vergleichsweise gute Lösungen anstreben und nicht das utopische Ziel der absoluten Vollkommenheit. Erweiterung durch Vergleichen gehört zum fortdauernden Interesse innovativer erkenntnistheoretischer, ethischer und politischer Arbeiten und hat in der intellektuellen Weltgeschichte sehr lohnende Ergebnisse hervorgebracht. Das «Nirwana» der vollkommenen Unabhängigkeit von persönlichen Merkmalen ist nicht das einzige Thema, das unsere Aufmerksamkeit verdient.

Wer ist unser Nächster?

Seit langem gibt es Versuche, die positionsbedingte Beschränkung unserer moralischen Pflichten zu überwinden, die unsere Wahrnehmung auf unsere unmittelbare «Nachbarschaft» einengt, und die relationale Sicht abzuwehren, dass man nur dem Nächsten etwas schulde, aber nicht Menschen außerhalb der Nachbarschaft. Die Frage nach der Pflicht gegen den Nächsten nimmt in der Geschichte der ethischen Vorstellungen viel Raum ein. Das Allgemeine Gebetbuch, der Katechismus der Anglikanischen Kirche, gibt folgende unmissverständliche Antwort auf die Frage «Was lernst du vornehmlich aus diesen Geboten?»: «Ich lerne zwei Dinge; meine Pflicht gegen Gott und meine Pflicht gegen meinen Nächsten.»

Wenn diese Auffassung von unseren Pflichten richtig ist und die Ansprüche unserer Nächsten unvergleichlich viel höher sind als die anderer

Menschen, könnte man dann nicht denken, dass dies hilft, die Unebenheit der «Gerechtigkeit allein in einem Land» zu glätten (die Ausschließlichkeit, gegen die ich argumentiert habe)? Aber die ethische Basis für diese Einstellung, die der ausschließlichen Sorge um die Nächsten eine dermaßen unharmonisch hohe Priorität gibt, bedarf einer Rechtfertigung. Zu bedenken ist auch, dass das intellektuelle Fundament für die Denkweise, die alle Menschen in feste Gemeinschaften von Nachbarn einteilt, höchst brüchig ist.

Jesus von Nazareth macht diesen Punkt durch sein Gleichnis vom «barmherzigen Samariter» im Lukas-Evangelium mit zwingender Klarheit deutlich.* Das Gleichnis wird – plausibel genug – als Mahnung zur Barmherzigkeit gegenüber allen Menschen verstanden, und dabei wird manchmal übersehen, dass Jesus vor allem die Idee einer eng begrenzten nachbarschaftlichen Nähe zurückweist.

An dieser Stelle im Lukas-Evangelium spricht Jesus mit einem Schriftgelehrten über dessen Vorstellung, dass unsere Pflicht gegenüber anderen sich auf unsere räumlichen Nachbarn beschränkt. Jesus erzählt dem Schriftgelehrten die Geschichte von dem verletzten Mann, der am Straßenrand lag und schließlich von dem guten Samariter versorgt wurde, nachdem vorher ein Priester und ein Levit sich geweigert hatten, etwas für ihn zu tun. Statt ihm zu helfen, hatten der Priester und der Levit einfach die Straße überquert und waren auf der anderen Seite weitergegangen, ohne dem halbtoten Mann ins Gesicht zu sehen.**

* Siehe dazu auch Jeremy Waldrons ausgezeichnete Analyse mit einem etwas anderen Schwerpunkt in: «Who Is My Neighbor? Humanity and Proximity», *The Monist*, 86 (Juli 2003).

** Mein verstorbener Kollege, der gefürchtete John Sparrow, ehemaliger Leiter des All Souls College in Oxford, behauptete gern, dass wir anderen nichts schulden, wenn wir ihnen keinen Schaden zugefügt haben, und er stellte mit Vergnügen die Frage, ob der Priester und der Levit, die auf die andere Straßenseite wechselten, statt zu helfen, «falsch gehandelt» hätten, wie gewöhnlich angenommen. Sparrow selbst antwortete nachdrücklich: «Natürlich ja». Er genoss es, seinen sehr schockierten Zuhörern (und schockieren wollte er sie) auseinanderzusetzen, dass Levit und der Priester falsch gehandelt hätten, nicht weil sie hätten helfen müssen (keineswegs), sondern weil sie nicht mit offensichtlichen Schuldgefühlen die Straße hätten überqueren dürfen, statt dem Verwundeten ins Gesicht zu sehen. Sie hätten den moralischen Mut haben müssen, einfach auf der selben Straßenseite an dem Mann vorbeizugehen, ohne ihm zu helfen und ohne unnötige Scham oder Verlegenheit. (A. d. Ü.: Leser der Lutherbibel hätten diese feine Unterscheidung nicht treffen können, da Luther übersetzt: [ein Priester zog die Straße hinab] «und da er ihn sah, ging er vorüber» (Lukas 10, 31). Von einem Wechsel auf die andere Straßenseite ist

Jesus spricht in diesem Zusammenhang nicht direkt von der Pflicht, anderen – *allen* anderen – in ihrer Not zu helfen, ganz gleich, ob sie unsere Nächsten sind oder nicht, sondern er macht auf ein Problem der Klassifizierung aufmerksam. Er fragt den Schriftgelehrten, mit dem er diskutiert: «Wer war der Nächste des Verwundeten?» Der Schriftgelehrte kann nicht umhin, zu antworten: «Der Mann, der Barmherzigkeit an ihm getan hat.» Und genau darum ging es Jesus natürlich. Die Pflicht gegenüber den Nächsten beschränkt sich nicht auf räumliche Nachbarn. Um Jesus' Argument zu verstehen, müssen wir uns erinnern, dass der Samariter nicht nur von weit her kam, sondern auch, dass die Israeliten die Leute aus Samaria ablehnten oder verachteten.*

Der Samariter ist mit dem verletzten Israeliten durch das Ereignis selbst verbunden: Er fand den halbtoten Mann, sah, dass er Hilfe brauchte, gab ihm diese Hilfe und stand nun in einer Beziehung zu dem Verwundeten. Es kommt nicht darauf an, ob der Samariter aus Barmherzigkeit handelt oder aus «Gerechtigkeitssinn» oder aus einem tieferen «Gefühl für Fairness, die gebietet, andere als Gleiche zu behandeln». Sobald er sich in dieser Situation befindet, ist er in einer neuen «Nachbarschaft».

Die Nachbarschaft oder Nähe, die durch unsere Beziehung zu Fernstehenden aufgebaut wird, hat tiefgreifende Bedeutung für das Verständnis von Gerechtigkeit im Allgemeinen und für Gerechtigkeit in unserer heutigen Welt im Besonderen. Wir sind verbunden durch Handel, Geschäftsverkehr, Literatur, Sprache, Musik, bildende Künste, Unterhaltung, Religion, Medizin, Gesundheitswesen, Politik, Nachrichten, Medienkommunikation und anderes. Vor mehr als 250 Jahren schrieb David

– anders als im Griechischen – bei ihm keine Rede. Diesen Hinweis verdanke ich Günther Patzig.)

Um John Sparrows nüchterne Auffassung von der «Schuldigkeit gegenüber anderen» (genauer: von dem «was wir anderen *nicht* schulden») näher kennen zu lernen, vergl. sein Buch *Too Much of a Good Thing* (Chicago, Il.: University of Chicago Press, 1977).

* Als ich über diese Bibelgeschichte und ihre bemerkenswerte Reichweite und Eindringlichkeit nachdachte, fiel mir wieder ein, wie Wittgenstein die Evangelien mit den eher einschüchternden Paulusbriefen verglich: «In den Evangelien – so scheint mir – ist alles *schlichter*, demütiger, einfacher. Dort sind Hütten; bei Paulus eine Kirche. Dort sind alle Menschen gleich und Gott selbst ein Mensch; bei Paulus gibt es schon so etwas wie eine Hierarchie, Würden und Ämter.» (Ludwig Wittgenstein, *Culture and Value*, hg. von G.H. von Wright [Oxford: Blackwell, 1980], S. 30).

Hume, wie wichtig es sei, immer mehr Kontakte zu knüpfen, um die Reichweite unseres Gerechtigkeitssinns zu vergrößern:

> Nehmen wir weiter an, dass mehrere verschiedene Gesellschaften zum gegenseitigen Nutzen und Vorteil einen gewissen Umgang pflegen, dann erweitern sich die Grenzen der Gerechtigkeit in dem Maße, wie sich der Blickwinkel der Menschen erweitert und ihre gegenseitigen Verbindungen stärker werden.[6]

Auf «den weiten Blickwinkel der Menschen» baut das Streben nach offener Unparteilichkeit. Und die wachsende Stärke «ihrer gegenseitigen Verbindungen» bewirkt, dass «die Grenzen der Gerechtigkeit sich erweitern».*

Man kann darüber streiten, wie weit unsere Besorgnisse in eine Theorie der Gerechtigkeit hineinreichen sollten, die heute Plausibilität besitzt, und man kann wohl nicht erwarten, dass Einigkeit über den angemessenen Geltungsbereich zustande kommt. Aber keine Theorie der Gerechtigkeit von heute kann die ganze Welt außerhalb des eigenen Landes ignorieren oder außer Acht lassen, dass Nachbarschaft in dieser Welt immer umfassender wird, selbst wenn es Versuche gibt, uns davon zu überzeugen, dass wir nur unseren räumlichen Nächsten Hilfe beim Überwinden von Ungerechtigkeit schulden.** Wir sind zunehmend miteinander verbunden, nicht nur in wirtschaftlichen, sozialen und politischen Beziehungen, sondern uns vereinen auch vage, aber weit reichende Besorgnisse über Ungerechtigkeit und Inhumanität, die unsere Welt herausfordern, und über die Gewalt und den Terrorismus, die sie bedrohen. Selbst die Frustrationen, die wir teilen, und die geteilten Sorgen über globale Hilflosigkeit können uns eher einigen als trennen. In der Welt von heute gibt es nur noch wenige Nicht-Nächste.

* Nachdem die Welt dank Innovationen in der Kommunikation und im Transport und dank der Weiterentwicklung globaler Medien und transnationaler Organisationen viel übersichtlicher geworden ist, lässt sich kaum noch leugnen, dass diese weltweiten extensiven Verbindungen tief greifende Folgen nicht nur für Form und Inhalt einer Theorie der Gerechtigkeit haben (die mich hier hauptsächlich interessieren), sondern auch für die globale Politik – und für das Überleben. Im Zusammenhang damit siehe auch Chris Patten, «*What Next? Surviving the Twenty-first Century*» (London: Allen Lane, 2008).

** Unsere umfassenderen globalen Besorgnisse melden sich manchmal in organisierten Demonstrationen und lauten Protesten und drücken sich zu anderen Zeiten in politischen Kommentaren, in den Medien oder auch nur in privaten Gesprächen friedlicher aus. In den Kapiteln 15–17 mehr dazu.

8. RATIONALITÄT UND DIE ANDEREN

1638 schickte der Mathematiker Pierre de Fermat Aufzeichnungen über Maximierung und Minimierung an René Descartes. Das Manuskript hatte schon ein paar Jahre in Paris zirkuliert, bevor es Descartes erreichte, der nicht besonders beeindruckt war, als es schließlich bei ihm eintraf. Und doch waren Fermats Ausführungen hochbedeutend für die Etablierung der mathematischen Verfahren zur Maximierung und Minimierung.* Dieses Spezialgebiet ist für Mathematik und Philosophie wichtig, wird aber auch ausgiebig in den Naturwissenschaften, den Sozialwissenschaften und vor allem in den Wirtschaftswissenschaften genutzt.

In den Wirtschafts- und Sozialwissenschaften wird die Maximierung hauptsächlich im Zusammenhang mit Verhaltensmerkmalen herangezogen (dazu im Folgenden mehr), interessant ist jedoch, dass Fermats «Prinzip der kürzesten Zeit» in der Optik (das Licht legt den Weg von einem Punkt zum anderen immer in der kürzestmöglichen Zeit zurück), ein elegantes Beispiel für Minimierung, nichts mit bewusstem Verhalten zu tun hatte, da das Licht seine «Wahl» des kürzesten Weges nicht willentlich trifft. Maximierung ohne einen bewussten «Maximierer» ist für die Physik und andere Naturwissenschaften typisch. Das Fehlen einer bewussten Entscheidung bei der Wahl gilt generell für die frühen analytischen Verfahren der Maximierung und Minimierung, auch in der Geometrie, und reicht zurück bis auf die Suche der griechischen Mathematiker nach dem «kürzesten Kreisbogen» und nach Lösungswegen für andere Aufgaben, mit denen sich die großen Geometriker der Antike, zum Beispiel Apollonius von Perge, befassten.

Im Gegensatz dazu wird das Maximierungsverfahren in den Wirtschaftswissenschaften hauptsächlich als Ergebnis bewusster Entscheidung aufgefasst (obwohl manchmal auch ein *habituelles* Maximierungsverhalten eine Rolle spielt), und rationale Wahl wird typischerweise als bewusste Maximierung dessen verstanden, was eine Person mit den besten

* Die analytischen Merkmale der Maximierung und Minimierung sind nicht wesentlich verschieden, da beide «Extremwerte» aufsuchen. Eine Maximierungsrechnung kann leicht in eine Minimierung umgewandelt werden, indem man das Vorzeichen der fraglichen Funktion ändert (und umgekehrt).

Gründen anstrebt. Jon Elster definiert dieses Verhalten in seinem kurzen, knappen und eleganten Buch *Reason and Rationality:* «Ein rationaler Akteur ist einer, der aus zureichenden Gründen handelt.»[1] Die Überlegung, dass die Rationalität einer Wahl eine starke Verbindung mit vernünftigem Denken haben muss, lässt sich kaum vermeiden. Und diese häufig eher implizite als explizite Überzeugung, dass vernünftiges Denken wahrscheinlich die Maximierung dessen unterstützt, was wir fördern oder anstreben möchten, ist der Grund, warum Maximierung als zentrales Motiv rationalen Verhaltens gilt. In den Wirtschaftswissenschaften wird die mathematische «Extremalmethode», etwa als Nutzenmaximierung von Seiten der Verbraucher, Kostenminimierung von Seiten der Produzenten, Gewinnmaximierung von Seiten der Firmen, sehr ausgiebig benutzt, um vorherzusagen, welche Wahlen erwartbar sind.

Diese Auffassung von der Rationalität einer Wahl kann wiederum zu der in den heutigen Wirtschaftswissenschaften üblichen Annahme führen, tatsächliche Wahlentscheidungen würden am besten dadurch definiert, dass sie auf einer passenden Art der Maximierung beruhen. Deshalb muss die Frage nach der Natur einer vernünftigen Maximierung in der gegenwärtigen Forschung zur rationalen Wahl und zur Bestimmung der tatsächlichen Wahl eine zentrale Stellung einnehmen.

Aufmerksamkeit verlangt jedoch zuerst die ziemlich elementare methodologische Frage nach dem Anwendungsbereich der Maximierung in den Wirtschaftswissenschaften. Maximierungsverhalten kann nämlich in der Ökonomie zweierlei bedeuten: *sowohl* ein Mittel zur Vorhersage (man versucht vor der Wahl zu raten, was wahrscheinlich geschehen wird) wie auch ein Kriterium für Rationalität (man schätzt ein, welche Normen befolgt werden müssen, damit eine Wahl als rational gilt). Diese Gleichsetzung von zwei verschiedenen Bereichen (nämlich der rationalen und der tatsächlichen Wahl), die zur Zeit in den Wirtschaftswissenschaften ein weitverbreitetes Standardverfahren ist, wirft eine entscheidende Frage auf: Erlaubt das Modell der rationalen Wahl (ganz gleich, welche Charakterisierung zutrifft) gute Vorhersagen über die Wahl, die tatsächlich getroffen wird? Hier besteht offensichtlich Grund zu Diskussion und kritischer Prüfung.

Rationale Entscheidungen und tatsächliche Wahl

Lassen sich Menschen unweigerlich oder auch nur im typischen Fall von der Vernunft leiten und nicht zum Beispiel von Leidenschaft oder Impulsen? Wenn sie sich in ihrem *tatsächlichen* Verhalten nicht nach den

Normen für rationales Verhalten richten, wie können wir dann auf die beiden ziemlich verschiedenen Fragen: «welches Handeln einer Person wäre *rational*?» und: «Was wird sie *tatsächlich* tun?», die gleiche Antwort erwarten? Müsste man nicht den Ökonomen, die sich – mit expliziten Argumenten oder impliziten Annahmen – der Maximierung derart doppelt bedienen, empfehlen, sich diese Frage noch einmal durch den Kopf gehen zu lassen?

Eine ganze Reihe Ökonomen haben sich immerhin mit systematischen Abweichungen von der Rationalität bei tatsächlichen Entscheidungen befasst. Ein Gesichtspunkt, der in Übereinstimmung mit einem Vorschlag Herbert Simons angeführt wird, ist die begrenzte Rationalität (bounded rationality).[2] Der Begriff bezeichnet die Möglichkeit, dass Menschen nicht in allen Fällen auf eine vollkommen rationale Entscheidung aus sind, weil sie sich entweder nicht vollständig genug auf einen Punkt konzentrieren können oder nicht beharrlich oder aufmerksam genug Informationen suchen und nutzen, die für ein vollständiges Streben nach Rationalität nötig wären. Verschiedene empirische Untersuchungen haben Daten ergeben, die ebenfalls dafür sprechen, dass Menschen in ihrem tatsächlichen Verhalten vom Ziel der vollständigen Maximierung abweichen. Kahnemann, Slovik und Tversky haben zum Beispiel überzeugende Anhaltspunkte dafür geliefert, dass Menschen nicht zureichend verstehen, was Urteilen unter Ungewissheit heißt, das heißt, welche Unsicherheit bestehen bleibt, wenn zu entscheiden ist, was auf der Grundlage der verfügbaren Evidenz in einem spezifischen Fall erwartet werden kann.[3]

Auch das Phänomen «Willensschwäche» kommt vor, ein Phänomen, dem seit langer Zeit viele Philosophen Aufmerksamkeit gewidmet haben – die alten Griechen nannten es *akrasia*. Man kann ziemlich genau wissen, was man unter rationalen Gesichtspunkten tun sollte, und trotzdem das entsprechende Handeln versäumen. Menschen essen oder trinken zu viel, obwohl sie ihr Verhalten selbst töricht oder irrational finden, und trotzdem können sie der Versuchung nicht widerstehen. Die wirtschaftswissenschaftliche Literatur nennt das Phänomen manchmal «eingeschränkte Willenskraft» oder «unzureichende Selbstbeherrschung», und das so bezeichnete Problem wurde und wird von Ökonomen – angefangen mit Adam Smith in achtzehnten Jahrhundert bis hin zu Thomas Schelling in unserer Zeit – mit weit reichender Aufmerksamkeit bedacht.[4] Man muss festhalten, dass damit die Unfähigkeit zu vollkommen rationalem Verhalten gemeint ist, dass die Abweichungen des tatsächlichen vom rationalen Verhalten für sich genommen aber keine Modifizierung der Idee der Rationalität oder ihrer Forderungen nahe legen.[5]

Die Relation zwischen rationaler Wahl und tatsächlichem Verhalten passt zu einer seit langem bestehenden Spaltung in den Wirtschaftswissenschaften: Während einige Autoren eher meinen, dass die Annahme, das tatsächliche Verhalten folge dem Diktat der Rationalität, im Großen und Ganzen zutreffend ist, betrachten andere diese Voraussetzung mit tiefer Skepsis. Diese Differenz in den Grundannahmen über menschliches Verhalten und insbesondere die skeptische Scheu, tatsächliches Verhalten für erkennbar rational zu halten, hat die modernen Wirtschaftswissenschaften jedoch nicht daran gehindert, rationale Wahl ausgiebig als Instrument der Vorhersage einzusetzen. Die Annahme wird oft genug nicht begründet, aber wenn sie gerechtfertigt wird, dann entweder mit dem Argument, dass sie als Faustregel der Wahrheit nahe genug komme (trotz einer gewissen wohlbekannten Divergenz), oder mit der Erklärung, das vorausgesetzte Verhalten sei ausreichend brauchbar für den Zweck, dem es diene; und dieser Zweck muss nicht unbedingt eine möglichst wahrheitsgetreue Beschreibung sein.

Vor allem Milton Friedman hat mit großem Nachdruck Argumente für gewisse zweckdienliche Abweichungen von der wahrheitsgetreuen Beschreibung vorgebracht; zum Beispiel könnten vereinfachte Modelle mit guter Trefferquote nützlich für Voraussagen sein.[6] Friedman hat außerdem verlangt, dass selbst so genannte «realistische» Beschreibungen nicht wegen der Wahrheitstreue der Darstellung so genannt, sondern daran gemessen werden sollten, «ob die Theorie funktioniert, das heißt, ob sie ausreichend genaue Vorhersagen zulässt». Das ist eine sehr eigenwillige Ansicht von deskpritivem Realismus, kein Wunder, dass sie massiv kritisiert wurde, vor allem von Paul Samuelson (Samuelson hat sie den «F-Dreh» genannt). Ich werde auf diese Debatte und ihre Grundlagen hier nicht eingehen, da sie nicht zentral für dieses Buch sind, habe sie aber an anderer Stelle behandelt.[7]

Zur kritischen Überprüfung der Rationalität tatsächlichen Verhaltens gehören auch wichtige Interpretationsprobleme, die manchmal dazu führen, dass eine prompte Diagnose irrationalen Verhaltens voreilig ist.[8] Zum Beispiel kann es sein, dass ein Verhalten auf andere ausgesprochen irrational und sogar geradezu dumm wirkt, in Wirklichkeit aber gar nicht so unsinnig ist. Ein Verhalten kann manchmal unklug erscheinen, weil übersehen wird, aus welchen Gründen bestimmte Entscheidungen getroffen werden, auch wenn diese Gründe vorhanden und zwingend sind.

Platz für irrationales Handeln zu lassen, ist wichtig, aber Irrationalität zu diagnostizieren, kann eine sehr viel komplexere Aufgabe sein, als es den Anschein hat.[9] Wichtig für dieses Buch ist nicht eine wie auch immer geartete Annahme, dass Menschen unabänderlich rational handeln, sondern vielmehr die Idee, dass ihnen nicht vollkommen fremd ist, was Rationalität verlangt (auch wenn sie von Zeit zu Zeit etwas falsch machen oder dem Gebot der Vernunft nicht immer und in jedem Fall folgen). Die *Natur* des vernünftigen Denkens, auf das Menschen reagieren, ist für dieses Buch wichtiger als die Exaktheit der menschlichen Fähigkeit, in allen Fällen ausnahmslos das zu tun, was die Vernunft gebietet. Menschen könnten nicht nur in ihrem alltäglichen Verhalten auf vernünftiges Denken hören, sondern auch in der Besinnung auf umfassendere Fragen, zum Beispiel das Wesen der Gerechtigkeit und die Merkmale einer akzeptablen Gesellschaft. Die Fähigkeit, sich auf unterschiedliche – gut und weniger gut bekannte – Typen von Vernunftgebrauch einzulassen, wird in diesem Buch häufig angesprochen. Die Relevanz dieser Denkübung wird nicht vergehen, nur weil das tatsächliche Verhalten nicht in jedem Fall mit rationaler Wahl gleichzusetzen ist. Wichtiger für die Absicht meiner Untersuchung ist die Tatsache, dass Menschen alles in allem fähig sind, ihre Vernunft zu gebrauchen und ihre eigenen Entscheidungen wie die ihrer Mitmenschen kritisch zu prüfen. Hier besteht keine unüberbrückbare Kluft.

Rationale Wahl kontra «Rational Choice» Theorie

Auch wenn wir bedingt oder unbedingt akzeptieren, dass tatsächliches Verhalten nicht ohne Beziehung zu den Forderungen der Rationalität ist und von ihnen beeinflusst wird, bleibt die große Frage, wie rationale Wahl zu charakterisieren wäre. Was genau verlangt rationale Wahl?

Eine Antwort, die in den Wirtschaftswissenschaften populär geworden ist, besagt, dass Menschen dann und nur dann rational wählen, wenn sie allein ihr Selbstinteresse intelligent verfolgen. Dieses äußerst eng gefasste Verständnis von rationaler Wahl hat den ambitionierten Namen «Rationalwahltheorie» (erstaunlicherweise ohne jede ergänzende Charakterisierung). Die Theorie mit dem Markennamen «Rational Choice» Theorie oder RCT definiert Rationalität der Wahl einfach als kluge Maximierung des Eigennutzes. Irgendwie gilt es in dieser Auffassung als selbstverständlich, dass Menschen nicht rational sind, wenn sie nicht ausschließlich ihr Eigeninteresse intelligent wahrnehmen, ohne etwas anderes zu beachten (es sei denn, dieses «andere» könnte – direkt oder indirekt – der Verfolgung ihres Eigeninteresses dienen). Da Menschen auch ohne weiteres gute Gründe haben können, andere Ziele wahrzunehmen als die in ihrem eigenen Interesse liegenden und da sie Argumente verstehen können, die für die Beachtung umfassenderer Werte oder Normen des guten Verhaltens sprechen, ist die RCT Ausdruck eines extrem beschränkten Verständnisses von Vernunft und Rationalität.

Wie nicht anders zu erwarten, gibt es eine umfangreiche Literatur zu diesem Thema, unter anderem verschiedene Versuche, die Auffassung von Rationalität als Verwirklichung von Eigeninteressen mit spitzfindigen Argumenten zu verteidigen. Ein wichtiger Gesichtspunkt ist die Interpretation altruistischer Handlungen aufgrund vernünftigen Denkens: Wenn eine Person einen Vernunftgrund für dieses Handeln sieht, heißt das, dass der oder die Betreffende persönlich vom Handeln gemäß diesem Vernunftgrund profitieren würde? Die Antwort muss von der Art des betreffenden Grundes abhängen. Wenn eine Person es unerträglich findet, in einer Gesellschaft mit großen Ungerechtigkeiten zu leben, und aus diesem Grund versucht, etwas zu tun, damit sie weniger werden, dann ist der Eigennutz des Akteurs eindeutig mit dem sozialen Ziel der Minderung von Ungerechtigkeit vermischt. Wenn eine Person jedoch Ungerechtigkeit vermindern will, nicht, um den eigenen Schmerz bei ihrem Anblick zu lindern, sondern weil sie Ungerechtigkeit für ein Übel einer Gesellschaft hält (ganz gleich, ob der Anblick dieses Übels sie schmerzt), dann muss das soziale Motiv des Akteurs von persönlichem Streben nach privatem Gewinn unterschieden werden. Die verschiedenen Argumente, die auf diesem weiten – und weitgehend erforschten – Feld angeführt werden, habe ich in meiner Arbeit *Rationality and Freedom* (2002) untersucht.[10]

Der erstaunlich verengte Blick, der Rationalität ausschließlich als Wahrnehmung des Eigeninteresses sieht, wird im Folgenden kritisch geprüft, aber zunächst möchte ich einen Vorschlag zu bedenken geben, den ich bereits an anderer Stelle vorgetragen habe, einen Vorschlag, wie die Rationalität einer Wahl weniger restriktiv und überzeugender zu charakterisieren wäre. Nach dieser Auffassung bestünde sie hauptsächlich darin, dass wir unsere Entscheidungen explizit oder implizit aufgrund von Argumenten treffen, die unserer kritischen Überprüfung standhalten.*

* Die detaillierte Darstellung dieses Gesichtspunkts ist mit technischen, auch mathematischen Verfahren verbunden, aber die Hauptsache lässt sich ziemlich leicht verständlich folgendermaßen formulieren: Rationalität ist Übereinstimmung mit Gründen, die nicht nur auf den ersten Blick einleuchten, sondern auch kritischer

So gesehen ist das Verfahren der rationalen Wahl grundsätzlich damit verbunden, dass wir unsere Entscheidungen anhand der kritischen Überprüfung der Gründe für diese Wahl treffen. Die Rationalität der Wahl hängt entscheidend davon ab, ob man die eigene Entscheidung für Handlungen wie für Ziele, Werte und Prioritäten vernunftgeleiteter kritischer Prüfung unterwirft.

Dieser Ansatz basiert auf der Idee, dass es eine Verbindung gibt zwischen der Wahl, die rational wäre, und der Wahl, die wir mit gutem Grund treffen. Aus gutem Grund handeln, heißt nicht einfach, die unkritische Überzeugung – das deutliche «Bauchgefühl» – zu haben, dass wir «ausgezeichnete Gründe» für die Handlung besitzen, zu der wir uns entscheiden. Es verlangt vielmehr, dass wir die Gründe untersuchen, auf denen die Wahl beruht, und dass wir herausfinden, ob sie einer kritischen Prüfung standhalten, die man durchführen kann, wenn und sobald verstanden wird, wie wichtig eine solche Selbsterforschung ist. Die Gründe für eine Wahl müssen der genauen, vernunftgeleiteten Nachforschung (einschließlich angemessener Reflexion und wenn nötig einer Auseinandersetzung mit Gesprächspartnern) standhalten, in die neue Informationen, falls vorhanden, relevant und zugänglich, einbezogen werden. Nicht nur unsere Entscheidungen über vorgegebene Ziele und Werte können wir auf diese Weise prüfen, sondern auch klären, wie weit diese Ziele und Werte selbst kritischer Überlegung durch andere standhalten.[11]

Damit soll jedoch nicht gesagt sein, dass wir jedes Mal, wenn wir etwas wählen, eine ausführliche kritische Überprüfung anstellen müssen – das Leben wäre unerträglich, wenn rationales Verhalten dies verlangen würde. Aber man kann behaupten, dass eine Wahl nur dann als rational gilt, wenn sie einer vernunftgeleiteten kritischen Prüfung standhielte, *falls* diese stattfände. Wenn die Gründe für eine bestimmte Wahl in unserem Denken durch Erfahrung oder Gewohnheitsbildung einen festen Platz gefunden haben, können wir oft genug eine vernünftige Wahl treffen, ohne uns über die Rationalität jeder einzelnen Entscheidung den Kopf zerbrechen zu müssen. Gegen solche Normen für vernünftiges Verhalten ist nichts Besonderes einzuwenden (obwohl wir uns manchmal vielleicht von lang geübten Gewohnheiten täuschen lassen, an denen wir

Überprüfung standhalten. Eine allgemeine Präsentation und Verteidigung dieses Ansatzes findet sich in meinem Essay «Introduction: Rationality and Freedom» in *Rationality and Freedom* (2002). Die eher technischen Fragen werden in den Essays 3–7 desselben Buchs behandelt. Siehe auch Richard Tuck, *Free Riding* (Cambridge, MA: Harvard University Press, 2008).

festhalten wie an einer alten Ehe, während neue Umstände eine Trennung verlangen würden). Eine Person, die gewohnt ist, nach dem Abendessen koffeinfreien Kaffee zu trinken, obwohl ihr normaler Kaffee besser schmeckt, handelt womöglich nicht irrational, auch wenn sie nicht bei jedem Anlass eine vernunftgeleitete Überprüfung in Gang setzt. Ihre Gewohnheit mag auf ihrem impliziten Vernunftgebrauch beruhen, weil sie aus früherer Erfahrung gelernt hat hat, dass ein Kaffee zu dieser späten Stunde sie wach halten würde. Sie braucht sich nicht jedes Mal ins Gedächtnis zu rufen, wie sie sich nach dem abendlichen Genuss von Kaffee schlaflos im Bett wälzen musste. Nachhaltiges vernünftiges Denken ist nicht auf eine bei jeder Gelegenheit wiederholte ausdrückliche kritische Nachforschung angewiesen.

Diese generelle Auffassung von rationaler Wahl als einer auf stichhaltigen Gründen beruhenden Entscheidung erscheint manchen Kritikern so generell, dass sie offenbar versucht sind, zu meinen, damit könne es nicht weit her sein. In Wirklichkeit aber erhebt dieses Verständnis von rationaler Wahl strenge eigene Ansprüche und weist eine Vielzahl anderer Behauptungen über die Eigenart der «rational choice» zurück. Genau genommen ist die Ansicht, rationale Wahl sei eine kritisch geprüfte Wahl, sowohl anspruchsvoll wie permissiv.

Anspruchsvoll ist sie insofern, als sie keine einfache Formel (wie zum Beispiel die Maximierung des Eigennutzes) automatisch als rational durchgehen lässt, ohne diese Formel gründlicher Prüfung zu unterziehen, das heißt, dass sowohl die Objekte, die angestrebt werden, wie die Auflagen für vernünftiges Verhalten, die man mit Grund beachten könnte, kritisch untersucht werden. Zum Beispiel hätte die verengte Auffassung von Rationalität, die sich in der so genannten RCT zeigt, keinen unmittelbaren Anspruch, für angemessen gehalten zu werden.

Hier ist vielleicht der Hinweis angebracht, dass das System der Maximierung, das eine mathematische Struktur für disziplinierte Wahl bietet, selbst viel mehr umfasst als die besondere Maximierung des Eigennutzes.* Wenn man Ziele hat, die über das spezifische eigene Interesse

* Dass die Maximierung in der Mathematik verschiedene Typen von Beschränkungen und Varianten von Zielen (einschließlich angebotsabhängiger [menu-dependent] Präferenzen) berücksichtigen kann, wird in meinem «Maximization and the Act of Choice», *Econometrica*, 65 (1997) erörtert. Siehe auch *Rationality and Freedom* (2002). Ich möchte hier jedoch darauf hinweisen, dass die analytische Kennzeichnung von Maximierung nicht ganz erfasst, wie der Begriff in der Alltagssprache häufig verwendet wird. Wenn mir jemand sagt, ich solle mir klarmachen, dass «Paul ein wüster Maximierer» sei, wäre ich nicht versucht zu meinen,

hinausgehen und allgemeinere Werte ins Spiel bringen, die man mit gutem Grund fördert oder anerkennt, dann hält sich die Maximierung der Zweckerfüllung womöglich nicht an die spezifischen Ansprüche der Maximierung des Eigennutzes. Wenn man Grund hat, bestimmte selbst auferlegte Beschränkungen zu beachten, die das «anständige Benehmen» verlangt (dass man zum Beispiel die Sicherheitsvorschriften bei Feueralarm befolgt und ruhig in geordnetem Rückzug zum Ausgang geht, statt sich durch die Menge zu drängeln, oder dass man – in einer alltäglichen Situation – bei einer Einladung nicht schleunigst und allen voran auf den bequemsten Stuhl zusteuert), dann kann die Zweckmaximierung, die Gegenstand dieser selbst auferlegten Beschränkungen ist, mit den umfassenden Forderungen der Rationalität übereinstimmen.*

Wenn rationale Wahl im Sinn von «kritisch geprüfter Wahl» mehr verlangt als der einfachen Formel der Maximierung des Eigennutzes zu folgen, ist sie doch auch permissiver, da sie nicht ausschließt, dass mehr als nur eine für vernünftig angesehene Wahlmöglichkeit der kritischen Prüfung einer Person standhalten könnte. Eine Person ist womöglich altruistischer als eine andere, und trotzdem verstößt keine von beiden gegen die Normen der Rationalität. Wir können auch eine Person vernünftiger finden als eine andere, indem wir uns – vielleicht implizit – auf unsere Vorstellung von «Vernunftgebrauch» in einem sozialen Kontext berufen (wie Rawls es getan hat), aber dadurch würde die zweite Person

dass Paul selbstlos und unerbittlich auf Maximierung des sozial Guten aus ist. Im entsprechenden linguistischen Kontext ist die alltägliche, wenig schmeichelhafte Bezeichnung «Maximierer» ganz in Ordnung, sie muss nur von der analytischen Definition der Maximierung unterschieden werden.

* Manchmal sind diese Vorschriften für gutes Benehmen auf lange Sicht auch im eigenen Interesse einer Person, aber die Wahrnehmung des Eigeninteresses ist nicht notwendig der einzige mögliche Rechtfertigungsgrund dafür, dass man sie befolgt. Es geht nicht so sehr darum, ob ein Verhalten dem Eigeninteresse dient (das kann einer von mehreren wichtigen Gründen sein, eine Vorschrift zu befolgen), sondern darum, ob man Grund genug dafür hat (auf der Basis von Eigeninteresse oder einer anderen vernünftigen Überlegung). Diesen Unterschied habe ich in «Maximization and the Act of Choice», *Econometrica* 65 (1997) deutlich gemacht. Siehe auch Walter Bossert und Kotaro Suzumura, «Rational Choice on General Domains», in Kaushik Basu und Ravi Kanbur (Hg.), *Arguments for a Better World: Essays in Honor of Amartya Sen*, Vol. 1 (Oxford: Oxford University Press, 2009) und Shatakshee Dhongde und Prasanta K. Pattanaik, «Preference, Choice and Rationality: Amartya Sen's Critique of the Theory of Rational Choice in Economics», in Christopher W. Morris (Hg.), *Amartya Sen*, Contemporary Philosophy in Focus series (Cambridge: Cambridge University Press, 2009).

nicht notwendig irrational erscheinen. Obwohl die Forderungen der kritischen Selbstprüfung streng sind, kann sie immer noch zulassen, dass eine Vielfalt konkurrierender Gründe um Aufmerksamkeit kämpfen.*

Diese Permissivität hat jedoch eine unmittelbare Folge, die einen Kommentar wert ist. Da sich aus den Anforderungen der rationalen Wahl nicht immer die Kenntnis der einen einzigen Alternative ergibt, die gewählt werden muss, ist es zwangsläufig problematisch, eine derartige Wahl zu Prognosen zu nutzen. Wie kann rationales Wahlverhalten anzeigen, was tatsächlich gewählt werden wird, wenn nicht nur eine Alternative als rational gelten kann? Man kann akzeptieren, dass man die Natur des rationalen Wahlverhaltens verstehen sollte, weil es für sich genommen wichtig ist und weil es für die Analyse tatsächlichen Wahlverhaltens Relevanz hat, aber dies steht auf einem anderen Blatt als die Erwartung, dass ein Verständnis von der Rationalität einer Wahl unmittelbar umgesetzt werden kann in die Vorhersage einer tatsächlichen Wahl, die eine Entscheidung zwischen mehreren, sämtlich als rational geltenden Wahlmöglichkeiten ist; diese Erwartung ist problematisch, auch wenn man annimmt, dass Menschen ausnahmslos an rationalen Wahlen festhalten.

Die mögliche Pluralität stichhaltiger Gründe zu berücksichtigen, ist nicht nur wichtig, um der Rationalität gerecht zu werden, sondern damit wird auch die Idee der rationalen Wahl auf Abstand zu ihrer vermeintlichen Rolle als einfacher Prädiktor der tatsächlichen Wahl gehalten, der Rolle, die sie in den etablierten Wirtschaftswissenschaften vielfach spielt. Selbst wenn jede tatsächliche Wahl ausnahmslos rational sein, das heißt kritischer Überprüfung standhalten sollte, macht die Pluralität rationaler Wahlmöglichkeiten es sehr schwer, aus der Idee der Rationalität allein eine ausschließliche Vorhersage über die tatsächliche Wahl einer Person zu gewinnen.

Die Verengung der etablierten Wirtschaftswissenschaften

Der Ökonom Francis Edgeworth, vielleicht der führende Wirtschaftstheoretiker des ausgehenden 19. Jahrhunderts, sprach in seinem Klassiker *Mathematical Psychics* von einer interessanten Dichotomie zwischen dem

* Siehe auch George Akerlof, «Economics and Identity», *Quarterly Journal of Economics*, 115 (2000); John Davis, *Theory of the Individual in Economics: Identity and Value* (London: Routledge, 2003); Richard H. Thaler und Cass R. Sunstein, *Nudge: Improving Decisions about Health, Wealth and Happiness* (New Haven, Conn.: Yale University Press, 2008).

vorausgesetzten Verhalten von Menschen, auf dem seine ökonomische Analyse – im Einklang mit der Tradition, an der die zeitgenössische Ökonomie[12] festhielt – beruhte, und seiner persönlichen Meinung von der tatsächlichen Natur des individuellen Verhaltens. Edgeworth merkte an, der «erste Grundsatz der Ökonomie besagt, dass jeder Akteur nur durch Eigeninteresse angetrieben wird». Von diesem Grundsatz wollte er nicht abweichen, wenigstens nicht in seiner formalen Theorie, obwohl er überzeugt war, dass der Mensch seiner Zeit «größtenteils kein reiner Egoist, eher ein Misch-Utilitarier» sei. Wenn wir etwas verstört sind, dass ein so großartiger Ökonom so viel von seinem Leben und seiner analytischen Fähigkeit auf die Entwicklung einer Untersuchungsmethode verwendete, deren «ersten Grundsatz» er für falsch hielt, sollte die Erfahrung mit der ökonomischen Theorie im zwanzigsten Jahrhundert uns allerdings an diese sonderbare Dissonanz zwischen Überzeugungen und Annahmen gewöhnt haben. Die Annahme, Menschen seien durch und durch egoistisch, beherrscht inzwischen die etablierte ökonomische Theorie in weiten Bereichen, viele der großen Praktiker des Fachs dagegen äußern – wie Edgeworth – starke Zweifel am Wahrheitsgehalt dieser Annahme.

Diese Dichotomie hat in der Ökonomie jedoch nicht immer bestanden. Die frühen Autoren, die sich mit der Ökonomie befassten, zum Beispiel Aristoteles, hielten ebenso wie mittelalterliche Vertreter der praktischen Philosophie (Thomas von Aquin, Ockham, Maimonides und andere) die Ethik für einen bedeutenden Beitrag zum Verständnis menschlichen Verhaltens; sie gaben ethischen Prinzipien wichtige Rollen für Verhaltensrelationen in der Gesellschaft.* Das galt auch für die Ökonomen der frühen Moderne (etwa William Petty, Gregory King, François Quesnay und andere), die sich alle auf die eine oder andere Weise mit ethischen Fragen befassten.

Adam Smith, der Vater der modernen Wirtschaftswissenschaften, vertrat die gleiche Einstellung und formulierte sie viel deutlicher. Smith wird oft unterstellt, er gehe davon aus, dass der Mensch ein *homo oecono-*

* Ich beziehe mich hier nur auf die abendländischen Traditionen, aber Vergleichbares findet sich auch in anderen Traditionen; zum Beispiel erörterte Kautilya, der indische politische Ökonom des 4. vorchristlichen Jahrhunderts (ein Zeitgenosse von Aristoteles) die Rolle ethischen Verhaltens für den wirtschaftlichen und politischen Erfolg, obwohl er die tatsächliche Reichweite moralischer Empfindungen mit Skepsis betrachtete (siehe Kautilya, *The Arthasastra*, übers. u. hg. v. L. N. Rangarajan (Harmondsworth: Penguin Books, 1992)). Siehe auch Kapitel 3, «Institutionen und Personen».

micus sei und ausschließlich Eigeninteressen verfolge. Das ist ein Missverständnis; in Wahrheit stellte Smith ausführlich dar, wo die Grenzen dieser Annahme liegen. Er wies darauf hin, dass «Selbstliebe» – so nannte er das Motiv für ein auf Eigennutz beschränktes Verhalten – nur einer von vielen möglichen Beweggründen sei. Er unterschied deutlich zwischen verschiedenen Gründen, gegen das Diktat der Selbstliebe zu handeln; einige davon sind:

> *Sympathie* (die meisten menschlichen Handlungen «erfordern doch keine Selbstverleugnung, keine Selbstbeherrschung, keine große Anstrengung des Gefühls für sittliche Richtigkeit». Sie «bestehen nur darin, dass wir tun, was diese äußerst feine Sympathie uns von sich aus eingeben würde»);
> *Großmut* («Anders verhält es sich mit Großmut»; wir sind großmütig, wenn «wir ein wichtiges, großes eigenes Interesse einem gleichen Interesse eines Freundes oder Höherstehenden opfern»);
> *Gemeinsinn* («sobald er aber jene beiden Ziele miteinander vergleicht, dann betrachtet er sie nicht in dem Licht, in dem sie ihm selbst naturgemäß erscheinen, sondern in jenem Lichte, in welchem sie der Nation erscheinen, für die er kämpft»).[13]

Die elementare «Sympathie» einer Person kann in vielen Fällen Motiv für spontane Handlungen zugunsten anderer sein – «Selbstverleugnung» ist dabei nicht im Spiel, denn die Person hilft anderen mit Freude. In anderen Fällen wird vielleicht die Vorstellung vom «unparteiischen Zuschauer» als Anleitung «zum rechten Verhalten» zur Hilfe genommen.[14] Das würde dem «Gemeinsinn» und auch der «Großmut» Raum geben. Smith äußerte sich ausführlich über die Notwendigkeit eines nicht-eigennützigen Verhaltens und behauptete weiter, dass «Klugheit» zwar die «für den Einzelnen hilfreichste aller Tugenden» sei, wir aber anerkennen müssten, dass «Menschlichkeit, Gerechtigkeit, Großmut und Gemeinsinn die für andere nützlichsten Eigenschaften» seien.[15]

Die Interpretation von Adam Smith war und ist ein wahres Schlachtfeld. Obwohl er häufig auf die Bedeutung von nicht-eigennützigen Beweggründen hinwies, hat er sich irgendwie den Ruf erworben, er halte die Wahrnehmung von Eigeninteressen für das Leitmotiv aller Menschen. Zum Beispiel hat der berühmte Chicagoer Ökonom George Stigler von seiner «Theorie des Eigeninteresses» – die Überzeugung, dass «Eigeninteresse die Mehrheit der Menschen beherrscht», gehört dazu – in zwei bekannten Arbeiten mit schlagkräftigen Argumenten behauptet, sie liege «auf einer Linie mit Smith».[16] Stigler war damit kein Sonderfall: Diese Interpretation von Smith ist üblich und entspricht der Meinung vieler Autoren, die sich ständig auf Smith berufen, um ihre Sicht der

Gesellschaft zu untermauern.[17] Diese Fehlinterpretation hat sogar in die englische Literatur Eingang gefunden; Stephen Leacock (ein Literat und Ökonom) hat sie in einem Limerick festgehalten:

Adam, Adam, Adam Smith	
Listen what I charge you with!	Höre, was ich dir vorwerfe!
Didn't you say	Hast du nicht gesagt
In a classs one day	Im Kurs eines Tags:
That selfishness is bound to pay?	Eigennutz zahlt sich aus?
Of all doctrines that was the Pith.	Das war des Pudels Kern.
Wasn't it, wasn't it, wasn't it, Smith?[18]	Wars nicht so, Smith?

Manche werden niedrig geboren, und andere erwerben Niedrigkeit, aber Adam Smith wurde viel Niedrigkeit vorgeworfen, wie man deutlich sieht.[19]

Ein Grund für diese Konfusion besteht darin, dass sich manche Ökonomen gern auf ein anderes Thema konzentrieren, nämlich auf Smiths These, dass Eigeninteresse zureichend erklärt, warum Handelspartner auf dem Wirtschaftsmarkt motiviert zu Tauschgeschäften sind. In einem berühmten, viel zitierten Abschnitt seines Buchs *Wohlstand der Nationen* schrieb Smith: «Nicht vom Wohlwollen des Fleischers, Brauers oder Bäckers erwarten wir unsere Mahlzeit, sondern von ihrer Wahrnehmung der eigenen Interessen. Wir appellieren nicht an ihre Menschenliebe, sondern an ihre Eigenliebe ...».[20] Metzger, Brauer und Bäcker wollen unser Geld für das Fleisch, das Bier und das Brot, das sie machen, und wir, die Verbraucher, brauchen ihr Fleisch, Bier und Brot und sind bereit, sie dafür mit unserem Geld zu bezahlen. Der Tausch nutzt uns allen, und wir müssen keine wild entschlossenen Altruisten sein, damit solche Tauschgeschäfte funktionieren.

In einigen wirtschaftswissenschaftlichen Denkschulen scheint man nicht über diese wenigen Zeilen hinauszugehen, obwohl die zitierte Erörterung nur ein sehr spezielles Thema behandelt, nämlich den *Tausch* (nicht die Verteilung oder die Produktion), insbesondere den *Beweggrund* für Tauschgeschäfte (aber nicht das, wodurch normale Tauschgeschäfte nachhaltig werden, zum Beispiel Vertrauen). In den übrigen Schriften Smiths finden sich ausführliche Überlegungen zu anderen Beweggründen, die das Handeln und Verhalten von Menschen beeinflussen.

Smith wies auch darauf hin, dass unser moralisches Verhalten sich manchmal einfach nach eingespielten Konventionen richtet. Zwar räumte er ein, dass «Menschen, die zu Reflexion und Spekulation fähig sind», die Beweiskraft mancher dieser moralischen Argumente leichter erkennen können als «die große Menge»[21], aber es gibt in seinen Schriften keinen Hinweis auf die Vermutung, dass Menschen im Allgemeinen sich dem Einfluss moralischer Überlegungen systematisch entziehen, wenn sie Entscheidungen über ihr Verhalten treffen. Wichtig ist jedoch Folgendes: Smith hat anerkannt, dass wir uns von den Folgerungen aus moralischen Argumenten leiten lassen können, ohne sie in dieser expliziten Form wahrzunehmen, und deshalb unsere Entscheidungen so verstehen, als würden wir im Sinn bewährter Verhaltensweisen in unserer Gesellschaft handeln. In *Theorie der ethischen Gefühle* schrieb er: «Viele Menschen benehmen sich wohlgesittet und vermeiden ihr Leben lang jede nennenswerte Schande, Menschen, die vielleicht nie das Gefühl empfunden haben, das uns eingab, ihr Benehmen hochzuschätzen, während sie nur aus Achtung für die Vorschriften handelten, die sie als bewährte Verhaltensregeln betrachten.»[22] Diese Konzentration auf «bewährte Verhaltensregeln» spielt in Smiths Analyse des menschlichen Verhaltens und seiner sozialen Konsequenzen eine wichtige Rolle. Die bewährten Regeln beschränken sich nicht darauf, vorzuschreiben, dass man dem Diktat der Eigenliebe gehorcht.

Während Smith jedoch sehr deutlich betonte, dass Menschen durch eine Vielfalt von Beweggründen bestimmt werden (wie zu Beginn dieses Kapitels erwähnt), ist ein großer Teil der modernen Ökonomie zunehmend dem Reiz der schlichten Lösung zum Opfer gefallen und ignoriert alle Beweggründe außer dem Eigennutz; die Theorie mit dem Markennamen «RCT» hat diese angebliche Gleichförmigkeit im Verhalten von Menschen sogar zum Grundprinzip der Rationalität erhoben. Dieser Verbindung wende ich mich jetzt zu.

Eigennutz, Sympathie und Verpflichtung

Auch wenn die so genannte «Rational Choice» Theorie konstatiert, dass die Rationalität einer Wahl durch intelligentes Verfolgen eigennütziger Interessen charakterisiert sei, muss sie nicht ausschließen, dass eine Person Sympathie für oder Antipathie gegen andere empfinden kann. In einer restriktiven Version der RCT, die heute immer mehr aus der Mode kommt, wird gelegentlich behauptet, dass rationale Personen nicht nur eigennützig sein, sondern sich auch von anderen distanzieren müssen, so dass sie von deren Wohlergehen oder Errungenschaften vollkommen unbeeinflusst sind. Aber Menschen, die Interesse an anderen nehmen, müssen deshalb nicht weniger eigennützig sein (oder – in Smiths Worten – «sich selbst verleugnen»), wenn sie am Ende ihr eigenes Wohlergehen dadurch befördern, dass sie ihre Freude – oder ihr Leiden – am Wohlergehen anderer registrieren. Es besteht ein signifikanter Unterschied zwischen zwei Verhaltensweisen: Man kann (1) bemerken, wie das eigene Wohlergehen durch die Lebensumstände anderer beeinflusst wird, und dann ausschließlich das eigene Wohlergehen fördern (auch hinsichtlich der Reaktionen auf das Leben anderer Menschen); oder man kann (2) vollkommen vom ausschließlichen Streben nach dem eigenen Wohlergehen absehen. Die erste Möglichkeit gehört immer noch zur weiter gefassten Geschichte des eigennützigen Verhaltens und lässt sich mit der RCT vereinbaren.

Vor über dreißig Jahren habe ich in einem Vortrag «Rational Fools» (meiner Herbert-Spencer-Vorlesung in Oxford) versucht, den Unterschied zwischen «Sympathie» und «Verpflichtung» zu klären, zwei möglichen Begründungen für ein Verhalten, das die Interessen anderer berücksichtigt.* Sympathie (auch in ihrer negativen Form, der Antipathie) heißt, dass «das Wohlergehen einer Person durch die Lage anderer beeinflusst wird» (zum Beispiel kann der Anblick des Elends anderer einen Menschen deprimieren); «Verpflichtung» dagegen heißt, dass man die enge Bindung zwischen individuellem Wohlergehen (mit oder ohne Sympathie) und der Wahl einer Handlung durchtrennt, indem man sich zum Beispiel verpflichtet, zur Abschaffung eines Elends beizutragen, obwohl man selbst nicht darunter leidet.[23] Sympathie lässt sich mit eigennützigem Verhalten kombinieren und ist sogar mit der von Smith so genannten Selbstliebe verträglich. Wenn man versucht, das Elend anderer nur deshalb zu beseitigen, weil es das eigene Wohlergehen stört – und nur insofern es störend ist –, heißt das nicht, dass man Eigenliebe nicht mehr als einzigen Handlungsgrund ansieht.** Wenn man sich aber ver-

* Amartya Sen, «Rational Fools: A Critique of the Behavioural Foundations of Economic Theory», *Philosophy and Public Affairs*, 6 (1977), wieder abgedruckt in *Choice, Welfare and Measurement* (Oxford: Blackwell, 1982; Cambridge, MA: Harvard University Press, 1997) und in Jane Mansbridge (Hg.), *Beyond Self-Interest* (Chicago, IL: University of Chicago Press, 1990). Diese zweifache Unterscheidung zwischen Sympathie und Verpflichtung ist zwar viel weniger ausgeführt als Adam Smiths in mehreren Kategorien vorgenommene Differenzierung zwischen vielen verschiedenen Beweggründen, die der Dominanz einer eng beschränkten Wahrnehmung eigennütziger Interessen entgegenwirken, aber sie ist Smith selbstverständlich sehr verpflichtet.

** Thomas Nagel hat in *The Possibility of Altruism* (Oxford: Clarendon Press, 1970), seiner bahnbrechenden Kritik an der ausschließlichen Ausrichtung auf eigennütziges Verhalten, noch eine andere wichtige Unterscheidung zwischen zwei Fällen getroffen: Im einen Fall könnte eine Person Nutzen aus einer altruistischen Hand-

pflichtet, alles zu tun, was man kann, um das Elend anderer zu mildern – ganz gleich, ob das eigene Wohlergehen dadurch beeinflusst wird, und nicht nur in dem Maß, in dem es betroffen ist –, dann *ist* dies eine klare Abkehr von eigennützigem Verhalten.

Gary Becker, einer der führenden Architekten der gegenwärtigen «Rational Choice» Theorie, hat eine erhellende Darstellung der RCT in ihrer weiter gefassten Version gegeben und in seinem System die Sympathie für andere untergebracht, da sie zur menschlichen Empfindung gehöre, hält aber an der ausschließlichen Wahrung von Eigeninteressen fest. Richtig ist, dass Menschen nicht egozentrisch sein müssen, um eigennützig zu sein, und dass sie *im Rahmen* dessen, was für sie nützlich ist, die Interessen anderer wahrnehmen können. Aber Beckers neue Untersuchung in *Accounting for Tastes* (1996) ist zwar wegweisend, jedoch keine wirkliche Abkehr von den Grundüberzeugungen, die er in seinem klassischen, viel zitierten Buch *Economic Approach to Human Behavior* (1976) [*Ökonomische Erklärung menschlichen Verhaltens*, 1993] vertreten hatte: «Menschliches Verhalten heißt, dass die Beteiligten (1) das für sie Nützliche maximieren, (2) eine stabile Menge von Präferenzen ausbilden und (3) auf einer Vielzahl von Märkten eine optimale Menge von Informationen und anderen Inputs sammeln.»[24]

Ganz zentral für den Ansatz der RCT ohne unnötige Restriktion ist die Annahme, dass das Maximandum für die Wahl des eigenen Verhaltens nichts anderes als das eigene Interesse oder das eigene Wohlergehen sei, und diese zentrale Annahme ist mit der Erkenntnis verträglich, dass Leben und Wohlfahrt anderer Menschen in vielfältiger Weise auf dieses eigene Interesse und Wohlergehen einwirken können. Damit gilt die Beckersche «Nutzenfunktion», die Personen in seiner Definition maximieren, sowohl als Maximandum in begründeter Wahl wie auch als Darstellung ihres persönlichen Interesses. Diese Kongruenz ist für viele von Beckers ökonomischen und sozialen Untersuchungen von größter Wichtigkeit.

In der RCT, in deren Brennpunkt die Wahrnehmung eigennütziger Interessen als einziger rationaler Grundlage für eine Wahl steht, können

lung ziehen, unterlässt die Handlung aber genau aus diesem Grund; im anderen Fall handelt eine Person altruistisch, gerade *weil* sie sich persönlichen Gewinn davon erhofft. Auch wenn die beiden Fälle gleich aussehen, solange sie nur als Wahlergebnisse und ohne Prüfung ihrer Beweggründe betrachtet werden, ist es wichtig, festzuhalten, dass der zweite Fall in den allgemeinen Rahmen der auf Eigennutz basierenden RCT passt, der erste dagegen nicht.

wir also Sympathie leicht unterbringen, Verpflichtung jedoch keinesfalls: bis hierhin und nicht weiter. Beckers Erweiterung der RCT ist zu begrüßen, sie ist eine Verbesserung gegenüber der zuvor verfochtenen restriktiven Version, aber wir müssen trotzdem beachten, was RCT auch in der Beckerschen Form noch ausspart. Sie lässt insbesondere keinen Raum für eine Vernunft, die dazu führen kann, dass man ein vom eigenen Wohlergehen verschiedenes Ziel verfolgt (zum Beispiel: «Ich muss ihr helfen, ganz gleich, was mir passiert», oder: «Ich bin bereit, viel aufzugeben, um für die Unabhängigkeit meines Landes zu kämpfen») oder dass man sogar vom ausschließlichen Streben nach dem eigenen Ziel absieht (zum Beispiel: «Dies ist zwar mein Ziel, aber ich darf nicht nur mein Ziel verfolgen, da ich auch fair gegenüber anderen sein muss»). Im Kontext dieser Auseinandersetzung mit Vernunft und Rationalität muss vor allem eines klar sein: Nicht nur setzt die RCT auch in ihrer erweiterten Version voraus, Menschen hätten tatsächlich keine anderen Ziele als ihr eigenes Wohlergehen, sie nimmt darüber hinaus auch an, Menschen würden gegen die Gebote der Rationalität verstoßen, falls sie – nach Berücksichtigung aller möglichen externen Faktoren, die darauf Einfluss haben könnten – nicht ausschließlich ihre eigene Wohlfahrt anstreben, sondern irgendein anderes Ziel oder einen anderen Beweggrund für sich zulassen würden.*

Verpflichtungen und Ziele

Wie man leicht einsehen kann, ist es nicht besonders ungewöhnlich oder vernunftwidrig, wenn eine Person sich entscheidet, ein Ziel zu verfolgen, das sich nicht ausschließlich auf ihr Eigeninteresse beschränkt. Adam

* Siehe auch den Artikel von Christine Jolls, Cass Sunstein und Richard Thaler, «A Behavioral Approach to Law and Economics», *Stanford Law Review*, 50 (Mai 1998). Jolls, Sunstein und Thaler vermindern die egozentrische Komponente in der Charakterisierung des Eigeninteresses noch weiter, und die Erweiterungen, die sie vorschlagen, haben empirische Plausibilität und explanatorischen Wert. Aber in dieser Arbeit haben sie keine Einwände dagegen, dass (1) die eigene Wohlfahrt (alle Sympathien und Antipathien eingeschlossen) und (2) das Maximandum, das man für eine durchdachte Wahl benutzt, grundsätzlich kongruent sind. Die Kritik, die diese Autoren äußern, ist ein wichtiger Beitrag zur Auseinandersetzung «im Rahmen» der Grundvorstellung von Rationalität, wie sie die Rationalwahltheorie in ihrer weitesten Form vertritt. Ich habe die Reichweite und die Grenzen der von Jolls, Sunstein und Thaler geübten Kritik in der Einleitung zu meinem Buch *Rationality and Freedom* (Cambridge, MA: Harvard University Press, 2002, S. 26–37) dargestellt.

Smith bemerkte, dass wir viele verschiedene Beweggründe haben, die uns weit über ein allein durch Eigennutz bestimmtes Streben hinausführen. Einige davon, zum Beispiel «Menschlichkeit, Gerechtigkeit, Großmut und Gemeinsinn» können – so Smith – sogar sehr produktiv für die Gesellschaft sein.*

Mehr Widerstand regt sich gegen die Möglichkeit, dass Menschen sogar mit gutem Grund ihre eigenen Ziele aufgeben (ganz gleich, ob diese Ziele auf Eigennutz beruhen oder nicht). Der Widerstand wird mit folgendem Argument begründet: Wenn man bewusst vermeintliche eigene Ziele nicht weiter verfolgt, dann können sie nicht wirklich die eigenen Ziele gewesen sein. Manche Autoren sind sogar der Ansicht, dass die Behauptung, man könne Grund haben, sich nicht auf die eigenen Ziele zu beschränken, unsinnig ist, «da selbst ausgesprochen heterogene oder altruistische Akteure die Ziele anderer Menschen nicht verfolgen können, ohne sie zu ihren eigenen zu machen.»**

Hier ist ein Unterschied zu beachten: Zu bestreiten, dass Rationalität verlangt, man müsse ausschließlich den eigenen Zielen gemäß handeln (und sei nur solchen Beschränkungen unterworfen, die *nicht* selbst auferlegt sind), heißt nicht zwangsläufig, dass man sich der Verwirklichung der Ziele anderer widmen muss. Die Vernunft kann uns dazu führen, dass wir Regeln für redliches Verhalten befolgen, die in unseren Augen auch fair gegenüber anderen sind, Verhaltensregeln, die eine Einschränkung der ausschließlichen Wahrnehmung eigener Ziele bedeuten können. Es ist nichts besonders Rätselhaftes an unserer Achtung für vernünftige Verhaltensregeln, die genauer bestimmen können, wie wir die Ziele, die wir mit Recht und Vernunft als generell erstrebenswert ansehen, verfolgen sollen.

* *Theorie der ethischen Gefühle*, S. 326. Smith betrachtet unterschiedliche Gründe dafür, einer Vielfalt derartiger Motivationen Raum zu geben, unter anderem außer ihrer sozialen Nützlichkeit auch moralische Anziehungskraft und Anmut des Verhaltens.

** So fassen Fabienne Peter und Hans Bernhard Schmid kritische Einwände gegen das Abweichen von der Wahl eigennütziger Ziele (self-goal choice) zusammen. Vergl. ihre Einleitung zu einer sehr interessanten Aufsatzsammlung zu diesem und verwandten Themen: «Symposium on Rationality and Commitment: Introduction», *Economics and Philosophy*, 21 (2005), S. 1. In meiner Auseinandersetzung mit diesem Einwand stütze ich mich auf einen Artikel, den ich als Entgegnung auf einen größeren, von Peter und Schmid zusammengestellten Essay-Band geschrieben habe: «Rational Choice: Discipline, Brand Name and Substance» in Fabienne Peter und Hans Bernhard Schmid (Hg.), *Rationality and Commitment* (Oxford: Oxford University Press, 2007).

Betrachten wir ein Beispiel für eine solche Beschränkung, die uns nicht zwingt, die Ziele anderer Menschen als unsere «eigentlichen Ziele» aufzufassen: Stellen Sie sich vor, Sie haben einen Fensterplatz in einem Flugzeug, die Sonne scheint, und das Rouleau am Fenster ist aufgerollt. Nun bittet Sie der Nachbar auf dem Gangplatz, das Rouleau herunterzuziehen («Würden Sie bitte»), damit er den Bildschirm seines Computers besser sehen und ein Computerspiel ohne Mühe spielen kann. Sie kennen das Computerspiel und finden es «einfach albern» («reine Zeitverschwendung»). Überhaupt sind Sie frustriert, dass so viel Ignoranz herrscht, dass so viele Leute lieber blödsinnige Spiele spielen, statt Zeitung zu lesen – sich zu informieren, was gerade im Irak, in Afghanistan oder auch nur in ihrer Heimatstadt vor sich geht. Trotzdem beschließen Sie, sich höflich zu benehmen und die Bitte des Spielers zu erfüllen; also ziehen Sie das Sonnenrouleau herunter.

Was ist zu Ihrer Entscheidung zu sagen? Es ist nicht schwer zu verstehen, dass Sie nichts dagegen haben, Ihrem Nachbarn – oder sonst wem – zu seinem Wohlergehen zu verhelfen; aber zufällig sind Sie nicht der Meinung, dass dem Wohlergehen Ihres Nachbarn am besten gedient ist, wenn er seine Zeit mit einem reichlich albernen Spiel vergeudet – und Sie ihm auch noch dabei helfen. Sie sind selbstverständlich bereit, ihm Ihr Exemplar der *New York Times* zum Lesen zu geben, denn Sie sind überzeugt, dass damit der Bildung und dem Wohlergehen Ihres Nachbarn viel besser gedient wäre. Ihre Handlung ergibt sich nicht logisch aus irgendeinem allgemeinen Streben nach Wohlergehen.

Hier mag es vor allem um die Frage gehen, ob Sie Hürden aufbauen oder sich weigern sollten, Hürden abzubauen, die anderen Menschen im Weg zu ihren Zielen stehen, wenn diese Ziele zwar nichts Böses haben, Sie aber – wie in diesem Beispiel – meinen, dass sie dem Wohlergehen der Betreffenden nicht dienlich wären. Vielleicht widerstrebt es Ihnen ganz allgemein, nicht hilfsbereit gegen Ihre Nachbarn zu sein (ganz gleich, was Sie von ihren Zielen halten). Oder vielleicht denken Sie auch, dass Ihnen zwar ein Fensterplatz Verfügung über den Sonnenschutz an Ihrem Fenster gibt, dass Sie aber diesen zufälligen Vorteil nicht nutzen sollten, ohne zu berücksichtigen, was andere tun möchten und wie deren Vorhaben durch Ihre Entscheidung über das Rouleau am Fenster beeinträchtigt würde (auch wenn Sie selbst die Sonne genossen haben, die nun ausgeschlossen würde, und auch wenn Sie wenig von dem Ziel halten, das der Nachbar verfolgen möchte).

Diese Argumente können für Ihre Entscheidung explizit oder implizit eine Rolle spielen, aber ist es richtig, Ihr sozial geprägtes Verhalten so zu verstehen, dass Sie das Ziel haben, andere beim Verfolgen ihrer Zwecke zu unterstützen, ganz gleich, was Sie von diesen Zwecken halten? Soziale Verhaltensnormen haben für Sie Geltung, und dieser Tatsache verdankt Ihr Sitznachbar, dass Sie ihm am Ende geholfen haben, sein Ziel zu verfolgen. Aber es ginge sicher zu weit, daraus zu schließen, dass Sie entweder das Ziel haben, andere maximal bei der Verwirklichung ihrer jeweiligen Absichten zu unterstützen, oder aber dass Sie deren Ziele irgendwie zu Ihren eigenen gemacht haben («Gott sei Dank nicht», seufzen Sie erleichtert). Vielmehr beachten Sie nur eine Regel für gutes Benehmen, von der Sie zufällig viel halten (man soll andere tun lassen, was sie wirklich wollen), und das ist eine selbst auferlegte Beschränkung im Verhalten, die Sie bei Ihrer Wahl dessen, was Sie tun, akzeptieren.

Ihre Entscheidung, «anderen ihren Willen zu lassen», ist weder sonderbar noch dumm noch irrational. Wir leben in einer Welt mit sehr vielen anderen Menschen, und wir können ihnen Raum für ihre eigene Lebensweise geben, ohne diese als etwas zu übernehmen, das wir gut finden und fördern müssen. Eine Verpflichtung braucht nicht nur zu bedeuten, dass man Ziele verfolgen möchte, die nicht vollkommen an Eigeninteresse gebunden sind; sie kann auch bedeuten, dass man die Regeln für passables, vielleicht sogar großzügiges Benehmen befolgt, die unsere Neigung, uns ausschließlich und ohne Rücksicht auf mögliche Konsequenzen für andere von unseren eigenen Zielen leiten zu lassen, in Schach halten. Die Wünsche und Bestrebungen anderer zu beachten braucht nicht als Verstoß gegen die Rationalität angesehen zu werden.

9. DIE PLURALITÄT UNPARTEIISCHER GRÜNDE

Im letzten Kapitel wurde behauptet, dass Wahlen und Entscheidungen, die die engen Grenzen der ausschließlichen Wahrnehmung persönlicher Eigeninteressen überschreiten, nichts Außergewöhnliches oder Irrationales haben. Wenn Menschen sich die Wahrung ihres Eigeninteresses zum Ziel setzen, können sie das tun, ohne den Einfluss auszublenden, den das Wohlergehen anderer auf dieses Ziel hat; und sie können sich sogar entscheiden, nicht nur ihre eigenen Ziele zu verfolgen, sondern auch anderen das Gleiche zuzubilligen, vielleicht weil ihnen faires Verhalten wichtig ist. Die so genannte «Rational Choice» Theorie, die darauf beharrt, Rationalität einfach als intelligentes Wahrnehmen von persönlichem Eigeninteresse zu definieren, verkauft vernünftiges Denken weit unter Preis.

Die Verbindung zwischen der Rationalität einer Wahl und der Stichhaltigkeit ihrer Begründung wurde im vorigen Kapitel erörtert. So gesehen, besteht Rationalität primär darin, dass unsere Wahlen – explizit oder implizit – auf Gründen beruhen, die unserem Nachdenken *standhalten*, und sie verlangt, dass unsere Entscheidungen sowie unsere Handlungen und Ziele, Werte und Prioritäten eine gründliche kritische Selbstprüfung überdauern. Warum es keinen besonderen Grund dafür gibt, dass eine solche kritische Prüfung jede Motivation außer der Wahrnehmung eigennütziger Interessen zu Fall bringen müsse, wurde ebenfalls erörtert.

Allerdings kann zwar die Rationalität einer Wahl mühelos uneigennützige Beweggründe zulassen, aber Rationalität für sich genommen verlangt dies nicht. Dass jemand durch die Rücksicht auf andere motiviert ist, hat zwar nichts Sonderbares oder Irrationales, aber mit Rationalität allein lässt sich die Notwendigkeit einer solchen Rücksicht oder die Pflicht dazu kaum begründen. Wir können stichhaltige Gründe zum Handeln haben, die unsere Neigungen und unsere individuellen Verfahren der Selbstprüfung widerspiegeln. Rationalität als ein Charakteristikum des Wahlverhaltens schließt weder den engagierten Altruisten noch den überlegt nach persönlichem Nutzen Strebenden aus.

Wenn Mary sich überzeugend und intelligent entscheidet, ihrer Idee vom sozial Guten zu folgen, auch wenn sie große persönliche Opfer dafür bringen muss, wäre es schwer, sie aus diesem Grund für «irrational» zu halten. Aber auch Paul könnte man – vorausgesetzt, seine Werte, Prioritäten und Wahlen halten stand, wenn er sie kritisch überprüft – kaum mit stichhaltigen Gründen Irrationalität vorwerfen, selbst wenn er ein nüchterner Maximierer eigennütziger Interessen wäre.* Verpflichtung auf die Anliegen anderer könnte für Paul einfach weniger wichtig sein als für Mary.** Wir mögen zwar denken, dass Paul weniger «vernünftig» ist als Mary, aber, wie Rawls dargelegt hat, heißt das nicht, dass er irrational wäre.[1] Die Rationalität ist eine ziemlich permissive Disziplin, die zwar den Test des logischen Denkens verlangt, aber durchdachte Selbstprüfung ganz unterschiedlicher Formen zulässt, ohne unbedingt eine große Einheitlichkeit der Kriterien zu erzwingen. Wenn die Rationalität eine Kirche wäre, so wäre sie ein ziemlich weiträumiges Gotteshaus. Die Ansprüche der Vernünftigkeit, so wie sie Rawls charakterisiert, sind der Tendenz nach strenger als die der Rationalität.***

* Paul müsste neben anderen Überlegungen auch beachten, dass ein strikt durch Eigenliebe bestimmtes Handeln seine Beziehungen zu anderen ungünstig beeinflussen könnte, ein Verlust auch aus Gründen des Eigeninteresses.

** Der Begriff «rational» gestattet eine weitergehende Bestimmung, die Thomas Scanlon überzeugend ausgeführt hat: (1) das zu tun, wofür eine Person am meisten Grund hat, und (2) was eine Person tun muss, um nicht irrational zu sein (siehe Scanlon, *What We Owe to Each Other* (Cambridge, MA: Harvard University Press, 1988), S. 25–30). Mary und Paul können als rational in *beiden* Definitionen gelten. Es bleibt jedoch die Frage der Stichhaltigkeit der betreffenden Gründe, die für die Idee der Rationalität, die im vorliegenden Buch vertreten wird, zentral ist (siehe 8. Kapitel) und in meinem Buch *Rationality and Freedom* (2002) ausführlicher behandelt wird.

*** Thomas Scanlon gibt jedoch für die «bekannte Unterscheidung zwischen Vernünftigkeit und Rationalität» ein Beispiel, das in die andere Richtung zu weisen scheint (*What we Owe to Each Other*, S. 192–93). Er sagt, eine Person könne einen möglichen Einwand dagegen haben, dass das Verhalten einer mächtigen anderen Person vollkommen «vernünftig» sei, und trotzdem entscheiden, das es «irrational» wäre, diesen Einwand vorzubringen, weil die betreffende Person sich womöglich ärgern würde: Also ist es unter Umständen nicht notwendig «rational», eine vernünftige Feststellung zu äußern. Hier scheinen mir zwei verschiedene Fragen zusammen gebracht zu werden. Erstens sind die Auflagen der Vernünftigkeit und der Rationalität verschieden und müssen nicht notwendig koinzidieren (und ich möchte behaupten, dass Vernünftigkeit im Allgemeinen *mehr* verlangt als bloße Rationalität). Zweitens ist die Rationalität einer Auffassung oder einer Entscheidung zu trennen von der Rationalität ihrer öffentlichen Kundgebung. Der Unterschied zwischen «einer guten Erklärung» und einer «Erklärung, die abzugeben gut ist» kann im Doppelfach Denken und Kommunikation oft sehr ins Gewicht fallen.

Die Anforderungen der kritischen Prüfung müssten geschärft und verdichtet werden, wenn wir von der Idee der Rationalität zu der Vorstellung der Vernünftigkeit übergehen und bei der Interpretation des Unterschieds ungefähr John Rawls folgen. Wie im 5. Kapitel («Unparteilichkeit und Objektivität») ausgeführt, lässt sich Objektivität in der praktischen Vernunft und im Verhalten systematisch mit den Ansprüchen der Unparteilichkeit verbinden. Auf dieser Grundlage können wir annehmen, dass die Objektivität ethischer Prinzipien auch daran gemessen wird, ob sie einem öffentlichen Vernunftgebrauch unter offenen freien Rahmenbedingungen standhalten.* Die Perspektiven und Einschätzungen sowie die Interessen anderer Menschen hätten hier eine Rolle, die Rationalität für sich genommen nicht zwangsläufig verlangt.**

Wir müssen die Idee, dass ethische Prinzipien vernünftigen Auseinandersetzungen mit anderen standhalten, näher untersuchen. Was verlangt diese Haltbarkeit und warum?

Was andere nicht mit gutem Grund widerlegen können

Im Shakespeares Drama *König Johann* bemerkt der Bastard Philip, dass unser allgemeines Urteil über die Welt häufig von Eigennutz geprägt ist:

> Gut, weil ich noch ein Bettler, will ich schelten
> Und sagen, Reichtum sei die einz'ge Sünde;

Ich habe versucht, diesen Unterschied in meinem Essay «Description as Choice» in *Choice, Welfare and Measurement* (Oxford: Blackwell, 1982 und Cambridge, MA: Harvard University Press, 1997) deutlich zu machen.

* Rawls' Formulierung konzentriert sich anscheinend auf den offenen Dialog nicht mit allen, sondern nur mit «vernünftigen Menschen», und der Unterschied zwischen diesem Ansatz, der einige klar festgelegte normative Elemente enthält (sie zeigen sich in der Bestimmung «vernünftiger Personen» und dessen, was sie «vernünftig» finden würden), und der stärker prozeduralen Sicht von Habermas wurde im 1. Kapitel besprochen. Dort habe ich behauptet, dass dieser Unterschied womöglich nicht so ausgeprägt ist, wie er zunächst erscheint.

** Wie weit ein «öffentlicher Vernunftgebrauch unter freien und offenen Rahmenbedingungen» reicht, kann man auf verschiedene Weise definieren, und die Unterschiede in der Formulierung können signifikant sein für die Sicht der genauen – und manchmal subtilen – Unterschiede zwischen Rawls' Verwendung dieses Ansatzes und dem anderer, einschließlich Kant und Habermas. Dieses Thema werde ich jedoch nicht weiter verfolgen, da es nicht zentral für das Vorhaben dieses Buchs ist.

Und bin ich reich, spricht meine Tugend frei:
Kein Laster geb' es außer Bettelei.*

Es ist kaum zu leugnen, dass unsere Lagen und Zwangslagen Auswirkungen haben auf unsere allgemeinen Einstellungen und politischen Meinungen zu sozialen Unterschieden und Asymmetrien. Wenn wir die Selbstprüfung sehr ernst nehmen, sind wir womöglich so unerbittlich, dass wir mehr Konsistenz in unseren generellen Werturteilen anstreben (so dass zum Beispiel unser Urteil über die Reichen nicht völlig umschlägt, je nachdem ob wir selbst arm oder reich sind). Aber es gibt keine Garantie dafür, dass immer kritische Prüfungen dieses strengen Typs angestellt werden, da wir fähig sind, mit unseren Ansichten und Meinungen über Dinge, die uns direkt betreffen, sehr viel Nachsicht zu üben, und das kann das Ausmaß unserer Selbstprüfung mindern.

In dem sozialem Kontext, in dem es um Fairness gegenüber anderen Menschen geht, würde sich eine gewisse Notwendigkeit ergeben, über die Forderungen der Rationalität hinsichtlich toleranter Selbstprüfung hinauszugehen und zu berücksichtigen, was ein «vernünftiges Verhalten» gegenüber anderen verlangt. In diesem anspruchsvolleren Kontext müssen wir genau auf die Perspektiven und Anliegen anderer achten, da sie mitwirken an der kritischen Prüfung, der unsere Entscheidungen und Wahlen vernünftigerweise unterworfen werden können. In diesem Sinn muss unsere Auffassung vom Richtigen und Falschen in der Gesellschaft weiter reichen als das, was Adam Smith das Diktat der «Selbstliebe» genannt hat.

Wie Thomas Scanlon überzeugend dargelegt hat, ist «das Nachdenken über das Rechte und Falsche auf einer ganz elementaren Ebene ein Nachdenken über das, was anderen gegenüber mit Gründen zu rechtfertigen ist, die sie bei angemessener Motivation vernünftigerweise nicht widerlegen können.»[2] Während für die Rationalität zentral ist, dass sie unserer engagierten Selbstprüfung standhalten kann, verlangt der Schritt über Rationalität hinaus zum vernünftigen Verhalten anderen gegenüber, dass eine kritische Überprüfung aus der Sicht anderer ernsthaft mit berücksichtigt wird. Hier ist eindeutig Platz für die Ansprüche der politischen und sozialen Ethik.

Unterscheidet sich Scanlons Kriterium von den Anforderungen der rawlsschen Fairness, die, wie bereits untersucht, mit Hilfe des «Urzustands» eingeführt wurden? Mit Sicherheit besteht eine enge Verbin-

* *König Johann*, 2. Akt, 1. Szene.

dung zwischen beiden Positionen. Rawls hat sich für die Parteien im Urzustand den «Schleier des Nichtwissens» (der den Personen verbirgt, wer sie im wirklichen Leben sein werden) ausgedacht, um zu erreichen, dass sie über ihre erworbenen persönlichen Ansprüche und Ziele hinaus sehen. Und dennoch bestehen substantielle Unterschiede zwischen Rawls' unerschütterlich «kontraktarischem» Ansatz, der sich letzten Endes auf wechselseitigen Nutzen durch Übereinkommen konzentriert, und Scanlons weiter gefasster Analyse des Vernunftgebrauchs (obwohl Scanlon darauf besteht, seinen Ansatz «kontraktualistisch» zu nennen und damit die Klarheit trübt).

Wenn sich in Rawls' Darstellung die Volksvertreter versammeln, um festzulegen, welche Grundsätze als Leitprinzipien für die institutionelle Grundstruktur der Gesellschaft anzusehen sind, kommen die Interessen all dieser verschiedenen Personen zur Geltung (anonym, da unter dem «Schleier des Nichtwissens» niemand weiß, wer er sein wird). Charakteristisch für den Urzustand in der *Theorie der Gerechtigkeit* ist, dass die Parteien oder ihre Vertreter bei den Überlegungen im Urzustand keine spezifischen eigenen moralischen Ansichten oder kulturellen Werte zur Sprache bringen; ihre Aufgabe besteht nur darin, die eigenen Interessen und die Interessen der von ihnen vertretenen Parteien bestmöglich wahrzunehmen. Auch wenn alle Parteien ihre eigenen Interessen vertreten, kann der einstimmig beschlossene Vertrag aus rawlsscher Sicht als die beste Wahrung der Interessen aller unter dem «Schleier des Nichtwissens» Vereinten verstanden werden (da unter diesem Schleier niemand weiß, wer genau er oder sie sein wird).* Unparteiische Aggregation durch Nutzung des «Schleiers des Nichtwissens» anzustreben, ist jedoch nicht unbedingt problemlos, denn was unter künstlich erzeugter Ungewissheit dieser Art gewählt würde, ist durchaus nicht klar. Das Fehlen

* Siehe John Harsanyi, «Cardinal Welfare, Individualistic Ethics, and Interpersonal Comparisons of Utility», *Journal of Political Economy*, 63 (1955). Es gibt auch andere Kandidaten für eine Lösung, zum Beispiel schlug James Mirrlees vor, eine gewichtete Nutzensumme zu maximieren, deren Gewichtungen bestimmte Gerechtigkeitsvorstellungen widerspiegeln («An Exploration in the Theory of Optimum Income Taxation», *Review of Economic Studies*, 38, 1971). Siehe auch John Broome, *Weighing Lives* (Oxford: Clarendon Press, 2004). Ich werde das Thema hier nicht weiter vertiefen, habe es aber behandelt in meinem *Collective Choice and Social Welfare* (San Francisco, CA: Holden-Day, 1970, und Amsterdam: North-Holland, 1979); *On Economic Inequality* (Oxford: Clarendon Press, 1973, erweiterte Auflage, zusammen mit James E. Foster, 1997) und «Social Choice Theory», in Kenneth Arrow und Michael Intriligator (Hg.), *Handbook of Mathematical Economics* (Amsterdam: North-Holland, 1986).

einer einheitlichen, von allen Parteien einstimmig gewählten Lösung entspricht dem Fehlen einer einheitlichen sozialen Aggregation der widerstreitenden Interessen verschiedener Menschen. Zum Beispiel muss Rawls' Verteilungsformel des Differenzprinzips, das den Interessen der am schlechtesten Gestellten Vorrang gibt, mit der utilitaristischen Formel konkurrieren, welche die Summe des Nutzens für alle maximiert: John Harsanyi kommt zu seiner utilitaristischen Lösung gerade weil er davon ausgeht, dass Personen unter der Ungewissheit, wer von ihnen in Zukunft welche Person sein wird, entscheiden müssen.

Scanlons Formulierung dagegen hält zwar fest, dass als Grundlage der öffentlichen Diskussion die Interessen der Beteiligten dienen, besagt aber auch, dass Argumente von allen innerhalb oder außerhalb der betreffenden Gesellschaft kommen dürfen, sofern sie spezifische Gründe für die anstehenden Entscheidungen angeben, die «vernünftigerweise» widerlegt oder nicht widerlegt werden könnten. Während die Beteiligten gehört werden, gerade weil es um ihre Interessen geht, können solche Argumente von Unbeteiligten für oder gegen die Vernünftigkeit der Gründe andere moralische Perspektiven ins Spiel bringen, wenn diese als vernünftig eingeschätzt werden, und die Aufmerksamkeit richtet sich nicht allein auf die Überlegungen der Beteiligten. So gesehen, erlaubt Scanlons Ansatz einen Schritt in die Richtung, die Adam Smith mit seinem «unparteiischen Zuschauer» eingeschlagen hat (siehe 8. Kapitel), obwohl auch in Scanlons Analyse alle Argumente fest in den Anliegen und Interessen der betroffenen Parteien verankert bleiben.

In Scanlons Ansatz wird auch der Begriff der «Beteiligten» weiter gefasst, da anders als im rawlsschen Modell, in dem Gerechtigkeit von einem Volk für ein Volk angestrebt wird, hier nicht alle Personen, deren Interessen betroffen sind, ausschließlich aus einer bestimmten Gesellschaft, Nation oder Gemeinschaft kommen müssen. Scanlons Formulierung gestattet die Erweiterung des Kollektivs von Menschen, deren *Interessen* als relevant angesehen werden: Sie müssen nicht, wie im rawlsschen Modell, alle Bürger eines bestimmten souveränen Staates sein. Da nach allgemeinen Gründen gesucht wird, die Menschen in unterschiedlichen Positionen haben, sind die Einschätzungen der Ortsansässigen nicht die einzigen, auf die es ankommt. Ich habe schon (vor allem im 6. Kapitel) auf die restriktiven Züge des rawlsschen «kontraktarischen» Ansatzes hingewiesen, der die Zahl der für öffentliche Überlegungen zulässigen Perspektiven limitiert, und da Scanlons «kontraktualistischer» Ansatz einige dieser Restriktionen aufhebt, haben wir guten Grund, mehr auf Scanlons als auf Rawls' Formulierung zu bauen.

Scanlon erklärt, dass er seinen Ansatz deshalb «kontraktualistisch» nennt (meiner Meinung nach hilft diese Bezeichnung nicht, ihn gegen das kontraktarische Denkmodell abzugrenzen), weil er die Idee nutzt, «dass uns die Bereitschaft gemeinsam ist, unsere privaten Ansprüche zurückzustellen, um eine Rechtfertigungsgrundlage zu finden, die andere ebenfalls mit gutem Grund akzeptieren können». Zwar wird damit kein Vertrag vorausgesetzt, doch Scanlon hat Recht, wenn er diese Idee als «ein zentrales Element in der auf Rousseau zurückgehenden Tradition des Gesellschaftsvertrags» (S. 5) ansieht. Aber in dieser allgemeinen Form ist sie auch eine Grundvorstellung, die sich in vielen anderen Traditionen ebenfalls findet, angefangen vom Christentum (im 7. Kapitel habe ich Jesus' Gespräch mit dem ortansässigen Schriftgelehrten über die Auslegung des Gleichnisses vom barmherzigen Samariter geschildert) bis zu Adam Smith und sogar utilitaristischen Denkrichtungen (vor allem der Version John Stuart Mills). Scanlons Ansatz ist viel allgemeiner, als sein eigener Versuch, ihn streng in den Grenzen der «Tradition des Gesellschaftsvertrags» zu halten, den Anschein hat.

Die Pluralität unwiderleglicher Gründe

Ich komme jetzt zu einem anderen Thema. Es ist wichtig, festzuhalten, dass sich aus Scanlons Methode, Prinzipien zu bestimmen, die als vernünftig anzusehen sind, nicht nur eine einzige Prinzipiengruppe ergibt. Scanlon selbst sagt wenig über die Vielfalt konkurrierender Prinzipien, die alle seinen Test der Unwiderleglichkeit bestehen müssen. Hätte er mehr dazu gesagt, wäre der Kontrast zwischen seinem «kontraktualistischen» und einem regelrecht «kontraktarischen» Ansatz noch transparenter. Ein kontraktarischer Ansatz – sei es der von Hobbes, Rousseau oder Rawls – muss zu einem einzigen spezifischen Vertrag führen; in Rawls' Fall legt der Vertrag unter «Gerechtigkeit als Fairness» eine einzige Gruppe von «Gerechtigkeitsgrundsätzen» fest. Man muss klar sehen, wie wichtig diese Ausschließlichkeit für Rawls' Denken ist, das gerechte Institutionen zur Basis seiner Theorie der Gerechtigkeit macht: In seiner Geschichte wird die institutionelle Grundstruktur einer Gesellschaft von dieser einzigen Prinzipiengruppe bestimmt. Rawls' Darstellung einer gerechten Gesellschaft beginnt mit der Bestimmung, dass gerechte Institutionen auf einer Übereinkunft über eine einzige Prinzipiengruppe beruhen, und geht dann Schritt für Schritt zu anderen Merkmalen weiter (zum Beispiel der «legislativen Phase»). Hätte es konkurrierende Grundsätze mit unterschiedlichen institutionellen Anforderungen gegeben, die alle gleichberechtigt aus dem Urzustand hervorgehen, dann hätte Rawls seine Geschichte nicht in der Form erzählen können, die sie jetzt hat.

Mit dieser Frage habe ich mich schon im 2. Kapitel auseinandergesetzt («Pro und kontra Rawls»), unter einem verwandten, aber etwas anderen Gesichtspunkt – mein Einwand war, dass die Annahme, im rawlsschen Urzustand werde eine einzige Gruppe von Grundsätzen einstimmig beschlossen, nicht plausibel ist. Wenn aber viele Alternativen bestünden, die am Ende der Übung in Fairness alle noch wählbar blieben, dann gäbe es keinen singulären identifizierbaren Gesellschaftsvertrag, der als Grundlage der Institutionen im Sinn von Rawls fungieren könnte.

Zu verstehen, dass sich aus der genauen kritischen Prüfung womöglich eine Pluralität robuster und unparteiischer Gründe ergibt, hat wichtige Implikationen. Wie schon in der Einleitung bemerkt, gibt es unterschiedliche Typen konkurrierender Begründungen für Gerechtigkeit, und es könnte unmöglich sein, sie alle abzuweisen mit Ausnahme genau einer Gruppe von einander ergänzenden Grundsätzen, die vollkommen zusammenpassen. Selbst wenn eine Person eine klare starke Präferenz hat, können solche Präferenzen von Person zu Person verschieden sein, und es mag manchem schwer fallen, überzeugende Gründe, denen andere Vorrang geben, ganz und gar abzuweisen.

Im Fall der drei Kinder, die um eine Flöte streiten – wie in der Einleitung dargestellt –, kann man zum Beispiel die Meinung vertreten, dass für alle drei Optionen Argumente sprechen, die auch nach langem Nachdenken und Prüfen nicht mit guten Gründen widerlegt werden können. Die Argumente zur Rechtfertigung der Ansprüche, welche die drei Kinder erheben, können alle eine «unparteiische» Form annehmen, selbst wenn sie sich unterscheiden in der Konzentration auf die unparteiischen Grundlagen, auf die sich die drei Fälle beziehen. Ein Anspruch basierte auf der Relevanz von Erfüllung und Glück, der zweite auf der Signifikanz ökonomischer Gleichheit und der dritte berief sich auf das Recht, die Früchte der eigenen Arbeit zu genießen. Natürlich können wir am Ende der Auseinandersetzung mit diesen konkurrierenden Begründungen die eine oder die andere Partei ergreifen, aber es wäre sehr schwierig, zu behaupten, dass alle angeführten Gründe außer einem als «nicht unparteiisch» verworfen werden müssen. Selbst vollkommen unparteiische Richter, die nicht durch erworbene Ansprüche oder persönliche Exzentrizität motiviert sind, werden in einem Fall wie diesem die Überzeugungskraft disparater Gründe der Gerechtigkeit sehen, und es ist gut möglich, dass sie sich nicht einigen können, welche Entscheidung sie treffen sollen, da alle die widerstreitenden Argumente einen gewissen Anspruch auf unparteiische Unterstützung haben.

Die wechselseitigen Vorteile der Kooperation

Es ist nicht schwer, zu sehen, warum der kontraktarische Ansatz manchen vermeintlichen «Realisten» einleuchtet, die wollen, dass redliches Verhalten aus einer endgültigen Abwägung persönlicher Vorteile hervorgeht. Rawls' Wunsch, «die Gesellschaft als faires System der Kooperation»* anzusehen, passt gut zu dieser allgemeinen Einstellung. Wie er sagt, gehört zur Idee der Kooperation «auch die Vorstellung vom rationalen Vorteil oder Wohl jedes Beteiligten», und die «Idee des rationalen Vorteils bestimmt, was es eigentlich ist, das die Kooperierenden unter dem Gesichtspunkt ihres eigenen Wohls zu fördern bestrebt sind». Hier besteht eine Gemeinsamkeit mit der auf Eigennutz gerichteten Perspektive der RCT, allerdings nutzt Rawls sie unter den Bedingungen des Urzustands, so dass persönliche Identitäten vom Schleier des Nichtwissens verhüllt werden. Außerdem erkennen alle Beteiligen klar, dass sie ihre gewünschten Ziele nicht ohne Kooperation mit anderen erreichen können. Kooperatives Verhalten wird also als Gruppennorm zum Nutzen aller gewählt, und dazu gehört die gemeinsame Entscheidung für «Modalitäten, die jeder Beteiligte vernünftigerweise akzeptieren kann und manchmal akzeptieren sollte, sofern sie auch von jedem anderen ebenso akzeptiert werden.»[3]

Das mag wohl soziale Moralität sein, aber letzten Endes ist es eine *klug abwägende* soziale Moralität. Da die Idee der wechselseitig vorteilhaften Kooperation für das Konzept des rawlsschen Urzustands so zentral ist und da Rawls die Grundidee der Fairness hauptsächlich über das Darstellungsmittel des Urzustands entwickelt, hat sein Entwurf der «Gerechtigkeit als Fairness» Elemente, die im Wesentlichen auf Vorteilsdenken beruhen.

Die vorteilsorientierte Perspektive ist unbestreitbar wichtig für soziale Regeln und soziales Verhalten, da den gemeinsamen Interessen einer Gruppe in vielen Situationen besser gedient ist, wenn alle Beteiligten Verhaltensregeln befolgen, die das Verhalten der einzelnen Personen so einschränken, dass niemand versucht, auf Kosten der anderen einen kleinen Gewinn für sich zu erhaschen. Die wirkliche Welt ist voll

* Bezeichnenderweise ist dies der Titel des zweiten Abschnitts in Teil I von Rawls' *Gerechtigkeit als Fairness, Ein Neuentwurf*, S. 24.

von Problemen dieser Art, sie variieren von Umweltverträglichkeit und Erhaltung allen gemeinsamer natürlicher Ressourcen («Allmenden») bis hin zur Arbeitsethik in Produktionsverfahren und Bürgersinn im Stadtleben.[4]

Im Umgang mit solchen Situationen gibt es zwei hervorragende Wege, zu wechselseitigen Vorteilen durch Kooperation zu kommen, zum einen Gesellschaftsverträge, die erzwungen werden können, und zum anderen soziale Normen, aufgrund deren freiwillige Bestrebungen in dieser Richtung möglich sind. In der kontraktarischen Theorie der politischen Philosophie, die mindestens bis zu Hobbes zurückreicht, sind beide Wege ausführlich erörtert worden, aber die Aufmerksamkeit galt vor allem den Gesellschaftsverträgen, deren Einhaltung erzwungen werden kann. Im Gegensatz dazu richtete sich die Aufmerksamkeit der soziologischen und anthropologischen Literatur vor allem auf den zweiten Weg, die Evolution sozialer Normen. Visionäre Sozialanalytiker, unter anderen Elinor Ostrom, haben die Vorteile kooperativen Verhaltens und seinen Schutz durch freiwillige Selbstbeherrschung von Gruppenmitgliedern sehr überzeugend erforscht, um zu klären, wie durch soziale Verhaltensnormen Entstehung und Fortbestand kollektiven Handelns erreicht wird.[5]

Kontraktarisches Denken und seine Reichweite

Das letzten Endes von wechselseitigem Vorteil ausgehende Argument, dass soziale Kooperation klug sei, ist damit auch ein Argument für soziale Moralität und Politik und hat weit reichende Bedeutung für das Verständnis von Gesellschaften und ihrer Erfolge und Fehlschläge; daran ist kaum zu zweifeln. Kontraktarische Überlegungen haben durch ethische Ansätze und institutionelle Regelungen viel zur Erläuterung und Weiterentwicklung der Perspektive sozialer Kooperation beigetragen. Die politische Philosophie wie die explanatorische Anthropologie wurden von Einsichten, die kontraktarische Argumente vermitteln, deutlich bestärkt.

In der Sicht von Thomas Hobbes, der sich als erster mit sozialer Kooperation befasste, beruht sie unmittelbar auf klugem Vorteilsdenken; diese vereinfachende, wenn auch erhellende Auffassung wurde von Rawls und vor ihm von Kant differenziert und vielfältig bereichert. Rawls ergänzt den Gesichtspunkt des «wechselseitigen Vorteils» um mehrere markante Züge, die vor allem für den Einsatz unparteiischer Vernunft große Bedeutung haben, ungeachtet der Tatsache, dass am Ende auf die eine oder andere Weise nur Klugheit die treibende Kraft der «Kooperation zu wechselseitigem Nutzen» sein kann.

Erstens nutzt Rawls zwar die Idee des Gesellschaftsvertrags, um die Besonderheit gerechter sozialer Institutionen und der damit zusammenhängenden Anforderungen an Verhalten zu bestimmen, aber er verlässt sich weniger auf eine mit eiserner Hand erzwungene Umsetzung des Abkommens (wie viele andere Vertragstheorien) als auf die Bereitschaft der Vertragspartner, die Verhaltensregeln einzuhalten, denen sie sozusagen «zugestimmt» haben. Mit dieser Sicht des Problems hat Rawls der Tendenz nach Abstand genommen von der Idee, die Einhaltung des Vertrags müsse durch Strafandrohung erzwungen werden, ein Zwang, der zumindest in der Theorie völlig vermieden werden kann. Verhaltensnormen treten dann in einer nach Abschluss des Vertrags rekonstruierten Form auf – ein Thema, das bereits behandelt wurde, vor allem in den Kapiteln 2 («Pro und kontra Rawls») und 3 («Institutionen und Personen»). Zunächst wird im Urzustand in einem Vorspiel der wechselseitige Vorteil demonstriert, den der Vertrag haben würde, und daraus geht er dann hervor und formt anschließend – jedenfalls so, wie er imaginiert wird, da es sich ja um einen rein hypothetischen Vertrag handelt – das Verhalten der Menschen in Gesellschaften mit gerechten Institutionen, die gemäß den im Vertrag festgeschriebenen Grundsätzen eingerichtet sind.*

Ein zweites Charakteristikum, das die rawlssche Analyse weit über die üblichen Argumente für redliches Verhalten um der wechselseitigen Vorteile willen hinaushebt, ist die Weise, wie Rawls sicherstellt, dass im Urzustand niemand aus der Kenntnis seiner tatsächlichen Stellung in der Gesellschaft argumentieren oder verhandeln kann, sondern alle unter dem Schleier des Nichtwissens agieren müssen. Dadurch wird aus dem Verfolgen des tatsächlichen eigenen Vorteils das Streben nach dem Vorteil der gesamten Gemeinschaft, ohne dass die Einzelnen wissen, wie ihr persönlicher Vorteil in diesem Gesamtbild aussehen würde. In dieser Hinsicht enthält Rawls' Geschichte sicherlich genug Unparteilichkeit, und doch wird das Band mit der vorteilsorientierten Rechtfertigung der

* Rawls' politische Auffassung verfolgt eine andere Linie als die von Elinor Ostrom und anderen entwickelte soziologische These von der graduellen Evolution sozialer Normen, allerdings gibt es Ähnlichkeiten in den Implikationen für das Verhalten, die sich aus den beiden Argumentationen ergeben. In Rawls' Modell wird zunächst anerkannt, dass wechselseitig vorteilhafte Verträge möglich sind, und daraus folgt – auf der Basis der politischen Moralität einer Einigung auf einen Gesellschaftsvertrag – ein zügelnder Einfluss auf das tatsächliche Verhalten in der Gesellschaft.

Kooperation, die in diesem Fall dank dem Schleier des Nichtwissens unparteiisch ist, nicht völlig durchtrennt.

Mit Rawls' Analyse der «Gerechtigkeit als Fairness» wird das kontraktarische Denken weit über sein altes Territorium hinausgeführt. Und trotzdem steht der individuelle Vorteil im Allgemeinen und der wechselseitige Vorteil im Besonderen – obschon in differenzierter Form – im Brennpunkt der rawlsschen Argumentation, ganz wie sonst im kontraktarischen Ansatz.

Obwohl die kontraktarische Argumentation in dieser erweiterten Form viel erreicht, bleibt doch die Frage zu prüfen, ob Vorteilsstreben in direkter oder indirekter Form die einzige robuste Grundlage für vernünftiges Verhalten in der Gesellschaft bietet. In Zusammenhang damit steht die Frage, ob wechselseitiger Vorteil und Reziprozität die Grundlagen aller politischen Vernünftigkeit sein müssen.

Macht und ihre Verpflichtungen

Einen Kontrast bietet ein anderes Denkmodell in Form folgender allgemeiner These: Wenn ein Mensch die Macht hat, eine Veränderung zu bewirken, die für ihn erkennbar Ungerechtigkeit in der Welt verringern würde, dann spricht ein starkes Argument dafür, dass er dies auch tut (ohne dass der Grund zum Handeln erst durch die Berufung auf die Vorteile einer imaginierten Kooperation vermittelt werden müsste). Die Rechtfertigungsgrundlage für diese Verpflichtung zum wirksamen Einsatz von Macht steht im Gegensatz zur Grundlage für die wechselseitige Verpflichtung auf Kooperation.

Gautama Buddha hat in *Sutta-Nipata* mit Überzeugungskraft den Gesichtspunkt vertreten, dass Macht verpflichtet.[6] Buddha setzt sich dafür ein, dass wir gerade deshalb Verantwortung gegenüber Tieren haben, weil zwischen ihnen und uns eine Asymmetrie besteht, nicht weil irgendeine Symmetrie uns zur Kooperation verpflichtet. Sein Argument: Da wir unvergleichlich viel mehr Macht besitzen als andere Spezies, tragen wir ihnen gegenüber eine Verantwortung, die an genau diese Asymmetrie geknüpft ist.

Buddha erläutert den Punkt, indem er auf die Analogie zur Verantwortung der Mutter für ihr Kind hinweist: Nicht weil sie das Kind geboren hat (auf diese Bindung beruft er sich im Zusammenhang mit dem Asymmetrie-Argument nicht – sie wird an anderer Stelle erörtert), sondern weil sie Dinge tun kann, um das Leben des Kindes zu beeinflussen, die das Kind selbst nicht tun kann. In dieser Argumentation hilft die

Mutter ihrem Kind nicht aus Gründen einer für beide vorteilhaften Kooperation, sondern gerade deshalb, weil sie weiß, dass sie asymmetrisch etwas für das Kind tun kann, das in dessen Leben einen gewaltigen Unterschied machen wird, den das Kind selbst nicht bewirken könnte. Die Mutter muss weder nach – realem oder imaginiertem – wechselseitigem Nutzen forschen, noch braucht sie einen «Als-ob»-Vertrag, um ihre Pflicht gegenüber dem Kind zu begreifen. Darum ging es Gautama.

Die Rechtfertigung hat hier die Form des folgenden Arguments: Wenn einer Person der Weg zu einer Handlung, über die sie frei entscheiden kann, offen steht (so dass die Handlung durchführbar ist) und wenn die Person überzeugt ist, dass ihr Eingreifen etwas in der Welt gerechter machen würde (also ein Gerechtigkeit förderndes Handeln wäre), dann ist das Grund genug für sie, ernsthaft zu erwägen, was sie im Licht dieser Erkenntnis tun sollte. Natürlich sind viele Handlungen denkbar, die man nicht durchführen kann, obwohl sie jede für sich diese beiden Bedingungen erfüllen. Deshalb folgt hier aus dem Argument kein vollständiges Handlungs*gebot*, wann immer die beiden Bedingungen gegeben sind, sondern es liefert nur einen Grund dafür, die Verpflichtung anzuerkennen, dass man ein Handeln *erwägen* muss. Während man also im Fall der Mutter möglicherweise kontraktarische Argumente in weitem Sinn – vorausgesetzt, sie sind einfallsreich – als Gründe dafür einsetzen kann, dass sie dem Kind hilft, wäre es in diesem zweiten Fall weitaus umständlicher, zu der Schlussfolgerung zu kommen, die sich unmittelbar ergibt, wenn man sich darauf beruft, dass Machtbesitz verpflichtet.

Hier geht es hauptsächlich darum, zu erkennen, dass verschiedene Wege zur Begründung vernünftiger Verhaltensweisen führen, die nicht alle abhängig sind von den auf Vorteilsdenken beruhenden Argumenten für wechselseitig nützliche Kooperation. Das Streben nach wechselseitigen Vorteilen hat in der direkten Ausprägung der hobbesschen oder in der anonymen Form der rawlsschen Theorie erhebliche soziale Relevanz, aber es ist nicht die einzige Art der Begründung, die für Aussagen über vernünftiges Verhalten ins Gewicht fällt.

Noch eine abschließende Betrachtung vor dem Ende dieses Kapitels über die Pluralität unparteiischer Gründe: Verpflichtungen zur Wahrung der Menschenrechte, wie man heute sagt – das gleiche Ziel wurde schon seit langer Zeit unter verschiedenen anderen Namen verfolgt, mindestens seit Mary Wollstonecraft und Thomas Paine im achtzehnten Jahrhundert –, enthalten seit eh und je ein starkes Element sozialen Denkens in Verbindung mit der Verantwortung, die effiziente Macht übernehmen muss (im 17. Kapitel, «Menschenrechte und globale Imperative», mehr dazu).[7] Argumente, die sich nicht auf wechselseitigen Vorteil berufen, sondern sich stattdessen auf einseitige, in der Asymmetrie der Macht begründete Verpflichtungen konzentrieren, werden nicht nur im gegenwärtigen Engagement für Menschenrechte ausgiebig benutzt, sondern sind auch sichtbar in den frühen Versuchen, zu zeigen, welche Implikationen die Achtung für die Freiheiten – und entsprechend die Menschenrechte – aller haben müssten. Zum Beispiel stützten sich Thomas Paines und Mary Wollstonecrafts Schriften zur «Verteidigung» – so Wollstonecraft – der Rechte von Frauen und Männern weitgehend auf Beweggründe von diesem Typ, die abgeleitet waren aus Argumenten dafür, dass die Macht zur Förderung der Freiheiten aller Menschen auch die Verpflichtung zum Handeln bedeutet. Diese Einstellung wird natürlich, wie schon erwähnt, erheblich bestärkt durch Adam Smiths Analyse «moralischer Gründe» und seine Einführung des unparteiischen Zuschauers als Mittel der Aufklärung über moralische Anliegen und Verpflichtungen.

Wechselseitiger, auf Symmetrie und Reziprozität beruhender Vorteil ist nicht die einzige Grundlage für das Nachdenken über vernünftiges Verhalten gegenüber anderen. Auch effektive Macht und die einseitigen Verpflichtungen, die womöglich daraus folgen, können eine wichtige Basis für einen unparteiischen Vernunftgebrauch sein, der weit über die Motivation durch wechselseitige Vorteile hinausgeht.

10. VERWIRKLICHUNGEN, FOLGEN UND HANDELN

Auf ein interessantes Streitgespräch aus dem Sanskrit-Epos *Mahabharata* habe ich schon in der Einleitung hingewiesen. Es begibt sich am Vorabend der schweren Schlacht von Kurukshetra, einem Ort nicht weit von Delhi; Gesprächspartner sind Arjuna, der große Kriegsheld des Epos, und sein Freund und Ratgeber Krishna. Gegenstand der Auseinandersetzung sind die Pflichten von Menschen im Allgemeinen und Arjunas im Besonderen, und Arjuna und Krishna betrachten das Problem unter radikal verschiedenen Gesichtspunkten.

In der Schlacht von Kurukshetra kämpfen die Pandavas, die tugendhafte Königsfamilie, deren Oberhaupt Yudihistra ist (Arjunas ältester Bruder, der legitime Thronerbe), gegen die räuberischen Usurpatoren des Königreichs, die Kauravas, ihre Vettern. Die meisten Königsfamilien aus den Reichen im nördlichen, westlichen und östlichen Indien haben sich einer der beiden Armeen angeschlossen, sodass ein erheblicher Anteil aller kampffähigen Männer im Land in der Schlacht gegeneinander stehen. Arjuna ist der unbesiegbare Kriegsheld in der Partei der Pandavas, der rechtmäßigen Könige. Krishna ist sein Wagenlenker, wird jedoch auch als Gott in Menschengestalt verstanden.

Die zwingende Kraft des Streitgesprächs zwischen Arjuna und Krishna bereichert die Erzählung des Epos, hat aber auch über Jahrhunderte hin immer wieder moralische und politische Überlegungen angeregt. Der Teil des Epos, in dem diese Auseinandersetzung stattfindet, die *Bhagavadgita* oder *Gita*, hat nicht nur die Laien unter den Lesern gefesselt, sondern auch bei Theologen und Philosophen außergewöhnliche Aufmerksamkeit geweckt.

Die gegnerischen Armeen sind aufmarschiert, eine mörderische Schlacht steht kurz vor dem Ausbruch, und Arjuna und Krishna machen sich Gedanken darüber. Arjuna äußert tiefe Zweifel daran, ob er den Kampf zu Recht aufnimmt. Er zweifelt nicht, dass seine Partei für die gerechte Sache steht und dass sie einen gerechten Krieg führt; er bezweifelt auch nicht, dass sie die Schlacht auf jeden Fall gewinnen wird, denn sie ist stark (nicht zuletzt auf Grund von Arjunas Fähigkeiten als Krieger und Heerführer). Aber er gibt zu bedenken, dass so viele Kämpfer in der

Schlacht das Leben verlieren würden. Er selbst müsste sie in den Tod schicken oder mit eigener Hand umbringen, und den meisten der Krieger, die kämpfen und vielleicht sterben, könne man nichts vorwerfen außer dass sie bereit waren, sich einer der beiden gegnerischen Armeen anzuschließen (oft aus Loyalität gegenüber Verwandten oder aufgrund anderer Bindungen). Sofern sich Arjunas Sorgen auf die Tragödie beziehen, die weite Teile des Landes treffen wird, kann er sie als Katastrophe einschätzen, ohne an die Rolle zu denken, die ihm im bevorstehenden Blutvergießen zufallen wird, aber ein anderer Teil seiner Besorgnisse kommt aus seiner Eigenverantwortung: Er selbst muss Gegner töten, die eng verwandt mit ihm sind und die er häufig sogar gern hat. Arjunas Argument gegen den Kampf hat also sowohl positionsabhängige wie transpositionelle Züge.*

Arjuna meint, dass er nicht kämpfen und töten solle und dass man den räuberischen Kavalas vielleicht einfach das Königreich überlassen könne, das sie unrechtmäßig an sich gebracht hatten, denn dies sei am Ende das kleinere Übel. Krishna widerspricht ihm und betont in seiner Entgegnung, dass die Erfüllung der eigenen Pflicht ohne Rücksicht auf die Folgen höchste Priorität habe – eine These, die in indischen Diskussionen über Religion und Moralphilosophie immer wieder angeführt wird. Mit der allmählichen Transformation Krishnas, der zunächst ein vornehmer, aber parteiischer Schirmherr der Pandavas war, dann aber Gott in Menschengestalt wurde, ist die *Gita* auch ein Dokument von hoher theologischer Bedeutung geworden.

Krishna argumentiert, dass Arjuna seine Pflicht tun müsse, komme was da wolle, und in diesem Fall habe er die Pflicht, ohne Rücksicht auf die Folgen zu kämpfen. Es gehe um eine gerechte Sache, und als Krieger und Heerführer, auf den seine Partei angewiesen sei, könne er sich seiner Verpflichtung nicht entziehen. Krishnas hochgradige Deontologie mitsamt seiner pflichtorientierten und folgenunabhängigen Argumentation hat seither die Moraldiskussionen nachhaltig beeinflusst. Mohandas Gandhi, der große Apostel der Gewaltlosigkeit, zahlte vermutlich der Macht der reinen Theorie Tribut, wenn er tief berührt war von Krishnas Mahnung, man müsse seine Pflicht ohne Rücksicht auf die Folgen tun (Gandhi zitierte Krishnas Wort aus der *Gita* häufig), obwohl die Pflicht in diesem Fall gebot, dass Arjuna einen blutigen Krieg führte und nicht

* Die mit Standortgebundenheit verbundene Unterscheidung wurde im 7. Kapitel («Standort, Relevanz und Illusion») erörtert.

davor zurückschreckte, andere zu töten, eine Sache, für die Gandhi sich normalerweise kaum erwärmt hätte.

Krishnas moralischer Standpunkt wurde von vielen philosophischen und literarischen Kommentatoren überall auf der Welt wortreich unterstützt; Bewunderung für die *Gita*, besonders für Krishnas Argumente, war in Teilen der europäischen Intellektuellenkultur ein langlebiges Phänomen.* Christopher Isherwood übersetzte die Bhagavadgita ins Englische[1], T. S. Eliot legte Krishnas Gedankengang aus und brachte die Botschaft als Mahnung in dichterische Form: «And do not think of the fruits of action / Fare forward. Not fare well, / but fare forward, voyagers.» [Aber denket nicht an die Früchte des Handelns. / fahret vorwärts. Nicht fahret wohl, / sondern fahret vorwärts, ihr Reisenden.][2]

Arjunas Argumente

Im Verlauf des Streitgesprächs verteidigen Arjuna und Krishna ihre Standpunkte mit Argumenten, die aus der klassischen Debatte zwischen folgenunabhängiger Deontologie und einer für Folgen sensiblen Einschätzung stammen könnten. Arjuna gibt sich am Ende geschlagen, aber erst, als Krishna die intellektuelle Überzeugungskraft seines Arguments mit einer übernatürlichen Demonstration seiner Göttlichkeit absichert.

Aber war Arjuna wirklich im Irrtum? Warum sollten wir nur «vorwärts fahren» und nicht auch «wohl fahren» wollen? Kann die Überzeugung, dass man verpflichtet sei, ohne Rücksicht auf die Folgen für eine gerechte Sache zu kämpfen, stärker sein als die Gründe dafür, dass man nicht Menschen töten will, für die man vielleicht sogar Zuneigung empfindet? Hier soll nicht behauptet werden, dass Arjuna entschieden im Recht gewesen wäre, wenn er den Kampf verweigert hätte (gegen seinen Rückzug aus der Schlacht sprachen nicht nur Krishnas Argumente, sondern auch viele andere Gründe), sondern es geht um eine Güterabwägung und darum, dass Arjunas Beweggrund, Menschenleben zu schonen, nicht durch den bloßen Hinweis auf eine

* Zu Beginn des neunzehnten Jahrhunderts rühmte Wilhelm von Humboldt die Gita begeistert als das «das schönste, ja vielleicht das einzig wahrhaft philosophische Gedicht, das alle uns bekannten Literaturen aufzuweisen haben» [«Über Die Unter Dem Namen Bhagavad-Gita Bekannte Episode des Maha-Bharata»]. Jawaharlal Nehru, der Humboldt zitiert, weist jedoch darauf hin, dass «jede philosophische Richtung … [die *Gita*] auf ihre eigene Weise interpretiert» (*The Discovery of India* (Kalkutta: The Signet Press, 1946; wieder aufgelegt in Delhi: Oxford University Press, 1981), S. 108–109).

offenkundige Pflicht zum Kämpfen ohne Rücksicht auf die Konsequenzen zu widerlegen ist.

Hier haben wir einen unauflöslichen Gegensatz zwischen zwei starken Positionen, die beide auf verschiedene Weisen verteidigt werden können. Die Schlacht von Kurukshetra würde das Leben der Menschen im Land ändern – das wird im Epos deutlich sichtbar –, und um entscheiden zu können, was zu tun ist, braucht man eine umfassende und kritische Evaluierung; eine schlichte, aus folgenunabhängigen Argumenten abgeleitete Antwort, die sich ausschließlich auf Arjunas Pflicht zum Kämpfen – komme, was da mag – beruft und alle anderen Erwägungen verwirft, ist ungenügend. Obwohl die *Gita*, als religiöses Dokument verstanden, eindeutig Partei für Krishna ergreift, bietet das Epos *Mahabharata*, in dem das Streitgespräch Teil einer weit umfangreicheren Geschichte ist, beiden Parteien viel Gelegenheit, ihre Argumente zu entwickeln. Das Epos endet alles in allem tragisch mit einer Klage über Tod und Blutvergießen, und Sieg und Triumph der «gerechten» Sache werden von Schmerz und Leid überschattet. Es ist kaum zu übersehen, dass darin eine Verteidigung von Arjunas tiefen Zweifeln liegt.

Als J. Robert Oppenheimer, der Leiter des Manhattan-Projekts zur Entwicklung der amerikanischen Atombombe im Zweiten Weltkrieg, am 16. Juli 1945 die erste von Menschen gezündete Atombombenexplosion sah, war er von ihrer ungeheuren Sprengkraft so erschüttert, dass er Krishnas Worte aus der *Gita* zitierte: «Jetzt bin ich der Tod geworden, Zerstörer der Welten».[3] Der Physiker Oppenheimer hatte damals seine Entschlossenheit, eine Bombe für die eindeutig «richtige» Seite zu entwickeln, als eben den Kampf für eine gerechte Sache gerechtfertigt, den Krishna vom «Krieger» Arjuna verlangte. Später änderte sich Oppenheimers Einstellung, er machte sich schwere Vorwürfe, dass er am Bau der Atombombe mitgewirkt hatte und sagte im Rückblick: «Wenn man etwas sieht, das technisch reizvoll ist, legt man los und macht es; was damit anzufangen ist, überlegt man erst, nachdem man sich den technischen Erfolg verschafft hat.»* Aber dem Vorwärtsdrängen zum Trotz sah

* Siehe: *In the Matter of J. Robert Oppenheimer*. USAEC Transcript of the Hearing before Personnel Security Board (Washington, DC: Government Publishing Office, 1954). Siehe auch Heinar Kipphardts auf diesen Anhörungen fußendes Stück *In der Sache J. Robert Oppenheimer* (1964). Ich möchte hier klarstellen, dass Oppenheimer, obwohl er Krishna zitiert und obwohl sein Glaube, dass er für eine gerechte Sache arbeite, vergleichbar mit Krishnas Ansicht von Arjunas Pflicht ist, doch nicht ganz die gleiche Position vertritt wie Krishna. Krishna weist auf Arjunas «Pflicht» hin, als Krieger für eine gerechte Sache zu kämpfen, Oppenheimer

Oppenheimer Grund genug, auch über Arjunas Sorgen nachzudenken: Wie kann etwas Gutes daraus entstehen, dass man so viele Menschen tötet? Und warum sollte ich nur meine Pflicht als Physiker tun und alles andere außer Acht lassen, selbst die Katastrophen und die Tode, die Folgen meines Handelns wären?*

Wenn wir nun nach der Relevanz dieser Probleme für die Anforderungen der Gerechtigkeit fragen, ist es nützlich, deutlich zu machen, dass Arjunas Argumentation aus drei miteinander verwobenen, aber voneinander verschiedenen Elementen zusammengesetzt ist. In der reichlich vorhandenen Literatur zur *Gita* werden sie oft vermischt, aber sie sind verschieden und verdienen jedes für sich genommen Aufmerksamkeit.

Erstens: Entscheidend für Arjunas Denken ist die allgemeine Überzeugung, dass das, was der Welt geschieht, für unsere moralische und politische Einstellung wichtig und signifikant sein muss. Wir können nicht die Augen vor dem verschließen, was wirklich passiert, und ohne Rücksicht auf die Situation, die sich daraus ergeben wird, an unserem folgenunabhängigen *niti* festhalten. Dieses Element in Arjunas Denken, das man «die Relevanz der wirklichen Welt» nennen könnte, wird ergänzt durch die Festlegung eines spezifischen Aspekts der wirklichen Welt, der ihn besonders beschäftigt: Leben und Tod von Menschen. Dieses Argument ist allgemein und gilt der Wichtigkeit unseres Lebens, ganz gleich, wie stark unsere Aufmerksamkeit durch andere Beweggründe abgelenkt wird, die sich zum Beispiel auf Bedingungen für korrektes Verhalten berufen oder die Mehrung des Ruhms einer Dynastie oder eines

dagegen greift zu der vieldeutigen Rechtfertigung, er habe es getan, weil es «technically sweet» – technisch reizvoll – gewesen sei. Möglich, dass dieses technisch Reizvolle mit der Pflichterfüllung in der Arbeit des Physikers zu tun hat, aber die Rechfertigung ist, verglichen mit Krishnas geradliniger Mahnung, eher schillernd. Ich danke E. Kelly für eine klärende Diskussion über diese Frage.

* Eine Anekdote aus einem früheren Buch, *The Argumentative Indian* (London und Delhi: Penguin, 2005), passt hier: Als Schüler hatte ich meinen Sanskrit-Lehrer gefragt, ob es statthaft sei, zu sagen, dass der göttliche Krishna mit einem unvollständigen und nicht überzeugenden Argument gegen Arjuna davongekommen ist. Mein Lehrer antwortete: «Vielleicht könntest du das sagen, aber du musst es mit dem gehörigen Respekt vorbringen.» Viele Jahre später nahm ich mir die Freiheit, Arjunas Ausgangsposition zu verteidigen; ich versuchte zu zeigen – hoffentlich mit dem gehörigen Respekt –, warum eine von Konsequenzen absehende Deontologie in der von Krishna vertretenen Form keineswegs überzeugend ist: «Consequential Evaluation and Practical Reason», *Journal of Philosophy,* 97 (September 2000).

Königreichs (oder, wie in Europa während des blutigen Ersten Weltkriegs, auf den Sieg der «Nation»).

Wenn wir die klassische Unterscheidung zwischen *niti* und *nyaya* anwenden, von der in der Einleitung die Rede war, gehören Arjunas Argumente definitiv zum *nyaya* und nicht zu dem *niti*, das verlangt, der Pflicht, als Heerführer einen gerechten Krieg zu führen, den Vorrang zu geben. In seinem Denken hat «soziale Verwirklichung», wie sie wir sie genannt haben, entscheidende Bedeutung.* Und innerhalb dieses allgemeinen Rahmens steht ein besonderes Argument für Arjuna im Vordergrund: In einem ethischen oder politischen Werturteil solcher Art können wir nicht außer Acht lassen, was mit Menschenleben geschieht. Diesen Teil von Arjunas Auffassung werde ich «die Signifikanz von Menschenleben» nennen.

Das zweite Element besteht in der persönlichen Verantwortung. Arjuna setzt sich dafür ein, dass ein Mensch, dessen Entscheidungen schwerwiegende Konsequenzen haben, persönliche Verantwortung dafür übernehmen muss. Die Frage der Verantwortung ist für die Auseinandersetzung zwischen Arjuna und Krishna zentral, obwohl die beiden unterschiedliche Auffassungen von Arjunas Verantwortlichkeiten haben. Arjuna erklärt, dass eine Person die Folgen, die sich aus ihren Wahlen und Handlungen ergeben, bei ihrer Entscheidung mit bedenken muss. Krishna besteht darauf, dass man seine Pflicht tun muss, mag geschehen, was da wolle, und dass der Inhalt dieser Pflicht – wie in diesem Fall – bestimmt werden kann, ohne dass die Konsequenzen der gewählten Handlungen zu untersuchen wären.

In der politischen und der Moralphilosophie werden konsequentialistische Einschätzungen und deontologische Argumente ausführlich abgehandelt, und der Unterschied zwischen beiden spiegelt sich sicherlich in Krishnas extremer Deontologie und in Arjunas für Konsequenzen geschärftes Denken. Dabei ist ein Punkt zu beachten, der manchmal

* Im Streitgespräch in der *Gita* konzentriert sich Krishna auf das elementare *niti*-Pflichtgebot, während Arjuna nicht nur dieses Pflichtgebot in Frage stellt (warum sollte ich so viele Menschen töten, auch wenn das meine Pflicht zu sein scheint?), sondern auch das *nyaya* einer Gesellschaft, die Folge des Krieges wäre (kann ein mörderischer Krieg zu einer gerechten Welt führen?). Mir kommt es hier darauf an, dass in diesem reichhaltigen intellektuellen Streitgespräch außer der Diskussion über Pflichten und Konsequenzen (und in Zusammenhang damit der Debatte zwischen Deontologie und Konsequentialismus), die üblicherweise in der Darstellung der Argumente der *Gita* die meiste Aufmerksamkeit auf sich zieht, auch noch andere wichtige Fragen eine Rolle spielen, die man nicht übersehen darf.

übersehen wird: Arjuna leugnet nicht, dass die Idee der persönlichen Verantwortlichkeit wichtig ist – ihm geht es nicht nur um günstige Folgen, sondern auch um die Frage, wer was tut, vor allem fragt er sich, was von ihm selbst verlangt würde – in diesem Fall Menschen töten. Auch sein eigenes Handeln und die daraus folgende Verantwortung haben also für Arjunas Argument Gewicht, es geht ihm nicht nur um die Signifikanz von Menschenleben. Hier ist wichtig, dass Arjuna sich nicht für einen vom Akteur unabhängigen Konsequentialismus einsetzt.

Drittens macht sich Arjuna klar, wer die Menschen sind, die getötet würden, und besonders belastet ihn, dass er Menschen umbringen müsste, die ihm nahe stehen, unter anderen seine eigenen Verwandten. Ihn quält nicht nur der Gedanke an das Töten im Allgemeinen und das Ausmaß des bevorstehenden Krieges, sondern er trennt davon das Problem ab, dass er Menschen töten muss, die ihm besonders wichtig sind. Mit dieser Sorge zeigt Arjuna, dass persönliche Beziehungen zu anderen bei seiner Handlungsweise ins Gewicht fallen. Das ist ein eindeutig positionsabhängiger Gesichtspunkt; er gehört in einem weiten Sinn zu den Vorstellungen, die eine Person veranlassen, besondere Verantwortung gegenüber ihren Nächsten, etwa den eigenen Kindern oder Kindern, die sie aufgezogen hat, zu übernehmen (vergl. 7. Kapitel, «Standort, Relevanz und Illusion»). Relationale, mit Familienbindungen und persönlicher Zuneigung verknüpfte Verpflichtungen können in bestimmten ethischen Kontexten zu Recht ausgeschlossen werden, zum Beispiel für Beamte, die in der Sozialpolitik tätig sind, gehören aber in den allgemeiner gefassten Bereich der Moral- und politischen Philosophie einschließlich der Theorie der Gerechtigkeit, wenn es um persönliche Verantwortlichkeiten und den ihnen zustehenden Platz geht.

Arjuna wird im Epos natürlich nicht als Philosoph dargestellt, und man kann nicht erwarten, dass sein in der *Gita* präsentiertes Argument eine ausgeklügelte Verteidigung seiner besonderen Bedenken enthält. Trotzdem fällt auf, wie klar und genau diese Sorgen in Arjunas Fazit dargelegt werden, in dem er erklärt, warum er es für richtig hält, nicht an der Schlacht teilzunehmen. Er folgt in diesem Fall den Kriterien des *nyaya*, für die alle drei genannten Elemente zusätzlich zu seinem elementaren Mitgefühl klare Relevanz haben.

Einfache und umfassende Ergebnisse

Da Argumente, die sich auf Konsequenzen berufen, oft als ergebnisorientiert angesehen (und in manchen Fällen als *nur* ergebnisorientiert ausgelegt) werden, würde es dem Verständnis von Arjunas Argumentation dienen, den Begriff «Ergebnis» (outcome) genauer und kritischer als üblich zu prüfen. Ergebnis bezeichnet den Zustand, der aus der von uns eingesetzten Entscheidungsvariablen – zum Beispiel einer Handlung, Regel oder einer Disposition – resultiert. Auch wenn es keine zuverlässige Möglichkeit gibt, einen Zustand «in seiner Gesamtheit» zu beschreiben (man könnte die Beschreibung immer noch um ein Detail ergänzen, zur Not, indem man Vorfälle und Handlungen durch ein Vergrößerungsglas betrachtet), kann er doch der Idee nach reich an Informationen sein und alle Merkmale berücksichtigen, die wir für wichtig halten.

Es gibt keinen Grund, zwecks Bewertung auf einer verkürzten Darstellung eines Zustandes zu bestehen. Soll eine Entscheidung kritisch geprüft werden, kann eine Beschreibung des Zustandes oder Ergebnisses auch *Entscheidungsprozesse* umfassen und muss sich nicht auf ein eng definiertes Endresultat beschränken. Zum Inhalt von Ergebnissen kann man außerdem alle womöglich relevanten, das Handeln beeinflussenden Informationen (agency information) zählen und alle persönlichen und nicht-persönlichen Beziehungen, die für das fragliche Entscheidungsproblem Bedeutung haben könnten.

In früheren Arbeiten zur Entscheidungstheorie und rational choice habe ich mich dafür eingesetzt, *neben* den «culmination outcomes», den einfachen Ergebnissen, die losgelöst von Prozessen, Aktivitäten und Relationen betrachtet werden, auch «comprehensive outcomes» wichtig zu nehmen, also zu berücksichtigen, welche Handlungen, Vermittlungen, Prozesse und so weiter sich auf das Ergebnis ausgewirkt haben.* Diese

* Die Unterscheidung zwischen einfachen und umfassenden Ergebnissen wurde in der Einleitung erörtert; sie ist wichtig für den Zugang zur Gerechtigkeit in diesem Buch, in dem umfassende, den Prozess der Auswahl und andere prozedurale Aspekte berücksichtigende Resultate eine Rolle spielen, die einfache Ergebnisse nicht übernehmen können. Ein Teil des Problems mit den so genannten konsequentialistischen Theorien der praktischen Vernunft besteht darin, dass sie eine Tendenz haben, nur einfache Ergebnisse in den Blick zu nehmen. Zur Tragweite des Unterschieds vergl. meine Essays «Maximization and the Act of Choice», *Econometrica*, 65 (1997); «Consequential Evolution and Practical Reason», *Journal of Philosophy*, 97 (2000) und das Buch *Rationality and Freedom* (Cambridge, MA: Harvard University Press, 2002).

Unterscheidung kann für bestimmte Probleme in der Ökonomie, Politik, Soziologie und der allgemeinen Entscheidungs- und Spieltheorie zentrale Bedeutung haben.* Sie ist auch unentbehrlich, wenn man einschätzen will, wie tragfähig Argumente sind, die sich an Konsequenzen orientieren, da eine Konsequenz mehr ist als ein bloßes Nachspiel. Die Einschätzung umfassender Ergebnisse kann ein fester Bestandteil der Beurteilung von Zuständen und damit ein Eckstein in der Evaluation der Konsequenzen sein.

Inwiefern ist diese Unterscheidung für das Verständnis von Arjunas Argumenten wichtig? Wie bereits erwähnt, wird Krishna in philosophischen Diskussionen über den Inhalt der *Gita* normalerweise als typischer Deontologe gesehen, der unerbittlich und ausschließlich auf Pflichterfüllung beharrt, und Arjuna gilt als ebenso typischer Konsequentialist, der Handlungen ganz und gar nach der Qualität ihrer Folgen beurteilt. Beide Interpretationen sind signifikant irreführend. Nichts spricht dagegen, dass ein genereller deontologischer Ansatz die Folgen einer Handlung mit berücksichtigt, selbst wenn er davon ausgeht, dass Pflichten unabhängig von ihren Konsequenzen erkannt werden müssen; es wäre also falsch, Krishnas etwas ausgezehrte Morallehre als archetypische Deontologie anzusehen. Kants Deontologie wäre auf der Basis dieser Schwundstufe kaum verständlich.** Krishnas Deontologie ist besonders puristisch, sie lässt nur Argumente gelten, die das Pflichtgebot stützen, und bestreitet, dass irgendwelche Bedenken, vor allem solche, die sich auf Folgen des Handelns richten, die Entscheidung für oder gegen eine Handlung beeinflussen sollten.

Ähnlich untypisch ist Arjunas Konsequentialismus: Er beharrt nicht engstirnig darauf, dass nur einfache Resultate (culmination outcomes) ins Gewicht fallen und alles andere keine Rolle spielt – er entspricht also nicht der typischen Definition des Konsequentialismus in der Schmal-

* Zur Erläuterung ein schlichtes Beispiel für die Relevanz von Prozessen und Handlungen bei der Evaluierung eines Zustandes: Eine Person ist wohl froh, wenn sie bei einer lange dauernden Party in einen sehr bequemen Sessel komplimentiert wird, hat aber wenig Neigung, von sich aus eilends zur bequemsten Sitzgelegenheit zu streben, bevor andere sie okkupieren. Wenn solche prozeduralen Überlegungen berücksichtigt werden, ändern sich die Strukturen vieler Entscheidungen und Spiele.

** Konsequenzen berücksichtigt Kant bei der Ausführung seiner grundsätzlich deontologischen Position in erstaunlich hohem Maß; siehe zum Beispiel die *Kritik der praktischen Vernunft*. Dass diese Argumente nicht zu seiner ethischen Gesamtkonzeption gehören, ist undenkbar.

spurversion. Vielmehr richten sich seine politischen und moralischen Überlegungen in hohem Maß auf umfassende Auswirkungen (comprehensive outcomes). Die Idee sozialer Verwirklichung verlangt, wie schon erwähnt, dass Ergebnisse in diesem weiten Sinn verstanden werden und Handlungen, Beziehungen und Antriebe umfassen. Wie gesagt räumt Arjuna seiner Idee der Pflicht große Bedeutung ein, macht seine Eigenverantwortung für sein Tun geltend und steht zu seiner besonderen Verbindung mit vielen der potentiellen Kriegsopfer (zusätzlich zu seinem Gram, dass der Krieg generell zahllose Menschenleben kosten und absichtliche Tötungen verlangen wird). Diese Einstellung ist mit Sicherheit viel umfassender als ein auf einfachen Ergebnissen fußender Konsequentialismus.

Es gehört zum Ansatz der Arbeit, die in diesem Buch vorgestellt wird, dass ein umfassendes Verständnis von Zuständen in eine Gesamtwertung sozialer Verwirklichungen integriert werden kann. Während Konsequenzen – selbst einfache Ergebnisse – zusammen mit anderen Anliegen ernst genommen werden, findet hier keine Verteidigung der Standardversion des Konsequentialismus statt, die nach zweihundertjähriger Denkarbeit aus der Werkstatt der Utilitaristen hervorgegangen ist. Aber auch wenn Arjuna nicht der Archetyp eines Konsequentialisten ist, nützt es doch dem Verständnis, zu fragen, in welchem Sinn, wenn überhaupt, er konsequentialistisch denkt.

Konsequenzen und Verwirklichungen

Es ist nicht leicht, eine Definition des Konsequentialismus zu finden, mit der alle zufrieden wären, die sich kritisch oder zustimmend auf dieses Konzept stützen. Dazu kommt, dass der Begriff Konsequentialismus eher von Gegnern und weniger von Befürwortern einer an Konsequenzen orientierten Auswertung geprägt wurde, also hauptsächlich in negativer Bedeutung, oft mit farbenfrohen Gegenbeispielen, die der Moralphilosophie kräftige Würze – und ein gewisses intellektuelles Vergnügen – eingebracht haben. Das Geständnis, ein «Konsequentialist» zu sein, klingt ungefähr so, als würde man sagen: «Ich bin ein Wog aus London» (oder ein «Froschfresser» oder ein «Kraut» von sonst wo). Der Terminus «Konsequentialismus» ist so unattraktiv, dass man ihn gern an irgendwen loswerden würde, der ihn nehmen will.*

* Mir liegt nicht viel daran, eine wirklich treffende Definition des Konsequentialismus vorzuschlagen, ich möchte aber darauf hinweisen, dass Arjunas Denkweise

Wir brauchen jedoch ein für Konsequenzen offenes Denken, um die Idee der Verantwortung in ihrer Reichweite angemessen verstehen zu können. Dieses Denken muss zum Verfahren der verantwortungsbewussten Auswahl gehören, die nach Einschätzung der Sachlage getroffen wird, mit Blick auf alle die relevanten Folgen, die sich aus den Entscheidungen ergeben würden, und auf die umfassenden Auswirkungen, die mit dem Ergebnis verbunden sind.[4] Dieses wichtige Thema hat natürlich nicht unmittelbar mit der Verwendung des Begriffs «Konsequentialismus» zu tun. Ob die Vorstellungen von Verantwortung und sozialer Verwirklichung, die hier untersucht werden, in einen Korb namens «Konsequentialismus» passen, wenn er nur groß genug ist, muss uns nicht allzu sehr beschäftigen (wichtig sind vor allem die Vorstellungen selbst).*

Es ist richtig, dass die Bedeutung persönlicher Verantwortung von der konsequentialistisch genannten Ethik nicht immer angemessen wahrgenommen wurde. Die Standardversionen der utilitaristischen Ethik sind hier besonders unzureichend, vor allem weil sie alle Konsequenzen außer dem Nutzen unbeachtet lassen, selbst wenn sie wesentlich zum Zustand beigetragen hatten (zum Beispiel die Handlungen bestimmter Akteure,

sicherlich mit der Definition des Begriffs vereinbar ist, die Philip Pettit in der Einleitung zu der von ihm herausgegebenen ausgezeichneten Essaysammlung vorgelegt hat. Er schreibt: «Vereinfacht gesagt, ist Konsequentialismus die Theorie, dass man die relevanten Konsequenzen einer Entscheidung, das heißt, die relevanten Auswirkungen dieser Entscheidung auf die Welt betrachten muss, um sagen zu können, ob eine bestimmte Wahl, die ein Akteur getroffen hat, richtig war» (*Consequentialism* (Aldershot: Dartmouth, 1993), S. XIII). Da diese Definition nicht ausdrücklich erklärt, dass nur einfache Ergebnisse zu diesen Konsequenzen gerechnet werden sollen, ohne Rücksicht auf die Handlungsantriebe, Prozesse oder Relationen, die in das Bild der umfassenden Ergebnisse gehören, kann man Arjuna ohne weiteres als einen Konsequentialisten in Philip Pettits Sinn ansehen.

* Der Begriff hat allerdings auch eine «Signalfunktion», deshalb ist Konsequentialismus ein seltsam ungeeigneter Name für einen Ansatz, der mit der Einschätzung von Zuständen beginnt und sich auf sie konzentriert. Zustände als «Konsequenzen» aufzufassen, provoziert sofort die Frage: «Konsequenz *wovon*?» Also beginnen offenbar sogar Philosophen, die sich selbst als Konsequentialisten bezeichnen, gern mit der Evaluierung von Zuständen (und gehen erst anschließend zur Evaluierung anderer Dinge über, bewerten etwa Handlungen und Regeln), während der Begriff selbst in die entgegengesetzte Richtung weist – auf die vorgängige Relevanz von etwas anderem (einer Handlung oder Regel etwa), dessen Folge der Zustand ist. Das ist ungefähr so, als würde man zuerst einen Staat als bloße Kolonie definieren und sich dann bemühen, nicht nur zu zeigen, dass die Kolonie unabhängig von ihrem «Mutterland» ist, sondern auch, dass das Mutterland selbst ganz und gar im Licht der Kolonie beurteilt werden solle.

die tatsächlich stattgefunden haben). Das liegt an der utilitaristischen Strategie, den Konsequentialismus mit zusätzlichen Forderungen zu verbinden, vor allem einer Vorstellung von «Wohlfahrt», die darauf besteht, dass Zustände ausschließlich gemäß der Nutzen-Information (Glück oder Wunscherfüllung) zu beurteilen sind, die über sie vorliegt – ohne Rücksicht auf andere Merkmale des Folgezustandes, etwa die Ausführung bestimmter Aktionen, und wären sie noch so scheußlich, oder die Verletzungen der Freiheitsrechte anderer Menschen, und wären sie noch so persönlich.*

Verwirklichungen und Handlungen

Hiermit enden meine Ausführungen über den Konsequentialismus. Die entscheidenden Fragen bleiben natürlich offen und werden uns in den folgenden Kapiteln noch weiter beschäftigen. Aber auf einige Punkte möchte ich zum Schluss dieses Kapitels noch hinweisen. Wie ich betont habe, müssen wir uns klarmachen, dass der Blick auf soziale Verwirklichungen mehr umfasst und damit der engen Charakterisierung überlegen ist, die Zustände allein als einfache Endergebnisse sieht. Eine Person hat nicht nur guten Grund, auf die Folgen zu achten, die eine bestimmte Wahl hätte, sondern sollte ebenso die Verwirklichungen, die sich ergeben würden, in den Blick nehmen und dabei auch die am Ergebnis beteiligten Handlungsweisen, Verfahren und zwischenmenschlichen Beziehungen betrachten. Einige der deontologischen Sackgassen, die als offenbar gewichtige Einwände vorgeführt werden, um ein zu eng beschränktes konsequentialistisches Denken in Misskredit zu bringen, sind – zumindest in dieser Form – nicht unvermeidlich, wenn man sich mit verantwortungsbewusster Wahl befasst, die von der Einschätzung der sozialen Verwirklichungen ausgeht, die sich aus der einen oder der anderen Entscheidung jeweils ergeben würden.

Angesichts der hohen Bedeutung von Zuständen oder Sachlagen in

* Utilitaristisches Denken ist ein Amalgam aus drei verschiedenen Axiomen: (1) Konsequentialismus, (2) Wohlfahrtsdenken (Welfarismus) und (3) Einstufung nach Summen (das heißt, es wird gefordert, dass die Nutzwerte für unterschiedliche Menschen einfach addiert werden, um die Sachlage einzuschätzen, ohne Rücksicht auf zum Beispiel Ungleichheiten). Über die Faktorisierung als Methode des Utilitarismus siehe meinen Essay «Utilitarism and Welfarism», *Journal of Philosophy*, 76 (September 1979), S. 463–89, und Amartya Sen und Bernard Williams (Hg.) *Utilitarism and Beyond* (Cambridge: Cambridge University Press, 1982), besonders unsere gemeinsam verfasste Einleitung.

sozialen Verwirklichungen könnten manche Kritiker konsequentialistischer Denkweise fragen: Wenn wir Handlungsweisen, Prozesse und persönliche Beziehungen beachten wollen, besteht dann überhaupt Hoffnung, zu einem *konsistenten* Bewertungssystem sozialer Verwirklichungen zu kommen, das als Grundlage durchdachter verantwortungsbewusster Entscheidungen dienen kann? Angenommen, Konsistenz ist gefordert, wie können dann zwei Personen, je abhängig von ihren Handlungen und Verantwortlichkeiten, die gleiche Sachlage unterschiedlich bewerten? Dies wird als Problem gesehen, wenn man der Versuchung unterliegt, die Bewertung sozialer Verwirklichung strikt auf unpersönliche Kriterien zu beschränken. Diese Forderung, dass jeder sich an das gleiche Ethiksystem halten, ein umfassendes Ergebnis in genau gleicher Weise bewerten muss, entspricht der utilitaristischen Moral, die natürlich ein klassisches Beispiel des an Folgen orientierten Denkens ist, aber die zur Beurteilung nötigen Informationen sehr stark einschränkt. Dass alle Personen umfassende Ergebnisse unbedingt nach dem gleichen Maßstab beurteilen sollen, selbst wenn es um Handlungen und Beziehungen und Prozesse geht, könnte als vollkommen willkürliche und in ihrem Beweggrund widersprüchliche Vorschrift erscheinen.[5]

Wenn zwei unterschiedliche Personen vollkommen verschiedene Rollen für die Entwicklung eines Zustandes spielen, wäre es einigermaßen absurd, zu verlangen, dass die beiden den Zustand genau gleich bewerten. Dann wäre es Unsinn, Antriebe, die wesentlich zur sozialen Verwirklichung gehören, überhaupt zu beachten. Wenn zum Beispiel Othello Lodovico mit den Worten «Hier steht, der einst Othello war: hier bin ich» erklärt, dass er Desdemona ermordet hat, wäre es nur lächerlich, darauf zu bestehen, dass Othello das Geschehene genauso sehen müsse wie Lodovico. Othello begreift die Tat und dass er sie begangen hat, so, dass er sich das Leben nimmt, er kann den Mord nicht unabhängig davon sehen, dass er selbst der Mörder ist, und dadurch ist sein Gesichtspunkt vollkommen verschieden von dem anderer Personen. Othellos Standpunktabhängigkeit ist für die Bewertung zentral – sie ist kein Detail, das in seiner Bewertung des Geschehens untergehen kann.*

* Im 7. Kapitel, «Standort, Relevanz und Illusion», habe ich erörtert, dass es eine Frage der durchdachten Evaluierung ist, ob eine standpunktbedingte Verbindung eine wichtige Rolle für die persönliche Einschätzung eines Zustandes spielt, oder ob sie nur einen verzerrenden Einfluss hat, von dem man sich befreien muss. In Othellos Fall könnte man kaum behaupten, dass seine Rolle bei der Ermordung Desdemonas ein ablenkendes Detail ist, das Othello außer Acht lassen sollte, wenn er beurteilt, was genau geschehen ist.

Es ist nicht verwunderlich, dass Arjuna, der die Folgen seines Handelns aufmerksam erwog, der Tatsache, dass er selbst in der Schlacht viele Menschen, darunter nahe und geliebte Verwandte, würde umbringen müssen, besonderes Gewicht gab. Aufmerksamkeit auf Folgen verlangt nicht Gleichgültigkeit gegenüber Handlungen und Beziehungen, wenn beurteilt wird, was in der Welt geschieht. Man kann gute Gründe dafür haben, bei der Einschätzung der Geschehnisse in der Welt sowohl akteurzentrierte wie akteurunabhängige Gesichtspunkte zu beachten und damit Gerechtigkeit im Sinne von *nyaya* zu messen.* Aber die kritische Überprüfung durch Personen und öffentlicher Vernunftgebrauch haben ohne Ausnahme Gewicht und Relevanz. Dass Vernunft bei der Einschätzung von Vernünftigkeit gefordert ist, gilt für beide.

* Die Idee der Verantwortung kann, abhängig vom Kontext und dem Zweck der Untersuchung, ganz verschiedene Aspekte haben. Wichtige Unterscheidungen, mit denen ich mich hier nicht befasst habe, treffen unter anderen Jonathan Glover, *Responsibility* (London: Routledge, 1970), Hilary Bok, *Freedom and Responsibility* (Princeton, NJ: Princeton University Press, 1998) und Ted Honderich, *On Determinism and Freedom* (Edinburgh: Edinburgh University Press, 2005). Siehe auch Samuel Scheffler, «Responsibility, Reactive Attitudes, and Liberalism in Philosophy and Politics», *Philosophy and Public Affairs*, 21 (Herbst 1992).

DRITTER TEIL

MATERIALIEN DER GERECHTIGKEIT

11. LEBEN, FREIHEITEN UND BEFÄHIGUNGEN

Als der junge Gautama, später als Buddha bekannt, vor zweitausendfünfhundert Jahren sein fürstliches Haus am Fuß des Himalayas verließ, um Erleuchtung zu finden, erschütterte ihn vor allem der Anblick Sterbender, Kranker und Siecher überall in seinem Umkreis. Auch die Unwissenheit, der er begegnete, bekümmerte ihn. Welche Quellen Gautama Buddhas Leid hatte, vor allem sein Gram über die Mängel und Unsicherheiten im menschlichen Leben, ist leicht einzusehen, die Deutung der endgültigen Natur des Universums, die er daran anschließt, bringt uns jedoch womöglich ins Grübeln. Dass Menschenleben in der durchdachten Einschätzung unserer Lebenswelt mehr gelten als alles andere, ist nicht schwer zu verstehen. Das ist, wie schon gesagt, ein Hauptgesichtspunkt des *nyaya* im Unterschied zum regelgebundenen *niti*, auch wenn die Idee des *nyaya* mit ihrem Hinweis, dass menschliches Leben für die Einschätzung der Qualität einer Gesellschaft hohe Bedeutung hat, keineswegs allein dasteht.

Die Lebensweise, die Menschen ermöglicht wird, ist seit langem Gegenstand der Aufmerksamkeit von Sozialanalytikern. Auch wenn die viel benutzten ökonomischen Kriterien für Verbesserung – abzulesen an einer Masse eilfertig produzierter Statistiken – der Tendenz nach vor allem auf die zunehmende Befriedigung materieller Bedürfnisse konzentriert sind (zum Beispiel stehen die Daten des Bruttonationaleinkommens und des Bruttoinlandsprodukts, die darüber Auskunft geben, noch immer im Zentrum zahlloser wirtschaftswissenschaftlicher Wachstumsstudien), wäre diese Konzentration letzten Endes allenfalls so weit zu rechtfertigen, wie solche Werte unmittelbaren oder mittelbaren Einfluss auf Lebensweisen haben. Inzwischen setzt sich die Erkenntnis durch, dass man stattdessen direkte Indikatoren verwenden sollte, die Auskunft geben über die Lebensqualität und die Freiheiten, die man im Leben erreichen kann.[1]

Selbst die Urheber der Wertschätzung des quantitativen Nationaleinkommens, die so viel Aufmerksamkeit und Zustimmung findet, versuchten zu erklären, dass ihnen letzten Endes an Lebensfülle gelegen sei. So sagte William Petty, der schon im 17. Jahrhundert ein Verfahren zur Berechnung des Nationaleinkommens entwickelte (er schlug vor, dazu die

Einkommens- und die Ausgabenmethode, wie sie heute genannt werden, zu verwenden), ihn interessiere es, ob «die Untertanen des Königs» tatsächlich «so schlechte Lebensbedingungen [hätten], wie unzufriedene Menschen behaupteten». Anschließend erklärte er die verschiedenen Determinanten der Lebensumstände von Menschen; dazu zählten «die Sicherheit für alle» und «das Glück jedes Einzelnen».[2] Diese Verbindung mit Motivation wird in einer ökonomischen Untersuchung, die bei der Prüfung von Erwerbsquellen stehen bleibt, oft übersehen. Es gibt hervorragende Gründe, nicht Mittel und Zwecke zu verwechseln und nicht Einkommen und Vermögen für sich genommen als wichtig anzusehen, sondern sie abhängig davon zu bewerten, ob und wie viel sie dazu beitragen, dass Menschen ein gutes und lebenswertes Leben verwirklichen können.*

Es ist wichtig, festzuhalten, dass ökonomische Opulenz und substantielle Freiheit zwar etwas miteinander zu tun haben, aber häufig auseinandertreten können. Selbst gemessen an der Freiheit, einigermaßen lange zu leben (frei zu sein von vermeidbaren Krankheiten und anderen Ursachen verfrühter Sterblichkeit), kann der Mangel, den sozial besonders benachteiligte Bevölkerungsgruppen auch in reichen Ländern leiden, im Ausmaß dem Mangel in Schwellenländern gleichen. Zum Beispiel haben in Großstädten der USA lebende Afro-Amerikaner als Gruppe keine größeren, sondern eher deutlich geringere Chancen, ein fortgeschrittenes Alter zu erreichen, als Menschen in viel ärmeren Gebieten, etwa Costa Rica, Jamaica, Sri Lanka oder großen Teilen Chinas und Indiens.[3] Dass höheres Einkommen im Großen und Ganzen ein Schutz vor zu frühem Sterben ist, soll nicht bestritten werden, aber die Lebensdauer oder die Freiheit von vorzeitigem Sterben hängt auch von vielen anderen Faktoren vor allem der sozialen Organisation ab, also auch von der staatlichen Gesundheitsfürsorge, gesicherter medizinischer Versorgung, der Qualität von Schulen und Ausbildung, dem Ausmaß an sozialem Zusammenhalt und sozialer Harmonie.** Es macht einen Unterschied, ob

* Der «human development approach» (das Verfahren, menschliche Entwicklung als Maßstab der Bewertung zu nehmen), der Entwurf von Mahbub ul Haq, einem visionären Ökonomen aus Pakistan, der 1998 starb (ich hatte das Privileg, ihn seit Studentenzeiten zum engen Freund zu haben), zielt darauf, statt der auf Mittel gerichteten Perspektive des Bruttonationaleinkommens eine Konzentration unmittelbar auf Aspekte des menschlichen Lebens zu erreichen, soweit die verfügbaren internationalen Daten dies erlauben. Die Vereinten Nationen haben seit 1990 regelmäßig *Human Development Reports* veröffentlicht.

** Über die ausführlich diskutierten Anwendungsgebiete des Capability-Ansatzes hinaus könnte sich ein auf diesem Ansatz basierendes Denken auch auf weniger

wir nur auf die Erwerbsquellen achten oder direkt auf das Leben, das Menschen sich eingerichtet haben.[4]

Wenn wir unser Leben beurteilen, haben wir Grund, nicht nur unsere tatsächliche Lebensführung aufmerksam zu betrachten, sondern auch unsere Freiheit, zwischen verschiedenen Lebensstilen und Lebensweisen zu wählen. Die Freiheit, die Art unseres Lebens selbst zu bestimmen, ist ein Aspekt der Lebensqualität, den wir mit Grund hochschätzen. Die Erkenntnis, dass Freiheit wichtig ist, kann auch unsere Anliegen und Verpflichtungen erweitern. Wir könnten uns entscheiden, unsere Freiheit zu nutzen, indem wir uns für viele Ziele einsetzen, die im engen Sinn nicht Teil unseres Lebens sind (zum Beispiel die Erhaltung von Tierarten, die vom Aussterben bedroht sind). Das ist ein wichtiges Thema, wenn wir uns zum Beispiel mit den Ansprüchen der Verantwortung für unsere Umwelt und «nachhaltiger Entwicklung» auseinandersetzen. Ich werde darauf zurückkommen, nachdem ich geprüft habe, was der Blickwinkel der Freiheit ganz allgemein für die Einschätzung von Lebensweisen bewirkt.

Freiheit bewerten

An der Bewertung der Freiheit scheiden sich die Geister seit Jahrhunderten, seit Jahrtausenden sogar; es gab immer Befürworter und begeisterte Anhänger, aber auch Kritiker und heftige Gegner. Die Parteiungen sind jedoch nicht hauptsächlich geographisch bedingt, obwohl dies manchmal behauptet wird. Es stimmt nicht, dass «asiatische Werte», um einen in heutigen Debatten oft benutzten Begriff zu verwenden, immer autoritär – und skeptisch gegenüber der Relevanz von Freiheit – gewesen wären, während traditionelle «europäische Werte» sämtlich für die Freiheit und antiautoritär waren. Richtig ist, dass viele «Kategorisierer» von heute den Glauben an individuelle Freiheiten als ein signifikantes Unterscheidungsmerkmal zwischen dem «Westen» und dem «Osten» ansehen. Dieses Denkschema benutzen sowohl die eifersüchtigen Wächter über die Einzigartigkeit der «westlichen Kultur» wie laustarke Anwälte der so genannten «asiatischen Werte», die angeblich Disziplin über Frei-

erschlossene Territorien erstrecken, zum Beispiel darauf aufmerksam machen, dass Städteplanung und Architektur die Freiheiten berücksichtigen sollten, die mit der Fähigkeit, sich Handlungsspielräume zu eröffnen, verknüpft sind. Das wird in der bahnbrechenden Arbeit Romi Khoslas und seiner Kollegen erläutert; siehe Romi Khosla und Jane Samuels, *Removing Unfreedoms: Citizens as Agents of Change in Urban Development* (London: ITDG Publishing, 2004).

heit stellen. Für eine solche Aufteilung der Ideengeschichte gibt es allerdings so gut wie keine empirische Basis.[5]

Freiheit hatte auch in klassischen westlichen Schriften Parteigänger und Gegner (man vergleiche zum Beispiel Aristoteles und Augustin) und erfuhr in nicht-westlichen Texten ähnlich gemischte Unterstützung (wie der im 3. Kapitel dargestellte Gegensatz zwischen Ashoka und Kautilya zeigt). Wir können natürlich abzählen, wie oft die Idee der Freiheit in verschiedenen Weltgegenden und historischen Perioden auftaucht, und statistische Vergleiche über relative Häufigkeiten anstellen, und vielleicht ergeben sich daraus tatsächlich interessante numerische Befunde, aber dass wir damit die ideologische Unterscheidung zwischen Freund und Feind der Freiheit in einer breiten geographischen Dichotomie erfassen würden, ist kaum zu hoffen.

Freiheit: Chancen und Prozesse

Freiheit ist kostbar aus mindestens zwei Gründen. Erstens gibt uns mehr Freiheit mehr *Chancen*, unsere Ziele zu verfolgen – die Dinge, die wir hoch schätzen. Sie unterstützt uns zum Beispiel bei der Entscheidung, so zu leben, wie wir möchten, und beim Streben nach den Zielen, die wir erreichen wollen. Dieser Aspekt der Freiheit betrifft unsere Fähigkeit, das zu erreichen, was uns wichtig ist, sagt jedoch nichts über den Weg zum Ziel. Zweitens können wir aber dem Entscheidungs*prozess* selbst Bedeutung beimessen. Zum Beispiel möchten wir vielleicht sicher gehen, dass wir nicht in eine Lebenslage gezwungen werden, weil andere Druck auf uns ausüben. Die Unterscheidung zwischen dem «Chancen-Aspekt» und dem «Prozess-Aspekt» der Freiheit kann signifikant und außerdem ziemlich weit reichend sein.*

Das möchte ich an einem einfachen Beispiel erläutern: Eines Sonntags entscheidet sich Kim, nicht auszugehen, sondern lieber zu Hause zu bleiben und alle Aktivitäten ruhen zu lassen. Wenn er es schafft, genau das zu tun, was er möchte, haben wir «Szenario A». Ein alternatives, schreckliches, abstoßendes «Szenario B» tritt ein, wenn ein paar brutale Gangster bei Kim einbrechen, ihn aus dem Haus zerren und in einen tiefen Ab-

* Es ist wichtig, anzuerkennen, dass die Idee der Freiheit diese beiden Aspekte hat und dass manche Wertungsverfahren den einen Aspekt besser als den anderen erfassen. Die Art und die Implikationen dieser Unterscheidung habe ich in meinen Kenneth Arrow Lectures untersucht; sie sind in mein Buch *Rationality and Freedom* (Cambridge, MA: Harvard University Press, 2002) aufgenommen (Kapitel 20–22).

wassergraben werfen. In einem dritten Fall, dem «Szenario C», sperren die Gangster Kim in seinen vier Wänden ein und verbieten ihm unter Androhung übler Strafen, das Haus zu verlassen.

Im Szenario B ist Kims Freiheit schwer beeinträchtigt: Er kann nicht tun, was er will (zu Hause bleiben), und hat auch seine Entscheidungsfreiheit verloren. Dies sind Verstöße sowohl gegen den Chancenaspekt von Kims Freiheit (sein Handlungsspielraum ist stark beschnitten) wie auch gegen den Prozessaspekt (er kann nicht selbst entscheiden, was er unternehmen will).

Wie steht es mit dem Szenario C? Wieder ist eindeutig ein Verstoß gegen den Prozessaspekt seiner Freiheit geschehen: Zwar tut er nun unter Zwang, was er ohnehin getan hätte, aber es stand ihm nicht frei, sich anders zu entscheiden; er wäre übel dafür bestraft worden. Interessant ist hier der Chancenaspekt von Kims Freiheit. Könnte man sagen, dass dieser Aspekt sich durch den Eingriff der Gangster nicht verändert, da Kim in beiden Fällen, freiwillig oder unter Zwang, das Gleiche tut?

Wenn die Chance, die Menschen geboten wird, nur danach zu beurteilen wäre, ob sie am Ende das tun, was sie freiwillig wählen würden, dann müsste man sagen, dass zwischen Szenario A und C kein Unterschied besteht. Der Chancenaspekt von Kims Freiheit ist in diesem engen Sinn von Chance unverändert, da der Mann in beiden Fällen wie geplant zu Hause bleiben kann.

Aber ist damit angemessen erfasst, was wir unter einer Chance verstehen? Können wir Gelegenheiten, die wir haben, nur danach beurteilen, ob wir uns am Ende in der Situation befinden, die wir uns ausgesucht hätten, und bei unserem Urteil signifikante Alternativen nicht beachten, die wir hätten wählen können, wenn wir gewollt hätten? Ein kleiner Spaziergang vielleicht – nicht Kims erste Wahl an diesem Sonntag, aber doch eine ganz interessante Alternative – wäre doch sicherlich besser als im Graben zu landen? Und wie steht es mit der Möglichkeit, sich neu zu besinnen oder einfach freiwillig zu Hause zu bleiben, im Gegensatz zu der bloßen *Gelegenheit*, dort zu sein (und keine andere Wahl zu haben)? Auch in Bezug auf die Chance oder die Gelegenheit bestehen Unterschiede zwischen Szenario A und C. Sind sie ernst zu nehmen, dann erscheint die Behauptung plausibel, dass im Szenario C der Chancenaspekt von Kims Freiheit ebenfalls in Mitleidenschaft gezogen wird, allerdings nicht so radikal wie im Szenario B.

Die früher in diesem Buch dargelegte Unterscheidung zwischen «einfachem Ergebnis» und «umfassendem Ergebnis» ist hier relevant. Der Chancenaspekt der Freiheit kann im Licht dieser Unterscheidung unterschiedlich betrachtet werden. Er lässt sich entweder ausschließlich nach Maßgabe der Chance für «Endergebnisse» (was jemand am Ende entscheidet) definieren, wenn wir Chance in diesem engen Sinn auffassen und die Optionen und die Wahlfreiheit, die daneben bestehen, für eher unwichtig halten.[6] Oder wir können Chance allgemeiner im Sinn der «umfassenden Ergebnisse» definieren – das wäre meiner Meinung nach plausibler – und auch beachten, *wie* die betreffende Person zu ihrer Entscheidung kommt (ob freiwillig oder unter Zwang zum Beispiel). In diesem umfassenderen Verständnis wird der Chancenaspekt von Kims Freiheit im Szenario C eindeutig untergraben, da ihm ja befohlen wurde, zu Hause zu bleiben (er hat keine Wahl). Im Szenario A dagegen hat Kim Gelegenheit, die verschiedenen Alternativen, die ihm zur Verfügung stehen, zu bedenken, und er hat die Wahl, zu Hause zu bleiben, wenn ihm der Sinn danach steht.

Die Unterscheidung zwischen der engen und der allgemeineren Auffassung des Begriffs Chance wird sich als zentral erweisen, wenn wir von der Grundidee der Freiheit zu genauer spezifizierten Konzepten übergehen, zum Beispiel den Befähigungen und Handlungsspielräumen, über die eine Person verfügt. Im Zusammenhang damit müssen wir untersuchen, ob ihre Befähigung, das Leben zu führen, das sie schätzt, nur am Endergebnis ihrer Bemühungen gemessen oder auf breiterer Basis beurteilt werden sollte, so dass auch der Entscheidungsprozess der Person, besonders die anderen Alternativen, die ihr im Rahmen ihres tatsächlichen Vermögens ebenfalls zur Verfügung stehen, berücksichtigt werden.

Der Capability-Ansatz: Befähigungen und Handlungsspielräume

Jede substantielle Theorie der Ethik und der politischen Philosophie, vor allem jede Theorie der Gerechtigkeit muss einen Informationsschwerpunkt auswählen, das heißt, sie muss entscheiden, auf welche Merkmale der Welt wir uns bei der Beurteilung einer Gesellschaft und der Einschätzung von Gerechtigkeit und Ungerechtigkeit konzentrieren sollten.[7] Besonders wichtig in Zusammenhang damit ist die Frage, wie der individuelle Vorteil insgesamt einzuschätzen wäre; der Utilitarismus Benthams konzentriert sich zum Beispiel auf individuelles Glück oder Lust (oder eine andere Interpretation des individuellen «Nutzens»), da man so am besten beurteilen könne, wie begünstigt eine Person sei und wie sie im Vergleich zu den Vorteilen anderer gestellt sei. Ein anderes, häufig in praktischen Übungen der Ökonomie angewandtes Verfahren schätzt die

Begünstigungen einer Person nach ihrem Einkommen, Besitz oder Kapital ein. Diese Alternativen verdeutlichen den Gegensatz zwischen Einschätzungen, die vom Nutzen oder Besitz ausgehen, und dem von Freiheit ausgehenden Capability-Ansatz.*

In diesem Ansatz wird der individuelle Vorteil gemessen an der Befähigung einer Person, die Dinge zu tun, die sie mit gutem Grund hochschätzt. Hat eine Person geringere Befähigung – weniger reale Chancen – als eine andere, die Dinge zu tun, die sie mit Grund hoch bewertet, wird ihr Vorteil niedriger eingeschätzt. Der Schwerpunkt liegt hier auf der tatsächlichen Freiheit der Person, dies oder jenes zu tun – Dinge, die ihr wichtig sind. Selbstverständlich ist es für uns besonders wichtig, die Dinge verwirklichen zu können, die wir am höchsten schätzen. Das Konzept des Befähigungsansatzes ist also eng mit dem Chancenaspekt der Freiheit verbunden; Chancen werden als «umfassende Chancen», nicht in bloßer Anhäufung zu einem Endergebnis gesehen.

Bestimmte spezifische Merkmale dieses Ansatzes möchte ich gleich zu Beginn deutlich machen; das erscheint mir wichtig, da sie gelegentlich falsch verstanden oder falsch interpretiert worden sind. Erstens verweist der Befähigungsansatz dadurch, dass er die Gesamtheit individueller Vorteile bewertet und vergleicht, auf einen *Informationsschwerpunkt*, präsentiert aber von sich aus keinerlei spezifische Formel für den Gebrauch dieser Informationen. Vielmehr können sich verschiedene Verwendungsweisen ergeben, abhängig von der Art der anstehenden Aufgaben (zum Beispiel Lösungswege für Probleme der Armut oder Behinderung oder kultureller Freiheit zu suchen) oder, pragmatischer gesehen, abhängig davon, welche Daten verfügbar sind und welches Informationsmaterial zugänglich ist. Der Befähigungsansatz ist ein allge-

* Anstoß für meine Arbeiten zum Befähigungsansatz war meine Suche nach einer Perspektive, die individuelle Vorteile besser erfasst als Rawls' Konzentration auf Grundgüter: Siehe «Equality of What?» in S. McMurrin (Hg.), *Tanner Lectures on Human Values*, Bd. 1 (Cambridge: Cambridge University Press, und Salt Lake City, UT: University of Utah Press, 1987). Aber bald wurde klar, dass dieser Ansatz viel weiter reichende Konsequenzen haben kann; siehe *Commodities and Capabilities* (1985); «Well-being, Agency and Freedom: The Dewey Lectures 1984», *Journal of Philosophy*, 82 (1985); *The Standard of Living* (Cambridge: Cambridge University Press, 1987; und Cambridge, MA: Harvard University Press, 1992). Martha Nussbaum hat mich auf die Verbindung dieses Ansatzes mit aristotelischen Ideen hingewiesen; mit ihren bahnbrechenden Arbeiten zu diesem wachsenden neuen Untersuchungsgebiet hat sie die Richtung mit bestimmt, in der sich der Capability-Ansatz weiterentwickelt. Siehe auch das von uns gemeinsam herausgegebene Buch *The Quality of Life* (Oxford: Clarendon Press, 1993).

meiner Ansatz, er konzentriert sich auf Informationen über individuelle Vorteile, die an realen Chancen gemessen werden, er ist jedoch kein spezifischer «Entwurf» für die Organisation einer Gesellschaft. Martha Nussbaum und andere haben sich in den letzten Jahren mit einer ganzen Reihe hervorragender Beiträge zu der Frage geäußert, wie der Befähigungsansatz wirkungsvoll für die Aufgaben sozialer Einschätzung und Politik genutzt werden kann. Die Reichhaltigkeit und die unbestreitbaren Leistungen dieser Beiträge müssen von der Informationsperspektive unterschieden werden, von der sie ausgehen.[8]

Die Konzentration auf Befähigungen oder Chancen weist darauf hin, dass Chancenungleichheit für die Einschätzung sozialer Disparitäten zentrale Bedeutung hat, aber sie schlägt von sich aus keine spezifische Faustregel für politische Entscheidungen vor. Wird der Befähigungsansatz zum Beispiel für Bewertungen genutzt, so fordert er nicht, wie eine oft geäußerte Interpretation unterstellt, dass wir uns für eine Sozialpolitik einsetzen, die vollständig auf Chancengleichheit zielt, ohne Rücksicht auf die anderen Folgen, die diese Politik außerdem haben könnte. Ebenso würde der Befähigungsansatz bei der Bewertung des Gesamtfortschritts einer Gesellschaft zwar sicherlich Aufmerksamkeit darauf lenken, dass die Erweiterung realer Chancen für alle Mitglieder der Gesellschaft hochsignifikant ist, aber er würde keinen Plan für, sagen wir, den Umgang mit Konflikten zwischen aggregativen und distributiven Überlegungen präsentieren (obwohl beide an den Chancen gemessen werden, die sie zugänglich machen). Und trotzdem kann die Wahl eines Informationsschwerpunkts – die Konzentration auf Befähigungen – sehr folgenreich sein, da sie die Aufmerksamkeit darauf lenkt, dass bestimmte Entscheidungen getroffen und politische Analysen durchgeführt werden müssen, die Informationen der richtigen Art zu berücksichtigen haben. Die Informationen, auf die sich der Befähigungsansatz konzentriert, können starken Einfluss auf die Bewertung von Gesellschaften und sozialen Institutionen ausüben, und genau darin besteht sein Hauptbeitrag.[9]

Zweitens ist hervorzuheben, dass die Perspektive des Befähigungsansatzes unausweichlich eine Vielfalt verschiedener Kennzeichen unserer Lebensführung und unserer Anliegen erfassen muss. Die Funktionsweisen (functionings), die Menschen anstreben, können sehr verschieden sein, und wir bewerten sie womöglich sehr unterschiedlich; ihre Variationsbreite reicht von guter Ernährung oder Vermeiden eines vorzeitigen Sterbens bis zur Beteiligung am Leben der Gemeinschaft und zur Entwicklung der Kunst, die eigenen Arbeitspläne und Ambitionen zu verwirklichen. Die Befähigung, um die es hier geht, ist unser Vermögen, vielfältige Kombinationen von Funktionsweisen zu bewerkstelligen, die wir nach Maßgabe dessen, was wir mit gutem Grund hochschätzen, miteinander vergleichen und gegeneinander abwägen können.*

Der Befähigungsansatz konzentriert sich auf das Menschenleben und nicht auf irgendwelche für sich stehenden zweckdienlichen Daten, etwa die Einkommensquellen oder Verbrauchsgüter, über die eine Person verfügt, Daten, die vor allem in wirtschaftswissenschaftlichen Untersuchungen häufig als Hauptkriterien für den Erfolg von Menschen gelten. Der Ansatz distanziert sich deutlich von der Konzentration auf den *Lebensunterhalt* und spricht klar für eine Konzentration auf die *wirklichen Lebenschancen*. Damit verhilft er auch zur Abkehr von bedürfnisorientierten Evaluationsmethoden, die sich vor allem auf die von Rawls so genannten «Grundgüter» konzentrieren, das sind Allzweckmittel wie Einkommen und Besitz, Macht und Privilegien von Ämtern, die soziale Basis der Selbstachtung und so weiter.

Während Grundgüter im besten Fall Mittel zu hoch bewerteten Lebenszwecken sind, werden sie in Rawls' Formulierung der Gerechtigkeitsgrundsätze zu den zentralen Kriterien der fairen Verteilung. Das, habe ich behauptet, sei ein Fehler, da Grundgüter nur Wege zu anderen Dingen, vor allem zur Freiheit sind – das Thema wurde im 2. Kapitel gestreift. Aber dort habe ich ebenfalls kurz erwähnt, dass der Beweggrund für Rawls' Überlegung, besonders seine Konzentration auf die Förderung der Freiheit, auch erlauben würde, Freiheit unmittelbar einzuschätzen, ohne die Mittel aufzuzählen, mit deren Hilfe man sie erreichen kann (so dass ich den Kontrast für weniger fundamental halte, als er auf den ersten Blick erscheinen mag). Diese Themen werden im nächsten Kapitel ausführlicher behandelt. Der Befähigungsansatz ist insbesondere dazu gedacht, diese Ausrichtung auf Mittel zu korrigie-

* Auch wenn es oft bequem ist, von individuellen Befähigungen zu sprechen (verstanden als Vermögen, die entsprechenden individuellen Funktionsweisen zu nutzen), ist es wichtig, im Gedächtnis zu behalten, dass der Befähigungsansatz sich letzten Endes mit dem Vermögen befasst, verschiedene *Kombinationen* hoch bewerteter Funktionsweisen zu bewerkstelligen. Zum Beispiel könnte es um eine Güterabwägung gehen zwischen der Befähigung einer Person, sich gut zu ernähren, und ihrer Befähigung, sich eine gute Unterkunft zu verschaffen (Armut kann solche schwierigen Entscheidungen unausweichlich machen). Und wir müssen die Gesamt-Befähigung der betreffenden Person an den kombinierten Leistungen messen, die sie erreichen kann. Trotzdem werde ich im Folgenden, um die Darstellung zu vereinfachen, gelegentlich von *individuellen* Befähigungen reden (und implizit voraussetzen, dass auch andere Forderungen erfüllt sind).

ren, und konzentriert sich stattdessen auf die Chance, Zwecke zu erfüllen, und auf die substantielle Freiheit, diese wohlüberlegten Ziele zu erreichen.*

Es ist nicht schwer zu verstehen, dass die Überlegungen, die im Interesse der Befähigungen und Chancen zu dieser Abkehr von Rawls führen, einen signifikanten, konstruktiven Unterschied machen: Wenn zum Beispiel eine Person hohe Einkünfte hat, aber auch anfällig für hartnäckige Krankheiten ist oder an einer schweren physischen Behinderung leidet, muss sie nicht notwendig als sehr begünstigt eingeschätzt werden, nur weil ihre Einkünfte hoch sind. Sie besitzt sicherlich eines der Mittel zum Wohlergehen in hohem Maß (nämlich viel Geld), aber wegen des durch Krankheit und Körperbehinderung bedingten Unglücks hat sie Schwierigkeiten, es in ein gutes Leben umzusetzen (das heißt, in ein Leben, das sie mit gutem Grund genießen kann). Stattdessen müssen wir betrachten, wie weit sie – wenn sie sich dafür entscheidet – einen Zustand von Gesundheit und Wohlbefinden erreichen und wie weit sie die Kraft aufbringen kann, das zu tun, was ihrer Überzeugung nach die Anstrengung wert ist. Zu verstehen, dass die *Mittel* zu einem befriedigenden Leben nicht für sich genommen schon die *Zwecke* eines guten Lebens sind, trägt dazu bei, den Umfang der Evaluierung erheblich zu vergrößern. Und genau hier beginnt der Nutzen der Befähigungsperspektive. Eine ganze Reihe von Fachleuten auf diesem Gebiet haben verschiedene Aspekte dieses Vorteils deutlich gemacht, unter anderen Sabina Alkire, Enrica Chiappero-Martinetti, Flavio Comim, David A. Crocker, Reiko Gotoh, Mozaffar Qizilbash, Jennifer Prah Ruger, Ingrid Robeyns, Tania Burchardt und Polly Vizard.[10]

Andere Merkmale des Befähigungsansatzes sind ebenfalls einen Kommentar wert (und sei es auch nur, damit Missverständnisse vermieden werden); diese Merkmale sind (1) der Kontrast zwischen Befähigung und Verwirklichung, (2) die Zusammensetzung der Befähigungen aus vielen Komponenten und die Rolle der Vernunft (einschließlich des öffentlichen Vernunftgebrauchs) im Befähigungsansatz und (3) der Platz von Einzelpersonen und Gemeinschaften und ihre Wechselbezie-

* Die Relevanz einer «human capability formation», einer Ausbildung der Befähigung zur Freiheit, lässt vermuten, dass neue Arten der Untersuchung gebraucht werden, die sich mit der Entwicklung kognitiver und konstruktiver Vermögen befassen. Ein wichtiger Ausgangspunkt ist James Heckmans «The Economics, Technology, and Neuroscience of Human Capability Formation», *Proceedings of the National Acaedemy of Sciences*, 106 (2007).

hungen in der Konzeption der Befähigungen. Ich werde sie nacheinander kommentieren.

Warum über das Erreichte hinaus auch Chancen beachten?

Der Befähigungsansatz rückt nicht nur das ins Blickfeld, was eine Person am Ende wirklich tut, sondern auch das, was sie zu tun vermag, ganz gleich, ob sie sich entscheidet, ihre Fähigkeit tatsächlich zu nutzen. Dieser Aspekt des Ansatzes wurde von etlichen Kommentatoren kritisiert (zum Beispiel von Richard Arneson und G. A. Cohen), deren Argumente dem Anschein nach mit einiger Plausibilität dafür sprechen, dass man die tatsächliche *Nutzung* von Funktionsweisen betrachtet (das betonen auch Paul Streeten und Frances Stewart) und nicht die *Chance*, zwischen verschiedenen Aktivitäten zu wählen.[11]

Ein häufiges Motiv für diesen Einwand ist die Ansicht, dass unser Leben aus dem besteht, was wirklich geschieht, nicht aus dem, was hätte geschehen können, wären die betroffenen Personen anders gestimmt gewesen. Das ist eine etwas zu starke Vereinfachung, da unsere Freiheiten und Wahlmöglichkeiten Teil unseres wirklichen Lebens sind. In dem oben betrachteten Beispiel *ist* Kims Leben beeinträchtigt, wenn er gezwungen wird, zu Hause zu bleiben, statt sich freiwillig diese von mehreren Wahlmöglichkeiten auszusuchen. Dennoch verdient die Kritik am Befähigungsansatz, die allein Verwirklichungen für wichtig hält, ernsthafte Erwägung, da sie vielen Menschen einleuchtet, und es ist wichtig, zu fragen, ob soziale Bewertungen der Vorteile und Benachteiligungen von Betroffenen auf deren tatsächlichen Leistungen oder ihren Befähigungen für solche Leistungen beruhen sollten.*

Die Auseinandersetzung mit dieser Kritik möchte ich mit einem ziemlich technischen Punkt beginnen, der methodisch wichtig ist, aber womöglich von vielen Kritikern als zu formal und deshalb nicht wirklich interessant angesehen wird. Befähigungen werden aus Funktionsweisen abgeleitet; sie schließen unter anderem alle Informationen über

* Auch ein pragmatisches Argument spricht dafür, tatsächlich Erreichtes besonders zu beachten, vor allem dann, wenn Zweifel an der Realität gewisser Fähigkeiten bestehen, die bestimmte Personen angeblich haben. Das kann ein wichtiger Punkt in der Einschätzung fairer Gleichbehandlung der Geschlechter sein, da hier die Suche nach greifbaren Beweisen für entscheidend wichtige Errungenschaften eine Bestätigung liefern kann, über die der bloße Glaube an die entsprechende Befähigung nicht verfügt. Siehe dazu Anne Philips, *Engendering Democracy* (London: Polity Press, 1991).

die Kombinationen ein, die eine Person wählen kann. Das Bündel von Funktionsweisen, das schließlich gewählt wird, gehört selbstverständlich zu den machbaren Kombinationen. Und wenn wir uns unbedingt nur auf genutzte Funktionsweisen konzentrieren wollen, hindert uns nichts daran, die Einschätzung der aus einer Menge von Befähigungen oder Chancen gewählten Kombination von Funktionsweisen zur Grundlage der Bewertung dieses Sets zu machen.[12] Wenn Freiheit nur *instrumentelle* Bedeutung für das Wohlbefinden eines Menschen hätte und wenn Wahlmöglichkeiten nicht für sich genommen relevant wären, dann könnte dies tatsächlich der angemessene Informationsschwerpunkt für die Analyse von Befähigung oder Chance sein.

Wenn der Befähigungsansatz den Wert der Menge von Befähigungen gleichsetzt mit dem Wert der ausgewählten Funktionen-Kombination, kann er ebenso viel Gewicht – womöglich *alles* Gewicht – auf tatsächlich Erreichtes legen. Unter dem Gesichtspunkt der Flexibilität ist die Befähigungsperspektive allgemeiner – und schließt mehr Informationen ein – als die ausschließliche Konzentration auf genutzte Funktionsweisen. Mindestens in diesem Sinn ist nichts verloren, wenn man die breitere Informationsbasis der Befähigungen betrachtet, die zwar zulässt, dass man sich ausschließlich auf die Bewertung genutzter Funktionsweisen verlässt (wenn man diesen Weg einschlagen möchte), aber auch gestattet, dass man bei der Bewertung andere Prioritäten setzt, also Chancen und Auswahlmöglichkeiten Gewicht gibt. Dieses einleitende Argument ist offensichtlich minimalistisch, und zugunsten der Konzentration auf Chancen und Freiheiten lässt sich positiv und affirmativ viel mehr sagen.

Erstens: Auch wenn zwischen zwei Personen hinsichtlich ihrer realisierten Funktionsweisen «Gleichstand» herrscht, können sich dahinter immer noch signifikante Unterschiede zwischen den Vorteilen der einen und der anderen Person verbergen, Unterschiede, die uns begreiflich machen könnten, dass eine von beiden in Wahrheit viel stärker «benachteiligt» ist als die andere. Vergleicht man zum Beispiel den Hunger und die Unterernährung zweier Menschen, kann jemand, der aus religiösen oder politischen Gründen freiwillig fastet, genauso an Unterernährung und Nahrungsmangel leiden wie das Opfer einer Hungersnot. Die sichtbare Unterernährung – eine von beiden Menschen in die Tat umgesetzte Funktionsweise – mag weitgehend gleich sein, und dennoch kann die Befähigung der gut situierten Person, die das Fasten *gewählt* hat, viel größer sein als die Chancen derjenigen, die unfreiwillig aus Armut und Not Hunger leidet. Die Idee der Befähigung kann diesen wichtigen Unterschied berücksichtigen, da sie sich an Freiheit und Chancen orientiert, das heißt, an den tatsächlichen Fähigkeiten von Menschen, in dem ihnen zugänglichen Bereich unterschiedliche Lebensformen für sich auszuwählen; diese Idee lenkt die Aufmerksamkeit nicht lediglich auf das, was als Abschluss – oder Nachwirkung – der Wahl beschrieben werde könnte.

Zweitens: Die Chance, zwischen verschiedenen kulturellen Eingliederungen zu wählen, kann im persönlichen wie im politischen Leben wichtig sein. Denken wir an die Freiheit von Immigranten aus nichtwestlichen Ländern, auch nach ihrem Neuanfang in Europa oder Amerika an den Teilen der Kulturtraditionen und Lebensführung ihrer Vorfahren festzuhalten, die Wert für sie haben. Dieses komplexe Thema ist nicht angemessen zu erfassen, ohne dass man unterscheidet zwischen *Handeln* und der *Freiheit* zum Handeln. Ein starkes Argument spricht dafür, dass Immigranten die Freiheit haben sollten, wenigstens Teile der Kultur ihrer Vorfahren beizubehalten (etwa ihre religiösen Gebräuche oder die Dichtung und Literatur ihres Herkunftslandes), wenn sie diese Dinge mit den vorherrschenden Verhaltensmustern im neuen Land verglichen und oft auch die häufigsten Begründungen für die anderen Verhaltensweisen in der neuen Umgebung gründlich überlegt haben und daraufhin ihre eigenen Traditionen höher schätzen.*

So wichtig diese kulturelle Freiheit ist, kann sie doch nicht als Argument zugunsten von Personen verstanden werden, die an ihrem herkömmlichen Lebensstil festhalten, ohne zu überlegen, *ob sie Gründe* für ihre Wahl haben oder nicht. Vielmehr ist der Kern des Arguments die Freiheit, die eigene Lebensführung selbst *auszuwählen* – einschließlich der Möglichkeit, nach eigenem Willen an Teilen der angestammten kulturellen Präferenzen festzuhalten –, und es kann nicht in ein Plädoyer umgewandelt werden, das die unwandelbare Treue zu den mitgebrachten Verhaltensmustern unterstützt, ganz gleich, ob die betreffenden Personen

* Oft wird betont, dass tyrannische und abstoßende Bräuche des Herkunftslandes, etwa die Beschneidung junger Mädchen oder die Bestrafung ehebrecherischer Frauen, im Einwanderungsland nicht geübt werden sollten, weil sie für die anderen Bürger dieses Landes abstoßend sind. Aber das entscheidende Argument gegen diese Bräuche ist doch wohl ihre Scheußlichkeit, wo immer sie vorkommen, und es ist äußerst notwendig, derartige Praktiken um der Freiheit der Opfer willen abzuschaffen, ohne Rücksicht darauf, ob die potentiellen Immigranten zuwandern oder nicht. Das Argument stützt sich grundsätzlich auf die Bedeutung der Freiheit für alle, auch die Freiheit der betroffenen Frauen. Dass diese Praktiken für andere – Alteingesessene – abstoßend sind, ist kaum das überzeugendste Argument gegen sie, da es hier um die Opfer geht und nicht um ihre Nachbarn.

gern dabei bleiben oder gute Gründe dafür haben. Hier geht es vor allem um die Wichtigkeit der Befähigung, also um Chancen und freie Auswahl, nicht aber um die Fixierung auf einen bestimmten Lebensstil ohne Rücksicht auf Präferenzen und Wahlmöglichkeiten.

Drittens: Der Unterschied zwischen Realisierungen und Befähigungen ist auch aus einem anderen, einem mit Politik zusammenhängenden Grund wichtig. Er betrifft die gesellschaftliche und allgemein menschliche Verantwortung und die Verpflichtung, Unterprivilegierten zu helfen, und kann sowohl für öffentliche Hilfsmaßnahmen innerhalb von Staaten wie für die allgemeine Stärkung der Menschenrechte relevant sein. Betrachtet man die Vorteile verantwortungsbewusster Erwachsener, kann man mit Recht denken, dass die Ansprüche Einzelner an die Gesellschaft besser an ihrer Freiheit zum Tun (die durch das Bündel realer Chancen gegeben ist) als am Getanen zu messen sind. Eine garantierte medizinische Grundversorgung zum Beispiel gilt deshalb als wichtig, weil sie Menschen die Chance gibt, ihren Gesundheitszustand zu verbessern. Wenn eine Person die Gelegenheit hat, sozial geförderte Gesundheitsfürsorge in Anspruch zu nehmen und dies genau weiß, sich aber trotzdem entscheidet, diese Gelegenheit nicht zu nutzen, dann könnte man daraus schließen, dass die Notlage kein so brennendes soziales Problem ist, wie es das fehlende Angebot zur Gesundheitsfürsorge für diese Person wäre.

Es gibt also viele Gründe, die bekräftigen, dass es Sinn hätte, die auf breiterer Informationsbasis beruhende Befähigungsperspektive zu nutzen und sich nicht auf den weniger Informationen liefernden Blickwinkel zu beschränken, der nur auf genutzte Funktionsweisen gerichtet ist.

Furcht vor der Inkommensurabilität

Funktionsweisen und Befähigungen sind vielfältig, und so müssen sie sein, da sie mit unterschiedlichen Facetten unseres Lebens und unserer Freiheit zu tun haben. Eine keineswegs bemerkenswerte Tatsache, aber in Teilbereichen der Wirtschaftswissenschaft und der politischen Philosophie gilt dank einer langen Tradition immer noch ein angeblich homogenes Merkmal (etwa das Einkommen oder der Nutzen) als das einzige «Gut», das mühelos zu maximieren ist (je mehr davon, desto besser), und deshalb entsteht eine gewisse Nervosität angesichts des Problems, heterogene Objekte, etwa Befähigungen und Funktionsweisen, nach ihrem Wert einzustufen.

Die utilitaristische Tradition, die daran arbeitet, alles, was zu bewerten ist, auf eine angeblich homogene Größe namens «Nutzen» einzukochen, hat am meisten zu dieser schönen Sicherheit beigetragen, die entsteht, wenn man nur genau eine Menge abzählen muss («Haben wir hier mehr oder weniger davon?»), und sie hat auch das Misstrauen gegen die Möglichkeit geweckt, Kombinationen aus vielen verschieden Gütern («Ist diese Kombination mehr oder weniger wert?») zu beurteilen. Und doch kann sich keine mit schwierigen Problemen konfrontierte soziale Beurteilung der Aufgabe entziehen, einer Pluralität von Werten Rechnung zu tragen; darauf haben besonders Isaiah Berlin und Bernard Williams hingewiesen.[13] Wir können nicht alle Dinge, die wir mit gutem Grund hochschätzen, auf eine einzige homogene Größe reduzieren. Schon im Nutzen selbst steckt große Vielfalt (wie Aristoteles und John Stuart Mill festgestellt haben), mit der man sich auseinandersetzen muss, selbst wenn in einer sozialen Evaluierung alles außer ihm entschlossen übersehen wird.*

Wenn die lange utilitaristische Tradition mit ihrer Annahme, es gebe einen homogenen Nutzen, zu dem Gefühl beigetragen hat, dass in der kommensurablen Homogenität Sicherheit liegt, so wurde es noch verstärkt durch die massive Verwendung der Daten des Bruttonationaleinkommens (BNE) als Indikatoren der ökonomischen Situation in einer Nation. Vorstöße, Gutachter der wirtschaftlichen Lage vom ausschließlichen Vertrauen in das BNE abzubringen, haben eher Ängste geweckt: Man fürchtet, dass die angenehme Sicherheit, nur prüfen zu müssen, ob das BNE höher oder niedriger ist, abhanden kommt, wenn verschiedenartige Objekte bewertet werden müssen. Aber eine gründliche soziale Bewertung kann nicht umhin, auf die eine oder andere Weise verschiedenartige Objekte einzuschätzen, die vielleicht um Aufmerksamkeit wetteifern (und sich außerdem in vielen Fällen ergänzen). Zwar hat T.S. Eliot ahnungsvoll notiert: «die Menschen / Ertragen nicht sehr viel Wirklichkeit»[14], aber etwas mehr Wirklichkeit, als das Bild von einer Welt bietet, in der es nur ein Gut gibt, sollten die Menschen schon aushalten können.

Das Problem wird manchmal mit dem der Inkommensurabilität verbunden – einem viel verwendeten philosophischen Begriff, der offenbar gewisse Bewertungsexperten in Beklemmung und Panik versetzt. Befähigungen sind eindeutig inkommensurabel, da ihre Verschiedenartigkeit sich nicht reduzieren lässt, aber das erklärt kaum, wie schwierig – oder leicht – es wäre, unterschiedliche Befähigungs-Kombinationen zu vergleichen und zu beurteilen.[15]

* Zu diesem Thema, auch zur Darstellung von Aristoteles' und Mills Pluralismus, siehe mein «Plural Utility», *Proceedings of the Aristotelian Society*, 81 (1980–81).

Was genau ist Kommensurabilität? Zwei verschiedene Gegenstände sind kommensurabel, wenn man sie in der gleichen Maßeinheit messen kann (zum Beispiel zwei Gläser Milch). Inkommensurabilität besteht, wenn sich mehrere Wertedimensionen nicht auf eine einzige reduzieren lassen. Bewertet man eine Entscheidung, würde Kommensurabilität verlangen, dass bei der Einschätzung der Ergebnisse dieser Entscheidung alle relevanten Resultate in genau einer Dimension erscheinen – die Bedeutung aller einzelnen Ergebnisse wäre dann an derselben Skala ablesbar –, so dass wir, um bestimmen zu können, was am besten wäre, nur den Gesamtwert in dieser einen Messeinheit abzählen müssten. Da alle Ergebnisse auf eine Dimension reduziert wären, brauchten wir nur noch zu prüfen, wie viel von diesem einen «Guten», auf das alle Werte vereinfacht sind, die verschiedenen Optionen jeweils ergeben.

Die Entscheidung zwischen zwei Optionen, die beide das gleiche Gute bieten, nur eben mehr oder weniger davon, ist unproblematisch. Das ist ein angenehm trivialer Fall, aber die Überzeugung, in jedem weniger trivialen Fall hätten wir «große Schwierigkeiten», zu entscheiden, was wir vernünftigerweise tun sollen, kommt mir beschränkt vor (fast möchte man fragen: wie «verwöhnt» können Menschen eigentlich sein?). Wenn das Abzählen einer Gruppe wirklicher Zahlen alles wäre, was wir tun können, um gute Gründe für eine Wahl zu finden, dann hätten wir nicht viele Entscheidungen mit Vernunft und Überlegung zu treffen.

Ob wir zwischen zwei verschiedenen Warenkörben wählen oder Entscheidungen über einen Urlaub treffen oder überlegen, wem wir bei einer Wahl unsere Stimme geben, immer müssen wir Alternativen mit inkommensurablen Elementen bewerten. Wer je einkaufen gegangen ist, weiß, dass man sich zwischen inkommensurablen Gegenständen entscheiden muss – Mangos können nicht in Apfeleinheiten gemessen werden, und Zucker lässt sich nicht auf Seifeneinheiten reduzieren (obwohl ich Eltern habe sagen hören, dass die Welt viel besser eingerichtet wäre, wenn man das schaffen könnte). In der Welt, in der wir leben, ist Inkommensurabilität wohl kaum eine bemerkenswerte Entdeckung. Und sie erschwert eine vernünftige Wahl nicht zwangsläufig, nur weil sie existiert.

Ein medizinischer Eingriff oder eine Reise ins Ausland sind zwei völlig inkommensurable Vorhaben, aber eine Person hat vielleicht trotzdem kein Problem mit der Entscheidung, welches von beiden in ihrer Lage mehr Wert hätte, und dieses Urteil kann natürlich unterschiedlich ausfallen, je nachdem, was sie über ihren Gesundheitszustand weiß und welche Sorgen sie sonst noch haben mag. Auswahl und Gewichtung können manchmal schwierig sein, aber es ist nicht generell unmöglich, zwischen Kombinationen diverser Objekte eine vernünftige Wahl zu treffen.

Eine Wahl zwischen inkommensurablen Folgen ist wie prosaisch reden. Im Allgemeinen ist prosaisches Sprechen nicht besonders schwer (auch wenn M. Jourdain in Molières *Bürger als Edelmann* unsere Fähigkeit, eine so anspruchsvolle Tat zu vollbringen, vielleicht bestaunt hätte). Aber damit wird nicht die Erkenntnis zunichte gemacht, dass Sprechen zwar nicht an sich schwierig sein muss, aber manchmal sehr schwierig sein kann, dann zum Beispiel, wenn man von Gefühlen überwältigt wird. Das Vorkommen von inkommensurablen Ergebnissen deutet nur darauf hin, dass die Wahlentscheidungen nicht trivial sein werden (nicht reduzierbar auf das Auszählen der größeren und kleineren Quantität), aber es zeigt nicht an, dass solche Entscheidungen unmöglich sind – oder auch nur, dass sie immer besonders schwierig sein müssen.

Bewertung und öffentlicher Vernunftgebrauch

Eine durchdachte Wertung verlangt den Gebrauch der Vernunft nicht nur zum Zusammenzählen, sondern auch zum Einschätzen der relativen Wichtigkeit von Alternativen. Das ist ein Unternehmen, mit dem wir ständig beschäftigt sind. Diese allgemeine Einsicht muss ergänzt werden um die Erkenntnis, dass auch der öffentliche Vernunftgebrauch womöglich Bedeutung hat, da er Ausmaß und Zuverlässigkeit von Wertungen erhöhen und sie robuster machen kann. Gründliche Überprüfung und kritische Einschätzung sind notwendig; diese Forderung besagt nicht einfach, dass isoliert lebende Einzelpersonen egozentrische Wertungen vornehmen sollen, sondern sie macht darauf aufmerksam, dass öffentliche Diskussion und interaktiver öffentlicher Vernunftgebrauch sinnvoll sind: Soziale Bewertungen können bedrohlichen Mangel an nützlichen Informationen und guten Argumenten leiden, wenn sie ausschließlich auf abgeschotteten und isolierten Überlegungen beruhen. Öffentliche Diskussion und Reflexion können zu einem besseren Verständnis der Rolle, Reichweite und Bedeutung bestimmter Funktionsweisen und ihrer Kombinationen führen.

Zum Beispiel hat die öffentliche Diskussion über die Ungleichbehandlung der Geschlechter in Indien während der letzten Jahre auf die Bedeutung bestimmter Freiheiten aufmerksam gemacht, die vorher nicht wichtig genug genommen worden waren.* Beispiele dafür sind unter

* Im 16. Kapitel, «Die demokratische Praxis», mehr dazu.

anderem die Freiheit, jene fixierten, althergebrachten Rollenverteilungen in der Familie aufzugeben, die soziale und ökonomische Chancen von Frauen einschränken, und die Freiheit, ein soziales Wertsystem abzuschaffen, das sich mehr an Notlagen von Männern als von Frauen orientiert. Sollen diese traditionellen Vorbedingungen für die Ungleichbehandlung der Geschlechter in etablierten, männlich dominierten Gesellschaften abgeschafft werden, ist nicht nur individueller Einsatz notwendig, sondern auch eine informative öffentliche Diskussion oder sogar Anleitung zum Handeln.

Es ist wichtig, zu betonen, dass es eine Verbindung zwischen öffentlichem Vernunftgebrauch und der Auswahl und Gewichtung von Chancen in der sozialen Einschätzung gibt. Diese Verbindung macht auch deutlich, wie absurd die manchmal geäußerte Behauptung ist, dass der Befähigungsansatz nur nützlich – und «funktionsfähig» – wäre, wenn er ein Bündel «gegebener» Gewichtungen für genau definierte Funktionsweisen auf einer fixierten Liste relevanter Befähigungen mitbrächte. Der Suche nach vorgegebenen Gewichtungen fehlt nicht nur ein Konzept, sondern auch das Bewusstsein, dass die Wertungen und Gewichtungen, die verwendet werden sollen, womöglich mit gutem Grund unter dem Einfluss unserer eigenen fortdauernden kritischen Prüfung sowie öffentlicher Diskussionen stehen.* Es wäre sehr schwierig, dieses Bewusstsein mit der inflexiblen Verwendung vorgegebener Gewichtungen in nichtkontingenter Form zu vereinbaren.**

Natürlich besteht die Möglichkeit, dass die Einigung über die anzuwendende Gewichtung alles andere als vollständig ist, und in diesem Fall

* Neben generellen, von sozialen Begleitumständen und politischen Prioritäten abhängigen Varianten ist dies ein lohnender Fall, wenn man die Möglichkeit für neuartige interessante Fragen über Inklusionen und Gewichtungen offen halten will. Zum Beispiel gibt es neue, wichtige und interessante Argumente dafür, Werten wie dem «Anstand» einen besonderen Platz einzuräumen, wenn menschliche Befähigungen weiterentwickelt werden sollen, damit die Tragweite von Freiheit und Universalität besser verstanden werden kann. Dazu siehe Drucilla Cornell, «Developing Human Capabilities: Freedom, Universality, and Civility», in *Defending Ideals: War, Democracy, and Political Struggles* (New York: Routledge, 2004).

** Die Wahl der Gewichtungen könnte auch von der Art der Aufgabe abhängen (zum Beispiel davon, ob wir die Befähigungsperspektive nutzen, um Armut einzuschätzen oder um Richtlinien für die Gesundheitspolitik zu entwickeln oder um die Ungleichheit der Gesamtvorteile verschiedener Personen zu beurteilen). Unterschiedliche Fragen können mit Hilfe der Informationen über Befähigungen behandelt werden, und die Vielfalt der daran beteiligten Arbeiten kann dazu führen, dass deutlich verschiedene Gewichtungen ausgewählt werden müssen.

hätten wir gute Gründe, ein breites Spektrum von Gewichtungen zu nutzen, in dem wir zu einer gewissen Übereinstimmung kommen können. Damit würden die Einschätzung von Ungerechtigkeit oder der Entwurf politischer Richtlinien nicht zwangsläufig unmöglich gemacht – aus Gründen, die in diesem Buch bereits mehrfach, auch in der Einleitung, dargelegt wurden. Wenn wir zum Beispiel zeigen wollen, dass die Sklaverei die Freiheit der Sklaven gravierend einschränkt, oder dass das Fehlen einer gesicherten medizinischen Grundversorgung unsere substantiellen Lebenschancen begrenzt, oder dass schwere Unterernährung von Kindern, die unmittelbares Elend bewirkt und die Entwicklung geistiger Fähigkeiten einschließlich des Denkvermögens verlangsamt und behindert, zerstörerisch für die Gerechtigkeit ist, dann brauchen wir für die unterschiedlichen Dimensionen, in denen solche Urteile gefällt werden müssen, keinen einheitlichen Satz von Gewichtungen. Ein breites Spektrum nicht vollständig deckungsgleicher Gewichtungen könnte ausreichend gleichartige Leitlinien liefern.*

Dass man sich auf Teilordnungen und begrenzte Einigungen verlässt – wie wichtig sie sind, wurde in diesem Buch immer wieder betont –, ist vollkommen verträglich mit dem Befähigungsansatz. Die Hauptaufgabe besteht darin, in den vergleichenden Urteilen, die durch privaten und öffentlichen Vernunftgebrauch möglich sind, das Richtige zu treffen; man sollte sich jedoch nicht gezwungen fühlen, eine Meinung über jeden möglichen Vergleich zu haben, der in Betracht zu ziehen wäre.

Befähigungen, Individuen und Gemeinschaften

Ich komme jetzt zur dritten oben erwähnten Komplikation. Befähigungen werden in erster Linie als Eigenschaften von Menschen, nicht von Kollektiven oder Gemeinschaften gesehen. Natürlich ist es kein Problem, sich Befähigungen von Gruppen vorzustellen. Wenn wir zum Beispiel an Australiens Vermögen denken, in Testspielen alle anderen Kricket spielenden Nationen zu besiegen (so sah es jedenfalls aus, als ich mit die-

* Die analytischen und mathematischen Fragen, die sich ergeben, wenn eine Vielfalt (statt eines einzigen Satzes) von Gewichtungen verwendet wird, um reguläre Teilordnungen zu schaffen, habe ich untersucht in «Interpersonal Aggregation and Partial Comparabiliy», *Econometrica,* 38 (1970); *On Economic Inequality* (Oxford: Oxford University Press, 1973, ergänzte Neuauflage, zusammen mit James Foster, 1997). Siehe auch Enrica Chiappero-Martinetti, «A New Approach to the Evaluation of Well-Being and Poverty by Fuzzy Set Theory», *Giornale degli Economisti,* 53 (1994).

sem Buch anfing, aber das kann sich geändert haben), dann sprechen wir von der Befähigung des australischen Kricket-Teams, nicht eines einzelnen australischen Spielers. Sollten Überlegungen zur Gerechtigkeit nicht außer individuellen Chancen auch solche Gruppenchancen berücksichtigen?

Einige Kritiker des Befähigungsansatzes haben denn auch aus der Konzentration auf die Chancen von Personen den schlechten Einfluss des so genannten «methodologischen Individualismus» – eine Bezeichnung, die nicht als Lob gemeint ist – abgelesen. Ich möchte zunächst darlegen, warum es ein signifikanter Fehler wäre, den Befähigungsansatz als methodologischen Individualismus zu bezeichnen. Auch wenn dieser Individualismus sehr unterschiedlich definiert wird*, legen sich Frances Stewart und Séverine Deneulin auf die Überzeugung fest, dass «alle sozialen Phänomene mittels dessen, was Individuen denken, wählen und tun, erklärt werden müssen».[16] Gewiss hat es Lehrmeinungen gegeben, die auf individuellem, von der Gesellschaft abgekoppeltem Denken, Wählen und Handeln gründen. Aber der Befähigungsansatz geht nicht nur nicht von einer solchen Abkoppelung aus, vielmehr bringt er soziale Einflüsse sogar auf doppelte Weise ins Spiel: Er befasst sich mit der Fähigkeit von Menschen, das Leben zu führen, das sie mit gutem Grund wertschätzen, und untersucht deshalb zum Einen, was Personen wertschätzen (zum Beispiel «Teilnahme am Gemeinschaftsleben»), und zum anderen fragt er, welche Einflüsse auf ihre Bewertungen einwirken (zum Beispiel die Relevanz des öffentlichen Vernunftgebrauchs für individuelle Einschätzungen).

Also ist nur schwer vorstellbar, wie Menschen in einer Gesellschaft denken, wählen oder handeln können, ohne auf die eine oder andere Weise von der Art und dem Funktionieren ihrer Lebenswelt beeinflusst zu sein. Wenn zum Beispiel Frauen in traditionell sexistischen Gesellschaften hinnehmen, dass sie sich im Normalfall Männern unterordnen müssen, dann ist diese – von individuellen Frauen unter sozialem Einfluss geteilte – Meinung in keiner Weise unabhängig von sozialen Bedingungen.** Die Befähigungsperspektive sucht nach einer vernunftgeleiteten Entkräftung dieser Annahme und verlangt deshalb mehr

* Steven Lukes, *Individualism* (Oxford: Blackwell, 1973), befasst sich mit den Komplexitäten, denen eine Diagnose des methodologischen Individualismus begegnet; siehe auch ders., «Methodological Individualism Reconsidered», *British Journal of Sociology*, 19 (1968) und seine Hinweise auf andere Arbeiten zum Thema.

** Vergl. dazu 7. Kapitel, «Standort, Relevanz und Illusion».

öffentliches Engagement für solche Probleme. Das Denkmodell des «unparteiischen Zuschauers», auf das die in diesem Buch entwickelte Sichtweise zurückgreift, konzentriert sich ganz und gar auf die Relevanz der Gesellschaft – und der Menschen fern und nah – für die Evaluierungsarbeit von Individuen. Befähigungsansätze (zum Beispiel in meinem Buch *Development as Freedom* (1999), deutsch: *Ökonomie für den Menschen* (2002)) nehmen niemals an, dass Individuen Meinungen hätten, die abgekoppelt und unbeeinflusst von der Gesellschaft wären, in der sie leben.

Die Fehlinterpretation in dieser Kritik beruht vielleicht darauf, dass die Kritiker nicht bereit sind, genau zu unterscheiden zwischen den im Befähigungsansatz verwendeten individuellen Charakterisierungen und den sozialen Einflüssen, die auf sie einwirken. So gesehen, hält die Kritik viel zu früh inne. Dass beachtet wird, welche Rolle das «Denken, Wählen und Handeln» von Individuen spielt, ist erst der Anfang der Erkenntnis dessen, was tatsächlich geschieht (natürlich denken wir als Individuen über Probleme nach, entscheiden uns für Handlungen und führen sie durch), aber wir können dabei nicht stehen bleiben, ohne anzuerkennen, welch tiefen und umfassenden Einfluss die Gesellschaft auf unser «Denken, Wählen und Handeln» hat. Selbstverständlich sind Denken, Wählen und Handeln einer Person ausschließlich ihre Aktivitäten und nicht die eines anderen Subjekts. Aber warum und wie die Person diese Aktivitäten vollzieht, wäre ohne ein gewisses Verständnis ihrer sozialen Beziehungen kaum zu verstehen.

Das Grundproblem hat Karl Marx vor mehr als 150 Jahren mit bewundernswerter Klarheit und Weitsicht erfasst: «Es ist vor allem zu vermeiden, die ‹Gesellschaft› wieder als Abstraktion dem Individuum gegenüber zu fixieren.»[17] Dass es Individuen gibt, die denken, wählen und handeln – eine greifbare Realität in der Welt –, stempelt einen Denkansatz noch nicht zum methodologischen Individualismus. Porzellan geht erst zu Bruch, wenn grundlos unterstellt wird, dieser Denkansatz gehe davon aus, dass die Gedanken und Werke Einzelner unabhängig von der Gesellschaft seien, in der sie leben.

Während der Vorwurf eines methodologischen Individualismus kaum aufrechtzuerhalten ist, kann man natürlich fragen: warum die relevanten, für wertvoll gehaltenen Befähigungen nur Individuen und nicht Gruppen zuordnen? Es gibt tatsächlich keinen besonderen analytischen Grund, Gruppenbefähigungen – die militärische Stärke der USA oder die chinesische Begabung für Spiele – a priori vom Diskurs über Gerechtigkeit oder Ungerechtigkeit in ihren Gesellschaften oder in der

Welt auszuschließen. Wie im Einzelfall verfahren wird, hängt ab von der Art der Argumente, deren man sich bedient.

Da Gruppen nicht im selben selbstverständlichen Sinn denken wie Individuen, wird die Wichtigkeit von Gruppenbefähigungen aus naheliegenden Gründen wohl an dem Wert abzulesen sein, den Gruppenmitglieder (oder auch andere Menschen) der Fähigkeit dieser Gruppe beimessen. Letzten Endes werden wir auf eine individuelle Wertung angewiesen sein, aber zugleich anerkennen, dass die Wertungen von Einzelnen, die miteinander kommunizieren, stark voneinander abhängig sind. Die Wertung, um die es geht, wird der Tendenz nach der Bedeutung entsprechen, die Menschen der Fähigkeit beimessen, bestimmte Dinge in Zusammenarbeit mit anderen zu tun.* Wird bewertet, in welchem Maß eine Person fähig ist, am Leben der Gesellschaft teilzunehmen, findet damit eine implizite Wertung des Lebens dieser Gesellschaft statt, und das ist ein wichtiger Aspekt der Befähigungsperspektive.**

Auch ein zweites Thema ist hier wichtig. Menschen gehören zu vielen verschiedenen Gruppen (aufgrund ihres Geschlechts, ihrer Klasse, Sprache, ihres Berufs, ihrer Nationalität, Gemeinschaft, Rasse, Religion und so weiter), und sie nur als Mitglieder einer bestimmten Gruppe aufzufassen, wäre ein grober Verstoß gegen die persönliche Freiheit, zu entscheiden, wie sie sich selbst sehen wollen. Die zunehmende Tendenz, Menschen nur eine einzige dominante «Identität» zuzuschreiben («als Amerikaner sind Sie dazu verpflichtet», «als Muslim müssen Sie diese Handlungen begehen» oder «als Chinese sollten Sie dieser nationalen Verbindlichkeit Priorität geben»), ist nicht nur ein Versuch, Menschen eine externe und willkürliche Priorität aufzuzwingen, sondern verwehrt

* Hier ist auch Spielraum, zwischen «Kollektivschuld» und der Schuld der Individuen, die das Kollektiv bilden, zu unterscheiden. Auch «kollektives Schuldbewusstsein» kann von Schuldgefühlen der Einzelnen in dieser Gruppe unterschieden werden; siehe dazu Margaret Gilbert, «Collective Guilt and Collective Guilt Feelings», *Journal of Ethics*, 6 (2002).

** Offensichtlich spricht nichts dagegen, solche wechselweise aufeinander einwirkenden Befähigungen zu berücksichtigen; das Argument, das dafür spricht, kann sogar sehr stichhaltig sein. Die Rolle und Wirkweise aufeinander bezogener Befähigungen haben James E. Foster und Christopher Handy in ihrem erhellenden Artikel «External Capabilities», vervielfältigtes Typoskript (Vanderbilt University, Januar 2008), untersucht. Siehe auch James E. Foster, «Freedom, Opportunity and Well-being», vervielfältigtes Typoskript (Vanderbilt University, 2008); Sabina Alkire und James E. Foster, «Counting and Multidimensional Poverty Measurement», OPHI Working Paper 7 (Oxford University, 2007).

ihnen auch die wichtige persönliche Freiheit, selbst über ihre jeweilige Loyalität zu den verschiedenen Gruppen zu entscheiden, denen sie angehören.

Es trifft sich, dass Karl Marx schon früh davor gewarnt hat, zu übersehen, dass Individuen vielfältige Gruppenzugehörigkeiten haben. In der *Kritik des Gothaer Programms* wies er darauf hin, dass man über die Analyse der Klassenzugehörigkeit hinausgehen muss, auch wenn man ihre soziale Relevanz anerkennt (ein Thema, zu dem er wichtige Beiträge geleistet hatte):

> die ungleichen Individuen (und sie wären nicht verschiedne Individuen, wenn sie nicht ungleiche wären) sind nur an gleichem Maßstab meßbar, soweit man sie unter einen gleichen Gesichtspunkt bringt, sie nur von einer *bestimmten* Seite faßt, z.B. im gegebnen Fall sie nur als Arbeiter betrachtet und weiter nichts in ihnen sieht, von allem andern absieht.[18]

Ich glaube, diese Warnung davor, Menschen nur als Mitglieder der Gruppe zu sehen, der sie angehören (Marx protestierte gegen das Gothaer Programm der Sozialistischen Arbeiterpartei Deutschlands, das Arbeiter «nur als Arbeiter» betrachtete), ist besonders angebracht im heutigen intellektuellen Klima, in dem Individuen leicht nur einer einzigen sozialen Kategorie unter Ausschluss aller anderen zugeordnet werden (so dass man «nichts weiter in ihnen sieht»), als ob sie nur Muslim oder nur Christ oder Hindu, Araber oder Jude, Hutu oder Tutsi oder nur geprägt durch westliche Kultur wären (unabhängig davon, ob diese Kultur als zwangsläufig im Kampf mit anderen Kulturen gesehen wird). Einzelmenschen mit ihren vielfältigen Identitäten, vielfachen Zugehörigkeiten und diversen Assoziationen sind ganz und gar soziale Wesen mit gesellschaftlichen Interaktionen unterschiedlichen Typs.

Der Vorsatz, eine Person lediglich als Mitglied einer einzigen sozialen Gruppe zu sehen, beruht häufig auf einem unzureichenden Verständnis von Umfang und Komplexität aller Gesellschaften auf der Welt.*

Nachhaltige Entwicklung und die Umwelt

Ich beende diese Diskussion über die Relevanz von Freiheit und Befähigungen mit einem Beispiel aus der Praxis der nachhaltigen Entwicklung. Dass unsere Umwelt heute bedroht ist, wurde in letzter Zeit in Diskus-

* Siehe Kwame Anthony Appiah, *The Ethics of Identity* (Princeton, NJ: Princeton University Press, 2005) und Amartya Sen, *Die Identitätsfalle.*

sionen zu Recht betont, aber für die Entscheidung, wie man über Umweltfragen in der gegenwärtigen Welt nachdenken soll, braucht man Klarheit. Die Konzentration auf Lebensqualität kann das Verständnis des Problems erleichtern und nicht nur die Forderungen nachhaltiger Entwicklung, sondern auch den Inhalt und die Relevanz der erkennbaren «Umweltprobleme» deutlich machen.

Die Umwelt wird manchmal (meiner Meinung nach allzu sehr vereinfacht) als «Zustand der Natur» aufgefasst, der gemessen wird am Anteil bewaldeter Flächen, der Höhe des Grundwasserspiegels, der Anzahl lebender Arten und dergleichen. Sofern angenommen wird, dass diese präexistente Natur unbeschädigt bleiben wird, falls wir sie nicht verschmutzen, könnte es also auf den ersten Blick plausibel erscheinen, dass die Umwelt am besten geschützt wird, wenn wir der Natur so weit wie möglich ihren Lauf lassen, ohne einzugreifen. Diese Auffassung ist jedoch aus zwei schwerwiegenden Gründen falsch.

Erstens kann der Wert der Umwelt nicht einfach in dem bestehen, was da ist, sondern muss auch an den Chancen gemessen werden, die sie den Menschen bietet. Bei der Werteinschätzung der Umwelt müssen ihre Auswirkungen auf das Leben von Menschen mit an erster Stelle bedacht werden. Ein extremes Beispiel zur Verdeutlichung: Um zu verstehen, warum die Ausrottung der Pockenkrankheit nicht in derselben Weise als Verarmung der Natur angesehen wird (wir werden kaum klagen: «Die Umwelt ist ärmer, seit das Pockenvirus verschwunden ist») wie die Zerstörung ökologisch wichtiger Wälder, müssen wir die Verbindung der Natur mit Leben im Allgemeinen und Menschenleben im Besonderen bedenken.

Deshalb ist es nicht verwunderlich, dass Umwelterhaltung typischerweise als Wahrung und Verbesserung der Lebensqualität für Menschen definiert wird. Im zu Recht gerühmten, 1987 veröffentlichten Brundtland-Bericht wird «nachhaltige Entwicklung» definiert als «eine Entwicklung, die die Lebensqualität der gegenwärtigen Generation sichert und gleichzeitig zukünftigen Generationen die Wahlmöglichkeit zur Gestaltung ihres Lebens erhält».[19] Man kann darüber streiten, ob die Brundtland-Kommission das Richtige für erhaltenswert hält, und die spezielle Formulierung der Kommission werde ich im Folgenden kommentieren. Aber zuerst muss ich sagen, wie dankbar wir Gro Brundtland und der von ihr geleiteten Kommission sind, weil sie Verständnis dafür gestiftet haben, dass der Wert der Umwelt nicht vom Leben der in ihr wohnenden Lebewesen getrennt werden kann.

Zweitens geht es nicht nur passiv um die Bewahrung, sondern auch aktiv um die Gestaltung der Umwelt. Obwohl viele menschliche Aktivitäten, die den Entwicklungsprozess begleiten, destruktive Folgen haben können, verfügen Menschen auch über die Macht, die Umwelt, in der wir leben, zu verbessern und zu bereichern. Wenn wir darüber nachdenken, mit welchen Maßnahmen die Zerstörung der Umwelt aufgehalten werden kann, müssen wir auch konstruktives Eingreifen in Erwägung ziehen. Unsere Macht, wirksam und vernünftig einzugreifen, kann durch den Entwicklungsprozess selbst substantiell verstärkt werden. Zum Beispiel können bessere Bildung und mehr Arbeitsplätze für Frauen dazu beitragen, dass die Fertilitätsrate niedriger wird, und damit kann langfristig die Belastung durch globale Erwärmung und fortschreitende Zerstörung natürlicher Lebensräume verlangsamt werden. In ähnlicher Weise können mehr und bessere Schulen unser Umweltbewusstsein erhöhen, bessere Kommunikation und besser informierte Medien uns darüber aufklären, dass wir umweltorientiert denken müssen. Auch viele andere Beispiele für konstruktiven Einsatz lassen sich leicht finden. Allgemein gesagt: Sieht man Entwicklung als Steigerung der effektiven menschlichen Freiheit, bringt man damit konstruktive Handlungen von Menschen, die sich in umweltfreundlichen Aktivitäten engagieren, unmittelbar in den Bereich von Entwicklungsförderung.

Entwicklung ist grundsätzlich ein Prozess, der Macht verleiht, und diese Macht kann auch zur Erhaltung und Bereicherung der Umwelt eingesetzt werden, nicht nur zu ihrer Schwächung. Deshalb dürfen wir uns die Erhaltung der Umwelt nicht ausschließlich als Konservierung präexistenter natürlicher Bedingungen vorstellen, da auch Erzeugnisse menschlicher Gestaltungskraft zu ihr gehören. Kläranlagen zur Reinigung des Wassers sind ein Beispiel für die Verbesserung der Umwelt, in der wir leben. Die Bekämpfung von Epidemien trägt zur Entwicklung wie zur Verbesserung der Umwelt bei.

Es bleibt jedoch Spielraum für Diskussionen, wie wir uns die Anforderungen einer nachhaltigen Entwicklung im Einzelnen vorstellen sollen. Der Brundtland-Bericht definierte sie, wie gesagt, als «eine Entwicklung, die die Lebensqualität der gegenwärtigen Generation sichert und gleichzeitig zukünftigen Generationen die Wahlmöglichkeit zur Gestaltung ihres Lebens erhält». Die Initiative zur Auseinandersetzung mit der Frage der Nachhaltigkeit hat bereits viel Gutes bewirkt. Aber wir müssen immer noch fragen, ob der Begriff von menschlichen Wesen, der in dieser Auffassung von Nachhaltigkeit implizit vorausgesetzt wird, umfassend genug ist. Sicherlich haben Menschen Bedürfnisse, aber sie haben auch Werte, und vor allem schätzen sie ihre Fähigkeit, vernünftig zu denken, urteilen, wählen, teilzunehmen und zu handeln. Menschen nur als Wesen mit Bedürfnissen zu sehen, könnte uns eine allzu kümmerliche Ansicht von der Menschheit vermitteln.

Robert Solow, einer der führenden Ökonomen unserer Zeit, hat mit seiner Monographie *An Almost Practical Step toward Sustainability* (1997)[20] Brundtlands Konzept der Nachhaltigkeit verfeinert und elegant erweitert. Solow versteht Nachhaltigkeit als die Forderung, dass der nächsten Generation bleiben muss, «was immer sie braucht, um einen Lebensstandard zu erreichen, der mindestens so hoch ist wie unser heutiger, und um in gleicher Weise für ihre Folgegeneration zu sorgen.» Seine Formulierung hat mehrere attraktive Eigenschaften. Erstens richtet Solow den Blick auf die Erhaltung des Lebensstandards – ein Motiv zum Schutz der Umwelt – und erweitert damit Brundtlands Ausrichtung auf Bedürfnisbefriedigung. Zweitens macht er mit seiner präzise rekursiven Formulierung darauf aufmerksam, dass die Interessen aller zukünftigen Generationen durch Vorkehrungen gewahrt bleiben müssen, die jede Generation für ihre Folgegeneration zu treffen hat. Wie Solows Weitblick eine umfassende Sicht auf zukünftige Generationen möglich macht, ist bewundernswert.

Aber erlaubt Solows Neufassung des Begriffs «nachhaltige Entwicklung» eine zureichend weite Auffassung von Menschlichkeit? Die Konzentration auf die Erhaltung des Lebensstandards besitzt klare Verdienste (Solows Formulierung, dass wir uns bemühen müssen, zukünftigen Generationen einen Lebensstandard zu sichern, der «mindestens so hoch ist wie unser heutiger», hat etwas zutiefst Sympathisches), aber trotzdem kann man noch fragen, ob die Sicherung des Lebensstandards genug einschließt. Insbesondere ist der Erhalt eines Lebensstandards nicht das Gleiche wie der Erhalt der Freiheit von Menschen und ihrer Chance, das, was sie hochschätzen und mit guten Gründen für wichtig halten, auch zu besitzen und zu schützen. Dass wir bestimmte Chancen hoch bewerten, muss nicht immer daran liegen, dass sie zur Sicherung unseres Lebensstandards oder allgemeiner unseres Eigeninteresses beitragen.*

Nehmen wir als Beispiel dafür unser Verantwortungsgefühl gegenüber der Zukunft anderer Arten, die vom Aussterben bedroht sind. Die Erhaltung der Arten erscheint uns womöglich nicht nur deshalb wichtig, weil und insofern ihr Bestehen unseren eigenen Lebensstandard verbessert. So könnte eine Person meinen, wir sollten tun, was wir können, um die Erhaltung einer bedrohten Tierart, etwa des Fleckenkauzes, zu

* Vergl. 8. Kapitel, «Rationalität und die Anderen».

sichern. Es wäre kein Widerspruch, wenn diese Person sagte: «Mein Lebensstandard wäre weitgehend, sogar vollkommen unabhängig vom Überleben oder Aussterben des Fleckenkauzes – ich habe noch nie einen gesehen –, aber ich bin aus Gründen, die nichts mit dem Lebensstandard von Menschen zu tun haben, fest überzeugt, dass wir diese Käuze nicht aussterben lassen dürfen.»*

An dieser Stelle wird Gautama Buddhas in *Sutta-Nipata* angeführtes Argument direkt und unmittelbar relevant (siehe 9. Kapitel, «Die Pluralität unparteiischer Gründe»). Da wir unvergleichlich viel mehr Macht besitzen als andere Arten, haben wir aufgrund dieser Asymmetrie eine Verpflichtung ihnen gegenüber. Wir können viele Gründe für unsere Bemühungen um Artenerhaltung haben – nicht alle berufen sich auf unseren Lebensstandard (oder unsere Bedürfnisbefriedigung), und einige wenden sich unmittelbar an unseren Sinn für Werte und unsere treuhänderische Verantwortung.

Wenn nicht nur unser Lebensstandard und unsere Bedürfnisbefriedigung für unser Leben wichtig sind, sondern auch die Freiheit, die wir genießen, dann muss die Vorstellung von nachhaltiger Entwicklung entsprechend umformuliert werden. Wir haben stichhaltige Gründe, nicht nur über nachhaltige Befriedigung unserer Bedürfnisse nachzudenken, sondern umfassender über die Erhaltung – oder Erweiterung – unserer Freiheit (einschließlich der Freiheit, unsere Bedürfnisse zu erfüllen). Nachhaltige Freiheit in dieser neuen Charakterisierung kann über die Formulierungen von Brundtland und Solow hinaus so verallgemeinert werden, dass sie die Erhaltung und wenn möglich die Erweiterung der substantiellen Freiheiten und Befähigungen heutiger Menschen einschließt «und gleichzeitig zukünftigen Generationen die Wahlmöglichkeit zur Gestaltung ihres Lebens» mit der gleichen oder größeren Freiheit erhält.

Die mittelalterliche Philosophie unterscheidet zwischen passivem – erleidendem – und aktivem – tätigem – Intellekt: Wir sind nicht nur Erleidende, «Patienten», deren Bedürfnisse bedacht werden müssen, son-

* Über egozentrische Beweggründe hinaus denken muss man auch dann, wenn man verstehen will, warum viele Menschen sich verpflichtet fühlen, bedrohte Populationen vor Umweltschäden zu schützen, die nicht unmittelbar das Leben dieser Umweltschützer selbst beeinträchtigen. Die Gefahr, dass zum Beispiel die Malediven oder Bangladesch überflutet werden, wenn der Meeresspiegel weiter steigt, kann die Gedanken und Handlungen vieler Menschen beeinflussen, obwohl sie selbst nicht der Gefahr ausgesetzt wären, die Bewohner tief liegender Gegenden fürchten müssen.

dern auch «Akteure», die frei entscheiden können, was sie für wert halten und wie sie das für wert Gehaltene anstreben; und diese Entscheidungsfreiheit reicht weit über das Verfolgen unserer eigenen Interessen und Bedürfnisse hinaus. Die Signifikanz unseres Lebens kann nicht in das kleine Kästchen unseres eignen Lebensstandards oder unserer Bedürfnisbefriedigung gestopft werden. Die offenkundigen Bedürfnisse des Patienten sind zwar wichtig, aber nicht so wichtig, dass sie die erhebliche Relevanz der wohlbegründeten Werte des Akteurs in den Schatten stellen könnten.

12. BEFÄHIGUNGEN UND RESSOURCEN

Dass Begünstigung sich nicht adäquat an Einkommen oder Wohlstand messen lässt, hat Aristoteles in der *Nikomachischen Ethik* mit großer Klarheit dargelegt: «Der Reichtum ist gewiß nicht das gesuchte oberste Gut. Denn er ist nur ein Nutzwert: Mittel für andere Zwecke.»[1] Reichtum ist kein Gut, das wir um seiner selbst willen schätzen. Er ist auch kein zuverlässiger Indikator für ein gutes oder privilegiertes Leben. Man kann von einem Invaliden nicht sagen, er sei begünstigter als sein gesunder Nachbar, nur weil er ein höheres Einkommen oder mehr Vermögen hat als dieser. Eine reichere, aber körperlich behinderte Person muss sich womöglich sogar mit Einschränkungen abfinden, die dem ärmeren, aber gesunden Nachbarn erspart bleiben. Um die Vorteile verschiedener Personen im Vergleich einschätzen zu können, müssen wir die Gesamtheit der Chancen betrachten, die sie sich zunutze machen. Das spricht mit Sicherheit dafür, Evaluierungen auf der Grundlage des Befähigungsansatzes vorzunehmen und nicht davon auszugehen, dass die Konzentration auf Ressourcen, also Einkommen und Wohlstand, eine zuverlässige Einschätzung garantiert.

Da die Idee der Befähigung oder Chance mit substantieller Freiheit verknüpft ist, schreibt sie der *tatsächlichen* Fähigkeit einer Person, die verschiedenen Dinge zu tun, die ihr wichtig sind, eine zentrale Rolle zu. Der Befähigungsansatz konzentriert sich auf das Leben, das Menschen führen können, und nicht auf ihre Ressourcen, das heißt den Besitz – oder die Nutzung – von Bedarfsgütern, über die sie verfügen. Indem er das Zentrum der Aufmerksamkeit von den *Erwerbsquellen* auf die *tatsächlichen Chancen* einer Person verlagert, zielt er auf eine drastische Veränderung der Evaluierungsansätze, die zum Standard gehören und in den Wirtschafts- und Sozialwissenschaften weitgehend genutzt werden.

Er leitet auch eine sehr wesentliche Abkehr von der Orientierung an Mitteln zum Lebensunterhalt ein, die manche Standardansätze in der politischen Philosophie kennzeichnet, zum Beispiel konzentriert sich John Rawls in seiner Theorie der Gerechtigkeit zwecks Klärung von Verteilungsproblemen auf «Grundgüter» (deutlich in seinem «Differenzprinzip»). Grundgüter sind Allzweckmittel, also Einkommen und Wohlstand, Macht und Privilegien von Ämtern, die sozialen Grundlagen der Selbstachtung und andere. Sie sind nicht für sich genommen wertvoll, können aber – in unterschiedlichem Ausmaß – unser Streben nach dem, was wir für wert halten, fördern. Aber obwohl Grundgüter bestenfalls Mittel zu einem hoch bewerteten Zweck des Lebens sind, gelten sie in den rawlsschen Gerechtigkeitsgrundsätzen als vorrangiger Indikator, wenn es um die Einschätzung von Verteilungsfairness geht. Der Befähigungsansatz bestätigt ausdrücklich, dass die *Mittel* für ein befriedigendes Menschenleben nicht selbst *Ziele* des guten Lebens sind (darauf kam es Aristoteles an), und trägt dadurch dazu bei, dass die Reichweite der Evaluierungsarbeit signifikant erhöht wird.*

Armut als Mangel an Chancen

Ein zentrales Thema in diesem Kontext ist das Kriterium für Armut. Die Gleichsetzung von Armut und niedrigem Einkommen hat sich eingebürgert, aber inzwischen gibt es eine beachtliche kritische Literatur über die Unzulänglichkeit dieser Gleichsetzung. Rawls' Grundgüter schließen mehr ein als Einkommen (es ist sogar nur eines unter anderen Gütern), aber Leitfaden für die Bestimmung von Grundgütern in Rawls' Theorie ist immer noch die Suche nach Allzweckmitteln, und Einkommen und Wohlstand sind ausgezeichnete und besonders wichtige Beispiele für solche Mittel. Jedoch können unterschiedliche Menschen ganz unterschiedliche Chancen haben, Einkommen und andere Grundgüter in charakteristische Merkmale eines guten Lebens und in Freiheit von der Art, die im menschlichen Leben hohen Wert hat, umzuwandeln. Also ist die Beziehung zwischen Ressourcen und Armut veränderlich und stark abhängig von den Besonderheiten der betroffenen Menschen und ihrer – natürlichen wie sozialen – Umwelt.**

* Argumente für diese Verlagerung des Schwerpunktes habe ich in «Well-being, Agency and Freedom: The Dewey Lectures 1984», *Journal of Philosophy,* 82 (April 1985) und in «Justice: Means versus Freedoms», *Philosophy and Public Affairs,* 19 (Frühling 1990) präsentiert.

** Bereits 1901 bemerkte Rowntree einen Aspekt dieses Problems und unterschied «sekundäre Armut» im Unterschied zu «primärer», durch niedriges Einkommen definierter Armut. (B. Seebohm Rowntree, *Poverty. A Study of Town Life* (London: Macmillan, 1901)). Um das Phänomen der sekundären Armut zu erfassen, betrachtete Rowntree besonders, wie Gewohnheiten und Verhaltensmuster die Auswahl von Bedarfsartikeln beeinflussen, die eine Familie konsumiert. Dieses Thema ist bis heute wichtig, aber zwischen niedrigen Einkommen und tatsächlichem Mangel kann sich auch aus anderen Gründen ein Abstand ergeben.

Es gibt verschiedene Typen von Abhängigkeiten, die bei der Umwandlung von Einkommen in das Leben, das Menschen führen können, Varianten hervorbringen. Mindestens vier wichtige Quellen für Varianten sind zu unterscheiden:

(1) *Ungleichheiten persönlicher Merkmale*: Menschen haben aufgrund physischer Unterschiede im Alter und Geschlecht, im Ausmaß ihrer Gesundheit oder Behinderung oder Anfälligkeit für Krankheiten extrem verschiedene Bedürfnisse; zum Beispiel braucht ein Kranker oder Invalide vielleicht ein höheres Einkommen, um die gleichen elementaren Dinge tun zu können, während eine weniger beeinträchtigte Person mit einem bestimmten niedrigeren Satz auskommen kann. Manche Nachteile, etwa schwere Behinderungen, sind vielleicht selbst dann nicht zu beheben, wenn man sehr hohe Summen für medizinische Behandlung oder Prothesen ausgibt.

(2) *Unterschiede in der geographischen Umwelt*: Wie weit ein bestimmtes Einkommen reicht, wird auch von Umweltbedingungen einschließlich Klima, Extremtemperaturen oder Überschwemmungen abhängen. Die Umweltbedingungen müssen nicht unabänderlich sein – sie könnten durch gemeinschaftliche Anstrengungen verbessert oder durch Verschmutzung und Raubbau verschlimmert werden. Aber ein auf sich allein gestellter Einzelner wird Umweltbedingungen überwiegend als gegeben hinnehmen müssen, wenn er Einkommen und persönliche Ressourcen in Funktionsweisen und Lebensqualität umwandelt.

(3) *Varianten im Sozialklima*: Diese Umwandlung steht auch unter dem Einfluss sozialer Bedingungen, unter anderem der medizinischen Versorgung und Epidemieforschung, des staatlichen Erziehungswesens und der Verbrechensbekämpfung oder zunehmenden Gewalttätigkeit in der betreffenden Region. Neben öffentlichen Einrichtungen kann auch die Art der Beziehungen in der Gemeinschaft wichtig sein; darauf wurde in der neueren Literatur zum Thema «Sozialkapital» hingewiesen.[2]

(4) *Differenzen in gemeinschaftsbezogenen Perspektiven*: Übliche Verhaltensmuster in einer Gemeinschaft können sich auch beträchtlich auf den Bedarf an Einkommen auswirken, das zur Sicherung bestimmter elementarer Funktionen nötig ist; um «ohne Scham in der Öffentlichkeit auftreten» zu können, muss man in einer reicheren Gesellschaft höheren Standards der Kleidung und anderer Konsumgüter genügen als in einer ärmeren (wie Adam Smith vor über zweihundert Jahren im *Wohlstand der Nationen* bemerkte.)*

* Siehe Adam Smith, *Wohlstand der Nationen – Eine Untersuchung seiner Natur und seiner Ursachen* (1776). Über die Beziehung zwischen relativer Benachteiligung und Armut siehe die neueren Arbeiten von W.G.Runciman, *Relative Deprivation and Special Justice: A Study of Attitudes to Social Inequity in Twentieth Century England* (London: Routledge, 1966), und Peter Townsend, *Poverty in the United Kingdom* (Harmondsworth: Penguin, 1979).

> Das Gleiche gilt für die persönlichen Ressourcen, die man braucht, um am Gemeinschaftsleben teilnehmen zu können, und die in vielen Zusammenhängen nötig sind, damit man den elementaren Ansprüchen der Selbstachtung genügen kann. Das ist in erster Linie eine inter-gesellschaftliche Variante, aber sie beeinflusst die relativen Begünstigungen von zwei in verschiedenen Ländern lebenden Personen.*

Mängel mit verschiedenen Ursachen können sich auch zu Benachteiligungen «verketten», und dass man diese Verkettung erkennt, kann für das Verständnis von Armut und öffentliche Maßnahmen zu ihrer Verringerung entscheidend sein.[3] Belastungen wie Alter, Behinderung oder Krankheit verringern die Fähigkeit, Geld zu verdienen. Aber sie erschweren auch die Umwandlung von Einkommen in Befähigung, da ein älterer oder stärker behinderter oder schwerer kranker Mensch mehr Einkommen braucht (für Hilfskräfte, Prothesen, medizinische Behandlung), um die gleichen Funktionen ausüben zu können (wenn das überhaupt möglich ist).** Also kann wirkliche Armut (verstanden als Mangel an Chancen) leicht viel bedrohlicher sein, als wir aus Einkommenszahlen ablesen können. Diese Überlegung kann entscheidend sein, wenn es um die Einschätzung öffentlicher Maßnahmen zur Unterstützung der Alten und anderer Gruppen geht, die zusätzlich zu ihrer geringen Fähigkeit, sich ihren Lebensunterhalt zu verdienen, noch Probleme haben, ihr niedriges Einkommen in Befähigungen umzuwandeln.***

* Relativer Mangel an Einkommen kann allerdings absolutes Fehlen von Chancen ergeben. Wer in einem reichen Land arm ist, kann eine erhebliche Einschränkung seiner Chancen erfahren, auch wenn sein absolutes Einkommen am Welt-Durchschnitt gemessen hoch ist. In einem allgemein wohlhabenden Land muss man mehr Geld zum Kauf der Konsumgüter aufwenden, die man braucht, um die gleichen sozialen Funktionen auszuüben. Siehe dazu mein «Poor, Relatively Speaking», *Oxford Economic Papers*, 35 (1983), wiederabgedruckt in *Resources, Values and Development* (Cambridge, MA: Harvard University Press, 1984).

** Zu beachten ist auch das Problem der Koppelung von (1) Unterernährung als Folge eines Mangels an Einkommen und (2) Mangel an Einkommen als Folge von Arbeitslosigkeit aufgrund von Unterernährung. Zu diesen Verkettungen vergl. Partha Dasgupta und Debraj Ray, «Inequality as a Determinant of Malnutrition and Unemployment: Theory», *Economic Journal*, 96 (1986), und «Inequality as a Determinant of Malnutrition and Unemployment: Policy», *Economic Journal*, 97 (1987).

*** Wie sehr solche Handikaps zu dem in England weit verbreiteten Mangel an Einkommen beitragen, hat A.B. Atkinson in seiner bahnbrechenden empirischen Studie *Poverty in Britain and the Reform of Social Security* (Cambridge: Cambridge University Press, 1969) nachgewiesen. In späteren Arbeiten hat er den Zusammenhang zwischen zu niedrigem Einkommen und Behinderungen anderer Art weiter

Die Aufteilung von Vergünstigungen und Chancen innerhalb der Familie ist ein zusätzlicher Einwand gegen die Definition von Armut als Mangel an Einkommen. Für das Einkommen der Familie sorgen ihre Geld verdienenden Mitglieder; aber dieses Einkommen steht nicht jedem einzelnen Familienangehörigen ohne Rücksicht auf Alter, Geschlecht und Arbeitsfähigkeit zur Verfügung. Wenn es unverhältnismäßig zur Förderung der Interessen einiger Familienmitglieder auf Kosten anderer genutzt wird (wenn zum Beispiel bei der Zuteilung der Familienressourcen Jungen systematisch bevorzugt werden und Mädchen leer ausgehen), dann spiegelt der Gesamtwert des Familieneinkommens womöglich nicht zutreffend wider, in welchem Ausmaß die Zurückgesetzten (die Mädchen in unserem Beispiel) benachteiligt werden.[4] Das ist häufig ein gravierendes Problem; Ungleichbehandlung der Geschlechter bei der Allokation der Familienressourcen scheint in vielen Ländern Asiens und Nordafrikas ein Hauptfaktor zu sein. Wie sehr Mädchen zurückgesetzt werden, lässt sich leichter – und zuverlässiger – an ihren im Vergleich zu männlichen Familienangehörigen höheren Sterblichkeits- und Krankheitsziffern, der deutlicheren Unterernährung und mangelhaften medizinischen Versorgung ablesen, da solche Daten die geringeren Aussichten der Mädchen auf ein gutes Leben genauer spiegeln als Einschätzungen, die auf dem Vergleich des Einkommens verschiedener Familien beruhen.*

verfolgt; siehe «On the Measurement of Poverty», *Econometrica,* 55 (1987) und *Poverty and Social Security* (New York: Harvester Wheatsheaf, 1989). Eine überzeugende Untersuchung der Idee der Benachteiligung und ihrer weit reichenden Folgen für soziale Bewertungen und öffentliche Maßnahmen ist Jonathan Wolff mit Avner De-Shalit, *Disadvantage* (Oxford: Oxford University Press, 2007).

* Für die Einschätzung von Ungleichheit und Armut in Europa oder Nordamerika fällt das Geschlechtervorurteil offensichtlich nicht genauso stark ins Gewicht, aber die – häufig selbstverständliche – Annahme, dass Ungleichbehandlung der Geschlechter im «Westen» nicht vorkomme, kann sehr irreführend sein. Im *Human Development Report 1995* des Entwicklungsprogramms der Vereinten Nationen (New York: United Nations, 1995) zum Beispiel hatte Italien in der Rangordnung aller im Bericht erfassten Länder der Welt einen der höchsten Anteile «verkannter» Arbeit von Frauen (meist unauffälliger Arbeit in der Familie). Der Nachweis der aufgewendeten Zeit und Mühe und ihre Implikationen für die persönliche Freiheit von Frauen haben auch für Europa und Nordamerika einige Aussagekraft. In vielen Fällen wirkt sich darüber hinaus in den reichsten Ländern der Welt ein gravierendes Geschlechtervorurteil aus, wenn es um Chancen für Hochschulbildung oder die Aussichten auf Führungspositionen in der Arbeitswelt geht.

Behinderungen, Ressourcen und Befähigungen

Oft wird unterschätzt, wie sehr Behinderungen den Mangel und die Not in der Welt mitbestimmen, und das kann eines der wichtigsten Argumente für die Konzentration auf Befähigungen und Chancen sein. Menschen mit körperlicher oder geistiger Behinderung gehören nicht nur zu den am meisten Mangel Leidenden in der Welt, sondern sie sind außerdem auch häufig genug die am wenigsten Beachteten.

Das Ausmaß des globalen Problems der Behinderung ist erschreckend. Mehr als 600 Millionen Menschen – ungefähr ein Zehntel der Gesamtbevölkerung – müssen mit einer erheblichen Behinderung leben.[5] Mehr als 400 Millionen davon leben in Entwicklungsländern. Außerdem sind die Behinderten in diesen Ländern, am Einkommen gemessen, häufig die Ärmsten der Armen, aber dazu kommt, dass sie mehr als gesunde arbeitsfähige Menschen auf Einkommen *angewiesen* sind, da sie Geld und Hilfe brauchen, damit sie versuchen können, ein normales Leben zu führen und ihre Handikaps zu mildern. Die stark eingeschränkten Verdienstmöglichkeiten – man kann sie «Erwerbs-Handikap» nennen – werden häufig noch weiter eingeschränkt durch das «Umwandlungs-Handikap», also die Schwierigkeit, Einkommen und Ressourcen in ein gutes Leben trotz Behinderung umzuwandeln.

Wie wichtig das «Umwandlungs-Handikap» Behinderter ist, lässt sich an einigen empirischen Daten in einer wegweisenden Studie über Armut in Großbritannien ablesen: Wiebke Kuklys' Dissertation, die sie an der Universität Cambridge kurz vor ihrem viel zu frühen Tod abschloss; die Arbeit wurde später als Buch veröffentlicht.[6] Kuklys stellte fest, dass 17,9 Prozent der Bevölkerung Großbritanniens in Familien mit einem Einkommen unterhalb der Armutsgrenze leben. Für Familien mit einem behinderten Angehörigen erhöht sich der Prozentsatz der unter der Armutsgrenze Lebenden auf 23,1 Prozent. Dieser Unterschied von ungefähr fünf Prozent spiegelt in hohem Maß das «Erwerbs-Handikap», das mit Behinderungen und der Pflege Behinderter einhergeht. Berücksichtigt man nun das «Umwandlungs-Handikap» und die Tatsache, dass ein höheres Einkommen gebraucht wird, um die Nachteile der Behinderung zu lindern, ergibt sich, dass der Anteil der Personen in Familien mit behinderten Angehörigen, die unterhalb der Armutsgrenze leben, sprunghaft auf 47,4 Prozent ansteigt – das sind fast 30 Prozent mehr als der in Armut lebende Anteil der Gesamtbevölkerung. Anders betrachtet, zeigt dieses Vergleichsbild, dass nur ungefähr ein Sechstel der 30 zusätzlichen Prozentpunkte für Personen in Familien mit behinderten

Angehörigen auf das Erwerbs-Handikap und der Rest auf das Umwandlungs-Handikap zurückzuführen sind – und hauptsächlich in der Beachtung dieses Handikaps unterscheidet sich das Chancenkriterium vom Einkommens- und Ressourcenkriterium für Armut.

Die moralischen und politischen Anforderungen der Behinderung zu verstehen ist nicht nur deshalb wichtig, weil sie ein so weit verbreitetes und belastendes Merkmal der Menschheit ist, sondern auch, weil viele ihrer tragischen Folgen durch entschlossene gesellschaftliche Hilfe und einfallsreiche Intervention tatsächlich überwunden werden können. Strategien zur Problemlösung kann man in vielen Bereichen entwickeln, von der Linderung der Effekte der Handikaps bis hin zu Programmen, die darauf zielen, dem Entstehen von Behinderungen vorzubeugen. Es ist äußerst wichtig, zu verstehen, dass viele Behinderungen vermeidbar sind und dass viel getan werden kann, nicht nur die *Nachteile* von Behinderungen zu *mindern*, sondern dafür zu sorgen, dass sie gar nicht erst *auftreten*.

Nur ein relativ bescheidener Anteil der 600 Millionen Menschen, die mit Behinderungen leben, war schon bei der Empfängnis oder auch nur von Geburt an dazu verdammt. Falsche Ernährung der Mütter und Unterernährung der Kinder zum Beispiel können die kindlichen Abwehrkräfte schwächen und die Anfälligkeit für Krankheiten und Schädigungen der Gesundheit erhöhen. Blindheit kann eine Folge von Krankheiten sein, die auf Infektionen und verunreinigtes Wasser zurückzuführen sind. Andere Behinderungen haben ihre Ursache in Kinderlähmung, Masern oder AIDS sowie in Verkehrs- oder Arbeitsunfällen. Ein zusätzliches Problem sind die Landminen, die überall in Krisengebieten verstreut sind und Menschen, vor allem Kinder, verstümmeln und töten. Soziale Intervention gegen Behinderung darf sich nicht auf organisatorische und lindernde Maßnahmen beschränken, sondern muss auch auf Prävention zielen. Wenn Gerechtigkeit vor allem verlangt, dass manifeste Ungerechtigkeit beseitigt wird (wie ich in diesem Buch immer wieder betont habe), jedoch nicht das Streben nach der in weiter Ferne liegenden vollkommen gerechten Gesellschaft vorschreibt, dann muss die Prävention oder Linderung von Behinderungen eine zentrales Anliegen der Erhöhung von Gerechtigkeit sein.

Wenn man sich klarmacht, was intelligente und humane Interventionen erreichen können, ist es erstaunlich, wie tatenlos und selbstzufrieden die meisten Gesellschaften mit ansehen, dass Betroffene die Last ihrer Behinderung allein tragen. Eine konzeptuell konservative Denkart trägt viel dazu bei, diese Tatenlosigkeit zu bestärken. Gilt die Einkommensverteilung als wichtigste Richtlinie für Verteilungsgerechtigkeit, wird damit das Verständnis für das Dilemma von Behinderungen und für die moralischen und politischen Aufgaben, die soziale Analysen lösen müssten, besonders erschwert. Schon dadurch, dass ständig ein niedriges Einkommen als Kriterium für Armut benutzt wird (dass zum Beispiel immer wieder auf die Anzahl der Menschen hingewiesen wird, die von weniger als einem oder zwei Dollar pro Tag leben müssen – eine in internationalen Organisationen weit verbreitete Angewohnheit), kann die Aufmerksamkeit von der ganzen Härte der sozialen Notlage abgelenkt werden, die aus der Kombination von Erwerbs- und Umwandlungs-Handikap entsteht. Die 600 Millionen behinderten Menschen auf der Welt sind nicht nur durch ein zu niedriges Einkommen benachteiligt. Ihre Freiheit, ein gutes Leben zu führen, ist auf vielfache Weisen beschädigt, und die Beschädigungen bringen jede für sich und alle zusammen diese Menschen in Gefahr.

Die Funktion der Grundgüter in Rawls' Theorie

Bedenkt man, wie wichtig – aus den genannten Gründen – der Abstand zwischen Befähigungen und Ressourcen ist, kann man kaum umhin, Rawls' Differenzprinzip mit Skepsis zu betrachten, da er sich in diesem Prinzip ausschließlich auf Grundgüter konzentriert, um Verteilungsfairness mittels seiner «Gerechtigkeitsgrundsätze» für die institutionelle Basis der Gesellschaft einzuschätzen. Diese Divergenz ist wichtig, jedoch natürlich kein Anzeichen dafür, dass Rawls die Bedeutung substantieller Freiheit unterschätzt hätte – das habe ich bereits früher in diesem Buch betont. Obwohl Rawls' Gerechtigkeitsgrundsätze sich auf Grundgüter konzentrieren, macht er an anderer Stelle deutlich, dass er es für notwendig hält, seine Konzentration auf Ressourcen zurückzunehmen, um die wirkliche Freiheit, die Menschen haben, besser erfassen zu können. Rawls' tiefes Mitgefühl für die Benachteiligten spiegelt sich vielfach in seinen Schriften.

Rawls empfiehlt sogar Sonderregelungen für «besondere Bedürfnisse», die etwa durch Behinderungen und andere Handikaps bedingt sind, auch wenn das nicht Teil seiner Gerechtigkeitsgrundsätze ist. Solche Korrekturen sind nicht bei der Errichtung der Grundstruktur der Gesellschaft auf der «verfassungsgebenden Stufe» vorgesehen, sondern erst später, wenn es um den *Einsatz* der dann gegründeten Institutionen geht, besonders auf der «gesetzgebenden Stufe». Damit wird die Spannweite von Rawls' Motivierung deutlich, und man muss fragen, ob dies eine ausreichende Korrektur der Teilblindheit ist, die der Orientierung an Ressourcen und Grundgütern in Rawls' Gerechtigkeitsgrundsätzen anhaftet.

Indem Rawls der Metrik der Grundgüter eine derart herausgehobene Stellung gibt, spielt er die Tatsache herunter, dass unterschiedliche Menschen aufgrund persönlicher Eigenschaften oder unter dem Einfluss ihrer geographischen und sozialen Umwelt oder durch ihre relative Benachteiligung (dann, wenn die absoluten Begünstigungen einer Person von ihrer relativen Position im Vergleich zu anderen abhängen) sehr unterschiedliche Chancen haben, allgemeine Ressourcen (etwa Einkommen und Vermögen) in Befähigungen, also das, was sie tatsächlich tun oder nicht tun können, umzuwandeln. Die Varianten in den Umwandlungschancen kann man nicht als eine Frage «besonderer Bedürfnisse» abtun, sondern sie sind Ausdruck tiefgreifender, kleiner, mittlerer und großer Abweichungen in der conditio humana und den relevanten sozialen Lebensbedingungen.

Rawls spricht tatsächlich davon, dass auf der dritten und vierten Stufe seiner vierstufigen Geschichte der Gerechtigkeit besondere Maßnahmen für «besondere Bedürfnisse» getroffen würden (zum Beispiel für Blinde oder für Menschen mit anderen eindeutigen Behinderungen). Mit diesem Schritt gibt er seine tiefe Besorgnis über Benachteiligungen zu erkennen, aber er gibt der Lösung dieses allgegenwärtigen Problems nur begrenzten Spielraum. Erstens kommen die Korrekturmaßnahmen erst zur Sprache, nachdem die institutionelle Grundstruktur der Gesellschaft gemäß der rawlsschen «Gerechtigkeitsgrundsätze» festgelegt ist – auf die Ausprägung dieser grundlegenden Institutionen haben «besondere Bedürfnisse» keinen Einfluss, vielmehr spielen allein Grundgüter, etwa Einkommen und Vermögen, eine Rolle, wenn die institutionelle Basis für die Lösung von Verteilungsproblemen mit Hilfe des Differenzprinzips geschaffen wird.

Zweitens macht Rawls auch in dem späteren Stadium, in dem er auf «besondere Bedürfnisse» eingeht, keinen Versuch, sich mit den überall gegenwärtigen Unterschieden in den Umwandlungschancen unterschiedlicher Menschen auseinanderzusetzen. Natürlich ist es wichtig, auffällige, leicht erkennbare Handikaps (Blindheit zum Beispiel) zu bedenken, aber Behinderungen (die zum Beispiel mit größerer Anfälligkeit für Krankheiten, stärker durch Epidemien gefährdeten Umgebungen, unterschiedlichen Graden und Typen physischer und geistiger Schwäche zusammenhängen) sind so vielfältig und so unterschiedlich, dass es unbedingt nötig ist, den Informationsschwerpunkt auf Funktionsweisen und

Befähigungen zu verlagern, wenn man über soziale Vorkehrungen und Realisierungen nachdenkt; das gilt für den Aufbau der institutionellen Struktur und auch dann, wenn abgesichert werden soll, dass die Maßnahmen zuverlässig und mit hinreichendem humanen, mitfühlenden Vernunftgebrauch zum Einsatz kommen.

Ich glaube, dass Rawls auch durch seine Sorge um Fairness bei der Verteilung von Freiheit und Chancen motiviert ist, aber da er sich für seine Gerechtigkeitsprinzipien im Differenzprinzip auf die Informationsbasis der Grundgüter verlässt, ruht die Last der Bestimmung der «gerechten Institutionen», welche die Fairness der Verteilung garantieren, ausschließlich auf den schwachen Schultern dieser Grundgüter; sie allein haben für die elementaren institutionellen Leitlinien zu sorgen. Dieses Verfahren erlaubt seiner Sorge um Befähigungen und Chancen nicht so viel Spielraum, dass sie auf der institutionellen Stufe, mit der seine Gerechtigkeitsgrundsätze unmittelbar befasst sind, Einfluss nehmen könnte.

Abweichungen von der rawlsschen Theorie

Anders als Rawls' auf ideale Institutionen konzentrierter Blick, folgt der in diesem Buch untersuchte Weg zur Gerechtigkeit nicht einem von Prioritäten geprägten Szenario, das die stufenförmige Entwicklung einer vollkommen gerechten Gesellschaft darstellt. Unser Ansatz konzentriert sich stattdessen auf die Förderung der Gerechtigkeit durch institutionelle und andere Veränderungen und degradiert Umwandlungen und Befähigungen nicht zu zweitrangigen Fragen, die man auf später verschieben kann. Man muss die Eigenart und die Ursprünge für den Verlust von Befähigungen und für Unfairness verstehen; nur dann sind die manifesten Ungerechtigkeiten auszuräumen, die durch öffentlichen Vernunftgebrauch mit einem guten Anteil an partieller Übereinstimmung erkannt werden können.* Rawls' Ansatz hatte und hat auch außerhalb

* Wenn ich untersuche, zu welchen Einschränkungen die Konzentration auf die Liste der Grundgüter für die Formulierung der Gerechtigkeitsgrundsätze in Rawls' generellem Ansatz führt, will ich damit natürlich nicht unterstellen, dass sein konzentrierter Blick auf vollkommene, ideale Institutionen in Ordnung wäre, wenn er sich nicht auf Grundgüter, sondern unmittelbar auf Befähigungen und Chancen richtete. Die bereits erörterten erheblichen Schwierigkeiten, die sich daraus ergeben, dass Rawls sich an idealer statt an relativer Gerechtigkeit orientiert und seine Gerechtigkeitsgrundsätze ausschließlich auf Institutionen ausrichtet, würden bestehen bleiben, ganz gleich, welcher Informationsschwerpunkt zur Beurteilung von Verteilungsfragen gesetzt wird. An dieser Stelle behaupte ich nun, dass Rawls'

des Bereichs, den er selbst festlegte, hohen Einfluss und beherrscht die Denkweise der gegenwärtigen politischen und Moralphilosophie. Zum Beispiel halten Philosophen, die versucht haben, auf der Grundlage der rawlsschen Vertragstheorie eine neue – und ambitionierte – kosmopolitische Theorie der Gerechtigkeit zu konstruieren, die die ganze Welt erfasst (also weit mehr als Rawls, der sie auf jeweils ein Land beschränkt), immer noch Ausschau nach einer vollständigen Rangordnung, um jene Verteilungsgerechtigkeit einschätzen zu können, die für eine globale, an Idealvorstellungen von Institutionen gemessene Gerechtigkeit gebraucht wird.[7] Kein Wunder, dass diese Theoretiker sich nicht mit der teilweise unvollständigen, auf Befähigungen fußenden Rangordnung aussöhnen können und dass nach ihrer Meinung, wie Thomas Pogge sagt, viel mehr gebraucht wird als «eine lediglich teilweise Einstufung», wenn man herausarbeiten will, «wie eine institutionelle Ordnung gestaltet sein müsste».[8] Ich wünsche den Konstrukteuren eines weltweit geltenden, ideal gerechten Sets von Institutionen viel Glück, aber für diejenigen, die bereit sind, sich – sei es auch nur für den Augenblick – darauf zu konzentrieren, dass die quälenden Ungerechtigkeiten auf der Welt vermindert werden, kann eine «lediglich» teilweise Rangordnung tatsächlich erhebliche Bedeutung für eine Theorie der Gerechtigkeit haben.*

Es geht – meine ich – nicht hauptsächlich darum, ob ein bestimmter Ansatz den vollständigen Vergleich von zwei beliebigen Alternativen ermöglicht, sondern darum, ob die Vergleiche, die er möglich machen kann, gezielt und gut durchdacht sind. Vergleiche von Freiheiten und Chancen bringen uns in das richtige Gebiet, und wir sollten uns nicht durch die Attraktivität einer vollständigen Ordnung (unabhängig von dem, *was* vollständig geordnet wird) auf ein anderes Territorium locken lassen.

Die Chancenperspektive ist der Ressourcenperspektive deshalb vorzuziehen, weil sie Relevanz und substantielle Wichtigkeit hat, aber nicht, weil sie in irgendeiner Weise verspräche, eine totale Ordnung hervorzubringen. Wie Elizabeth Anderson überzeugend dargestellt hat, ist die Chancenmetrik «jeder Ressourcenmetrik überlegen, weil sie sich auf Ziele statt auf Mittel konzentriert, weil sie mit der Diskrimi-

Theorie nicht allein durch die generellen Probleme belastet ist, die sich aus der ausschließlichen Berufung auf Idealvorstellungen von Institutionen ergeben, sondern *außerdem* noch dadurch geschwächt wird, dass sie sich auf Grundgüter konzentriert, um in den Gerechtigkeitsgrundsätzen Verteilungsfragen zu behandeln.

* Dieses Thema wurde in der Einleitung und in den Kapiteln 1–4 behandelt.

nierung Behinderter besser umgehen kann, weil sie die richtige Sensibilität für individuelle Varianten in Funktionsweisen aufbringt, die demokratische Bedeutung haben, und weil sie sich gut als Richtlinie für gerechte Versorgungsleistungen, besonders im Gesundheits- und Erziehungswesen, eignet.»[9]

Dworkins Ressourcengleichheit

Während Rawls sich in seinen Gerechtigkeitsgrundsätzen mit der Liste der Grundgüter auf die Ressourcenperspektive beschränkt und de facto außer Acht lässt, dass Ressourcen und Befähigungen zu verschiedenartigen Umwandlungen führen können, nutzt Ronald Dworkin die Ressourcenperspektive ausdrücklich, um Raum für diese Unterschiede zu gewinnen; er entwickelt ein elegantes marktorientiertes Gedankenspiel, in dem er einen fiktiven ursprünglichen Markt annimmt, auf dem Versicherungen gegen Umwandlungs-Handikaps verkauft werden. In dem Gedankenexperiment wird angenommen, dass Menschen im Urzustand unter einem Schleier des Nichtwissens à la Rawls auf diesem Markt Versicherungen gegen solche Handikaps kaufen. Zwar weiß in dieser fiktiven Situation niemand, ob irgendjemand eine Behinderung haben und, wenn ja, welche es sein wird, aber alle kaufen die Versicherung gegen mögliche Unglücksfälle, und diejenigen, die am Ende unter Handikaps leiden, können («später» sozusagen) die vereinbarte Versicherungsleistung in Anspruch nehmen und verfügen damit zum Ausgleich über mehr Ressourcen anderer Art. Das sei so fair wie möglich, behauptet Dworkin auf der Grundlage dessen, was er als tatsächliche «Ressourcengleichheit» sieht.

Das ist sicherlich ein interessanter, höchst einfallsreicher Vorschlag (da ich zehn Jahre lang in Oxford gemeinsam mit Dworkin unterrichtet habe und seine staunenswerte intellektuelle Fassungskraft kenne, hätte ich auch gar nichts anderes erwartetet). Aber nach diesem brillanten Gedankenexperiment mit einem hypothetischen Markt scheint Dworkin ohne Umschweife eine Art «Finger-weg»-Programm zu entwickeln, vor allem an die Adresse derer, die vom Befähigungsansatz befallen sind.* Er

* Ich muss es wohl als Ehre verstehen, von Dworkin so ernst genommen zu werden, dass ich als der Protagonist des in seinen Augen weniger als befriedigenden Befähigungsansatzes bezeichnet werde. Siehe Ronald Dworkin, *Sovereign Virtue: The Theory and Practice of Equality* (Cambridge, MA: Harvard University Press, 2000), S. 65–119. Siehe auch Dworkins «Sovereign Virtue Revisited», *Ethics*, 113 (2002).

behauptet, dass eine Gleichheit von Befähigungen oder Chancen *entweder* auf eine Gleichheit des Wohlergehens hinausläuft – in diesem Fall handelt es sich laut Dworkin um eine irrige Auffassung von fairer Gleichstellung – *oder* dass sie letzten Endes das Gleiche ist wie seine eigene Lösung des Problems der Ressourcengleichheit – in diesem Fall würde keine wirkliche Differenz zwischen uns bestehen (und kein Vorteil im Festhalten am Befähigungsansatz).

Trotz meiner Bewunderung für Dworkins Werk muss ich doch sagen, dass ich etwas ratlos bin: Ich weiß nicht, wo ich anfangen soll mit der Aufzählung dessen, was an diesem Argument gegen den Befähigungsansatz falsch ist. Erstens (um mit einem ganz unwichtigen Punkt zu beginnen, nur um ihn aus dem Weg zu räumen): Selbst wenn Chancengleichheit auf dasselbe hinausliefe wie Gleichheit der Befähigung zum Wohlergehen, wäre das nicht dasselbe wie Gleichheit des Wohlergehens.* (Der Unterschied zwischen Befähigung und Verwirklichung wurde im vorigen Kapitel behandelt.) Wichtiger ist jedoch, das hätte klar sein müssen, was ich schon in meiner ersten Darstellung der Befähigungsperspektive betont habe: Ich bin weder für Gleichheit des Wohlergehens noch für Gleichheit der Befähigung, Wohlergehen zu verwirklichen.**

Zweitens: Wenn Ressourcengleichheit nicht von Gleichheit der Chancen und substantieller Freiheit verschieden sein soll, warum ist es dann unter normativen Gesichtspunkten interessanter, über Ressourcengleichheit nachzudenken als über die anderen Gleichheiten, obwohl Ressourcen nur als Mittel zu anderen Zwecken wichtig sind? Da Ressourcen «nur ein Nutzwert: Mittel für andere Zwecke» (Aristoteles) sind und da die Argumente für Ressourcengleichheit sich letzten Endes auf dieses «Andere» beziehen, sollte man sie vielleicht an die richtige Stelle rücken: Ressourcengleichheit ist ein Weg zur Gleichheit der Chance, Angestrebtes zu verwirklichen – wenn die Kongruenz zwischen beiden tatsächlich besteht.

* Zum Beispiel sollte der tatsächliche extravagante, teure Lebensstil mancher Menschen, den Dworkin nicht unterstützen möchte, nicht verwechselt werden mit der Befähigung, sich ein solches Leben zu gönnen – fähig dazu können viele Menschen sein, ohne diese Fähigkeit zu nutzen.

** Meine Tanner Lecture von 1979 über den Nutzen der Befähigung, die als «Equality of What?» in S. McMurrin (Hg.), *Tanner Lectures on Human Values*, B. I (Cambridge: Cambridge Universty Press, 1980) veröffentlicht wurde, stellte die Befähigungsperspektive nicht lediglich als einen Gegensatz zur rawlsschen Konzentration auf Grundgüter dar, sondern auch als Konkurrenz und Kritik aller auf Wohlergehen gegründeten Ansätze.

Es ist natürlich keine schwierige Mathematikaufgabe, ein Objekt, das als Zweck (zum Beispiel Nutzen oder Chance) aufgefasst werden kann, in äquivalente Mengen von etwas anderem (z.B. Einkommen oder Ressourcen) zu übersetzen, das als Mittel zum entsprechenden Zweck dient; das ist so lange kein Problem, wie dieses Andere in der Lage ist, uns einen beliebigen Grad der Zweckerfüllung zu ermöglichen. Diese analytische Technik wird in der Wirtschaftstheorie häufig verwendet, besonders für die Nutzen-Analyse, wenn Nutzen nicht direkt, sondern indirekt durch äquivalente Einkommen (oft «indirekter Nutzen» oder metrische Nutzenfunktion genannt) ausgedrückt wird. Chancengleichheit und Dworkins Ressourcengleichheit, die in diesem Sinn als «indirekte Chance» angesehen werden kann, könnten genau dann kongruent sein, wenn Versicherungsmärkte so arbeiten würden, dass gemäß Dworkins Formel für Ressourcengleichheit jedermann weitgehend die gleiche Chance hätte. Aber warum gilt die Begeisterung dann nur den gewonnenen Mitteln («alle haben die gleichen Ressourcen – Hurra»), statt dem, was wirklich wichtig ist (alle haben die gleiche substantielle Freiheit oder Chance)?

Drittens: Die Kongruenz hält vielleicht nicht stand, da Versicherungsmärkte mit einigen Objekten leichter umgehen können als mit anderen. Manche Ursprünge für eine Beeinträchtigung von Chancen sind nicht in persönlichen Eigenschaften (etwa einer Behinderung) zu suchen, sondern in relationalen und durch die Umgebung bedingten Merkmalen (zum Beispiel können Personen relativen Mangel leiden, wie Adam Smith im *Wohlstand der Nationen* dargelegt hat). Warum die Nachfrage für Versicherungen gegen solche nicht persönlichen Merkmale viel schwerer auf Versicherungsmärkten für individuelle Kunden zu befriedigen ist, lässt sich leicht nachprüfen.*

Ein anderer Grund für eine mögliche Nicht-Kongruenz besteht darin, dass in meinem Ansatz die Einschätzung der Unterschiede im Mangel, den verschiedene Personen leiden, Sache des öffentlichen Vernunftgebrauchs ist, während Dworkin diese Einschätzung den atomistischen Operatoren seiner Versicherungsmärkte überlässt. In Dworkins System werden die Marktpreise und die Höhe der Entschädigungssummen, die verschiedene Versicherungstypen anbieten, vom Zusammenspiel der Einschätzung der verschiedenen Einzelpersonen bestimmt.

* Einige Gründe für die Divergenz von Ressourcengleichheit und Chancengleichheit untersuchen unter anderen Andrew Williams, «Dworkin on Capability», *Ethics,* 113 (2002), und Roland Pierik und Ingrid Robeyns, «Resources versus Capabilities: Social Endowments in Egalitarian Theory», *Political Studies*, 55 (2007).

Dworkin belastet den Markt mit der Aufgabe der Bewertung, die in Wirklichkeit wohl öffentlichen Vernunftgebrauch und interaktive Diskussion erfordert.

Viertens: Dworkin geht es vor allem darum, zu vollkommen gerechten Institutionen zu kommen (in einem Schritt); das hat er mit anderen vom transzendentalen Institutionalismus geprägten Ansätzen gemeinsam. Aber wenn wir versuchen, radikale Ungerechtigkeiten abzuschaffen und dadurch Gerechtigkeit zu fördern, obwohl keine Hoffnung auf vollkommen gerechte Institutionen besteht (oder auch nur auf eine Einigung über ihre Gestalt), können wir eine abschätzig so genannte «lediglich partielle Rangordnung» gut brauchen. In der Dworkinschen Form erhebt der *fiktive* Markt für Versicherungen gegen Behinderung nicht einmal den Anspruch, uns Wege und Mittel zum Erkennen von Fortschritten in der Gerechtigkeit aufzuzeigen, da er sich ausschließlich auf das imaginierte Üben transzendentaler, idealer Gerechtigkeit konzentriert.

Fünftens: Dworkin hält die Existenz, Einzigartigkeit und Effizienz eines Marktgleichgewichts bei vollständiger Konkurrenz für vollkommen unproblematisch. Und er verteidigt seine Annahmen kaum, obwohl wir wissen – fünfzig Jahre Forschung zur Theorie des allgemeinen Marktgleichgewichts zeigen es –, welche ungeheuren Schwierigkeiten mit ihnen verbunden sind. Viele dieser problematischen Züge, die mit Informationsbeschränkungen (vor allem asymmetrischen Informationen), öffentlichen Gütern, Skaleneffekten und anderen Hürden zusammenhängen, gelten in besonders hohem Maß für Versicherungsmärkte.[10]

Ich fürchte, Dworkins Ansatz hat in Bezug auf Institutionen etwas fundamentalistische Züge und zeigt eine gewisse Unschuld, wenn er voraussetzt, dass wir uns nur auf einige Regeln für die auf Versicherungen beruhende Umverteilung von Ressourcen einigen müssen und dann vergessen können, welche tatsächlichen Ergebnisse und tatsächlichen Chancen verschiedene Menschen genießen. Er nimmt an, dass die tatsächlichen Freiheiten und Ergebnisse bei den institutionellen Entscheidungen imaginierter Märkte gut aufgehoben sind und dass niemals nachträglich Zweifel an der Entsprechung zwischen Erwartungen von Menschen und tatsächlichem Geschehen aufkommen. Die Versicherungsmärkte sollen im ersten Anlauf alles regeln – ohne Überraschungen, ohne Wiederholungen und ohne Diskussionen über das, was erhofft wurde, und das, was tatsächlich zustande kam.

Wenn Dworkins erfinderisches Darstellungsmittel der fiktiven Versicherungsmärkte einen Nutzen hat, dann liegt er nicht in dem Anspruch, damit sei eine neue und brauchbare Theorie der Verteilungsgerechtigkeit aufgestellt. Ressourcengleichheit in Dworkins Sinn ist schwerlich ein Ersatz für den Befähigungsansatz, aber seine Theorie kann helfen zu verstehen, wie Entschädigung für Handikaps als Einkommenstransfer denkbar ist.* Auf diesem schwierigen Gebiet können wir jede Hilfe brauchen, die Gedankenexperimente zu leisten vermögen, so lange sie nicht vorspiegeln, als Schiedsrichter, die sich auf Institutionen berufen, überlegene Macht zu besitzen.

Wie vor allem im 3. Kapitel dargelegt, verlangt die Aufgabe, Gerechtigkeit zu fördern und Ungerechtigkeit zu beseitigen, kombinierte Arbeit in mehreren Bereichen: auf dem Gebiet der Wahl von Institutionen (die sich unter anderem mit privatem Einkommen und öffentlichen Gütern befassen), der Verhaltensanpassung und der Verfahren zur Korrektur sozialer Maßnahmen nach öffentlichen Diskussionen, in denen gefragt wird, was zugesagt ist, wie die Institutionen sich bewähren und wie Dinge verbessert werden können. Es ist nicht zulässig, den interaktiven öffentlichen Vernunftgebrauch unter Berufung auf die versprochene Tugend einer ein für alle Mal marktorientiert getroffenen Institutionenwahl auszuschalten. Dazu ist die soziale Rolle von Institutionen, imaginäre eingeschlossen, zu komplex.

* Eine wichtige Alternative zur Möglichkeit, Behinderten zusätzliches privates Einkommen zu geben, ist natürlich das vielfach angewendete Verfahren, ihnen freie oder subventionierte Sozialleistungen zur Verfügung zu stellen – ein Verfahren, das für europäische «Wohlfahrtsstaaten» zentral ist. So funktioniert zum Beispiel ein «national health service», anstatt dass Kranke mehr Einkommen erhalten, um für ihre medizinischen Bedürfnisse bezahlen zu können.

13. GLÜCK, WOHLERGEHEN UND BEFÄHIGUNGEN

Da ich fachlich an die Wirtschaftswissenschaften gebunden bin, was immer ich aus meiner Liebesaffäre mit der Philosophie mache, kann ich auch gleich zugeben, dass meine Profession Probleme mit dem Glück hat. Sie wird oft mit den Worten Thomas Carlyles «die trübselige Wissenschaft» genannt. Ökonomen gelten häufig als üble Spielverderber, die den Menschen ihre natürliche Heiterkeit und den freundlichen Umgang miteinander durch eine wirtschaftswissenschaftliche Formelmixtur austreiben wollen. Edmund Clerihew Bentley steckte sogar die wirtschaftstheoretischen Schriften des großen Utilitaristen John Stuart Mill in diese düstere Schublade der politischen Ökonomie – mit wenig Heiterkeit und gar nicht freundlich:

John Stuart Mill
By a mighty effort of will,
Overcame his natural bonhomie,
and wrote the «Principles of
Political Economy».

John Stuart Mill hat ihn geschafft
Mit aller Willenskraft,
Den Sieg über seine natürliche Bonhomie
Und schrieb «Grundsätze der politischen
Ökonomie».

Ist die Wirtschaftswissenschaft wirklich so sehr ein Feind von Glück und Liebenswürdigkeit, dass alle Bonhomie unerbittlich unterdrückt werden muss, damit wir uns der politischen Ökonomie zuwenden können?

Natürlich ist nicht zu bestreiten, dass die Themen der Ökonomie oft bitterernst und manchmal deprimierend sind. Wer zum Beispiel Hunger oder Armut erforscht oder versucht, die Ursachen und Wirkungen von katastrophaler Arbeitslosigkeit oder Not zu verstehen, mag wohl ab und an seine natürliche Heiterkeit verlieren. Aber wie sollte es auch anders sein: Heiterkeit an sich ist für die Analyse von Arbeitslosigkeit, Armut oder Hungersnot keine rechte Hilfe.

Aber wie steht es mit der Ökonomie ganz allgemein, die doch viele verschiedene und nicht nur verstörende Themen behandelt? Gelingt es ihr, die Frage nach dem Glück irgendwo unterzubringen und seine Bedeutung für das menschliche Leben und folglich für gute Wirtschaftspolitik anzuerkennen? Das ist die erste Frage, die ich in diesem Kapitel untersuchen will.

Die zweite Frage lautet: Wie angemessen ist es für die Beurteilung des Wohlergehens oder der Begünstigung einer Person, nach ihrem Glück zu suchen? Wir könnten Fehler machen, wenn wir entweder die Wichtigkeit des Glücks nicht fair beurteilen oder seine Bedeutung für das Wohlergehen von Menschen überschätzen oder blind sind für die Grenzen, die dem Versuch gesetzt sind, Glück zur hauptsächlichen – oder einzigen – Grundlage der Einschätzung von sozialer Gerechtigkeit und Wohlfahrt zu machen. Zusätzlich zur Untersuchung des Zusammenhangs zwischen Glück und Wohlergehen müssen wir uns fragen, in welcher Beziehung Glück zu Freiheit und Befähigung steht. Da ich die Signifikanz von Befähigung oder Chance dargestellt habe, ist es wichtig, auch zu untersuchen, wie groß die Divergenz zwischen der Perspektive auf Glück und dem Blick auf Befähigung ist.

Drittens: Wie hängt die Befähigung einer Person mit ihrem Wohlergehen zusammen? Ist die Zunahme einer Befähigung immer eine Veränderung, die das Wohlergehen verstärkt? Wenn nicht, in welchem Sinn ist dann eine Befähigung oder Chance ein Indikator für die «Begünstigung» einer Person?

Diese Fragen werden im Folgenden behandelt, aber vorher möchte ich noch darauf hinweisen, dass Chancen uns nicht nur Auskunft über die Begünstigungen einer Person geben (auf diesem Gebiet könnte Befähigung mit Glück konkurrieren), sondern dass sie – zumindest in einer Perspektive – auch Folgen für die Pflichten und Verbindlichkeiten der Person haben. Wie schon erwähnt, verleiht Befähigung oder Chance – im Unterschied zum Glück – auch Macht. Wie bedeutsam sind die Implikationen dieses Gegensatzes für die politische und Moralphilosophie im Allgemeinen und für die Theorie der Gerechtigkeit im Besonderen?

Glück, Chancen und Verpflichtungen

Diese Frage zielt auf die Verantwortung tatsächlicher Macht, die bereits im 9. Kapitel («Die Pluralität unparteiischer Gründe») Thema war. Das kontraktarische Argument besagt: Wer die Macht besitzt, einen Unterschied zu bewirken, ist dann verpflichtet, diese Macht einzusetzen, wenn sich daraus ein wechselseitiger Nutzen durch Kooperation ergibt; oder das Argument leitet die Pflicht zum Eingreifen aus der Verbindlichkeit ab, die durch den Abschluss eines Sozialvertrags eingegangen wurde. In unserem Zusammenhang wird die Verantwortung anders begründet: Wenn jemand die Macht hat, einen Unterschied zu bewirken, der für ihn erkennbar die Ungerechtigkeit in der Welt verringern wird, dann ist das ein starkes, vernünftiges Argument dafür, diese Macht einzusetzen (ohne dass die Rede von einem imaginierten wechselseitigen Vorteil in einer hypothetischen Kooperation sein müsste). Dieses Argument habe ich zurückverfolgt bis zu Gautama Buddhas Analyse der Verpflichtungen, die mit der Wirksamkeit der Macht eines Menschen einhergehen (das zitierte Argument wird von Buddha in *Sutta-Nipata* entwickelt), aber es tritt in unterschiedlichen Formen in der politischen und Moralphilosophie vieler verschiedener Länder und Zeiten auf.

Freiheit im Allgemeinen und Handlungsfreiheit im Besonderen sind Bestandteile der wirksamen Macht, die eine Person besitzt, und es wäre ein Fehler, die Befähigung, die mit diesen Ideen von Freiheit verbunden ist, nur als Begünstigung zu verstehen: Sie spielt auch eine Hauptrolle für das Verständnis unserer Pflichten. Diese Überlegung verdeutlicht einen Gegensatz zwischen Glück und Befähigung, zwei elementaren Informationselementen in einer Theorie der Gerechtigkeit: Glück schafft keine Verpflichtungen in der Weise, wie sie unausweichlich mit Befähigung verbunden sind, wenn das Argument für die Verantwortung wirksamer Macht stichhaltig ist. In dieser Hinsicht besteht ein signifikanter Unterschied zwischen Wohlergehen und Glück einerseits und Freiheit und Befähigung andererseits.

Befähigung spielt in der Sozialethik und politischen Philosophie eine Rolle, die weit über ihre Position als Konkurrentin für Glück und Wohlergehen hinaus geht. Auf diesen Unterschied will ich hier nicht näher eingehen – jedenfalls nicht direkt, obwohl er vorkommt, wenn erklärt wird, warum eine Erweiterung der Freiheit einer Person nicht zwangsläufig ihr Wohlbefinden vermehrt. Stattdessen werde ich mich auf die Relevanz von Befähigung oder Chance für die Einschätzung persönlicher Verfassungen und Begünstigungen konzentrieren – im Gegensatz zu der Konzentration auf das Glück, die in der traditionellen Wohlfahrtsökonomik favorisiert wird. Das Thema der mit Befähigung verbundenen Pflicht ist ein wichtiger Teil des in diesem Buch versuchten Zugangs zur Gerechtigkeit insgesamt.

Ökonomie und Glück

In der Wohlfahrtsökonomik, dem Teil der Wirtschaftswissenschaften, der sich mit der Einschätzung des Guten in Zuständen und in der Wirtschaftspolitik befasst, ist es seit langem Tradition, das Glück ins Zentrum der Bewertung zu rücken, da es als einziger Weg zum Wohlergehen und den Begünstigungen, die unterschiedliche Menschen genießen, angesehen wird. Lange Zeit – über hundert Jahre lang – wurde die Wohlfahrtsökonomik von einem einzigen Ansatz beherrscht, dem Utilitarismus, der in seiner modernen Form von Jeremy Bentham eingeleitet und von John Stuart Mill, Francis Edgeworth, Henry Sidgwick, Alfred Marshall, A.C.Pigou und vielen anderen führenden Wirtschaftstheoretikern vertreten wurde. Im Utilitarismus hatte das Glück einen einzigartigen Status: Es galt als Maß für Wohlergehen und Begünstigung und diente somit als Basis für soziale Bewertung und Wohlfahrtspolitik. Utilitarismus war sehr lange die sozusagen «offizielle Theorie» der Wohlfahrtsökonomen, obwohl inzwischen viele andere fesselnde Theorien angeboten werden (wie John Roemer erhellend dargelegt hat).[1] Es gibt eine Menge empirischer Daten, die belegen, dass Menschen in vielen Teilen der Welt zwar wohlhabender geworden sind und viel mehr Realeinkommen denn je ausgeben können, sich aber nicht eigentlich glücklicher fühlen als vorher.

Immer noch ist ein erheblicher Teil der gegenwärtigen Wohlfahrtsökonomik weitgehend utilitaristisch, wenigstens der Form nach. Trotzdem wird die Bedeutung des Glücks für das Leben im dominanten Diskurs über gegenwärtige ökonomische Probleme vernachlässigt. Überzeugend begründete und durch empirische Daten gestützte Zweifel, ob es berechtigt sei, implizit vorauszusetzen, dass Wirtschaftswachstum ein Allheilmittel gegen alle ökonomischen Gebrechen einschließlich Elend und Unglück darstellt, wurden in der Frage auf den Punkt gebracht: «Wird mehr Einkommen für alle mehr Glück für alle bringen?» – so der Titel eines mit Recht berühmten Essays von Richard Easterlin.[2] Auch die Art und die Ursachen der «Freudlosigkeit» von Menschen, die unter florierenden wirtschaftlichen Bedingungen leben, erregten die Aufmerksamkeit einer Reihe von Ökonomen, die sich nicht mit der schlichten funktionalen Annahme begnügen, dass mit wachsendem Einkommen und Wohlstand immer auch das Nutzenniveau ansteigt. Tibor Scitkovskys – teils wirtschaftswissenschaftliche, teils soziologische – Analyse der «freudlosen Ökonomie» (so lautet der Titel seines berühmten Buchs) ist ein Meilenstein auf diesem vernachlässigten Untersuchungsgebiet.[3]

Dass Glück für das Leben wichtig ist, lässt sich kaum bezweifeln, und es ist gut, dass die Spannung zwischen der Orientierung am Einkommen und der am Glück endlich auf breiter Basis beachtet wird. Ich hatte zwar viele Gelegenheiten, mit meinem langjährigen Freund Richard Layard zu streiten (und werde im Folgenden auf einige unserer Streitpunkte eingehen), aber trotzdem kann ich nicht genug betonen, wie wichtig mir die ausführliche Untersuchung des Paradoxons ist, das ihn dazu bewegt hat, sein faszinierendes, kämpferisches Buch *Happiness: Lessons from a New Science* zu schreiben: «Im Kern unseres Lebens steckt ein Paradox. Die meisten Menschen wollen mehr Einkommen und bemühen sich darum. Und die westlichen Gesellschaften wurden reicher, aber ihre Bevölkerung trotzdem nicht glücklicher.»[4] Das Buch wirft Fragen auf, aber erst, nachdem ohne Einschränkung bestätigt wurde, wie lebenswichtig Glück mitsamt seinen weit reichenden Implikationen für Lebensstile ist, und nachdem folgerichtig anerkannt wurde, dass die Beziehung zwischen Glück und Einkommen sehr viel komplexer ist, als einkommensorientierte Theoretiker annehmen möchten.

Die Fragen betreffen den Status anderer Maßstäbe zur Beurteilung der Lebensqualität und die Rolle der Freiheit in unserer Lebensweise. Sollten diese anderen Maßstäbe als unwichtig oder dem Nutzen untergeordnet angesehen werden oder vielleicht nur als Determinanten – oder Instrumente – zur Steigerung des Glücks fungieren? Das Hauptproblem ist nicht die Wichtigkeit des Glücks, sondern die mutmaßliche Belanglosigkeit alles anderen, eine Annahme, die viele Befürworter der ausschließlichen Konzentration auf Glück offenbar nicht aufgeben wollen.

Bereich und Grenzen des Glücks

Dass Glück äußerst wichtig ist und dass wir allen Grund haben, das Glück von Menschen, auch unser eigenes, möglichst zu mehren, lässt sich schwerlich bestreiten. Richard Layard hat mit seinem nachdrücklich begründeten und mitreißend schwungvollen (Glück stiftenden, sollte ich sagen) Einsatz für Glück als Maßstab vielleicht unterschätzt, wie gut wir uns mit unbequemen Fragen auseinandersetzen können, aber es ist klar, was er meint, wenn er behauptet: «Wenn wir gefragt werden, warum Glück wichtig ist, können wir keinen zusätzlichen externen Grund dafür angeben. Es ist so offensichtlich wichtig.»[5] Richtig: Glück ist eine entscheidende Errungenschaft von ganz offenkundiger Bedeutung.

Probleme kommen auf, wenn er behauptet: «Glück ist der Endzweck, weil es im Unterschied zu allen anderen Zwecken selbstverständlich gut ist.» Layard weist darauf hin, dass die «amerikanische Unabhängigkeitserklärung sagt, es sei ein ‹selbstverständliches Ziel›».[6] (Genau genommen steht in der Unabhängigkeitserklärung, es sei «selbstverständlich», dass alle Menschen «von ihrem Schöpfer mit bestimmten unveräußerlichen Rechten ausgestattet» wurden, und in der genaueren Bestimmung dieser diversen Rechte taucht das Recht auf Glück auf – zusammen mit mehreren anderen Zielen – und nicht «im Unterschied zu allen anderen»).

Diese Behauptung, dass letzten Endes nur Glück und nichts anderes wichtig ist – weder Freiheit, Gleichheit, Brüderlichkeit noch sonst etwas –, ist vielleicht nicht ganz im Einklang mit dem, was man seit langem und noch immer für selbstverständlich gut hält. Das bestätigt sich, wenn wir untersuchen, was Menschen vor zweihundert Jahren in der Französischen Revolution bewegte, oder was sie heute in der politischen Praxis oder in philosophischen Theorien wichtig finden (zum Beispiel betonte Robert Nozick in seiner Theorie nachdrücklich, dass die hohe Bedeutung von Freiheit selbstverständlich sei, und Ronald Dworkin konzentriert sich allein auf Gleichheit als obersten Wert).[7] Um dem Glück die einzigartige Stellung zu geben, in der Layard es sehen möchte, wäre etwas mehr in der Art durchdachter Argumente nötig; der lakonische Hinweis, dass Glück «selbstverständlich gut» sei, reicht nicht.

Obwohl Layard betont, dass wir «keinen zusätzlichen externen Grund angeben können», um Glück als Maßstab zu rechtfertigen, gibt er anschließend doch einen solchen Grund an – sogar einen ziemlich plausiblen. Er bestreitet den Anspruch der Befähigungen mit dem entscheidenden Argument: «Wenn die Rechtfertigung unserer Ziele nicht den Gefühlen von Menschen entspricht, dann besteht eine wirkliche Gefahr, in Paternalismus zu verfallen» (S. 113). Die Abwehr von Paternalismus ist sicherlich ein externer Grund, der sich von der angeblich unbestreitbaren selbstverständlichen Güte des Glücks unterscheidet. Layard macht sich den Vorwurf gegen den Paternalismus zu eigen – dass Paternalisten «Gott spielen und entscheiden, was gut für andere ist» – und begibt sich in Opposition zu allen sozialen Beobachtern, die erklären, dass hoffnungslos Benachteiligte sich oft mit der Benachteiligung einrichten, um sich das Leben erträglicher zu machen, und nichts gegen ihre Notlage unternehmen.

Layard platziert seinen strategischer Zug am Ende seiner Bemerkung: Er fordert uns zum Verzicht auf Handlungen auf, von denen wir annehmen, sie seien «gut für andere, auch wenn diese nie das Gefühl haben werden, dass es so ist.» (*Happiness*, S. 120 f.) Ist das fair gegenüber denjenigen, deren Auffassung Layard widerlegen möchte? Seine Gegner kritisieren unreflektiertes Hinnehmen ständiger Benachteiligung deshalb, weil sie wollen, dass die Notlage der ewigen Underdogs stärker ins Bewusstsein gerückt wird, und weil sie hoffen, dass die «gut angepassten» Benachteiligten, wenn sie genauer hinsehen, selbst Grund genug zum «Murren» erkennen – und «fühlen» werden. Im 7. Kapitel («Standort, Relevanz und Illusion») wurde auf eine wichtige indische Entwicklung hingewiesen: Frauen nehmen ihre Unterjochung nicht mehr wie im traditionalistischen Indien gehorsam und kampflos hin, sondern haben stattdessen im Lauf der letzten Jahrzehnte «kreative Unzufriedenheit» gezeigt sowie soziale Veränderungen gefordert, und ein Auslöser dafür war, dass die Passivität, mit der Frauen ihre Unterdrückung ohne Klage und Aufbegehren hinnahmen, fragwürdig wurde.* Öffentliche Diskussionen über das Dulden chronischer Benachteiligung spielen eine wichtige Rolle, oft auf Anregung von Frauenbewegungen, aber auch ganz generell im Sinn radikaler politischer Neuüberprüfung verschiedener Ursprünge der Ungleichheit in Indien.

Wir können – und werden auch oft – für uns allein und in öffentlichen Diskussionen mit anderen über die Verlässlichkeit unserer Überzeugungen und mentalen Reaktionen nachdenken, um sicherzugehen, dass uns unsere spontanen Regungen nicht irreführen. Wie notwendig es ist, spontane Gefühle aus kritischer Distanz zu überprüfen, kann man nachdrücklich und überzeugend begründen, dafür spricht König Lears Mahnung, dass wir den Platz wechseln, also uns in andere versetzen müssen, um unsere eigenen Neigungen einschätzen zu können (zum Beispiel die Neigung, unkritisch hinzunehmen, «wie jener Richter auf jenen einfältigen Dieb schmält»), so wie Adam Smiths Argument, dass Menschen, die sich in ihrer Kultur abkapseln, selbst wenn sie den intellektuellen Glanz des klassischen Athen besitzt, gute Gründe gehabt hätten, kritisch zu prüfen, ob sie die in ihrer Gesellschaft übliche Praxis des Kindermords wirklich gutheißen sollen.**

Das gilt heute auch für die Rolle öffentlicher Aufklärung, zum Beispiel über Gesundheitsvorsorge, Ernährungsgewohnheiten oder das Rauchen, und es hilft zu verstehen – ohne den gefürchteten Paternalismus –, warum eine offene Auseinandersetzung über Fragen der Einwanderung, rassischer Intoleranz, fehlender Rechte auf medizinische Versorgung oder über die Stellung von Frauen in der Gesellschaft gebraucht wird. Gegen die fraglose Vormacht von «Gefühlen» und ungeprüften Empfindungen wäre eine Menge einzuwenden – und in vielen Gesellschaften kommt es auch zu diesen Einwänden.

* Ich wünschte, ich könnte meinen Freund Richard Layard zu einem kleinen Schritt weg von Bentham und hin zu Mill bewegen.

** Einen ausgezeichneten Beweis dafür, dass das eigene Leben, die eigenen Überzeugungen und Verhaltensweisen ständig neu überprüft werden müssen, führt Robert Nozick, *The Examined Life: Philosophical Meditations* (New York: Simon & Schuster, 1989).

Glück – ein Nachweis für Erfolg?

Glück ist wichtig, kann jedoch wohl weder das Einzige sein, das wir mit Grund wertvoll finden, noch der einzige Maßstab zur Bewertung anderer Dinge, die wir hochschätzen. Aber wenn dem Glücklichsein keine alles beherrschende Rolle zugesprochen wird, kann es mit gutem Grund als eine von mehreren sehr wichtigen menschlichen Funktionsweisen gelten. Die Chance, glücklich zu sein, ist ebenfalls ein wichtiger Aspekt der Freiheit, die wir mit Grund hoch bewerten. Der Blick auf das Glück erfasst einen Teil des Lebens, der von entscheidender Bedeutung ist.

Glück ist nicht nur für sich genommen wichtig, es kann auch als Nachweis und Maßstab verstanden werden. Wir müssen beachten, dass auch das Erreichen anderer Ziele, die uns wichtig sind (und mit guten Gründen), uns Glücksgefühle verschafft. Freude am Gelingen dessen, was wir uns vorgenommen haben, ist ganz natürlich. Ebenso kann – auf der negativen Seite – Enttäuschung eintreten, wenn uns ein solches Vorhaben misslingt. Also verbinden sich Glück und Enttäuschung mit dem Erfolg oder Misserfolg des Versuchs, unsere Ziele zu erreichen – unabhängig davon, welche Ziele es sind. Das könnte ein wichtiges Indiz sein, wenn überprüft wird, ob es Menschen gelingt oder misslingt, zu erreichen, was ihnen wichtig ist und mit Grund wertvoll erscheint.

Diese Erkenntnis muss jedoch nicht zu der Überzeugung führen, dass wir Dinge nur deshalb hoch bewerten, weil wir frustriert wären, wenn wir sie nicht erreichten. Die Gründe, aus denen wir unseren Zielen hohen Wert beimessen (unabhängig davon, wie weit entfernt vom bloßen Streben nach Glück diese Ziele sind), helfen vielmehr, zu erklären, warum wir mit vernünftigem Grund glücklich sind, wenn uns gelingt, was wir uns vorgenommen haben, und enttäuscht, wenn wir scheitern. Somit kann Glück als Indikator dienen, da es typischerweise mit unseren Erfolgen und Fehlschlägen im Leben zusammenhängt.

Utilitarismus und Wohlfahrtsökonomie

Ich nehme jetzt die Frage wieder auf, wie das Glück in den Wirtschaftswissenschaften im Allgemeinen und in der Wohlfahrtsökonomik (die das Wohlergehen von Menschen als Gegenstand von Interesse und als Richtlinie der Wirtschaftspolitik betrachtet) im Besonderen aufgefasst wird. Utilitaristen wie Bentham, Edgeworth, Marshall oder Pigou konnten ohne große Probleme versichern, dass die Rangordnung des sozial Guten und die Auslese des zu Wählenden einfach auf der Basis der

Gesamtsumme des individuellen Wohlergehens vorgenommen werden müsse. Und individuelles Wohlergehen wurde ihrer Meinung nach durch individuellen «Nutzen» dargestellt; Nutzen aber wurde typischerweise mit individuellem Glück gleichgesetzt. Probleme der ungleichen Verteilung von Wohlergehen und Nutzen unter verschiedenen Menschen ließen sie gern außer Acht. Somit wurden alle alternativen Zustände gemäß der Summe des Glücks, das sie vermitteln, und alternative politische Verfahren nach dem «Gesamtglück» bewertet, das sich aus ihnen ergab.

In den dreißiger Jahren des zwanzigsten Jahrhunderts ließen sich Wirtschaftswissenschaftler von den Argumenten überzeugen, die Lionel Robbins und andere (unter dem Einfluss des logischen Positivismus in der Philosophie) vorlegten; demnach hatten interpersonelle Nutzenvergleiche keine wissenschaftliche Grundlage und konnten nicht vernünftig durchgeführt werden – ein harter Schlag für die Wohlfahrtsökonomik. Robbin behauptete, das Glück einer Person könne in keiner Weise mit dem Glück einer anderen verglichen werden. «Was im Kopf eines Menschen vorgeht, ist für alle anderen unerkennbar», erklärte er, W. S. Jevons zitierend, «und Gefühle können nicht auf einen gemeinsamen Nenner gebracht werden.»[8]

Dieses Urteil ist hochproblematisch, da es plausible Regeln für vergleichende Einschätzungen von Freude und Schmerz im Leben gibt, und selbst wenn Zweifel und Strittigkeiten nicht in allen Bereichen ausgeräumt werden können, ist es doch nicht schwer einzusehen, warum man sich über manche interpersonellen Vergleiche gut genug einigen kann und dabei eine partielle Rangordnung schafft (dieses Thema habe ich an anderer Stelle behandelt)*. Dafür spricht auch das Vokabular, das wir verwenden, um das Glück unterschiedlicher Personen zu beschrei-

* Siehe *Collective Choice and Social Welfare* (San Francisco, CA: Holden-Day, 1970; wiederaufgelegt, Amsterdam: North-Holland, 1979); in dem Buch setze ich mich dafür ein, interpersonelle Vergleiche des Wohlergehens in Form von partiellen Rangordnungen in der Theorie kollektiver Entscheidungen systematisch zu verwenden. Siehe auch meinen Artikel «Interpersonal Comparisons of Welfare», in *Choice, Welfare and Measurement* (Oxford: Blackwell, 1982; wiederaufgelegt Cambridge, MA: Harvard University Press, 1997). Siehe auch Donald Davidson, «Judging Interpersonal Interests», in Jon Elster und Aanund Hylland (Hg.), *Foundations of Social Choice Theory* (Cambridge: Cambridge University Press, 1986) und Allan Gibbard, «Interpersonal Comparisons: Preference, Good, and the Intrinsic Reward of a Life», in Elster und Hylland (Hg.), *Foundations of Social Choice Theory* (1986). Zu verwandten Themen siehe Hilary Putnam, *The Collapse of the Fact / Value Dichotomy and Other Essays* (Cambridge, MA: Harvard University Press, 2002).

ben; es versetzt diese Menschen nicht einzeln auf einsame Inseln, die alle gegeneinander isoliert sind.* Die Tragödie König Lears zum Beispiel könnten wir kaum verstehen, wenn interpersonelle Vergleiche nichts übermitteln würden.

Da Ökonomen sich aber im Großen und Ganzen – und viel zu hastig – überzeugen ließen, dass am interpersonellen Nutzenvergleich etwas methodisch falsch sei, wich die facettenreichere Version der utilitaristischen Tradition in den vierziger und fünfziger Jahren des zwanzigsten Jahrhunderts einer informationsärmeren Variante der Berechnung von Nutzen oder Glück. Die «Informationsbasis» dieser «neuen Wohlfahrtsökonomie» wurde dadurch eingeschränkt, dass sie sich *ausschließlich* auf den Nutzen konzentrierte (sie wird oft als «welfarism» bezeichnet), aber ganz und gar auf interpersonelle Vergleiche verzichtete. Welfarismus ohne interpersonelle Vergleiche ist eine sehr restriktive Informationsbasis für soziale Einschätzungen. Sie erlaubt uns immerhin, zu diskutieren, ob ein und dieselbe Person in einem Zustand glücklicher ist als in einem anderen, verbietet aber, das Glück einer Person mit dem einer anderen zu vergleichen.

Begrenzte Informationen und Unmöglichkeiten

Im Kontext der fortdauernden Suche nach akzeptablen Formeln für soziale Wohlfahrt präsentierte Kenneth Arrow sein berühmtes «Unmöglichkeitstheorem». Sein Buch *Social Choice and Individual Values* (1951) war der Durchbruch der Theorie gesellschaftlicher Entscheidungen.[9] Wie im 4. Kapitel («Stimme und kollektive Entscheidung») dargestellt, betrachtete Arrow sechs dem Anschein nach schwache Bedingungen, die kollektive Entscheidungen oder Beurteilungen mit individuellen Präferenzen verbinden, und ging davon aus, dass sie Minimalbedingungen sind, die jedes vernünftige Verfahren sozialer Einschätzung erfüllen muss. Arrow zeigte, dass es unmöglich ist, alle diese dem Anschein nach schwachen Bedingungen gleichzeitig zu erfüllen. In der Wohlfahrtsökonomik löste das «Unmöglichkeitstheorem» eine Krise aus, und in der Geschichte der Sozial- und Politikwissenschaft wie in der Ökonomie ist es ein Meilenstein.

Als Arrow das Problem einer auf individuellen Präferenzen beruhenden gesellschaftlichen Entscheidung formulierte, ging er entsprechend

* Wie Sprache einen Aspekt der Objektivität reflektiert, wurde in Kapitel 1 («Vernunft und Objektivität») und 5 («Unparteilichkeit und Objektivität») besprochen.

der damals herrschenden Tradition davon aus, dass «interpersoneller Nutzenvergleich keine Bedeutung hat».[10] Er setzte nur auf individuelle Nutzwerte und lehnte jede Verwendung interpersoneller Nutzenvergleiche ab; diese Kombination war der Auslöser für das Unmöglichkeitstheorem.

Ich möchte einen Aspekt dieser Schwierigkeit an einem Beispiel erläutern. Stellen wir uns vor, wir müssten uns zwischen verschiedenen Aufteilungen eines Kuchens unter zwei oder mehr Personen entscheiden. Dabei zeigt sich, dass uns die Informationen, die laut Arrows System von 1951 verfügbar sind, nicht gestatten, uns an irgendwelchen Gleichheitsüberlegungen zu orientieren, da sie verlangen würden, dass wir Reiche von Armen unterscheiden. Wenn «Reichsein» oder «Armsein» durch Einkommen oder Besitz von Bedarfsgütern definiert wird, dann handelt es sich um ein vom Nutzen verschiedenes Charakteristikum, das wir im System Arrows nicht direkt beachten können, da er ausschließlich vom Nutzen ausgeht. Ebenso wenig können wir den Reichtum oder die Armut einer Person mit einem hohen oder geringen Maß an Glück gleichsetzen, denn dazu müssten wir interpersonelle Vergleiche von Glück oder Nutzen anstellen, und das ist in Arrows System gleichfalls ausgeschlossen. Erwägungen über einen fairen Ausgleich verlieren in diesem System im Grunde ihre Anwendbarkeit. Das Ausmaß an Glück als Indikator für die Lage einer Person wird auf jedes Individuum *separat* angewandt – wie viel Glück zwei verschiedene Personen empfinden, wird nicht verglichen –, und Glück kann weder als Maßstab für Ungleichheit benutzt werden noch als Messlatte für den Bedarf an fairem Ausgleich.

Nach all diesen Informationsbeschränkungen bleibt uns nur noch eine Klasse von Entscheidungsverfahren, die im Grunde lediglich Varianten von *Abstimmungsmethoden* (zum Beispiel der Mehrheitsentscheidung) sind. Diese Wahlverfahren bleiben in Arrows Informationsrahmen verfügbar, weil sie keinen interpersonellen Vergleich brauchen. Aber sie haben Konsistenzprobleme (siehe 4. Kapitel), wie Condorcet, Borda und andere französische Mathematiker schon vor gut zweihundert Jahren erkannten. Zum Beispiel kann eine Alternative A in einer Mehrheitswahl über B siegen, während B über C siegt, und C A schlägt, wiederum in Mehrheitswahlen. Dann bleibt uns nur noch die unattraktive Möglichkeit einer diktatorischen Methode der sozialen Beurteilung (das heißt, sie wird einer Person, einem «Diktator», überlassen, dessen Präferenzen dann die soziale Rangordnung bestimmen können). Eine diktatorische Entscheidung mag unerbittlich konsistent sein, aber sie wäre offenkundig eine politisch inakzeptable Methode der Entscheidungsfindung, und sie wird durch eine Bedingung Arrows ausdrücklich ausgeschlossen: Entscheidungen dürfen nicht diktatorisch ein. So kommt Arrows Unmöglichkeitsergebnis zustande. Kurz nach dem Erscheinen seines Buchs wurden andere Unmöglichkeitsresultate bestimmt, weitgehend im Schatten von Arrows Theorem, die andere Axiome benutzten, aber zu ähnlich entmutigenden Ergebnissen kamen.

Seit jenen pessimistischen Tagen hat man ziemlich ausführlich nach Mitteln und Wegen zur Auflösung solcher Unmöglichkeiten gesucht, und unter anderem hat sich dabei deutlich gezeigt, dass es dringend notwendig ist, die Informationsbasis für kollektive Entscheidungen zu verbreitern, wenn die negativen Folgen eines informationsarmen Entscheidungssystems (Wahlverfahren sind zwangsläufig informationsarm, vor allem in der Anwendung auf ökonomische und soziale Fragen) überwunden werden sollen.

Damit soll jedoch nicht geleugnet werden, dass es Mechanismen gesellschaftlicher Entscheidungen gibt, die ohne interpersonellen Nutzenvergleich oder Vergleich von Begünstigungen auskommen, aber dass solche Mechanismen das Wohlergehen und die relativen Begünstigungen verschiedener Menschen nicht mittels kongruenter Skalierungen vergleichen können, schwächt ihren Anspruch, die Bedingungen der Gerechtigkeit zu erfüllen.* Wie bereits dargestellt, hat eine gesellschaftliche Entscheidungstheorie auch alternative Möglichkeiten, Informationen in Gestalt individueller Rangordnungen zu interpretieren; sie muss nicht Nutzen oder Glück in Rangfolgen bringen. Arrow selbst hat dies bemerkt, und die Debatte über die Konsistenz von Systemen für kollektive Entscheidungen kann in ein weiträumigeres Umfeld verlegt werden, wenn die Variablen in dem mathematischen Modell für solche Systeme neu interpretiert werden; Beispiele dafür gibt es bereits. Dieses Thema wurde im 4. Kapitel («Stimme und kollektive Entscheidung») behandelt, und «Stimme» ist ein Konzept, das sich stark von der Idee des Glücks unterscheidet und vielfältiger sowie flexibler ist.[11]

* Schöne Beispiele für diese Ausarbeitung der «Social Choice» Theorie sind unter anderem John Nashs klassisches Modell der «Verhandlungslösung» («The Bargaining Problem», *Econometrica,* 18 (1950)) und innovative neuere Abwandlungen, etwa Marc Fleurbaeys Untersuchung von Institutionen («Social Choice and Just Institutions», *Economics and Philosophy,* 23 (2007)) und ders. *Fairness, Responsibility and Welfare* (Oxford: Clarendon Press, 2008), die nach Symmetrie von Prozessen suchen, sich aber nicht ausdrücklich auf interpersonelle Vergleiche von Wohlergehen beziehen.

In diesem Zusammenhang sind eindringliche Zweifel laut geworden, ob es wirklich klug ist, Nutzen – als Glück oder Wunscherfüllung verstanden – zur einzigen Basis sozialer Wertung zu machen; das sind Zweifel, ob diese eingeschränkte Form der Wohlfahrtsökonomie akzeptabel ist. Eine ihrer wichtigsten Einschränkungen besteht darin, dass ein und dieselbe Sammlung individueller «Glückseinheiten» mit einem sehr unterschiedlichen sozialen Gesamtbild, verschiedenen gesellschaftlichen Organisationsformen, Chancen, allgemeinen und persönlichen Freiheiten einhergehen kann.

Die Welfarismus genannte Form der Wohlfahrtsökonomik verlangt, dass die Evaluierung keinen dieser verschiedenen (nicht unter die Rubrik Nutzen fallenden) Aspekte unmittelbar berücksichtigt, sondern nur den mit ihnen verbundenen Nutzen oder Glückszustand beachtet. Aber dieselbe Nutzensumme kann in einem Fall mit schwerwiegenden Verletzungen fundamentaler Menschenrechte zusammengehen, in einem andern jedoch nicht. Oder sie kann in einem, aber nicht in jedem Fall mit der Verweigerung anerkannter persönlicher Freiheiten verbunden sein. Ohne Rücksicht auf diese und andere Gesichtspunkte wird der Welfarimus immer noch verlangen, dass in den Bewertungsverfahren solche Differenzen ignoriert und alle zur Wahl stehenden Alternativen nur anhand der Nutzensumme, die sie schaffen, beurteilt werden. Sehr sonderbar, dass für die Einschätzung alternativer Zustände oder Verfahren nichts außer Nutzen oder Glück eine eigene Bedeutung haben soll.

In besonderem Maß ausgeklammert werden Freiheiten, einschließlich substantieller Chancen, die manchmal als «positive» Freiheitsrechte (zum Beispiel auf eine erschwingliche Schulbildung oder auf medizinische Grundversorgung) bezeichnet werden. Jedoch werden auch «negative», persönliche Freiheitsrechte nicht beachtet, die vor zudringlichen Einmischungen anderer, auch des Staates, schützen sollen.* Welfarismus erfordert eine sehr eingeschränkte Sicht auf normative Wertungen und Wohlfahrtsökonomie. Nutzen für so wichtig zu halten,

* Ich muss hier anmerken, dass diese Unterscheidung zwischen «positiven» und «negativen» Freiheiten in der Wohlfahrtsökonomie deutlich von dem philosophischen Verständnis des Kontrasts abweicht, den Isaiah Berlin in seiner klassischen Oxford-Vorlesung von 1969, «Two Concepts of Liberty», aufgezeigt hat: Ihm geht es vor allem um den Unterschied zwischen *inneren* und von *außen* auferlegten Einschränkungen der Handlungsfreiheit einer Person, das zu tun, was sie mit Grund hoch wertet; siehe Berlin, *Four Essays on Liberty* (London: Oxford University Press, 1969).

wie er sein muss, ist das Eine, aber darauf zu bestehen, dass nichts sonst zählt, ist etwas ganz anderes. Vor allem haben wir womöglich gute Gründe zu wollen, dass bei der Einschätzung sozialer Maßnahmen Freiheiten eine Hauptrolle spielen.

Dazu kommt, dass die Informationsbeschränkung durch die besondere utilitaristische Auffassung, die individuelles Wohlergehen gleichsetzt mit Glück oder Wunscherfüllung, noch weitergetrieben wird. Diese verengte Ansicht von individuellem Wohlergehen kann höchst restriktiv sein, wenn *interpersonelle* Vergleiche von Benachteiligungen angestellt werden. Das Thema muss hier näher untersucht werden.

Glück, Wohlergehen und Begünstigungen

Die utilitaristische, auf Glück oder Wunscherfüllung basierende Berechnung des Wohlergehens kann zutiefst unfair gegenüber den ständig Benachteiligten sein, da unsere mentale Ausstattung und unsere Bedürfnisse uns eine Anpassung an die Verhältnisse dann besonders nahe legen, wenn wir ein Leben unter widrigen Umständen aushalten wollen. Dass sie sich mit ihrer hoffnungslosen Lage «abfinden», macht den ewigen Underdogs, den unterdrückten Minderheiten in intoleranten Gemeinschaften, den Arbeitern, die sich für einen Hungerlohn in ausbeuterischen Industriebetrieben schinden müssen, den Teilpächtern, die in einer unsicheren Welt um ihre Existenz fürchten, oder den unterdrückten Hausfrauen in durch und durch sexistischen Kulturen das Leben einigermaßen erträglich. Die hoffnungslos benachteiligten Menschen mögen nicht den Mut haben, irgendeine radikale Veränderung herbeizusehnen, sie neigen eher dazu, ihre Wünschen und Erwartungen an den geringen Verbesserungen auszurichten, die sie für machbar halten. Sie üben sich in der Freude an bescheidenen Gaben.

Welchen praktischen Wert solche Anpassungen für Menschen in chronischen Notlagen haben, kann man leicht verstehen: Es ist eine Möglichkeit, in Frieden mit dauernder Not zu leben. Aber die Anpassungen haben auch zur Folge, dass die Skala, auf der Nutzen am Grad des Glücks oder der Wunscherfüllung abzulesen ist, ein verzerrtes Bild wiedergibt. In diesem Bild können die Deprivationen der hoffnungslos Benachteiligten viel geringfügiger aussehen, als sie tatsächlich sind, wenn man das Ausmaß ihrer Entbehrungen und Unfreiheit auf der Grundlage einer objektiveren Analyse einschätzt. Die Anpassung von Erwartungen und Wahrnehmungen kann eine besonders wichtige Funktion für die

Perpetuierung sozialer Ungleichheiten, einschließlich der relativen Deprivation von Frauen, haben.*

Die Orientierung am Glück wurde in letzter Zeit nachdrücklich unterstützt, und nicht nur von Richard Layard.[12] Es ist wichtig, klar zwischen den verschiedenen Problemen zu unterscheiden, die in diesem neuen Einsatz für die utilitaristische Fokussierung auf das Glück enthalten sind – einem Versuch, die Philosophie der Aufklärung des achtzehnten Jahrhunderts, insbesondere Jeremy Benthams[13], wiederzubeleben. Insbesondere müssen wir prüfen, ob – und wie weit – dieser Utilitarismus akzeptiert werden kann, ohne dass zurückgenommen werden müsste, was gerade über die verzerrte Wahrnehmung von Glück gesagt wurde, die sich aus der Anpassung an dauerhafte Notlagen ergeben kann.

In diesem Kontext ist eine bestimmte Unterscheidung besonders wichtig: interpersonelle Vergleiche des Wohlbefindens dürfen nicht verwechselt werden mit Vergleichen verschiedener Glückszustände ein und derselben Person. Das Adaptionsphänomen wirkt sich besonders auf interpersonelle Nutzenvergleiche aus, da es zur Unterbewertung der Notlage chronisch Deprivierter verleiten kann, denn die kleinen Atempausen, in denen sie versuchen, Freude zu haben, mindern womöglich ihre drängenden Sorgen, ohne die wirkliche Deprivation zu beseitigen – oder auch nur zu verringern –, die ihr verarmtes Leben bestimmt. Die Intensität ihrer Benachteiligung zu übersehen, nur weil sie sich ein bescheidenes Vergnügen in ihrem Leben verschaffen, ist schwerlich ein guter Weg zum angemessenen Verständnis der Forderungen sozialer Gerechtigkeit.

Vergleiche verschiedener Glückszustände derselben Person anzustellen, ist vielleicht kein so schwerwiegendes Problem. Für die Lebensqualität ist Glück nicht belanglos, wenn auch ungeeignet als Wegweiser zu allen anderen Funktionsweisen, die ebenfalls erhebliche Relevanz haben, deshalb kann man die bescheidene Freude, die zustande kommt, wenn Erwartungen angepasst und Wünsche «realistischer» werden, als klaren Gewinn für die Personen ansehen, denen das gelingt. Das wäre ein

* Wie gravierend sich diese Anpassungen an Entbehrungen auf die Maßstäbe für Nutzen auswirken, habe ich dargestellt in «Equality of What?» in S. McMurrin (Hg.), *Tanner Lectures on Human Values*, vol. I (Cambridge: Cambridge University Press, 1980); *Resources, Values and Development* (Cambridge, MA: Harvard University Press, 1984); *Commodities and Capabilities* (Amsterdam: North-Holland, 1985; Delhi: Oxford University Press, 1987). Siehe auch Martha Nussbaum, *Women and Human Development: The Capability Approach* (Cambridge: Cambridge University Press, 2000).

Punkt, der dafür spricht, dem Glück und der Wunscherfüllung ein gewisses Gewicht zu geben, auch wenn sie mit der Anpassung an chronische Deprivation erkauft wurden. Das anzuerkennen hat offenkundig Sinn. Jedoch kann der Glücksmaßstab, auch wenn er verschiedene Zustände derselben Person misst, irreführend sein, falls er dazu führt, dass die Signifikanz anderer Benachteiligungen, die womöglich überhaupt nicht am Glück zu messen sind, außer Acht gelassen wird.

Aus der Beziehung zwischen sozialen Lebensbedingungen und Wahrnehmungen ergeben sich auch andere Probleme für die Nutzenmessung in unseren Köpfen, da unsere Wahrnehmungen uns gern blind für die Deprivationen machen, die wir tatsächlich haben und die wir mit klarer, auf mehr Informationen beruhender Sicht erkennen könnten. Das möchte ich an einem Beispiel erläutern.

Gesundheit, Wahrnehmung und Messung

Der Gesundheitszustand einer Person ist schwerer zu beurteilen, wenn sie selbst ihn nur begrenzt versteht, weil sie keine medizinischen Kenntnisse und ungenügende vergleichende Informationen hat. Allgemeiner gesagt, besteht ein konzeptioneller Gegensatz zwischen den «inneren» oder subjektiven Einschätzungen der Gesundheit, die auf der Selbstwahrnehmung des Patienten beruhen, und der durch Beobachtungen und Untersuchungen gestützten «Außenwahrnehmung» erfahrener Ärzte oder Pathologen. Zwar können die beiden Sichtweisen oft fruchtbringend kombiniert werden (ein guter praktischer Arzt würde sich für beide interessieren), aber möglich sind auch erhebliche Spannungen zwischen ihnen.[14]

Die Sicht von außen ist in letzter Zeit wegen ihres distanzierten und weniger sensiblen Blicks auf Gesundheit und Krankheit heftig kritisiert worden, vor allem in den überzeugenden anthropologischen Untersuchungen von Arthur Kleinmann und anderen.[15] Diese Arbeiten machen deutlich, wie wichtig es ist, das Leiden als zentrale Eigenschaft des Krankseins zu verstehen. Keine mechanisch erhobene medizinische Statistik kann ein adäquates Verständnis dieser Dimension des Krankheitszustandes ermöglichen, da Schmerz, wie Wittgenstein festgestellt hat, immer eine Sache der Selbstwahrnehmung ist. Wer Schmerzen *spürt*, der *hat* Schmerzen, und wenn jemand keine Schmerzen *spürt*, dann kann kein Außenbeobachter mit vernünftigen Gründen bestreiten, dass er keine Schmerzen *hat*. In Bezug auf diesen Aspekt der Krankheit könnte das Datenmaterial, auf das sich Gesundheitsplaner, die für die Zuteilung von Geldmitteln Zuständigen – und Kosten-Nutzen-Analysten häufig verlassen, von Grund auf mangelhaft sein. Die ergiebigen Befunde anthropologischer Untersuchungen zu diesen Fragen müssen ebenfalls herangezogen werden.

Man kann mit gutem Grund behaupten, dass Entscheidungen im Gesundheitswesen oft nicht genug auf die tatsächlichen Schmerzen eines Patienten und die Heilungserfahrung eingehen. Andererseits müssen bei der Beurteilung dieses Streits, der in vergangenen wie in heutigen Diskussionen eine Rolle spielt, auch die starken Einschränkungen der Innenperspektive bedacht werden.* Die Priorität der Innenperspektive bei der Einschätzung von gefühlten Schmerzen ist zwar kaum zu bestreiten, aber die praktische Medizin befasst sich nicht nur mit gefühlten Schmerzen oder Krankheitszuständen (so wichtig sie ohne Frage sind). Auf die Ansichten des Patienten kann man sich in medizinischen Fragen auch deshalb nur bedingt verlassen, weil seine Innenperspektive unter Umständen durch seine Kenntnisse und sozialen Erfahrungen erheblich eingeengt ist. Eine Person, die in einem Gemeinwesen mit sehr vielen Krankheiten und geringer medizinischer Versorgung aufgewachsen ist, könnte bestimmte Symptome für «normal» halten, obwohl sie – klinisch gesehen – vermeidbar sind. Wie angepasste Wünsche und Freuden spielt auch hier die Anpassung an soziale Bedingungen eine Rolle – und wiederum folgt eine Verschleierung des tatsächlichen Ausmaßes der Probleme daraus. (Siehe 7. Kapitel, «Standort, Relevanz und Illusion»).

Während die «Innenperspektive» hinsichtlich einiger Informationen (über gefühlte Zustände) vorrangig ist, kann sie in anderer Hinsicht erhebliche Mängel haben. Es ist dringend notwendig, dass statistische Daten über die Selbstwahrnehmung von Krankheit den sozialen Kontext dieser Selbstwahrnehmung berücksichtigen, also den Bildungsstand der Patienten beachten sowie die medizinische Versorgung und die öffentlichen Informationen über Krankheit und Heilungsmöglichkeiten, die ihm zugänglich sind. Die «Innenansicht» eines Gesundheitszustandes verdient Aufmerksamkeit, aber als einzige Grundlage für die Einschätzung der Gesundheitsfürsorge oder medizinischer Planung kann sie extrem irreführend sein.

* Selbst angezeigte Krankheit wird häufig als Datum der Sozialstatistik genutzt, und die kritische Untersuchung solcher Statistiken entdeckt Unstimmigkeiten, die gravierende Irreführungen der Gesundheitspolitik und medizinischer Planung zur Folge haben können. Einige dieser Probleme habe ich in «Health: Perception versus Observation», *British Medical Journal,* 324 (April 2002) aufgezeigt.

Diese Feststellung ist wichtig für die Gesundheitspolitik und ganz allgemein für Maßnahmen zum Schutz der Gesundheit, die von vielen Variablen, nicht nur von «Gesundheitspolitik» im engen Sinn beeinflusst werden – zum Beispiel vom allgemeinen Bildungsstand und sozialen Ungleichheiten.* Für das Thema unserer Überlegungen ist die Kluft zwischen subjektiv wahrgenommenem und tatsächlichem Gesundheitszustand deshalb wichtig, weil sie zeigt, dass die Innenperspektive für die Einschätzung des Wohlbefindens nur begrenzten Wert hat. Glück, Freude und Schmerz sind für sich genommen wichtig, aber sie als Generalschlüssel für alle Aspekte des Wohlbefindens zu verwenden, wäre mindestens teilweise ein Sprung ins Ungewisse.

Wohlergehen und Freiheit

Ich komme nun zur dritten der oben aufgezählten Fragen: Wie hängen Befähigung oder Chance und Wohlergehen einer Person zusammen? Dazu gehört die Frage, ob eine Vermehrung von Chancen auch unweigerlich das Wohlergehen erhöhen muss.

Wie bereits dargestellt, bezeichnet Befähigung einen Aspekt von Freiheit und konzentriert sich besonders auf substantielle Chancen. Jede Behauptung, dass das Ausmaß an Befähigung ein guter Indikator für das Wohlbefinden einer Person sein müsse, hat eine einschränkende Bedingung zu beachten: Sie muss zwei wichtige Unterscheidungen festhalten, (1.) den Kontrast zwischen Tätigsein und Wohlergehen, (2) die Differenz zwischen Freiheit und genutzter Freiheit, zwischen Handlungsfreiheit und Handlungserfolg. Beide Unterschiede sind in diesem Buch schon in anderen Kontexten zur Sprache gekommen; aber jetzt ist eine genauere

* Jennifer Prah Juger hat den Gegensatz zwischen Gesundheitspolitik im engen Sinn und Maßnahmen zur Förderung der Gesundheit ausführlich untersucht: Jennifer Prah Ruger, «Aristotelian Justice and Health Policy: Capability and Incompletely Theorized Agreements», Ph.D.dissertation, Harvard University, 1998 (wird demnächst unter dem Titel *Health and Social Justice* von Clarendon Press veröffentlicht). Siehe auch ihre Artikel «Ethics of the Social Determinants of Health», *Lancet*, 364 (2004) und «Health, Capability and Justice: Toward a New Paradigm of Health Ethics, Policy and Law», *Cornell Journal of Law and Public Policy*, 15 (2006), und Sridhar Venkatapurams Dissertation, «Health and Justice: The Capability to Be Healthy», Ph.D. dissertation, Cambridge University, 2008. Die WHO Commission on Social Determinants of Health unter dem Vorsitz von Michael Marmot prüft die politischen Implikationen, die eine weiter gefasste Definition von Gesundheit hätte: World Health Organization, *Closing the Gap in a Generation: Health Equity through Action on the Social Determinants of Health* (Geneva: WHO, 2008).

Betrachtung der Kontraste angebracht, damit die Beziehung zwischen Befähigung und Wohlbefinden klargestellt werden kann.

Erstens besteht ein Unterschied zwischen der Steigerung des Wohlergehens einer Person und dem Streben nach der Verwirklichung ihrer gesamten Handlungsziele. Tätigsein (Agency) umfasst alle Ziele, die sich eine Person mit Grund setzt, also nicht nur die Steigerung des eigenen Wohlbefindens, sondern womöglich auch andere Zwecke. Somit kann Tätigsein auch andere, nicht am Wohlergehen orientierte Rangordnungen schaffen. Normalerweise werden die Handlungsziele einer Person unter anderem auch ihr Wohlergehen einschließen, und damit haben Handeln und Wohlergehen im typischen Fall etwas gemeinsam. Zum Beispiel kann erhöhtes Wohlergehen bei gleich bleibenden anderen Bedingungen mit einem größeren Handlungserfolg zusammenhängen. Oder wenn das Streben nach Zielen, die verschieden vom Wohlergehen sind, fehlschlägt, kann die Enttäuschung darüber auch das Wohlbefinden beeinträchtigen. Solche Verbindungen bestehen zwischen Wohlergehen und Handeln, aber sie schaffen keine Kongruenz zwischen den beiden Konzepten.

Zweitens muss zwischen der Verwirklichung eines Ziels und der Freiheit zur Verwirklichung unterscheiden werden; das wurde besonders im 11. Kapitel ausgeführt. Dieser Kontrast besteht auch zwischen der Ausrichtung auf Wohlergehen und auf Handeln. Zusammengenommen ergeben die beiden Unterscheidungen vier verschiedene Konzepte des personenbezogenen Vorteils: (1) «erreichtes Wohlbefinden», (2.) «Handlungserfolg»; (3.) «Freiheit zum Wohlbefinden» und (4.) «Handlungsfreiheit». Auf der Basis der beiden voneinander verschiedenen Differenzen können wir die Gesichtspunkte, unter denen dieser Vorteil zu werten ist, in vier Typen einteilen.[16] Alle vier Vorteilstypen müssen mit Hilfe von Bewertungsverfahren eingeschätzt werden, aber nicht mit den *gleichen* Verfahren. Sie können sich auch sehr auf die Angelegenheiten auswirken, für die der Vergleich und die Bewertung individueller Vorteile relevant sind. Bestimmt man zum Beispiel, ob eine Person so sehr Mangel leidet, dass sie Hilfe von anderen oder vom Staat braucht, könnte bei der Einschätzung das Wohlergehen dieser Person stärker ins Gewicht fallen als ihr Handlungserfolg (so könnte der Staat eher Grund haben, einer bedürftigen Person Unterstützung anzubieten, damit sie nicht mehr unter Hunger oder Krankheit leiden muss, als ihr dabei zu helfen, ein Denkmal für einen von ihr verehrten Helden zu errichten, selbst wenn ihre Loyalität so weit geht, dass sie lieber an Hunger und Krankheit leidet als auf das Denkmal zu verzichten).

Dazu kommt, dass bei der Planung staatlicher Politik für erwachsene Bürger die Freiheit zum Wohlbefinden in diesem Kontext wichtiger sein mag als das Schaffen von Wohlbefinden. Zum Beispiel könnte der Staat Gründe haben, seinen Bürgern angemessene Möglichkeiten für ein Leben ohne Hunger zu bieten, aber keinen Grund, darauf zu bestehen, dass sie dieses Angebot ausnahmslos annehmen.* Wird allen Bürgern die Chance geboten, ein wenigstens minimal annehmbares Leben zu führen, muss dieses Angebot nicht mit der Forderung verbunden sein, dass jeder alle vom Staat eingeräumten Chancen nutzt; dass jeder das Recht auf eine ausreichende Ernährung hat, muss nicht mit einem staatlichen Fastenverbot verknüpft sein.

Die Konzentration auf Handlungserfolge oder Handlungsfreiheit verschiebt den Blickpunkt so, dass die eigenen Urteile und Prioritäten einer Person, die missachtet würden, wenn die Person schlicht als Vektor des Wohlergehens angesehen würde, jetzt als wichtige Antriebe zum Handeln wahrgenommen werden. In Übereinstimmung mit diesem Unterschied kann auch die Prüfung des Gehalts von Befähigungen verschiedene Formen annehmen. Die Befähigung einer Person kann als Freiheit zum Wohlergehen (entsprechend der Freiheit, das eigene Wohlbefinden zu steigern) oder als Handlungsfreiheit (entsprechend der Freiheit, alle Ziele und Werte zu verfolgen, die eine Person mit Grund zu verwirklichen sucht) bestimmt werden. Während die Freiheit zum Wohlbefinden höheres Allgemeininteresse für die Sozialpolitik haben mag (zum Beispiel könnte Armut abgeschafft werden, indem schwerer Mangel an Freiheit zum Wohlbefinden aufgehoben wird), könnte Handlungsfreiheit in der Wertsetzung einer Person womöglich vordringlich sein. Wenn jemand einem Ziel oder einer Verhaltensregel mehr Wert beimisst als dem persönlichen Wohlbefinden, dann ist das eine Entscheidung, die vielleicht ihm selbst überlassen werden sollte (außer in besonderen Fällen, etwa dann wenn eine Geistesstörung den Betreffenden daran hindert, seine Prioritäten klar zu erkennen).

Die hier dargestellten Unterscheidungen geben auch Antwort auf die

* Ein schwieriges sozialpolitisches Problem entsteht dann, wenn die Chance der Familie, allen ihren Mitgliedern Hunger zu ersparen, nicht verwirklicht wird, weil die tonangebenden Angehörigen andere Prioritäten haben (weil dem männlichen Familienoberhaupt womöglich andere Ziele wichtiger sind als das, was im Interesse aller Mitglieder seiner Familie liegt). Der Abstand zwischen Befähigung und Verwirklichung, der sich aus solchen Mehrpersonenentscheidungen ergibt, bestärkt die Tendenz, die Vorteile aller betroffenen Personen am Verwirklichten zu messen.

Frage, warum die Befähigung einer Person gegen ihr Wohlergehen sprechen kann. Handlungsfreiheit – und diese besondere Version von Befähigung – kann aus bereits erwähnten Gründen in Widerspruch zum ausschließlichen Streben nach persönlichem Wohlergehen oder auch zur Pflege der Freiheit zum Wohlergehen treten. Diese Divergenz hat nichts Mysteriöses. Wenn Handlungsziele von der Maximierung des persönlichen Wohlergehens abweichen, dann folgt daraus, dass Befähigung im Sinn von Handlungsfreiheit sowohl von der Orientierung auf Verwirklichung des Wohlbefindens wie auf Freiheit zum Wohlbefinden verschieden sein kann. Wenn aus mehr Befähigung mehr Macht erwächst, die auf das Leben anderer Menschen einwirken kann, dann mag eine Person gute Gründe haben, diese verstärkte Befähigung – die größere Handlungsfreiheit – zu nutzen, um anderen das Leben zu erleichtern, vor allem, wenn diese relativ schlecht gestellt sind, anstatt sich nur um das eigene Wohlbefinden zu kümmern. (Vergl. 9. Kapitel, «Die Pluralität unparteiischer Gründe»).

Und aus demselben Grund ist es nicht schwierig zu verstehen, dass der Vorteil, den ein Mensch als Akteur besitzt, unter Umständen nicht vereinbar ist mit dem Vorteil, den er unter dem Gesichtspunkt des Wohlbefindens hat. Ein Beispiel: Als die Gerichte in Britisch Indien den Hausarrest für Mohandas Gandhi und das Verbot, an politischen Aktivitäten teilzunehmen, aufhoben, wuchsen seine Handlungsfreiheit und – typisch – seine Handlungserfolge, aber gleichzeitig hatten die Entbehrungen, die er freiwillig auf sich nahm, und die Schmerzen, die er hinnahm, weil sie zu seiner gewaltlosen Agitation für Indiens Unabhängigkeit gehörten, offenkundig negative Auswirkungen auf sein persönliches Wohlbefinden, die er bereitwillig um der guten Sache willen ertrug. Selbst Gandhis Entscheidung, aus politischen Gründen immer wieder in lange Hungerstreiks zu treten, zeigte eindeutig, dass er das Agieren dem eigenen Wohlbefinden überordnete.

Mehr Befähigung im Sinne von Handlungsfreiheit zu haben ist ein Vorteil, aber nur unter diesem spezifischen Gesichtspunkt und vor allem nicht – wenigstens nicht notwendig – unter dem Gesichtspunkt des Wohlbefindens. Die Theoretiker, die der Idee des Vorteils keinen Sinn abgewinnen können, es sei denn im Zusammenhang mit Eigeninteresse (wie im 8. Kapitel «Rationalität und die Anderen» dargestellt), würden nur schwer begreifen, warum Betroffene ihre Handlungsfreiheit als Vorteil ansehen können. Aber man muss nicht Gandhi sein (oder Martin Luther King oder Nelson Mandela oder Aung San Suu Kyi), um zu verstehen, dass es Ziele und Prioritäten gibt, die weit über die engen Grenzen des persönlichen Wohlbefindens hinausreichen können.

14. GLEICHHEIT UND FREIHEIT

Gleichheit gehörte nicht nur im achtzehnten Jahrhundert zu den vordringlichsten revolutionären Forderungen in Europa und Amerika, auch in der Zeit nach der Aufklärung und bis heute herrscht eine außergewöhnliche Einigkeit über ihre Bedeutung. In einem früheren Buch, *Inequality Reexamined*, habe ich darauf hingewiesen, dass offenbar alle anerkannten und befürworteten normativen Theorien sozialer Gerechtigkeit die Gleichheit von *etwas* fordern, von etwas, das in der jeweiligen Theorie als besonders wichtig gilt.[1] Die Theorien können vollkommen verschieden sein (sich zum Beispiel auf gleiche Freiheit oder gleiches Einkommen oder Gleichbehandlung der Rechte oder des Nutzens aller konzentrieren), und womöglich miteinander konkurrieren, aber trotzdem verlangen sie alle die Gleichheit von etwas (Gleichheit in einem Bereich, der für den jeweiligen Ansatz besonders wichtig ist).

Dass Gleichheit in den Beiträgen der politischen Philosophen, die man als «egalitär» oder im amerikanischen Wortgebrauch als «liberal» bezeichnet, zum Beispiel John Rawls, James Meade, Ronald Dworkin, Thomas Nagel oder Thomas Scanlon, eine herausragende Rolle spielt, ist nicht überraschend. Bemerkenswerter ist vielleicht, dass auch solche Theoretiker eine elementare Form von Gleichheit fordern, denen man gewöhnlich nachsagt, sie würden das Recht auf Gleichheit bestreiten und die These von der zentralen Bedeutung der «Verteilungsgerechtigkeit» skeptisch betrachten. Robert Nozick etwa mag wenig Neigung gehabt haben, sich für Nutzengleichheit einzusetzen (im Gegensatz zu James Meade) oder gleiche Verfügung über Grundgüter (im Gegensatz zu John Rawls) zu befürworten, und trotzdem verlangt er die Gleichheit von Freiheitsrechten – dass kein Mensch mehr Recht auf Freiheit haben sollte als andere. James Buchanan, der Wegbereiter der «Public-Choice-Theorie», die Theorie staatlicher Entscheidungsprozesse, die in gewisser Weise eine konservative Konkurrentin der Theorie kollektiver Entscheidungen ist, scheint die Gleichheitsforderung sehr skeptisch zu betrachten, nimmt aber rechtliche und politische Gleichbehandlung (und gleiche Achtung für Einwände, die irgendwer gegen geplante Veränderungen vorbringt) in sein Verständnis von einer guten Gesellschaft auf.[2] In jeder

Theorie *wird* Gleichheit in irgendeinem (jeweils durch personenbezogene Variablen festgelegten) «Bereich» angestrebt, der in der entsprechenden Theorie eine zentrale Rolle spielt.*

Gilt diese Generalisierung auch für den Utilitarismus? Eine solche Vermutung würde schnell zurückgewiesen werden, da Utilitaristen im Allgemeinen nicht wollen, dass verschiedene Menschen den gleichen Nutzen genießen, sondern nur die Maximierung des *Gesamt*nutzens ohne Rücksicht auf die Verteilung im Blick haben – keine besonders egalitäre Einstellung. Und doch suchen auch die Utilitaristen eine Gleichheit, nämlich die Gleichbehandlung aller Menschen insofern, als Nutzengewinne und Nutzeneinbußen für alle Menschen ohne Ausnahme gleiche Bedeutung haben sollen. Indem Utilitaristen darauf bestehen, dass Nutzengewinn für alle gleich wichtig ist, machen sie sich eine besondere Art egalitären Denkens zu eigen. Gerade dieser egalitäre Zug steht in Zusammenhang mit dem Grundsatz des Utilitarismus, «den gleichen Ansprüchen aller Parteien gleiches Gewicht zu geben» (um Richard Hare, einen bedeutenden Utilitaristen unserer Zeit, zu zitieren), und mit der utilitaristischen Forderung, «den Interessen aller Individuen immer gleiches Gewicht zu geben» (wie John Harsanyi, ein anderer zeitgenössischer utilitaristischer Vordenker, sagt).[3]

Wie viel Signifikanz hat die formale Ähnlichkeit, dass alle diese verschiedenen normativen Theorien in einem Bereich, den sie jeweils für sehr wichtig halten, Gleichheit wollen? Es ist verlockend, dies für einen bloßen Zufall zu halten, da die Ähnlichkeiten rein formal sind und nichts mit der Substanz der «Gleichheit wovon?» zu tun haben. Dass man aber eine egalitäre Formel braucht, um eine Theorie verteidigen zu können, zeigt, welche Aussagekraft der Nicht-Diskriminierung zugeschrieben

* In seinem Buch *Rescuing Justice and Equality* kritisiert G.H.Cohen John Rawls, weil der in seinen Gerechtigkeitsgrundsätzen Ungerechtigkeiten zulässt, da er Anreize für notwendig hält (vergl. dazu 2. Kapitel). Diesen Einwand kann man als Kritik daran verstehen, dass Rawls die eigenen Argumente nicht ernst genug nimmt, mit denen er begründet, warum die Schaffung von gleich vielen Grundgütern für alle eine wichtige Bedingung vollkommener Gerechtigkeit ist. Cohen bestreitet nicht, dass praktische Politik Verhaltensregeln und andere Beschränkungen einrichten muss, sein Vorwurf gegen Rawls richtet sich nur gegen die transzendentale Charakterisierung einer vollkommen gerechten Gesellschaft. Wie bereits erörtert, enthält Rawls' Theorie der Gerechtigkeit auch offensichtlich nicht-transzendentale Elemente, und diese könnten seinen Entschluss geprägt haben, die Verhaltensvorschriften in einer Welt nach dem Abschluss des Gesellschaftsvertrags nicht so streng zu fassen, dass gerechtes Verhalten ohne Anreize erwartet würde.

wird, und das Motiv dafür könnte die Vorstellung sein, dass eine normative Theorie voreingenommen und willkürlich wäre, wenn sie die Bedingung der Nicht-Diskriminierung nicht erfüllen würde. Damit wird offenbar anerkannt, dass eine Theorie ohne Unparteilichkeit in der einen oder anderen Form nicht anwendbar ist.* Folgt man Thomas Scanlons Argument, dass Prinzipien gebraucht werden, die kein Beteiligter mit «vernünftigen Gründen» widerlegen kann, dann besteht womöglich eine starke Verbindung zwischen allgemeiner Annehmbarkeit und Nicht-Diskriminierung, die verlangt, dass grundsätzlich Menschen als gleich angesehen werden müssen, dass ihr Einspruch also wichtig genommen werden muss.**

Gleichheit, Unparteilichkeit und Substanz

Der Befähigungsansatz, Thema der vorigen Kapitel, stützt sich auf die oben erörterte Auffassung, dass die entscheidende Frage lautet: «Gleichheit wovon?» und dass es nicht darum geht, ob wir überhaupt Gleichheit brauchen, in welchem Bereich auch immer.*** Damit soll nicht behauptet werden, die zweite Frage sei belanglos. Aber aus der Tatsache, dass so übereinstimmend Gleichheit in dem einen oder anderen Bereich gefordert wird, geht auch nicht hervor, dass diese Annahme richtig ist. Sicherlich kann man die Position vertreten, dass alle derartigen Theorien falsch sind. Was verleiht dem gemeinsamen Merkmal so viel Plausibilität? Das ist eine schwerwiegende Frage, der wir hier kaum gerecht werden können, aber es lohnt sich, darüber nachzudenken, in welcher Richtung wir nach einer möglichen Antwort Ausschau halten müssen.

Die Forderung, Menschen (unter einem wichtigen Gesichtspunkt) als gleich anzusehen, bezieht sich meiner Meinung nach auf die normativen Bedingungen der Unparteilichkeit und Objektivität. Dies kann natürlich nicht als eine für sich stehende, in sich vollständige Antwort gelten, da auch kritisch geprüft werden muss, ob Argumente zur Rechtfertigung von Unparteilichkeit und Objektivität überzeugend sind (im

* Diese Feststellung kann mit den in Kapitel 5, «Unparteilichkeit und Objektivität», untersuchten Argumenten in Zusammenhang gebracht werden.

** Scanlons Kriterium wurde vor allem in den Kapiteln 5–9 behandelt.

*** Zur Wichtigkeit dieser Frage und der Antwort, die der Capability-Ansatz darauf geben kann, siehe meine Tanner Lecture von 1979 an der Stanford University: «Equality of What?», veröffentlicht unter diesem Titel in S. McMurrin (Hg.), *Tanner Lectures in Human Values*. Bd. I (Cambridge: Cambridge University Press, 1980).

5. Kapitel wurden einige Ideen daraufhin betrachtet). Aber eine kritische Überprüfung dieser Art müsste ebenfalls vorgenommen werden, wenn man verstehen will, warum alle die herausragenden Theorien der Gerechtigkeit Menschen auf einer elementaren Ebene (elementar für die betreffende Theorie) irgendwie als gleich behandeln.

Egalitarier zu sein ist kein auf den ersten Blick «einigendes» Merkmal, wenn man bedenkt, wie viel Uneinigkeit über die Art der Antwort auf die Frage «Gleichheit wovon?» herrscht. Und genau deshalb, weil die Bereiche, für die diverse Autoren Gleichheit empfehlen, so unterschiedlich und so weit voneinander entfernt sind, wird oft übersehen, dass sich ihre sehr divergenten Theorien im egalitären Ansatz grundsätzlich ähneln. Die Ähnlichkeit hat jedoch Bedeutung.

Zur Erläuterung möchte ich Harry Frankfurts Artikel in der interessanten und wichtigen, von William Letwin herausgegebenen Aufsatzsammlung *Against Equality*,[4] heranziehen. Frankfurt liefert stichhaltige Argumente gegen «Gleichheit als moralisches Ideal»; er bestreitet die «Doktrin» des ökonomischen Egalitarismus, «es sei wünschenswert, dass jedermann die gleiche Menge Einkommen oder Wohlstand (kurz: ‹Geld›) besitzt».[5] Wenn er «Gleichheit als moralisches Ideal» ablehnt, verwendet er diesen allgemeinen Begriff hauptsächlich in einer besonderen Bedeutung; er bezieht ihn auf eine bestimmte Version dieses «Egalitarismus», nämlich «die Doktrin, dass es bei der *Verteilung* von Geld keine Ungleichheiten geben darf.» Damit könnten sich seine Argumente gegen die spezifische Forderung richten, es müsse eine allgemein verbindliche Interpretation des ökonomischen Egalitarismus geben: (1) bestreitet er, dass eine derartige Gleichheit für sich genommen von Interesse sei, *und* (2) zeigt er, dass sie zu einem Verstoß gegen Werte führt, die für sich genommen wichtig sind – Werte, die eng verbunden sind mit der Notwendigkeit, allen Beteiligten auf *andere*, relevantere Weise Aufmerksamkeit zu widmen. Damit ist die Auswahl des Bereichs für Gleichheit ein entscheidender Schritt in der Entwicklung von Frankfurts gut begründeter These.[6]

Das alles passt in das allgemeine Muster der Einwände gegen Gleichheit in einem bestimmten Bereich, die damit begründet werden, dass sie gegen die wichtigere Forderung von Gleichheit in einem anderen Bereich verstößt. So gesehen, geht es im Streit über Verteilungsprobleme nicht um die Frage «Warum Gleichheit?», sondern um «Gleichheit wovon?». Da manche Themenschwerpunkte (und die entsprechenden Bereiche, in denen Gleichheit für wichtig gehalten wird) traditionell mit den Gleichheitsforderungen in der politischen, der

Sozial- oder Wirtschaftsphilosophie assoziiert werden, ordnet man Gleichheit in deren Themengebieten (zum Beispiel Einkommen, Wohlstand, Nutzen) am ehesten unter dem Oberbegriff «Egalitarismus» ein, während Gleichheiten in anderen Bereichen (zum Beispiel Rechte, Freiheiten oder als gerecht geltende Belohnung von Menschen) wie antiegalitäre Ansprüche wirken. Aber wir dürfen uns nicht zu sehr auf die Konventionen der Charakterisierung verlassen, sondern müssen auch die grundsätzliche Ähnlichkeit zwischen allen diesen Theorien bedenken, die sämtlich für Gleichheit in *irgend einem* Bereich plädieren und darauf bestehen, dass dieser Gleichheitsbereich Vorrang hat, während sie – ausdrücklich oder implizit – konkurrierende Gleichheitsforderungen auf anderen (in ihren Augen weniger relevanten) Gebieten nicht gelten lassen.

Befähigung, Gleichheit und andere Belange

Wenn Gleichheit wichtig und Befähigung tatsächlich ein zentrales Merkmal des menschlichen Lebens ist (wie ich in diesem Buch zu zeigen versucht habe), wäre es dann nicht angebracht, Befähigungs- oder Chancengleichheit zu fordern? Ich muss sagen, dass die Antwort Nein lautet. Dafür gibt es mehrere Gründe. Wir dürfen der Chancengleichheit natürlich Bedeutung zubilligen, aber das impliziert nicht, dass wir Chancengleichheit sogar dann fordern müssen, wenn diese Forderung in Konflikt mit anderen wichtigen Erwägungen gerät. So signifikant diese Gleichheit ist, «übertrumpft» sie doch nicht zwangsläufig alle anderen gravierenden Erwägungen (zu denen auch nicht auf Chancen zentrierte signifikante Aspekte der Gleichheit gehören), mit denen sie in Widerspruch stehen könnte.

Erstens ist Befähigung – das habe ich versucht deutlich zu machen – nur ein Aspekt der Freiheit; der Begriff bezeichnet substantielle Chancen und kann die Fairness und Billigkeit in den Verfahren, die für die Idee der Gerechtigkeit relevant sind, nicht angemessen erfassen. Während die Idee der Befähigung für die Einschätzung des Chancenaspekts der Freiheit sehr brauchbar ist, kann sie deren Prozessaspekt nicht angemessen berücksichtigen. Chancen charakterisieren individuelle Begünstigungen und können zwar einige Merkmale der damit verbundenen Prozesse einschließen (vergl. dazu 11. Kapitel), aber über die Fairness oder Billigkeit dieser Prozesse und über die Freiheit von Bürgern, faire Verfahren in Gang zu setzen und zu nutzen, können sie uns nicht zureichend Auskunft geben.

Ich möchte diesen Punkt an einem Beispiel deutlich machen, das ziemlich brutal wirken mag. Mittlerweile ist gut belegt, dass Frauen bei symmetrischer Gesundheitsfürsorge tendenziell länger leben als Männer, dass ihre Sterblichkeitsziffer in allen Altersgruppen niedriger liegt. Wenn man sich ausschließlich um Chancen (und nichts anderes) kümmern würde, insbesondere um die Gleichheit der Chance, lange zu leben, dann könnte man ein Argument entwickeln, das dafür spricht, Männern bessere medizinische Versorgung zu geben als Frauen, um das natürliche männliche Handikap auszugleichen. Aber Frauen bei gleichen Gesundheitsproblemen weniger ärztliche Hilfe zu bieten als Männern, wäre ein massiver Verstoß gegen eine wichtige Forderung der Verfahrensgleichheit (insbesondere gegen die Forderung, unterschiedliche Personen gleichzubehandeln, wenn es um Leben und Tod geht), und es ist nicht unvernünftig, zu behaupten, dass in derartigen Fällen die Fairness im Prozessaspekt der Freiheit Vorrang hat vor jeder engstirnigen Konzentration auf ihren Chancenaspekt, also auch verbietet, dass vorrangig die Gleichheit der Lebenserwartung gesichert wird.

Es mag sehr hilfreich sein, substantielle Chancen von Menschen unter dem Gesichtspunkt der Befähigung einzuschätzen (und dieser Gesichtspunkt eignet sich meiner Meinung nach besser zur Beurteilung der Fairness bei der Verteilung von Chancen als die alternativen Methoden, die Einkommen, Grundgüter oder Ressourcen als Maßstab verwenden), aber dieser Vorzug hebt keineswegs die Notwendigkeit auf, bei der Bewertung von Gerechtigkeit mehr Aufmerksamkeit auf den Prozessaspekt der Freiheit zu wenden.* Eine Theorie der Gerechtigkeit – oder, allgemeiner gesagt, eine angemessene normative Theorie kollektiver Entscheidungen – muss sowohl die Fairness der entsprechenden Prozesse wie die Billigkeit und Effizienz der substantiellen Chancen, über die Menschen verfügen können, im Blick haben.

Befähigung ist nur einer von mehreren Gesichtspunkten, unter dem die Begünstigungen und Benachteiligungen einer Person vernünftig einzuschätzen sind. Dieser Gesichtspunkt ist für sich genommen signifikant und darüber hinaus von entscheidender Bedeutung für Theorien der Gerechtigkeit und der politischen und moralischen Wertung. Aber weder Gerechtigkeit noch politische und moralische Wertungen können sich ausschließlich mit der Summe der Chancen und Begünstigungen

* Das Gleiche gilt für den Inhalt der Menschenrechte im allgemeinen Verständnis der Idee und wird im 17. Kapitel, «Menschenrechte und globale Imperative», zur Sprache kommen.

von Individuen in einer Gesellschaft befassen.* Das Thema des fairen Entscheidungsprozesses und fairer Abmachungen geht über die Summe individueller Begünstigungen hinaus und umfasst andere – vor allem prozedurale – Fragen, die nicht durch die Konzentration auf Befähigungen allein adäquat behandelt werden können.

In der Hauptsache geht es hier um die Vielfalt der Dimensionen, in denen Gleichheit wichtig ist; das Problem lässt sich nicht auf Gleichheit in nur einem Bereich reduzieren, weder auf ökonomische Begünstigungen, Ressourcen, Nutzen, gewonnene Lebensqualität noch auf Befähigungen. Ein ausschließlich auf einen Bereich zentriertes Verständnis von Gleichheitsforderungen (in diesem Fall die ausschließliche Sicht auf Befähigungen) betrachte ich mit der Skepsis, die Teil meiner weiterreichenden Kritik an jeder unifokalen Auffassung von Gleichheit ist.

Zweitens halte ich zwar Freiheit für einen wichtigen Gesichtspunkt bei der Einschätzung persönlicher Begünstigungen und damit der Gleichheit, aber es kann auch *andere* Ansprüche an Urteile über Verteilung geben, die womöglich nicht am besten als Forderungen nach gleicher Gesamtfreiheit (in einer klaren Bedeutung) für verschiedene Menschen zu verstehen sind. Das Beispiel aus der Einleitung zu diesem Buch, die Geschichte von den drei Kindern, die sich um eine Flöte streiten, zeigt, dass das Argument des einen Kindes, die Flöte gehöre rechtmäßig ihm, weil sie sein Werk sei, nicht leicht zu entkräften ist. Die Denkweise, die den Mühen und dem Lohn der Arbeit einen wichtigen Platz einräumt und auch die normative Idee der Ausbeutung entwickelt, kann nahe legen, dass man innehält, bevor man sich zielstrebig und ausschließlich für Chancengleichheit einsetzt.[7] Die Literatur über die Ausbeutung unterbezahlter Arbeitskräfte und die ungerechte Entlohnung derer, die die «wirkliche Arbeit» tun, ist eng mit dieser Einstellung verbunden.

Drittens spricht Befähigung nicht ausschließlich mit einer einzigen Stimme, da sie unterschiedlich definiert werden kann, wobei auch zwischen Freiheit zum Wohlergehen und Handlungsfreiheit (vergl. 13. Kapitel, «Glück, Wohlergehen und Befähigungen») unterschieden werden muss. Außerdem ergibt, wie schon erwähnt, die Einstufung von Befähigungen selbst unter einem spezifischen Gesichtspunkt (etwa Agieren

* Sogar gemäß der rawlsschen Charakterisierung eindeutiger Probleme der Gerechtigkeit konkurriert Befähigung nur mit den Grundgütern, wenn im Differenzprinzip relative Begünstigungen eingeschätzt werden, und das spart andere Fragen aus, sagt auch nichts über den Ort persönlicher Freiheiten und die Notwendigkeit fairer Verfahren.

oder Wohlbefinden) nicht zwangsläufig eine vollständige Rangordnung, vor allem deshalb, weil für die relative Gewichtung unterschiedlicher Typen von Befähigungen oder Funktionsweisen mehrere vernünftige Varianten (oder unausweichliche Mehrdeutigkeiten) zur Auswahl stehen. Eine partielle Ordnung mag ausreichen, um Ungleichheiten in einigen Fällen einzuschätzen, vor allem krasse Ungerechtigkeit zu erkennen, aber sie ergibt in anderen Fällen nicht notwendig klare Beurteilungen. Diese Einwände besagen nicht, dass es nutzlos sei, Aufmerksamkeit auf die Verminderung von Chancenungleichheit zu wenden. Diese Verminderung ist sicherlich eine große Aufgabe, aber man muss auch sehen, dass die Reichweite der Chancengleichheit Grenzen hat und dass sie nur ein Teil der Gerechtigkeitsforderungen ist.

Viertens ist Gleichheit nicht der einzige Wert, mit dem sich eine Theorie der Gerechtigkeit befassen muss, und sie ist nicht einmal das einzige Gebiet, auf dem die Idee der Befähigung Nutzen hat. Wenn wir einfach zwischen aggregativen und distributiven Erwägungen in der sozialen Gerechtigkeit unterscheiden, hat der Gesichtspunkt der Befähigung, der einen wichtigen Weg zur Einschätzung von Vor- und Nachteilen zeigt, Implikationen für aggregative *und* distributive Belange. Zum Beispiel kann man für eine Institution oder eine Strategie eintreten, nicht weil sie die Gleichheit von Befähigungen erhöht, sondern weil sie die Befähigungen aller vermehrt (selbst wenn die Verteilung dadurch nicht gleichmäßiger wird). Chancengleichheit, oder realistischer: Verminderung von Chancenungleichheit, verdient sicherlich unsere Aufmerksamkeit, aber die allgemeine Verbesserung der Chancen aller ebenso.

Wenn wir bestreiten, dass es gute Gründe gibt für eine ausschließliche Konzentration auf Chancengleichheit oder auch ganz allgemein auf Überlegungen, die von der Idee der Befähigung ausgehen, leugnen wir damit nicht, dass Befähigungen für die Idee der Gerechtigkeit eine entscheidende Rolle spielen (vergl. besonders 11.–13. Kapitel). Das durchdachte Festhalten an einem sehr wichtigen Element der sozialen Gerechtigkeit kann, wenn es nicht alles andere verdrängt, immer noch entscheidend an der Förderung der Gerechtigkeit mitwirken.

Befähigung und persönliche Freiheiten

John Rawls konzentriert sich auf Grundgüter, wenn er im Differenzprinzip Verteilungsprobleme behandelt; ich habe mich, wie im Kapitel 2 erörtert, dagegen gewandt und stattdessen die weit reichende Rolle der Befähigungen für diese Aufgabe ins Spiel gebracht; dahinter verbirgt sich jedoch nicht die Absicht, Rawls' Folgerungen in anderen Themenbereichen anzufechten. Zu diesen Folgerungen gehört die Priorität der Freiheit, die das Thema des ersten Grundsatzes in seiner Theorie der Gerechtigkeit ist.

Wie schon im Kapitel 2 («Pro und kontra Rawls») gezeigt, gibt es gute Gründe, der persönlichen Freiheit eine gewisse wirkliche Priorität zuzusprechen (wenn auch nicht notwendig in der extremen lexikographischen Form, die Rawls gewählt hat). Der Freiheit einen besonderen Platz – einen generellen Vorrang – zuzuweisen, ist weit mehr als festzustellen, dass sie Bedeutung hat, weil sie einer von vielen Einflüssen ist, die sich auf die Begünstigung insgesamt auswirken. Freiheit ist in der Tat nützlich, so wie Einkommen und andere Grundgüter, aber zu ihrer Wichtigkeit gehört noch mehr, da sie unser Leben auf einer elementaren Ebene tangiert und verlangt, dass andere Menschen die tief verwurzelten persönlichen Bedürfnisse achten sollten, die wohl jeder hat.

Dieser Unterschied zwischen Freiheit und anderen Grundgütern muss berücksichtigt werden, wenn wir die konkurrierenden Ansprüche vergleichen, die Grundgüter und Befähigungen anmelden: Von beiden wird behauptet, sie könnten zur Einschätzung von Gerechtigkeit dadurch beitragen, dass sie eine begrenzte Aufgabe lösen, nämlich die Evaluierung genereller Verteilungsverfahren, indem sie individuelle Gesamtvorteile gegeneinander abwägen. Das ist natürlich Gegenstand von Rawls' Differenzprinzip, aber nur ein Teil seiner breiter angelegten Theorie der Gerechtigkeit. Wenn man, wie ich, die These aufstellt, dass Befähigungen besser als Grundgüter geeignet sind, die Gesamtvorteile verschiedener Menschen einzuschätzen, dann wird genau dies betont – aber auch nur dies. Es wird nicht behauptet, dass die Befähigungsperspektive die Aufgaben übernehmen könnte, die andere Teile der rawlsschen Theorie stellen, besonders der herausgehobene Status der Freiheit und die Erfordernisse der Verfahrensfairness. Befähigungen können diese Aufgabe nicht besser erfüllen als Grundgüter. Der Wettstreit zwischen Grundgütern und Befähigungen findet in einem eng begrenzten, genau spezifizierten Bereich statt, in dem es um die Einschätzung von Gesamtvorteilen unterschiedlicher Einzelpersonen geht.

Da ich weitgehend mit der Argumentation einverstanden bin, auf der Rawls' erstes Grundprinzip beruht, das heißt mit der These, dass die Priorität der persönlichen, allen zugebilligten Freiheit hohe Bedeutung hat, ist es vielleicht nützlich, zu überlegen, ob diese Priorität so absolut sein muss, wie Rawls verlangt. Warum muss jeder Verletzung der Freiheit, so signifikant sie auch ist, unweigerlich höhere Bedeutung für eine Person

– oder eine Gesellschaft – zugeschrieben werden als dem Hungern, Verhungern, Epidemien oder anderem Elend? Wie im 2. Kapitel («Pro und kontra Rawls») ausgeführt, müssen wir unterscheiden, ob der Freiheit eine gewisse Priorität gegeben wird (damit sie nicht nur als eines von vielen Gütern im großen Sack der «Grundgüter» gilt, da sie so zentral für unser Leben ist), *oder* ob lexikographische Priorität für die Freiheit verlangt wird, eine «extremistische» Forderung, die bedingt, dass selbst der kleinste Gewinn an Freiheit Grund genug ist, enorme Einbußen an anderen Annehmlichkeiten eines guten Lebens in Kauf zu nehmen.

Rawls setzt sich überzeugend für die erste Variante ein und wählt trotzdem in der Formulierung des Differenzprinzips die zweite. Aber wie im 2. Kapitel erörtert, gestattet die differenzierte mathematische Gewichtung viele mittlere Positionen zwischen den beiden Extremen, der Freiheit gar kein eigenes Gewicht zu geben oder ihr vollständige Priorität vor allem andern einzuräumen. Wir können «Rawlsianer» hinsichtlich der ersten Variante sein, ohne uns der zweiten anzuschließen.

Die Frage, genau wie viel Priorität persönlicher Freiheit in einem Einzelfall zugebilligt werden soll, wäre sicherlich ein gutes Thema für vernunftgeleitete öffentliche Diskussionen, aber Rawls' Hauptverdienst scheint mir darin zu bestehen, dass er zeigt, warum der Freiheit der Person ganz generell eine vorrangige Stellung im öffentlichen Vernunftgebrauch gebührt. Seine Arbeiten haben das Verständnis dafür gefördert, dass Gerechtigkeit in der Welt, in der wir leben, besonders Sorge tragen muss für Freiheiten, an denen alle teilhaben können.* An dieser Stelle ist es wichtig, noch einmal darauf hinzuweisen, dass Freiheit in einer gerechten sozialen Ordnung nicht nur wie Einkommen oder Wohlstand Teil einer persönlichen Begünstigung ist, sondern eine höhere Stellung hat. Auch wenn in diesem Buch die Rolle substantieller Freiheiten in der Form von Chancen betont wird (abweichend von Rawls), besteht keine Notwendigkeit, die besondere Rolle der Freiheit zu bestreiten.**

* Teilhaben ist hier sehr wichtig, man darf nicht Freiheit für einige fordern, aber nicht für alle. Mary Wollstonecrafts Kritik an Burke, weil er die amerikanische Unabhängigkeitsbewegung unterstützte, ohne nach der Freiheit der Sklaven zu fragen, wurde im 5. Kapitel («Unparteilichkeit und Objektvität») kommentiert.

** Die Priorität der Freiheit spielt eine wichtige Rolle in dem Ergebnis kollektiver Entscheidung, das ich in «The Impossibility of the Paretian Liberal», *Journal of Political Economy*, 78 (1970) dargestellt habe. Ein luzider Kommentar dieser Verbindung ist John Rawls' «Social Unity and Primary Goods», in Amartya Sen und Bernard Williams (Hg.), *Utilitarism and Beyond* (Cambridge: Cambridge University Press, 1982). Ich werde in diesem Kapitel darauf zurückkommen.

Die vielfältigen Merkmale der Freiheit

Da in Theorien der Gerechtigkeit verschiedene Formen von Freiheit so wichtig sind, muss ich jetzt genauer untersuchen, welchen *Inhalt* die in der Literatur heftig umkämpften Begriffe «liberty» und «freedom», politische und persönliche Freiheitsrechte, negative und positive Freiheit haben. Diese Begriffe werden sehr unterschiedlich verwendet, und über ihre Domänen muss etwas mehr gesagt werden.

Besonders eine Unterscheidung, die zwischen dem Chancen- und dem Prozessaspekt, wurde im 11. Kapitel («Leben, Freiheiten und Befähigungen») untersucht. Die Vielfalt der Aspekte der Freiheit lässt sich nicht nur mittels dieser Unterscheidung, sondern auch auf andere Weise bestimmen. Die Freiheit, zu erreichen, was man mit vernünftigem Grund erreichen möchte, hängt mit vielen Faktoren zusammen, die für verschiedene Konzepte von Freiheit unterschiedliche Bedeutung haben können.

Die Frage, ob eine Person sich die Gegenstände ihrer vernünftigen Wahl verschaffen kann, ist entscheidend für die hier vertretene Idee der Freiheit mit dem Teilbereich Befähigung.* Aber die Wirksamkeit einer Präferenz kann auf verschiedene Weise zustande kommen. Erstens kann eine Person das gewählte Ergebnis durch eigenes Handeln erzielen – hier wäre *direkte Kontrolle* der Fall. Aber direkte Kontrolle ist für Wirksamkeit nicht unumgänglich. Zweitens ist die allgemeinere Frage zu bedenken, ob die Präferenzen einer Person wirksam sein können – über direkte Kontrolle oder mit Hilfe anderer. Es gibt eine Vielfalt von Beispielen für «indirekte Macht», die erwünschten Ergebnisse zu erzielen: Jemand kann ganz einfach über einen Anwalt oder loyale Freunde oder Verwandte agieren, oder – ein komplexerer Fall – ein Arzt trifft Entscheidungen für einen Patienten, die dieser selbst treffen würde, wenn er genug Informationen und Wissen hätte: In diesen Fällen handelt es sich um *wirksame Macht*. Die Wichtigkeit wirksamer Macht durch indirekte Kontrolle sollte etwas genauer betrachtet werden, besonders weil es so

* Sieht man Freiheit als das Vermögen, das Ergebnis zu erzielen, das man aufgrund vernünftiger Einschätzung wünscht, muss man sich natürlich mit der Frage auseinandersetzen, ob die Person ausreichend Gelegenheit hatte, vernünftig zu bedenken, was sie wirklich will. Die Chance zu *vernünftiger Einschätzung* ist unvermeidlich ein wichtiger Teil jedes substantiellen Verständnisses von Freiheit. Wie im 8. Kapitel, «Rationalität und die Anderen», dargestellt, ist diese Frage zentral für die Beurteilung der Rationalität von Präferenzen und Auswahl.

üblich ist, Freiheit damit gleichzusetzen, dass man Kontrolle übt und die Wahl hat, bestimmte Dinge selbst zu tun.

Viele Freiheiten, die wir in der Gesellschaft nutzen, wirken nicht mittels direkter Kontrolle, sondern durch andere Verfahren.[8] Zum Beispiel würde ein verletztes, bewusstloses Unfallopfer nicht selbst entscheiden können, was mit ihm geschehen soll, aber wenn der zuständige Arzt eine Behandlung wählt, von der er weiß, dass der Patient selbst sie bevorzugt hätte, wäre er bei Bewusstsein gewesen, dann wird damit die Freiheit des Patienten nicht beschädigt – im Gegenteil, sie wird bekräftigt im Sinn der «wirksamen Macht», falls der Arzt seine Entscheidung «im Willen» des Patienten trifft.[9] Davon unterscheidet sich eine Handlung zum Wohle des Patienten, so wie es der Arzt sieht. Auch wenn die Achtung für die Freiheit des Patienten oft dieselben Maßnahmen erfordert wie sein Wohl, stimmen Wille und Wohl des Patienten nicht notwendig überein. Zum Beispiel könnte ein Arzt im Wissen, dass sein bewusstloser Patient Medikamente ablehnt, die durch grausame Experimente an Tieren gewonnen wurden, aus Respekt für diese Ablehnung ein bestimmtes Medikament nicht einsetzen, auch wenn es aus medizinischer Sicht besser für das Wohlbefinden des Patienten wäre. Sich vom Wohl eines Patienten leiten zu lassen, kann – womöglich krass – verschieden sein von dem, was seine effektive Freiheit verlangen würde.

Die Idee wirksamer Freiheit lässt sich auf komplexere gesellschaftliche Regelungen übertragen, zum Beispiel dann, wenn staatliche Behörden, die für die Epidemiologie bestimmter Regionen zuständig sind, Maßnahmen zur Bekämpfung lokaler Epidemien ergreifen (was die Gefährdeten wollen, wie man weiß). Die Idee der Effektivität, angewendet auf die Gruppe und ihre Mitglieder, gibt der effektiven Freiheit eine soziale – oder gemeinschaftliche – Form, obwohl in diesem Fall keine Einzelperson eine spezifische Kontrolle über die gesellschaftliche Entscheidung hat. Hier liegt der Unterschied in den Motiven für die behördlichen Maßnahmen: Entweder werden sie damit begründet, dass die Gefährdeten es so wollen und, wenn sie die Option hätten, auch wählen würden, oder damit, dass sie nach Meinung der Beamten das Wohlergehen der Menschen in der seuchengefährdeten Gegend schützen würden. Die zweite Variante ist natürlich ein durchaus angemessener Grund, aber nicht ganz derselbe Grund wie die erste (auch wenn ein Kausalzusammenhang zwischen beiden besteht, da die Rücksicht auf das Wohlergehen wahrscheinlich Einfluss auf die Entscheidung der Seuchengefährdeten hat – oder haben würde, wenn sie die Wahl hätten).

Ein Unterschied anderer Art besteht zwischen (1) der Fähigkeit einer

Person, ein Ergebnis genau deshalb zu erzielen, weil sie eine Präferenz für dieses Ergebnis hat, vielleicht in Übereinstimmung mit den Präferenzen anderer Beteiligter (zum Beispiel kann eine Person übereinstimmend mit anderen wollen, dass die Epidemie in ihrer Wohngegend bekämpft wird – eine Präferenz, die am Ende Richtlinie der staatlichen Maßnahmen sein mag), und (2) dem Wunsch einer anderen Person, die nur durch einen glücklichen Zufall erreicht, was sie will. Es könnte sich aus dem einen oder anderen Grund einfach so ergeben, dass tatsächlich eintritt, was diese Person sich wünscht. Dann wird der Wunsch erfüllt, aber womöglich ohne jede Mitwirkung der Präferenzen des Wünschenden, da seine Prioritäten keinen Einfluss auf das Zufallsergebnis hatten (man kann ein Ergebnis weder als Einzelperson noch gemeinschaftlich allein durch Herbeiwünschen erzielen). In diesem Fall übt die Person nicht nur keinerlei direkte oder indirekte Kontrolle, sondern sie setzt auch keine Macht ein, um, auf welchen Wegen auch immer, ein Ergebnis herbeizuführen, das ihren Präferenzen entspricht.

Zum Beispiel kann die Glaubenspraxis eines Menschen zufällig mit der Religion übereinstimmen, die der Staat zwangsweise einführen will, und der Betreffende kann der Meinung sein, seine religiösen Präferenzen hätten sich durchgesetzt, während sie in Wahrheit für die Entscheidungen des Staates keine Rolle gespielt haben. Es mag so aussehen, als habe dieser Mensch einfach Glück gehabt, aber von Freiheit könne dabei nicht die Rede sein, und misst man Freiheit an dem Vermögen, ein bestimmtes Ergebnis durch direkte oder indirekte Kontrolle zu erzielen, ist die Skepsis berechtigt, da der Mensch in unserem Beispiel nur in einer günstigen Lage ist, aber nicht selbst erwirkt, was immer er erreichen möchte.* Und doch kann die zufällige Freiheit dieser Person, so zu leben, wie sie möchte, in scharfem Gegensatz zum Dilemma eines anderen Menschen stehen, der einem heterodoxen Glauben anhängt und Widerstände gegen seine Glaubenspraxis gewärtigen muss (in einem anderen Zeitalter hätte er das Unglück gehabt, von der Inquisition verfolgt zu werden). Als zum Beispiel Akbar seine Entscheidung, «dass niemand in der Ausübung seiner Religion behindert werden soll und dass jedermann nach Belieben zu einer Religion übertreten darf», zum Gesetz machte, garantierte er die effektive Freiheit vieler Menschen – eine Mehrheit seiner Untertanen, die vorher als Nicht-Moslems diskriminiert

* Dieser Ansicht ist Philip Pettit; er sieht Freiheit nur als inhaltsunabhängig (so dass die Effektivität einer Person unabhängig von dem sein muss, was die Person genau erreichen will).

worden waren, profitierte von dieser freiheitsfördernden Entscheidung –, und doch hätten diese Untertanen nicht die Macht gehabt, Akbar Einhalt zu gebieten, wenn er anders entschieden hätte.

Diese Unterscheidung steht in Zusammenhang mit dem Kontrast zwischen Befähigung allgemein und Befähigung ohne Abhängigkeit, die in einem spezifischen Verständnis von Freiheit, der vor allem von Philip Pettit entwickelten «republikanischen» Auffassung, betont wird. Dazu im Folgenden mehr. Aber ich hoffe, aus dem bisher Gesagten geht hervor, wie notwendig es ist, Freiheit unter vielfältigen Gesichtspunkten zu sehen und ihr nicht nur ein einziges Charakteristikum zuzuschreiben.

Befähigung, Abhängigkeit und Einmischug

Manche Autoren halten die Begriffe Freiheit und Selbstbestimmung für austauschbar und verwenden sie als Synonyme. In Rawls' Argumenten für die Priorität der Freiheit findet sich jedoch eine besondere Sorge um das Recht auf Unabhängigkeit im persönlichen Leben, vor allem den Schutz vor unerwünschter Einmischung anderer, auch des Staates. Rawls prüft nicht nur, was Menschen – alles in allem – wirklich tun können, sondern untersucht auch, wie wichtig es ist, dass Menschen die Freiheit haben, ein Leben nach ihren eigenen Wünschen zu führen, in dem andere nicht herumpfuschen. Und das ist natürlich das klassische Thema von Stuart Mills bahnbrechendem Werk *On Liberty.*[10]

In der «republikanischen» oder «neo-römischen» Freiheitstheorie zum Beispiel wird Freiheit nicht nur als das definiert, was eine Person in einem bestimmten Bereich zu tun vermag, sondern zur Definition gehört auch, dass andere dieses Vermögen der Person nicht beschneiden können, selbst wenn sie das wollten. So gesehen, muss es nicht zum Einschreiten einer willkürlichen Macht kommen, sondern die persönliche Freiheit wäre schon dadurch beeinträchtigt dass eine solche Macht existiert, die die Handlungsfreiheit der Person einschränken *könnte.*[11]

Philip Pettit hat im Zusammenhang mit seiner republikanischen Theorie Argumente gegen die Auffassung von Freiheit als Befähigung vorgebracht: Ein Mensch könne die Befähigung haben, viele Dinge zu tun, die abhängig von «der Gunst anderer» sind, und solange seine tatsächlichen Wahlmöglichkeiten (oder Verwirklichungen) in dieser Weise abhängig sind, sei er nicht wirklich frei. Pettit erklärt: «Stellen Sie sich vor, Sie hätten die Neigung, eine vom Inhalt unabhängige Entscheidung zwischen A und B zu treffen, aber ob Sie dieser Präferenz folgen dürfen, würde vom Wohlwollen Ihrer Umgebung abhängen … Dann kann man sagen, Sie haben Entscheidungspräferenzen, aber die Entscheidung ist von Gunst abhängig.»* Sicherlich ist die substantielle Freiheit, etwas unabhängig von anderen zu tun (so dass keine Rolle spielt, was diese anderen wollen), robuster als die Handlungsfreiheit, die entweder von der Hilfe – oder der Toleranz – anderer abhängig ist oder Ergebnis einer bloß zufälligen Übereinstimmung zwischen dem Vorhaben des Handelnden und den Plänen anderer Leute, die ihn an der Ausführung hätten hindern können. Ein extremes Beispiel dafür: Man kann sicherlich behaupten, dass versklavte Menschen Sklaven bleiben, auch wenn ihre Entscheidungen nie dem Willen ihres Herrn widersprechen.

Zweifellos ist der republikanische Freiheitsbegriff wichtig, und er entspricht einem Aspekt unserer intuitiven Erwartungen an Freiheit. Ich bin jedoch nicht einverstanden mit der Behauptung, dass die republikanische Idee der Freiheit *an die Stelle* der Verknüpfung von Freiheit und Befähigung treten könne. Es gibt genug Raum für beide Ideen, und das Nebeneinander erzeugt nicht notwendig Spannungen, es sei denn, wir bestehen darauf, dass die Idee der Freiheit einen einzigen Brennpunkt haben muss; meine Argumente dagegen habe ich bereits vorgebracht.

Betrachten wir drei alternative Situationen einer behinderten Person A, die bestimmte Dinge nicht allein und ohne Hilfe tun kann.**

Fall 1: A hat keine Hilfe von anderen und kann deshalb nicht aus dem Haus gehen.

Fall 2: A hat immer Hilfe von anderen, die entweder von einem Sozialfürsorgedienst in ihrer Wohngegend organisiert wird (oder alternativ

* Philip Pettit, «Capability and Freedom: A Defence of Sen», *Economics and Philosophy*, 17 (2001), S. 6. Ich kommentiere hier nicht Pettits «Verteidigung» seiner Argumente, sondern seine Kritik an meiner Konzentration auf Befähigung, in der er vorschlägt, den Blickwinkel in Richtung der «republikanischen» Auffassung zu erweitern, so dass gunstabhängige Befähigungen nicht als wirkliche Freiheiten zählen. Pettit versteht dies als eine natürliche Erweiterung der Idee der Befähigung und ihrer (von mir vorgelegten) Verteidigung: «In meinem Verständnis deckt sich Sens Theorie der Freiheit mit dem republikanischen Ansatz, wenn beide die Verbindung von Freiheit und Unabhängigkeit betonen.» (S. 18). Ich verstehe die Relevanz dieser Verbindung, muss aber dazusagen, dass beide Konzepte von Freiheit – die republikanische Theorie wie der Befähigungsansatz – Wert haben, da sie unterschiedliche Aspekte der unvermeidlich vielseitigen Idee der Freiheit spiegeln.

** Dieses Beispiel ist übernommen aus meiner «Reply to Pettit's Essay», neben zwei anderen interessanten und wichtigen Beiträgen von Elizabeth Anderson und Thomas Scanlon in *Economics and Philosophy*, 17 (2001).

von wohlmeinenden Freiwilligen), und kann folglich, wann immer sie will, aus dem Haus gehen und sich frei bewegen.

Fall 3: A hat gut bezahlte Dienstboten, die ihrem Befehl gehorchen – und gehorchen müssen –, und kann, wann immer sie will, aus dem Haus gehen und sich frei bewegen.

Gemäß der «capability», wie im Befähigungsansatz definiert, sind die Fälle 2 und 3 für die behinderte Person weitgehend gleichartig (hier geht es nur um ihre Freiheit, nicht um die der Dienstboten, das wäre ein anderes Thema), und beide stehen im Gegensatz zu Fall 1, in dem sie die fragliche Befähigung nicht hat. Der Kontrast zwischen der Fähigkeit und der Unfähigkeit, etwas zu tun, ist ohne Frage entscheidend, denn es geht darum, was eine Person tatsächlich tun kann.

Der republikanische Ansatz würde die behinderte Person jedoch im Fall 1 wie im Fall 2 als unfrei bezeichnen: im Fall 1 deshalb, weil sie nicht tun kann, was sie möchte (aus dem Haus kommen), und im Fall 2 deshalb, weil ihre Fähigkeit, zu tun, was sie möchte (aus dem Haus gehen), «kontextbedingt» ist – sie ist auf das Funktionieren eines bestimmten Sozialhilfesystems angewiesen – und sogar «abhängig von einer Gunst», vom guten Willen und der Großzügigkeit anderer sein könnte (diese Unterscheidungen trifft Pettit). Man kann sicherlich sagen, dass A im Fall 3 auf eine Weise frei ist wie im Fall 2 nicht. Der republikanische Ansatz erfasst diesen Unterschied und besitzt damit ein besonderes Differenzierungsvermögen, das dem Befähigungsansatz abgeht.

Aber die Wichtigkeit der Unterscheidung, auf die der Befähigungsansatz zentriert ist, wird damit nicht wegdiskutiert: *Kann die Person diese Dinge tatsächlich tun oder nicht?* Zwischen Fall 1 und den Fällen 2 und 3 besteht ein extrem wichtiger Unterschied. Im ersten Fall hat A nicht die Befähigung, aus dem Haus zu kommen, und ist in dieser Hinsicht unfrei, in den Fällen 2 und 3 dagegen hat sie die Befähigung und die Freiheit, das Haus zu verlassen, wann immer sie will. Diesen Unterschied versucht der Befähigungsansatz zu erfassen, und dass man ihn anerkennt, ist folgenschwer sowohl im Allgemeinen wie für politische Maßnahmen im Besonderen. Wollten wir die Fälle 1 und 2 ohne weiteres in die gleiche Schublade namens Nicht-Freiheit stecken, würden wir damit auf die Ansicht zusteuern, dass die Einrichtung von Sozialfürsorge oder eine hilfreiche Gesellschaft keinen Unterschied für die Freiheit eines Menschen im Umgang mit seinen Behinderungen oder Handikaps machen kann. Für eine Theorie der Gerechtigkeit wäre das eine ungeheure Lücke.

Es gibt viele Aufgaben, für die es besonders wichtig ist, zu wissen, ob eine Person wirklich fähig ist, die Dinge zu tun, für die sie sich mit guten Gründen entscheiden würde. Zum Beispiel sind einzelne Eltern vielleicht nicht in der Lage, eine eigene Schule für ihre Kinder einzurichten, und deshalb abhängig von öffentlichen Maßnahmen, die von zahlreichen Einflüssen, etwa nationaler oder lokaler Politik, bestimmt sein mögen. Und trotzdem kann man die Einrichtung einer Schule in dieser Region durchaus begründet als Freiheitsgewinn für die Kinder ansehen, die dort unterrichtet werden sollen. Bestritte man das, würde man womöglich eine wichtige Gelegenheit für die Erkenntnis versäumen, dass Freiheit auf Vernunft und Praxis beruht. Dieser Fall steht in hartem Gegensatz zu einem Fall, in dem keine Schule in der Region und keine Freiheit, Schulbildung zu erhalten, vorhanden sind. Der Unterschied zwischen beiden Fällen ist gewichtig genug, und darauf konzentriert sich der Befähigungsansatz, auch wenn eine Einzelperson Schulunterricht weder im einen noch im anderen Fall unabhängig von staatlicher Unterstützung oder anderer Hilfe organisieren kann. Wir leben in einer Welt, in der es besonders schwer sein mag, sich vollkommen unabhängig von der Hilfe und dem Wohlwollen anderer zu machen, und in der diese Unabhängigkeit manchmal vielleicht nicht einmal das wichtigste Ziel ist.

Die Spannung zwischen den Freiheitsbegriffen im Befähigungsansatz und in der republikanischen Theorie entsteht genau dann, wenn wir nur Raum für «höchstens eine Idee» haben. Sie entsteht, wenn wir nach einem auf einen Punkt zentrierten Verständnis von Freiheit Ausschau halten, obwohl sie als Idee eine nicht reduzierbare Vielfalt von Elementen enthält.* Meiner Meinung nach *ergänzt* die republikanische Auffassung von Freiheit den Gesichtspunkt des Befähigungsansatzes, statt ihn zunichte zu machen.

Damit endet die Pluralität jedoch noch nicht. Auch für die Konzentration auf die Frage, ob einer Person Befähigung fehlt aufgrund der Intervention anderer – das Thema wurde bereits angerissen – sind Un-

* Philip Pettit findet die auf einen Punkt zentrierte Ansicht offenbar verlockend – er betrachtet sie als umfassendes Verständnis von Freiheit: «die hier verteidigte Position wird uns dazu verhelfen, Freiheit als Ganzes zu denken, statt sie in Einzelelemente zu zersplittern» (*A Theory of Freedom*, 2001, S. 179). An dieser Stelle spricht Pettit zwar von einer anderen Dualität im Zusammenhang mit dem freien Willen, aber die Bemerkung über seinen Beweggrund passt wohl auch auf den hier diskutierten internen Gegensatz zwischen der republikanischen und der an Befähigung ausgerichteten Definition von Freiheit – der für ihn vielleicht Beispiel einer «Zersplitterung» ist.

terscheidungen wichtig. Wir konzentrieren uns hier nicht auf die Macht zum wirksamen Eingreifen, unabhängig davon, ob diese Macht genutzt wird – das wäre ein republikanisches Interesse –, sondern auf die tatsächliche Intervention. Der Unterschied zwischen potentieller und faktischer Einmischung ist wichtig und beschäftigte offenkundig schon Thomas Hobbes, den Pionier modernen politischen Denkens. Auch wenn Hobbes in seinen frühen Werken eine gewisse Sympathie für die «republikanische» oder «neo-römische» Sichtweise gezeigt haben mag (in der englischen politischen Philosophie seiner Zeit war sie ganz üblich), verfestigte sich doch sein Freiheitsbegriff später zu einer nicht-republikanischen Sicht mit der Konzentration auf die Frage, ob tatsächliche Einmischung besteht oder nicht. Das weist Quentin Skinner überzeugend nach.* Also war es Hobbes' Idee, dass die Einmischung anderer entscheidend für die Negation von Freiheit ist.

Man kann ohne Mühe mehrere unterschiedliche Eigenschaften in der Idee der Freiheit unterbringen und abwechselnd Befähigung oder Unabhängigkeit oder fehlende Einmischung in den Blickpunkt rücken.[12] Wer ein einziges kanonisches Verständnis der «wahren» Natur der Freiheit wünscht, unterschätzt womöglich, auf wie vielen sehr verschiedenen Wegen Vorstellungen von Freiheit und Unfreiheit in unsere Wahrnehmung, Einschätzung und Wertung eindringen. William Cowper sagt: «Freedom has a thousand charms to show / That slaves, howe'er contented, never know» [Freiheit hat tausendfachen Reiz, den Sklaven, und sind sie noch so zufrieden, niemals erfahren]. Wenn es um klare Konzepte geht, wären tausend zu viel des Guten und schwer zu bewältigen, aber es dürfte nicht zu schwer sein, mehrere verschiedene Aspekte als komplementär und nicht als kompetitiv zu verstehen. Eine Theorie der Gerechtigkeit kann Aufmerksamkeit für alle aufbringen. Der Zugang zur Gerechtigkeit in diesem Buch lässt Raum für eine umfangreiche Pluralität, da Vielfalt

* Siehe Quentin Skinner, *Hobbes and Republican Liberty* (Cambridge: Cambridge University Press, 2008). Schon in seinem frühen Buch *Elements of Law* (1640) zeigte Hobbes eine gewisse Antipathie gegen die These, dass eine Freiheitsverletzung vorliege, selbst wenn tatsächliches Eingreifen fehle, aber er entwickelte in diesem Buch noch keine Gegentheorie. Im *Leviathan* (1651) artikulierte er seine Ablehnung dieser republikanischen Sicht jedoch unüberhörbar und deutlich und setzte ihr eine alternative Theorie entgegen, deren zentrales Thema tatsächliche Interventionen sind. Skinner konstatiert sogar: «Hobbes ist der massivste Feind der republikanischen Freiheitstheorie, und seine Versuche, sie in Misskredit zu bringen, markieren einen epochemachenden Moment in der Geschichte des anglophonen politischen Denkens» (*Hobbes and Republican Liberty*, S. XIV).

eine wichtige Komponente für Gerechtigkeitseinschätzung ist. Die vielfältigen Aspekte der Freiheit passen genau in diesen geräumigen Rahmen.

Die Unmöglichkeit des paretianischen Liberalen

Die Chance, ein Ergebnis in der gewünschten Richtung zu beeinflussen, kann, wie gesagt, ein wichtiger Bestandteil der Freiheit sein. Das Verständnis eines Ergebnisses kann, wenn es relevant ist, wichtige Beobachtungen über den Prozess machen, durch den ein endgültiger Zustand – ein «culmination outcome», ein Endergebnis – erreicht wird (das Verständnis eines Ergebnisses, das diesen Prozess einschließt, wird als «comprehensive outcome», umfassendes Ergebnis, bezeichnet). Besonders in der Theorie kollektiver Entscheidung, die sich mit sozialen Zuständen befasst (vergl. Kapitel 4) hat die ergebnisorientierte Auffassung von Freiheit Aufmerksamkeit erfahren. Und in diesem Rahmen haben viele der in der «Social Choice» Theorie behandelten Fragen zu Freiheit und Selbstbestimmung Platz gefunden.

Ein Resultat, das in der Folge eine eigene Literatur hervorgerufen hat, ist ein eher simples Theorem mit dem Namen «die Unmöglichkeit eines Paretianischen Liberalen». Das Theorem zeigt, dass die formalen Bedingungen des Pareto-Optimums womöglich mit einigen Minimalforderungen individueller Freiheit in Konflikt geraten, wenn Menschen beliebige Präferenzen haben können.[13] Ich mache hier nicht den Versuch zu zeigen, wie dieses Unmöglichkeitstheorem funktioniert, sondern will es an einem viel diskutierten Beispiel erläutern. Wir haben ein angeblich pornographisches Buch und zwei potentielle Leser.* Der eine, P (Prüde), kann das Buch nicht leiden und würde es sehr ungern lesen, aber noch mehr würde er leiden, wenn L (Lasziv), der das Buch liebt, es lesen würde. (Herr Prüde fürchtet vor allem, dass Herr Lasziv beim Lesen kichern könnte.) Herr Lasziv dagegen würde das Buch liebend gern lesen, aber noch lieber hätte er, dass Herr Prüde es liest (hoffentlich unter Qualen).

Also «Was tun?». Man kann nicht im Namen der Freiheit verlangen, dass keiner von beiden das Buch liest, denn Herr Lasziv möchte es offen-

* In den unschuldigen Anfängen der neunzehnhundertsechziger Jahre war ich leider naiv genug, D.H.Lawrences *Lady Chatterleys Liebhaber* als Beispiel zu wählen. Ich kam darauf, weil der Verlag Penguin Books in dieser Zeit vor britischen Gerichten einen Prozess angestrengt und gewonnen hatte, in dem er sich die Erlaubnis, dieses Buch zu veröffentlichen, erstritt.

kundig lesen, und Herr Prüde hat sich in diese Entscheidung nicht einzumischen. Man kann auch nicht im Namen der Freiheit verlangen, dass Herr Prüde es liest, denn offensichtlich will er es nicht lesen, und Herrn Laszív steht es nicht zu, bei dieser Entscheidung, die ihn nicht unmittelbar betrifft, mitzureden. Bleibt nur noch die Alternative, dass Herr Laszív es liest, genau das, was passieren würde, wenn jeder von beiden sich für oder gegen das Lesen zu entscheiden hätte. Aber in ihren Präferenzordnungen hat, wie gesagt, für beide Herren das Lesen Prüdes Vorrang vor Laszivs Lesen, also scheint diese selbst gewählte Alternative dem Pareto-Prinzip zu widersprechen, das die Vorlieben der beiden Individuen zum Entscheidungskriterium bestimmt, da beide weniger wollen, dass Laszív das Buch liest, als dass Prüde es tut. Aber die beiden anderen Alternativen verstießen gegen Minimalforderungen der Freiheit, also kann keine Wahl getroffen werden, welche die spezifischen Forderungen des gesellschaftlichen Entscheidungsprozesses erfüllt, da jede verfügbare Alternative schlechter ist als eine andere. Daher die Unmöglichkeit, beide Prinzipien gleichzeitig zu erfüllen.

Dieses Unmöglichkeitsresultat ist dazu gedacht, eine Diskussion über gangbare Lösungswege zum Entscheidungsproblem *anzustoßen*, nicht alle möglichen Auseinandersetzungen *abzuschließen*. Und diesen Zweck hat es mit Sicherheit erfüllt. Einige haben das Unmöglichkeitsresultat als Argument dafür benutzt, dass Menschen die Freiheit ihrer Mitmenschen, eigene Entscheidungen zu treffen, mehr achten sollten, statt den Wahlmöglichkeiten anderer in deren Privatleben mehr Aufmerksamkeit zu widmen als ihrem eigenen persönlichen Leben (den Fehler begehen Prüde wie Laszív).[14] Andere haben das mathematische Ergebnis als Argument dafür eingesetzt, dass sogar das in der traditionellen Wohlfahrtsökonomie angeblich sakrosankte Pareto-Prinzip vielleicht manchmal verletzt werden muss.[15] Die Rechtfertigung dafür liefert die Tatsache, dass beide Personen ihre individuellen Präferenzen stark am anderen ausrichten und ihr Status beeinträchtigt ist, weil laut John Stuart Mill «keine Parität besteht zwischen dem Gefühl einer Person für ihre Meinung und dem Gefühl einer anderen, die durch diese Meinung gekränkt wird».* Wieder andere Autoren haben sich dafür eingesetzt, das Recht auf Frei-

* Ich muss zugeben, dass ich mein Ergebnis vor allem deshalb präsentiert habe, weil ich es fragwürdig fand, die Priorität des Pareto-Prinzips uneingeschränkt zu akzeptieren. Siehe auch Jonathan Barnes, «Freedom, Rationality and Paradox», *Canadian Journal of Philosophy*, 10 (1980); Peter Bernholz, «A General Social Dilemma: Profitable Exchange and Intransitive Group Preferences», *Zeitschrift für Nationalökonomie*, 40 (1980).

heit davon abhängig zu machen, dass die Person, die es beansprucht, in ihren persönlichen Präferenzen die Freiheit anderer achtet.[16]

Es gibt noch mehr Lösungsvorschläge. Viel diskutiert wurde die «Lösung durch Kollusion». Sie besagt, das Problem sei gelöst, wenn die Beteiligten sich durch einen Pareto-besseren Vertrag darauf einigen, dass Herr Prüde das Buch liest, damit Herr Laszív es nicht lesen kann.* Wie viel hat das mit einer Lösung zu tun?[17]

Erstens ist ein allgemeiner methodologischer Punkt zu bedenken. Ein Pareto-besserer Vertrag ist in einer Pareto-*ineffizienten* Situation immer eine Möglichkeit. Dadurch wird aber das Problem nicht geringer, mit dem wir in einer Welt konfrontiert sind, in der individuelle Wahlmöglichkeiten zu einem Pareto-ineffizienten Ergebnis führen. Dieser «Lösungsweg» enthält auch ein generelles Problem. Ein Pareto-besserer Vertrag ist womöglich nicht durchzusetzen, da die Anreize, ihn zu brechen, stark sein können.[18] Das ist vielleicht nicht das Hauptargument gegen den Versuch der Lösung durch Kollusion (diese angebliche Lösung scheitert wohl hauptsächlich an den Gründen, warum die beiden Parteien einen solchen Vertrag anbieten und annehmen), aber wir müssen es bedenken, bevor wir uns mit den gewichtigeren Problemen befassen. Die Glaubwürdigkeit eines derartigen Vertrags sowie die Schwierigkeit, sicherzustellen, dass er erfüllt wird (wie kann man sichergehen, dass Herr Prüde das Buch wirklich liest und nicht nur so tut als ob?), müssen wir in Betracht ziehen.

Das ist kein geringes Problem, aber gravierender ist vielleicht ein anderer Einwand: Versuche, im Namen der Freiheit die Vertragserfüllung durchzusetzen (denken wir zum Beispiel an den Polizisten, der aufpasst, dass Herr Prüde das Buch wirklich liest und nicht nur Seiten umblättert), können diese Freiheit wirksam – und erschreckend – gefährden. Wer eine liberale Lösung anstrebt, die eine derartige polizeiliche Überwachung privater Lebensbereiche verlangt, muss eine merkwürdige Vorstellung von einer liberalen Gesellschaft haben.

Natürlich wäre es nicht nötig, die Vertragserfüllung zu erzwingen, wenn die Parteien ihre Abmachung freiwillig einhalten. Wenn individuelle Präferenz die Wahl bestimmen soll (ohne Varianten aus anderen Gründen – diese wurden im Kapitel 8 dargestellt), dann ist Zwang keine Möglichkeit, da Herr Prüde das Buch nicht lesen wird, wenn er die Wahl hat (das heißt, wenn kein Polizist eingreifen kann). Wenn jedoch Präfe-

* Diesen «Ausweg» haben viele Kommentatoren gesucht, vor kurzem auch G.H.Cohen, *Rescuing Justice and Equality* (2008), S. 187–188.

renzen die *Wünsche* von Menschen (nicht notwendig ihre Entscheidungen) ausdrücken sollen – in diesem Fall wohl die vernünftigere Auffassung von Präferenzen –, dann kann man natürlich das Argument vertreten, dass Prüde und Lasziv zwar beide gern gegen den Vertrag handeln würden, aber ihren Wünschen nicht zwangsläufig folgen müssen, da sie einen Vertrag unterzeichnet und deshalb Grund haben, sich nicht zu Sklaven ihrer Wünsche zu machen. Aber wenn diese Frage aufgeworfen wird und Handlungen gegen empfundene Wünsche zugelassen werden, dann müssen wir vorrangig und grundsätzlich fragen: Warum sollten wir annehmen, dass Prüde und Lasziv sich überhaupt für einen Vertrag *entscheiden* würden, wie es die «Lösung durch Kollusion» verlangt (selbst wenn sie sich das damit verbundene Endergebnis – im Sinne eines «culmination outcome» – *wünschen* mögen)?

Es ist keineswegs offensichtlich, warum Prüde und Lasziv sich für einen besonders auf die jeweils andere Partei ausgerichteten Sozialvertrag entscheiden sollten, der Prüde darauf verpflichtet, das Buch, das er hasst, zu lesen, damit der lesegierige Lasziv vom Lesen abgehalten wird, während Lasziv sich einverstanden erklärt, ein Buch, das er liebend gern lesen würde, nicht zu lesen, nur damit der widerstrebende Prüde es stattdessen lesen muss. Wenn Menschen mehr darauf aus wären, sich um ihre eigenen Angelegenheiten zu kümmern, statt nur ihren Wünschen zu folgen, dann müsste dieser merkwürdige Vertrag nicht geschlossen werden (vergl.: «Ich meine, Anne wäre viel glücklicher, wenn sie sich scheiden ließe, und ich wünschte, sie täte es – also schalte ich mich ein und sage ihr, sie soll die Scheidung einreichen»). Das gute liberale Verhalten, zu lesen, was man möchte, und anderen die Entscheidung zu überlassen, was *sie* lesen wollen, kann vielleicht die Verlockung überdauern, die dieser bemerkenswerte Vertrag anscheinend darstellt. Die Lösung durch Kollusion überhaupt als eine Lösung anzusehen, fällt schwer.

Aus unerfindlichen Gründen scheinen einige Autoren zu glauben, dass es hier um die Frage geht, ob Rechte «veräußerlich» sind (ob Menschen bestimmte Rechte eintauschen dürfen) und ob die Beteiligten einen solchen Vertrag schließen *dürfen*.[19] Ich sehe keinen Grund, warum übertragbare Rechte nicht generell Gegenstand von Verträgen und Tauschabkommen sein könnten. Es ist kaum zweifelhaft, dass Menschen im Allgemeinen weder die Zustimmung Dritter noch «der Gesellschaft» brauchen, um einen solchen Vertrag zu schließen. Aber einen Grund dafür brauchen sie, und da liegt der Haken. Bietet man als Grund an – einige Autoren haben dies getan –, dass ein solcher Vertrag die einzige – und nachhaltige – Möglichkeit sei, ein Pareto-effizientes Ergebnis zu erzielen, dann setzt man das voraus, was begründet werden soll, denn in der Diskussion über das Unmöglichkeitsresultat geht es um die Frage, wie weit die Pareto-Effizienz Geltung und Priorität haben soll.

Das wirkliche Problem besteht darin, dass man zunächst angemessene Gründe für den Abschluss und dann für das Einhalten eines solchen Vertrags finden muss. Natürlich könnte eine nüchterne Maximierung von Lustgefühlen oder Wunscherfüllung (unter Missachtung des Prinzips, sich nur um die eigenen Angelegenheiten zu kümmern) *einigen* Grund für das Anbieten oder Annehmen des Vertrags liefern. Aber aus dem gleichen Grund könnten Prüde und Laszriv den Vertrag nach der Unterzeichnung brechen (da die Rangfolge ihrer Wünsche dafür spricht), und das würden beide mitbedenken müssen, wenn sie den Abschluss des Vertrags erwägen. Wichtiger noch: Auch für eine auf Wünschen beruhende Wahl müssen wir unterscheiden zwischen dem Wunsch, jemand möge auf bestimmte Weise handeln (zum Beispiel Herrn Laszivs Wunsch, dass Herr Prüde das Buch liest), und dem anderen Wunsch nach einem *Vertrag*, der sichert, dass der Betreffende auch entsprechend handelt (zum Beispiel Herrn Laszivs Wunsch, dass Herr Prüde einen Vertrag unterzeichnet, der ihn verpflichtet, das Buch zu lesen, das er sonst nicht lesen würde). Wenn Ergebnisse im Sinn umfassender Ergebnisse betrachtet werden, sind die beiden Wunschobjekte keineswegs gleich.* Laszivs allgemeiner Wunsch, Prüde möge das Buch lesen, muss keineswegs den Wunsch zur Folge haben, Prüde durch einen *Vertrag zum Lesen zu zwingen*. Mit dem Vertrag kommen Sachverhalte ins Spiel, denen man sich nicht dadurch entziehen kann, dass man sich auf bloße vorvertragliche Wünsche hinsichtlich individueller Handlungen beruft.

Die Unmöglichkeit eines Paretianischen Liberalen sieht man am besten – so wie das viel bedeutendere Unmöglichkeitstheorem Arrows – als einen Beitrag zur öffentlichen Diskussion, der Fragen in den Brennpunkt rückt, die andernfalls nicht aufgekommen wären. Wie im Kapitel 4 ausgeführt, besteht ein Hauptnutzen der Theorie kollektiver Entscheidung darin, dass sie die mit diesen Fragen verbundenen Probleme zu klären versucht und öffentliche Diskussionen darüber anregt. Das ist zentral für den Zugang zur Gerechtigkeit, der in diesem Buch vorgestellt wird.

* Der Unterschied zwischen der Konzentration auf «umfassende Ergebnisse» und auf einfache «Endergebnisse», der in der Einleitung zu diesem Buch und vor allem im Kapitel 7 erörtert wurde, ist hier wichtig.

Kollektive Entscheidungen gegen Spielformen

Vor mehr als dreißig Jahren warf Robert Nozick eine wichtige Frage zur Unmöglichkeit des Paretianischen Liberalen und zur Formulierung der Freiheit in der Theorie kollektiver Entscheidung auf.

> Das Problem kommt daher, dass die Rechte einer Einzelperson, zwischen Alternativen zu wählen, verstanden werden als Recht, die relative Rangfolge dieser Alternativen innerhalb einer Sozialordnung festzulegen. ... Eine besser geeignete Auffassung individueller Rechte ist die folgende: Individuelle Rechte können nebeneinander bestehen; jede Person darf ihre Rechte nach Belieben wahrnehmen. Die Wahrnehmung dieser Rechte legt gewisse Grundzüge der Welt fest. In den Grenzen dieser festgelegten Grundzüge kann durch einen Mechanismus kollektiver Entscheidung, der auf einer sozialen Ordnung beruht, eine Wahl getroffen werden; wenn Wahlmöglichkeiten bleiben! Rechte bestimmen keine Sozialordnung, sondern sie setzen die Grenzen, innerhalb deren eine kollektive Entscheidung zu treffen ist, indem sie gewisse Alternativen ausschließen und andere festlegen, und so fort ... Wenn es ein legitimes Bewertungsschema gibt, gehört es *in* den Bereich der kollektiven Entscheidung und ist deshalb durch Freiheitsrechte eingeschränkt. Wie sonst können wir mit Sens Resultat umgehen?[20]

Somit charakterisiert Nozick Freiheitsrechte als Kontrollmöglichkeiten des Individuums über bestimmte persönliche Entscheidungen, und «jede Person darf ihr Recht nach Belieben wahrnehmen». Aber das ist keine Ergebnisgarantie – es ist nur ein Recht, sich zum Handeln zu entscheiden.

Diese vollständig verfahrensorientierte Auffassung vor Freiheit ist de facto eine andere Weise, über Rechte nachzudenken. Diese Denkrichtung fand in der Literatur der Folgezeit großes Echo und wurde weiterentwickelt. Ihre Komplexität hängt unter anderem mit dem Problem der Interdependenz zusammen: Das Recht einer Person zum Handeln könnte als abhängig vom Eintreten oder Nichteintreten anderer Dinge verstanden werden. Falls mein Recht, mitzusingen, wenn andere singen, zu unterscheiden ist von meinem Recht, ohne Rücksicht auf Begleitumstände zu singen (zum Beispiel unabhängig davon, ob andere singen, beten, essen oder Vorträge halten), dann müssen die Strategien, die mir erlaubt sind, in Relation zu den Strategieentscheidungen anderer oder in ihrem Kontext bestimmt werden. Die Logik kollektiver Entscheidungen kann mühelos mit dieser Interdependenz umgehen, da Rechte mit ausdrücklichem Bezug auf Ergebnisse definiert werden (die mit den Kombinationen von Strategien verbunden sind). Die verfahrensorientierte

Auffassung von Freiheit übernimmt gern die «Spielformen» aus der Spieltheorie, um eine vergleichbare Sensibilität zu gewinnen (und lässt ab von Nozicks Versuch, Freiheiten als individuelle Freiheitsrechte jeder einzelnen Person zu sehen, die ohne Beziehung zu den Freiheitsrechten aller anderen sind).[21]

In der Formulierung der Spielform verfügt jeder Teilnehmer über einen Satz von zulässigen Aktionen oder Strategien, aus denen er eine wählen kann. Das Ergebnis hängt von den Aktionen oder Strategien ab, die jeder wählt. Die Anforderungen der Freiheit werden durch Einschränkung von Wahlmöglichkeiten berücksichtigt (bestimmt wird, was wir tun können), aber nicht in Hinblick auf akzeptable Ergebnisse (das, was wir erreichen). Ist diese Struktur als adäquate Spezifizierung von Freiheit robust genug? Sicherlich erfasst sie eine Weise, wie unsere Handlungsfreiheit oft verstanden wird. Aber Freiheitsrechte und Freiheit haben nicht nur mit Handlungen zu tun, sondern auch mit dem, was sich insgesamt aus diesen Wahlen ergibt.*

Die Interdependenz ist für die Charakterisierung der Freiheit dann besonders wichtig, wenn es um «invasive Aktionen» geht. Zum Beispiel hat eine Nichtraucherin das Recht, dass ihr niemand Rauch ins Gesicht bläst. Das ist natürlich das Recht auf ein Ergebnis, und kein Verständnis von Freiheit kann adäquat sein, wenn es Ergebnisse außer Acht lässt. Die Spielform-Ausdrücke müssen «rückwärts» gelesen werden: von akzeptablen Ergebnissen zu den Kombinationen von Strategien, die eines dieser Ergebnisse zur Folge haben würden. Also müssen sie sich unserem Raucherproblem indirekt nähern. Abgelehnt wird nicht die Wahlmöglichkeit, deren Ergebnis es ist, dass mir Rauch ins Gesicht geblasen wird, sondern das Verfahren verlangt, dass Einschränkungen bei der Strategiewahl vorgenommen werden. Wir können die Effektivität folgender Strategien testen:

- Rauchverbot, wenn andere gegen das Rauchen sind,
- Rauchen in der Gegenwart anderer verbieten oder
- Rauchen in der Öffentlichkeit verbieten, ganz gleich, ob andere anwesend sind oder nicht (damit sie sich nicht fernhalten müssen).

Wenn schwache Einschränkungen nicht das Ergebnis haben, das man braucht, um die Freiheit von passivem Rauchen zu verwirklichen, dann

* Wie wichtig «soziale Verwirklichungen» sind, wurde bereits erörtert, vor allem im Kontrast zwischen *nyaya* und *niti* (Kapitel 1–6 und 9).

müssen wir das Rauchverbot so lange verschärfen, bis das gewünschte Ergebnis eintritt (wie in der Geschichte der Gesetzgebung einiger Länder tatsächlich geschehen). Wir wählen hier natürlich zwischen verschiedenen «Spielformen», aber Kriterium der Auswahl ist die Effizienz, mit der eine Strategie die soziale Verwirklichung durchsetzt, die um der Freiheit willen angestrebt wird.

Zweifellos lassen sich Spielformen so charakterisieren, dass sie Interdependenz beachten und vor invasiven Aktionen anderer schützen können. Die Charakterisierung zulässiger Spielformen muss – direkt oder indirekt – im Licht der Resultate vorgenommen werden, die sich aus der Kombination der Strategien verschiedener Personen ergeben. Ist die Überzeugung, dass Rauchen unzulässig ist, wenn es zum ungewollten «passiven Rauchen» der Opfer führt oder sie zwingt, den Raum zu verlassen, die treibende Kraft hinter der Wahl der Spielformen, dann spiegelt sich in der Wahl der Spielform ein zentrales Thema der Theorie kollektiver Entscheidungen: Kriterium der Wahl ist in beiden Fällen die Art der sozialen Verwirklichungen (oder umfassenden Ergebnisse), die zu erwarten sind. Freiheitsrechte können nur dann adäquat verstanden werden, wenn wir sowohl die Handlungsfreiheit bedenken wie die Natur der Folgen und Ergebnisse, die sich aus Handlungen ergeben.

Fazit dieser Diskussion: Wir müssen beachten, dass Gleichheit wie Freiheit viel Inhalt umfassen und mehrdimensional sind. Wir haben allen Grund, uns nicht auf engstirnige, eindimensionale Ansichten von Freiheit und Gleichheit einzulassen, die alle anderen Ansprüche dieser umfassenden Werte ignorieren. Diese Pluralität muss Teil einer Theorie der Gerechtigkeit sein, denn sie muss den vielfältigen Überlegungen gerecht werden, zu denen diese großen Ideen Freiheit und Gleichheit aufrufen.

VIERTER TEIL

ÖFFENTLICHER VERNUNFTGEBRAUCH UND DEMOKRATIE

15. DEMOKRATIE ALS ÖFFENTLICHE VERNUNFT

Sidney Quarles, der Protagonist in Aldous Huxleys Roman *Kontrapunkt des Lebens*, verlässt häufig sein Landhaus in Essex und fährt nach London, angeblich, um im British Museum über die Demokratie im alten Indien zu arbeiten. «Es geht um die Kommunalverwaltung in den Zeiten des Maurya-Reichs», erklärt er seiner Frau Rachel und behauptet damit, sich für die indische Herrscherdynastie zu interessieren, die das Land im vierten und dritten Jahrhundert vor Christus regierte. Rachel findet jedoch ohne große Schwierigkeiten heraus, dass dies nur ein raffinierter Trick Sidneys ist, mit dem er sie hinters Licht führen will, denn wie sie vermutet, reist er in Wahrheit nach London, um Zeit mit einer neuen Geliebten zu verbringen.

Aldous Huxley schildert uns, wie Rachel Quarles zu ihrer Einschätzung kommt.

> [Sidneys] Londonaufenthalte waren häufiger und ausgedehnter geworden. Nach der zweiten Reise hatte sich Mrs. Quarles – traurig – gefragt, ob Sidney eine andere Frau gefunden habe. Und als er sich nach einer dritten Reise und ein paar Tage später vor dem Aufbruch zur vierten weitschweifig über die unübersichtliche Komplexität der Geschichte der Demokratie bei den alten Indern ausließ, war Rachel überzeugt, dass er die Frau gefunden hatte. Sie kannte ihren Ehemann und wusste: Wenn Sidney wirklich Quellen über die alten Inder studiert hätte, würde er sich nie die Mühe gemacht haben, beim Abendessen von ihnen zu reden – jedenfalls nicht so ausführlich und so beharrlich. Sidney verhielt sich mit seinem Gerede wie der gejagte Tintenfisch, der Sepia verspritzt, um seine Fluchtbewegungen zu verschleiern. Er hoffte, hinter der Tintenwolke der alten Inder unbemerkt seinem Abenteuer in der Stadt nachgehen zu können.[1]

In Huxleys Roman erweist sich, dass Rachel Quarles richtig vermutet hatte: Sidney verspritzte Tinte aus genau dem Grund, den sie befürchtete.

Die Vernebelung durch «Tintenwolken» hat auch für dieses Buch wichtige Folgen. Täuschen wir uns – vielleicht nicht ganz so, wie Sidney Quarles Rachel täuschen wollte –, wenn wir annehmen, dass Erfahrungen mit Demokratie sich nicht auf die westliche Welt beschränken, sondern auch anderswo gemacht wurden, im alten Indien zum Beispiel? Die Überzeugung, dass eine Demokratie nur im Westen und nirgendwo sonst auf der Welt gedeihen konnte, hat viele Anhänger und wird häufig geäußert. Man nutzt sie auch als Erklärung für gegenwärtige Ereignisse; zum Beispiel wird die Schuld an den ungeheuren Schwierigkeiten und Problemen im Nachkriegs-Irak weniger darin gesehen, dass die militärische Intervention des Jahres 2003 mit mangelhaften Informationen begonnen wurde, schlecht vorbereitet und falsch begründet war, sondern sie wird einer bloß imaginierten Unfähigkeit des Irak zugeschrieben: Demokratie und öffentlicher Gebrauch der Vernunft seien seiner Kultur und Tradition fremd und deshalb für ihn wie für andere nichtwestliche Länder ungeeignet.

In der Demokratie-Rhetorik der letzten Jahre herrscht Begriffsverwirrung. Zwischen Planern, die Ländern der nichtwestlichen Welt Demokratie «aufzwingen» wollen (natürlich im «eigenen Interesse» dieser Länder), und der Gegenpartei, die einen derartigen «Zwang» ablehnt (aus Respekt für die «eigenen Wege» der Kandidaten), entwickelt sich eine zunehmend verworrene Dichotomie. Doch die Vokabel vom «Aufzwingen», die beide Parteien verwenden, ist außerordentlich unangemessen, da sie implizit voraussetzt, dass die Demokratie eine im Kern «westliche» Idee ist, die im Westen entstand, sich nur dort entfaltet hat und ausschließlich Eigentum des Westens ist.

Aber diese These und der Pessimismus hinsichtlich der Möglichkeit, demokratisches Verhalten in der Welt durchzusetzen, wären kaum zu rechtfertigen. Nicht einmal die «Tintenwolke der alten Inder», wie Rachel sie nannte, ist ein reines Phantasiegebilde, denn es gab im alten Indien tatsächlich mehrere Experimente mit kommunaler Demokratie (dazu gleich mehr). Um zu erkennen, wo die Wurzeln der Demokratie in der Welt sind, müssen wir uns mit der Geschichte der Mitbestimmung und des öffentlichen Vernunftgebrauchs in verschiedenen Weltgegenden befassen. Wir dürfen uns Demokratie nicht nur nach dem Muster der europäischen und amerikanischen Evolution denken, sondern müssen weiter blicken. Wenn wir Demokratie für ein besonderes Kulturprodukt des Westens hielten, würde uns entgehen, wie allgegenwärtig die Ansprüche auf Mitbestimmung im Leben sind, die Aristoteles mit großem Weitblick formulierte.

Zweifellos beruht die institutionelle Struktur heutiger demokratischer Praxis weitgehend auf den europäischen und amerikanischen Erfahrungen der letzten Jahrhunderte.* Das muss man unbedingt aner-

* John Dunn schreibt in seinem erhellenden Buch über die Geschichte demokratischer Institutionen (*Democracy: A History* (New York: Atlantic Monthly Press,

kennen, da diese Entwicklungen auf dem Gebiet der institutionellen Formen überaus innovativ und am Ende wirkungsvoll waren. Ohne Zweifel war dies eine wichtige «westliche» Errungenschaft.

Und doch hatte Alexis de Tocqueville recht, als er zu Beginn des neunzehnten Jahrhunderts schrieb, «die große demokratische Revolution», die in dieser Zeit in Europa und Amerika stattfand, sei «etwas Neues», aber auch, anders betrachtet «die stetigste, die älteste und die anhaltendste Tendenz, die in der Geschichte bekannt ist».* Auch wenn Tocqueville selbst die Erläuterung seiner radikalen Behauptung räumlich auf Europa beschränkte und zeitlich nur bis zum zwölften Jahrhundert zurückging, reichte sein allgemeines Argument viel weiter. Wenn wir Pro und Kontra der Demokratie abwägen, müssen wir anerkennen, dass die Anziehungskraft partizipatorischer Regierungsformen in verschiedensten Teilen der Welt mit einiger Konsistenz deutlich wurde, dann nachzulassen schien, aber immer wieder zum Vorschein kam. Sie war sicherlich keine unwiderstehliche Kraft, hat aber beständig den kritiklosen Glauben erschüttert, dass autoritäre Herrschaftsformen in den meisten Teilen der Welt unbewegliche Objekte sind. Demokratie in ihrer ausgearbeiteten institutionellen Form mag neuartig in der Welt sein – sie besteht erst seit ein paar Jahrhunderten –, und doch macht sie laut Tocqueville eine Tendenz im sozialen Leben deutlich, die eine viel längere und weiter verbreitete Geschichte hat. Und wenn Demokratiegegner ihre Ablehnung noch so energisch betonen, müssen sie sich trotzdem mit der starken Anziehungskraft partizipatorischer Regierungsformen auseinandersetzen, die bis heute anhält und fast unwiderstehlich ist.

2005), S. 180: «Man kann den Fortschritt der repräsentativen Demokratie als Regierungsform von 1780 bis heute verfolgen, indem man Nadeln mit bunten Köpfen in die Landkarte steckt, um ihren Weg zu verfolgen; dabei wird man nicht nur feststellen, dass ihre Institutionen im Lauf der Jahrzehnte immer homogener wurden, sondern auch erkennen, dass die reiche Vielfalt anderer Staatsformen, die ständig mit ihr konkurriert haben – zu Anfang oft mit erheblicher Selbstsicherheit – zunehmend diskreditiert wurde. Die Staatsform, die sich in dieser Zeitspanne durchsetzt, wurde von Europäern initiiert; und sie hat sich in einer Welt verbreitet, in der zunächst Europa und dann Amerika eine unverhältnismäßig große militärische und wirtschaftliche Macht ausübten.»

* Alexis de Tocqueville, *Über die Demokratie in Amerika* (Stuttgart: Reclam, 1985), S. 15 f.

Der Gehalt der Demokratie

Aus dem bisher Gesagten müsste deutlich geworden sein, wie zentral die Rolle des öffentlichen Vernunftgebrauchs für das Verständnis von Gerechtigkeit ist. Wenn wir dies anerkennen, werden wir die Verbindung zwischen der Idee der Gerechtigkeit und der Praxis der Demokratie sehen, da die Auffassung, dass Demokratie am besten als «Regierung durch Diskussion» zu verstehen sei, in der gegenwärtigen politischen Philosophie viel Zustimmung erfahren hat. Wie in der Einleitung erwähnt, hat wahrscheinlich Walter Bagehot die Formulierung als erster verwendet, aber John Stuart Mills Werk hat Wichtiges geleistet, um diese Auffassung verständlich zu machen und für sie zu werben.*

Natürlich gibt es auch die ältere – und eher formale – Anschauung, dass Demokratie hauptsächlich durch freie Wahlen und Abstimmungen charakterisiert und nicht im weiteren Sinn einer «Regierung durch Diskussion» zu fassen sei. In der heutigen politischen Philosophie hat sich das Verständnis von Demokratie jedoch erweitert, so dass öffentliche Abstimmung als Definition nicht mehr ausreicht, sondern der viel umfassendere, von Rawls geprägte Terminus «the exercise of public reasoning», «der Gebrauch der öffentlichen Vernunft», als charakteristisches Merkmal gilt. Die Werke von Rawls[2] und Habermas[3] und eine Vielzahl neuerer Beiträge, unter anderem von Bruce Ackermann[4], Seyla Benhabib[5], Joshua Cohen[6] und Ronald Dworkin,[7] haben das Demokratieverständnis stark verändert. James Buchanans[8] bahnbrechende «Public-choice-Theorie» hat in ähnlicher Richtung gewirkt.

In seiner Theorie der Gerechtigkeit gibt Rawls dem öffentlichen Vernunftgebrauch Vorrang: «Die Idee, die eine deliberative Demokratie bestimmt, ist die Idee der Deliberation selbst. Wenn Bürger nachdenken, tauschen sie Meinungen aus und debattieren über die Gründe, die ihre Einstellung zu öffentlichen politischen Fragen stützen.»[9]

Habermas fasst den öffentlichen Gebrauch der Vernunft in mehrfacher Hinsicht weiter als Rawls, wie dieser selbst festgestellt hat.[10] Für

* Clemens Attlee hat im Juni 1957 in einer Rede in Oxford auf genau diese Beschreibung von Demokratie angespielt. Die Rede ist berühmt geworden – zu Unrecht, kann ich nur sagen –, denn Attlee konnte der Versuchung nicht widerstehen, sich einen kleinen Scherz zu einem wirklich großen Thema zu erlauben – wenn man ihn zum ersten Mal hört, ist er wohl sogar amüsant. Er sagte: «Demokratie bedeutet Regierung durch Diskussion, aber das funktioniert nur, wenn man die Leute auch wieder zum Schweigen bringen kann» (zitiert in *The Times*, 15. Juni 1957).

Habermas ist Demokratie ein offener, nicht abgeschlossener Prozess, ihr prozeduraler Charakter wird stärker hervorgehoben als in anderen Definitionen von Demokratie, die rawlssche eingeschlossen; Rawls und Habermas betonen zwar unterschiedliche prozedurale Merkmale, um Verfahren und Auswirkung des öffentlichen Vernunftgebrauchs zu charakterisieren, aber der Eindruck, dass ihre Ansätze in scharfem Gegensatz zueinander stehen, täuscht womöglich (vergl. Kapitel 1). Habermas hat jedoch maßgeblich zur Klärung der Reichweite des öffentlichen Vernunftgebrauchs beigetragen und vor allem darauf hingewiesen, dass es im politischen Diskurs um «moralische Fragen der Gerechtigkeit» sowie «instrumentelle Fragen der Ausübung von Macht und Zwang» geht.*

In der Auseinandersetzung über Eigenart und Auswirkung des öffentlichen Vernunftgebrauchs ist es zu einigen Missverständnissen gekommen. Zum Beispiel bemerkt Habermas, dass Rawls in seiner Theorie «einen Vorrang der liberalen Grundrechte [schafft], der den demokratischen Prozess gewissermaßen in den Schatten treten lässt», und dass er in die Liste der Freiheiten, die von den Liberalen betont werden, «die Glaubens- und Gewissensfreiheit sowie den Schutz von Leben, persönlicher Freiheit und Eigentum» aufnimmt.** Der Schutz der Eigentumsrechte kommt jedoch in John Rawls' Stellungnahme dazu nicht vor, da er, so viel ich weiß, nirgendwo in seinem Werk einen Anspruch auf ein generelles Recht auf Eigentum verteidigt hat.***

* Habermas hat auch die Unterschiede zwischen drei begrifflich disparaten allgemeinen Überlegungen zur Idee und Rolle des öffentlichen Vernunftgebrauchs luzide kommentiert. Er zeigt den Gegensatz zwischen seiner «prozedural-deliberativen Ansicht» und den – in seinen Worten – «liberalen» und «republikanischen» Ansichten, wie er sie nennt. (Siehe Habermas, «Three Normative Models of Democracy», in Seyla Benhabib (Hg.), *Democracy and Difference: Contesting the Boundaries of the Political* (Princeton, NJ: Princeton University Press, 1996). (Deutsch: Habermas, «Drei normative Modelle der Demokratie», in ders., *Philosophische Texte, Bd. 4*, Frankfurt: Suhrkamp, 2009).

** Jürgen Habermas, «Versöhnung durch öffentlichen Vernunftgebrauch», in ders,. *Die Einbeziehung des Anderen. Studien zur politischen Theorie.* Frankfurt: Suhrkamp 1996, S. 65–94.

*** Vielleicht war Habermas in seiner Diagnose dadurch beeinflusst, dass Rawls der Notwendigkeit, Anreize zu schaffen, Raum gibt, und damit Eigentumsrechten eine wichtige instrumentelle Rolle zuschreiben könnte. Rawls lässt in seinen vollkommen gerechten Regelungen Ungleichheiten zu, um Anreize zu ermöglichen, wenn diese den Anteil erhöhen, den die am schlechtesten Gestellten erhalten. Im Kapitel 2 («Pro und kontra Rawls») habe ich diese Frage aufgegriffen, als ich mich mit G.A. Cohens Kritik (in seinem Buch *Rescuing Justice and Equality,* 2008) an diesem Aspekt von Rawls' Gerechtigkeitsgrundsätzen auseinandersetzte. Man kann sicher-

Es ist klar, dass man die Rolle des öffentlichen Vernunftgebrauchs in der Politik und der Diskursethik auf viele, sehr unterschiedliche Weisen betrachten kann.* Aber diese Unterschiede gefährden nicht die Hauptthese, die ich hier vertreten möchte. Wichtiger noch: Die neuen Arbeiten insgesamt haben dazu beigetragen, dass politische Mitbestimmung, Dialoge und öffentliche Interaktion allgemein als zentral für ein umfassenderes Verständnis von Demokratie gelten. Dass der öffentliche Vernunftgebrauch in der demokratischen Praxis so entscheidend ist, schafft eine enge Verbindung zwischen dem Gegenstand Demokratie und dem zentralen Thema dieses Buchs: der Gerechtigkeit. Wenn die Forderungen der Gerechtigkeit nur durch den Einsatz der öffentlichen Vernunft eingeschätzt werden können und wenn der öffentliche Vernunftgebrauch grundlegend mit der Idee von Demokratie verbunden ist, dann haben Gerechtigkeit und Demokratie gemeinsame diskursive Merkmale und stehen in engem Zusammenhang.

Die Vorstellung von Demokratie als «Regierung durch Diskussion», die in der politischen Philosophie von heute so weitgehend akzeptiert wird (allerdings nicht von «Institutionsgläubigen»), steht jedoch manchmal in einem Spannungsverhältnis zu gegenwärtigen Diskussionen über Demokratie und zu ihrer Rolle in älteren – und rigider an Organisationen orientierten – Konzeptionen. Die *niti*-orientierte institutionelle Auffassung, dass allein Wahlen und Abstimmungen Demokratie definieren, hat nicht nur Tradition, sondern wurde auch von vielen politischen Kommentatoren unserer Zeit favorisiert. So sagte Samuel Huntington: «Wahlen, offene, freie und faire Wahlen sind die Essenz der Demokratie, ihr unausweichliches sine qua non.»[11] Ungeachtet der Wandlung der Demokratiekonzeption in der politischen Philosophie wird die Geschichte der Demokratie auch heute noch oft im ziemlich begrenzten,

lich darüber streiten, ob in einer Gesellschaft, die beansprucht, vollkommen gerecht zu sein, Ungleichheiten hingenommen werden dürfen, die mit der Notwendigkeit von Anreizen begründet werden; unabhängig davon ist es aber wichtig zu sehen, dass Rawls sich nicht wie Robert Nozick (*Anarchie, Staat, Utopia*, 1976) für uneingeschränkte Eigentumsrechte als Teil eines libertären Anspruchs einsetzt.

* Siehe Joshua Cohen, «Deliberative Democracy and Democratic Legitimacy», in Alan Hamlin und Philip Pettit (Hg.), *The Good Polity* (Oxford: Blackwell, 1989); Jon Elster (Hg.), *Deliberative Democracy* (Cambridge: Cambridge University Press, 1998); Amy Gutmann und Dennis Thompson, *Why Deliberative Democracy*? (Princeton, NJ: Princeton University Press, 2004); James Bohman und William Rehg, *Deliberative Democracy* (Cambridge, MA: MIT Press, 1997).

auf Wahl- und Abstimmungsverfahren konzentrierten Vokabular von Organisationsformen erzählt.

Abstimmungen sind natürlich auch für die Effektivität des öffentlichen Gebrauchs der Vernunft sehr wichtig, aber sie sind nicht das Einzige, worauf es ankommt, und man kann sagen, sie seien lediglich ein Teilgebiet – ein sehr wichtiges Teilgebiet, zugegeben – des Arbeitsbereichs der öffentlichen Vernunft in einer demokratischen Gesellschaft. Die Effektivität von Abstimmungen hängt entscheidend von Begleitumständen ab, zum Beispiel davon, ob Redefreiheit, Zugang zu Informationen und Freiheit zu abweichenden Meinungen gegeben sind.* Wahlen für sich genommen können sehr inadäquat sein, wie die verblüffenden Wahlsiege von diktatorischen Amtsinhabern in autoritären Regimes in der Vergangenheit wie heute, zum Beispiel in Nordkorea, zeigen. Das Problem liegt nicht nur im politischen Druck und den Strafandrohungen, von denen Wähler bei der Abstimmung selbst beeinflusst werden, sondern auch in der Art, wie Äußerungen der öffentlichen Meinung durch Zensur, Informationssperren und ein Klima der Angst vereitelt, politische Opposition und die Unabhängigkeit der Medien unterdrückt und bürgerliche Grundrechte sowie politische Freiheitsrechte missachtet werden. Dadurch erübrigt es sich für die Machthaber, besondere Gewalt anzuwenden, um im Wahlakt Konformität zu sichern. Sehr viele Diktatoren auf der Welt haben gigantische Wahlsiege erreicht, ohne bei der Wahl selbst offenen Zwang auszuüben, sie mussten nur öffentliche Diskussionen und Informationsfreiheit unterdrücken und ein Klima der Angst schaffen.

Die begrenzte Tradition der Freiheit?

Selbst wenn akzeptiert wird, dass Demokratie, richtig verstanden, eng verbunden ist mit dem Gerechtigkeitsbegriff, der in diesem Buch untersucht wird, bleibt die Frage, ob es nicht problematisch ist, die allgegenwärtige Idee der Gerechtigkeit, die überall auf der Welt zu Diskussion und Agitation anregt, mit einer häufig als durch und durch «westlich» angesehenen Vorstellung von Demokratie zu verkoppeln. Versuchen wir nicht, uns in diesem Vorhaben eine ausschließlich westliche Denkweise zu eigen zu machen, wenn wir politische Strukturen als Hauptzugang zu

* Wie wichtig Redefreiheit und Argumente, die im Zusammenhang damit stehen, in den Vereinigten Staaten sind, schildert Anthony Lewis, *Freedom for the Thought That we Hate: A Biography of the First Amendment* (New York: Basic Books, 2007).

Fairness und Gerechtigkeit in der Welt deklarieren? Wenn der öffentliche Gebrauch der Vernunft für die Anwendung von Gerechtigkeit so wesentlich ist, wie können wir dann über Gerechtigkeit in der gesamten Welt auch nur nachdenken, da die Kunst des öffentlichen Vernunftgebrauchs als Teil der Demokratie doch nach allgemeiner Überzeugung so durch und durch westlich geprägt und geographisch begrenzt ist? Die Annahme, dass Demokratie im Grunde eine westliche, in Europa – und Amerika – entwickelte Vorstellung sei, ist weit verbreitet, und sie hat auf den ersten Blick eine gewisse Plausibilität, obwohl sie letzten Endes falsch und oberflächlich ist.

John Rawls und Thomas Nagel schätzten die Möglichkeit globaler Gerechtigkeit wohl pessimistisch ein, da es keine souveräne Weltregierung gibt (vergl. Einleitung), aber stoßen wir nicht zusätzlich auf ein anderes Problem, wenn wir versuchen, öffentliche Diskussionen *über, für und mit* Menschen auf der ganzen Welt als einen Weg zur Vermehrung der Gerechtigkeit zu sehen? Wie bereits in diesem Buch behauptet (besonders in den Kapiteln 5 («Unparteilichkeit und Objektivität») und 6 («Geschlossene und offene Unparteilichkeit»)), verlangt offene Unparteilichkeit notwendig eine globale Perspektive, damit Gerechtigkeit überall auf der Welt ungeteilte Beachtung findet. Wenn das richtig ist, wäre es dann nicht unmöglich, dieser Notwendigkeit Rechnung zu tragen, falls sich zeigen sollte, dass die Menschen auf der Welt streng getrennte Gruppen bilden, von denen viele auf keine Weise zum öffentlichen Gebrauch der Vernunft veranlasst werden können? Das ist eine schwerwiegende Frage, die zwar mit ausgiebigen empirischen Daten korreliert ist, aber trotzdem in diesem Buch über die Theorie der Gerechtigkeit nicht umgangen werden kann. Deshalb ist es wichtig, zu prüfen, ob Demokratie, sei es in ihrer weitgehend organisatorischen, durch Abstimmungen und Wahlen charakterisierten Form oder allgemeiner als «Regierung durch Diskussion», auf eine durch und durch westliche Tradition zurückgeht – oder nicht.

Wird Demokratie aus der Perspektive des öffentlichen Vernunftgebrauchs betrachtet, die mehr erfasst als die spezifischen institutionellen Merkmale, die im Lauf der letzten Jahrhunderte besonders deutlich in Europa und Amerika hervortraten, dann muss die Ideengeschichte partizipatorischer Regierungsformen in verschiedenen Ländern und vielen Teilen der Welt – nicht nur Europas und Amerikas – umgeschrieben werden.[12] Kulturseparatisten, die sich gegen den Anspruch wenden, Demokratie sei ein universeller Wert, betonen häufig die einzigartige Rolle, die das klassische Griechenland, vor allem Athen gespielt hat, da dort im sechsten Jahrhundert vor Christus eine besondere Form der Abstimmung entwickelt wurde.

Die globalen Ursprünge der Demokratie

Das klassische Griechenland war in der Tat einzigartig.* Sein Beitrag zur Form und zum Verständnis des Inhalts von Demokratie kann nicht genug betont werden. Aber ob die griechische Erfahrung eindeutig beweist, dass Demokratie eine von Grund auf «europäische» oder «westliche» Idee ist, sollte viel kritischer geprüft werden als gemeinhin üblich. Erstens ist es besonders wichtig, zu verstehen, dass sogar die Athenische Demokratie nicht nur auf Abstimmungen, sondern auch auf freie öffentliche Diskussion angewiesen war, um Erfolg zu haben, und dass Abstimmungsverfahren zwar mit Sicherheit in Griechenland begannen und dort stark ausgeprägt waren, öffentliche Diskussionen jedoch eine viel weiter verbreitete Tradition hatten.

Auch die These, dass Wahlen ihren Ursprung in Europa haben, die von Kulturseparatisten gern zur Stützung ihrer Ansicht vertreten wird, muss genauer unter die Lupe genommen werden. Erstens begegnet man einer grundlegenden Schwierigkeit, wenn man versucht, Kulturen nicht im Rahmen der exakten Geschichte von Ideen und Handlungen zu definieren, sondern durch eine weitmaschige, grob aggregative regionale Zuordnung, zum Beispiel «europäisch» oder «westlich». Werden kulturelle Kategorien auf diese Weise betrachtet, dann können die Nachfahren etwa der Wikinger oder Westgoten ohne große Schwierigkeiten als rechtmäßige Erben der Wahltradition im klassischen Griechenland gel-

* Im klassischen Griechenland trafen auch mehrere Umstände zusammen, die bewirkten, dass demokratische Verfahren denkbar und durchführbar wurden. John Dunn macht in seiner eindringlichen Geschichte der Demokratie deutlich, dass eine demokratische Regierungsform «vor zweitausendfünfhundert Jahren als improvisiertes Heilmittel für ein ganz lokales griechisches Problem begann, kurz, aber strahlend aufleuchtete, wieder erlosch und fast überall knapp zweitausend Jahre lang vergessen wurde» (*Democracy: A History* (2005), S. 13–14). Ich behaupte zwar, dass die Demokratie im weiter gefassten Sinn von öffentlichem Vernunftgebrauch keine derartig kurzlebige Geschichte von Aufstieg und Niedergang hatte, aber Dunns Feststellung trifft sicherlich für die formalen demokratischen Institutionen zu, die im klassischen Griechenland entstanden und vorübergehend von anderen Ländern – etwa Iran, Indien und Baktrien – übernommen wurden (unter dem Einfluss der griechischen Erfahrung – mehr dazu im Folgenden), aber erst zu einer Zeit wieder auftauchten, die unserer Gegenwart viel näher ist.

ten (schließlich gehören sie zum «europäischen Bestand»), obwohl die alten Griechen, die enge intellektuelle Wechselbeziehungen mit anderen, östlich oder südlich von ihrem Land gelegenen alten Kulturen pflegten – besonders mit Iran, Indien und Ägypten –, offenbar wenig Interesse hatten, sich mit den lebendigen Goten einzulassen.

Das zweite Problem bezieht sich auf die Entwicklung im Anschluss an die frühe griechische Erfahrung mit Wahlen. Während Athen sicherlich wegbereitend war, verwendeten in den folgenden Jahrhunderten viele asiatische Regionen weitgehend unter griechischem Einfluss Abstimmungsverfahren. Es gibt aber keinen Beweis dafür, dass die griechische Erfahrung mit gewählten Regierungen unmittelbare Auswirkung auf die Länder westlich von Griechenland und Rom hatte, also auf die Regionen des heutigen Frankreich oder Deutschland oder England. Im Gegensatz dazu nahmen einige Städte in Asien – im Iran, in Baktrien und Indien – in den Jahrhunderten nach der Blütezeit der athenischen Demokratie demokratische Elemente in ihre Kommunalverwaltung auf; zum Beispiel hatte die Stadt Shushan oder Susa im Südwestiran einen gewählten Stadtrat, eine Volksversammlung und Beamte, die von der Versammlung gewählt worden waren.*

Die demokratische Praxis auf kommunaler Ebene im alten Indien ist ebenfalls gut belegt. Auf diese Quellen berief sich Sidney Quarles, als er Rachel von seinen vorgeblichen Studien in London erzählte und sogar die Namen der für das Thema wichtigen Autoren ziemlich genau wiedergab.[13] B.R. Ambedkar, der Vorsitzende des Redaktionsausschusses, der zuständig war für die Formulierung der neuen indischen Verfassung, die der verfassungsgebenden Versammlung kurz nach der indischen Unabhängigkeit im Jahr 1947 zur Annahme vorgelegt wurde, äußerte sich ziemlich ausführlich dazu, ob überhaupt und wieweit Indiens alte Erfahrungen mit kommunaler Demokratie relevant für die Planung einer für das gesamte moderne Indien geltenden Demokratie seien.**

Die Durchführung von Wahlen hatte in nicht-westlichen Gesell-

* Siehe auch die vielfältigen indischen Beispiele für demokratische Regierung auf kommunaler Ebene in: Radhakumud Mookerji, *Local Government in Ancient India* (1919) (Delhi: Motilal Banarsidas, 1958).

** Nachdem Ambedkar sich mit der Geschichte kommunaler Demokratien im alten Indien befasst hatte, hielt er es nicht für lohnend, diese alten – und lokal beschränkten – Erfahrungen beim Entwurf einer Verfassung für die moderne indische Demokratie zu berücksichtigen. Er konstatierte weiter, dass «Lokalismus» «Engstirnigkeit und Kommunalismus» schaffe, und bemerkte, «diese Dorfrepubliken waren der Ruin Indiens» (siehe: *The Essential Writings of B.R. Ambedkar*, hg. v.

schaften eine bemerkenswerte Geschichte, aber nicht diese Geschichte, sondern die Auffassung, die Demokratie als öffentlichen Gebrauch der Vernunft sieht, macht mehr als deutlich, dass die Kulturkritik, die Demokratie als rein regionales Phänomen versteht, völlig fehlgeht.[14] Athen ist berühmt für seine öffentlichen Diskussionen, aber auch in anderen alten Kulturen florierte öffentliche Deliberation, manchmal sogar blendend; in Indien zum Beispiel fanden – seit dem sechsten Jahrhundert vor Christus – einige der frühesten offenen Generalversammlungen statt, buddhistische «Konzile» genannte Zusammenkünfte, eigens einberufen, um Streitigkeiten zwischen unterschiedlichen Ansichten über soziale und religiöse Angelegenheiten zu schlichten. Das erste Konzil traf sich kurz nach Gautama Buddhas Tod in Rajagriha (dem heutigen Rajgir), das zweite fand ungefähr hundert Jahre danach in Vaisali statt. Das letzte wurde im zweiten Jahrhundert nach Christus in Kashmir einberufen.

Kaiser Ashoka, Gastgeber des dritten und größten buddhistischen Konzils, das im dritten Jahrhundert vor Christus in Patna (damals Pataliputra) stattfand, der Hauptstadt des indischen Reichs, versuchte auch, Regeln für öffentliche Diskussionen zu kodifizieren und zu propagieren – einer der ersten Versuche auf diesem Gebiet (so etwas wie eine frühe Version von «Robert's rules of order» aus dem neunzehnten Jahrhundert).* Ein anderes Beispiel, diesmal aus der Geschichte Japans: Im frühen siebten Jahrhundert, 604 nach Christus, formulierte der buddhistische Prinz Shotoku, den seine Mutter, die Kaiserin Suiko, zum Regenten ernannt hatte, die so genannte «Verfassung der siebzehn Verfügungen». Diese Verfassung schrieb vor – ganz im Geist der sechshundert Jahre später, 1215, unterzeichneten *Magna Charta*: «Entscheidungen in wichtigen Angelegenheiten sollten nicht von einer Person allein getroffen werden. Sie sollten mit vielen diskutiert werden.»[15] Einige Kommentatoren haben diese buddhistisch geprägte Verfassung aus dem siebten Jahrhundert als Japans «ersten Schritt in der stufenweisen Entwicklung zur Demokratie» bezeichnet.[16] In den siebzehn Artikeln heißt es weiter: «Lasst uns nicht grollen, wenn andere mit uns uneins sind. Denn alle Menschen haben ein Herz, und jedes Herz seine eigenen Vorlieben. Das Rechte für sie ist das Falsche für uns, und das Rechte für uns ist das Falsche für sie.» Die Wichtigkeit öffentlicher Diskussion ist tatsächlich in

Valerian Rodrigues (Delhi: Oxford Press, 2002), besonders Essay 32: «Basic Features of the Indian Constitution»).

* Siehe Kapitel 3, «Institutionen und Personen», und auch *The Argumentative Indian* (2005).

der Geschichte vieler Länder in der nicht-westlichen Welt ein immer wiederkehrendes Thema.

Diese globale Geschichte ist relevant, aber nicht deshalb, weil sie auf irgendeine Weise vermuten ließe, dass wir nicht aus der Geschichte ausbrechen, keinen neuen Weg einschlagen können. Aufbrüche aus der Vergangenheit auf verschiedenen Wegen sind überall in der Welt nötig. Wir müssen nicht in einem Land mit einer langen demokratischen Vergangenheit geboren sein, um diesen Weg heute zu wählen. So gesehen, vermittelt die Geschichte eher die allgemeine Einsicht, dass bewährte Traditionen fortdauernden Einfluss auf Ideen haben, dass sie anregen oder abschrecken können und dass sie beachtet werden müssen, ganz gleich, ob sie uns stimulieren, ob wir sie ablehnen und überwinden möchten oder ob wir (wie der indische Dichter Rabindranath Tagore mit bezwingender Klarheit sagte) im Licht unserer gegenwärtigen Anliegen und Prioritäten kritisch prüfen wollen, was wir von der Vergangenheit übernehmen sollten und was wir zurückweisen müssen.[17]

Deshalb ist es nicht überraschend – obwohl es heute deutlichere Anerkennung verdiente –, dass die visionären, furchtlosen Politiker überall auf der Welt, die im Kampf für Demokratie führend waren, zum Beispiel Sun Yat-sen, Jawaharlal Nehru, Nelson Mandela, Martin Luther King oder Aung San Suu Kyi, sich durch die lokale und die Weltgeschichte bestärkt und ermutigt sahen. Nelson Mandela schildert in seiner Autobiographie *Long Walk to Freedom*, wie sehr ihn die demokratischen Verfahren der Zusammenkünfte der Bewohner von Mqhekezweni im Haus des Regenten beeindruckten und beeinflussten, die er als Junge miterlebte:

> Es sprach jeder, der sprechen wollte. Es war Demokratie in ihrer reinsten Form. Unter den Rednern mag es zwar eine Hierarchie geben, was die Bedeutung der einzelnen betrifft, doch wurde jeder angehört, ob Häuptling oder einfacher Mann, Krieger oder Medizinmann, Kaufmann oder Farmer, Landeigentümer oder Arbeiter ... die Grundlage der Selbstverwaltung war, dass alle Männer frei waren, ihre Meinung zu sagen, und gleich in ihrem Wert als Bürger.[18]

Mandelas Einsicht in Demokratie wurde kaum gefördert durch die politische Praxis des Apartheid-Staates, in dem er lebte, dessen Führer und Verwalter europäischer Herkunft waren und – in diesem Zusammenhang vielleicht eine Erinnerung wert – sich gewöhnlich «Europäer» nannten, nicht einfach «Weiße». Pretoria hatte wenig zu Mandelas Demokratieverständnis beizutragen. Wie wir aus seiner Autobiographie wissen, zog er seine Vorstellung von Demokratie aus seinen allgemeinen Ideen zur politischen und sozialen Gleichheit, die globale Wurzeln hatten, und aus der Praxis partizipatorischer öffentlicher Diskussion, die er in seinem Heimatort beobachten konnte.

Ist der Nahe Osten eine Ausnahme?

Wenn wir den historischen Hintergrund demokratischer Formen in der Vergangenheit neu überprüfen, müssen wir auch die Geschichte des Nahen Ostens neu beurteilen, da vielfach die Überzeugung geäußert wird, diese Ländergruppe sei schon immer demokratiefeindlich gewesen. Diese beharrlich wiederholte Meinung empört die Kämpfer für Demokratie in der arabischen Welt, aber als ein Musterstück historischer Verallgemeinerung ist sie im Grunde Unfug. Natürlich stimmt es, dass Demokratie in der Vergangenheit des Nahen Ostens kein vorherrschendes institutionelles System war, aber eine institutionelle Demokratie ist auch in den meisten anderen Teilen der Welt ein sehr neues Phänomen.

Suchen wir aber nicht nach institutionellen demokratischen Systemen, sondern – wie es dem weiter gefassten Demokratieverständnis entspricht, das ich dargelegt habe – nach Beispielen für öffentlichen Vernunftgebrauch und Toleranz gegenüber abweichenden Meinungen, dann zeichnet sich der Nahe Osten durch seine Vergangenheit aus. Wir dürfen den schmalen Ausschnitt islamischer Militanz nicht mit der umfassenden Geschichte der Muslime und der Tradition der Staatsführung moslemischer Herrscher verwechseln. Als der jüdische Philosoph Maimonides im zwölften Jahrhundert gezwungen wurde, aus Spanien zu emigrieren (nachdem tolerantere moslemische Regierungen von einem weit weniger toleranten islamischen Regime verdrängt worden waren), suchte er nicht in Europa Schutz, sondern in einem toleranten moslemischen Reich in der arabischen Welt, und erhielt in Kairo am Hof des Sultans Saladin eine ehrenvolle und einflussreiche Position. Saladin war mit Sicherheit ein überzeugter Moslem; er kämpfte in den Kreuzzügen entschlossen für den Islam, und Richard Löwenherz war einer seiner berühmten Gegner. Aber in Saladins Reich konnte Maimonides wieder Fuß fassen und von neuem die Stimme erheben. Dissens zu tolerieren ist für den öffentlichen Gebrauch der Vernunft entscheidend, und die toleranten moslemischen Regime boten in ihrer Blütezeit eine Freiheit, die im inquisitionsgeplagten Europa manchmal nicht zu haben war.

Maimonides' Erfahrung war jedoch keine Ausnahme. Auch wenn die Welt von heute voller Konflikte zwischen Muslimen und Juden ist, gab es in der Geschichte der moslemischen Herrscher in der arabischen Welt und im mittelalterlichen Spanien doch eine lange Tradition, Juden als gesicherte Mitglieder, deren Freiheiten – und manchmal führende Rollen – respektiert wurden, in die soziale Gemeinschaft zu integrieren.* Wie Maria Rosa Menocal in ihrem Buch *The Ornament of the World* feststellte, haben Kalif Abd al-Rahman III und sein jüdischer Wesir Hasdai ibn Shaprut gemeinsam bewirkt, dass Cordoba, Hauptstadt des moslemischen Kalifats von Cordoba, sich im zehnten Jahrhundert «im Wettstreit mit Bagdad als aussichtsreichster Bewerber um den Titel des kultiviertesten Ortes auf der Welt» präsentieren konnte.[19]

Zur Geschichte des Nahen Ostens und der Muslime gehört auch eine Vielzahl von Berichten über öffentliche Diskussionen und politische Mitbestimmung durch Dialoge. In den Moslemreichen mit den Zentren Kairo, Bagdad und Istanbul oder im Iran, Indien oder auch Spanien gab es viele Befürworter öffentlicher Diskussionen. Im Vergleich zu Europa war die Toleranz für unterschiedliche Ansichten oft außergewöhnlich. Als zum Beispiel der Großmogul Akbar in Indien in den neunziger Jahren des sechzehnten Jahrhunderts erklärte, dass religiöse und politische Toleranz notwendig seien, und als er Dialoge zwischen Vertretern unterschiedlicher Glaubensrichtungen (Hindus, Muslime, Christen, Parsen, Jainiten, Juden und sogar Atheisten eingeschlossen) organisierte, waren in Europa Inquisitionen noch weit verbreitet. Giordano Bruno wurde 1600 in Rom als Ketzer auf dem Scheiterhaufen verbrannt, und Akba lehrte zur selben Zeit in Agra Toleranz und betonte, wie notwendig Dialoge über religiöse und ethnische Grenzen hinweg seien.

Die heutigen Probleme des Nahen Ostens und der so genannten «moslemischen Welt» – eine allzu starke Vereinfachung – mögen immens sein, aber um die Ursache dieser Probleme kritisch prüfen zu können, müssen wir die Natur und die Dynamik einer Identitätspolitik gründlicher verstehen – wie ich in meinem Buch *Die Identitätsfalle* dargestellt habe. Das heißt, wir müssen wahrnehmen, dass Menschen sich nicht nur ihrer Religion verbunden fühlen, sondern auch vielfältige andere Gruppenzugehörigkeiten haben und dass diese Loyalitäten von nicht-religiösen Prioritäten bis zu einem politischen Interesse an der Ausbeutung

* In diesem Kontext ist es bemerkenswert, wie der Einfluss des intellektuellen islamischen Erbes die Entwicklung der europäischen Kultur und vieler ihrer Besonderheiten geprägt hat, die wir heute gewöhnlich mit westlicher Kultur verbinden. Siehe David Levering Lewis, *God's Crucible: Islam and the Making of Europe, 570–1215* (New York: W. W. Norton & Co., 2008).

religiöser Differenzen reichen können. Wir müssen uns klarmachen, welche Dialektik die Begegnung des Nahen Ostens mit seiner eigenen Vergangenheit als Großmacht und der späteren Unterwerfung durch den dominanten Westen hat – dessen Dominanz noch immer Einfluss nimmt. Die Illusion, dass es das unausweichliche Schicksal des Nahen Ostens sei, ohne Demokratie auskommen zu müssen, ist so wirr wie irreführend – gefährlich irreführend – und taugt weder als Weg zum Verständnis von Weltpolitik noch von globaler Gerechtigkeit heute.

Die Rolle der Medien

Die These, dass Demokratie eine intellektuelle Erbschaft sei, die dem Westen aus einer langen, einzigartigen und unvergleichlichen Vergangenheit zugekommen ist, lässt sich also nicht halten. Sie wäre schon schwer zu vertreten, wenn wir den Begriff nur im engen Sinn von öffentlichen Wahlen fassen würden, und sie ist ganz unbrauchbar, wenn die Geschichte der Demokratie als Entwicklung des öffentlichen Vernunftgebrauchs verstanden wird.

Soll der öffentliche Vernunftgebrauch in der Welt verstärkt werden, muss man vor allem darüber nachdenken, wie die Arbeit einer freien, unabhängigen Presse unterstützt werden kann; Pressefreiheit fehlt auffallend häufig – eine Situation, die sicherlich zu ändern ist. Und hier haben die Traditionen, die in Europa und Amerika seit dreihundert Jahren bestehen, tatsächlich einen gewaltigen Unterschied bewirkt. Die Lehren aus diesen Traditionen haben die Welt im Ganzen verwandelt, von Indien bis Brasilien und von Japan bis Südafrika, und das Wissen, dass freie tatkräftige Medien gebraucht werden, breitet sich mit rasantem Tempo aus. Meiner Meinung nach ist es besonders ermutigend, dass die Art der Berichterstattung – und manchmal sogar die Kultur – der Medien sich so schnell ändern kann.*

Unzensierte, robuste Medien sind aus verschiedenen Gründen wichtig, und es ist nützlich, die unterschiedlichen Beiträge, die sie leisten können, separat zu betrachten. Die erste – und vielleicht elementare – Verbindung betrifft den *unmittelbaren Beitrag* zu unserer Lebensqualität, den Redefrei-

* Eine persönliche Erfahrung: Als ich 1964 zum ersten Mal in Thailand war, konnte ich nicht ahnen, wie rapide sich die damals miserable Situation der Zeitungen in diesem Land bessern würde, so dass die thailändische Presse heute zu den kraftvollsten Stimmen der Medientradition in der Welt gehört und einen hohen Beitrag zur Verbreitung der öffentlichen Diskussion im Land leistet.

heit im Allgemeinen und Pressefreiheit im Besonderen leisten. Wir haben gute Gründe, uns miteinander zu verständigen und unsere Lebenswelt besser zu verstehen. Medienfreiheit ist entscheidend für unsere Chance dazu. Fehlende Medienfreiheit und Unterdrückung der Möglichkeit zur Kommunikation wirken sich unmittelbar als Verringerung der Lebensqualität aus, auch wenn das autoritäre Land, das diese Zensur übt, gemessen am Bruttonationaleinkommen sehr reich sein sollte.

Zweitens spielt die Presse eine Hauptrolle als *Informationsquelle*; sie verbreitet Wissen und ermöglicht kritische Überprüfung. Ihre Informationsrolle beschränkt sich nicht auf fachliche Berichterstattung zum Beispiel über wissenschaftliche Fortschritte oder kulturelle Neuerungen, sondern sie hat auch die Aufgabe, ihre Leser ganz generell auf dem Laufenden zu halten, damit sie wissen, was wo geschieht. Darüber hinaus kann der investigative Journalismus Informationen ausgraben, die sonst unbemerkt oder sogar unbekannt geblieben wären.

Drittens hat die Medienfreiheit eine wichtige *Schutzfunktion*, da sie die Vergessenen und Benachteiligten zu Wort kommen lässt, und das kann erheblich zur menschlichen Sicherheit beitragen. Die Regierenden eines Landes führen oft ein isoliertes, vom Elend der gewöhnlichen Menschen abgeschirmtes Leben. Sie können eine nationale Katastrophe – Hunger oder ein anderes Unglück – überdauern, ohne das Schicksal der Katastrophenopfer zu teilen. Wenn die Machthaber jedoch öffentliche Kritik in den Medien gewärtigen müssen und vor Wahlen einer unzensierten Presse gegenüberstehen, kann sie das teuer zu stehen kommen – ein starker Anreiz für sie, rechtzeitig zu handeln, um solche Krisen zu vermeiden. Diese Frage werde ich im nächsten Kapitel «Die demokratische Praxis» weiter verfolgen.

Viertens verlangt die auf Informationen beruhende, unreglementierte *Wertebildung* offene Kommunikation und Auseinandersetzung. Für diesen Prozess ist Pressefreiheit entscheidend. Durchdachte Wertebildung ist ein interaktiver Prozess, und die Presse kann erheblich dazu beitragen, dass solche Interaktionen möglich werden. Neue Standards und Prioritäten (zum Beispiel, dass kleinere Familien und weniger häufige Schwangerschaften zur Norm werden oder dass die Notwendigkeit für Gender-Gleichbehandlung stärker anerkannt wird) entstehen durch öffentlichen Diskurs, und wieder ist öffentliche Diskussion das Medium, das die neuen Normen gebietsübergreifend bekannt macht.*

* Die Rolle der Kommunikation und Deliberation in kollektiven Entscheidungen wurde im Kapitel 4, «Stimme und kollektive Entscheidung», geschildert. Siehe

Die Beziehung zwischen Mehrheitsregel und Schutz von Minderheitsrechten – zwei wesentlichen Bestandteilen demokratischer Praxis – ist besonders darauf angewiesen, dass sich Werte und Prioritäten bilden, die Toleranz erlauben. Aus dem Resultat der «Unmöglichkeit eines paretianischen Liberalen» bei kollektiven Entscheidungen (vergl. Kapitel 14, «Gleichheit und Freiheit») kann man die Lehre ziehen, dass wechselseitig tolerante Präferenzen und Wahlen entscheidende Bedeutung haben, wenn es darum geht, Freiheit und Freiheitsrechte mit der Priorität der Mehrheitsregel in Einklang zu bringen und bei bestimmten Wahlen Einstimmigkeit zum Leitprinzip zu machen. Wenn eine Mehrheit bereit ist, die Rechte von Minderheiten, sogar von Einzelnen mit abweichenden oder entgegengesetzten Meinungen zu unterstützen, dann kann Freiheit gesichert sein, ohne dass die Mehrheitsregel eingeschränkt werden muss.

Letzter Punkt: Gut funktionierende Medien können dazu beitragen, dass der öffentliche Vernunftgebrauch generell erleichtert wird; und dass dies für das Streben nach Gerechtigkeit besonders wichtig ist, wurde im vorliegenden Buch immer wieder betont. Die Evaluierung, die zur Einschätzung von Gerechtigkeit gebraucht wird, ist kein einsames Geschäft, sondern eine unvermeidlich diskursive Angelegenheit. Es ist nicht schwer einzusehen, warum freie, energische und effiziente Medien den nötigen diskursiven Prozess erheblich erleichtern können. Die Medien sind nicht nur für Demokratie, sondern für das Streben nach Gerechtigkeit generell wichtig. «Gerechtigkeit ohne Diskussion» kann eine sehr beklemmende Vorstellung sein.

Die vielseitige Relevanz der Medienverbindung macht auch deutlich, wie institutionelle Modifikationen die Praxis des öffentlichen Vernunftgebrauchs verändern können. Wie unmittelbar er einsetzt und wie viel Durchsetzungskraft er hat, hängt nicht nur von ererbten, historisch verwurzelten Traditionen und Überzeugungen ab, sondern auch davon, welche Gelegenheiten zu Diskussion und Interaktion die Institutionen und die Praxis bieten. Viel zu oft werden angeblich «althergebrachte und unerschütterliche» kulturelle Parameter als «Erklärung» und sogar «Rechtfertigung» für das Fehlen von öffentlicher Diskussion in einem bestimmten Land angeführt, und sehr häufig sind diese Erklärungen wenig robust, während überzeugendere Gründe für den Mangel aus genauerer Kenntnis der Arbeitsweise autoritärer Systeme gewonnen werden – diese Systeme arbeiten mit Zensur, Gängelung der Presse, Unterdrückung

auch Kaushik Basu, *The Retreat of Democracy And Other Itinerant Essays on Globalization, Economics, and India* (Delhi: Permanent Black, 2007).

abweichender Meinungen, Verbot von Oppositionsparteien und Inhaftierung (oder Schlimmerem) von Dissidenten. Das Niederreißen solcher Hürden ist nicht der geringste Beitrag, den die Idee der Demokratie leisten kann. Ein Beitrag, der für sich genommen wichtig ist, darüber hinaus aber auch – sollte die in diesem Buch entwickelte Methode richtig sein – zentrale Bedeutung für das Streben nach Gerechtigkeit hat.

16. DIE DEMOKRATISCHE PRAXIS

«Der Staatssekretär für Indien ist anscheinend ein merkwürdig falsch informierter Mann», schrieb *The Statesman*, die Zeitung für Kalkutta, am 16. Oktober 1943 in einem scharfen Leitartikel.* Der Vorwurf wird präzisiert:

> Wenn die Presseberichte nicht unfair sind, erklärte er dem Parlament am Donnerstag, dass die wöchentliche Todesziffer (vermutlich Tod durch Verhungern) in Bengalen einschließlich Kalkutta ungefähr 1000 betrage, soweit er wisse, sie könne aber auch höher liegen. Alle öffentlich zugänglichen Daten weisen darauf hin, dass sie sehr viel höher liegt; und sein großartiges Büro müsste ihm mehr als genug Mittel liefern, das zu entdecken.**

Zwei Tage später schrieb der Gouverneur von Bengalen (Sir T. Rutherford) an den Staatssekretär für Indien:

> Ihre Erklärung im Abgeordnetenhaus über die Zahl der Toten, die vermutlich auf meinen Mitteilungen an den Vizekönig beruhte, wurde in einigen Zeitungen heftig kritisiert ... Jetzt spürt man die volle Auswirkung der Knappheit, und ich würde von mindestens 2000 Toten pro Woche ausgehen.

Wie viele waren es nun: 1000 oder 2000 oder eine ganz andere Zahl?

* Im Gegensatz zum übrigen Buch beruht dieses Kapitel vorwiegend auf empirischen Beobachtungen. Wie bereits gesagt, hängt das Verständnis einiger zentraler Themen in der politischen Philosophie davon ab, dass eine plausible Interpretation für die Kausalverknüpfungen gefunden wird, unter deren Einfluss soziale Verwirklichungen stehen: Verwirklichungen, die eine Entfaltung von *nyaya* aus den institutionellen *nitis* sind. In diesem Kapitel wird unter anderem dargestellt, zu welchem Verhalten Demokratien neigen und wie das Fehlen von Demokratie einzuschätzen ist. Die Untersuchung dieser *tatsächlichen* Erfahrungen kann uns Erkenntnisse verschaffen, auch wenn dem Versuch, aus dem Studium einzelner Erfahrungen und spezifischer Fälle allgemeine empirische Einsichten zu gewinnen, bekanntermaßen Grenzen gesetzt sind.

** «The Death-Roll», Leitartikel, *The Statesman*, 16. Oktober 1943. Zu diesem Thema siehe mein *Poverty and Famines: An Essay on Entitlement and Deprivation* (Oxford: Clarendon Press, 1981), dort finden sich genaue Quellenangaben für die hier verwendeten Zitate.

Die Famine Inquiry Commission [Untersuchungsausschuss zur Hungersnot], die im Dezember 1945 über die Hungersnot berichtete, kam zu dem Ergebnis, dass in der Zeit von Juli bis Dezember 1943 1 304 323 Tode verzeichnet wurden, während in den fünf Jahren davor die durchschnittliche Todesziffer für den gleichen Zeitraum 626 048 betragen hatte; daraus schloss die Kommission, dass in der fraglichen Zeit mehr als 678 000 Menschen verhungert waren. Das heißt, dass pro Woche nicht ungefähr 1000 oder 2000, sondern über 26 000 starben.*

Zur Hungersnot 1943 in Bengalen, deren Zeuge ich als Kind wurde, konnte es kommen, nicht nur weil im kolonialen Indien Demokratie fehlte, sondern auch, weil die indische Presse in ihrer Berichterstattung und Kritik starken Beschränkungen unterlag und weil die Medien in britischem Besitz sich freiwillig ebenfalls in «Schweigen» über die Hungersnot hüllten (als Beitrag zur angeblichen «Kriegsanstrengung», aus Angst, den japanischen Streitkräften, die in Burma, vor den Toren Indiens, standen, durch negative Berichterstattung zur Hilfe zu kommen). Aufgrund der kombinierten Wirkung des erzwungenen und freiwilligen Verschweigens in den Medien blieben im britischen «Mutterland» substantielle öffentliche Diskussionen über die Hungersnot aus, und das Londoner Parlament befasste sich weder mit dem Hunger noch mit der Notwendigkeit, Hilfsmaßnahmen zu erwägen (das änderte sich im Oktober 1943, als *The Statesman* eine Stellungnahme erzwang). Indien unter britischer Kolonialverwaltung hatte natürlich kein eigenes Parlament.

Die Regierungspolitik war alles andere als hilfreich, sie verschärfte die Hungersnot sogar noch. Während der vielen Monate, als jede Woche Tausende starben, gab es keine offizielle Hungerhilfe. Schlimmer noch: Die Hungersnot wuchs, weil erstens die Kolonialverwaltung von Britisch-Indien in New Delhi den Handel von Reis und Getreide zwischen den indischen Provinzen vorläufig untersagt hatte, so dass über legitime private Kanäle keine Nahrungsmittel nach Bengalen gebracht werden konnten, obwohl die Preise dort viel höher waren. Statt zu versuchen, mehr Nahrung von außerhalb in die Region zu bringen – das lehnte die Kolonialverwaltung in New Delhi unerbittlich ab –, verlegte sich zweitens die offizielle Politik darauf, in dieser Zeit Nahrungsmittel *aus* Ben-

* In *Poverty and Famines* (1981) zeige ich, dass die Famine Inquiry Commission die Gesamtzahl der Toten ebenfalls weit unterschätzte, denn die höhere Sterblichkeitsrate, die Folge der Hungersnot war, bestand wegen der hungerbedingten Epidemien noch mehrere Jahre lang (Appendix D). Siehe auch meinen Eintrag «Human Disasters» im *Oxford Handbook of Medicine* (Oxford: Oxford University Press, 2008).

galen zu exportieren. Noch im Januar 1943, beim Ausbruch der Hungersnot, befahl der Vizekönig von Indien dem Leiter der bengalischen Regionalverwaltung, er «müsse einfach mehr Reis aus Bengalen nach Ceylon ausführen, auch wenn Bengalen selbst Mangel leide.»[1]

Damit nicht ganz unverständlich bleibt, was sich die Kolonialverwalter von Britisch-Indien dabei gedacht haben, muss gesagt werden, dass sie von der Vorstellung ausgingen, der Lebensmittelertrag in Bengalen sei zur fraglichen Zeit nicht merklich zurückgegangen, und «deshalb» sei dort eine Hungersnot «einfach ausgeschlossen». Die Regierung lag mit ihrer Einschätzung des Ertragsvolumens nicht ganz falsch, aber ihre Theorie über Hungersnöte war ein katastrophaler Irrtum, da der Bedarf an Nahrungsmitteln rapide gewachsen war, hauptsächlich wegen der Kriegsanstrengung in Bengalen, das heißt weil Soldaten und anderes militärisches Personal in die Region strömten, die Bautätigkeit sich erhöhte und zusätzliche wirtschaftliche Aktivitäten im Zusammenhang mit dem kriegsbedingten Boom in Gang gekommen waren. Dank der zunehmenden Nachfrage stiegen die Preise für Nahrungsmittel so, dass ein erheblicher Teil der Bevölkerung mit gleich bleibendem niedrigen Einkommen, meist in ländlichen Gegenden, sie nicht mehr bezahlen konnte und folglich Hunger litt. Man hätte die Notleidenden unterstützen können, indem man ihnen zu mehr Geld und höherer Kaufkraft verhalf, zum Beispiel durch Nothilfeprogramme zur Arbeitsbeschaffung oder Sozialfürsorge, aber auch Getreidelieferungen für die Region hätten Abhilfe schaffen können – obwohl *Ursache* der Krise nicht ein Rückgang der Getreideproduktion, sondern erhöhte Nachfrage war.

Der Glaube der Kolonialregierung an eine falsche Theorie über Hungersnöte war außergewöhnlich, aber noch mehr verwundert es, dass man in New Delhi unfähig war, wahrzunehmen, wie täglich viele Tausende auf den Straßen starben; die Verwaltungsbeamten müssen wirklich «Theoretiker» gewesen sein, um den Boden der Tatsachen und das, was auf diesem Boden vor sich ging, so vollkommen zu übersehen. Ein demokratisches System mit öffentlicher Kritik und parlamentarischem Druck hätte den Regierungsbeamten, einschließlich Gouverneur von Bengalen und Vizekönig Indiens, nicht gestattet, so zu denken, wie sie dachten.*

Kontraproduktiv war die Regierungspolitik drittens auch durch ihre Rolle bei der Umverteilung von Nahrung in Bengalen. Die Regierung

* Vergleiche dazu mein Buch *Poverty and Famines: An Essay on Entitlement and Deprivation* (1981), Kapitel 6.

kaufte im ländlichen Bengalen Lebensmittel zu hohen Preisen oder «um jeden Preis» auf und organisierte dann ein selektives Rationierungssystem mit Preiskontrolle eigens für die Einwohner von Kalkutta. Diese Preispolitik war ein anderer Teil der Kriegsanstrengung, dazu gedacht, die Unzufriedenheit der Städter zu dämpfen – ohne Rücksicht auf die Landbevölkerung von Bengalen, für die Nahrungsmittel nun vollends unerschwinglich waren. Während der Zeit des Blackouts für Nachrichten und Leitartikel kam keines dieser Probleme im Parlament auf eine irgendwie wirksame Weise zur Sprache.

Die bengalischen Zeitungen in Kalkutta protestierten so laut, wie es die Zensurbehörde zuließ – sehr laut konnten sie nicht werden, angeblich aus Gründen des Krieges und der «Kampfmoral». In London hatten diese kritischen Äußerungen der Einheimischen kaum ein Echo. Dort begannen verantwortungsbewusste Diskussionen in den Kreisen, auf die es ankam, erst im Oktober 1943, nachdem Ian Stephens, der mutige Chefredakteur des in Kalkutta erscheinenden *«Statesman»* (damals in britischem Eigentum) sich entschlossen hatte, das «Schweigen» zu brechen, und am 14. und 16. Oktober graphische Darstellungen sowie scharfe Artikel veröffentlichte.* Der oben zitierte Vorwurf gegen den Staatssekretär für Indien stand im zweiten Leitartikel. Unmittelbar danach kam Bewegung in die Regierungskreise Britisch-Indiens, und in Westminster in London wurden ernsthafte parlamentarische Diskussionen geführt. Das hatte zur Folge, dass im November – endlich – staatliche Hilfsmaßnahmen in Bengalen organisiert wurden (vorher hatte es nur private Spenden gegeben). Im Dezember endete die Hungersnot, teils wegen der neuen Ernte, aber weitgehend auch deshalb, weil endlich Sozialhilfe zur Verfügung stand. Zu dieser Zeit waren aber schon Hunderttausende der Hungersnot zum Opfer gefallen.

* Wie Ian Stephen sich mit der Entscheidung quälte, bis er sich dazu durchrang, seiner Rolle als Journalist den Vorrang zu geben, wird in seinem Buch *Monsoon Morning* (London: Ernest Benn, 1966) glänzend geschildert. Als ich ihn später, um 1970, kennen lernte, wurde mir sehr schnell klar, wie lebendig seine Erinnerung an diesen schwierigen Entschluss immer noch war. Er war jedoch mit Recht stolz darauf, dass er mit seinen Leitartikeln vielen Menschen das Leben gerettet hatte und dafür sorgen konnte, dass die «Totenliste» nicht unbegrenzt länger wurde.

Hungerprävention und öffentlicher Vernunftgebrauch

Im vorigen Kapitel habe ich darauf hingewiesen, dass es in einer funktionierenden Demokratie mit regelmäßigen Wahlen, Oppositionsparteien, dem Grundrecht auf freie Meinungsäußerung und relativ freien Medien (auch wenn das Land sehr arm ist und mit einer kritischen Nahrungsmittelknappheit fertig werden muss) noch nie zu einer schweren Hungersnot gekommen ist. Diese Auffassung ist jetzt ziemlich weitgehend akzeptiert, auch wenn sie anfänglich auf große Skepsis stieß.* Politische Freiheit hat die Macht, vor Not zu schützen, das wird an diesem einfachen Beispiel sehr deutlich. Obwohl die indische Demokratie viele Unvollkommenheiten aufweist, waren die politischen Impulse, die sie gleich von Beginn der Unabhängigkeit an gegeben hat, stark genug, um größere Hungersnöte auszuschalten. Die letzte schwere Hungersnot in Indien – die bengalische Hungersnot – brach vier Jahre vor dem Ende der britischen Herrschaft über Indien aus. Als das Land nach der Unabhängigkeit eine Demokratie wurde, kamen die Hungersnöte, die in der langen Geschichte der britischen Kolonialherrschaft über Indien fast ein Dauerzustand gewesen waren, abrupt zum Ende.

China hatte in vielen ökonomischen Bereichen größere Erfolge als Indien, und trotzdem wütete dort – anders als im unabhängigen Indien – in den Jahren 1958–61 eine katastrophale Hungersnot, die schwerste in der Geschichte verzeichnete; sie kostete nach Schätzungen fast 30 Millionen Menschen das Leben. Obwohl die Hungersnot drei Jahre lang andauerte, wurde die Regierung nicht gedrängt, ihre ruinöse Politik zu ändern: In China gab es kein Parlament mit der Freiheit zu kritischem Dissens, keine Oppositionspartei und keine freie Presse. Die Geschichte der Hungersnöte ist nachweislich besonders eng mit autoritären Regierungen verknüpft, zum Beispiel mit dem Kolonialismus (in Britisch Indien oder Irland), Einparteienstaaten (der Sowjetunion in den 1930ern oder später China und Kambodscha) und Militärdiktaturen (Äthiopien oder Somalia). Dass zur Zeit in Nordkorea Hunger herrscht, setzt die Reihe der Beispiele fort.[2]

Nur das Volk muss unmittelbar unter einer Hungersnot leiden, die

* Als ich diese These in «How Is India Doing», *New York Review of Books,* 29 (1982) und «Development: Which Way Now?» *Economic Journal*, 93 (1983) zum ersten Mal vorgetragen hatte, rügten mich nicht wenige Kritiker (auch Nahrungsmittelexperten), und in der *New York Review of Books* wie auch im *Economic Journal* folgten heftige Angriffe auf meine Artikel.

Regierenden nicht. Sie verhungern nie. Wenn eine Regierung der Öffentlichkeit jedoch Rechenschaft ablegen muss und wenn Nachrichtenfreiheit besteht und unzensierte öffentliche Kritik möglich ist, dann hat die Führungspartei einen exzellenten Anreiz, Hungersnöte mit aller Macht zu bekämpfen.*

Außer diesem unmittelbaren Zusammenhang mit dem politischen Anreiz zur Prävention von Hungersnöten, den eine «Regierung durch Diskussion» bietet, sind hier noch zwei andere spezifische Punkte erwähnenswert. Erstens ist der Anteil der Bevölkerung, den eine Hungersnot wirklich trifft oder auch nur bedroht, der Tendenz nach sehr gering – im typischen Fall beträgt er weniger als zehn Prozent, oft sogar viel weniger und kaum je mehr. Wäre es also wahr, dass nur unzufriedene Hungernde gegen eine amtierende Regierung stimmen, wenn eine Hungersnot ausgebrochen ist oder droht, dann könnte diese Regierung sich immer noch ganz sicher fühlen. Zum politischen Desaster für die Regierenden wird eine Hungersnot erst, wenn der öffentliche Vernunftgebrauch so weit reichende Folgen hat, dass er einen hohen Anteil der Allgemeinheit zum Protest gegen die «tatenlose» Regierung bewegt und zu ihrem Sturz aufruft. Durch öffentliche Diskussion wird das Schicksal der Opfer womöglich zu einem politischen Thema mit gravierenden Auswirkungen

* Zweifel an der Tragfähigkeit dieser Aussage wurden gelegentlich damit begründet, dass in einigen Ländern trotz annähernd demokratischer Wahlen, aber ohne die anderen Merkmale, durch die eine Demokratie mit Verantwortung ausgestattet wird, Hungersnöte herrschen oder zumindest Zustände, die einer Hungersnot nahe kommen. 2005 haben etliche Beobachter den Staat Niger, der Wahlen und Hungersnöte hatte, als angebliches Gegenbeispiel gegen meine These angeführt. Der springende Punkt dabei ist – darauf hat die *New York Times* in einem Leitartikel hingewiesen –, dass der Anreiz zur Prävention von Hungersnöten ein spezifisches Merkmal *funktionierender* Demokratien ist. Dazu zählt der Staat Niger nicht, da eine Demokratie nicht allein mittels Wahlen funktioniert (die es im Niger seit kurzem gibt), sondern auch auf andere demokratische Institutionen angewiesen ist, um verantwortlich handeln zu können. Die *New York Times* hat mit großer Klarheit formuliert, worauf es grundsätzlich ankommt: «Amartya Sen hat uns zu Recht darüber aufgeklärt, dass es ‹in der gesamten Weltgeschichte noch nie zu einer schweren Hungersnot in einer funktionierenden Demokratie gekommen ist›. Funktionierend ist das Schlüsselwort; Regierungschefs, die sich vor ihrem Volk wirklich verantworten müssen, haben hohe Anreize, rechtzeitig Präventivmaßnahmen zu ergreifen. Mr. Tandja [Chef der nigerianischen Regierung], den Präsident Bush im Juni im Weißen Haus als einen beispielhaften Demokraten pries, hat eindeutig Nachhilfe in den Fächern humane Ökonomie und verantwortungsbewusste Demokratie nötig.» («Meanwhile People Starve», *New York Times*, 14. August 2005).

auf das Klima der Berichterstattung in den Medien, die Stimmung in der Öffentlichkeit und schließlich auf das Wahlverhalten – einer potentiellen Mehrheit.* Dass eine Demokratie Menschen durch öffentliche Diskussion dazu bringen kann, Anteil an der Notlage anderer zu nehmen und mehr Verständnis für das Leben von Mitmenschen zu entwickeln, ist nicht ihr geringstes Verdienst.

Zweitens schafft eine Demokratie nicht nur Anreize, sie macht darüber hinaus Informationen zugänglich; zum Beispiel wurde während der chinesischen Hungersnot in den Jahren 1958–61 das Scheitern des so genannten «Großen Sprungs nach vorn», zu dem ein drastisches Vorantreiben der Kollektivierung gehörte, streng geheim gehalten. Von der Art, der Größe und der Reichweite der Hungersnot war in der Öffentlichkeit innerhalb und außerhalb Chinas wenig bekannt.

Am Ende wurde das Verbot einer freien Nachrichtenübermittlung für die Regierung selbst zum Fallstrick; verblendet von ihrer eigenen Propaganda ließ sie sich irreführen von den rosigen Berichten lokaler Parteisekretäre, die in Beijing um Auszeichnung konkurrierten. Die zahlreichen Gemeinden oder Kooperativen selbst, die das Soll der Kornproduktion nicht erfüllt hatten, kannten natürlich ihr eigenes Problem. Aber wegen der Nachrichtensperre wussten sie kaum, dass der große Sprung nach vorn im gesamten ländlichen China missglückt war. Kein Kollektiv wollte zugeben, dass es allein das Plansoll nicht erfüllt hatte, also wurde die Regierung in Beijing auch von den Kollektiven, die hoch im Minus waren, mit schöngefärbten Berichten von großen Erfolgen gefüttert. Die chinesischen Autoritäten zählten diese falschen Mengenangaben zusammen, und als die Hungersnot sich ihrem Höhepunkt näherte, glaubten sie irrtümlich, die Ernte hätte 100 Millionen Tonnen Getreide mehr ergeben, als tatsächlich zur Verfügung standen.[3]

Die chinesische Regierung war zwar entschlossen, den Hunger im Land zu beenden, aber sie revidierte ihre katastrophale Politik (die des

* Hier besteht ein offensichtlicher Zusammenhang mit Argumenten aus früheren Kapiteln, besonders 8, «Rationalität und die Anderen», und 15, «Demokratie als öffentliche Vernunft». Die im Kapitel 9, «Die Pluralität unparteiischer Gründe», dargestellten unterschiedlichen Typen unparteiischer Gründe sind ebenfalls für das politische Engagement zur Linderung der Notlage von Hungernden wichtig, da es dabei nicht nur um Überlegungen zur Kooperation und wechselseitigem Nutzen geht, sondern auch um die Verantwortung, die «wirksame Macht» auferlegt. Öffentlicher Vernunftgebrauch kann bewirken, dass die eindeutig Begünstigten in einem von Hungersnot bedrohten Land ihre Verantwortung gegenüber den stärker Gefährdeten besonders anerkennen.

schlecht beratenen «großen Sprungs nach vorn») in den drei Jahren der Hungersnot nicht. Diese Revisionsverweigerung war nicht nur deshalb möglich, weil es keine Oppositionspartei und keine freie Presse gab, sondern auch, weil die Regierung selbst nicht einsah, dass sie ihre Politik ändern müsse, da sie nicht genug Informationen darüber hatte, in welchem Ausmaß der «große Sprung nach vorn» missglückt war.

Es ist bemerkenswert und interessant, dass der Vorsitzende Mao persönlich, dessen radikale Überzeugungen Ansporn für den «großen Sprung nach vorn» gewesen waren und viel zum starrsinnigen Festhalten an dieser Ideologie beigetragen hatten, der Demokratie eine bestimmte Rolle zusprach – allerdings erst, nachdem das Scheitern seines Konzepts verspätet eingestanden worden war. Auf einer Versammlung von 7000 Kadern der Kommunistischen Partei erklärte Mao Folgendes:

> Ohne Demokratie werdet ihr nicht erfahren, was an der Basis geschieht; die allgemeine Lage wird unklar sein; ihr werdet nicht genug Meinungen von allen Seiten sammeln können; so kann es keine Verständigung zwischen Oben und Unten geben; die Parteiorgane an der Führungsspitze werden bei ihren Entscheidungen auf einseitiges oder inkorrektes Material zurückgreifen müssen, und damit wird es schwierig, Subjektivismus zu vermeiden; es wird unmöglich sein, Einheit aller im Verstehen und Einheit im Handeln zu erreichen, und wahrhafter Zentralismus wird unmöglich.[4]

Maos Einsatz für die Demokratie an dieser Stelle hält sich natürlich in Grenzen. Er konzentriert sich ausschließlich auf den *Informations*aspekt, verschweigt aber die Anreize, die Demokratie schafft, und die Bedeutung, die sie für sich genommen und als Grundstein politischer Freiheit hat.* Trotzdem ist es äußerst interessant, dass Mao selbst zugab, in welchem Maß es deshalb zu katastrophalen amtlichen Fehlentscheidungen gekommen war, weil das Informationsnetz gefehlt hatte, das ein aktiverer Gebrauch der öffentlichen Vernunft zur Verfügung gestellt hätte, um Katastrophen wie die chinesische Hungersnot abzuwenden.

* Siehe dazu Ralph Miliband, *Marxism and Politics* (London: Oxford University Press, 1977), S. 149–50, der eine sehr erhellende Analyse und Einschätzung dieser merkwürdigen Wende in Maos politischem Denken gibt.

Demokratie und Entwicklung

Die meisten Verfechter der Demokratie gehen eher zurückhaltend mit der Idee um, dass Demokratie selbst Entwicklung und soziale Wohlfahrt fördern würde – sie neigen zu der Ansicht, diese Ziele seien gut, aber weitgehend von demokratischer Regierungsform unabhängig und getrennt zu behandeln. Demokratiegegner sehen starke Spannungen zwischen Demokratie und Entwicklung und bringen ihre Diagnose auch gern zum Ausdruck. Die Theoretiker der pragmatischen Aufspaltung – «Entscheiden Sie sich: Wollen Sie Demokratie oder stattdessen Entwicklung?» – kamen mindestens zu Anfang oft aus ostasiatischen Ländern, und auf ihre Stimme hörte man, als mehrere dieser Länder – in den 1970ern, 1980ern und auch später noch – hohes Wirtschaftswachstum ohne Demokratie erreichten. Die Beobachtung einer Handvoll derartiger Beispiele führte schnell zu einer allgemeinen Theorie: Demokratien schneiden im Vergleich mit autoritären Staaten schlecht ab, wenn es um die Förderung von Entwicklung geht. Konnten Südkorea, Singapur, Taiwan und Hongkong nicht erstaunlich schnelle wirtschaftliche Aufschwünge erringen, ohne – wenigstens in der Anfangszeit – die Grundforderungen demokratischer Staatsführung zu erfüllen? Und ist das Wirtschaftswachstum im autoritären China nach der Wirtschaftsreform von 1979 nicht viel höher als im demokratischen Indien?

Um auf diese Fragen einzugehen, müssen wir genau betrachten, welchen Inhalt der Begriff Entwicklung hat und wie Demokratie aufgefasst wird (gelten freie Wahlen oder öffentlicher Vernunftgebrauch als Hauptmerkmal?). Entwicklung kann man nicht unabhängig von der Lebensführung einschätzen, die Menschen möglich ist, und nicht abgetrennt von der tatsächlichen Freiheit, die sie genießen. Man kann sie kaum nur an abstrakten Zahlen über die Zunahme der Befriedigung materieller Bedürfnisse ablesen, etwa am Wachstum des Bruttonationaleinkommens (oder des persönlichen Einkommens) – auch wenn diese Besserungen als Mittel zu den tatsächlichen Zwecken wichtig sein mögen. Ihr Wert muss an dem gemessen werden, was sie für die Lebensführung und Freiheit der betreffenden Menschen leisten – das ist für die Idee der Entwicklung zentral.*

Steht die Lebensführung im Brennpunkt des Begriffs Entwicklung, dann wird sofort klar, dass die Beziehung zwischen Entwicklung und

* Dieser Punkt wurde im Kapitel 11, «Leben, Freiheiten und Befähigungen», ausführlich behandelt.

Demokratie nicht nur in externen Bindegliedern gesehen, sondern auch als konstitutive Verknüpfung verstanden werden muss. Obwohl oft nachgefragt wird, ob politische Freiheit «Entwicklung fördert», dürfen wir nicht übersehen, dass politische Freiheiten und demokratische Rechte zu den «konstituierenden Bestandteilen» von Entwicklung gehören. Dass sie relevant sind, muss nicht *indirekt* durch ihren Beitrag zum Wachstum des Bruttonationaleinkommens nachgewiesen werden.

Nachdem wir festgestellt haben, dass die Verknüpfung von Freiheit und Entwicklung entscheidend ist, müssen wir auch die Demokratie unter diesem Gesichtspunkt betrachten, da es außer politischen Freiheitsrechten und Bürgerrechten noch andere Arten von Freiheiten gibt, denen Aufmerksamkeit zukommt. Wir müssen uns zum Beispiel mit ökonomischer Armut befassen. Deshalb haben wir Grund zum Interesse am Wirtschaftswachstum, sogar an den begrenzten Wertmaßstäben des Bruttonationaleinkommens und Bruttoinlandsproduktes pro Kopf, da steigendes Realeinkommen den Weg zu wirklich wichtigen Gewinnen bahnen kann; zum Beispiel ist der generelle Zusammenhang zwischen Wirtschaftswachstum und Verringerung der Armut inzwischen gut bewiesen und durch Überlegungen zu Fragen der Verteilung ergänzt. Wirtschaftswachstum schafft nicht nur Einkommen für viele Menschen, sondern erhöht auch die Einnahmen der öffentlichen Hand und damit die Mittel zur Verwirklichung sozialer Ziele, ermöglicht zum Beispiel mehr Schulen, medizinische Versorgung, Gesundheitsvorsorge und andere Einrichtungen, die das Leben und die Chancen vieler Menschen unmittelbar verbessern. Manchmal steigen die öffentlichen Einnahmen sogar schneller als das Wirtschaftswachstum, dem sie zu verdanken sind (zum Beispiel betrug das Wirtschaftswachstum in Indien in den letzten Jahren 7, 8 oder 9 Prozent pro Jahr, während die Wachstumsrate der öffentlichen Einahmen bei 9, 10 oder 11 Prozent lag). Öffentliche Einnahmen bieten eine Gelegenheit, die die Regierung nutzen kann, um das Wirtschaftswachstum gerechter zu verteilen. Das ist natürlich nur eine potentielle Situation; wie die wachsenden öffentlichen Einnahmen tatsächlich verwendet werden, ist ein anderes, ebenfalls hochwichtiges Thema, aber Wirtschaftswachstum schafft die Situation, in der eine Regierung mit Verantwortungsbewusstsein diese Wahl trifft.*

* Wichtige Kontraste zwischen verschiedenen Typen der Nutzung – und Vergeudung – von Ressourcen aufgrund von Wirtschaftswachstum werden in meinem zusammen mit Jean Drèze verfassten Buch *Hunger and Public Action* (Oxford: Clarendon Press, 1989) geschildert.

Die vielfach geäußerte Skepsis gegenüber der Vereinbarkeit von Demokratie und rasantem Wirtschaftswachstum beruhte auf einigen selektiven internationalen Vergleichen, vor allem zwischen dem starken Wirtschaftswachstum in Ostasien und der Lage Indiens mit seiner über lange Jahre nur bescheidenen Zunahme des Bruttonationaleinkommens um jährlich 3 Prozent. Aber Vergleiche zwischen mehr Ländern, was immer sie wert sein mögen – und sie können nicht weniger wert sein als das beliebte Verfahren, aus Vergleichen zwischen einer Handvoll ausgesuchter Länder einen allgemeingültigen Schluss zu ziehen –, haben nicht den mindesten empirischen Beleg für die Überzeugung geliefert, dass Demokratie schädlich für Wirtschaftswachstum ist.[5] Indien dagegen wurde in früheren Jahren immer als schlagendes Beispiel dafür angeführt, dass die Wirtschaft in demokratischen Staaten zwangsläufig sehr viel langsamer wächst als in autoritären, aber seit das Wirtschaftswachstum des Subkontinents sich merklich beschleunigt hat (der Anfang wurde in den 1980er Jahren gemacht, die Wirtschaftsreform in den 1990er Jahren hat für Konsolidierung gesorgt, und das Tempo der Weiterentwicklung bleibt hoch), wird es sehr schwierig, Indien als das Musterbeispiel für die Langsamkeit ökonomischer Fortschritte unter demokratischer Regierung darzustellen. Und doch ist das Land heute nicht weniger demokratisch als zwischen 1960 und 1980*. Eine überwältigende Beweislage spricht dafür, dass Wachstum durch ein angenehmes Wirtschaftsklima gefördert wird und nicht durch die grimmige Entschlossenheit eines skrupellosen politischen Systems.**

Menschliche Sicherheit und politische Macht

Wirtschaftswachstum allein vermittelt kein vollständiges Verständnis der Bedingungen für Entwicklung und soziale Wohlfahrt. Aufmerksamkeit verlangen auch die ausgiebigen Beweise dafür, dass Demokratie und Bürgerrechte Freiheiten anderer Art (zum Beispiel menschliche Sicherheit) fördern können, indem sie – zumindest in vielen Situationen – die Benachteiligten und Verwundbaren zu Wort kommen lassen. Das ist eine

* Das Beispiel Indiens spricht auch gegen die manchmal vorgebrachte These, dass das Pro-Kopf-Einkommen eines Landes einigermaßen hoch sein müsse, damit das demokratische System stabil bleibt.

** Hier muss auch angemerkt werden, dass die Wirtschaftspolitik in Indien zwar jahrzehntelang hauptsächlich verworren war, das demokratische System aber trotzdem einige der notwendigen Reformen zuließ – und anbahnte –, die das Wirtschaftswachstum stark beschleunigen konnten.

wichtige Aufgabe, und sie steht in engem Zusammenhang mit der Rolle der Demokratie für den öffentlichen Vernunftgebrauch und die Unterstützung der «Regierung durch Diskussion». Dass Demokratie Hungersnöte verhindern kann, ist einer ihrer vielfältigen Beiträge zur Erhöhung der menschlichen Sicherheit, aber längst nicht der einzige.*

Die Macht der Demokratie, Sicherheit zu verleihen, geht weit über die Prävention von Hungersnöten hinaus. Während des wirtschaftlichen Aufschwungs in Südkorea oder Indonesien haben die Armen vielleicht nicht viel über Demokratie nachgedacht, da in den 1980er Jahren bis Anfang 1990 alle vereint vom Wirtschaftswachstum zu profitieren schienen, aber als gegen Ende der neunziger Jahre Wirtschaftskrisen kamen (und «getrennt fielen sie»), wurden Demokratie und politische wie Bürgerrechte von all denen bitter vermisst, deren Geldmittel und Leben ungewöhnlich in Mitleidenschaft gezogen waren. Plötzlich wurde die Demokratie in diesen Ländern zu einem Hauptanliegen; Südkorea unternahm einen wichtigen Vorstoß in dieser Richtung.

Für Indien war die Schutzfunktion der Demokratie zweifellos nützlich, da sie den Regierenden hohen politischen Anreiz gab, bei bedrohlichen Naturkatastrophen helfend einzugreifen. Aber trotz zweifellos vorhandener Errungenschaften können Praxis und Tragweite der Demokratie ziemlich unvollkommen sein – so auch in Indien. Demokratie gibt der Opposition Gelegenheit, auch anlässlich hartnäckiger chronischer Probleme auf politischen Wechsel zu dringen, nicht nur, wenn Probleme so plötzlich auftreten und akut sind wie Hungersnöte. Die relativen Schwächen der indischen Sozialpolitik im Bereich des Schulwesens, der medizinischen Grundversorgung, Kinderernährung, Landreform und der Gleichberechtigung der Geschlechter verraten, dass zu wenig öffentlicher Vernunftgebrauch und zu geringer sozialer Druck (einschließlich Druck von Seiten der Opposition) geübt werden, sie sind nicht nur auf Unzulänglichkeiten im offiziellen Denken der Regierung zurückzuführen.** Indien ist ein hervorragendes Beispiel für beides: die

* Siehe den Bericht der von den Vereinten Nationen und der japanischen Regierung eingesetzten Commission on Human Security: *Human Security Now* (New York: UN, 2003). Ich hatte das Privileg, gemeinsam mit dem visionären Denker Sadako Ogata, dem früheren High Commissioner der UN für Flüchtlinge, den Vorsitz in dieser Kommission zu führen. Siehe auch Mary Kaldor, *Human Security: Reflections on Globalization and Intervention* (Cambridge: Polity Press, 2007).

** Auch der indischen Presse kann man vorwerfen, dass sie sich zu wenig mit dauerhaften, aber nicht unmittelbar bedrohlichen Mangelzuständen befasst. N. Ram, einer der besten Journalisten in Indien, analysiert das Problem in «An Independent

signifikanten Errungenschaften der Demokratie und die unzulängliche Nutzung der Chancen, die demokratische Institutionen bieten. Es gibt überzeugende Gründe dafür, über das *niti* der Wahlen hinaus zum demokratischen *nyaya* vorzudringen.

Demokratie und Wahl der Politik

Nur in einigen Teilen Indiens wurde die Dringlichkeit sozialpolitischer Maßnahmen wirksam politisiert. Beispielhaft dafür sind vielleicht die Erfahrungen des Bundesstaates Kerala, wo Schulbildung für alle, medizinische Grundversorgung, elementare Gleichberechtigung der Geschlechter und Landreformen von Politikern als notwendig anerkannt und tatkräftig gefördert wurden. Das lässt sich aus der Geschichte und der gegenwärtigen Entwicklung erklären: aus Keralas Protestbewegungen gegen die Oberkasten (die heutige links gerichtete Politik Keralas ist Nachfolgerin der Protestbewegung), die vor allem das Erziehungswesen im Blick hatten; aus den frühen Initiativen der «einheimischen Königreiche» Travancore und Cochin, die innenpolitisch außerhalb des «Raj» blieben; den Verdiensten der Missionare um Verbreitung der Schulbildung (sie beschränkten sich nicht auf die Christen, die ein Fünftel der Bevölkerung Keralas ausmachen), und dem stärkeren Mitspracherecht von Frauen bei Familienentscheidungen, die auch damit zusammenhängen, dass die Nairs, ein wesentlicher und einflussreicher Teil der Hindu-Gemeinde, Eigentumsrechte in der mütterlichen Linie weitergeben.[6] Kerala hat bereits seit sehr langer Zeit den politischen Aktivismus und dessen Stimme gut genutzt, um die Reichweite sozialer Chancen zu erhöhen. Die Nutzung demokratischer Institutionen ist mit Sicherheit nicht unabhängig von der Art der sozialen Zustände.

Man kann sich kaum der generellen Folgerung verschließen, dass wirtschaftlicher Erfolg, soziale Chancen, politische Stimme und öffentlicher Vernunftgebrauch in engem Zusammenhang stehen. Wo immer sich in letzter Zeit politische und soziale Stimmen entschlossener erhoben, gibt es bemerkenswerte Anzeichen für Veränderungen. Das Thema der Ungleichbehandlung von Geschlechtern hat in den letzten Jahren mehr politisches Engagement hervorgerufen (häufig von Frauenbewegungen angeführt) und die entschlossenen politischen Bemühungen um Minderung der

Press and Anti-Hunger Strategies: An Indian Exerience», in Jean Drèze und Amartya Sen (Hg.), *The Political Economy of Hunger* (Oxford: Clarendon Press, 1990). Siehe auch Kaushik Basu, *The Retreat of Democracy* (Delhi: Permanent Black, 2007).

Gender-Asymmetrie in sozialen und ökonomischen Bereichen ergänzt. Lang ist die Geschichte der Frauen in Indien, die auf bestimmten Gebieten, auch in führenden Positionen in der Politik, hohe Bedeutung erreichten. Diese Erfolge hingen sicherlich damit zusammen, dass Frauen eine Stimme fanden (die Gelegenheiten zu politischer Mitbestimmung in den letzten Jahren waren dabei hilfreich), aber sie blieben auf relativ kleine Segmente der Bevölkerung, meist auf die besser Gestellten, beschränkt.* Es ist wichtig, diesen Bereich allmählich zu erweitern, um der Stimme der Frauen im öffentlichen Leben des heutigen Indien mehr Gehör zu geben. Indien hat noch einen langen Weg vor sich, bis die Ungleichheiten in der Stellung der Frauen beseitigt sind, aber die wachsende politische Beschäftigung mit der sozialen Rolle von Frauen ist eine wichtige, konstruktive Entwicklung in der demokratischen Praxis des Landes.

Generell werden die Möglichkeiten politischer Agitation für die Abschaffung sozialer Ungleichheit und Benachteiligung allmählich mehr genutzt als früher, auch wenn das Engagement für diese Ziele mehrere Jahre von der kommunalistischen Politik religiöser Sektierer verdrängt wurde, die von ihnen ablenkte. Seit kurzem haben sich die Aktivitäten organisierter Bewegungen verstärkt, die sich auf breiter Basis für Menschenrechte einsetzen, zum Beispiel das Recht auf Schulbildung, auf Ernährung (vor allem Schulspeisung am Mittag), auf medizinische Grundversorgung, Erhaltung der Umwelt und das Recht auf «Beschäftigungsgarantie». Diese Bewegungen können die Aufmerksamkeit auf bestimmte gesellschaftliche Mängel lenken und ergänzen damit breite öffentliche Diskussionen in den Medien, aber sie können auch sozial wichtigen Forderungen schärfere politische Konturen geben.

Demokratische Freiheit kann sicherlich als Instrument zur Förderung sozialer Gerechtigkeit und einer besseren Politik mit größerer Fairness eingesetzt werden. Dieser Prozess kommt jedoch nicht automatisch in Gang, sondern verlangt den Aktivismus politisch engagierter Staatsbürger. Das empirische Material, aus dem hier Lehren gezogen wurden, stammt hauptsächlich aus Asien, vor allem aus Indien und China, aber auch andere Staaten, etwa die USA oder die europäischen Länder, liefern lehrreiche Erfahrungen.**

* Während die meisten Frauen in der politischen Führung Indiens aus der städtischen Elite stammen, gibt es einige Frauen mit bemerkenswertem politischen Erfolg, die aus ländlichen niederen Kasten kommen, allerdings aus der begüterten Sektion dieser Kastengruppen.

** Selbst in der ältesten Demokratie der Welt ist die demokratische Praxis noch unvollkommen; Mitbestimmung und Medienberichte sind noch immer einge-

Minoritätenrechte und Priorität von Inklusion

Abschließend komme ich zu einem Thema, das zu den schwierigsten Aufgaben der Demokratie gehört. Dass eine Demokratie sowohl die Mehrheitsregel wie Minderheitenrechte beachten muss, ist nichts Neues, auch wenn demokratische Organisationsformen häufig nur durch Abstimmungen und Mehrheitsregel definiert werden (wie im vorigen Kapitel ausgeführt). Demokratie im weiteren Sinn, als öffentlicher Vernunftgebrauch (siehe voriges Kapitel) verstanden, schließt Abstimmungsverfahren ein, geht aber weit darüber hinaus und kann die Relevanz von Minderheitenrechten berücksichtigen, ohne Mehrheitsvoten als Teil der demokratischen Gesamtstruktur außer Acht zu lassen. Marquis de Condorcet, der Wegbereiter der Theorie kollektiver Entscheidungen im achtzehnten Jahrhundert, hatte vor der Maxime gewarnt, «die unter den Republikanern der alten und der modernen Schule allzu verbreitet ist, der Maxime, dass die Wenigen mit Recht den Vielen geopfert werden können.»[7]

Trotzdem bleibt das Problem, dass eine rücksichtslose Mehrheit, die keine Bedenken hat, Minderheitenrechte abzuschaffen, die Gesellschaft vor die harte Wahl stellen könnte, entweder die Mehrheitsregel zu würdigen oder Minderheitenrechte zu sichern. Deshalb ist es für das reibungslose Funktionieren eines demokratischen Systems von zentraler Bedeutung, tolerante Werte zu bilden (vergl. Kapitel 14).

Zum Problemkreis gehört auch die Rolle der Demokratie für die Prävention von Gewalt in Religionsstreitigkeiten. Diese Problemlage ist komplexer als die einfache Erkenntnis, dass eine Demokratie Hungersnöte beseitigen kann. Zwar ist nur ein geringer Anteil einer gefährdeten Bevölkerung unmittelbar vom Hunger betroffen, aber Demokratie verhindert Hungersnöte, weil öffentliche Diskussionen die Notlage der Minderheit politisieren und damit eine überwältigende Mehrheit für die Prävention von Hunger schaffen, da die Allgemeinheit keinen Grund hat, unversöhnliche Feindseligkeit – oder Animosität, die sich nutzen lässt – gegen mögliche Opfer von Hungersnöten zu entwickeln. Weit komplizierter ist der Prozess, wenn Extremisten den Streit zwischen Religionsgemeinschaften durch Demagogie schüren.

schränkt (auch wenn mit der Wahl Barack Obamas zum Präsidenten offenbar an der Regierungsspitze endlich eine hohe Barriere gegen Partizipation weggeräumt ist). Über die Probleme demokratischer Praxis in den USA siehe Ronald Dworkin, *Is Democracy Possible Here? Principles for a New Politcal Debate* (Princeton, NJ: Princeton University Press, 2006) – ein erhellendes Buch.

Wie weit eine Demokratie Gewalt von und gegen Gemeinschaften verhindern kann, hängt davon ab, ob interaktive politische Prozesse, die Andersdenkende einschließen, den vergifteten Fanatismus eines polarisierenden sektiererischen Denkens überwinden können. Das war im unabhängigen Indien eine wichtige Aufgabe, umso mehr, als dieser multikonfessionelle Säkularstaat in den 1940er Jahren, einer Zeit schwerer Kämpfe und Gewalttätigkeiten zwischen Religionsgemeinschaften, entstand; diese Phase dauerte nur kurze Zeit, warf aber einen langen Schatten bleibender Anfälligkeit. Mohandas Gandhi wies ausdrücklich auf das Problem hin und machte deutlich, dass Inklusion ein wesentlicher Bestandteil der Demokratie sein müsse, um die sich die Unabhängigkeitsbewegung unter seiner Führung bemühte.[8]

In dieser Hinsicht hat es gewisse Erfolge gegeben, und der Säkularismus des demokratischen Indien hat trotz gelegentlicher Spannungen im Ganzen mit wechselseitiger Toleranz und Achtung unbeschädigt überdauert. Trotzdem kam es zu periodischen Ausbrüchen von Gewalt zwischen Religionsgemeinschaften, häufig angefacht von politischen Gruppen, die von derartigen Spaltungen profitieren. Die Wirkung sektiererischer Demagogie kann nur dadurch entschärft werden, dass man ihr umfassendere, die spaltenden Grenzen überschreitende Werte entgegensetzt. Das Gelingen dieser Aufgabe hängt entscheidend von der Erkenntnis ab, dass jeder Mensch vielfache Identitäten hat, von denen die Religionszugehörigkeit nur eine ist; zum Beispiel gehören Hindus, Moslems, Sikhs und Christen in Indien nicht nur alle zur gleichen Nation, sondern sie können auch andere Gemeinsamkeiten haben: die gleiche Sprache, Literatur, den gleichen Beruf, Wohnort und viele andere Gruppenzugehörigkeiten.* Demokratische Politik schafft Gelegenheiten, diese nicht-religiösen Zugehörigkeiten und ihre mit Religionsgemeinschaften konkurrierenden Ansprüche zu diskutieren.** Dass nach den Mordanschlägen von Terroristen mit moslemischem Hintergrund (und

* So ähnlich wie die Hutu-Aktivisten, die 1994 in Ruanda furchtbare Gewalt gegen die Tutsis übten, nicht nur ihre spalterische Hutu-Identität hatten, sondern andere Identitäten mit den Tutsis teilten; sie gehörten wie diese zu den Ruandern, Afrikanern, möglicherweise zu den Kigaliern.

** Indiens Bevölkerung besteht zu mehr als 80 Prozent aus Hindus; aber der amtierende Premierminister ist ein Sikh; ein führender Politiker der Regierungskoalition (und der Kongresspartei, der stärksten Partei) kommt aus einer christlichen Familie. Von 2004 bis 2007 kam dazu ein moslemischer Staatspräsident (auch früher hatte Indien moslemische Präsidenten), so dass in diesen Jahren keine der drei wichtigsten Regierungspositionen des Landes mit einem Mitglied der Religions-

fast mit Sicherheit pakistanischer Herkunft) im November 2008 in Mumbai die von vielen gefürchtete Reaktion gegen indische Muslime ausblieb, war weitgehend den öffentlichen Diskussionen zu verdanken, die im Anschluss an die Anschläge unter hoher Beteiligung von Muslimen und Nicht-Muslimen geführt wurden. Die demokratische Praxis kann sicherlich dazu beitragen, dass die vielfältigen Identitäten von Menschen besser wahrgenommen werden.[9]

Und doch werden immer noch Spaltungen zwischen Religionsgemeinschaften so wie Rassenunterschiede von jenen ausgenutzt, die Unzufriedenheit säen und zu Gewalt anstiften wollen, es sei denn, die Bindungen an nationale Demokratien fungieren als wirksamer Schutzwall dagegen.* Viel wird davon abhängen, ob die demokratische Politik tolerante Werte schaffen und durchsetzen kann, und die bloße Existenz von demokratischen Institutionen ist keine automatische Erfolgsgarantie. Hier können aktive, energische Medien eine extrem wichtige Rolle spielen, indem sie die Probleme, Notlagen und die Menschlichkeit gewisser Gruppen für andere Gruppen verständlicher machen.

Der Erfolg einer Demokratie ist nicht allein an die denkbar vollkommenste Institutionenstruktur gebunden. Er hängt unausweichlich von unseren tatsächlichen Verhaltensmustern und den Mechanismen politischer und sozialer Interaktionen ab. Wir haben keine Chance, die Angelegenheit der «sicheren» Hand rein institutioneller Virtuosität überlassen zu können. Das Funktionieren demokratischer Institutionen wie das aller anderen Institutionen steht und fällt mit dem Maß, in dem handelnde Personen Gelegenheiten zur vernünftigen Verwirklichung nutzen. Die praktischen Lehren aus den empirischen Beobachtungen in diesem Kapitel scheinen alles in allem die theoretischen Argumente der früheren Kapitel zu ergänzen. Die konzeptuelle Begründung, beim Streben nach Gerechtigkeit auch auf *nyaya* zu setzen, nicht nur auf *niti*, wird durch die hier vorgeführten Lehren aus der Erfahrung stark unterstützt.

gemeinschaft, der die Mehrheit der Bevölkerung angehörte, besetzt war – und trotzdem gab es keine merkliche Unzufriedenheit.

* Die organisierten Unruhen 2002 in Gujarat, in denen fast 2000 Menschen, meist Muslime, umkamen, sind ein unauslöschlicher Makel im politischen Register des Landes, aber die Opposition gegen diese Ereignisse, die im übrigen Indien laut wurde, zeigte die Stärke säkularer Werte im demokratischen Indien. Wahlumfragen belegen, dass diese beschämende Episode bei den allgemeinen Wahlen im Jahr 2004 die Unterstützung der Wähler für nicht-religiöse Parteien erhöhte.

17. MENSCHENRECHTE UND GLOBALE IMPERATIVE

Die Idee, dass alle Personen überall in der Welt ohne Ansehen ihrer Staatsangehörigkeit, ihres Wohnorts, ihrer Rasse, Klasse, Kaste oder Gemeinschaft einige Grundrechte besitzen, die andere Menschen achten sollen, hat etwas sehr Anziehendes. Die hohe moralische Anziehungskraft der Menschenrechte ist zu vielfachen Zwecken eingesetzt worden, vom Widerstand gegen Folter, willkürliche Einkerkerung und Rassendiskriminierung bis zur Forderung, global ein Ende zu machen mit Entbehrung und Verhungern und unzureichender medizinischer Versorgung. Gleichzeitig halten viele Kritiker die Grundidee von den Menschenrechten, die allen Menschen zustehen, weil sie eben Menschen sind, für vollkommen unbegründet. Immer wieder wird gefragt: Gibt es diese Rechte? Woher kommen sie?

Dass die Berufung auf Menschenrechte ganz allgemein sehr attraktiv und sogar politisch wirksam sein kann, wird damit nicht bestritten. Die Skepsis und Sorge beziehen sich auf die befürchtete Verschwommenheit und «Breiigkeit» der begrifflichen Grundlage dieser Rechte. Viele Philosophen und Rechtstheoretiker sehen die Rhetorik der Menschenrechte nur als Gerede – gut gemeintes und vielleicht sogar lobenswertes Gerede –, das, so wird angenommen, keine große intellektuelle Kraft haben kann.

Der harte Kontrast zwischen dem weithin üblichen Umgang mit der Idee der Menschenrechte und den skeptischen Theoretikern, die sie für unsolide halten, ist nicht neu. Die amerikanische Unabhängigkeitserklärung verhieß, es sei «selbstverständlich», dass jeder «gewisse unveräußerliche Rechte» habe, und 1789, dreizehn Jahre später, bestätigte die französische Erklärung der «Menschenrechte»: «Menschen werden frei und gleich an Rechten geboren und bleiben es.»* Aber Jeremy Bentham be-

* Die Erklärung der «Menschenrechte» kam aus den radikalen Ideen der Französischen Revolution, diesem erdbebenartigen politischen Ereignis, das nicht nur soziale Spannungen, sondern auch eine tiefe Umwälzung des Denkens anzeigte. Auch die amerikanische Unabhängigkeitserklärung spiegelte einen Wandel sozialer und politischer Ideen. «Thomas Jefferson schrieb, die Regierung sei selbstverständlich nur eine mehr oder weniger nützliche Handhabe, mit der Menschen, da frei ge-

sann sich nicht lange und attackierte mit seinen 1791–92 verfassten, gegen die französischen «Menschenrechte» gerichteten *Anarchical Fallacies* alle derartigen Rechtsansprüche. Er erklärte, dass «natürliche Rechte glatter Unfug sind; natürliche und unveräußerliche Rechte: rhetorischer Unfug, Unfug auf Stelzen»[1]; ich nehme an, damit meinte er eine Art künstlich hochgeschraubten Unfug.

Die Dichotomie ist noch heute lebendig, und obwohl die Idee der Menschenrechte weltweit und ständig in Gebrauch ist, wird sie von vielen als bloßes «Brüllen auf Papier» (eine andere höhnische Beschreibung von Bentham) angesehen. Die Ablehnung von Menschenrechten ist oft umfassend und richtet sich pauschal gegen den Glauben, es genüge, Mensch zu sein, um Anspruch auf Rechte zu haben; das sei ein Irrtum, denn Rechte seien immer nur auf bestimmte Eigenschaften oder Funktionen beschränkt – zum Beispiel Rechte als Staatsbürger – und durch Klauseln in der tatsächlichen Gesetzgebung oder durch die anerkannten «common laws» (Gewohnheitsrechte) gesichert.

Menschenrechtsaktivisten haben oft wenig Geduld mit dieser intellektuellen Skepsis, vielleicht weil viele, die auf Menschenrechte pochen, mit Karl Marx meinen, man solle die Welt nicht nur interpretieren, sondern es komme darauf an, sie zu verändern. Maßnahmen gegen die furchtbaren Notlagen in der Welt sind offensichtlich dringend notwendig, und es versteht sich von selbst, dass die Aktivisten keine Zeit mit dem Versuch verlieren wollen, skeptische Theoretiker durch konzeptuelle Rechtfertigungen zu überzeugen. Diesem Willen zum Handeln verdanken wir, dass schwere Unterdrückung oder großes Elend unmittelbar am Gegensatz zur allgemein einleuchtenden Idee der Menschenrechte deutlich gemacht werden können, ohne dass man abwarten muss, bis die theoretische Luft rein ist. Trotzdem müssen wir uns mit konzeptuellen Zweifeln an der Idee der Menschenrechte auseinandersetzen und ihr eine klare intellektuelle Grundlage geben, denn nur dann kann sie durchdachte und nachhaltige Loyalität beanspruchen.

boren, ihr Leben, ihre Freiheiten und ihr Recht, nach Glück zu streben, sichern wollen; wenn eine Regierung diese Ziele missachtet, dann, sagte er in Worten, die durch Europas Herrenhäuser schallen sollten, dann ist es ‹das Recht der Menschen, sie [die Regierung] zu ändern oder abzuschaffen.›» (Bernard Bailyn, *Faces of the Revolution: Personalities and Themes in the Struggle for American Independence* (New York: Vintage Books, 1992), S. 158).

Was sind Menschenrechte?

Zweifel an der Natur und Grundlage der Menschenrechte sowie die lange – und gut eingebürgerte – Tradition ihrer voreiligen Zurückweisung müssen ernst genommen werden. Benthams Diagnose, dass die «Menschenrechte» nur «Unfug» (oder gar «Unfug auf Stelzen») sind, ist nur lautstarker Ausdruck einer allgemeinen, von sehr vielen Menschen – lärmend oder leise – geteilten Skepsis. Solche Zweifel verlangen gründliche Analyse, damit der Status der Menschenrechte gesichert und ihre Bedeutung für die Idee der Gerechtigkeit verständlich wird.

Was genau sind Menschenrechte? Oft wird gefragt, ob es Derartiges wirklich gibt. Verschiedene Personen berufen sich in unterschiedlicher Weise auf die Idee der Menschenrechte. Aber wenn wir nicht nur untersuchen, wie der Begriff heute benutzt wird, sondern auch betrachten, wie er in seiner langen Geschichte gebraucht wurde, können wir den Grundgedanken erkennen, der allen Formulierungen gemeinsam ist. Marksteine in seiner Geschichte sind die Berufung auf unveräußerliche Rechte in der amerikanischen Unabhängigkeitserklärung und gleichartige Bekräftigungen in der französischen Erklärung der Menschenrechte im achtzehnten Jahrhundert, aber auch die Aufnahme in die 1948 verfasste «Universal Declaration of Human Rights» der Vereinten Nationen.

Menschenrechte «existieren» offensichtlich weder so, wie etwa der Big Ben mitten in London existiert, noch in der gleichen Weise wie im Gesetzbuch festgeschriebene Rechte. Menschenrechtserklärungen werden zwar der Form nach verfasst als Anerkennung der *Existenz* von Dingen, die sich Menschenrechte nennen, aber sie sind dem Inhalt nach starke Behauptungen über ethische *Gebote.** Sie verlangen, dass die Ge-

* Das Thema der sprachlichen «Verflechtungen von Werten und Tatsachen» wurde in allgemeinem Zusammenhang in den Kapiteln 1, «Vernunft und Objektivität», und 5, «Unparteilichkeit und Objektivität», behandelt, und hier ist es wichtig zu verstehen, dass Argumente für die Existenz von Menschenrechten auf die Anerkennung einiger wichtiger Freiheiten angewiesen sind, die – so der Anspruch – geachtet werden sollen, und dass sie dementsprechend die Pflichten der Gesellschaft, diese Freiheiten zu unterstützen und zu fördern, plausibel machen müssen. Im Folgenden werde ich diese ethischen Verbindungen weiter ausführen. Über die methodologischen Probleme, die mit solchen Verflechtungen zusammenhängen, siehe Hilary Putnam, *The Collapse of the Fact/Value Dichotomy and Other Essays* (Cambridge, MA: Harvard University Press, 2002); siehe auch Willard Van Orman Quine, «Two Dogmas of Empiricism», in seinem *From a Logical Point of View* (Cambridge, MA: Harvard University Press, 1961). Versuche, diesen Verflechtungen zu entgehen, haben in der Ökonomie zu beträchtlichen Schwierigkeiten geführt;

bote anerkannt werden, und weisen darauf hin, dass für die Verwirklichung der durch diese Rechte kenntlich gemachten Freiheiten etwas getan werden muss. Sie behaupten jedoch Eines nicht: dass die Menschenrechte bereits *gesetzlich* bestätigte, durch Legislation oder Gewohnheitsrecht verankerte Rechte seien (zu Benthams Verdammung dieser beiden differierenden Sachverhalte komme ich gleich).[2]

Wenn wir Menschenrechte so verstehen, ergeben sich sofort zwei Fragen, eine nach dem Inhalt und eine nach der Durchführbarkeit. Um den Inhalt geht es in der ethischen Behauptung, die mit der Deklaration eines Menschenrechts aufgestellt wird. Eine kurze Antwort auf die Frage nach dem Inhalt (auf der Basis von Theorie und Umsetzung in die Praxis: Die Behauptung besagt, dass bestimmte Freiheiten (etwa die Freiheit von Folter oder die Freiheit, dem Hungertod zu entgehen) von entscheidender Bedeutung sind und dass es dementsprechend notwendig ist, soziale Verpflichtungen zum Fördern oder Absichern dieser Freiheiten zu akzeptieren.* Beide Aussagen – über Freiheiten und über Verpflichtungen – müssen genauer untersucht werden (hier identifiziere ich nur die *Art* der Behauptungen, die diese Ethik der Menschenrechte präsentieren will).

Die zweite Frage betrifft die Erfüllbarkeit der ethischen Ansprüche, die in einer Menschenrechtserklärung erhoben werden. Wie in anderen Fällen, wenn ethische Ansprüche vertreten werden, setzen auch die Befürworter der Menschenrechte implizit voraus, dass die ethischen Postulate, die ihnen zugrunde liegen, offener, auf Informationen beruhender kritischer Überprüfung standhalten werden. Und hier kommt die «offene Unparteilichkeit» ins Spiel, die Thema eines früheren Kapitels in diesem Buch war. Ein solcher interaktiver Prozess kritischer Überprüfung, der offen für Argumente von anderer Seite ist und aufnahmefähig für verfügbare relevante Informationen, ist sogar unentbehrlich für den allgemeinen Bewertungsrahmen ethischer und politischer Angelegenheiten, der in diesem Buch bereits untersucht wurde. Dass Menschenrechte

siehe dazu Vivian Walsh, «Philosophy and Economics», in John Eatwell, Murray Milgate und Peter Newman (Hg.), *The New Palgrave: A Dictionary of Economics* (London: Macmillan, 1987), S. 861–869.

* Judith Blau und Alberto Moncada haben in ihrem überzeugenden Buch *Justice in the United States: Human Rights and The US Constitution* (New York; Rowman & Littlefield, 2006) darauf hingewiesen, dass die Unabhängigkeitserklärung von 1776 mit ihrer Anerkennung bestimmter Grundrechte «wie ein Stichwort für alles war, das danach kam – Unabhängigkeit, das Schreiben einer Verfassung und die Regierungsmaschinerie in Gang setzen» (S. 3).

unparteiischen Argumenten standhalten, ist in meinem Ansatz entscheidend für ihre Verteidigung, auch wenn dieser Einsatz der Vernunft Mehrdeutigkeit und Dissonanz in weiten Bereichen nicht ausräumen kann.* Das spezifische Feld der Menschenrechte muss unter den Kriterien der kritischen Überprüfung und Durchführbarkeit bearbeitet werden; gegen Ende dieses Kapitels werde ich darauf zurückkommen.

Die ethischen Proklamationen mit klarem politischem Kontext, die zu einer Erklärung der Menschenrechte gehören, können von Personen oder Institutionen stammen und als individuelle Bemerkungen oder als soziale Deklarationen geäußert werden. Sie können auch an prominenter Stelle von bestimmten Gruppen vertreten werden, die den Auftrag haben, diese Fragen zu prüfen, wie die Verfasser der amerikanischen Unabhängigkeitserklärung oder der französischen Erklärung der Menschenrechte oder der Ausschuss der Vereinten Nationen, der (unter Führung von Eleanor Roosevelt) die Universal Declaration formulierte. Diese Texte von Gruppen können auch durch Institutionen ratifiziert werden, so wie es zum Beispiel 1948 durch Abstimmung in den neu gegründeten Vereinten Nationen geschehen ist. Aber artikuliert oder ratifiziert wird dann ein ethischer Anspruch – nicht eine Aussage über etwas, das bereits durch Gesetz gewährleistet ist.

Diese öffentlichen Menschenrechtserklärungen sind oft sogar Anstöße zum Erlassen neuer Gesetze, sie bauen nicht darauf, bereits gesetzlich gesicherte Rechte in Anspruch nehmen zu können. Die Verfasser der Universal Declaration von 1948 hofften offensichtlich, dass die in Worte gefasste Anerkennung der Menschenrechte als eine Art Schablone für neue Gesetze dienen könnte, die erlassen würden, um jene Menschenrechte weltweit zu legalisieren.** Die Betonung lag auf *neuer* Gesetzgebung, es ging nicht darum, nur eine humanere Interpretation eines bestehenden gesetzlichen Schutzes zu erreichen.

Ethische Deklarationen von Menschenrechten sind vergleichbar mit Deklarationen etwa in der utilitaristischen Ethik – auch wenn ihr subs-

* Partielle Dissonanz spricht nicht gegen den in diesem Buch benutzten Ansatz; die Gründe dafür wurden vor allem in der Einleitung und im Kapitel 4, «Stimme und kollektive Entscheidung», ausgeführt. Mehr dazu im nächsten und letzten Kapitel, «Gerechtigkeit und die Welt».

** Besonders Eleanor Roosevelt hatte diese Erwartungen, als sie die jungen Vereinten Nationen 1948 dazu brachte, die Universal Declaration anzunehmen. Diese außergewöhnliche Geschichte einer globalen Erklärung wird von Mary Ann Glendon, *A World Made New: Eleanor Roosevelt and the Universal Declaration of Human Rights* (New York: Random House, 2001) eindrucksvoll wiedergegeben.

tantieller Inhalt vollkommen verschieden von utilitaristischen Behauptungen ist. Utilitaristen wollen, dass Nutzen das Einzige ist, worauf es am Ende ankommt, und sie fordern, dass Politik auf der Grundlage der Maximierung des Gesamtnutzens betrieben wird, während Menschenrechtler wollen, dass anerkannt wird, wie wichtig gewisse Freiheiten sind, und dass ihr Schutz eine soziale Verpflichtung ist. Aber selbst wenn die beiden Gruppen sich im Inhalt ihrer ethischen Forderungen unterscheiden, kämpfen sie doch auf demselben allgemeinen Schauplatz ethischer Überzeugungen und Proklamationen. Und darum geht es hier in der Antwort auf die Frage: Was sind Menschenrechte?

So verstanden, kann die Erklärung eines Menschenrechts (zum Beispiel in der Form: «Diese Freiheit ist wichtig, und wir müssen ernsthaft darüber nachdenken, was wir tun sollen, um einander zu ihrer Verwirklichung zu verhelfen») tatsächlich mit anderen ethischen Proklamationen, etwa: «Glück ist wichtig» oder «auf Autonomie kommt es an» oder «persönliche Freiheiten müssen erhalten bleiben» verglichen werden. Die Frage «Gibt es wirklich solche Dinge wie Menschenrechte?» ist also vergleichbar mit der Frage: «Ist Glück wirklich wichtig?» oder: «Kommt es wirklich auf Autonomie oder Freiheit an?»* Über diese Fragen kann man viel diskutieren, und die Brauchbarkeit der einzelnen Behauptungen hängt von der kritischen Prüfung des Behaupteten ab (auf die Themen Prüfung und Einschätzung von Machbarkeit werde ich im Folgenden zurückkommen).** Verlangt man von Menschenrechtlern einen

* Auf der Suche nach Antworten auf diese kritischen Fragen müssen wir jedoch nicht nach ethischen «Objekten» Ausschau halten, die als Menschenrechte identifizierbar wären. Zum allgemeinen Thema ethischer Evaluierung siehe Kapitel 1, «Vernunft und Objektivität». Siehe auch Hilary Putnam, *Ethics without Ontology* (Cambridge, MA: Harvard University Press, 2004).

** Die Versicherung, dass ein «Recht» wichtig sei, darf nicht mit Ronald Dworkins Interpretation, die Thomas Scanlon befürwortet, verwechselt werden: Für Dworkin muss ein Recht per definitionem in der Frage: «Was wäre gut, wenn es geschähe?» jedes Gegenargument «übertrumpfen». Dworkin, *Taking Rights Seriously* (Cambridge, MA: Harvard University Press, 1977), und Scanlon, «Rights and Interests», in Kaushik Basu und Ravi Kanbur (Hg.), *Arguments for a Better World* (Oxford und New York: Oxford University Press, 2009, S. 68–69). Ich würde behaupten, dass das Ernstnehmen von Rechten uns abverlangt, anzuerkennen, dass es schlecht – manchmal furchtbar – wäre, wenn sie verletzt würden. Dies impliziert nicht die Annahme, dass ein Anspruch, den wir als ein Recht anerkennen, immer jedes Gegenargument übertrumpfen müsse (zum Beispiel den Einwand, dass Wohlergehen oder eine Freiheit in diesem Recht nicht eingeschlossen sind). Es ist vielleicht nicht überraschend, dass Gegner der Idee der Menschenrechte oft erst unterstellen,

«Existenzbeweis» für Menschenrechte, ist das ungefähr so, als verlange man eine Gültigkeitserklärung für ethische Behauptungen anderen Typs – utilitaristische oder solche, die Rawls oder Nozick erhoben haben. Auch in dieser Hinsicht ist das Thema Menschenrechte dem Fokus dieses Buches eng benachbart, da kritische öffentliche Überprüfung für seinen Ansatz zentral ist.

Ethik und Recht

Die Analogie, dass sowohl Menschenrechte wie utilitaristische Deklarationen als ethische Thesen formuliert werden, kann uns weiterhelfen, wenn wir versuchen, einige der Konfusionen zu klären, unter denen Diskussionen über Menschenrechte seit langem leiden. Die grundsätzliche Ähnlichkeit zwischen diesen beiden alternativen – aber sehr verschiedenen – Wegen zur Sozialethik ist leicht zu erkennen. Allerdings hat Jeremy Bentham, der berühmte Schöpfer des modernen Utilitarismus, es fertig gebracht, in seinem klassischen Totalverriss der französischen Deklaration der «Menschenrechte» diese Gleichartigkeit völlig zu übersehen. Er begriff den Blick auf Menschenrechte nicht als einen ethischen Ansatz – eine Alternative und Konkurrenz zu seiner eigenen Annäherung an den Utilitarismus –, sondern hielt einen Vergleich zwischen dem *gesetzlichen* Status von (1) Menschenrechtserklärungen und (2) tatsächlich durch Gesetz verankerten Rechten für angemessen. Sein Vergleich ergab – nicht überraschend –, dass den Menschenrechten grundsätzlich jener gesetzliche Status fehlte, den die anderen Rechte offensichtlich hatten.

Schwer bewaffnet mit der falschen Frage und dem falschen Vergleich, konnte Bentham die Menschenrechte erstaunlich schnell und atemberaubend simpel aus dem Feld schlagen. Sein Argument: «*Recht*, das Substantiv Recht, ist das Kind des Gesetzes; aus *wirklichen* Gesetzen kommen *wirkliche* Rechte; aber aus imaginären Gesetzen, aus dem ‹Naturrecht› können nur *imaginäre* Rechte kommen».[3] Wie man sieht, beruht

Menschenrechte würden sich anmaßen, alles zu übertrumpfen, und dann diese Rechte ablehnen, weil die angeblichen Anmaßungen höchst unplausibel seien. Weder Mary Wollstonecraft noch Thomas Paine schrieben den Rechten von Menschen unbedingte, alles übertrumpfende Ansprüche zu, so wenig wie die meisten Menschenrechtsaktivisten von heute. Sie bestehen jedoch darauf, dass Menschenrechte ernst zu nehmen sind und zu unseren stärksten Handlungsdeterminanten gehören sollten, statt ignoriert oder schnell beiseite geschoben zu werden.

Benthams Zurückweisung der Idee der «natürlichen Menschenrechte» ganz auf einem prägnanten Gebrauch des Wortes «Recht».

Bentham postulierte einfach, dass ein Anspruch nur kraft Gesetz als Recht gelten könne und dass alle anderen Verwendungen des Begriffs «Recht» – so üblich sie auch ein mögen – schlicht falsch sind. Aber insofern Menschenrechte als signifikante ethische Ansprüche verstanden werden sollen, ist damit ebenso deutlich gesagt wie irrelevant, dass sie nicht zwangsläufig gesetzliche Rechte sind.[4] Angemessen ist sicherlich der Vergleich zwischen (1) einer auf Nutzendenken beruhenden Ethik (Benthams Ziel), die dem Nutzen grundlegende, aber Freiheiten und Freiheitsrechten keinerlei oder wenigstens keinerlei unmittelbar ethische Bedeutung zuspricht, und (2) einer Ethik der Menschenrechte, die Platz hat für die grundlegende Wichtigkeit von Rechten im Sinn von Freiheiten und entsprechenden Verpflichtungen (das Ziel der Verfechter der «Menschenrechte»).*

Ethische Argumente für den Utilitarismus betonen, dass der Nutzen der betroffenen Personen berücksichtigt werden muss, wenn entschieden wird, was zu tun ist; die Ethik der Menschenrechte verlangt, dass die allen Menschen zugesprochenen Rechte auf Achtung für Freiheiten und entsprechende Verpflichtungen ethische Anerkennung finden müssen. *Dieser* Kontrast ist für den Vergleich zwischen beiden Ansätzen relevant, *nicht* die Unterscheidung zwischen der Rechtskraft gesetzlich verankerter Rechte (Benthams Wendung «Kind des Gesetzes» beschreibt sie angemessen) und der *ethischen* Anerkennung von Rechten ohne Gesetzgebung oder gesetzliche Umdeutung. Zur gleichen Zeit, als Bentham wie besessen auf die «Rechtsanmaßung» einschlug, die er den «Menschenrechten» unterstellte, und emsig an seinem Buch zu ihrer Verdammung schrieb (1791–92), entstanden Thomas Paines *Rights of Man* (1791, 1792) und Mary Wollstonecrafts *A Vindication of the Rights of Men* (1790) und *A Vindication of the Rights of Women: With Strictures on Political and Moral Subjects* (1792), eindrucksvolle Werke über Ausmaß und Reichweite von Rechten im ethischen Verständnis.[5]

* Natürlich kann man Freiheiten und Rechten Bedeutung zumessen und zugleich das Wohlergehen wichtig finden; vergl. Kapitel 13, «Glück, Wohlergehen und Befähigungen». Aber wenn sowohl Nutzen wie Freiheiten in ethischen Überlegungen Priorität haben sollen, können sich Probleme mit der Konsistenz ergeben, die eigens behandelt werden müssen. Dieser Punkt wurde im Kapitel 14, «Gleichheit und Freiheit», berücksichtigt; siehe auch mein *Collective Choice and Social Welfare* (1970), Kapitel 6, und Kotaro Suzumura, «Welfare, Rights and Social Choice Procedures», *Analyse und Kritik,* 18 (1996).

Eine ethische Begründung der Menschenrechte widerspricht klar der Auffassung, dass sie gesetzliche Forderungen seien, und entkräftet damit auch Benthams Vorwurf der Rechtsanmaßung. Natürlich besteht ein Motivationszusammenhang zwischen ethischen und gesetzlichen Rechten. In der Tat gibt es einen Ansatz, der sich ebenfalls am gesetzlichen Recht orientiert, aber Benthams Irrtum vermeidet und stattdessen zugesteht, dass Menschenrechte als moralische Vorhaben anzuerkennen sind und die Grundlage für eine Gesetzgebung bilden können. In seinem 1955 veröffentlichten, verdientermaßen berühmt gewordenen Essay «Are There Any Natural Rights?» hat Herbert Hart dargelegt, dass Menschen «von ihren moralischen Rechten hauptsächlich dann sprechen, wenn sie für deren Aufnahme in ein Rechtssystem plädieren».[6] Er fügte hinzu, das Konzept eines Rechts gehöre «zu der Abteilung der Moralität, die besonders dafür zuständig ist, zu bestimmen, wann die Freiheit einer Person durch die einer anderen eingeschränkt werden darf, und somit zu bestimmen, welche Handlungen zum Gegenstand zwingender Rechtsvorschriften gemacht dürfen.» Wo Bentham Recht als «Kind des Gesetzes» ansah, versteht Hart Menschenrechte im Grunde als *Eltern des Gesetzes*: Sie geben den Anstoß zum Schaffen spezifischer neuer Gesetze.*

Harts Gedankengang überzeugt offensichtlich – es ist kaum zu bezweifeln, dass die Idee moralischer Rechte als Grundlage neuer Gesetzgebung dienen kann und in der Praxis auch oft dient. Auch Menschenrechte werden häufig auf diese Weise genutzt**: Der Anspruch, dass bestimmte Freiheiten geachtet und möglichst gewährleistet werden sollten, war – mit oder ohne Rückgriff auf das Vokabular der Menschenrechte – in der Vergangenheit Grundlage tatkräftiger und wirksamer politischer Agitation, zum Beispiel, als die englischen Suffragetten das Wahlrecht für Frauen forderten und schließlich erstritten. Die ethische Überzeugungskraft der Menschenrechte wurde und wird als Inspiration für die Gesetzgebung genutzt, das ist sicherlich eine von mehreren Möglichkeiten, sie konstruktiv einzusetzen, und Harts auf diese

* Joseph Raz hat den Gesichtspunkt entwickelt, dass Menschenrechte die Grundlage für Initiativen in der Gesetzgebung sind. Siehe seinen über weite Strecken kritischen, aber am Ende konstruktiven Essay «Human Rights without Foundations» in Samantha Besson und John Tasioulas (Hg.), *The Philosophy of International Law* (Oxford: Oxford University Press, 2010).

** Zum Beispiel wurde die Zuschreibung unveräußerlicher Rechte in der amerikanischen Unabhängigkeitserklärung auf genau diese Weise eingeführt und in die Gesetzgebung der Folgezeit übernommen, ein oft begangener Weg in der Geschichte der Gesetzgebung vieler Länder.

Möglichkeit konzentrierte Verteidigung der Idee und der Brauchbarkeit der Menschenrechte ist erhellend und hatte großen Einfluss.* Einzelne Staaten oder Staatenverbände haben bestimmten, als grundlegende Menschenrechte verstandenen Rechten durch viele neue Gesetze Rechtsgültigkeit verliehen; der 1955 (im Anschluss an die Unterzeichnung der Europäischen Konvention) eingerichtete Europäische Gerichtshof für Menschenrechte zum Beispiel kann Beschwerden wegen Menschenrechtsverletzungen prüfen, die von Einzelpersonen aus den Unterzeichnerstaaten vorgebracht werden. Dies wurde zum Beispiel in Großbritannien durch den Human Rights Act von 1998 ergänzt, der die wichtigsten Klauseln der Europäischen Konvention für Menschenrechte in die inländische Rechtsprechung aufnehmen soll. Der «Weg der Gesetzgebung» wird tatsächlich oft begangen.

Über den Weg der Gesetzgebung hinaus

Trotzdem können wir uns fragen, ob damit alles zum Thema Menschenrechte gesagt ist. Tatsächlich sollte man nicht übersehen, dass die Idee der Menschenrechte auch auf andere Weise angewendet werden kann und wird, also nicht nur als Anstoß für neue Gesetze nutzbar ist. Anzuerkennen, dass sie *unter anderem* zu neuer Gesetzgebung anregen kann, ist nicht dasselbe wie die Annahme, dass die Menschenrechte *ausschließlich* deshalb wichtig seien, weil sie bestimmen, was «auf angemessene Weise zum Gegenstand zwingender Rechtsvorschriften gemacht werden soll», und es wäre besonders verwirrend, wenn diese Annahme zur *Definition* der Menschenrechte gemacht würde. Werden Menschenrechte als starke moralische Ansprüche verstanden – und Hart schlägt das vor, da er sie als «moralische Rechte» bezeichnet –, dann dürfen wir doch mit gutem Grund eine gewisse Toleranz für die Überzeugung erwarten, dass verschiedene Wege zur Erfüllung dieser Ansprüche führen. Die Wege und Mittel zur Förderung der Ethik der Menschenrechte müssen nicht auf das Erlassen neuer Gesetze beschränkt sein (selbst wenn die Gesetzgebung sich manchmal als der richtige Weg erweist); soziales Monitoring und andere aktivistische Unterstützung durch NGOs verschiedenen Typs, etwa Human Rights Watch, Amnesty International, Oxfam, Ärzte

* Den enormen Einfluss Tom Paines, der bewirkte, dass die Vereinigten Staaten eine politische Strategie zur Bekämpfung der Armut entwickelten, schildert Gareth Stedman Jones, *An End to Poverty* (New York: Columbia University Press, 2005). Siehe auch Judith Blau und Alberto Moncada, *Justice in the United States* (2006).

ohne Grenzen, Save the Children, das Rote Kreuz oder Action Aid und viele andere Organisationen können mithelfen, den Geltungsbereich anerkannter Menschenrechte zu vergrößern. In vielen Kontexten ist gar keine Gesetzgebung beteiligt.

Welcher Bereich sich für den Weg der Gesetzgebung eignet, ist eine interessante Frage. Manchmal wird vermutet, ein wirklich wichtiges, nicht gesetzlich verankertes Menschenrecht sei am besten gesichert, wenn man versuche, es durch Gesetz zu einem genau spezifizierten legalen Recht zu machen. Das könnte jedoch ein Fehler sein. Zum Beispiel mag es äußerst wichtig sein, das Mitspracherecht einer Ehefrau bei Entscheidungen in der Familie, das in traditionell sexistischen Gesellschaften oft verweigert wird, anzuerkennen und zu verteidigen. Trotzdem könnten die Verfechter dieses Rechts, die seine weit reichende ethische und politische Bedeutung überzeugend betonen, einhellig dagegen sein, es zu einer «zwingenden Rechtsvorschrift» (in Herbert Harts Worten) zu machen, da sie vielleicht zur Folge hätte, dass der Ehemann ins Gefängnis käme, weil er versäumt hatte, den Rat seiner Frau zu hören. Die notwendigen Veränderungen müssten anders auf den Weg gebracht werden; dass sie nötig sind, müsste in den Medien und der Kritik offen gelegt werden und Thema öffentlicher Debatten und Agitation sein.* Weil Kommunikation, Fürsprache, Offenlegung und auf Informationen beruhende öffentliche Diskussion so wichtig sind, können Menschenrechte Einfluss ausüben, ohne unbedingt auf zwingende Gesetzgebung angewiesen zu sein.

Auch die Freiheit eines Stotterers, in öffentlichen Versammlungen zu reden, ohne verhöhnt oder ausgelacht zu werden, ist wichtig und muss geschützt werden, aber das ist eine ethische Forderung, und wahrscheinlich fällt der Verstoß gegen die Redefreiheit des Stotterers auch nicht in den Bereich des Strafrechts (schlechtes Benehmen wird nicht mit Geldstrafen oder Gefängnis geahndet). Schutz für dieses Menschenrecht muss anderswo gesucht werden, zum Beispiel könnten Erziehung und öffentliche Diskussionen Einfluss auf Anstand und soziales Verhalten nehmen.** Einfluss und Wirkung der Menschenrechte sind nicht daran gebunden, dass man sie ausnahmslos als mögliche Vorschläge für neue Gesetze sieht.

* Für Mary Wollstonecraft, die über eine Vielfalt von Möglichkeiten, Frauenrechte zu fördern, nachgedacht hat, wäre diese Erkenntnis nicht überraschend gewesen (*A Vindication of the Rights of Woman*, 1792).

** Siehe Drusilla Cornells klärende Darstellung der weitreichenden Rolle von Höflichkeit und ähnlichen Werten in *Defending Ideals* (New York: Routledge, 2004).

Im Denkansatz dieses Buches sind Menschenrechte ethische Ansprüche, die sich konstitutiv mit der Wichtigkeit menschlicher Freiheit verbinden, und die kritische Überprüfung durch öffentlichen Vernunftgebrauch in offener Unparteilichkeit entscheidet, ob ein Argument, das einen bestimmter Anspruch als ein Menschenrecht durchsetzen will, stichhaltig ist. Menschenrechte können als Motivierung für sehr viele verschiedene Aktivitäten dienen, die von der Formulierung und Verabschiedung angemessener Gesetze bis zur Aktivierung der Hilfe anderer Menschen und öffentlicher Agitation gegen Rechtsverletzungen reichen.* Die vielfältigen Aktivitäten können – alle gemeinsam oder jede für sich – zur Verwirklichung wichtiger menschlicher Freiheiten beitragen. Halten wir fest, dass es nicht nur mehrere, von der Gesetzgebung verschiedene Wege zum Schutz und zur Förderung von Menschenrechten gibt, sondern dass diese Möglichkeiten einander in hohem Maß ergänzen; sollen zum Beispiel neue Menschenrechtsgesetze durchgesetzt werden, können öffentliches Monitoring und öffentlicher Druck einen erheblichen Unterschied machen. Die Ethik der Menschenrechte kann durch eine Vielfalt miteinander verbundener, flexibler Hilfsmittel wirksamer werden. Das ist einer der Gründe, warum es wichtig ist, den allgemeinen ethischen Status der Menschenrechte anzuerkennen, statt ihr Konzept voreilig in die enge Schublade der – realen oder idealen – Gesetzgebung zu stecken.

Rechte als Freiheiten

Da Menschenrechtserklärungen, behaupte ich, ethische Bestätigungen dafür sind, dass die zu solchen Rechten gehörenden Freiheiten unbedingt beachtet werden müssen, sollten diese Freiheiten der Ausgangspunkt für eine Untersuchung der Relevanz von Menschenrechten sein.

* Im Anschluss an die Universal Declaration of Human Rights von 1948 wurden viele andere, oft von den Vereinten Nationen angeregte Deklarationen verfasst, unter anderem die 1951 unterzeichnete Konvention zur Prävention und Bestrafung des Völkermords, der Internationale Pakt über bürgerliche und politische Rechte und wirtschaftliche, soziale und kulturelle Rechte von 1966 und die 1986 unterzeichnete Erklärung zum Recht auf Entwicklung. Motivation für diesen Ansatz ist die Idee, dass die ethische Kraft von Menschenrechten in der Praxis auch ohne Rechtsdurchsetzung verstärkt wird, wenn sie sozial anerkannt sind und einen gesicherten Status haben. Zu diesen Themen siehe auch Arjun Sengupta, «Realizing the Right to Development», *Development and Change*, 31 (2000) und «The Human Right to Development», *Oxford Development Studies*, 32 (2004).

Der hohe Stellenwert von Freiheiten bietet nicht nur eine solide Grundlage für die Bestätigung unserer eigenen Rechte auf Selbstbestimmung, sondern auch für die Beachtung der Rechte und Freiheiten anderer – die weit über das utilitaristische Programm der Lustgewinnung und Bedürfnisbefriedigung hinausgehen.* Benthams Begründung für den Nutzen als Basis ethischer Bewertung, die eher eine Deklaration denn eine Rechtfertigung war, muss im Vergleich mit den Gründen für die Konzentration auf Freiheiten betrachtet und eingeschätzt werden.[7]

Eine Freiheit, die Teil eines Menschenrechts werden soll, muss offensichtlich so wichtig sein, dass sie anderen Menschen Grund zu ernsthafter Aufmerksamkeit gibt. Das ist eine von mehreren «Schwellenbedingungen» für Relevanz, die erfüllt sein müssen, damit eine Freiheit im Spektrum der Menschenrechte überzeugend Platz findet; eine zweite besagt, es müsse möglich sein, ihre Verwirklichung zu beeinflussen. Insofern für den sozialen Rahmen von Menschenrechten eine Übereinkunft nötig ist, würde man sich nicht nur darüber einigen müssen, ob eine bestimmte Freiheit einer bestimmen Person überhaupt ethische Bedeutung hat, sondern zu klären wäre auch, ob die Relevanz dieser Freiheit die Schwellenbedingung der sozialen Wichtigkeit erfüllt, also als Teil der Menschenrechte dieser Person gelten kann und dementsprechend andere verpflichtet, der Person möglichst bei der Verwirklichung der betreffenden Freiheit zu helfen. Gleich mehr zum Thema.

Diese Schwellenbedingung könnte aus vielfältigen Gründen verhindern, dass bestimmte Freiheiten zum Gegenstand der Menschenrechte werden. Zur Erläuterung folgen fünf Freiheiten einer Person – nennen wir sie Rehana; alle fünf können mit gutem Grund als sehr wichtig angesehen werden:

(1) Rehanas Freiheit, nicht überfallen zu werden;
(2) ihre Freiheit, bei einem ernsten Gesundheitsproblem auf medizinische Grundversorgung zählen zu können;
(3) ihre Freiheit, nicht regelmäßig und zu unpassenden Zeiten von ihren Nachbarn heimgesucht zu werden, die sie unangenehm findet;
(4) Rehanas Freiheit, die Gelassenheit zu erreichen, die wichtig für ihre Lebensqualität ist;
(5) ihre «Freiheit von Angst» vor schädlichen Aktionen anderer (die über die Freiheit von den Aktionen selbst hinausgeht).

* Der Gegensatz wurde im Kapitel 13, «Glück, Wohlergehen und Befähigungen», untersucht.

Obwohl alle fünf auf die eine oder andere Weise wichtig sein mögen, kann man doch mit einer gewissen Plausibilität behaupten, dass die erste (die Freiheit, nicht überfallen zu werden) gut ein Menschenrecht sein kann, die zweite ebenfalls (die Freiheit, medizinische Grundversorgung zu erhalten), während die dritte (die Freiheit, nicht zu oft und zu störend von lästigen Nachbarn besucht zu werden) im Allgemeinen nicht erheblich genug ist, um die Schwelle der sozialen Relevanz zu überwinden und als Menschenrecht zu gelten. Die vierte dagegen (die Freiheit, Gelassenheit zu erreichen), mag zwar für Rehana äußerst wichtig sein, ist aber zu sehr nach innen gerichtet und außerhalb der Reichweite sozialer Politik und deshalb kein guter Kandidat für ein Menschenrecht. Dass das Recht auf Gelassenheit ausgeschlossen wird, hängt mit dem Inhalt dieser Freiheit zusammen und mit der Schwierigkeit, sie durch soziale Hilfe zu fördern, damit soll aber keineswegs unterstellt werden, dass es nicht wirklich wichtig für Rehana ist, gelassen sein zu können.

Die fünfte Variante (Freiheit von Angst vor schädlichen Aktionen anderer) ist nicht vernünftig zu beurteilen, ohne dass die Basis für diese Angst geprüft und überlegt wird, wie sie ausgeräumt werden kann. Manche Ängste mögen vollkommen zwingend sein, etwa die Angst vor der Endlichkeit des Lebens, die viele Menschen bedrückt. Andere Ängste lassen sich kaum vernünftig begründen, und Robert Goodin und Frank Jackson empfehlen in ihrem überzeugenden Essay «Freedom from Fear», dass wir erst dann entscheiden sollten, ob wir etwas «rational fürchten», wenn wir «eingeschätzt haben, wie wahrscheinlich das Eintreten des Befürchteten ist, denn die Wahrscheinlichkeit könnte sich als sehr gering erweisen».* Goodin und Jackson folgern richtig, dass «Freiheit von Angst», verstanden als «Freiheit von unbilligen Einflüssen, die uns irrationale Angst machen, ... ein von Natur aus wichtiges, aber auch von Natur aus ungreifbares soziales Ziel ist».[8] Und doch kann Angstfreiheit ein Ziel sein, das eine Person mit gutem Grund anstrebt und dessen Verwirklichung andere – oder die Gesellschaft – mit gutem Grund unterstützen könnten, ganz gleich, ob diese Angst besonders rational ist.

* Goodin und Jackson zitieren in diesem Kontext Cheneys «Ein-Prozent-Doktrin»: «Wenn auch nur ein Prozent Wahrscheinlichkeit besteht, dass Terroristen sich eine Massenvernichtungswaffe verschaffen – und seit einiger Zeit haben sie eine kleine Chance dafür –, müssen die Vereinigten Staaten jetzt handeln, als sei es eine Gewissheit» (Robert E. Goodin und Frank Jackson, «Freedom from Fear», *Philosophy and Public Affairs,* 35 (2007), S. 249). Siehe auch Ron Suskind, *The One Percent Doctrine: Deep Inside America's Pursuit of Its Enemies Since 9/11* (New York: Simon & Schuster, 2006).

Panikattacken geistesverwirrter Personen verlangen sicherlich aus medizinischen Gründen Aufmerksamkeit, und in diesen Fällen kann man mit plausiblen Argumenten für ein Menschenrecht auf ärztliche Hilfe plädieren: Dass eine derartige Angst irrational ist, muss nicht ausschließen, dass ein Recht auf Schutz vor ihr in Betracht kommt, da die Angst und das Leiden genuin sind und die im medizinischen Sinne Kranken ihrer vielleicht nicht Herr werden können, wenn sie auf sich allein gestellt bleiben.

Es kann vertretbar sein, den Schutz gegen die Angst vor Terrorismus zur Aufgabe der Menschenrechte zu machen, selbst dann, wenn Wahrscheinlichkeitsrechnungen das Ausmaß dieser Angst als unbegründet erweisen würden. Das allgemeine Angstklima, das sich nach den Terroranschlägen 2001 in New York oder 2005 in London oder 2008 in Mumbai ausbreitete, verlangt Beachtung, auch wenn die Angst vor terroristischen Anschlägen übertrieben sein mag.* Was im Fall der fünften Freiheit aus Sicht der Menschenrechte Sinn hat, ist eine offene Frage, die durch kritische Prüfung und Einschätzung entschieden werden muss, und dabei wird viel von der Charakterisierung der unvermeidlichen Ungewissheiten abhängen, vor allem davon, ob man der Gesellschaft oder dem Staat zutraut, beim Ausräumen dieser Ängste eine Hilfe zu leisten, die ein isoliert handelndes Individuum sich selbst nicht geben kann, auch wenn er oder sie es noch so rational versucht.**

* Das Problem mit Cheneys «Ein-Prozent-Doktrin» besteht nicht darin, dass die Angst vor einem furchtbaren Ereignis, das nur mit einer Wahrscheinlichkeit von einem Prozent eintreten wird, irrational ist, sondern darin, dass er diese Wahrscheinlichkeit so auffasst, «als sei sie eine Gewissheit », und das ist eindeutig irrational und keine gute Basis für die Entscheidung, was man – vor allem der Staat – unternehmen solle.

** Dass durch staatliche Eingriffe womöglich die Freiheit einer Person beeinträchtigt wird, wirft aus «republikanischer» Sicht eine Frage anderer Art auf; vergl. Philip Pettit, *Republicanism: A Theory of Freedom and Government* (Oxford: Clarendon Press, 1997); diese Sicht ähnelt der «neo-römischen», die Quentin Skinner dargestellt hat (Skinner, *Liberty before Liberalism,* Cambridge: Cambridge University Press, 1998). Für diese Auffassung von Freiheit ist der springende Punkt nicht die hohe Wahrscheinlichkeit, sondern die bloße *Möglichkeit* eines staatlichen Eingriffs, da sie die Freiheiten von Individuen abhängig vom Willen anderer macht. Ich habe dem Argument widersprochen, dass dies der zentrale Inhalt der Freiheit sei, mich aber dafür eingesetzt, dass es im breiten Spektrum der verschiedenen Aspekte von Freiheit einen Platz haben sollte (siehe Kapitel 14, «Gleichheit und Freiheit»). Über Thomas Hobbes' Einstellung zur republikanischen Auffassung vergl. meinen Hinweis auf Quentin Skinners *Hobbes and Republican Liberty* (Cambridge: Cambridge University Press, 2008) [Kapitel 14, Anmerkung S. 335] Siehe auch Richard Tuck,

Offensichtlich können wir darüber streiten, wie die Relevanzschwellen festzulegen sind, und ob eine bestimmte Freiheit diese Schwelle überschreitet oder nicht. Die Analyse der Schwellenwerte für das Gewicht und die soziale Relevanz einzelner Freiheiten hat in der Beurteilung von Menschenrechten einen signifikanten Platz. Uneinigkeit ist in Aussagen über Menschenrechte immer möglich, und kritische Überprüfung gehört zur «Disziplin» dieser Rechte. Sogar die Brauchbarkeit von Behauptungen über Menschenrechte, die im Folgenden betrachtet wird, ist eng mit unparteiischer Überprüfung verbunden.

Chancen- und Prozessaspekt der Freiheit

Ich komme nun zu einer anderen Unterscheidung in der Idee der Freiheit, die ebenfalls für die Theorie der Menschenrechte Bedeutung haben könnte. Dass es wichtig ist, zwischen dem «Chancenaspekt» und dem «Prozessaspekt» einer Freiheit zu unterscheiden, habe ich bereits erklärt (besonders im Kapitel 11, «Leben, Freiheiten und Befähigungen») und auch auf die komplexen Probleme hingewiesen, die mit der Einschätzung der beiden Aspekte verbunden sind.[9] Eine Variante des Beispiels aus dem Kapitel 11 kann erläutern, wie relevant substantielle Chancen sowie Entscheidungsprozesse je für sich genommen (wenn auch nicht notwendig unabhängig voneinander) sind, die beide zur Freiheit einer Person gehören. Denken wir uns eine junge Frau namens Sula, die beschließt, dass sie abends mit einem Freund tanzen gehen möchte. Um unser Vorhaben nicht unnötig kompliziert zu machen, nehmen wir an, dass mit dem Ausgehen keine besonderen Sicherheitsrisiken verbunden sind und dass Sula ihre Entscheidung kritisch geprüft hat und zu dem Ergebnis gekommen ist, dass Ausgehen vernünftig wäre (in ihren Augen sogar «ideal»).

Stellen wir uns nun vor, dass eine Verletzung dieser Freiheit droht, wenn irgendwelche autoritären Sittenwächter entscheiden, dass Sula nicht tanzen gehen darf («Es ist sehr unziemlich»), und sie auf die eine oder andere Weise zwingen, zu Hause zu bleiben. Damit klar wird, dass diese eine Verletzung zwei verschiedene Sachverhalte betrifft, stellen wir uns nun einen alternativen Fall vor: Die autoritären Bosse entscheiden, dass sie unbedingt ausgehen *muss* («Heute Abend darfst Du nicht hier

Hobbes (Oxford: Oxford University Press, 1998) und sein gemeinsam mit M. Silverstone herausgegebenes Buch *Hobbes: On the Citizen* (Cambridge: Cambridge University Press, 1998).

sein – verschwinde – wir haben wichtige Gäste eingeladen, die sich über dein Benehmen und dein unmögliches Aussehen aufregen würden»). Auch in diesem Fall wird eindeutig eine Freiheit verletzt, obwohl Sula nur gezwungen wird, etwas zu tun, das sie ohnehin freiwillig getan hätte (sie muss tanzen gehen), und wenn wir die beiden Alternativen «aus freier Wahl ausgehen» und «zum Ausgehen gezwungen werden» vergleichen, wird sofort klar, dass sie einer Freiheit beraubt ist. Es handelt sich um einen direkten Verstoß gegen den «Prozessaspekt» von Sulas Freiheit, da sie zu einer Handlung gezwungen wird, auch wenn sie freiwillig das Gleiche getan hätte («Bloß nicht Zeit mit diesen aufgeblasenen Gästen verschwenden, statt mit Bob zu tanzen»). Indirekt ist der Chancenaspekt ebenfalls in Mitleidenschaft gezogen, da auch Optionen zu einer plausiblen Auffassung von Chancen gehören können, und Sula hält womöglich unter anderem freie Auswahl für einen Wert (dieses Thema wurde in Kapitel 11, «Leben, Freiheiten und Befähigungen», behandelt).

Aber der Verstoß gegen den Chancenaspekt wäre größer und greifbarer, wenn Sula nicht nur gezwungen wäre, etwas von anderen Ausgewähltes zu tun, sondern sogar zwangsweise etwas tun müsste, das sie freiwillig nicht tun würde. Der Vergleich zwischen «zum Ausgehen gezwungen werden», wenn sie ohnehin ausgegangen wäre, und zum Ausharren mit langweiligen Gästen gezwungen werden macht diesen Kontrast deutlich, der hauptsächlich im Chancenaspekt liegt und weniger im Prozessaspekt. Wenn Sula gezwungen wird, zu Hause zu bleiben und belehrenden Bankern zuzuhören, verliert sie Freiheit auf zwei verschiedene Weisen, einmal, indem sie gezwungen wird, etwas zu tun, statt Wahlfreiheit zu haben, und zweitens, indem sie verpflichtet wird, etwas gegen ihren Willen zu tun.[10]

Prozesse sowie Chancen können in den Menschenrechten Stellenwert haben. Die Idee der Befähigung – der realen Chance, wertvolle Funktionsweisen zu nutzen – wäre eine gute Möglichkeit, in der Formulierung von Freiheiten dem Chancenaspekt gerecht zu werden, aber Probleme, die mit dem Prozessaspekt verbunden sind, verlangen, dass wir Freiheiten nicht nur als «capabilities» sehen. Wenn ein «faires Verfahren» verweigert wird, zum Beispiel eine Inhaftierung ohne ordentliche Gerichtsverhandlung stattfindet, kann das Recht darauf zum Gegenstand von Menschenrechten werden – ganz gleich, ob zu erwarten ist, dass ein faires Verfahren anders ausgehen würde oder nicht.

Vollkommene und unvollkommene Pflichten

In dem hier umrissenen allgemeinen Ansatz ist die Signifikanz von Rechten letzten Endes an die Bedeutung der Freiheitsrechte samt Chancen- und Prozessaspekt geknüpft. Wie steht es nun mit den Pflichten anderer, die mit diesen Rechten zusammenhängen könnten? Wieder können wir die Wichtigkeit von Freiheiten zum Ausgangspunkt nehmen, jetzt aber prüfen, welche Verknüpfungen von Freiheiten und Verpflichtungen sich daraus ergeben. Wenn Freiheiten als wichtig gelten (in dem früher in diesem Buch dargelegten Sinn), dann haben Menschen Grund zu fragen, welche Hilfe beim Schützen oder Fördern ihrer Freiheiten sie einander leisten sollten. Da eine Verletzung – oder Nicht-Verwirklichung – der Freiheiten, auf denen signifikante Rechte beruhen, ein Übel ist (oder eine schlechte soziale Verwirklichung), haben andere Menschen, die diese Verletzung nicht selbst bewirken, aber den Betroffenen helfen können, gute Gründe, zu erwägen, was sie in diesem Fall tun sollten.[11]

Der Schritt, der in einem für Konsequenzen offenen Ethiksystem ohne Umschweife von einem *Grund* zum Handeln (einer anderen Person zu helfen) weiterführt in die tatsächliche *Pflicht* zum Handeln, ist weder einfach noch vernünftig mit einer einzigen Formel zu erfassen. Verschiedene Argumentationen sind hier denkbar, unter anderem, wenn einzuschätzen ist, wie – und wie bindend – eine Person einen Grund zum Handeln auffassen muss, damit er als Basis für eine mögliche Pflicht fungiert. Im Zusammenhang damit steht die Frage nach dem Mitgefühl, das uns dazu bringt, die Interessen anderer – und die Freiheit, sie zu verfolgen – indirekt zu unserer Sache zu machen. Das Ausmaß und die Kraft des Mitgefühls müssen zur konzeptuellen Stärkung der Menschenrechte gehören. Allerdings braucht man nicht unbedingt Mitgefühl im Sinn von Mitleid mit dem Schmerz anderer Menschen, um Gründe zu finden, warum man einer Person helfen sollte, die Schmerzen hat (oder in Not ist oder schweren Mangel leidet).*

Die grundsätzliche, allgemeine Verpflichtung muss darin bestehen, dass man ernsthaft überlegt, was man vernünftig tun kann, um einer anderen Person bei der Verwirklichung ihrer Freiheit zu helfen; dabei wäre zu beachten, wie wichtig und wie beeinflussbar diese Freiheit ist, und

* Relevant ist hier Adam Smiths Unterscheidung zwischen «Mitgefühl» einerseits und «Großmut» und «Gemeinsinn» andererseits als Motiv, anderen zu helfen. *(The Theory of Moral Sentiments*, 1759; 1790). Zu diesem Unterschied vergl. auch Kapitel 8, «Rationalität und die Anderen».

einzuschätzen, mit welcher Wahrscheinlichkeit die eigenen Lebensumstände eine wirksame Hilfe erlauben. Natürlich enthält diese Überlegung Mehrdeutigkeiten und Raum für Uneinigkeit, aber sie macht einen gravierenden Unterschied für die Bestimmung dessen, was man in Anerkennung einer Pflicht tun sollte. Zu verstehen, dass es notwendig ist, nach Wegen zum Helfen zu fragen (statt von der womöglich beruhigenden Annahme auszugehen, dass wir einander nichts schulden), kann der Beginn einer umfassenderen ethischen Denkweise sein, und hierher gehört das Thema Menschenrechte. Damit kann das Nachdenken aber nicht enden. Da jede Person nur begrenzte Fähigkeiten und Handlungsspielräume hat und womöglich mit gutem Grund zwischen Verpflichtungen unterschiedlichen Typs Prioritäten setzen oder andere – nicht deontologische – Forderungen beachten möchte, muss jeder Mensch für die direkte oder indirekte Auseinandersetzung mit seinen vielfältigen – auch den unvollkommenen – Pflichten die praktische Vernunft ernsthaft in Gebrauch nehmen.*

Menschenrechte anerkennen bedeutet nicht, darauf zu bestehen, dass alle Menschen sich aufmachen, um überall jede Verletzung eines Menschenrechts zu verhindern. Vielmehr wird damit anerkannt, dass jeder, der in der Lage ist, wirksam zur Prävention einer solchen Menschenrechtsverletzung beizutragen, einen guten Grund hat, dies auch zu tun – einen Grund, der bei der Entscheidung, was zu tun ist, ins Gewicht fallen muss. Es ist immer noch möglich, dass andere Verpflichtungen oder nicht verpflichtende Sachverhalte den Grund für die fragliche Aktion überwiegen, aber man kann ihn nicht einfach mit der Bemerkung «Das geht mich nichts an» beiseite schieben. Hier liegt eine allgemeingültige ethische Forderung vor, aber keine, aus der sich automatisch bedingungslose schematische Aktionen ergeben.

* Der Zusammenhang zwischen Verpflichtungen und der Macht und Effektivität, die man besitzt, wurde im Kapitel 9, «Die Pluralität unparteiischer Gründe», und 13, «Glück, Wohlergehen und Befähigungen», dargestellt. Hier geht es um weit mehr als um Verpflichtungen auf Grund imaginierter «Gesellschaftsverträge», die im typischen Fall auf Menschen in der eigenen Gemeinschaft oder im eigenen Staat beschränkt bleiben sollen und nicht auch gegenüber anderen, außerhalb dieser Grenzen Lebenden gelten. Kwame Anthony Appiah, *Cosmopolitanism: Ethics in a World of Strangers* (New York: W. W. Norton & Co., 2006), deutsch: *Der Kosmopolit. Philosophie des Weltbürgertums,* übers. von Michael Bischoff (München: C. H. Beck 2007), Kapitel 10, ist eine erhellende Untersuchung über die generelle Frage globaler Inklusivität, ohne Fremde auszulassen oder, alternativ, ohne für eine mechanische Formel optieren zu müssen, die bestimmt, was für Fremde zu tun ist.

Für die Auswahl von Aktionen in diesen Zusammenhängen muss Spielraum bleiben, so dass je abhängig von der Entscheidung für Prioritäten und Gewichtungen sowie abhängig von Bewertungssystemen Variationen möglich sind. Auch kann die Kausalanalyse auf verschiedene Arten betrieben werden, vor allem, wenn es um Aktionen geht, die von anderen, ebenfalls mit der Macht zum Helfen oder Schädigen ausgestatteten Menschen unternommen werden können. Deshalb können sich bei der Bestimmung von Pflichten große Schwankungen und womöglich sogar Mehrdeutigkeiten ergeben. Aber dass eine Idee eine gewisse Mehrdeutigkeit enthält, ist kein Grund, ihr die Überzeugungskraft abzusprechen. Mehrdeutigkeit in der Anwendung eines im Übrigen wichtigen Konzepts ist ein Grund, eine entsprechende Unvollständigkeit und Spielraum für Schwankungen in das Konzept selbst aufzunehmen (wie ich in *Inequality Reexamined*, 1992, ausgeführt habe).*

Dass «weite» Pflichten keine Pflichten seien, darf man jedoch nicht folgern. Vielmehr gehören sie zu der wichtigen Kategorie der «unvollkommenen Pflichten» (eine Bezeichnung Kants, wie bereits erwähnt), die mit anderen – genauer spezifizierten und unbedingt gebotenen «vollkommenen Pflichten» koexistieren können.[12] Um den Unterschied zwischen Pflichten verschiedener Art (und ihre Koexistenz) deutlich zu machen, betrachten wir einen Vorfall aus dem wirklichen Leben, zu dem es 1964 im New Yorker Stadtteil Queens gekommen ist: Eine Frau namens Catherine (Kitty) Genovese wurde vor den Augen anderer, die aus den Fenstern ihrer Wohnungen zusahen, zu Tode geprügelt, und die Zuschauer ignorierten ihre Hilferufe.** Man kann plausibel argumentieren, dass hier drei voneinander verschiedene, aber miteinander verknüpfte Dinge geschehen sind.

* Siehe mein *Inequality Reexamined* (Cambridge, MA: Harvard University Press und Oxford: Clarendon Press, 1992), S.46–49; S.131–35. Siehe dazu auch meinen Artikel «Maximization and the Act of Choice, *Econometrica, 65* (1997), wiederabgedruckt in *Rationality and Freedom* (Cambridge, MA: Harvard University Press, 2002).

** Ein Zuschauer rief dem Angreifer vom Fenster aus zu: «Lass die Frau in Ruhe», aber außer diesem vereinzelten Bemühen aus sicherer Entfernung gab es keinen Versuch, dem Opfer zu helfen, und die Polizei wurde erst lange nach dem Überfall gerufen. Vergl. Philip Bobbit, *The Shield of Achilles: War, Peace and the Course of History* (New York: Knopf, 2002), Kapitel 15: «The Kitty Genovese Incident and the War in Bosnia», eine eindrucksvolle Darstellung des Vorfalls und seiner moralischen und psychologischen Aspekte.

(1) das Freiheitsrecht der Frau, nicht überfallen zu werden, wurde verletzt (darum geht es hier natürlich vor allem);
(2) der Angreifer hat seine Pflicht verletzt, niemanden zu attackieren und zu ermorden (also gegen eine «vollkommene Pflicht» verstoßen), und
(3) die Pflicht der anderen, einer Person vernünftige Hilfe zu leisten, wenn sie angegriffen wird und ihr Ermordung droht, wurde ebenfalls verletzt (ein Verstoß gegen eine «unvollkommene Pflicht»).

Diese Verstöße sind miteinander verflochten und machen deutlich, dass eine strukturierte Ethik ein komplexes Netzwerk aus Rechten und Pflichten ist, eine Erkenntnis, die dazu beitragen kann, das Bewertungssystem der Menschenrechte zu erklären.* Die Konzentration auf Menschenrechte verlangt, dass wir uns mit diesen diversen Gesichtspunkten befassen.**

Die vorausgesetzte Präzision gesetzlicher Rechte wird oft als Gegenbeispiel zu unvermeidlichen Mehrdeutigkeiten in den ethischen Ansprüchen von Menschenrechten angeführt. Dieser Gegensatz ist jedoch für sich genommen kein großes Manko ethischer Ansprüche einschließlich unvollkommener Pflichten, da ein Begriffsrahmen für normative Argumente Variationen zulassen kann, die in vollständig bestimmten gesetzlichen Forderungen nicht leicht unterzubringen sind. Wir können «nur insoweit Genauigkeit auf dem einzelnen Gebiet verlangen, als es die Natur des Gegenstandes zuläßt», bemerkte Aristoteles in der *Nikomachischen Ethik*.[13]

Unvollkommene Pflichten sowie die mit dieser Idee verbundenen unvermeidlichen Mehrdeutigkeiten kann man nur umgehen, wenn die übrige Menschheit – also alle nicht unmittelbar Beteiligten – befreit wird von jeder Verpflichtung, in vernünftigem Rahmen Hilfeleistungen zu versuchen. Diese generelle rechtliche Immunität erscheint womög-

* Auf den Unterschied zwischen akteurspezifischen und akteurneutralen moralischen Bewertungen gehe ich hier nicht ein. Die Strategie der Charakterisierung, der ich folge, lässt sich erweitern, indem man standpunkt-spezifische Einschätzungen mit berücksichtigt; vergl. dazu Kapitel 10, «Verwirklichungen, Folgen und Handeln». Siehe auch mein «Rights and Agency», *Philosophy and Public Affairs*, 11 (1982), und «Positional Objectivity», *Philosophy and Public Affairs*, 22 (1993).

** Die Pflichtverletzung der passiven Beobachter der Gewalt gegen Kitty Genovese und ihrer Ermordung bezieht sich auf die Feststellung, dass Hilfeleistung vernünftig gewesen wäre, dass sie zum Beispiel sofort die Polizei hätten rufen müssen. Das geschah nicht: Niemand kam, den Angreifer abzuschrecken, und die Polizei wurde erst nach der Tat – sogar lange danach – alarmiert.

lich im Bezug auf *gesetzliche* Forderungen vernünftig, aber in der *Ethik* wäre eine solche Straffreiheit kaum zu rechtfertigen. In einigen Ländern ist es sogar gesetzlich vorgeschrieben, Dritten in vernünftigem Rahmen Hilfe zu leisten; in Frankreich zum Beispiel ist «unterlassene Hilfeleistung» im Fall bestimmter Verstöße gegen die Rechte Dritter strafbar. Dass sich substantielle Mehrdeutigkeiten in der Auslegung solcher Gesetze gezeigt haben, ist nicht verwunderlich; in den letzten Jahren waren sie immer wieder Gegenstand juristischer Diskussionen.[14] Wenn Verpflichtungen gegen Dritte überhaupt berücksichtigt werden sollen, wird die Mehrdeutigkeit solcher «Tugendpflichten» – in der Ethik wie im Recht – kaum zu vermeiden sein.

Freiheit und Interessen

Eine Menschenrechtserklärung, so wie sie hier verstanden wird, ist eine Aussage über die Wichtigkeit der Freiheiten, die sie als Rechte formuliert und bekräftigt. Wenn zum Beispiel das Menschenrecht einer Person auf Schutz vor Folterung anerkannt wird, heißt das, dass die Wichtigkeit der Freiheit von Folter für alle festgeschrieben und bekräftigt ist*, und damit wird auch bestätigt, dass nicht unmittelbar Betroffene überlegen müssen, was sie vernünftig tun können, um die Freiheit von Folterung für alle zu sichern. Was von einem potentiellen Folterknecht verlangt wird, liegt auf der Hand: das Foltern zu unterlassen (eine eindeutig «vollkommene Pflicht»). Auch andere haben Verpflichtungen, die allerdings weniger spezifisch sind und ganz allgemein besagen, dass man tun muss, was man unter den gegebenen Umständen vernünftig tun kann (das würde in die weite Kategorie der «unvollkommenen Pflichten» fallen). Das vollständig spezifizierte Gebot, niemanden zu foltern, wird ergänzt durch die allgemeinere – weniger festgelegte – Forderung, Wege und Mittel zu erwägen, wie die Folter verhindert werden kann, und dann zu entscheiden, was man in diesem bestimmten Fall vernünftigerweise tun soll.[15]

Hier ergibt sich das interessante und wichtige Problem, dass außer Freiheiten auch Interessen als Grundlage von Menschenrechten gelten

* Charles Beitz hat darauf hingewiesen, dass Menschenrechte «ein moralischer Prüfstein sind – ein Maßstab für die Einschätzung und Kritik inländischer Institutionen, ein Maßstab für ihre Bereitwilligkeit zu Reformen und zunehmend auch ein Bewertungsmaßstab für Politik und Verfahren internationaler ökonomischer und politischer Institutionen» («Human Rights as a Common Concern», *American Political Science Review*, 95 (2001), S. 269).

könnten. Joseph Raz hat ein Gegenmodell zu der Konzentration auf Freiheit entwickelt, für die ich mich entschieden habe. In seinem klugen Buch *The Morality of Freedom* präsentiert er eine überzeugungsstarke, auf Interessen basierende Theorie der Menschenrechte: «Rechte begründen die Aufforderung zum Handeln im Interesse anderer Lebewesen.»[16] Ich finde Raz' These verlockend, nicht nur, weil er ein alter Freund ist, von dem ich gut zehn Jahre lang (1977–87) aus Diskussionen in Oxford viel gelernt habe, sondern hauptsächlich, weil er einen Gedankengang verfolgt, für den viel zu sprechen scheint.* Trotzdem muss man fragen, ob die einnehmende These, dass die *Interessen* verschiedener Menschen die Grundlage für Rechte seien, wirklich für eine Theorie der Rechte im Allgemeinen und der Menschenrechte im Besonderen zureichend ist. Und im Zusammenhang damit müssen wir auch fragen: Ist der Gegensatz zwischen dem Gesichtspunkt der Freiheit und dem der Interessen bedeutungsvoll?

Ein Kontrast besteht hier sicherlich. Die grundlegende Bedeutung

* Eine ähnliche These vertritt Thomas Scanlon in «Rights and Interests», in Kaushik Basu und Ravi Kanbur (Hg.), *Arguments for a Better World* (2009). Ich möchte die Gelegenheit nutzen, in diesem Zusammenhang auf einen anderen, damit verbundenen Punkt im selben Aufsatz Scanlons hinzuweisen, in dem wir ebenfalls unterschiedlicher Meinung sind. Er meint, aus meinem Argument, dass man unterschiedliche auf Rechten beruhende Ansprüche gegeneinander «abwägen» oder «gewichten» müsse, folge, dass eine «*Rangordnung von Rechten* notwendig [sei], die festlegt, welches Recht im Konfliktfall Vorrang hat» (S. 76; Kursivierung hinzugefügt). Das ist ein Missverständnis. Die mathematische Gewichtung gestattet vielfältige Gewichtungsverfahren, die Intensitäten, Umstände und Konsequenzen berücksichtigen, ohne dass sie uns in allen Fällen zwingen, einem Rechtstyp direkte «lexikalische» Priorität vor anderen zu geben. Dieses Thema habe ich im Kapitel 2, «Pro und kontra Rawls» erörtert; dort habe ich Rawls' Entscheidung kommentiert, der Freiheit in allen Konfliktfällen unumstößliche lexikalische Priorität zu geben (Fußnote, S. 94), statt differenziertere Formen der Gewichtung zu wählen, die die hohe und besondere Bedeutung von Freiheitsrechten berücksichtigen können, ohne alle konkurrierenden Ansprüche außer Acht zu lassen. Dieser Punkt betrifft auch Herbert Harts Argument, dass die Ansprüche von Freiheitsrechten mit Grund zurückgestellt werden können, wenn die Nutzung der fraglichen Freiheit zu sehr ungünstigen Folgen für das Wohlergehen von Menschen führt, obwohl Freiheit in anderen Konfliktfällen Vorrang vor Rücksichten auf Wohlergehen haben mag. Nicht-lexikalische Gewichtungssysteme können dem ziemlich geläufigen Verständnis entgegenkommen, dass die Lösung des Konflikts zwischen konkurrierenden Interessen nicht notwendig auf reine «Typologie» und eine abstrakte, kontextunabhängige «Rangordnung von Rechten», die nichts von Intensitäten und Konsequenzen weiß, angewiesen ist. Siehe auch S. R. Osmani, «The Sen System of Social Evaluation», ebenfalls in *Arguments for a Better World*.

dieses Kontrasts im Allgemeinen habe ich schon in einem Kontext gestreift, der den Menschenrechten sehr fern liegt. Wie signifikant er sein kann, habe ich im Kapitel 8 (S. 220–21) an einem Beispiel erläutert: Eine Person hat einen Fensterplatz im Flugzeug und sieht Grund genug, das Sonnenrouleau herunterzuziehen (obwohl sie sich an der Sonne freut), damit ihr Nachbar sein albernes Computerspiel spielen kann, wie er möchte. Sie glaubt nicht, dass dies im Interesse des Spielwütigen ist (im Gegenteil), sondern entspricht seinem Wunsch aus Achtung für seine «Freiheit», zu tun, was er sehr gern tun würde (ganz gleich, ob es seinem Interesse dient – beziehungsweise dem, was die Person auf dem Fensterplatz oder der Spieler selbst dafür halten). Der Kontrast zwischen Freiheit und Interesse kann markant sein.

Sehen wir uns nun ein anderes Beispiel an, das eher im Sinne von Raz' in *The Morality of Freedom* angeführten Fällen ist. Die Freiheit eines Nicht-Londoners, der anreisen will, um in der Stadt an einer friedlichen Demonstration teilzunehmen (sagen wir gegen den Einmarsch des US-Militärs in den Irak im Jahr 2003), könnte durch eine Ausschlusspolitik verletzt sein, die ihm die Teilnahme verbietet (dies Beispiel ist vollkommen hypothetisch; niemand wurde ausgeschlossen). Wenn eine solche Beschränkung angeordnet würde, wäre damit die Freiheit der ausgeschlossenen Person (die demonstrieren will) eindeutig verletzt und dementsprechend auch ein *Recht* der Person, wenn Rechte derartige Freiheiten einschließen. Das eine folgt dann unmittelbar aus dem anderen.

Wenn Rechte jedoch nur auf «Interessen» (und nicht auf «Freiheiten») der betreffenden Person beruhen, dann müssen wir überlegen, ob es im *Interesse* des Nicht-Londoners ist, an einer Demonstration gegen den Irakkrieg teilzunehmen. Und wenn sich zeigt, dass dieser organisierte Protest zwar politische Priorität für den potentiellen Demonstranten hat, dass es aber kaum oder gar nicht seinem Interesse dient, daran teilzunehmen, dann könnte die Freiheit, in London zu demonstrieren, nicht in den Kreis der Menschenrechte aufgenommen werden, falls sie mit den Interessen der Person begründet werden müssen. Wenn man akzeptiert, dass Rechte ihren Grund in Interessen haben, könnte Freiheit sicherlich nicht mehr als Basis des Menschenrechts auf Demonstrieren gelten. Wenn man jedoch zugesteht, dass Freiheitsrechte wichtig sind, weil sie der betreffenden Person die Freiheit verleihen, eine Wahl zu treffen (geichgültig, ob sie sich entscheidet, persönliche Interessen zu verfolgen oder etwas ganz anderes) und ein Leben gemäß eigener Prioritäten zu führen (ob sie durch Eigeninteresse bestimmt sind oder nicht), dann muss die Begründung der Menschenrechte auf Interessen letzten Endes unzureichend sein.*

Ich muss jedoch einräumen, dass der Begriff «Interesse» womöglich weit genug gefasst werden kann, um alle Belange einzuschließen, die jemand nach eigener Entscheidung berücksichtigen möchte, wobei seine Beweggründe keine Rolle spielen. In der Umgangssprache wird von einem Verstoß gegen die Wahlfreiheit einer Person ja sogar häufig gesagt, er gehe gegen ihre Interessen.** Wenn der Begriff so großzügig gehandhabt wird, dann wäre die Kluft zwischen Interessen und Freiheiten insoweit geschlossen.*** Wenn sich dies als richtiges Verständnis von Raz' These erweist, dann sind seine und meine Ansicht von Rechten überwiegend kongruent.

Die Plausibilität wirtschaftlicher und sozialer Rechte

Nach der allgemeinen Analyse prüfe ich nun einige spezifische Ansprüche auf ihre Eignung für die Kategorie der Menschenrechte. Besonders die Frage, ob die so genannten «wirtschaftlichen und sozialen Rechte» und die «Wohlfahrtsrechte» zu den Menschenrechten gehören, ist umstritten.**** Diese Rechte, die von ihren Verfechtern als wichtige

* Wie Richard Tuck überzeugend dargelegt hat, «besteht einer der auffallenden Unterschiede zwischen einer Rechtstheorie und dem Utilitarismus darin, dass man jemandem ein Recht zuschreiben kann, ohne den ‹inneren Zustand› des Betreffenden einschätzen zu müssen.» Tuck erklärt weiter: «Wenn jemand ein Recht hat, auf dem Trafalgar Square zu stehen, ist es unwichtig, ob er Lust daraus gewinnt oder es als Tragödie wie eine Figur aus einem Roman von Dostojewski empfindet; es kommt nicht einmal darauf an, ob er sich aus einem besonderen Anlass dort aufstellt oder nicht (siehe Hobbes, dem es streng genommen nicht wichtig ist, ob Menschen immer danach streben, sich selbst zu erhalten)». («The Dangers of Natural Rights», *Harvard Journal of Law and Public Policy*, 20 (Sommer 1997), S. 689–90).

** Nicht nur im Kapitel 8, «Rationalität und die Anderen», sondern auch in den Kapiteln 9, «Die Pluralität unparteiischer Gründe», und 13, «Glück, Wohlergehen und Befähigungen», habe ich gegen die Begründungen dieser Gleichsetzung argumentiert.

*** Joseph Raz selbst erörtert in *Morality and Freedom* (1986) die ausgeprägten Zusammenhänge zwischen den Vorstellungen von Freiheiten und von Interessen, und ich sehe zwar einen deutlichen Unterschied zwischen den beiden Begriffen, versuche hier aber nicht einzuschätzen, wie groß die Differenz zwischen den Implikationen der beiden klar verschiedenen Ideen ist.

**** Das Wort welfare, Wohlfahrt, wird hier prägnant gebraucht und nicht mehr als Synonym für Wohlergehen im Allgemeinen (also nicht in dem Sinn, in dem ich es

«Rechte der zweiten Generation» bezeichnet werden, etwa der Anspruch aller Menschen auf Lebensunterhalt oder medizinische Versorgung, wurden meistens erst vor relativ kurzer Zeit als Ergänzungen zu älteren Menschenrechtserklärungen hinzugefügt und haben deren Bereich stark erweitert.[17] Die Rechte der zweiten Generation sind zwar in den klassischen Menschenrechtserklärungen, etwa der amerikanischen Unabhängigkeitserklärung oder den französischen «Menschenrechten», nicht berücksichtigt, nehmen aber in der gegenwärtigen «Rechtsrevolution» – wie sie Cass Sunstein nennt – breiten Raum ein.[18]

Der Aufbruch in eine neue Richtung kam mit der «Universal Declaration of Human Rights» im Jahr 1948. Die UN-Deklaration war ein Spiegel des radikalen Wandels im sozialen Denken, der mit den Veränderungen in der Welt des zwanzigsten Jahrhunderts einherging. Der Kontrast zu den früheren Erklärungen ist in der Tat erheblich. Erinnern wir uns daran, dass anfänglich nicht einmal Präsident Abraham Lincoln politische und soziale Rechte für die Sklaven gefordert hatte, sondern ihnen nur gewisse Minimalrechte auf Leben, Freiheit und die Früchte ihrer Arbeit zugestand. Die Liste von Freiheiten und Rechtsansprüchen, die unter dem Schutz der UN-Deklaration stehen, ist viel länger. Nicht nur politische Grundrechte sind darin aufgeführt, sondern auch das Recht auf Arbeit, auf Bildung, Schutz vor Arbeitslosigkeit und Armut, das Recht, Gewerkschaften beizutreten, und sogar das Recht auf fairen, günstigen Arbeitslohn. Das ist eine radikale Überschreitung der engen Grenzen der Unabhängigkeitserklärung von 1776 und der französischen Proklamation von 1789.

Die globale Politik der Gerechtigkeit hat sich in der zweiten Hälfte des zwanzigsten Jahrhunderts zunehmend diesen Rechten der zweiten Generation zugewandt. Die Art des globalen Dialogs und der Argumentation auf diesem neuen Gebiet ist zum Spiegel eines viel weiter gefassten Verständnisses von Handlungsweisen und globalen Verpflichtungen geworden.[19] Brian Barry kommentiert: «Die Universal Declaration of Human Rights hat – hochwichtige – Folgen für die internationale Ge-

im Kontext der Diskussion über die Relevanz von Glück oder Wohlergehen für die Einschätzung von Gerechtigkeit verwendet habe (vergl. Kapitel 13, «Glück, Wohlergehen und Befähigungen»). Es ist üblich, als «Wohlfahrtsrechte» die berechtigten Ansprüche auf Pensionen, Arbeitslosenunterstützung und andere spezifische öffentliche Schutzmaßnahmen zu bezeichnen, die bestimmte ökonomische und soziale Notlagen lindern sollen, und die Liste der Deprivationen kann um Analphabetentum und vermeidbare Krankheiten ergänzt werden.

meinschaft im Ganzen, nicht nur für einzelne Staaten».* Die Linderung der globalen Armut und anderer wirtschaftlicher und sozialer Notlagen ist ins Zentrum der globalen Bemühungen um Menschenrechte gerückt, manchmal unter der Leitung von Philosophen, etwa von Thomas Pogge.[20] Das rapide wachsende Interesse an diesem Projekt hat auch dazu geführt, dass politische Reformen gefordert werden. Deen Chatterjee hat erklärt: «Dass endemische Armut und systemische Ungleichheit weltweit als wichtige Sorge der Menschenrechte wahrgenommen werden, hatte zur Folge, dass die einzelnen Länder zu innerstaatlichen demokratischen Reformen gedrängt werden und dass klar geworden ist, wie dringend gerechtere und effektive internationale institutionelle Richtlinien gebraucht werden.»[21] Die Rechte der zweiten Generation haben deutlichen Einfluss auf die Agenda internationaler Reformen mit dem Ziel, «unvollkommene» globale Verpflichtungen zu erfüllen, die ausdrücklich, aber häufiger noch implizit anerkannt werden.

Aus der Inklusion von Rechten der zweiten Generation ergibt sich die Möglichkeit, ethische Belange, auf denen generelle Ideen globaler Entwicklung beruhen, in die Forderungen einer deliberativen Demokratie aufzunehmen, da beide mit Menschenrechten verknüpft sind und oft auch die Förderung menschlicher Befähigungen für wichtig halten. David Crockers *Ethics on Global Development: Agency, Capability, and Deliberative Democracy* ist ein weitreichender Beitrag zu dieser Integration der Ethik, und Crocker macht deutlich: Da Handlungsspielraum (agency) und hoch bewertete Befähigungen «die Basis für Menschenrechte, soziale Gerechtigkeit und individuelle wie kollektive Pflichten sind, wird eine Entwicklungsethik auch prüfen, wie eine globalisierte Welt Hilfe oder Hindernis ist, wenn Einzelne oder Institutionen ihre moralische Pflicht zur Achtung für Rechte erfüllen». Er fährt fort: «Das Fernziel guter und gerechter – nationaler oder globaler – Entwicklung muss darin bestehen, allen Menschen auf der Welt ohne Ansehen ihrer Nationalität, ethnischen Herkunft, Religion, ihres Alters, Geschlechts oder ihrer sexuellen Präferenz ein zureichendes Maß an Handlungsspielraum und moralisch grundlegenden Befähigungen zu sichern.»[22] Nur die Inklu-

* Brian Barry, *Why Social Justice Matters* (London: Polity Press, 2005), S. 28. Barry schildert dann, wozu diese folgenschwere Erkenntnis seiner Meinung nach führen wird: «Wenn eine Regierung einfach nicht die Mittel hat, allen ihren Bürgern ausreichende Ernährung und Unterkünfte, sauberes Trinkwasser, sanitäre Einrichtungen und generell gesunde Lebensbedingungen zu verschaffen, dann sind die wohlhabenden Länder verpflichtet, einzeln oder zu mehreren dafür zu sorgen, dass die Ressourcen erschlossen werden» (S. 28).

sion der Rechte der zweiten Generation macht es möglich, dass ein so radikaler Plan für eine weitergehende Integration gefasst werden kann, *ohne* den Rahmen der Menschenrechte zu sprengen.[23]

Diese neueren Ergänzungen der Menschenrechte sind jedoch umstritten, wurden Gegenstand von Fachdiskussionen, und eine ganze Reihe politischer Theoretiker und Philosophen haben Einwände mit stichhaltigen Argumenten begründet. Die Einwände richten sich nicht nur gegen die globale Reklamation wirtschaftlicher und sozialer Rechte; sie halten die Realisierbarkeit dieser Rechte auch im engen Rahmen eines Einzelstaats für fragwürdig. Maurice Cranston und Onora O'Neill haben zwei besonders schwerwiegende Gegenargumente vorgebracht.[24] Um Missverständnisse zu vermeiden, möchte ich betonen, dass die Kritiker nicht verkennen, wie wichtig die Freiheiten sind, deren Aufnahme in den Katalog der Menschenrechte sie ablehnen. O'Neills an Kant orientierte Analyse der philosophischen Probleme, die Armut und Hunger in der Welt aufwerfen, macht die Tragweite dieser Probleme deutlich.[25] O'Neill und andere Kritiker plädieren deshalb dafür, wirtschaftliche und soziale Rechte nicht zu den Menschenrechten zu zählen, weil sie ein Verständnis vom Inhalt und der Reichweite der Menschenrechte haben, das nicht mit dem Einschluss dieser Freiheitsrechte vereinbar wäre.

In der Kritik sind zwei spezifische Angriffspunkte zu unterscheiden, die ich «institutionalizing critique» – fehlende Institutionalisierung – und «feasibility critique» – fehlende Realisierbarkeit – nennen möchte. Der Vorwurf der fehlenden Institutionalisierung zielt vor allem auf wirtschaftliche und soziale Rechte und kommt aus der Überzeugung, dass wirkliche Rechte eine genaue Entsprechung in präzise formulierten Pflichten haben müssen. Eine solche Entsprechung – so das Argument – sei nur dann gesichert, wenn ein Recht institutionalisiert sei. Onora O'Neill hat diese Kritik sehr klar formuliert:

> In Schriften und Reden kommt es leider häufig zu unbedachten Proklamationen allgemeingültiger Rechte auf Güter oder Dienste, besonders auf «Wohlfahrtsrechte», aber auch auf andere soziale, wirtschaftliche und kulturelle Rechte, die in internationalen Charten und Deklarationen hervorgehoben werden, ohne dass wir erfahren, was jeden mutmaßlichen Rechteinhaber mit einem oder mehreren genau bezeichneten Pflichtenträger(n) verknüpft, und deshalb bleibt der Inhalt dieser angenommenen Rechte vollständig im Dunkeln … Manche Verfechter allgemeingültiger wirtschaftlicher, sozialer und kultureller Rechte gehen nur so weit, zu versichern, dass sie institutionalisiert werden *können*, was richtig ist. Aber der Punkt ist, dass sie institutionalisiert werden *müssen*; wo nicht, gibt es kein Recht.[26]

Um dieser Kritik zu begegnen, müssen wir uns auf die – bereits dargelegte – Auffassung berufen, dass Verpflichtungen sowohl vollkommen wie unvollkommen sein können. Selbst die klassischen «Rechte der ersten Generation», etwa das Recht auf Freiheit von Überfällen, können so aufgefasst werden, dass sie anderen nur unvollkommene Pflichten aufbürden – wie am Beispiel des Überfalls auf Kitty Genovese demonstriert wurde, der in New York vor den Augen der Nachbarn geschah. Wirtschaftliche und soziale Rechte könnten in ähnlicher Weise vollkommene wie unvollkommene Verpflichtungen nach sich ziehen. Die Frage, was eine bestimmte Gesellschaft oder ein Staat – auch wenn er verarmt ist – tun kann, um Verletzungen gewisser wirtschaftlicher oder sozialer Grundrechte (etwa wiederkehrende Hungersnöte, chronische Unterernährung oder fehlende medizinische Versorgung) zu vermeiden, eröffnet ein weites Feld für nutzbringende öffentliche Diskussion, die wirksamen Druck ausüben könnte.

Die unterstützenden Aktivitäten sozialer Organisationen zielen oft gerade auf institutionelle Veränderungen und sind mit Plausibilität als Teil der unvollkommenen Pflichten aufzufassen, die Einzelne und Gruppen in einer Gesellschaft haben, in der elementare Menschenrechte verletzt werden. Onora O'Neills Ansicht, dass Institutionen für die Realisierung von «Wohlfahrtsrechten» (und selbst für wirtschaftliche und soziale Rechte generell) wichtig sind, ist natürlich korrekt, aber die ethische Bedeutung dieser Rechte liefert gute Gründe dafür, dass ihre Verwirklichung durch Beiträge zu oder Drängen auf Veränderungen in Institutionen und auch in sozialen Verhaltensweisen vorangetrieben wird. Das kann zum Beispiel durch Agitation für neue Gesetzgebung geschehen oder auch dadurch, dass Aufklärung über die Schwere des Problems geleistet wird.* Leugnete man den ethischen Status dieser Rechtsansprüche, würde man das Denken verkennen, das die treibende Kraft für derartige konstruktive Aktivitäten ist; sie zielen auch auf institutionelle Veränderungen von der Art, die O'Neill mit gutem Grund für erstrebenswert hält und als eine notwendige Bedingung für die Realisierung jener Rechte ansieht, die Aktivisten für Menschenrechte halten.

Die «feasibility critique», der Vorwurf der fehlenden Realisierbarkeit, der mit dem Vorwurf der fehlenden Institutionalisierung zusammenhängt, geht davon aus, dass womöglich viele der vermeintlichen wirtschaftlichen

* In den Kapiteln 15, «Demokratie als öffentliche Vernunft», und 16, «Die demokratische Praxis», wurde dargestellt, wie öffentliche Diskussionen und die Medien dazu beitragen können, dass soziale und wirtschaftliche Notlagen gelindert oder ausgeräumt werden.

und sozialen Rechte für alle Menschen trotz größter Anstrengung nicht realisierbar seien. Das ist eine für sich genommen interessante empirische Beobachtung, aber sie wird umgemünzt zu einer Kritik, die behauptet, dass keiner dieser Rechtsansprüche akzeptabel sei, da Menschenrechte nur dann schlüssig seien, wenn sie für alle vollständig realisierbar wären – eine Behauptung, die auf einer weitgehend ungesicherten Annahme beruht. Würde diese Annahme akzeptiert, hätte das zur Folge, dass viele so genannte wirtschaftliche und soziale Rechte vor allem in ärmeren Gesellschaften aus dem Katalog der möglichen Menschenrechte gestrichen würden. Maurice Cranston formuliert das Argument wie folgt:

> Die traditionellen politischen und bürgerlichen Rechte lassen sich ohne Schwierigkeiten einführen. Hauptsächlich verlangen sie, dass Regierungen und Andere generell einen Menschen in Ruhe lassen … Von ganz anderer Größenordnung sind die Probleme, die Ansprüche auf wirtschaftliche und soziale Rechte aufwerfen. Wie kann man vernünftigerweise verlangen, dass Regierungen in den Teilen Asiens, Afrikas und Südamerikas, in denen die Industrialisierung noch ganz am Anfang steht, für die Millionen von Menschen, die jetzt schon dort wohnen und sich so schnell vermehren, Sozialversicherungen und bezahlten Urlaub garantieren?[27]

Ist diese dem Anschein nach plausible Kritik überzeugend? Ich möchte behaupten, dass sie auf einer Verkennung dessen beruht, was ein ethisch anerkanntes Recht fordern muss. Utilitaristen wollen die Nutzenmaximierung ständig weiter steigern, und die Brauchbarkeit ihres Ansatzes wird nicht dadurch fragwürdig, dass immer noch Raum für mehr Nutzengewinnung bleibt, und genauso wollen Menschenrechtsaktivisten, dass die *anerkannten* Menschenrechte maximal *verwirklicht* werden.[28] Die Tatsache, dass jederzeit mehr soziale Veränderungen nötig sein können, damit mehr und mehr solcher anerkannten Rechte vollständig realisierbar und tatsächlich realisiert werden, spricht noch nicht gegen die Machbarkeit dieses Ansatzes.*

Mehr noch: Wenn Realisierbarkeit eine notwendige Bedingung dafür wäre, dass Menschen überhaupt Rechte haben, dann wären nicht nur soziale und wirtschaftliche, sondern alle Rechte – sogar das Recht auf Freiheit – unsinnig, da es ja unmöglich ist, Leben und Freiheit aller vor Übergriffen zu schützen. Zu sichern, dass jede Person «in Ruhe gelassen»

* Eine Betonung der Menschenrechte ist ein Aufruf zum Handeln – ein Aufruf zu sozialer Veränderung – und nicht auf bereits bewiesene Realisierbarkeit angewiesen. Vergl. dazu mein «Rights as Goals», in St. Guest und A. Milne (Hg.), *Equality and Discrimination: Essays in Freedom and Justice* (Stuttgart: Franz Steiner, 1985).

wird, war nie besonders leicht (hier irrt Cranston). Wir können nicht verhindern, dass jeden Tag irgendwo ein Mord verübt wird. Auch sicheren Schutz vor Massenmorden, wie sie 1994 in Ruanda, am 11. September 2001 in New York oder danach in London, Madrid, Bali und Mumbai geschahen, können wir nicht bieten, und wenn wir uns noch so sehr bemühen. Wer Ansprüche auf Menschenrechte mit der Begründung abweist, dass sie nur unvollständig realisierbar seien, verkennt, dass auch ein nicht vollständig verwirklichtes Recht ein Recht bleibt und folglich zu Handlungen aufruft, die Rechtsbrüche verhindern. Nicht-Realisierung für sich macht keinen Rechtsanspruch zu einem Nicht-Recht. Vielmehr ist sie ein Antrieb zu mehr sozialer Aktion. Der Versuch, alle wirtschaftlichen und sozialen Rechte aus dem Allerheiligsten der Menschenrechte auszuschließen und diesen Raum allein der Freiheit und anderen Rechten der ersten Generation vorzubehalten, hat so wenig Aussicht auf Nachhaltigkeit wie ein Strich im Sand.

Kritische Prüfung, Realisierbarkeit und Nutzung

Ich komme jetzt zu der noch offenen Frage nach der Realisierbarkeit von Menschenrechten. Wie können wir beurteilen, ob Ansprüche auf Menschenrechte akzeptabel sind, und wie einschätzen, welchen Herausforderungen sie sich womöglich stellen müssen? Wie würde man verfahren, um solche Ansprüche zu bestreiten – oder zu verteidigen? Indirekt habe ich mit meiner Definition der Menschenrechte (oder genauer, mit der ausdrücklichen Formulierung der impliziten Definition, auf der die Nutzung von Menschenrechten beruht) schon eine Teilantwort auf diese Frage gegeben. So wie andere ethische Thesen behaupten, dass ihre Annehmbarkeit durch unparteiische kritische Prüfung bestätigt werde, gehen auch Menschenrechtserklärungen implizit davon aus, dass die ethischen Ansprüche, auf die sie sich berufen, überzeugend genug sind, um offener, auf Informationen beruhender kritischer Überprüfung standzuhalten. Dazu gehört ein interaktiver Prozess kritischer Untersuchung mit offener Unparteilichkeit (einschließlich der Offenheit für Informationen, die unter anderem von anderen Gesellschaften kommen, und der Offenheit für Argumente von fern und nah), der Streitgespräche über Gehalt und Tragweite mutmaßlicher Menschenrechte zulässt.*

* Über öffentlichen Vernunftgebrauch und offene Unparteilichkeit siehe Kapitel 1, «Vernunft und Objektivität», 5, «Unparteilichkeit und Objektivität», und 6, «Geschlossene und offene Unparteilichkeit».

Der Anspruch, dass eine bestimmte Freiheit wichtig genug sei, um als Menschenrecht gelten zu können, baut auch darauf, dass durchdachte kritische Prüfung diese Einschätzung unterstützen werde. In vielen Fällen, aber nicht immer ergibt sich eine solche Unterstützung. Manchmal kommen wir einer generellen Einigung ziemlich nahe, erreichen aber keine universelle Billigung. Die Verfechter bestimmter Menschenrechte können sich an aktiver Arbeit beteiligen, um ihren Grundideen auf möglichst breiter Basis Billigung zu verschaffen. Selbstverständlich wird niemand vollständige Einmütigkeit der Wünsche aller Einzelnen auf der Welt erwarten, und man kann kaum hoffen, dass zum Beispiel ein hartnäckiger Rassist oder Sexist sich durch die Überzeugungskraft öffentlicher Argumente reformieren lässt. Bedingung für die Nachhaltigkeit eines Urteils ist, dass die vernünftigen Gründe für derartige Rechte allgemein als zureichend anerkannt werden, wenn und sobald andere versuchen, die Rechtsansprüche auf unparteiischer Basis zu prüfen.

In der Praxis haben wir natürlich keine weltweite Instanz, die mutmaßliche Menschenrechte öffentlicher kritischer Prüfung unterziehen kann. Aktionen beruhen auf einer allgemeinen Überzeugung, dass die Rechtsansprüche gebilligt würden, falls eine solche unparteiische kritische Prüfung stattfinden sollte. Melden sich keine gut informierten besonnenen Kritiker mit stichhaltigen Gegenargumenten, besteht eine Tendenz, Nachhaltigkeit anzunehmen.[29] Auf dieser Basis haben viele Gesellschaften neue Menschenrechte in die Gesetzgebung aufgenommen und den Personen, die sich für Menschenrechte auf bestimmte Freiheiten, etwa Schutz vor Rassen- oder Geschlechterdiskriminierung oder für das Grundrecht auf Redefreiheit, einsetzen, Macht und Stimme gegeben. Die Fürsprecher, die für die Erweiterung der Menschenrechte um eine neue Klasse plädieren, werden natürlich dazu neigen, auf mehr zu drängen, und dieses Streben ist verständlicherweise ein fortdauernder interaktiver Prozess.*

Wir müssen uns jedoch klarmachen, dass trotz Einigkeit in der Bestätigung von Menschenrechten noch immer umstritten bleibt, wie die Pflicht zur Achtung für Menschenrechte am besten gelenkt wird, besonders wenn es um unvollkommene Pflichten geht. Meinungsverschieden-

* Die Universal Declaration of Rights der Vereinten Nationen hat den entscheidenden Anstoß zu Diskussionen und Streitgesprächen über ein sehr wichtiges Thema gegeben und großen Einfluss auf das Nachdenken und Handeln in der Welt ausgeübt. Ich habe die Verdienste dieser visionären Menschenrechtserklärung in meinem Essay «The Power of a Declaration: Making Human Rights Real», *The New Republic*, 240 (Februar 2009) untersucht.

heiten können sich auch ergeben, wenn geklärt werden soll, wie Menschenrechte unterschiedlichen Typs gegeneinander abzuwägen sind, wie ihre Forderungen miteinander verknüpft werden können und wie Menschenrechtsansprüche vereinbar sind mit Rücksichten auf andere Werte, die ebenfalls ethische Beachtung verdienen.[30] Die Anerkennung einer Klasse von Menschenrechten wird immer noch Raum für Diskussion, Streitgespräch und Auseinandersetzung lassen – das ist charakteristisch für dieses Problemfeld.

Ob ethische Ansprüche in Form einer Menschenrechtserklärung durchzusetzen sind, hängt letzten Endes von der Voraussetzung ab, dass sie einer offenen Diskussion standhalten würden. Es ist äußerst wichtig, diese Verknüpfung von Menschenrechten und öffentlichem Vernunftgebrauch zu verstehen, besonders im Zusammenhang mit der Forderung nach Objektivität, die ich in einem eher allgemeinen Kontext bereits erörtert habe, hauptsächlich in den Kapiteln 1 und 4 bis 9. Man kann mit guten Gründen behaupten, dass generell alles, was überzeugend für – oder auch gegen – diese ethischen Ansprüche spricht, davon abhängt, ob sie standhalten, wenn sie offener Diskussion und kritischer Prüfung auf der Grundlage zureichender Informationen ausgesetzt sind.

Die Überzeugungskraft eines Anspruchs auf ein Menschenrecht wäre in der Tat erheblich eingeschränkt, wenn man zeigen könnte, dass er freier öffentlicher Prüfung wahrscheinlich nicht standhalten würde. Immer wieder wird darauf hingewiesen, dass viele dieser Menschenrechte in repressiven Regimes überall auf der Welt keinen ernstzunehmenden öffentlichen Status haben, da in solchen diktatorisch regierten Staaten keine offene Diskussion zugelassen und kein freier Zugang zu Informationen über die Welt außerhalb des Landes gewährt wird. Aber dieser gewöhnlich angeführte Grund für Skepsis und ablehnendes Verhalten gegenüber Menschenrechten reicht nicht aus, sie zu verwerfen. Vielmehr ist die Tatsache, dass öffentliche Kontrolle von Menschenrechtsverletzungen und öffentliches Anprangern so wirksam sein können (jedenfalls zwingen sie die Schuldigen in die Defensive), ein Indiz für die große Reichweite des öffentlichen Vernunftgebrauchs, sobald Informationen zugänglich und ethische Argumente nicht mehr unterdrückt werden. Ungehinderte kritische Überprüfung ist für das Verwerfen wie für das Rechtfertigen wesentlich.

18. GERECHTIGKEIT UND DIE WELT

Im katastrophalen englischen Sommer 1816 ließ sich der utilitaristische Philosoph James Mill in einem Brief an den berühmten Nationalökonomen David Ricardo über die Folgen der Dürre für die Ernte aus. Mill fürchtete, dass die Missernte unausweichlich zu großem Elend führen würde: «Beim Gedanken daran schaudert mir – ein Drittel der Bevölkerung muss sterben». Mills Fatalismus angesichts von Hungersnot und Dürre war erstaunlich, aber sein Vertrauen in eine ziemlich schlichte, nur auf die Verminderung von Leiden zielende Version utilitaristischer Gerechtigkeit verwundert noch mehr. «Es wäre ein Segen», schrieb Mill, «[die verhungernden Menschen] auf die Straßen und Landwege zu bringen und ihnen die Kehle durchzuschneiden, so wie wir es mit den Ferkeln machen.» Ricardo äußerte viel Verständnis für Mills ratlose Erbitterung und sprach so verächtlich wie dieser (*James* Mill wohlgemerkt, nicht John Stuart) von den sozialen Agitatoren, die Unzufriedenheit mit der bestehenden Ordnung säen wollten, indem sie den Menschen weismachten, dass die Regierung ihnen helfen könne. Ricardo schrieb an Mill, er sehe mit Bedauern «eine Neigung, den unteren Ständen aufrührerische Ideen in den Kopf zu setzen und ihnen einzureden, dass die Gesetzgebung ihnen Armenhilfe gewähren könne.»[1]

David Ricardos Missbilligung aufrührerischer Proteste ist verständlich, wenn man bedenkt, dass er – wie Mill – überzeugt war, Menschen, die infolge der Missernte von 1816 vom Hungertod bedroht waren, könnten in keinem Fall gerettet werden. Die allgemeine Ausrichtung dieses Buches ist diametral entgegengesetzt zu Ricardos Reaktion. Es ist wichtig, die Gründe für diese Divergenz zu verstehen.

Erstens muss etwas, das leidende Menschen auf die Barrikaden bringt, von unmittelbarem Interesse für die Politik wie für die Diagnose einer Ungerechtigkeit sein. Einem Gefühl von Ungerechtigkeit muss man nachgehen, selbst wenn sich herausstellt, dass es auf einem Irrtum beruht, und wenn es sich als begründet erweist, muss es natürlich besonders genau untersucht werden. Und ohne Nachforschung können wir nicht sicher wissen, ob dieses Gefühl begründet oder abwegig ist.*

* Über die Beziehung zwischen unzureichend geprüften Theorien und ihren wo-

Da Ungerechtigkeiten aber oft genug durch altgewohnte soziale Barrieren befestigt sind, die wiederum mit Klassenunterschieden, unterschiedlicher Behandlung der Geschlechter, Rangordnung, Standort, Religion, Gemeinschaft und anderen starren Schranken zu tun haben, ist es schwer, solche Hindernisse zu überwinden und objektiv einzuschätzen, wie groß der Gegensatz zwischen dem, was geschieht, und dem, was geschehen könnte, ist – und dieser Gegensatz ist für die Förderung von Gerechtigkeit zentral. Wir müssen uns mit Zweifeln, Fragen, Meinungsverschiedenheiten und kritischer Prüfung befassen, um das Problem, ob und wie Gerechtigkeit gefördert werden kann, zu lösen. Ein Zugang zur Gerechtigkeit über Feststellungen von Ungerechtigkeit, wie er hier präsentiert wird, muss Spielraum dafür lassen, dass «aufrührerische Ideen» als Vorspiel zu kritischer Überprüfung wahrgenommen werden. Empörung kann als Beweggrund statt als Ersatz für Vernunftgebrauch genutzt werden.

Zweitens war David Ricardo zwar vielleicht der berühmteste Ökonom seiner Zeit in England, aber eine so vorschnelle Zurückweisung verdienten die Argumente derer, die er als bloße Unruhestifter aburteilte, trotzdem nicht. In Wirklichkeit hatten diese angeblichen Unruhestifter, die vom Hungertod bedrohte Menschen in ihrem Glauben bestärkten, dass Gesetzgebung und Regierungspolitik den Hunger in Grenzen halten können, mehr Recht als Ricardo mit seiner pessimistischen Einschätzung der Effektivität von Sozialfürsorge. Eine gute öffentliche Politik kann sogar verhindern, dass es überhaupt zu Hungersnöten kommt. Genaue Untersuchungen von Hungerkatastrophen haben ergeben, dass sie leicht zu verhindern gewesen wären, und diese Resultate sprechen für die Anliegen der Protestierer und gegen die formelhafte – und bequeme – Behauptung der Stützen der Gesellschaft, dass Hilfe nicht möglich sei. Ein zureichendes ökonomisches Verständnis der Ursachen und der Vermeidbarkeit von Hungersnöten, das angemessen berücksichtigt, wie verschieden diese wirtschaftlichen und politischen Auslöser sein können, entlarvt die Naivität einer mechanisch an Ernährung orientierten Auffassung von Hungerkatastrophen; den Beweis dafür haben neuere ökonomische Untersuchungen erbracht.*

möglich fatalen Folgen – ein Hauptthema in der Entwicklungsforschung – siehe Sabine Alkire, «Development: A Misconceived Theory Can Kill», in Christopher W. Morris, *Amartya Sen*, Contemporary Philosophy in Focus Series (Cambridge: Cambridge University Press, 2009).

* Über die Verbindung zwischen Hungersnöten und gescheiterter Ernährungssicherung (im Gegensatz zu Lebensmittelknappheit an sich) siehe mein *Poverty and Famines: An Essay on Entitlement and Deprivation* (Oxford: Clarendon Press, 1981). In

Eine Hungersnot tritt ein, wenn viele Menschen nicht genug zum Essen haben; sie ist für sich genommen kein Beweis dafür, dass es überhaupt nicht genug zu essen gibt.[2] Menschen, die im Kampf um Lebensmittel aus dem einen oder anderen Grund den Kürzeren ziehen, können sich schnell genug wieder auf dem Markt behaupten, wenn ihnen durch staatliche Hilfsmaßnahmen, zum Beispiel öffentliche Arbeitsbeschaffung, wieder Geld zufließt, womit eine weniger ungerechte Verteilung von Lebensmitteln erreicht wird (ein Mittel zur Prävention von Hungersnöten, das heute oft und in vielen Ländern – von Indien bis Afrika – eingesetzt wird). Der springende Punkt ist nicht nur, dass David Ricardos Pessimismus ungerechtfertigt war, sondern es geht auch darum, dass Gegenargumente nicht ohne erheblichen Einsatz vernünftig zu widerlegen sind.* Hier ist öffentlicher Vernunftgebrauch gefordert, jedoch keine prompte Abwehr der Meinungen Andersdenkender, auch wenn sie auf den ersten Blick noch so wenig plausibel wirken, auch wenn die groben, plumpen Proteste noch so sehr als unüberlegtes Gerede erscheinen. Unvoreingenommene Beteiligung an vernunftgeleiteten öffentlichen Diskussionen ist für das Streben nach Gerechtigkeit zentral.

Empörung und vernünftiges Denken

Widerstand gegen Ungerechtigkeit speist sich im typischen Fall aus Empörung und aus Argumenten. Enttäuschung und Wut können zu unserer Motivierung beitragen, letzten Endes müssen wir uns jedoch auf wohlüberlegte kritische Prüfung verlassen, um zu einem plausiblen und nachhaltigen Verständnis für die Basis solcher Anklagen zu kommen und um

meinem gemeinsam mit Jean Drèze verfassten Buch *Hunger and Public Action* (Oxford: Clarendon Press, 1989) werden auch Wege und Mittel zur Wiedergewinnung verlorener Ernährungssicherheit, zum Beispiel durch staatliche Arbeitsbeschaffungsprogramme, untersucht. In letzter Zeit sorgt die öffentliche Politik überall auf der Welt zunehmend dafür, dass die Anfälligsten Zugang zu einem Existenzminimum an Lebensmitteln haben, und damit konnte verhindert werden, dass gravierende Lebensmittelverknappung zu einer Hungersnot führte. Das «aufrührerische Denken» der «Unterschichten» kam der Wahrheit näher als die subtile Intelligenz von Ricardo und Mill.

* In *Ökonomie für den Menschen* (München/ Wien: Hanser, 2000) habe ich auf der Basis empirischer Studien dargestellt, wie effizient gut durchdachte öffentliche Politik «Unfreiheiten» verschiedener Art abschaffen kann, auch die Unfreiheit des Hungertods. Siehe auch Dan Banik, *Starvation and India's Democracy* (London: Routledge, 2007).

entscheiden zu können, was wir gegen die Probleme tun können, die dahinter stecken.

Die Doppelfunktion von Empörung und Vernunftgebrauch wird in Mary Wollstonecrafts präfeministischem Versuch einer «Verteidigung der Frauenrechte» besonders deutlich.* In ihrem Aufruf zum radikalen Protest gegen die Unterjochung der Frauen kommen Wut und Ärger reichlich zu Wort:

> Lasst die Frau an den Rechten teilhaben, und sie wird den Tugenden des Mannes nacheifern; denn wenn sie emanzipiert ist, muss sie vollkommener werden, im anderen Fall aber die Autorität als berechtigt anerkennen, die ihr, einem so schwachen Wesen, Fesseln anlegt und sie an ihre Pflicht kettet. – In diesem Fall empfiehlt es sich, einen neuen Handel mit Russland abzuschließen – einen Handel um Peitschen; ein Geschenk, das jeder Vater seinem Schwiegersohn zur Hochzeit machen sollte, damit der junge Ehemann seine ganze Familie auf die gleiche Weise in Zucht und Ordnung halten kann; auf dass er ohne Verstoß gegen Gerechtigkeit sein Szepter schwinge und als Alleinherrscher in seinem Haus regiere, weil er das einzige vernunftbegabte Wesen darin ist.[3]

Mary Wollstonecrafts Zorn richtete sich in ihren beiden Büchern über die Rechte von Männern und Frauen nicht allein gegen die Unbilligkeiten, die Frauen erleiden mussten, sondern auch gegen die Behandlung anderer benachteiligter Gruppen, zum Beispiel der Sklaven in den Vereinigten Staaten und andernorts.** Und dennoch sind ihre klassischen Schriften letzten Endes ein starker Appell an die Vernunft. Regelmäßig folgen auf ihre zornige Rhetorik durchdachte Argumente, mit denen Wollstonecraft ihre Opponenten überzeugen möchte. Ihren Brief an M. Talleyrand-Périgord, dem sie *A Vindication of the Rights of Woman* widmet, beschließt sie mit einer Bekräftigung ihres großen Vertrauens in die Vernunft:

> Ich möchte Untersuchungen dieser Art in Frankreich anregen; und sollten sie zu einer Bestätigung meiner Grundsätze führen, wenn Ihre Verfassung revidiert

* Mit Mary Wollstonecrafts Schriften habe ich mich früher in diesem Buch befasst und großen Nutzen daraus gezogen. Siehe auch meine Kommentare zu einigen ihrer Werke in «Mary, Mary, Quite Contrary: Mary Wollstonecraft and Contemporary Social Sciences», *Feminist Economics,* 11 (März 2005).

** Über Wollstonecrafts zornige Kritik an Edmund Burke, der die Freiheit der nach Unabhängigkeit strebenden weißen Amerikaner befürwortete, aber das Problem der Sklaverei außer Acht ließ, vergl. Kapitel 5, «Unparteilichkeit und Objektivität».

> wird, so mögen die Rechte der Frau Achtung erfahren, falls lückenlos bewiesen werden sollte, dass die Vernunft diese Achtung verlangt und vernehmlich GERECHTIGKEIT für eine Hälfte der Menschenrasse fordert.[4]

Empörung über die anhaltenden Ungerechtigkeiten, die Mary Wollstonecrafts Welt im 18. Jahrhundert ebenso charakterisierten wie unsere Welt von heute, bringt uns dazu, nach den Ideen zu fragen, die sich hinter ihnen verbergen, und diese Empörung tut der Rolle und Reichweite der Vernunft keinen Abbruch. Wollstonecraft kombiniert Zorn und Argumente auf bemerkenswerte Weise, aber auch bloße Äußerungen von Unzufriedenheit und Enttäuschung können zum öffentlichen Vernunftgebrauch beitragen, wenn ihnen (vielleicht von anderen durchgeführte) Untersuchungen folgen, die klären, welche vernünftige Basis die Empörung haben mag.

Der Appell an die Vernunft in der Öffentlichkeit, den Mary Wollstonecraft beharrlich propagiert, ist ein wichtiges Merkmal des Zugangs zur Gerechtigkeit, den ich in diesem Buch zeigen möchte. Der Versuch, die Anforderungen der Gerechtigkeit zu verstehen, ist so wenig ein einsames, isoliertes Unternehmen wie jede andere Übung im Verstehen.* Wenn wir versuchen zu bestimmen, wie Gerechtigkeit gefördert werden kann, sind wir unbedingt auf öffentlichen Vernunftgebrauch angewiesen, also auch auf Argumente aus verschiedenen Denkrichtungen und Blickwinkeln. Die Auseinandersetzung mit Gegenargumenten impliziert jedoch nicht, dass wir fähig wären oder erwarten dürften, einander widersprechende Gründe in allen Fällen in Einklang zu bringen und uns auf eine gemeinsame Position zu einigen. Vollständige Problemlösung ist weder eine Forderung an die Rationalität einer Person noch eine Bedingung für vernünftige kollektive Entscheidungen einschließlich einer auf Vernunft gegründeten Theorie der Gerechtigkeit.**

* Im Kapitel 5 wurde ausgeführt, wie wichtig Kommunikation und Diskurs für das Verstehen und die Einschätzung moralischer und politischer Ansprüche sind. Siehe dazu auch Jürgen Habermas, *Erläuterungen zur Diskursethik* (Frankfurt: Suhrkamp, 1991).

** Siehe dazu Kapitel 8, «Rationalität und die Anderen», und 9, «Die Pluralität unparteiischer Gründe».

Sehen, dass Gerechtigkeit geübt wird

Eine Frage möchte ich vorausschicken: Warum sollte einer öffentlich begründeten Übereinkunft ein besonderer Status für die Solidität einer Theorie der Gerechtigkeit zugesprochen werden? Als Mary Wollstonecraft in ihrem Brief an Talleyrand-Périgord die Hoffnung äußerte, dass es nach gehörigem Nachdenken und vernunftgeleiteter öffentlicher Auseinandersetzung zu einer allgemeinen Einigung über die Anerkennung «der Rechte der Frau» kommen werde, verstand sie eine solche vernunftgeleitete Einigung als ein maßgebliches Verfahren zur Entscheidung der Frage, ob diese Anerkennung wirklich eine Verbesserung der sozialen Gerechtigkeit wäre (und «einer Hälfte der Menschenrasse» gesetzmäßige Rechte zugestehen würde). Dass eine Einigung auf eine Handlung das Handeln erleichtert, ist natürlich leicht einzusehen. Die Einsicht hat praktische Relevanz, aber man kann auch über ihre instrumentelle Bedeutung hinausgehend fragen, warum eine Einigung oder ein Verständnis einen irgendwie besonderen Status haben sollte, wenn eingeschätzt werden soll, wie brauchbar eine Theorie der Gerechtigkeit ist.

Sehen wir uns eine auf einem vergleichbaren Gebiet, der Rechtspraxis, häufig wiederholte These an. Sie lautet: Gerechtigkeit sollte nicht nur geübt, sondern «sichtbar geübt» werden. Warum das? Warum sollte es wichtig sein, dass Menschen wirklich übereinstimmend versichern, Gerechtigkeit sei geschehen, wenn sie tatsächlich geschehen ist? Warum eine streng juristische Forderung (dass Gerechtigkeit zu üben sei) durch ein populistisches Ersuchen (dass die Allgemeinheit beobachten kann, wie sie geübt wird) näher bestimmen oder einschränken oder ergänzen? Handelt es sich hier um eine Verwechslung von gesetzlicher Korrektheit und Billigung durch das Volk – von Jurisprudenz und Demokratie?

Einige instrumentelle Gründe dafür, dass es wichtig ist, zu *sehen*, dass eine Entscheidung gerecht ist, lassen sich leicht finden. Zum einen kann die Verwaltung der Gerechtigkeit im Allgemeinen effizienter sein, wenn Richter sichtbar gute Arbeit leisten und keinen Pfusch machen. Wenn ein Urteil Vertrauen und allgemeine Billigung hervorruft, kann es sehr wahrscheinlich leichter durchgesetzt werden. Also lässt sich ohne Schwierigkeit erklären, warum die These, Gerechtigkeit müsse «sichtbar geübt werden», von Anfang an soviel Widerhall und immer neue Zustimmung fand, seit Lord Hewart sie 1923 formulierte (in *Rex v. Sussex Justices Ex parte McCarthy* [1923] All ER 233) und mahnend dazu sagte, dass Gerechtigkeit getan werde, «müsse deutlich und unzweifelhaft zu sehen sein».

Weniger überzeugend wäre es, wenn die Tatsache, dass Gerechtigkeit sichtbar ist, nur deshalb so entscheidende Bedeutung hätte, weil sie administrative Vorteile bringt. Natürlich ist nicht zu bezweifeln, dass allseitige Billigung die Durchführung eines Vorhabens erleichtert, aber es wäre doch seltsam, wenn Hewarts Grundprinzip allein auf Zweckdienlichkeit beruhte. Aus einem anderen Blickwinkel lässt sich plausibel argumentieren, dass ein Urteil dann, wenn Beobachter es beim besten Willen nicht als gerecht in einem verständlichen und vernünftigen Sinn erkennen können, nicht nur auf Widerstand stößt, wenn es vollzogen werden soll, sondern auch als Urteil kaum noch als zuverlässig gelten kann. Zwischen der Objektivität eines Urteils und seiner Eignung, öffentlicher kritischer Prüfung standzuhalten, besteht ein klarer Zusammenhang – ein Thema, das ich in diesem Buch bereits von verschiedenen Seiten beleuchtet habe.*

Pluralität von Gründen

Deutlich zu machen, wie wichtig öffentlicher Vernunftgebrauch ist, war eines der Hauptziele dieses Buchs, aber deutlich werden sollte auch, wie notwendig es ist, anzuerkennen, dass bei einer Evaluierung eine Pluralität von Gründen vernünftig berücksichtigt werden muss. Die Gründe mögen manchmal miteinander konkurrieren und unser Denken in verschiedene Richtungen drängen wollen, wenn es um eine bestimmte Einschätzung geht, und falls sie zu einander widerstreitenden Urteilen führen, muss bestimmt werden, welche vertretbaren Schlüsse nach Abwägung aller Argumente zu ziehen sind – eine wichtige Aufgabe.

Adam Smith hat vor über zweihundert Jahren moniert, dass manche Theoretiker mit Vorliebe nach einer einzigen homogenen Tugend Ausschau halten, von der sie sich versprechen, sie könne alle glaubwürdig vertretbaren Werte erklären:

> Wenn Epikur all die verschiedenen Tugenden auf diese eine Art von Schicklichkeit zurückführte, folgte er dabei einem Hang, der allen Menschen von Natur zu eigen ist, welchen aber ganz besonders Philosophen mit einer eigentümlichen Leidenschaft, ja Verliebtheit in sich auszubilden pflegen, da sie ihn für das beste Mittel ansehen, um ihren Scharfsinn zu entfalten – dem Hang nämlich, alle Erscheinungen aus so wenig Prinzipien wie möglich zu erklären. Und er gab sich zweifellos ebenso diesem Hang hin, wenn er alle ursprüng-

* Siehe besonders Kapitel 1, «Vernunft und Objektivität», 5, «Unparteilichkeit und Objektivität», und 9, «Pluralität unparteiischer Gründe».

lichen Gegenstände natürlichen Verlangens und natürlicher Abneigung auf körperliche Lust- und Unlustgefühle zurückführte.*

Es gibt tatsächlich Denkschulen, die ausdrücklich oder implizit darauf bestehen, dass alle verschiedenen Werte am Ende auf eine einzige Bedeutungsquelle reduziert werden müssen. Dieses Bestreben speist sich bis zu einem gewissen Grad aus panischer Angst vor «Unvereinbarkeit» – das heißt irreduzibler Verschiedenartigkeit mehrerer Objekte von Wert. Diese Ängstlichkeit beruht auf der – irrigen – Annahme, dass irgendwelche Barrieren eine vergleichende Einschätzung der Wichtigkeit verschiedener Objekte verhindern, und sie übersieht, dass Werturteile im täglichen Leben kaum ohne Abwägen und Prioritäten auskommen, weshalb die Erkenntnis, dass Evaluierung mit einer Prioritätenkonkurrenz fertig werden muss, nichts Außergewöhnliches an sich hat.** Wir verstehen sehr gut, dass Äpfel keine Apfelsinen sind und dass ihre Werte als Lebensmittel in unterschiedlichen Dimensionen – zwischen Wohlgeschmack und Nährwert – liegen, und trotzdem erstarren wir nicht jedes Mal in Unentschiedenheit, wenn wir wählen müssen, ob wir Äpfel oder Apfelsinen essen wollen. Theoretiker, die beharrlich behaupten, Menschen könnten sich nicht zwischen Alternativen entscheiden, wenn nicht alle Werte irgendwie auf einen einzigen reduziert würden, fühlen sich offenbar mit dem Abzählen sicher («Ist dies mehr oder weniger als jenes?»), aber nicht mit dem Beurteilen («Ist dies wichtiger als jenes»?).

Dass eine Theorie der Gerechtigkeit die Pluralität von Gründen berücksichtigen muss, gilt nicht nur für die Verschiedenartigkeit von Objekten, deren hoher Wert anzuerkennen ist, sondern in der fraglichen Theorie müssen auch Sachverhalte unterschiedlichen Typs, etwa die Wichtigkeit verschiedener Arten von Gleichheit und Freiheit, Platz finden.*** Urteile über Gerechtigkeit müssen sich darüber hinaus mit verschiedenen Arten von Gründen und Wertungskriterien befassen. Dass wir häufig Prioritäten setzen und Ordnungen herstellen können, wenn

* Smith, *Theorie der ethischen Gefühle,* S. 499. Obwohl hier nur Epikur namentlich erwähnt wird, hatte Smith womöglich auch seinen guten Freund David Hume im Sinn, wenn man dessen proto-utilitaristische Neigungen bedenkt. Besser hätte die Beschreibung natürlich auf Bentham gepasst.

** Diese Frage wurde im Kapitel 11, «Leben, Freiheiten und Befähigungen», erörtert, hier besonders im Kontext der vergleichenden Evaluierung unterschiedlicher Befähigungen.

*** Die unvermeidliche Pluralität innerhalb der umfassenden Ideen der Gleichheit und Freiheit wurde im Kapitel 14, «Gleichheit und Freiheit», untersucht.

wir die relative Wichtigkeit von konkurrierenden Erwägungen einschätzen, heißt nicht, dass alle alternativen Szenarios immer vollständig ihrem Rang nach geordnet werden könnten – nicht einmal von derselben Person. Jemand könnte klare Vorstellungen von einigen Rangfolgen haben und trotzdem hinsichtlich anderer Vergleiche unsicher sein. Dass eine Person sich Gründe für die Verurteilung der Sklaverei oder der Unterjochung von Frauen zurechtlegen kann, heißt nicht, dass dieselbe Person fähig sein muss, mit Gewissheit zu entscheiden, ob ein Einkommensteuer-Spitzensatz von 40 Prozent besser – oder gerechter – wäre als ein Satz von 39 Prozent. Durchdachte Schlüsse können leicht die Form partieller Rangordnungen annehmen, und – wie gesagt – es ist nicht besonders defätistisch, dies zuzugeben.

Unparteiische Argumente und partielle Rangordnungen

Eine unvollständige Lösung kann bereits Teil der wertenden Einschätzung sein, die eine Einzelperson vornimmt, aber eine deutlich markantere Rolle spielt sie für die Ergebnisse, die vom öffentlichen Vernunftgebrauch zu erwarten sind. Wenn es um die Arbeit einer Gruppe geht, müssen nicht nur die partiellen Einstufungen berücksichtigt werden, die von verschiedenen Gruppenmitgliedern getroffen werden, sondern auch das Ausmaß der Unvollständigkeit, das in einer Teilordnung erhalten bleibt, auf die sich verschiedene Einzelpersonen vernünftig einigen können.* Mary Wollstonecraft hat behauptet, dass Menschen, die unparteiisch Argumente für die Achtung der Grundfreiheiten von Frauen prüfen, übereinstimmend der Meinung sein werden, dass «die Vernunft diese Achtung verlangt». Tatsächlich bestehende Meinungsverschiedenheiten können durch vernünftiges Argumentieren und mit Hilfe von Zweifeln an eingefleischten Vorurteilen, erworbenen Anrechten und ungeprüften Vormeinungen ausgeräumt werden. Viele derartige, wirklich signifikante Einigungen sind erreichbar, aber damit soll nicht behauptet werden, dass auf diese Weise alle denkbaren Probleme kollektiver Entscheidungen zu lösen wären.

Manchmal stellt eine Pluralität von Gründen kein Problem für eine endgültige Entscheidung dar, aber in anderen Fällen kann sie zu einer hohen Hürde werden. Das Beispiel von den drei Kindern mit den konkurrierenden Ansprüchen auf eine Flöte, das in der Einleitung vorgestellt

* Dieses Thema wurde in Kapitel 4, «Stimme und kollektive Entscheidung», besprochen.

wurde, macht deutlich, dass der Versuch, die gerechte Lösung zu finden, in eine Sackgasse führen kann. Aber wer akzeptiert, dass eine Vielfalt von Überlegungen berücksichtigt werden muss, manövriert sich damit nicht notwendig in eine ausweglose Situation. Sogar im Beispiel von den drei Kindern könnte sich ergeben, dass Carla, die die Flöte geschnitzt hat, auch das ärmste Kind ist oder das einzige, das Flöte spielen kann. Oder vielleicht gibt das Armutsargument für die Beurteilung der Gerechtigkeit den Ausschlag, weil die Notlage Bens, des ärmsten Kindes, derart extrem ist, dass er nur dann ein lebenswertes Leben führen kann, wenn er wenigstens etwas zum Spielen hat. In vielen Einzelfällen kann sich eine Kongruenz verschiedener Gründe ergeben. Allem Anschein nach umfasst die Idee der Gerechtigkeit Fälle unterschiedlichen Typs, deren Bandbreite von leichten Lösungen bis zu sehr schwierigen Entscheidungsproblemen reicht.

Diese Denkart erkennt an, dass eine Theorie der Gerechtigkeit, deren Rahmen weit genug gespannt ist, um nicht-kongruente Erwägungen zu umfassen, durch diese Eigenschaft nicht selbst inkohärent, unanwendbar oder unbrauchbar wird. Trotz der Pluralität können sich definitive Schlussfolgerungen ergeben.* Wenn die konkurrierenden Belange, die jene Pluralität ausmachen, tiefgreifende Überzeugungskraft haben, über deren relative Intensität wir teilweise im Ungewissen bleiben, dann wäre es einen Versuch wert, herauszufinden, wie weit wir kommen können, ohne das Problem der relativen Gewichtung vollständig zu lösen.** Und manchmal kommen wir weit genug, um die

* Dieser Sachverhalt hat große Ähnlichkeit mit der Tendenz von «Streitparteien in juristischen Auseinandersetzungen, die sich auf unvollständig theoriegestützte Einigungen über bestimmte Ergebnisse einlassen», wie Cass Sunstein in seinem wichtigen Essay «Incompletely Theorized Arguments», *Harvard Law Review*, 108 (Mai 1995) darlegt. Während Sunstein sich auf die Möglichkeit konzentriert, dass eine praktische Einigung zustande kommt ohne Konsens über die Theorie, auf der diese Entscheidung beruht (und das ist in der Tat für juristische wie für nicht-juristische Entscheidungen ein wichtiger Punkt), versuche ich hier, eine vergleichbare, aber doch andere Frage zu klären. Mir geht es darum, dass eine weitgefasste Theorie *in* ihrem Rahmen Raum für eine erhebliche Heterogenität von Perspektiven bieten kann, wodurch Teilordnungen geschaffen werden, die dazu beitragen, dass einleuchtende Entscheidungen (wenn auch nicht «die beste» Entscheidung) von klar abgelehnten Vorschlägen getrennt werden.

** Eine unauflösliche Vielfalt von Ansichten hinzunehmen wäre jedoch eher eine ultima ratio denn eine erste Wahl, da alle Meinungsverschiedenheiten zunächst kritisch geprüft und eingeschätzt werden müssen, wie im Kapitel 1, «Vernunft und Objektivität», dargelegt.

Theorie mit großem Nutzen anwenden zu können, ohne auch nur eine der rigorosen Forderungen opfern zu müssen, die widerstreitende Argumentationen jeweils stellen.

Die konkurrierenden Kriterien werden unterschiedliche Rangordnungen von Alternativen ergeben, Ordnungen mit einigen gemeinsamen und einigen divergierenden Elementen. Die Schnittmenge – oder die Elemente, die in den Einstufungen gleich sind – der aufgrund unterschiedlicher Prioritäten verschiedenen Rangfolgen wird eine partielle Ordnung ergeben, die einige Alternativen mit großer Klarheit und innerer Konsistenz einstuft, andere Alternativpaare jedoch überhaupt nicht platzieren kann.* Die Einigung auf diese neue Teilordnung kann dann als definitives Ergebnis unserer weit gefassten Theorie verstanden werden. Wenn und sobald sich definitive Schlüsse ergeben, sind sie von Nutzen, und es ist nicht notwendig, nach einer Art Garantie Ausschau zu halten, die gewährleisten würde, dass immer dann, wenn wir versucht sind, uns auf die Idee der Gerechtigkeit zu berufen, unweigerlich eine «beste» oder eine «richtige» Wahl zustande kommt.

Die Aufgabe, um die es hier im Grunde geht, ist einfach genug – man muss man sie nur vom Beiwerk analytischer Formalitäten befreien: Es geht darum, anzuerkennen, dass eine vollständige Theorie der Gerechtigkeit durchaus eine unvollständige Rangordnung alternativer Wege zur Entscheidungsfindung bieten kann und dass eine gebilligte partielle Ordnung in manchen Fällen eine deutliche Sprache spricht, in anderen aber keine Entscheidungshilfe leistet. Als Condorcet und Smith behaupteten, dass die Welt durch Abschaffung der Sklaverei viel weniger ungerecht würde, nutzten sie die Möglichkeit, die Welt mit und ohne Sklaverei einzuschätzen, und sprachen einer Welt ohne Sklaverei den höheren Rang und die größere Gerechtigkeit zu. Mit dieser Schlussfolgerung behaupteten sie jedoch nicht darüber hinaus, dass alle Alternativen, die durch Varianten in Institutionen und Regelwerken geschaffen werden können, vollständig gegeneinander abzuwägen wären. Die Institution der Sklaverei kann eingeschätzt werden, ohne dass alle anderen institutionellen Wahlmöglichkeiten, die sich in der Welt bieten, mit der glei-

* Mathematisch lässt sich genau bestimmen, in welchem Bereich klare Entscheidungen möglich sind, wenn die Schnittmenge aus pluralen, der Überprüfung standhaltenden Kriterien Unvollständigkeiten hat. Siehe dazu mein *Collective Choice and Social Welfare* (San Francisco, CA: Holden-Day, 1970; wieder veröffentlicht, Amsterdam: North-Holland, 1979); auch «Interpersonal Aggregation and Partial Comparability», *Econometrica*, 38 (1970), und «Maximization and the Act of Choice», *Econometrica*, 65 (1997).

chen Endgültigkeit bewertet werden müssten. Wir leben nicht in einer Welt des «Alles-oder-Nichts».

Um ein mögliches Missverständnis zu vermeiden, möchte ich betonen, dass die Einigung, die hier angestrebt wird, nicht genau dasselbe ist wie eine *tatsächliche* von verschiedenen Personen einstimmig gewählte Präferenzordnung über dem Bereich der begründeten partiellen Ordnung. Hier wird nicht vorausgesetzt, dass jeder Sklavenbesitzer für den Widerruf seiner Rechte über andere Menschen optieren muss – Rechte, die ihm durch die geltende Gesetzgebung seines Landes zugesichert wurden. Vielmehr behaupteten Smith oder Condorcet oder Wollstonecraft nur, dass Argumente zugunsten der Sklaverei sich gegen das Plädoyer für die Abschaffung nicht behaupten würden, da sie dem öffentlichen Vernunftgebrauch und unparteiischen Beurteilungen nicht standhalten könnten. Die kongruenten Elemente in unparteiischen Überlegungen, die kritischer Prüfung standgehalten haben, bilden die Grundlage einer partiellen Rangordnung, auf die sich die Kämpfer für eine greifbare Vermehrung der Gerechtigkeit stützen (wie bereits dargelegt). Auf der Basis einer partiellen Rangordnung sollen Gerechtigkeitsvergleiche getroffen werden; diese Basis besteht in der Kongruenz von Schlüssen aus unparteiischen Überlegungen; und eine solche Kongruenz ist nicht dasselbe wie die Forderung, dass die persönlichen Präferenzen, die verschiedene Individuen setzen, vollkommen übereinstimmen.*

Die Reichweite partieller Lösungen

Eine soziale Rangordnung muss eine gewisse Spannweite haben, damit sie nutzbar ist, aber vollständig braucht sie nicht zu sein. Eine Theorie der Gerechtigkeit muss sich grundsätzlich auf partielle Rangordnungen verlassen, die auf Überschneidung – oder Gemeinsamkeit – in unterschiedlichen Einstufungen beruhen; diese Einstufungen stützen sich auf verschiedene Begründungen der Gerechtigkeit, die alle der kritischen Prüfung des öffentlichen Vernunftgebrauchs standhalten. Im speziellen Beispiel von den drei Ansprüchen auf die Flöte (siehe Einleitung) kommt

* Hier besteht ein deutlicher Zusammenhang mit der Unterscheidung zwischen den Anforderungen der «Rationalität» einerseits und der «Vernünftigkeit» andererseits, die in den Kapiteln 8, «Rationalität und die Anderen», und 9, «Die Pluralität unparteiischer Gründe», besprochen wurden. Diese Unterscheidung geht auf Rawls zurück, aber wenn ich sie hier verwende, gebe ich der überdauernden Pluralität unparteiischer Gründe mehr Raum, als ihnen in den rawlsschen Gerechtigkeitsgrundsätzen zugestanden wird (siehe Kapitel 2, «Pro und kontra Rawls»).

womöglich keine Einmütigkeit in der Rangordnung der drei Alternativen zustande. Wenn uns an einer Entscheidung zwischen genau diesen drei Alternativen gelegen ist, wird uns eine unvollständige Rangordnung für unsere Wahl nicht weiterhelfen.

Andererseits kann eine partielle Rangordnung mit spezifischen Lücken in vielen Wahlsituationen richtungweisend sein. Wenn wir zum Beispiel nach kritischer Überprüfung von Gerechtigkeitsgründen einer Alternative *x* den Vorrang sowohl vor *y* wie vor *z* geben, ohne *y* und *z* gegeneinander abwägen zu können, dürfen wir uns mit einer Entscheidung für *x* sicher fühlen, ohne den Konflikt zwischen *y* und *z* lösen zu müssen. Wenn wir Pech haben und die Überprüfung der Gerechtigkeitsgründe keine Rangordnung zwischen *x* und *y* ergibt, aber beiden den Vorrang vor *z* zuspricht, dann können wir unsere Wahl nicht aus Gerechtigkeitserwägungen allein treffen. Und doch wären Gerechtigkeitsgründe immer noch die Richtlinie, anhand deren wir die Alternative *z*, die eindeutig schlechter ist als *x* und *y*, ablehnen und ganz außer Acht lassen.

Partielle Rangordnungen dieser Art können eine erhebliche Reichweite haben; wenn zum Beispiel Einigkeit darüber besteht, dass der Status quo in den Vereinigten Staaten, die keine auch nur annähernd allgemeine Krankenversicherung haben, eindeutig weniger gerecht ist als eine ganze Reihe spezifischer Alternativen, die verschiedene Versicherungspläne für alle bieten, dann können wir aus Gründen der Gerechtigkeit den Status quo einer nicht allgemeinen Krankenversicherung ablehnen, selbst wenn die Gerechtigkeitsgründe keine vollständige Rangordnung der sämtlich diesem Status überlegenen Alternativen liefert. Wir haben ausgezeichnete Gründe, die auf Gerechtigkeitserwägungen beruhenden Argumente kritisch zu prüfen, um herauszufinden, wie weit wir die partielle Rangordnung ausdehnen können, die aus diesem Blickwinkel sichtbar wird. Wir haben kaum Grund, die Hilfe dieser partiellen Rangordnung zurückzuweisen, auch wenn sie gewisse Wahlmöglichkeiten nicht erfasst. Im Fall des Gesundheitswesens haben wir Grund genug, auf allgemeine Krankenversicherung nach einem der spezifizierten Modelle zu drängen, auch wenn wir uns in anderen Fragen kollektiver Entscheidungen nicht einigen können.*

* Eine rationale Wahl würde verlangen, dass man sich für eine der überlegenen – aber nicht in eine Rangordnung gebrachten – Alternativen entscheidet, statt am deutlich unterlegenen Status quo festzuhalten, nur weil man sich nicht entscheiden kann, genau welche der überlegenen Alternativen zu wählen wäre. Hier kann man

Ein Rahmenwerk für Vergleiche

Debatten über Gerechtigkeit, die sich mit praktischen Fragen auseinandersetzen, können nicht ohne Vergleiche auskommen. Selbst wenn wir das vollkommen Gerechte nicht ausmachen können, sehen wir nicht von Vergleichen ab. Zum Beispiel könnte die Einführung einer Sozialpolitik, die weit verbreiteten Hunger bekämpft oder grassierenden Analphabetismus abschafft, mit dem Argument begründet werden, dass solche Maßnahmen die Gerechtigkeit fördern. Aber diese sozialpolitischen Maßnahmen könnten immer noch viele Verbesserungen aussparen, die wir als Einzelpersonen vorschlagen und sogar sozial akzeptieren mögen. Sollen allerdings die transzendentalen – utopischen – Bedingungen einer vollkommen gerechten Gesellschaft identifiziert werden – wenn man sie denn identifizieren könnte –, wären damit natürlich noch sehr viele andere Forderungen verbunden, die festlegen, wie eine tatsächlich bestehende in eine ideale Gesellschaft umzuwandeln wäre – unabhängig davon, ob solche Forderungen tatsächlich realisierbar sind. Veränderungen oder Reformen, die der Förderung der Gerechtigkeit dienen, verlangen vergleichende Einschätzungen, nicht einfach nur eine makellose Identifizierung «*der* gerechten Gesellschaft» (oder «*der* gerechten Institutionen»).

Ist diese Folgerung richtig, kann ein Zugang zur Gerechtigkeit sowohl in der Theorie vollkommen akzeptabel wie auch in der Praxis eminent brauchbar sein, selbst wenn er keine Möglichkeit bietet, die Anforderungen an vollkommen gerechte Gesellschaften (oder die genaue Charakteristik «gerechter Institutionen») zu erkennen. Dieser Zugang erlaubt die Auffassung, dass unterschiedliche unparteiische Richter verschiedene vernünftige Meinungen über die Identifizierung (oder sogar die Existenz) einer utopischen Alternative vertreten können. Und was vielleicht noch wichtiger ist, er kann die Möglichkeit anerkennen – und zulassen –, dass sogar eine bestimmte Einzelperson nicht zu einer vollständigen Entscheidung zwischen den verschiedenen Alternativen kommt, wenn sie nicht in der Lage ist, mittels kritischer Überprüfung alle konkurrierenden Erwägungen bis auf eine über Bord zu werfen.

aus der alten Geschichte von Buridans Esel lernen, der sich nicht entscheiden konnte, von welchem der beiden Heuhaufen vor seiner Nase er fressen sollte, und schließlich Hungers starb, weil er endlos lange gezögert hatte. Zu den Forderungen des Vernunftgebrauchs und der Rationalität bei unvollständigen Ordnungen siehe mein «Maximization and the Act of Choice», *Econometrica*, 65 (1997) und *Rationality and Freedom* (Cambridge, MA: Harvard University Press, 2002).

Die Idee der Gerechtigkeit ist von immenser Bedeutung; sie hat Menschen in der Vergangenheit umgetrieben und wird es auch in Zukunft tun. Vernunftgebrauch und kritische Prüfung können viel dazu beitragen, dass die Reichweite dieses folgenschweren Konzepts vergrößert und sein Inhalt schärfer gefasst wird. Und doch wäre es ein Fehler, würde man erwarten, dass tatsächlich jedes Entscheidungsproblem, für das die Idee der Gerechtigkeit eine Rolle spielt, mittels durchdachter kritischer Überprüfung zu lösen wäre. Aber, wie bereits erörtert, wäre es auch ein Fehler, aus dieser Unmöglichkeit einer vollständigen Lösung zu schließen, dass wir selbst dann keine ausreichend solide Grundlage für den Einsatz der Idee der Gerechtigkeit hätten, wenn eine vernunftgeleitete kritische Überprüfung ein schlüssiges Urteil ergibt. Wir gehen so weit, wie die Vernunft uns leitet.

Gerechtigkeit und offene Unparteilichkeit

Offen bleibt die Frage nach der Reichweite und dem Umfang der vernünftigen Bewertungen, die von vielen anderen Seiten und aus vielen verschiedenen Ländern kommen. Sollen Übungen in Unparteilichkeit – oder Fairness – nur innerhalb der Staatsgrenzen eines Landes oder innerhalb einer von gemeinsamen Einstellungen und Prioritäten geprägten Kultur stattfinden? Diese in den Kapiteln 5 bis 9 behandelte Frage kann hier mit Nutzen wieder aufgenommen werden, da sie für den in diesem Buch aufgezeigten Zugang zur Gerechtigkeit besonders wichtig ist.

Die Forderung, dass die öffentliche Vernunft sich nicht nur innerhalb von Staats- oder Gebietsgrenzen mit der Gerechtigkeit beschäftigen soll, stützt sich hauptsächlich auf zwei Gründe: Der eine ist die Relevanz der *Interessen* anderer Menschen, deretwegen Voreingenommenheit vermieden und Fairness geübt werden soll, und der zweite ist die Bedeutung der *Perspektiven* anderer, auf die wir angewiesen sind, damit wir unsere Untersuchungen relevanter Prinzipien erweitern können und nicht aufgrund der Beschränkungen unserer lokalen Gemeinschaft in einen unkritischen Provinzialismus von Werten und Annahmen verfallen.*

Der erste Grund hängt zusammen mit der Interdependenz von Interessen und ist in der Welt, in der wir leben, einleuchtend genug. Die Reaktion Amerikas auf die Barbarei des elften September in New York

* Siehe dazu Kapitel 5, «Unparteilichkeit und Objektivität», und 6, «Geschlossene und offene Unparteilichkeit».

hat Auswirkungen auf das Leben von Millionen und Abermillionen Menschen anderswo in der Welt – natürlich in Afghanistan und im Irak, aber auch jenseits dieser unmittelbaren amerikanischen Aktionsgebiete.* Ähnlich weitreichend sind die Folgen der gegenwärtigen amerikanischen Wirtschaftskrise (die jetzt, 2008–09, während ich dieses Buch zum Abschluss bringe, ihren Höhepunkt noch nicht erreicht hat); ob und wieweit Amerika diese Krise beenden kann, wird sich nachhaltig auf die Länder auswirken, die Handels- und Finanzbeziehungen mit den USA haben, und darüber hinaus auf die anderen, die in Geschäftsverbindungen mit Handelspartnern Amerikas stehen. Auch AIDS und andere Epidemien haben sich von Land zu Land und Kontinent zu Kontinent weiter verbreitet; ebenso sind die Medikamente, die in einigen Teilen der Welt entwickelt und hergestellt werden, auch für Leben und Freiheiten vieler Menschen wichtig, die weit entfernt von den Produktionsstätten leben. Auch in vielen anderen Bereichen ist Interdependenz leicht zu erkennen.

Ein anders geartetes Beispiel für Interdependenz ist der Einfluss, den das Gespür für Ungerechtigkeit in einem Land auf Leben und Freiheiten in anderen hat. «Ungerechtigkeit, an welchem Ort sie auch geschieht, ist eine Bedrohung der Gerechtigkeit allerorts», schrieb Dr. Martin Luther King, Jr. im April 1963 in einem Brief aus dem Gefängnis von Birmingham.** Unzufriedenheit, die durch Ungerechtigkeit in einem Land hervorgerufen wird, kann schnell auf andere Länder übergreifen: Unsere «Nachbarschaften» erstrecken sich heute über die ganze Welt.*** Durch Handel und Kommunikation sind wir bemerkenswert weit mit anderen vernetzt, und darüber hinaus können wir uns auf Grund unserer globalen Kontakte in literarischen, künstlerischen und wissenschaftlichen Unternehmungen kaum noch vorstellen, dass eine angemessene Berück-

* Wir leben in einer Phase der Weltgeschichte, in der Krieg und Frieden seltsam ineinander übergehen. Eric Hobsbawm hat festgestellt: «Es wäre leichter, über Krieg und Frieden im zwanzigsten Jahrhundert zu schreiben, wenn der Unterschied zwischen beiden noch so klar ausgeprägt wäre, wie er am Anfang des Jahrhunderts erschien» (Hobsbawm, *Globalisierung, Demokratie und Terrorismus* (München: dtv, 2009)). Siehe auch Geir Lundestad und Olav Njølstad (Hg.), *War and Peace in the 20th Century and Beyond* (London: World Scientific, 2002) und Chris Patten, *What Next? Surviving the Twenty-first Century* (London: Allan Lane, 2008).

** Welchen Hintergrund Kings Urteil über die Relevanz globaler Gerechtigkeit für lokale Gerechtigkeit hatte, schildert *The Autobiography of Martin Luther King, Jr.*, herausgegeben von Clayborne Carson (New York: Werner Books, 2001).

*** Vergleiche dazu Kapitel 7, «Standort, Relevanz und Illusion».

sichtigung diverser Interessen oder Belange überzeugend auf die Bürgerschaft eines beliebigen einzelnen Landes zu beschränken wäre und alle anderen ignorieren könnte.

Vermeidung von Provinzialismus als Bedingung für Gerechtigkeit

Zusätzlich zur Globalität interdependenter Interessen gibt es einen zweiten Grund anzuerkennen, dass ein «offenes» Verfahren zur Prüfung der Anforderungen der Unparteilichkeit notwendig ist: Ohne ein solches Verfahren droht die Falle des Provinzialismus zuzuschnappen. Wenn die Forderungen der Gerechtigkeit nur im Rahmen eines bestimmten Raums – eines Landes oder auch einer größeren Region – erörtert werden, besteht womöglich die Gefahr, dass viele anspruchsvolle Gegenargumente nicht erkannt oder außer Acht gelassen werden, da sie in lokalen politischen Debatten nicht vorgekommen oder in den auf die lokale Kultur beschränkten Diskursen untergegangen sind, obwohl sie unter unparteiischem Blickwinkel unbedingt eine Überlegung lohnen. Gegen diese Begrenztheit eines Denkens, das sich auf provinzielle, mit nationalen Traditionen und regionalen Auffassungen verbundene Argumente verlässt, hat Adam Smith sich gewehrt. Seine Waffe war die Denkfigur des unparteiischen Zuschauers – ein Gedankenexperiment, in dem gefragt wurde, wie eine bestimmte Praxis oder Prozedur sich in den Augen einer interesselosen Person ausnehmen würde – wenn diese aus der Nähe oder aus der Ferne zusähe.*

Smith lag besonders daran, die Jurisprudenz sowie moralische und politische Argumentation vor dem Zugriff des Provinzialismus zu schützen. In einem Kapitel seiner Theorie der ethischen Gefühle: «Über den Einfluß des Brauches und der Mode auf Empfindungen der sittlichen Billigung und Mißbilligung», zählt er verschiedene Beispiele dafür auf, wie Diskussionen innerhalb einer bestimmten Gesellschaft in einem bedenklich engstirnigen Verständnis befangen bleiben können:

* Smiths Denkfigur des unparteiischen Zuschauers wurde im Kapitel 6, «Geschlossene und offene Unparteilichkeit», betrachtet. Wir müssen uns klar machen, dass Smith diese Denkfigur einsetzt, um den Weg zu kritischen Fragen zu eröffnen, nicht um eine Debatte mit einer formelhaften Antwort zu beenden, die angeblich von einem unparteiischen Beobachter in der Rolle des endgültigen Schiedsrichters stammt. Für Smith gehört der unparteiische Zuschauer, der sehr viele wichtige Fragen in die Diskussion bringt, zum Verfahren des unparteiischen Denkens, und in diesem Sinn wird seine Idee hier genutzt.

> … und doch war der Mord an neugeborenen Kindern ein Brauch, der beinahe in allen Staaten Griechenlands erlaubt war, selbst unter den gebildeten und zivilisierten Athenern; wann immer die Verhältnisse des Vaters es unbequem erscheinen ließen, ein Kind großzuziehen, konnte er es dem Hunger oder den wilden Tieren preisgeben, ohne für seine Handlung beschuldigt oder getadelt zu werden … Ein ununterbrochenes Herkommen hatte diese Übung zu jener Zeit so durchaus in ihrem Ansehen gefestigt, dass nicht nur die laxen Grundsätze der großen Masse dieses barbarische Vorrecht des Vaters hingehen ließen, sondern sogar die Lehren der Philosophen, die doch gerechter und gründlicher hätten sein sollen, sich durch das geltende Herkommen leiten ließen und bei dieser wie bei manchen anderen Gelegenheiten den fürchterlichen Missbrauch durch weit hergeholte Betrachtungen über das allgemeine Wohl stützten, anstatt ihn zu rügen. Aristoteles spricht davon als von einer Einrichtung, die die Behörde in vielen Fällen fördern sollte. Der menschenfreundliche Platon ist der gleichen Meinung, und bei aller Liebe zur Menschheit, die seine Schriften zu beseelen scheint, gibt er doch nirgends diesem Brauch seine Mißbilligung.[5]

Adam Smith besteht also deshalb darauf, dass wir unsere Empfindungen unter anderem aus einem «gewissen Abstand von uns» betrachten müssen, weil er das Ziel hat, nicht nur den Einfluss erworbener Anrechte, sondern auch den einengenden Zugriff eingefahrener Traditionen und Sitten kritisch zu prüfen.

Während Smiths Beispiel des Kindermords nur in wenigen Gesellschaften noch immer eine traurige Aktualität besitzt, haben einige seiner anderen Fallbeispiele für viele heutige Gesellschaften Relevanz. Das gilt auch für seine These, dass «die Augen der übrigen Menschheit» mithelfen müssen zu sehen, ob «eine Strafe als billig erscheint».[6] Ich nehme an, dass sogar das Lynchen von ertappten «Übeltätern» den hart zupackenden Hütern von Gesetz und Ordnung im Amerikanischen Süden vor nicht allzu langer Zeit noch vollkommen recht und billig vorkam.* Auch heute könnte ein kritischer Blick «aus der Distanz» nützlich zur Beurteilung gewisser Sitten und Gebräuche sein, von der Steinigung ehebrecherischer Frauen im Afghanistan der Taliban, der selektiven Abtreibung weiblicher Föten in China, Korea und Teilen Indiens** bis hin zur weiterhin üblichen Vollstreckung der Todesstrafe in China und auch in den

* Siehe zum Beispiel Walther Johnsons Studie über die Einstellungen zum Sklavenmarkt im Süden der Vereinigten Staaten: *Soul by Soul: Life inside the Antebellum Slave Market* (Cambridge, MA: Harvard University Press, 1999).

** Siehe dazu mein «Many Faces of Gender Inequality», *The New Republic*, 522 (17. September 2001) und *Frontline*, 18 (2001).

Vereinigten Staaten (mit oder ohne die Jubelstimmung in der Öffentlichkeit, die in gewissen Teilen des Landes nicht ganz unbekannt ist).* Die Eigenschaft, die Unparteilichkeit – und Fairness – so zentral für die Idee der Gerechtigkeit erscheinen lässt, fehlt der geschlossenen Unparteilichkeit.

Dass eine Betrachtung aus der Distanz wichtig ist, zeigt sich auch an einigen Debatten, die derzeit in den Vereinigten Staaten ausgefochten werden, zum Beispiel an der Auseinandersetzung im Supreme Court im Jahr 2005, in der es um die Angemessenheit von Todesurteilen für minderjährige Straftäter ging. Wenn sichtbar sein soll, dass Gerechtigkeit geübt wird, können selbst die Vereinigten Staaten nicht ganz ignorieren, dass sich ein besseres Verständnis des Problems ergeben mag, wenn gefragt wird, wie es in anderen Ländern der Welt von Europa und Brasilien bis Indien und Japan eingeschätzt wird. Im Supreme Court kam ein Mehrheitsurteil zustande, das die Todesstrafe für das Verbrechen eines minderjährigen Täters untersagte, auch für den Fall, dass der Täter erst hingerichtet würde, wenn er volljährig war.**

Diese Mehrheitsentscheidung ist womöglich jetzt, nachdem sich die Zusammensetzung im Supreme Court geändert hat, nicht mehr ohne Schwierigkeiten aufrecht zu erhalten. John G. Roberts, der jetzige Vorsitzende des Obersten Gerichtshofs der USA, hat in einer Anhörung vor der Bestätigung seiner Ernennung ausdrücklich das Minderheitenvotum gebilligt, das sich dafür aussprach, einen minderjährigen Mörder mit dem Tod zu bestrafen und den Täter hinzurichten, sobald er volljährig geworden ist. Roberts sagte: «Wenn wir einen deutschen Richter entscheiden lassen, was unsere Verfassung besagt, einen Richter, den kein unserem Volk Rechenschaft schuldiger Präsident ernannt hat … Und doch spielt er eine Rolle bei der Formulierung des Gesetzes, das für die Menschen in diesem Land verbindlich ist.»[7] Darauf erwiderte Richterin Ginsburg, die bei der Entscheidung mit der Mehrheit des Supreme Court votiert hatte: «Warum sollten wir der Klugheit eines Richters aus dem Ausland nicht ebenso selbstverständlich trauen wie dem Artikel eines Professors, den wir in einer juristischen Fachzeitschrift lesen?»[8]

* Amnesty International berichtet, dass im Jahr 2008 2390 Menschen hingerichtet wurden, davon 1718 in China, 346 im Iran, 102 in Saudi Arabien, 37 in den Vereinigte Staaten und 36 in Pakistan. Im gesamten Nord- und Südamerika gibt es «nur einen Staat – die USA – [in dem] regelmäßig Menschen hingerichtet werden» («Report Says Executions Doubled Worldwide», *New York Times,* 25. März 2009).

** Roper v. Simmons, 543 U.S. 551, 2005.

Allgemeine Klugheit, einschließlich ihrer Verbindung mit dem Gesetz, spielt sicherlich eine Rolle, und Ginsburg meint mit Recht, dass sie aus dem Ausland so gut wie aus dem Inland kommen kann.* Aber einschlägig für die Debatte ist ein anderer Punkt, auf den Adam Smith hinwies: Urteile aus der Distanz zur Kenntnis zu nehmen und kritisch zu prüfen, ist deshalb besonders wichtig, weil es uns vor der Falle eines lokalen oder nationalen Provinzialismus bewahrt. Das ist der Grund, warum Smith betonte, man müsse wahrnehmen, was «mit den Augen der übrigen Menschheit» gesehen wird. Als die Mehrheit der Richter im Supreme Court entschied, dass die Todesstrafe für minderjährige Mörder nicht angemessen sei, «beugte sie sich nicht [einfach] gleichgesinnten Ausländern» (wie Bundesrichter Scalia andeutete, der das Minderheitenvotum nach der Gerichtsentscheidung schrieb). Kritische Prüfung «aus einem Abstand» kann sehr hilfreich sein, wenn man zu begründeten, aber vorurteilsfreien Urteilen kommen will und sich dabei mit Fragen auseinander setzt, die womöglich aus einer nicht-provinziellen Perspektive aufgeworfen werden (wie Smith eingehend erörterte).

Provinzielle Werte wirken oft nur deshalb überzeugend, weil die Kenntnisse dessen fehlen, was sich in den Erfahrungen anderer Menschen als plausibel erwiesen hat. Die denkfaule Verteidigung des Kindermords im alten Griechenland, über die Smith berichtete, war klar durch Unkenntnis geprägt: Die alten Griechen wussten nicht, dass andere Gesellschaften Kindermord verboten und trotzdem nicht in Chaos und Krisen landeten. «Lokales Wissen» ist zweifellos wichtig, aber auch globales Wissen hat einen gewissen Wert und kann zu den Auseinandersetzungen über lokale Werte und Verfahren beitragen.

Dass wir Stimmen aus der Ferne zuhören – uns also Smiths «unparteiischen Zuschauer» vorstellen –, heißt nicht, dass wir jedes aus der Fremde kommende Argument respektieren müssten. Die Bereitschaft, über ein Argument nachzudenken, das anderswo geäußert wird, unterscheidet sich deutlich von der Neigung, alle derartigen Vorschläge anzu-

* Anders als einige der Richter am Supreme Court, die es für falsch hielten, bei Gerichtsurteilen in den USA ausländische Meinungen und Beurteilungen zu berücksichtigen, ignoriert die amerikanische Zivilgesellschaft nicht beharrlich Ideen von Ausländern (angefangen mit Jesus Christus bis hin zu Mohandas Gandhi und Nelson Mandela), die Einfluss auf die Forderungen von Gesetz und Gerechtigkeit heute haben. Die These, dass es zwar in Ordnung war, wenn Jefferson sich von den Argumenten Landfremder beeinflussen ließ, dass man heute aber die Ohren vor Argumenten verschließen sollte, die außerhalb der Vereinigten Staaten entwickelt werden, ist erstaunlich eingeengt.

nehmen. Wir können die vorgetragenen Argumente weitgehend oder auch ganz und gar ablehnen, und doch würden bestimmte Anregungen übrig bleiben und bewirken, dass wir unsere eigenen Auffassungen und Ansichten, die mit den Erfahrungen und fest verankerten Konventionen eines Landes oder einer Kultur verbunden sind, neu überdenken. Argumente mögen auf den ersten Blick «befremdlich» sein (zumal, wenn sie wirklich zunächst aus der Fremde kommen), aber trotzdem können sie unser Denken bereichern, wenn wir versuchen, uns auf die Überlegungen hinter diesen für unsere lokale Kultur atypischen Behauptungen einzulassen. Viele Menschen in den USA oder China sind vielleicht nicht dadurch beeindruckt, dass viele andere Länder – der größte Teil Europas zum Beispiel – keine Todesstrafe zulassen. Wenn Begründungen aber wichtig sind, gibt es ein starkes Motiv für die Prüfung der Argumente, mit denen die Ablehnung der Todesstrafe in anderen Ländern gerechtfertigt wird.*

Gerechtigkeit, Demokratie und globaler Vernunftgebrauch

Unterschiedliche und einander widersprechende Argumente aus verschiedenen Richtungen ernsthaft zu erwägen, ist ein partizipatorisches Verfahren, das viel mit dem bereits untersuchten Praktizieren von Demokratie durch öffentlichen Vernunftgebrauch gemeinsam hat.** Natürlich sind die beiden nicht gleichzusetzen, da Demokratie sich mit einer politischen Einschätzung befasst und uns (in meiner Interpretation) zur «Regierung durch Diskussion» führt, während eine nicht-eigennützige und nicht-provinzielle Überprüfung, die den Blickwinkel anders Denkender Fernstehender berücksichtigt, weitgehend durch die Ansprüche der Objektivität motiviert sein mag. Und doch gibt es gemeinsame Züge, und selbst die Forderungen der Demokratie können (wenigstens in einem bestimmten Verständnis des Begriffs) als Möglichkeiten zur Förderung der Objektivität im politischen Prozess angesehen werden.*** In diesem Zusammenhang kann man fragen, welche Folgen solche Erkenntnisse für die Ansprüche globaler Gerechtigkeit und auch für die Art und die Bedingungen einer globalen Demokratie haben.

* Denkbar ist natürlich ein ähnlich starkes Motiv für die fortdauernde Prüfung der Argumente zugunsten der Todesstrafe, die aus den USA, China oder anderen Ländern zu hören wären, die diese Art der Bestrafung einsetzen.

** Siehe Kapitel 15, «Demokratie als öffentliche Vernunft», 16, «Die demokratische Praxis», und 17, «Menschenrechte und globale Imperative».

*** Siehe Kapitel 15, «Demokratie als öffentliche Vernunft».

Häufig und offenbar überzeugend wird darauf hingewiesen, dass es in absehbarer Zukunft keinen globalen Staat geben kann und dass deshalb ein globaler demokratischer Staat erst recht undenkbar ist. Das ist richtig; und doch muss die Hoffnung auf eine globale Demokratie nicht notwendig für unbestimmte Zeit auf Eis gelegt werden, wenn Demokratie als öffentlicher Gebrauch der Vernunft verstanden wird. Stimmen, die einen Unterschied bewirken können, kommen aus globalen Institutionen oder werden in weniger förmlicher Verständigung und im Meinungsaustausch hörbar. Derartige Äußerungen sind natürlich keine perfekten globalen Argumente, aber sie sind da und machen sich mit einer gewissen Effizienz bemerkbar, und sie können mehr bewirken, wenn sie die Institutionen unterstützen, die Informationen verbreiten und die Gelegenheiten für grenzübergreifende Diskussionen verbessern. So gesehen erhöht die Pluralität von Informationsquellen die Reichweite globaler Demokratie.*

Viele Institutionen, darunter die Vereinten Nationen und die ihnen angeschlossenen Organisationen spielen hier eine Rolle, aber auch die engagierte Arbeit von Bürgerinitiativen, vielen NGOs und Teilen der Nachrichtensender ist relevant. Die Initiativen vieler einzelner zusammenarbeitender Aktivisten haben ebenfalls eine wichtige Funktion. Washington und London mögen verärgert gewesen sein, als sie mit ihrer Koalitionsstrategie im Krieg gegen den Irak auf so breite Kritik stießen, und Paris sowie Tokio waren womöglich entsetzt über die spektakuläre Verunglimpfung globaler Bestrebungen, die Mitglieder der sogenannten «Antiglobalisierungs-Bewegung» – kaum eine Bewegung in der Welt von heute ist so global wie diese – auf ihre Fahnen schrieben. Die Argumente der Protestierenden sind nicht immer vernünftig (manchmal alles andere), aber viele von ihnen stellen sehr wichtige Fragen und tragen damit konstruktiv zum öffentlichen Gebrauch der Vernunft bei.

Die Verteilung des Gewinns aus globalen Beziehungen hängt nicht nur von der Innenpolitik der Staaten ab, sondern auch von einer Vielfalt internationaler Maßnahmen, etwa Handelsabkommen, Patentgesetzen, globalen Initiativen zur Verbesserung des Gesundheitswesens, internationalen Ausbildungsangeboten, Maßnahmen zur weiten Verbreitung tech-

* So wie bei der Einschätzung von Gerechtigkeit viel für Vergleiche spricht (das Thema durchzieht dieses Buch), geht es auch im Fall der Demokratie nicht in erster Linie darum, eine imaginierte vollkommene Demokratie zu charakterisieren (selbst wenn man sich auf eine bestimmte Idealgestalt einigen könnte), sondern um die Frage, wie die Reichweite und Durchsetzungskraft von Demokratie erhöht werden können. Siehe auch Kapitel 15 und 16.

nischer Hilfsmittel, Vorkehrungen zur Begrenzung von Umweltschäden, Hilfe bei Überschuldung (oft eine Hinterlassenschaft verantwortungsloser Militärdiktatoren) und Vermittlung in Konflikten und lokalen Kriegen. Alle diese Aufgaben sind hochgradig diskussionswürdig und könnten fruchtbare Themen eines globalen Dialogs sein, zu dem Kritik aus der Nähe wie aus der Ferne gehört.*

Aktive öffentliche Agitation, Nachrichtenkommentare und offene Diskussion können schon jetzt Mittel zur Annäherung an globale Demokratie sein, ohne dass man auf den globalen Staat warten muss. Heute gilt es, den partizipatorischen Prozess zu fördern, der bereits in Gang gekommen ist und auf den das Streben nach globaler Gerechtigkeit in hohem Maße angewiesen ist. Das ist nichts Nebensächliches.

Sozialvertrag kontra social choice

Das Vertrauen auf den öffentlichen Vernunftgebrauch ist ein wichtiger Aspekt des hier dargestellten Zugangs zur Gerechtigkeit, aber ebenso wichtig ist die Form, in der Fragen zur Gerechtigkeit aufgeworfen werden. Die Gerechtigkeitstheorien der etablierten politischen Philosophie von heute einschließlich Rawls' Gerechtigkeit als Fairness sind geprägt von einem utopischen Ansatz, dem «transzendentalen Institutionalismus», wie ich ihn genannt habe; ich behaupte, dass es sehr gute Gründe gibt, Fragen zur Gerechtigkeit stattdessen erstens auf die Einschätzung sozialer Verwirklichungen zu konzentrieren, das heißt, auf das, was tatsächlich

* Fareed Zakaria spricht von der «postamerikanischen Welt» dieser Zeit, da weltweit eine «große Umwandlung vor sich geht» (Zakaria, *The Post-American World* (New York: W. W. Norton & Co., 2008), S. 1.); deutsch: *Der Aufstieg der Anderen: das Post-amerikanische Zeitalter*, übers. von Thorsten Schmidt (Berlin/München: Siedler, 2009). In dieser Welt werden Stimmen aus vorher ignorierten Nationen in viel höherem Maß gehört. Das ist sicherlich eine wichtige Veränderung, aber wir dürfen nicht nur Stimmen aus Ländern beachten, die kürzlich einen wirtschaftlichen Aufschwung genommen haben (dazu gehören in unterschiedlicher Weise China, Brasilien, Indien und andere) und jetzt deutlich zu hören sind, jedoch oft nicht die Sorgen und Ansichten der Menschen in Ländern mit geringerem wirtschaftlichem Fortschritt (dazu gehören weite Bereiche Afrikas und Teile Lateinamerikas) vorbringen, sondern wir müssen auch deren Stimmen zur Kenntnis nehmen. Außerdem ist es notwendig, in jedem Land außer den Stimmen der Regierungen, Militärchefs, Industriemagnaten und anderer Menschen in Führungspositionen, die sich leicht über Landesgrenzen hinaus Gehör verschaffen können, auch den Zivilgesellschaften und weniger mächtigen Menschen in verschiedenen Ländern überall auf der Welt aufmerksam zuzuhören.

geschieht (und nicht ausschließlich auf die Beurteilung von Institutionen und Regelungen), und zweitens auf vergleichende Erwägungen zur Stärkung von Gerechtigkeit (und nicht auf den Versuch, vollkommen gerechte Regelungen zu bestimmen). An diesem in der Einleitung skizzierten Programm habe ich in allen Kapiteln dieses Buches festgehalten und mir dabei die Forderungen nach Unparteilichkeit und freiem öffentlichem Vernunftgebrauch zu eigen gemacht.

Der in diesem Buch entwickelte Ansatz ist der Tradition der Theorie gesellschaftlicher Entscheidungen verpflichtet, die im achtzehnten Jahrhundert von Condorcet vorbereitet und in unserer Zeit von Kenneth Arrow fest verankert wurde, und konzentriert sich wie die Logik kollektiver Entscheidungen auf wertende Vergleiche zwischen verschiedenen sozialen Verwirklichungen.* In dieser Hinsicht hat er auch deutliche Ähnlichkeit unter anderem mit den Werken von Adam Smith, Jeremy Bentham und Karl Marx.**

Dieser Ansatz lässt sich bis in das Zeitalter der Aufklärung zurückverfolgen, in der gleichen Epoche wurde jedoch eine andere, gegensätzliche Tradition gepflegt, die Überlegungen zur Gerechtigkeit in den Rahmen einer Theorie des Gesellschaftsvertrags verlegt. Diese kontraktarische Tradition reicht mindestens bis zu Hobbes zurück, enthält aber auch wichtige Beiträge von Locke, Rousseau und Kant, und in unserer Zeit befassten sich unter anderem Rawls, Nozick, Gauthier und Dworkin mit Sozialvertragstheorien. Ich habe mich gegen den kontraktarischen Ansatz und für die «Social Choice» Theorie entschieden, will aber damit natürlich nicht leugnen, dass die Sozialvertragstheorie viel zum Verständ-

* Kenneth Arrows bahnbrechendes Buch *Social Choice and Individual Values* (New York: John Wiley, 1951) hat zweifellos der modernen «Social Choice» Theorie den Weg geebnet. Aber die Eleganz und Tragweite des erstaunlichen «Unmöglichkeitstheorems», das Arrow in seinem Buch vorstellte, hat vielen Lesern die Annahme suggeriert, die «Social Choice» Theorie müsse sich für alle Zeiten mit «Unmöglichkeiten» bei kollektiven Entscheidungen befassen. In Wirklichkeit aber kann Arrows System nach einigen kleinen, aber effizienten Erweiterungen ebenso gut als Grundlage konstruktiver Sozialanalysen dienen (siehe dazu mein *Collective Choice and Social Welfare* (San Francisco, CA: Holden-Day, 1970; wieder aufgelegt Amsterdam: North-Holland, 1979)). Die Brauchbarkeit der «Social Choice» Theorie für die Analyse von Gerechtigkeit wurde im Kapitel 4, «Stimme und kollektive Entscheidung», dargestellt.

** Auch die Ähnlichkeiten mit der langen indischen Tradition, Gerechtigkeit als *nyaya* zu verstehen (also umfassende Ergebnisse zu berücksichtigen) und nicht als *niti* (mit Konzentration auf Regelungen und Institutionen), habe ich erörtert. Dazu siehe die Einleitung und Kapitel 3, «Institutionen und Personen».

nis und zur Klärung des Begriffs der Gerechtigkeit beigetragen hat. Aber ich behaupte: Auch wenn diese Vertragstheorie in der Tradition der Aufklärung verwurzelt sein mag, kann sie doch nur in so engen Grenzen zur Begründung einer ausreichend weitgreifenden Theorie der Gerechtigkeit beitragen, dass sie letzten Ende eher ein Hindernis für praxisorientiertes Nachdenken über Gerechtigkeit darstellt.

Die Theorie der Gerechtigkeit, die heute am weitesten verbreitet ist und als Ausgangspunkt dieses Buchs diente, ist natürlich John Rawls' Theorie der «Gerechtigkeit als Fairness». Obwohl Rawls' breitgefächerte politische Untersuchung auch viele andere Elemente enthält, ist die Gerechtigkeit als Fairness unmittelbar nur mit der Bestimmung gerechter Institutionen befasst. Das ist Transzendentalismus, auch wenn Rawls (wie bereits erwähnt) sehr erhellende Beobachtungen zu Fragen der vergleichenden Bewertung gemacht hat und zudem versuchte, mögliche Meinungsverschiedenheiten über die Natur einer vollkommen gerechten Gesellschaft zu beachten.*

Rawls konzentrierte sich auf Institutionen, sie waren Gegenstand seiner Gerechtigkeitsgrundsätze. Diese Konzentration ist jedoch kein Zeichen für mangelndes Interesse an sozialen Verwirklichungen. Solche Verwirklichungen werden laut Rawls' «Gerechtigkeit als Fairness» dadurch bestimmt, dass die Kombination aus gerechten Institutionen und einem vertragsgemäßen Verhalten aller Partner einen vorhersagbaren Übergang von Institutionen zu tatsächlichen Zuständen sichern kann.** In einer Welt, in der so extrem hohe Forderungen an das Verhalten unrealistisch sind, wird die Institutionenwahl, die Rawls trifft, eher nicht zu einer Gesellschaft führen, die mit starken Argumenten Anspruch auf das Gütesiegel «vollkommen gerecht» erheben könnte.

* Siehe die Diskussion dieses Themas in der Einleitung und in Kapitel 2, «Pro und kontra Rawls».

** Hier klafft jedoch eine Lücke (wie bereits erörtert), da Rawls kein Verhalten postuliert, das selbstlos genug ist, um Ungleichheiten zu verhindern und Anreize zu ihrem Ausgleich überflüssig zu machen. Vielmehr räumt er Ungleichheiten ein trotz seiner offenkundig egalitären Einstellung, die nahe legen würde, dass er eher eine Gesellschaft ohne sie und ohne Anreize für vollkommen gerecht hielte. Weil er derartige Ungleichheiten zulässt (die G. A. Cohen mit Recht kritisiert hat) und seine Ansprüche an das Verhalten entsprechend herunterschraubt, geht er einen Kompromiss ein, der ihn aus pragmatischen Überlegungen von seinem imaginären Ideal abrücken lässt. Aber andere anspruchsvolle Annahmen über Verhaltensweisen, die Rawls tatsächlich macht, wecken Zweifel an seinem Realismus. Siehe dazu Kapitel 2, «Pro und kontra Rawls».

Differenzen und Gemeinsamkeiten

In einer denkwürdigen Beobachtung im *Leviathan* erklärte Thomas Hobbes, das menschliche Leben sei «ekelhaft, tierisch und kurz» (*Leviathan*, Hg. Iring Fetscher (Darmstadt und Neuwied: Luchterhand, 1966) 13. Kap., S. 96). Das war 1651 ein guter Ausgangspunkt für eine Theorie der Gerechtigkeit, und ich fürchte, heute ist es nicht anders, da das Leben so vieler Menschen überall auf der Welt – dem erheblichen materiellen Fortschritt anderer zum Trotz – genau diese düsteren Züge trägt. Die hier vorgelegte Theorie befasst sich zu einem guten Teil unmittelbar mit dem Leben und den Chancen von Menschen und mit dem Elend und der Unterdrückung, die sie erleiden.* Auch wenn Hobbes nicht bei dieser eindrucksvollen Kennzeichnung menschlicher Mängel stehen blieb, sondern zum idealistischen Ansatz eines Gesellschaftsvertrags weiterging (dessen Grenzen ich aufzuzeigen versucht habe), war der Versuch, ein besseres Leben zu ermöglichen, zweifellos Beweggrund für sein Werk. Weitgehend das Gleiche gilt heute für die Theorien der Gerechtigkeit von Rawls, Dworkin oder Nagel zum Beispiel, auch wenn sie ihre Gerechtigkeitsgrundsätze formal gesehen in bestimmten Abmachungen und Regeln verankern (und sich damit eher dem *niti* als dem *nyaya* annähern) und nicht unmittelbar mit sozialen Verwirklichungen und menschlichem Leben und Freiheiten verknüpfen. Diese Gemeinsamkeit disparater Gerechtigkeitstheorien muss deutlich betont werden, da Auseinandersetzungen über verschiedene Theorien sich gern auf Unterschiede und nicht auf Ähnlichkeiten konzentrieren.**

* Siehe Kapitel 11, «Leben, Freiheiten und Befähigungen», aber auch Kapitel 10, «Verwirklichungen, Folgen und Handeln», 12, «Befähigungen und Ressourcen», 13, «Glück, Wohlergehen und Befähigungen», und 14, «Gleichheit und Freiheit».

** Zum Beispiel finde ich Barbara Hermans ausgezeichnete Argumente zur Reichweite und Wichtigkeit der «moralischen Bildung» (Hermans Formulierung) sehr einleuchtend, aber ich muss ihr widersprechen, wenn sie behauptet: «Was wir als Einzelne tun sollen, um Fremden in dieser Weise zu helfen, fällt größtenteils unter die allgemeine Verpflichtung, gerechte Institutionen zu unterstützen» (Herman, *Moral Literacy* (Cambridge, MA: Harvard University Press, 2007), S. 223). Es ist zu hoffen, dass Fremde in Notlagen daheim und im Ausland einen gewissen unmittelbaren Anspruch auf gerechte Beachtung durch andere haben, und nicht nur auf dem Umweg über «die Verpflichtung, gerechte Institutionen zu unterstützen» Hilfe erwarten dürfen, vor allem, wenn gerechte Institutionen sich «aus einer annähernd kantischen oder liberalen Auffassung von sozialer, auf einer Nation oder einem Staat oder Ähnlichem beruhenden Auffassung von Gerechtigkeit herleiten» (Herman, S. 222). In der Einleitung und in den Kapiteln 2 bis 7 habe ich dargestellt, wie

Jetzt, während ich dieses Buch abschließe, merke ich, dass auch ich weitgehend der analytischen Versuchung nachgegeben habe, mich auf Unterscheidungen zu konzentrieren und Gegensätze zu betonen. Und doch hat das Engagement für Gerechtigkeit etwas sehr Verbindendes und schafft Gemeinsamkeiten. Ganz gleich, wohin uns unsere Theorien der Gerechtigkeit führen, haben wir alle Grund, für die intellektuelle Stimulation in ihrem Umkreis dankbar zu sein, die in hohem Maß John Rawls' bahnbrechender, mit dem Aufsatz von 1958 («Justice as Fairness») beginnender Arbeit auf diesem Gebiet zu verdanken ist.

Philosophie kann in vielfältigen Bereichen, die nichts mit den Deprivationen, Ungleichheiten und Unfreiheiten von Menschen zu tun haben, außergewöhnliche, wichtige Arbeit leisten. So ist es, und so soll es auch sein, und die Erweiterung und Konsolidierung unseres Horizonts überall da, wo menschliche Neugier sich regt, ist ein Grund zur Freude. Die Philosophie kann jedoch auch beitragen zu mehr Disziplin und größerer Spannweite der Reflexionen über Werte und Prioritäten sowie über die Benachteiligungen, Unterjochungen und Demütigungen, unter denen Menschen überall auf der Welt leiden. Der verbindende, Gemeinsamkeiten schaffende Einsatz für Theorien der Gerechtigkeit besteht darin, dass man diese Probleme ernst nimmt und bedenkt, was der Gebrauch der praktischen Vernunft für Gerechtigkeit und gegen Unrecht in der Welt erreichen kann. Den Hunger auf Wissen über die Welt mögen viele Menschen teilen, aber auch Fragen über das Gute, das Rechte und das Gerechte treiben uns um – erkennbar oder verdeckt. Unterschiedliche Theorien der Gerechtigkeit mögen miteinander um die richtige Antwort auf diese Besorgnis konkurrieren, aber eine wichtige Eigenschaft eint sie: Sie streben nach dem gleichen Ziel.

Vor vielen Jahren hat Thomas Nagel in einem mit Recht berühmt gewordenen Aufsatz «Wie ist es, eine Fledermaus zu sein?»* einige Grundgedanken zum Leib-Seele-Problem entwickelt. Das Bemühen um eine Theorie der Gerechtigkeit hat etwas mit einer vergleichbaren Frage zu tun: *Wie ist es, ein Mensch zu sein?* Auch in Thomas Nagels Essay waren die Menschen Thema, die Fledermäuse spielten nur eine marginale

begrenzt eine Auffassung von Gerechtigkeit ist, die sich auf Institutionen konzentriert und nur innerhalb einer Nation oder eines Staates unmittelbar zugänglich ist.

* Thomas Nagel, «What Is It Like to Be a Bat?» *The Philosophical Review*, 83 (1974). Deutsch: «Wie ist es, eine Fledermaus zu sein?», *Analytische Philosophie des Geistes*, Hg. Peter Bieri, Königstein: Beltz/Athenäum 1981 u.ö.

Rolle. Nagel präsentierte überzeugende Argumente gegen die Methode, Bewusstsein und mentale Phänomene über die physischen Phänomene zu verstehen, die ihnen entsprechen (wie es viele Naturwissenschaftler und einige Philosophen versuchen), und besonders unterschied er die Eigenart des Bewusstseins von den kausalen oder assoziativen Verbindungen, die es mit physischen Vorgängen verknüpfen.* Diese Unterschiede bleiben, und mein Grund für die Frage, wie es ist, ein Mensch zu sein, ist ein anderer – mir geht es um die Gefühle, Bedürfnisse und mentalen Fähigkeiten, die wir als Menschen teilen.

Wenn ich die These aufstelle, dass unser Streben nach einer Theorie der Gerechtigkeit etwas mit unserer Menschennatur zu tun hat, behaupte ich damit keineswegs, dass Meinungsverschiedenheiten über Theorien der Gerechtigkeit überzeugend zu schlichten wären, indem man sich auf Eigenschaften der menschlichen Natur besinnt; vielmehr möchte ich hervorheben, dass eine Reihe verschiedener Theorien einige gemeinsame Annahmen darüber machen, wie es ist, ein menschliches Wesen zu sein. Wir hätten Geschöpfe sein können, die unfähig zu Mitgefühl sind, vom Schmerz und der Demütigung anderer nicht angerührt, gleichgültig gegenüber Freiheit und – nicht weniger signifikant – nicht fähig zu denken, zu argumentieren, verschiedener oder einer Meinung zu sein. Dass wir alle diese Eigenschaften im hohem Maß besitzen, verhilft uns kaum zur Entscheidung für eine bestimmte Theorie der Gerechtigkeit, deutet aber darauf hin, dass das allgemeine Streben nach Gerechtigkeit in der menschlichen Gesellschaft nur schwer auszurotten ist, auch wenn verschiedene Wege zum Ziel führen.

Ich habe mich in hohem Maß auf die eben erwähnten menschlichen Fähigkeiten berufen (zum Beispiel darauf, dass wir mitfühlen und vernünftig denken können), um meine These zu entwickeln, und auch andere haben sich für ihre Theorien der Gerechtigkeit dieser Mittel bedient. Automatisch werden Differenzen zwischen verschiedenen Theorien nicht verschwinden, aber es ist beruhigend, dass die Verfechter un-

* Vergl. Michael Polanyis Argument, dass das Verständnis von Vorgängen auf einer «höheren» Ebene nicht dadurch zu gewinnen ist, dass die Gesetze bekannt sind, die bestimmen, wie ihre Einzelelemente eine «niedere» Ebene bilden; Polanyi bestritt auch «die vorherrschende Ansicht der Biologen – dass eine mechanische Erklärung von Lebensfunktionen letzten Endes eine Erklärung nach physikalischen und chemischen Gesetzen ist» (*The Tacit Dimension* (London: Routledge & Kegan Paul, 1967; wiederaufgelegt mit einem Vorwort von Amartya Sen, Chicago, IL: University of Chicago Press, 2009), S. 41–42). Deutsch: *Implizites Wissen*, übersetzt von Horst Brühmann, Frankfurt: Suhrkamp, 1986.

terschiedlicher Theorien der Gerechtigkeit nicht nur ein gemeinsames Ziel haben, sondern in ihren jeweiligen Denkansätzen auch auf die gleichen menschlichen Eigenschaften bauen. Weil wir diese elementaren Fähigkeiten besitzen – verstehen, mitfühlen, argumentieren können –, sind wir nicht unausweichlich zu einem isolierten Leben ohne Kommunikation und Kollaboration verdammt. Es ist schlimm genug, dass es in der Welt, in der wir leben, so viele Deprivationen gibt (vom Hungerleiden bis zum Leiden unter Tyrannei); noch schrecklicher wäre es, wenn wir nicht kommunizieren, reagieren und streiten könnten.

Als Hobbes von dem hoffnungslosen Zustand sprach, dass das menschliche Leben «ekelhaft, tierisch und kurz» ist, wies er im selben Satz auch auf das verstörende Unglück hin, dass dieses Leben «einsam» sei. Die Rettung aus der Einsamkeit mag nicht nur wichtig für die Qualität des menschlichen Lebens sein, sie kann auch erheblich dazu beitragen, dass die anderen Entbehrungen, unter denen Menschen leiden, verstanden und beachtet werden. Hier besteht sicherlich eine elementare Kraft, die komplementär zu dem Engagement für Theorien der Gerechtigkeit ist.

ANHANG

ANMERKUNGEN

VORWORT

1 Charles Dickens, *Große Erwartungen*, übers. von Joseph Tanner (München: dtv, 1972), S. 77.

2 Judith N. Shklar, *The Faces of Injustice* (New Haven: Yale University Press, 1992) hat überzeugend dargelegt, dass ein Gespür für Ungerechtigkeit von entscheidender Bedeutung ist.

3 John Rawls, *A Theory of Justice* (Cambridge, MA: Harvard University Press, 1971) [*Eine Theorie der Gerechtigkeit*, übers. von Hermann Vetter, Frankfurt: Suhrkamp, 1975]. In späteren Veröffentlichungen, beginnend mit *Political Liberalism* (New York: Columbia University Press, 1993) [*Politischer Liberalismus*, übers. von Wilfried Hinsch, Frankfurt: Suhrkamp, 1998], entwickelt er seine Analyse der Gerechtigkeit weiter und macht sie bis zu einem gewissen Grad offener.

4 John Rawls, «Justice as Fairness», *Philosophical Review*, 67 (1958).

5 Christine Korsgaard, *Creating the Kingdom of Ends* (Cambridge: Cambridge University Press, 1996), S. 3. Siehe auch Onora O'Neill, *Acting on Principle – An Essay on Kantian Ethics* (New York: Columbia University Press, 1975), und A. Reath, C. Korsgaard und B. Herman (Hg.), *Reclaiming the History of Ethics* (Cambridge: Cambridge University Press, 1997).

6 Kwame Anthony Appiah, «Sen's Identities», in Kaushik Basu und Ravi Kanbur (Hg.), *Arguments for a Better World: Essays in Honor of Amartya Sen*, vol. I (Oxford und New York: Oxford University Press, 2009), S. 488.

EINLEITUNG

1 *The Works of the Right Honourable Edmund Burke*, vol. X (London: John C. Nimmo, 1899), S. 144–5.

2 Eine Bemerkung von William Murray, 1st Earl of Mansfield, zitiert in John Campbell, *The Lives of the Chief Justices in England: From the Norman Conquest to the Death of Lord Mansfield* (London: John Murray, 1949–57), vol. 2, Chapter 40, S. 572.

3 Siehe Thomas Hobbes, *Leviathan*, hg. v. Richard Tuck (Cambridge: Cambridge University Press, 1991); John Locke, *Two Treatises of Government*, hg. v. Peter Laslett (Cambridge: Cambridge University Press, 1988); Jean-Jacques Rousseau, *Vom Gesellschaftsvertrag oder Grundsätze des Staatsrechts*, Reclam: Stuttgart, 1977; Immanuel Kant, *Grundlegung zur Metaphysik der Sitten* (Hamburg: Felix Meiner, 1952).

4 Rawls, The Law of Peoples (Cambridge, MA: Harvard University Press, 1999), S. 137, 141. Deutsch: *Das Recht der Völker*, übersetzt von Winfried Hinsch (Berlin, New York: de Gruyter), S. 176.
5 Siehe Thomas Scanlon, *What We Owe to Each Other* (Cambridge, MA: Harvard University Press, 1998).
6 Vergl. meinen Artikel, «What Do We Want from a Theory of Justice?», *Journal of Philosophy*, 103 (May 2006). Siehe auch Joshua Cohen und Charles Sabel, «Extra Rem publicam Nulla Justitia?», und A. L. Julius, «Nagel's Atlas», *Philosophy and Public Affairs*, 34 (Frühling 2006).
7 Siehe besonders J.–C. de Borda, «Mémoire sur les élections au scrutin», Mémoires de l'Académie Royale des Sciences (1781); Marquis de Condorcet, Essai sur l'application de l'analyse à la probabilité des decisions rendues à la pluralité des voix (Paris: L'Imprimerie Royale, 1785).
8 Kenneth J. Arrow, *Social Choice and Individual Values* (New York: Wiley, 1951; 2. Auflage, 1963).
9 Amartya Sen, «Maximization and the Act of Choice», *Econometrica*, 65 (1997).
10 T. S. Eliot, *Ausgewählte Gedichte, Englisch und Deutsch* (Frankfurt: Suhrkamp, 1951), S. 125 (Übersetzung: Nora Wydenbruck).
11 Amartya Sen, *The Argumentative Indian* (London und Delhi: Penguin 2005).
12 Dieses Thema werde ich im 10. Kapitel, «Verwirklichungen, Folgen und Handeln» wieder aufnehmen.
13 Siehe Thomas Nagel, «The Problem of Global Justice», *Philosophy and Public Affairs*, 33 (2005), S. 115.
14 Ibid., S. 130–33, 146–7.
15 Siehe John Rawls, *Das Recht der Völker.*
16 Seamus Heaney, *The Cure at Troy: A Version of Sophocles' Philoctetes* (London: Faber and Faber, 1991).

ERSTER TEIL
DIE ANFORDERUNGEN DER GERECHTIGKEIT

1. VERNUNFT UND OBJEKTIVITÄT

1 Siehe Brian F. McGuinness (Hg.), *Letters from Ludwig Wittgenstein, With a Memoir* (Oxford: Blackwell, 1967), S. 4–5.
2 Siehe zum Beispiel Thomas Schelling, *Choice and Consequence* (Cambridge, MA: Harvard University Press, 1984); Matthew Rabin, «A Perspective on Psychology and Economics», *European Economic Review*, 46 (2002); Jean Tirole, «Rational Irrationality: Some Economics of Self-Managemen», *European Economic Review*, 46 (2002); Roland Benabou und Jean Tirole, «Intrinsic and Extrinsic Motivation», *Review of Economic Studies*, 70 (2003); E. Fehr und U. Fischbacher, «The Nature of Human Altruism», *Nature*, 425 (2003).
3 Die Essays 1–6 in meinem *Rationality and Freedom* (Cambridge, MA: Harvard University Press, 2002) erörtern andere Vorstellungen von klugem Verhalten.

4 Zu diesem und verwandten Themen siehe Thomas Nagel, *The Possibility of Altruism* (Oxford: Clarendon Press, 1970); Amartya Sen, «Behaviour and the Concept of Preference», *Economica*, 40 (1973), und «Rational Fools: A Critique of the Behavioral Foundations of Economic Theory», *Philosophy and Public Affairs*, 6 (1977), beide wieder abgedruckt in *Choice, Welfare and Measurement* (Oxford: Blackwell, 1982, und Cambridge, MA: Harvard University Press, 1997); George Akerlof, *An Economic Theorist's Book of Tales* (Cambridge: Cambridge University Press, 1984); Derek Parfit, *Reasons and Persons* (Oxford: Clarendon Press, 1984); Jon Elster, *The Cement of Society* (Cambridge: Cambridge University Press, 1989).

5 Thomas Scanlon, *What We Owe to Each Other* (Cambridge, MA: Harvard University Press, 1998).

6 Siehe Isaiah Berlin: *Against the Current: Essays in the History of Ideas*, Henry Hardy (Hg.) (London: Hogarth Press, 1979); Henry Hardy (Hg.), *The Crooked Timber of Humanity: Chapters in the History of Ideas* (London: John Murray, 1990) [*Das krumme Holz der Humanität*, aus dem Englischen von Reinhard Kaiser, Berlin Verlag, Berlin 2009]; Henry Hardy (Hg.), *Freedom and Its Betrayal: Six Enemies of Human Liberty* (Princeton, NJ: Princeton University Press, 2002); Henry Hardy (Hg.), *Three Critics of the Enlightenment: Vico, Hamann, Herder* (London: Pimlico, 2000).

7 Siehe Jonathan Glover, *Humanity: A Moral History of the Twentieth Century* (London: Jonathan Cape, 1999), S. 6–7.

8 Ibid., S. 310.

9 Ibid., S. 313.

10 Im Folgenden verwende ich meine Rezension von Jonathan Glover's Buch, «The Reach of Reason: East and West», in der *New York Review of Books*, 47 (20. Juli 2000); leicht überarbeitet wieder abgedruckt in *The Argumentative Indian* (London: Penguin, 2005), Essay 13.

11 Siehe Glover, *Humanity: A Moral History of the Twentieth Century* (1999), S. 40.

12 Ibid., S. 7.

13 Übersetzung von Smith, *Akbar: the Great Mogul* (Oxford: Clarendon Press, 1917), S. 257.

14 Siehe Irfan Habib (Hg.), *Akbar and His India* (Delhi und New York: Oxford University Press, 1997) – eine Sammlung schöner Essays über die Überzeugungen und die Politik Akbars sowie die Einflüsse, die zu seiner heterodoxen Einstellung führten und ihn darin bestärkten, der Vernunft den Vorrang vor der Tradition zu geben.

15 Zu diesem Entschluss und anderen Beispielen für politische Entscheidungen, die Akbar auf Grund seiner Präferenz für die Vernunft traf, siehe die schönen Beobachtungen in Shireen Moosvi, *Episodes in the Life of Akbar: Contemporary Records and Reminiscences* (New Delhi: National Book Trust, 1994); auch die hier verwendeten Übersetzungen von Akbars Erklärungen stammen aus ihrem Buch.

16 Siehe M. Athar Ali, «The Perception of India in Akbar and Abul Fazl», in Habib (Hg.), *Akbar and His India* (1997), S. 220.

17 Hilary Putnam, *Ethics without Ontology* (Cambridge, MA: Harvard University Press 2004), S. 75.

18 John *Rawls, Politischer Liberalismus*, übersetzt von Wilfried Hinsch (Frankfurt: Suhrkamp 2003), S. 199; S. 204.

19 Jürgen Habermas, «Reconciliation through the Public Use of Reason: Remarks on John Rawls' Political Liberalism», *Journal of Philosophy*, 92 (March 1995) [Versöhnung durch öffentlichen Vernunftgebrauch, in: *Die Einbeziehung des Anderen. Studien zur politischen Theorie*, 1996]; siehe auch John Rawls' Erwiderung «Reply to Habermas», *Journal of Philosophy*, 92 (1995).

20 Siehe mein «The Reach of Reason: East and West», *New York Review of Books*, 47 (20. Juli 2000); «Open and Closed Impartiality», *Journal of Philosophy*, 99 (2002); *The Argumentative Indian* (London: Penguin, 2005); *Identity and Violence: The Illusion of Destiny* (New York: W. W. Norton & Co., und London: Penguin, 2006) [*Die Identitätsfalle*, übersetzt von Friedrich Griese (München: C.H.Beck, 2007)].

21 Siehe besonders Nicholas Stern, *The Economics of Climate Change: The Stern Review* (Cambridge: Cambridge University Press, 2007). Inzwischen gibt es eine Menge Literatur – und einige Meinungsverschiedenheiten – über dieses Thema. Untersuchungen zur menschlichen Schuld an Umweltschäden haben eine lange Tradition. Eine kenntnisreiche Einschätzung der frühen Literatur zu diesem Problem findet sich in Mark Sagoff, *The Economy of the Earth: Philosophy, Law and the Environment* (Cambridge: Cambridge University Press, 1988).

22 Martha Nussbaum hat die Zusammenhänge in einer Reihe erhellender Beiträge untersucht.

23 David Hume, Enquiries concerning the Human Understanding and concerning the Principles of Morals, hg. v. L. E. Selby-Bigge (Oxford: Clarendon Press, 1962), S. 172 [Untersuchungen über den menschlichen Verstand].

24 Adam Smith, *Theorie der ethischen Gefühle*, übersetzt von Walther Eckstein (Leipzig: Meiner, 1926), S. 319 f.

2. PRO UND KONTRA RAWLS

1 Siehe Rawls, «Outline of a Decision Procedure for Ethics», *Philosophical Review*, 60 (1951); «Two Concepts of Rules», *Philosophical Review*, 64 (1955), und «Justice as Fairness», *Philosophical Review*, 67 (1958) in: Samuel Freeman (Hg.), *John Rawls: Collected Papers* (Cambridge, MA: Harvard University Press, 1999). Siehe auch John Rawls, *Justice as Fairness: A Restatement*, hg. v. Erin Kelly (Cambridge, MA: Harvard University Press, 2001).

2 John Rawls, *Eine Theorie der Gerechtigkeit*; Siehe auch ders., *Politischer Liberalismus* und *Gerechtigkeit als Fairneß*.

3 Rawls' Ideen zur Gerechtigkeit hatten großen Einfluss auf die Wohlfahrtsökonomie; siehe E. S. Phelps (Hg.), *Economic Justice* (Harmondsworth: Penguin, 1973), und «Recent Developments in Welfare Economics: Justice et équité», in Michael Intriligator (Hg.), *Frontiers of Quantitative Economics*, vol. III (Amsterdam: North-Holland, 1977).

4 Die Skepsis gegenüber Rawls' Behauptung, dass der Urzustand ein eindeutig

kontraktarisches Resultat ergebe, kann auch anders begründet werden. Wirtschaftswissenschaftler und besonders Entscheidungstheoretiker neigen zur Skepsis, weil sie im Gegensatz zu Rawls das Resultat, das er für Parteien im Urzustand vorhersagt, nicht für plausibel halten; vor allem halten sie es nicht für wahrscheinlich, dass die «Maximin-Lösung» gewählt würde, die man als Grundlage für Rawls' Differenzprinzip ansehen kann. Kenneth Arrow, *Social Choice and Justice: Collected Papers of Kenneth J. Arrow*, vol. I (Cambridge, MA: Harvard University Press, 1983) formuliert bestimmte Gründe für die Skepsis. Edmund Phelps hat sich für die ausgiebige Verwendung von rawlsschen Gerechtigkeitsprinzipien in der ökonomischen Analyse eingesetzt, obwohl auch er erhebliche Zweifel an Rawls' Ableitungen äußert. Siehe E. S. Phelps (Hg.), *Economic Justice* (1973), und ders., *Studies in Macroeconomic Theory, II: Redistribution and Growth* (New York: Academic Press, 1980).

5 Immanuel Kant, *Grundlegung zur Metaphysik der Sitten*, Akademieausgabe, S. 421.

6 *Gerechtigkeit als Fairneß*, S. 208.

7 *Eine Theorie der Gerechtigkeit*, S. 83.

8 Zu verwandten Themen siehe auch Liam Murphy und Thomas Nagel, *The Myth of Ownership* (New York: Oxford University Press, 2002).

9 Siehe G. A. Cohen, *Rescuing Justice and Equality* (Cambridge, MA: Harvard University Press, 2008). Siehe auch Amartya Sen, «Merit and Justice», in Kenneth Arrow, Samuel Bowles und Steven Durlauf (Hg.), *Meritocracy and Economic Inequality* (Princeton, NJ: Princeton University Press, 2000).

10 Rawls, *Politischer Liberalismus*, S. 193 f.

11 Die Begrenztheit der einflussreichsten Versionen der «RCT» habe ich in meinem *Rationality and Freedom* (Cambridge, MA: Harvard University Press, 2002), besonders im einleitenden Essay 1 und in den Essays 3–5 dargestellt.

12 Rawls, *Politischer Liberalismus*, S. 120 f.

13 Die Priorität der Freiheit spielt für das Resultat, das ich in meinem Essay «The Impossibility of a Paretian Liberal», *Journal of Political Economy*, 78 (1970) abgeleitet habe, eine wichtige Rolle. John Rawls kommentiert diese Verbindung in seinem Essay, «Social Unity and Primary Goods», in Amartya Sen und Bernard Williams (Hg.), *Utilitarianism and Beyond* (Cambridge: Cambridge University Press, 1982). Ich werde im Kapitel 16 ausführlicher auf das Thema eingehen.

14 Rawls verwendet in seinem «Differenzprinzip» das «lexikographische Maximin» als Kriterium für die Zuteilung von Grundgütern, so dass den in dieser Hinsicht am schlechtesten Gestellten in jeder Gruppierung Priorität gegeben wird. Wenn die am meisten Benachteiligten in zwei verschiedenen Gruppen gleich gestellt sind, dann muss sich die Aufmerksamkeit auf die am zweitschlechtesten gestellte Gruppe richten, und so fort. Leser, die sich für die formale Struktur dieses Kriteriums interessieren, finden eine leichtverständliche Erklärung und Anregung zur Diskussion in meinem *Collective Choice and Social Welfare* (1970); siehe auch Phelps, *Economic Justice* (1973), und Anthony Atkinson, *The Economics of Inequality* (Oxford: Clarendon Press, 1975).

15 Vergl. meinen Essay «Justice: Means versus Freedoms», *Philosophy and Public Affairs*, 19 (Frühling 1990).

16 Herbert Hart, «Rawls on Liberty and Its Priority», *University of Chicago Law Review*, 40 (1973).

17 Siehe Rawls, *Politischer Liberalismus*, Kapitel VIII. In seinem ersten Buch *Eine Theorie der Gerechtigkeit*, S. 152 f. und S. 246–48, gibt es auch Einschränkungen der Priorität von Freiheit.

18 Rawls, *Politischer Liberalismus*, S. 91.

19 Samuel Freeman, «Introduction: John Rawls – An Overview», in Samuel Freeman (Hg.), *The Cambridge Companion to Rawls* (Cambridge: Cambridge University Press, 2003), S. 3–4.

20 Kant, *Kritik der praktischen Vernunft*.

21 John Rawls, *Eine Theorie der Gerechtigkeit*, S. 27 f.

22 Rawls, *Gerechtigkeit als Fairneß*, S. 154.

23 Siehe Thomas W. Pogge (Hg.), *Global Justice* (Oxford: Blackwell, 2001).

3. INSTITUTIONEN UND PERSONEN

1 Hervorhebung hinzugefügt. Diese Erklärungen Ashokas stehen im Edikt XII (über «Duldung») in Erragudi. Ich benutze hier die Übersetzung von Vincent A. Smith in *Asoka: The Buddhist Emperor of India* (Oxford: Clarendon Press, 1909), S. 170–71, abgesehen von einigen geringfügigen Verbesserungen nach Vergleich mit dem Sanskrit-Original.

2 Über Ashokas Leben siehe Romila Thapar, *Asoka and the Decline of the Mauryas* (Oxford: Oxford University Press, 1961); Upindar Singh, *A History of Ancient and Medieval India: From the Stone Age to the 12th Century* (New Delhi: Pearson Education, 2008).

3 Zum letzten Punkt siehe auch das ausgezeichnete Buch von Bruce Rich, *To Uphold the World: The Message of Ashoka and Kautilya for the 21st Century* (New Delhi: Penguin, 2008), Kapitel 8.

4 Rawls, *Gerechtigkeit als Fairneß*, S. 78.

5 Zu dieser Frage siehe Anthony Laden, «Games, Fairness, and Rawls' ‹A Theory of Justice›», *Philosophy and Public Affairs*, 20 (1991).

6 Rawls, *Politischer Liberalismus*, S. 122.

7 Ebda., S. 165 f.

8 John Kenneth Galbraith, *American Capitalism: The Concept of Countervailing Power* (Boston, MA: Houghton Mifflin, 1952; London: Hamish Hamilton, 1954; überarbeitete Neuauflage 1957). Siehe auch Richard Parker, *John Kenneth Galbraith: His Life, His Politics, His Economics* (New York: Farrar, Straus & Giroux, 2005); wieder veröffentlicht unter dem Titel *John Kenneth Galbraith: A Twentieth Century Life* (Chicago, IL: University of Chicago Press, 2007).

9 Gründe für diesen Unterschied zwischen streng institutionellen Visionen und tatsächlichen Verwirklichungen werden in meinem Buch *Ökonomie für den Menschen erörtert.*

10 David Gauthier, *Morals by Agreement* (Oxford: Clarendon Press, 1986), Kapitel IV («The Market: Freedom from Morality»).

11 Siehe Robert Nozick, *Anarchy, State, Utopia* (Oxford: Blackwell, 1974) [*Anarchie, Staat, Utopia*, übersetzt von Hermann Vetter (München: Olzog, 2006)]. Vgl. Kapitel 14, S. 341.

4. STIMME UND KOLLEKTIVE ENTSCHEIDUNG

1 Zum Quellenmaterial für dieses und verwandte Gespräche siehe mein *The Argumentative Indian* (London: Allen Lane, und New York: Farrar, Straus & Giroux, 2005).

2 Siehe Peter Green, *Alexander of Macedon, 356–323 B.C.: A Historical Biography* (Berkeley, CA: University of California Press, 1992), S. 428.

3 J.-C. de Borda, «Mémoire sur les élections au scrutin», *Mémoires de l'Académie Royale des Sciences* (1781); Marquis de Condorcet, *Essai sur l'application de l'analyse à la probabilité des decisions rendues à la pluralité des voix* (Paris: L'Imprimerie Royale, 1785).

4 Siehe C. L. Dodgson, *A Method of Taking Votes on More Than Two Issues* (Oxford: Clarendon Press, 1876), und *The Principles of Parliamentary Representation* (London: Harrison, 1951).

5 Der Klassiker der Theorie kollektiver sozialer Entscheidungen ist Kenneth Arrows bemerkenswerte, auf seiner Dissertation fußende Monographie *Social Choice and Individual Values* (New York: Wiley, 1951; zweite Auflage 1963).

6 Arrow, *Social Choice and Individual Values*. Erklärungen der Resultate in informeller sowie in mathematischer Sprache gebe ich in *Collective Choice and Social Welfare* (San Francisco, CA: Holden-Day, 1970; wieder veröffentlicht Amsterdam: North-Holland, 1979).

7 Varianten der von Arrow verwendeten Axiome führten zu einer ganzen Reihe von Unmöglichkeitsergebnissen und zeigten andere Konflikte zwischen anscheinend vernünftigen Ansprüchen an eine rationale kollektive Entscheidung; siehe mein *Collective Choice and Social Welfare* (1970); Peter C. Fishburn, *The Theory of Social Choice* (Princeton, NJ: Princeton University Press, 1973); Jerry Kelly, *Arrow Impossibility Theorems* (New York: Academic Press, 1978); Kotaro Suzumura, *Rational Choice, Collective Decisions, and Social Welfare* (Cambridge: Cambridge University Press, 1983); Prasanta K. Pattanaik und Maurice Salles (Hg.), *Social Choice and Welfare* (Amsterdam: North-Holland, 1983); Thomas Schwartz, *The Logic of Collective Choice* (New York: Columbia University Press, 1986), um nur einige von vielen Beiträgen zu nennen. Gute Einführungen bieten Jerry Kelly, *Social Choice Theory: An Introduction* (Berlin: Springer Verlag, 1987); Wulf Gaertner, *A Primer in Social Choice Theory* (Oxford: Oxford University Press, 2006).

8 Dies war ebenfalls ein Hauptthema meiner Nobelpreisrede 1998, «The Possibility of Social Choice» (1999). Siehe auch Marc Fleurbaey, «Social Choice and Just Institutions; New Perspectives», *Economics and Philosophy*, 23 (März 2007).

9 Interpersonelle Vergleiche unterschiedlichen Typs können vollständig axiomatisiert und in Verfahren kollektiver Entscheidungen genau eingearbeitet werden, und man kann verschiedene konstruktive Möglichkeiten entwickeln und

nutzen: siehe mein *Collective Choice and Social Welfare* (1970), *Choice, Welfare and Measurement* (1982), und «Social Choice Theory» in *Handbook of Mathematical Economics* (1986). Die Literatur zu diesem Thema ist umfangreich; unter anderem gehören dazu die Beiträge von Peter J. Hammond, «Equity, Arrow's Conditions and Rawls' Difference Principle», *Econometrica*, 44 (1976); Claude d'Aspremont und Louis Gevers, «Equity and the Informational Basis of Collective Choice», *Review of Economic Studies*, 44 (1977); Kenneth J. Arrow, «Extended Sympathy and the Possibility of Social Choice», *American Economic Review*, 67 (1977); Eric Maskin, «A Theorem on Utilitarianism», *Review of Economic Studies*, 45 (1978); Louis Gevers, «On Interpersonal Comparability and Social Welfare Orderings», *Econometrica*, 47 (1979); Eric Maskin, «Decision-making under Ignorance with Implications for Social Choice», *Theory and Decision*, 11 (1979); Kevin W. S. Roberts, «Possibility Theorems with Interpersonally Comparable Welfare Levels», und «Interpersonal Comparability and Social Choice Theory», *Review of Economic Studies*, 47 (1980); Kotaro Suzumura, *Rational Choice, Collective Decisions, and Social Welfare* (Cambridge: Cambridge University Press, 1983); Charles Blackorby, David Donaldson und John Weymark, «Social Choice with Interpersonal Utility Comparisons: A Diagrammatic Introduction», *International Economic Review*, 25 (1984); Claude d'Aspremont, «Axioms for Social Welfare Ordering», in Leonid Hurwicz, David Schmeidler und Hugo Sonnenschein (Hg.), *Social Goals and Social Organization* (Cambridge: Cambridge University Press, 1985).

10 Kenneth J. Arrow, «Extended Sympathy and the Possibility of Social Choice», *American Economic Review*, 67 (1977).

11 Siehe Marie-Jean-Antoine-Nicolas de Caritat, Marquis de Condorcet, *Esquisse d'un tableau historique des progrès de l'esprit humain* (1793), später aufgenommen in *Œuvres de Condorcet*, vol. 6 (Paris: Firmin Didot Frères, 1847; wieder veröffentlicht Stuttgart: Friedrich Frommann Verlag, 1968).

12 Siehe dazu mein «The Possibility of Social Choice», *American Economic Review*, 89 (1999). Siehe auch Marc Fleurbaey und Philippe Mongin, «The News of the Death of Welfare Economies Is Greatly Exaggerated», *Social Choice and Welfare*, 25 (2005).

13 Manchmal werden die Ergebnisse nicht als Rangfolgen sozialer Zustände, sondern als «Auswahlfunktionen» formuliert, die uns sagen, welche wählbaren Alternativen in jeder möglichen Menge bestehen. Während die Formel der Auswahlfunktion wirken könnte, als habe sie nichts mit der relationalen Formulierung zu tun, sind beide auf analytischem Gebiet tatsächlich miteinander verbunden, und wir können hinter den jeweiligen Auswahlfunktionen implizite Rangordnungen erkennen; vergl. dazu mein *Choice, Welfare and Measurement* (Oxford: Blackwell, 1982, und Cambridge, MA: Harvard University Press, 1997), Essays 1 und 8; *Rationality and Freedom* (Cambridge, MA: Harvard University Press, 2002), Essays 3, 4 und 7; und die dort zitierte – leider sehr umfangreiche – Literatur.

14 Robert Nozick, *Anarchy, State and Utopia* (Oxford: Blackwell, 1974), S. 28.

15 Siehe mein *Collective Choice and Social Welfare* (San Francisco, CA: Holden-Day, 1970; wieder aufgelegt Amsterdam: North-Holland, 1979), Kapitel 9.

16 Selbst in der Theorie kollektiver Entscheidung, deren analytisches Gerüst entschieden relational und vollkommen auf vergleichende Urteile ausgerichtet ist, verbinden sich die tatsächlichen Untersuchungen «sozialer Gerechtigkeit» eng mit der Bestimmung transzendentaler Gerechtigkeit (häufig in rawlsscher Form). In akademischen Untersuchungen über die Forderungen der Gerechtigkeit ist die Prägung durch das transzendentale Format fast allgegenwärtig, und die Theorie kollektiver Entscheidung hat sich trotz ihrer breiteren analytischen Basis bei der Auswahl der Probleme, die detailliert untersucht wurden, dem Einfluss des Transzendentalismus nicht entzogen.

17 Zu den formalen Eigenschaften von Teilordnungen über Schnittmengen siehe mein Buch *On Economic Inequality* (Oxford: Clarendon Press, 1973; erweiterte Fassung mit einer zusammen mit James Foster verfassten Ergänzung 1997).

18 Siehe auch mein *Collective Choice and Social Welfare* (1970).

19 Siehe Herbert Simon, *Models of Man* (New York: Wiley, 1957), und *Models of Thought* (New Haven: Yale University Press, 1979).

20 Dies gehört zur Typologie der Probleme dieser Entscheidungstheorie, die in meinem Essay «Social Choice Theory: A Re-examination», *Econometrica*, 45 (1977), wieder veröffentlicht in *Choice, Welfare and Measurement* (1982; 1997) erörtert wird.

21 Die Frage der Berechtigung auf Grund von Mitgliedschaft ist Hauptthema der wichtigen Arbeit über Aggregation von Urteilen, die Christian List und Philip Pettit vorgelegt haben: «Aggregating Sets of Judgments: An Impossibility Result», *Economics and Philosophy*, 18 (2002).

22 Vergleiche die Literaturangaben in Anmerkung 9 zu diesem Kapitel.

23 Das Ergebnis habe ich in *Collective Choice and Social Welfare* (1970), Kapitel 6, und auch in «The Impossibility of a Paretian Liberal», *Journal of Political Economy*, 78 (1970), aufgenommen. Es wird im Kapitel 14, «Gleichheit und Freiheit», wieder aufgenommen.

24 Zu erwähnen sind neben vielen anderen folgende Beiträge: Allan Gibbard, «A Pareto-Consistent Libertarian Claim», *Journal of Economic Theory*, 7 (1974); Peter Bernholz, «Is a Paretian Liberal Really Impossible?» *Public Choice*, 20 (1974); Christian Seidl, «On Liberal Values», *Zeitschrift für Nationalökonomie*, 35 (1975); Julian Blau, «Liberal Values and Independence», *Review of Economic Studies*, 42 (1975); Donald E. Campbell, «Democratic Preference Functions», *Journal of Economic Theory*, 12 (1976); Jerry S. Kelly, «Rights-Exercising and a Pareto-Consistent Libertarian Claim», *Journal of Economic Theory*, 13 (1976); Michael J. Farrell, «Liberalism in the Theory of Social Choice», *Review of Economic Studies*, 43 (1976); John A. Ferejohn, «The Distribution of Rights in Society», in Hans W. Gottinger und Werner Leinfellner (Hg.), *Decision Theory and Social Ethics* (Boston: Reidel, 1978); Jonathan Barnes, «Freedom, Rationality and Paradox», *Canadian Journal of Philosophy*, 10 (1980); Peter Hammond, «Liberalism, Independent Rights and the Pareto Principle», in L. J. Cohen, H. Pfeiffer und K. Podewski

(Hg.), *Logic, Methodology and the Philosophy of Sciences, II* (Amsterdam: North-Holland, 1982); Kotaro Suzumura, «On the Consistency of Libertarian Claims», *Review of Economic Studies*, 45 (1978); Wulf Gaertner und Lorenz Krüger, «Self-supporting Preferences and Individual Rights: The Possibility of Paretian Libertarianism», *Economica*, 48 (1981); Kotaro Suzumura, *Rational Choice, Collective Decisions and Social Welfare* (1983); Kaushik Basu, «The Right to Give up Rights», *Economica*, 51 (1984); John L. Wriglesworth, *Libertarian Conflicts in Social Choice* (Cambridge: Cambridge University Press, 1985); Jonathan M. Riley, *Liberal Utilitarianism* (Cambridge: Cambridge University Press, 1987); Dennis Mueller, *Public Choice II* (New York: Cambridge University Press, 1989). Siehe auch das Sonderheft «the liberal paradox» der Zeitschrift *Analyse & Kritik*, 18 (1996), mit Beiträgen vieler am Thema interessierter Autoren und einer Erwiderung von mir.

25 Versuche, diese Verbindung zu erörtern, habe ich in «Minimal Liberty», *Economica* 59 (1992), und «Rationality and Social Choice», Presidential Address to the American Economic Association, veröffentlicht in *American Economic Review*, 85 (1995), wieder abgedruckt in meinem *Rationality and Freedom* (2002), unternommen. Siehe auch Seidl, «On Liberal Values» (1975).

26 Siehe Philippe Mongin, «Value Judgments and Value Neutrality in Economics», *Economica*, 73 (2006); Marc Fleurbaey, Maurice Salles und John Weymark (Hg.), *Justice, Political Liberalism and Utilitarianism* (Cambridge: Cambridge University Press, 2008).

27 Siehe dazu mein «Fertility and Coercion», *University of Chicago Law Review*, 63 (Sommer 1996); siehe auch *Ökonomie für den Menschen*.

5. UNPARTEILICHKEIT UND OBJEKTIVITÄT

1 Wollstonecraft, in Sylvana Tomaselli (Hg.), *A Vindication of the Rights of Men and A Vindication of the Rights of Woman* (Cambridge: Cambridge University Press, 1995), S. 13.

2 Mary Wollstonecraft, *A Vindication of the Rights of Woman: with Strictures on Political and Moral Subjects* (1792); in der von Sylvana Tomaselli herausgegebenen Ausgabe, 1995.

3 Kant, *Grundlegung zur Metaphysik der Sitten*, Akademieausgabe, S. 421 (Hamburg: Felix Meiner, 1952), S. 42.

4 Henry Sidgwick, *The Methods of Ethics* (London: Macmillan, 1907; New York: Dover, 1966), Vorwort zur 6. Auflage, S. xvii.

5 Vivian Walsh, «Sen after Putnam», *Review of Political Economy*, 15 (2003), S. 331.

6 Antonio Gramsci, *Gefängnishefte*, herausgegeben von Klaus Bochmann und Wolfgang Fritz Haug, 10 Bände, (Hamburg: Argument, 1991–2002), Heft 11, § (12), S. 33.

7 Amartya Sen, «Sraffa, Wittgenstein, and Gramsci», *Journal of Economic Literature*, 41 (2003).

8 Ludwig Wittgenstein, *Philosophische Untersuchungen* [1953], Kritisch-genetische Edition (Frankfurt: Suhrkamp, 2001).

9 In seiner einfühlsamen Darstellung des Einflusses, den Sraffa neben Freud auf Wittgensteins Spätphilosophie hatte, weist Brian McGuinness darauf hin, dass Wittgenstein «den ethnologischen oder anthropologischen Blick auf die Dinge von dem Ökonomen Sraffa hatte». Siehe McGuinness (Hg.), *Wittgenstein and His Times* (Oxford: Blackwell, 1982).

10 Rawls, *Politischer Liberalismus*, S. 204. Auch wenn Rawls' Sprache nahe legt, dass er Menschen in vernünftige und unvernünftige Leute einteilt, wird die Reichweite seines Kriteriums, das alle Menschen erfasst, sofern sie bereit sind, sich an öffentlichen Diskussionen zu beteiligen, Argumente und Beweise zu prüfen und sich offen mit ihnen auseinanderzusetzen, dadurch nicht eingeschränkt (siehe dazu Kapitel 1).

11 Adam Smith, *Theorie der ethischen Gefühle.*

6. GESCHLOSSENE UND OFFENE UNPARTEILICHKEIT

1 Adam Smith, *Theorie der ethischen Gefühle*, S. 167.

2 Brief vom 9. Juli 1771 von Markus Herz an Kant: «Über den Engländer Smith der, wie Herr Friedlander mir sagt, Ihr Liebling ist, habe ich verschiedene Remarken zu machen. Auch mich hat dieser Mann ungemein belustigt, aber gleichwohl setze ich ihn dem ersten Theile von Home (sic) Kritik bey weiten nach» (*AA* X, S. 126). In der Reflexion 1355 schrieb Kant: «Aber wo ist der [Geschichtschreib]Schriftsteller, der die Geschichte und die trokensten philosophische Gegenstande mit Verstand und tiefer einsicht doch so schön abhandelt als hume oder die moralische Kentnis des Menschen wie Smith» (*AA* XV.2, S. 592).

3 *Theorie der ethischen Gefühle,* S. 167 (Übersetzung leicht geändert).

4 *Ein Theorie der Gerechtigkeit*, S. 561.

5 Ibid.

6 Wie Anm. 3.

7 Siehe dazu *Die Identitätsfalle.*

8 Rawls, *Politischer Liberalismus*, S. 90 f.

9 Rawls, «Reply to Alexander and Musgrave», in *John Rawls: Collected Papers*, S. 249. Siehe auch Tony Laden, «Games, Fairness and Rawls' *A Theory of Justice*», *Philosophy and Public Affairs*, 20 (1991).

10 Rawls, wie Anm. 4. Vergl. auch den gesamten Abschnitt 78 in *Eine Theorie der Gerechtigkeit* und *Politischer Liberalismus*, S. 193–200.

11 Rawls, *Eine Theorie der Gerechtigkeit*, S. 40, Anm. 9.

12 Smith, *Theorie der ethischen Gefühle*, S. 450 ff., bes. S. 490.

13 Im Folgenden benutze ich meinen Aufsatz «Open and Closed Impartiality», *Journal of Philosophy*, 99 (September 2002).

14 Damit soll nicht bestritten werden, dass es womöglich einen «Fixpunkt» gibt, wie die Topologen sagen (mit entsprechenden Annahmen bezüglich der Kontinuität), so dass die Entscheidungen einer bestimmten Gruppe genau zu dieser Gruppe zurückführen (so unwahrscheinlich diese Kongruenz auch sein mag).

Aber man kann nicht generell ausschließen (um das Mindeste zu sagen), dass das Problem möglicher Inkonsistenz auftritt, wenn Entscheidungen, die eine Gruppe treffen soll, die Zusammensetzung eben dieser Gruppe beeinflusssen.

15 Ich habe versucht, diesen Unterschied und seine Folgen in «Global Justice: Beyond International Equity», in Inge Kaul, I. Grunberg und M. A. Stern (Hg.), *Global Public Goods: International Cooperation in the 21st Century* (Oxford: Oxford University Press, 1999), deutlich zu machen und auch in «Justice across Borders», in Pablo De Greiff und Ciaran Cronin (Hg.), *Global Justice and Transnational Politics* (Cambridge, MA: MIT Press, 2002), ursprünglich als Vortrag anlässlich der Zweihundertjahrfeier der De Paul University in Chicago im September 1998 gehalten.

16 John Rawls, «The Law of Peoples», in Stephen Shute und Susan Hurley (Hg.), *On Human Rights* (New York: Basic Books, 1993), und *The Law of Peoples* (Cambridge, MA: Harvard University Press, 1999) [*Das Recht der Völker* (Berlin: de Gruyter, 2002)].

17 Siehe Charles R. Beitz, *Political Theory and International Relations* (Princeton, NJ: Princeton University Press, 1979); Brian Barry, *Theories of Justice*, vol. 1 (Berkeley, CA: University of California Press, 1989); Thomas Pogge, *Realizing Rawls* (Ithaca, NY: Cornell University Press, 1989); Thomas Pogge (Hg.), *Global Justice* (Oxford: Blackwell, 2001); Deen Chatterjee (Hg.), *The Ethics of Assistance: Morality and the Distant Needy* (Cambridge: Cambridge University Press, 2004); Thomas Pogge und Sanjay Reddy, «How Not to Count the Poor« in Sudhir Anand, Paul Segal und Joseph E. Stiglitz (Hg.), *Debates in the Measurement of Global Poverty* (Oxford: Oxford University Press, 2009).

18 Siehe Kenneth Arrow, Amartya Sen und Kotaro Suzumura (Hg.), *Social Choice Re-examined* (Amsterdam: Elsevier, 1997). Siehe auch Isaac Levi, *Hard Choices* (Cambridge: Cambridge University Press, 1986).

19 Siehe dazu Derek Parfit, *Reasons and Persons* (Oxford: Clarendon Press, 1984). Parfits allgemeiner Punkt betrifft die «Inkohärenz durch Inklusion», auch wenn er das nicht ausdrücklich erörtert.

20 Siehe David Hume, «On the Original Contract», in David Hume, *Selected Essays*, herausgegeben von Stephen Copley und Andrew Edgar (Oxford: Oxford University Press, 1996), S. 279.

21 Rawls, «Justice as Fairness: Political Not Metaphysical», *Collected Papers*, S. 401.

22 Rawls, «Reply to Alexander and Musgrave», wie Fußnote 9.

ZWEITER TEIL
FORMEN DES ARGUMENTIERENS

7. STANDORT, RELEVANZ UND ILLUSION

1 Shakespeare, *König Lear*, 4. Akt, 6. Szene.

2 Thomas Nagel, *Der Blick von nirgendwo*, übersetzt von Michael Gebauer (Frankfurt: Suhrkamp, 1992), S. 13 (Übersetzung leicht verändert).

3 Siehe *Alberuni's India*, hg. v. A.T.Embree (New York: W.W.Norton & Co., 1971), S. 111.

4 G.A.Cohen, *Karl Marx's Theory of History: A Defence* (Oxford: Clarendon Press, 1978), S. 328–9.

5 Vergl. meinen Essay «Gender and Cooperative Conflict», in Irene Tinker (Hg.), *Persistent Inequalities* (New York: Oxford University Press, 1990). Siehe auch mein «Many Faces of Gender Inequality», *New Republic* (2001) und *Frontline* (2001).

6 David Hume, *Prinzipien der Moral* (Stuttgart: Reclam, 2002), S. 111 f.

8. RATIONALITÄT UND DIE ANDEREN

1 Jon Elster, *Reason and Rationality* (Princeton, NJ, und Oxford: Princeton University Press, 2008), S. 2. In diesem kleinen Buch stellt Jon Elster die Verbindung zwischen Vernünftigkeit und Rationaltät sehr fesselnd dar; er hat selbst hervorragende Beiträge zum Thema geliefert und gibt einen kritischen Überblick über die einschlägige Literatur.

2 Zum Begriff bounded rationality (eingeschränkte Rationalität) siehe besonders Herbert Simon, «A Behavioral Model of Rational Choice», *Quarterly Journal of Economics*, 69 (1955), und *Models of Thought* (New Haven: Yale University Press, 1979).

3 Siehe Daniel Kahneman, P. Slovik und A. Tversky, *Judgement under Uncertainty: Heuristics and Biases* (Cambridge: Cambridge University Press, 1982). Siehe auch B.P. Stigum und F. Wenstøp (Hg.), *Foundations of Utility and Risk Theory with Applications* (Dordrecht: Reidel, 1983); Isaac Levi, *Hard Choices* (Cambridge: Cambridge University Press, 1986); L.Daboni, A.Montesano und M.Lines, *Recent Developments in the Foundations of Utility and Risk Theory* (Dordrecht: Reidel, 1986); Richard Thaler, *Quasi-Rational Economics* (New York: Russell Sage Foundation, 1991); Daniel McFadden, «Rationality for Economists», *Journal of Risk and Uncertainty*, 19 (1999).

4 Siehe Adam Smith, *Theorie ethischer Gefühle;* Thomas Schelling, *Choice and Consequence* (Cambridge, MA: Harvard University Press, 1984), Kapitel 3 («The Intimate Contest of Self-Command») und 4 («Ethics, Law and the Exercise of Self-Command»).

5 Viele dieser Abweichungen lassen sich in ein allgemeines Verhaltensmuster einpassen, das Thaler «quasi-rational» nennt (siehe sein Buch *Quasi-Rational Economics* (New York: Russell Sage Foundation, 1991)).

6 Siehe Milton Friedman, *Essays in Positive Economics* (Chicago, IL: University of Chicago Press, 1953).

7 Amartya Sen, «The Discipline of Economics», *Economica*, 75 (November 2008).

8 Hierzu und zu ähnlichen Fragen siehe Donald Davidson, *Essays on Actions and Events* (Oxford: Oxford University Press, 2. Aufl. 2001).

9 Die Erfordernisse der Rationalität sowie die Abweichungen davon können viele verschiedene Formen annehmen, mit denen ich mich in mehreren Essays

in *Rationality and Freedom* (Cambridge, MA: Harvard University Press, 2002) befasst habe.

10 *Rationality and Freedom.*

11 Siehe John Broome, «Choice and Value in Economics», *Oxford Economic Papers,* 30 (1978); Amartya Sen, *Choice, Welfare and Measurement* (Oxford: Blackwell, 1982; Cambridge, MA: Harvard University Press, 1997).

12 F.Y. Edgeworth, Mathematical Psychics: An Essay on the Application of Mathematics to the Moral Sciences (London: C.K. Paul, 1881), S.16, 104.

13 *The Theory of Moral Sentiments* (1770, 1790), S.191 (in der Ausgabe von 1976, Clarendon Press, Oxford); *Theorie der ethischen Gefühle,* S.327–328.

14 Ibid.

15 A.a.O., S.326.

16 See George Stigler, «Smith's Travel on the Ship of State», in A.S.Skinner und T.Wilson (Hg.), *Essays on Adam Smith* (Oxford: Clarendon Press, 1975), hier S.237, und «Economics or Ethics?», in S.McMurrin (Hg.), *Tanner Lectures on Human Values,* vol.II (Cambridge: Cambridge University Press, 1981), besonders S.176.

17 Siehe dagegen Geoffrey Brennan und Loran Lomasky, «The Impartial Spectator Goes to Washington: Towards a Smithian Model of Electoral Politics», *Economics and Philosophy,* vol. 1 (1985); Patricia H. Werhane, *Adam Smith and His Legacy for Modern Capitalism* (New York: Oxford University Press, 1991); Emma Rothschild, «Adam Smith and Conservative Economics», *Economic History Review,* vol. 45 (February 1992); Emma Rothschild, *Economic Sentiments* (Cambridge, MA: Harvard University Press, 2001).

18 Stephen Leacock, *Hellements of Hickonomics* (New York: Dodd, Mead & Co, 1936), S.75; siehe auch mein *On Ethics and Economics* (Oxford: Blackwell, 1987), Kapitel 1.

19 Dieses Thema der Fehldeutung wird ausführlicher behandelt in meinem «Adam Smith's Prudence», in S.Lall und F.Stewart (Hg.), *Theory and Reality in Development* (London: Macmillan, 1986); *On Ethics and Economics* (Oxford: Blackwell, 1987).

20 Adam Smith, *An Inquiry into the Nature and Causes of the Wealth of Nations* (im Reprint von 1976 S.26–7) [*Der Wohlstand der Nationen* (München: Finanzbuchverlag), S.27; Übersetzung geändert].

21 *Theorie der ethischen Gefühle,* S.329 (Übers. leicht geändert).

22 A.a.O., S 243 (Übersetzung leicht geändert).

23 *Choice, Welfare and Measurement,* S.7–8.

24 Gary S.Becker, *The Economic Approach to Human Behavior* (Chicago, IL: University of Chicago Press, 1976), S.14; und *Accounting for Tastes* (Cambridge, MA: Harvard University Press, 1996).

9. DIE PLURALITÄT UNPARTEIISCHER GRÜNDE

1 Siehe John Rawls, *Gerechtigkeit als Fairneß*.

2 Thomas Scanlon, *What We Owe to Each Other* (1998), S. 5; siehe auch ders., «Contractualism and Utilitarianism», in Amartya Sen und Bernard Williams (Hg.), *Utilitarianism and Beyond* (Cambridge: Cambridge University Press, 1982).

3 Rawls, *Gerechtigkeit als Fairneß*, S. 26 f.

4 Siehe zum Beispiel M. Sagoff, *The Economy of the Earth: Philosophy, Law, and the Environment* (Cambridge: Cambridge University Press, 1988); Bruno S. Frey, «Does Monitoring Increase Work Effort? The Rivalry with Trust and Loyalty», *Economic Inquiry*, 31 (1993); David M. Gordon, «Bosses of Different Stripes: A Cross-Sectional Perspective on Monitoring and Supervision», *American Economic Review*, 84 (1994); Elinor Ostrom, «Collective Action and the Evolution of Social Norms», *Journal of Economic Perspectives*, 14 (Sommer 2000); Andrew Dobson, *Citizenship and the Environment* (Oxford: Oxford University Press, 2003); Barry Holden, *Democracy and Global Warming* (London: Continuum International Publishing Group, 2002).

5 Siehe zum Beispiel Elinor Ostrom, «Collective Action and the Evolution of Social Norms» (2000).

6 Die klassische englische Übersetzung des *Sutta-Nipata* findet sich in F. Max Müller (Hg.), *The Sacred Books of the East*, vol. X, Part II, *The Sutta-Nipata: A Collection of Discourses*, übersetzt von V. Fausboll (Oxford: Clarendon Press, 1881). Eine neuere Übersetzung stammt von H. Saddhatissa: *The Sutta-Nipata* (London: Curzon Press, 1985).

7 Siehe auch meine Essays: «Elements of a Theory of Human Rights», *Philosophy and Public Affairs*, 32 (2004) und «Human Rights and the Limits of Law», *Cardozo Law Journal*, 27 (April 2006).

10. VERWIRKLICHUNGEN, FOLGEN UND HANDELN

1 In Zusammenarbeit mit Swami Prabhavananda (Madras: Sri Ramakrishna Math, 1989).

2 T.S. Eliot, *Ausgewählte Gedichte, Englisch und Deutsch*, Frankfurt: Suhrkamp, 1951, «The Dry Salvages», S. 125 (Übersetzung: Nora Wydenbruck).

3 Siehe Len Giovannitti und Fred Freed, *The Decision to Drop the Bomb* (London: Methuen, 1957).

4 Zur Integration von Verfahren in die Bewertung von Folgen siehe Kotaro Suzumura, «Consequences, Opportunities, and Procedures», *Social Choice and Welfare*, 16 (1999).

5 Zu dieser und verwandten Fragen siehe auch meine Essays «Rights and Agency», *Philosophy and Public Affairs*, 11 (Winter 1982), und «Evaluator Relativity and Consequential Evaluation», *Philosophy and Public Affairs*, 12 (Frühling 1983); der zweite erwidert auch auf eine interessante Kritik von Donald

H. Regan, «Against Evaluator Relativity: A Response to Sen», in derselben Nummer der Zeitschrift.

DRITTER ZEIL
MATERIALIEN DER GERECHTIGKEIT

11. LEBEN, FREIHEITEN UND BEFÄHIGUNGEN

1 Diesen direkteren Zugang habe ich in einer Reihe von Publikationen versucht, die auf meine erste Annäherung an den «Capability-Ansatz» in meiner Tanner Lecture von 1979 (veröffentlicht als «Equality of What?» in S. McMurrin, *Tanner Lectures on Human Values*, vol. I (Cambridge: Cambridge University Press, und Salt Lake City, UT: University of Utah Press, 1980) folgten. Siehe *Commodities and Capabilities* (Amsterdam: North-Holland, 1985, und Delhi: Oxford University Press, 1987); *The Standard of Living*, herausgegeben von G. Hawthorne (Cambridge: Cambridge University Press, 1987); *Development as Freedom* (New York: Knopf, 1999) [*Entwicklung für den Menschen*]. Siehe auch den gemeinsam mit Martha Nussbaum herausgegebenen Band *The Quality of Life* (Oxford: Clarendon Press, 1993).

2 Siehe William Petty's *Political Arithmetick*, geschrieben um 1676, veröffentlicht 1691; siehe C. H. Hull (Hg.), *The Economic Writings of Sir William Petty* (Cambridge: Cambridge University Press, 1899), vol. I, S. 312. Die Art der Auseinandersetzungen zwischen den frühen Einschätzern des Nationaleinkommens und Lebensstandards habe ich in meinen Tanner Lectures von 1985 dargestellt; diese Vorlesungen wurden, mit Kommentaren von anderen (Bernard Williams, John Muellbauer, Ravi Kanbur und Keith Hart), veröffentlicht in *The Standard of Living*, herausgegeben von Geoffrey Hawthorne (Cambridge: Cambridge University, 1987).

3 Dieser und ähnliche Vergleiche werden in meinem Buch *Entwicklung für den Menschen*, Kapitel 1 und 4, erörtert. Siehe auch meine Essays «The Economics of Life and Death», *Scientific American*, 266 (1993); «Demography and Welfare Economics», *Empirica*, 22 (1995); und «Mortality as an Indicator of Economic Success and Failure», *Economic Journal*, 108 (1998).

4 Sudhir Anand und Martin Ravallion, «Human Development in Poor Countries: On the Role of Private Incomes and Public Services», *Journal of Economic Perspectives*, 7 (1993) ist eine wegweisende statistische Analyse der politischen Relevanz dieser Unterscheidung.

5 Diese Frage untersuche ich in *Ökonomie für den Menschen*; *The Argumentative Indian* (London und Delhi: Penguin, und New York: FSG, 2005); und *Die Identitätsfalle*. Siehe auch meinen Essay «Human Rights and Asian Values», *New Republic*, 14. and 21. Juli 1997.

6 Diese enge – auf das einfache Ergebnis (culmination outcome) konzentrierte – Auffassung von Chance hat eine gewisse Parallele zur herkömmlichen behaviouristischen Entscheidungstheorie in den Wirtschaftswissenschaften, vor

allem zum «Ansatz offenbarter Präferenzen» (obwohl diese von Paul Samuelson entwickelte Theorie sich nicht eigens mit der Bewertung oder Einschätzung von Freiheit befasst). Zum Beispiel würde in diesem Ansatz die Chance, eine Auswahl aus der so genannten Budgetmenge zu treffen (das heißt, ein Bündel von Konsumgütern aus der Menge der alternativen Bündel auszuwählen, die jeweils aus dem Gesamtbudget der Person bezahlbar sind), in Wert gleichgesetzt werden mit dem Wert des *gewählten* Elements aus dem Set. Wenn das Budget gekürzt und folglich die Auswahl an Alternativen geringer wird, wäre in diesem «dünnen» Verständnis von Chance nichts verloren, solange das vorher gewählte Element noch weiter zur Wahl verfügbar bleibt. Dass im Gegensatz dazu der Entscheidungsprozess, der Akt des Auswählens, wichtig ist, wird in meinem Essay «Maximization and the Act of Choice», *Econometrica*, 65 (1997) dargelegt.

7 Auch für die Idee der Freiheit gilt, dass man sich für einen Informationsschwerpunkt entscheiden muss, da sie mit vielen unterschiedlichen Eigenschaften verbunden ist; siehe dazu meine Kenneth Arrow Lectures, in *Rationality and Freedom* (Cambridge, MA: Harvard University Press, 2002), Kapitel 20–22. Sogar die Einschätzung des Chancenaspekts der Freiheit kann auf unterschiedliche Weisen vorgenommen werden, die womöglich zu substantiellen Differenzen führen. Mein Ansatz bezieht sich auf die Argumentation in der «Social Choice» Theorie und berücksichtigt bei der Einschätzung die eindeutigen Präferenzen eines Individuums, aber es gibt auch andere interessante Untersuchungen zur Evaluierung, die sich mit der «Bandbreite» der verfügbaren Optionen befassen, zum Beispiel mit der Zahl der Alternativen, zwischen denen eine Person wählen kann. Zu verschiedenen damit verbundenen Fragen siehe auch Patrick Suppes, «Maximizing Freedom of Decision: An Axiomatic Approach», in G. Feiwel (Hg.), *Arrow and the Foundations of Economic Policy* (London: Macmillan, 1987); Prasanta Pattanaik und Yongsheng Xu, «On Ranking Opportunity Sets in Terms of Choice», *Recherches économique de Louvain*, 56 (1990); Hillel Steiner, «Putting Rights in Their Place», *Recherches économique de Louvain*, 56 (1990); Ian Carter, «Interpersonal Comparisons of Freedom», *Economics and Philosophy*, 11 (1995), und *A Measure of Freedom* (Oxford: Clarendon Press, 1999); Clemens Puppe, «An Axiomatic Approach to ‹preference for freedom of choice›», Journal of Economic Theory, 68 (1996); Martin von Hees, «On the Analysis of negative Freedom», Theory and Decision, 45 (1998); Robert Sugden, «A Metric of Opportunity», Economics and Philosophy, 14 (1998).

8 Siehe besonders Martha Nussbaum, «Nature, Function and Capability: Aristotle on Political Distribution», *Oxford Studies in Ancient Philosophy*, Ergänzungsband, 1988; «Human Functioning and Social Justice», *Political Theory*, 20 (1992); Nussbaum und Jonathan Glover (Hg.), *Women, Culture and Development* (Oxford: Clarendon Press, 1995).

9 Eine erhellende, weitreichende Einführung zu diesem Ansatz findet sich in Sabina Alkires Buch *Valuing Freedoms: Sen's Capability Approach and Poverty Reduction* (Oxford und New York: Oxford University Press, 2002).

10 Siehe den von Flavio Comim, Mozaffar Qizilbash und Sabina Alkire herausge-

gebenen Sammelband *The Capability Approach: Concepts, Measures and Applications* (Cambridge: Cambridge University Press, 2008); siehe auch Reiko Gotoh und Paul Dumouchel (Hg.), *Against Injustice: The New Economics of Amartya Sen* (Cambridge: Cambridge University Press, 2009); Ingrid Robeyns und Harry Brighouse (Hg.), *Measuring Justice: Primary Goods and Capabilities* (Cambridge: Cambridge University Press, 2009); Kaushik Basu und Ravi Kanbur (Hg.), *Arguments for a Better World: Essays in Honor of Amartya Sen* (Oxford und New York: Oxford University Press, 2009), eine Sammlung, die ein umfangreicheres Themengebiet bedient, aber mehrere Essays beschäftigen sich unmittelbar mit der Capability-Perspektive, unter anderem die Arbeiten von Bina Agarwal, Paul Anand (und Cristina Santos und Ron Smith), Amiya Kumar Bagchi, Lincoln C. Chen, Kanchan Chopra, James Foster und Christopher Handy, Sakiko Fukuda-Parr, Jocelyn Kynch, Enrica Chiappero-Martinetti, S. R. Osmani, Mozaffar Qizilbash, Sanjay G. Reddy (und Sujata Visaria und Muhammad Asali), Ingrid Robeyns und Rehman Sobhan; einige andere Artikel tragen indirekt zum Thema bei. Siehe auch, unter anderen Abhandlungen auf diesem erstaunlich schnell wachsenden Fachgebiet: Marko Ahtisaari, «Amartya Sen's Capability Approach to the Standard of Living», vervielfältigt, Columbia University, 1991; Sabina Alkire, *Valuing Freedoms: Sen's Capability Approach and Poverty Reduction* (Oxford: Clarendon Press, 2002); «Why the Capability Approach?», *Journal of Human Development and Capabilities*, 6 (März 2005); «Choosing Dimensions: The Capability Approach and Multidimensional Poverty», in Nanak Kakwani und Jacques Silber (Hg.), *The Many Dimensions of Poverty* (Basingstoke: Palgrave Macmillan, 2008); Anthony B. Atkinson, «Capabilities, Exclusion, and the Supply of Goods», in Kaushik Basu, Luis-Felipe Lopez-Calvo, Prasanta Pattanaik und Kotaro Suzumura (Hg.), *Choice, Welfare, and Development* (Oxford: Oxford University Press, 1995); Kaushik Basu, «Functioning and Capabilities», in Kenneth Arrow, Amartya Sen und Kotaro Suzumura (Hg.), *The Handbook of Social Choice Theory*, vol. II (Amsterdam: North-Holland, in Vorbereitung); Enrica Chiappero-Martinetti, «A New Approach to Evaluation of Well-being and Poverty by Fuzzy Set Theory», *Giornale degli Economisti*, 53 (1994); «A Multidimensional Assessment of Well-being Based on Sen's Functioning Theory», *Rivista Internazionale di Scienze Sociali*, 2 (2000); «An Analytical Framework for Conceptualizing Poverty and Re-examining the Capability Approach», *Journal of Socio-Economics*, 36 (2007); David Crocker, «Functioning and Capability: The Foundations of Sen's and Nussbaum's Development Ethic», *Political Theory*, 20 (1992); *Ethics of Global Development: Agency, Capability and Deliberative Democracy* (Cambridge: Cambridge University Press, 2008); Reiko Gotoh, «The Capability Theory and Welfare Reform», *Pacific Economic Review*, 6 (2001); «Justice and Public Reciprocity», in Gotoh und Dumouchel, *Against Injustice* (2009); Kakwani und Silber (Hg.), *The Many Dimensions of Poverty* (2008); Mozaffar Qizilbash, «Capabilities, Well-being and Human Development: A Survey», *Journal of Development Studies*, 33 (1996); «Capability, Happiness and Adaptation in Sen and J. S. Mill», *Utilitas*, 18 (2006); Ingrid Robeyns, «The Capability Approach:

A Theoretical Survey», *Journal of Human Development*, 6 (2005); «The Capability Approach in Practice», *Journal of Political Philosophy*, 17 (2006); Jennifer Prah Ruger, «Health and Social Justice», *Lancet*, 364 (2004); «Health, Capability and Justice: Toward a New Paradigm of Health Ethics, Policy and Law», *Cornell Journal of Law and Public Policy*, 15 (2006); *Health and Social Justice* (Oxford und New York: Oxford University Press, in Vorbereitung); Robert Sugden, «Welfare, Resources and Capabilities: A Review of *Inequality Reexamined* by Amartya Sen», *Journal of Economic Literature*, 31 (1993).

11 Siehe Richard A. Arneson, «Equality and Equality of Opportunity for Welfare», *Philosophical Studies*, 56 (1989), und G. A. Cohen, «Equality of What? On Welfare, Goods and Capabilities», in Martha Nussbaum und Amartya Sen (Hg.), *The Quality of Life* (Oxford: Oxford University Press, 1993). Siehe auch Paul Streeten, *Development Perspectives* (London: Macmillan, 1981) und Frances Stewart, *Planning to Meet Basic Needs* (London: Macmillan, 1985).

12 In meinem ersten Buch über den Capability-Ansatz: *Commodities and Capabilities* (1985) habe ich dies die elementary evaluation, die Grundwertung, genannt.

13 Siehe Isaiah Berlin, *The Proper Study of Mankind*, herausgegeben von Henry Hardy und Roger Hausheer (London: Chatto & Windus, 1997) und *Liberty*, hg. von Henry Hardy (Oxford: Oxford University Press, 2002); Bernard Williams, «A Critique of Utilitarianism», in J. J. C. Smart und Bernard Williams, *Utilitarianism: For and Against* (Cambridge: Cambridge University Press, 1973), und Bernard Williams, *Ethics and the Limits of Philosophy* (Cambridge, MA: Harvard University Press, 1985); deutsch: *Ethik und die Grenzen der Philosophie* (1991).

14 T. S. Eliot, *Vier Quartette:* «Burnt Norton», S. 87.

15 Mit dieser Frage habe ich mich in «Incompleteness and Reasoned Choice», *Synthese*, 140 (2004) beschäftigt.

16 Frances Stewart und Séverine Deneulin, «Amartya Sen's Contribution to Development Thinking», *Studies in Comparative International Development*, 37 (2002).

17 Karl Marx und Friedrich Engels, *Werke*, Ergänzungsband, 1. Teil, S. 538; siehe auch Jon Elster, *Making Sense of Marx* (Cambridge: Cambridge University Press, 1985).

18 Karl Marx, *Kritik des Gothaer Programms*, Karl Marx/Friedrich Engels – *Werke*. (Dietz Verlag, Berlin. Band 19, 4. Auflage 1973, unveränderter Nachdruck der 1. Auflage 1962, Berlin/DDR), S. 22.

19 Der Brundtland-Report ist der Bericht der Weltkommission für Umwelt und Entwicklung unter dem Vorsitz von Gro Brundtland (damals Ministerpräsidentin von Norwegen und später Generaldirektorin der Weltgesundheitsorganisation: *Our Common Future* (New York: Oxford University Press, 1987).

20 Robert Solow, *An Almost Practical Step toward Sustainability* (Washington, DC: Resources for the Future, 1992).

12. BEFÄHIGUNGEN UND RESSOURCEN

1 Aristoteles, *Nikomachische Ethik*, übersetzt von Franz Dirlmeier (Stuttgart: Reclam 1969 u.ö.), [1096 a] S. 10.

2 Siehe – unter anderen Arbeiten zu diesem wichtigen Thema – Robert Putnam, *Bowling Alone: Collapse and Revival of American Community* (New York: Simon & Schuster, 2000).

3 Siehe dazu mein «Poor, Relatively Speaking», *Oxford Economic Papers*, 35 (1983), aufgenommen in *Resources, Values and Development* (Cambridge, MA: Harvard University Press, 1984). Auch Dorothy Wedderburn, *The Aged in the Welfare State* (London: Bell, 1961), und J. Palmer, T. Smeeding und B. Torrey, *The Vulnerable: America's Young and Old in the Industrial World* (Washington, DC: Urban Institute Press, 1988).

4 Siehe mein *Ökonomie für den Menschen*, Kapitel 8 und 9, und die dort angeführten Literaturhinweise. Zwei wegweisende Arbeiten auf diesem Gebiet sind Pranab Bardhan, «On Life and Death Questions», *Economic and Political Weekly*, 9 (1974), und Lincoln Chen, E. Huq und S. D'Souza, «Sex Bias in the Family Allocation of Food and Health Care in Rural Bangladesh», *Population and Development Review*, 7 (1981). Siehe Jocelyn Kynch und A. Sen, «Indian Women: Well-being and Survival», *Cambridge Journal of Economics*, 7 (1983), und das gemeinsam mit Jean Drèze verfasste *India: Economic Development and Social Opportunity* (New Delhi und Oxford: Oxford University Press, 1995), und *India: Development and Participation* (Delhi und Oxford: Oxford University Press, 2002).

5 Diese Schätzungen kommen von der Weltbank.

6 Wiebke Kuklys, *Amartya Sen's Capability Approach: Theoretical Insights and Empirical Applications* (New York: Springer-Verlag, 2005).

7 Thomas Pogge hat dazu wichtige Beiträge geleistet; siehe besonders sein Buch *World Poverty and Human Rights: Cosmopolitan Responsibilities and Reforms* (Cambridge: Polity Press, 2002; 2. Auflage, 2008); dt.: *Weltarmut und Menschenrechte* (Berlin: de Gruyter, 2007).

8 Thomas Pogge, «A Critique of the Capability Approach», in Harry Brighouse und Ingrid Robeyns (Hg.), *Measuring Justice: Primary Goods and Capabilities* (Cambridge: Cambridge University Press, in Vorbereitung).

9 Elizabeth Anderson, «Justifying the Capabilities Approach to Justice», in Brighouse and Robeyns (Hg.) *Measuring Justice: Primary Goods and Capabilities* (in Vorbereitung). On related issues, see also her «What Is the Point of Equality?», *Ethics*, 109 (1999).

10 Siehe Kenneth Arrow und Frank Hahn, *General Competitive Analysis* (San Francisco, CA: Holden-Day, 1971; Amsterdam: North-Holland, 1979); George Akerlof, «The Market for ‹Lemons›: Quality Uncertainty and the Market Mechanism», *Quarterly Journal of Economics*, 84 (1970); M. E. Rothschild und Joseph Stiglitz, «Equilibrium in Competitive Insurance Markets», *Quarterly Journal of Economics*, 90 (1976), um nur einige unter vielen wichtigen Arbeiten auf diesem Gebiet zu nennen.

13. GLÜCK, WOHLERGEHEN UND BEFÄHIGUNGEN

1 Siehe John E. Roemer, *Theories of Distributive Justice* (Cambridge, MA: Harvard University Press 1996). In dieser dicht argumentierenden Kritik verschiedener Theorien der Gerechtigkeit präsentiert Roemer seine durchdachte Einschätzung einiger der wichtigsten Zugänge zur Theorie der Gerechtigkeit in der heutigen politischen Philosophie und Wohlfahrtsökonomie.

2 Richard Easterlin, «Will Raising the Income of All Increase the Happiness of All?», *Journal of Economic Behaviour and Organization*, 27 (1995). Siehe auch Easterlins gründliche Untersuchung der Dissonanz zwischen Einkommen und Glück; Easterlin prüft auch Wege und Mittel, Glück durch Anheben des Einkommens oder auf andere Weise zu vermehren: «Income and Happiness: Towards a Unified Theory», *Economic Journal*, 111 (2001). Siehe auch Bernard M.S. van Praag und Ada Ferrer-i-Carbonell, *Happiness Quantified: A Satisfaction Calculus Approach* (Oxford: Oxford University Press, 2004).

3 Tibor Scitovsky, *The Joyless Economy* (London: Oxford University Press, 1976).

4 Richard Layard, *Happiness: Lessons from a New Science* (London und New York: Penguin, 2005), S. 3.

5 Ibid., S. 113.

6 Ibid., S. 113.

7 Siehe Robert Nozick, *Anarchy, State and Utopia* (New York: Basic Books, 1974) [Anarchie, Staat, Utopia]; Ronald Dworkin, *Sovereign Virtue: The Theory and Practice of Equality* (Cambridge, MA: Harvard University Press, 2002). [«Was ist Gleichheit?», Frankfurt: Suhrkamp, 2010].

8 Lionel Robbins, «Interpersonal Comparisons of Utility: A Comment», *Economic Journal*, 48 (1938).

9 Kenneth J. Arrow, *Social Choice and Individual Values* (New York: Wiley, 1951; 2. Auflage, 1963).

10 Ibid., S. 9.

11 Siehe dazu auch mein *Choice, Welfare and Measurement* (Oxford: Blackwell, 1982; Cambridge, MA: Harvard University Press, 1997), und «Social Choice Theory», in K.J. Arrow und M. Intriligator (Hg.), *Handbook of Mathematical Economics* (Amsterdam: North-Holland, 1986).

12 Layard, *Happiness: Lessons from a New Science* (2005). Siehe auch Daniel Kahneman, «Objective Happiness», in Daniel Kahneman und N. Schwartz (Hg.), *Well-being: The Foundations of Hedonic Psychology* (New York: Russell Sage Foundation, 1999), und Alan Krueger und Daniel Kahneman, «Developments in the Measurement of Subjective Well-being», *Journal of Economic Perspectives*, 20 (2006). Zu verwandten Themen siehe van Praag und Carbonell, *Happiness Quantified: A Satisfaction Calculus Approach* (2004).

13 Layard, *Happiness* (2005), S. 4.

14 Ausführlicher habe ich dieses Thema behandelt in «Economic Progress and Health», in D.A. Leon und G. Walt (Hg.), *Poverty, Inequality and Health* (Oxford: Oxford University Press, 2000); und in «Health Achievement and Equity: Ex-

ternal and Internal Perspectives», in Sudhir Anand, Fabienne Peter und Amartya Sen (Hg.), *Public Health, Ethics and Equity* (Oxford: Oxford University Press, 2004).

15 Siehe besonders Arthur Kleinman, *The Illness Narratives: Suffering, Healing and the Human Condition* (New York: Basic Books, 1988) und ders., *Writing at the Margin: Discourse between Anthropology and Medicine* (Berkeley, CA: University of California Press, 1995).

16 Die Unterschiede zwischen diesen vier Kategorien habe ich in meinen Dewey Lectures von 1984 dargestellt «Well-being, Agency and Freedom: The Dewey Lectures 1984», *Journal of Philosophy*, 82 (1985). Weiterverfolgt habe ich das Thema in meinem Buch *Inequality Reexamined* (Cambridge, MA: Harvard University Press, und Oxford: Oxford University Press, 1992).

14. GLEICHHEIT UND FREIHEIT

1 *Inequality Reexamined* (Cambridge, MA: Harvard University Press, und Oxford: Oxford University Press, 1992).

2 Siehe Robert Nozick, «Distributive Justice», *Philosophy and Public Affairs*, 3 (1973), und *Anarchie, Staat, Utopia*; James Buchanan, *Liberty, Market and the State* (Brighton: Wheatsheaf Books, 1986), und «The Ethical Limits of Taxation», *Scandinavian Journal of Economics*, 86 (1984). Siehe auch James Buchanan und Gordon Tullock, *The Calculus of Consent* (Ann Arbor, MI: University of Michigan Press, 1962).

3 Richard Hare, *Moral Thinking: Its Level, Method and Point* (Oxford: Clarendon Press, 1981), S. 26; John Harsanyi, «Morality and the Theory of Rational Behaviour», in Amartya Sen und Bernard Williams (Hg.), *Utilitarianism and Beyond* (Cambridge: Cambridge University Press, 1982), S. 47.

4 William Letwin (Hg.), *Against Equality: Readings on Economic and Social Policy* (London: Macmillan, 1983).

5 Harry Frankfurt, «Equality as a Moral Ideal», in Letwin (Hg.), *Against Equality* (1983), S. 21.

6 In seiner faszinierenden, heftigen Attacke auf den Mainstream der politischen Philosophie in der Vergangenheit betont Raymond Geuss das wichtige Faktum, dass die Notwendigkeit ungerechter Behandlung in vielen Theorien der Gerechtigkeit eher festgeschrieben als gescheut wurde: «Der römische Rechtskodex brachte die fast universell geteilte ‹Intuition›, dass es ein grober Verstoß gegen die Grundprinzipien der Gerechtigkeit wäre, Sklaven irgendein Anrecht zuzugestehen, mit entschlossener, unerschütterlicher Klarheit auf den Begriff.» (Geuss, *Philosophy and Real Politics* (Princeton, NJ: Princeton University Press, 2008), S. 74). Geuss vertritt seine Sache gut (und trifft mit seiner Analyse der Bedeutung von Machtunterschieden einen wichtigen Punkt), aber es ist ebenfalls besonders wichtig, zu unterscheiden zwischen einer prinzipiellen Ablehnung von Gleichheit und Frankfurts Argument gegen Gleichheit in einem genau festgelegten, eng begrenzten Bereich um anderer unparteiischer Werte

willen, zu denen wiederum Gleichheit gehört, aber in einem seiner Meinung nach wichtigeren Bereich.

7 Die marxistische Sicht des Problems wird gut deutlich in Maurice Dobbs klassischen Schriften: *Political Economy and Capitalism* (London: Routledge, 1937), und *Theories of Value and Distribution since Adam Smith: Ideology and Economic Theory* (Cambridge: Cambridge University Press, 1973). Siehe auch G.A. Cohen's Beiträge: *Karl Marx's Theory of History: A Defence* (Oxford: Clarendon Press, 1978), und *History, Labour and Freedom: Themes from Marx* (Oxford: Clarendon Press, 1988). In «On the Labour Theory of Value: Some Methodological Issues», *Cambridge Journal of Economics*, 2 (1978), habe ich versucht, die Arbeitswerttheorie auf ihre deskriptiven und wertenden Inhalte hin zu prüfen.

8 Siehe dazu mein «Liberty and Social Choice», *Journal of Philosophy*, 80 (1983), und *Inequality Reexamined* (Oxford: Clarendon Press, und Cambridge, MA: Harvard University Press, 1992).

9 In «Liberty as Control: An Appraisal», *Midwest Studies in Philosophy*, 7 (1982) habe ich mich mit dieser Art der «Effektivität» und ihrer hohen Bedeutung in der modernen Soziologie auseinandergesetzt.

10 John Stuart Mill, *On Liberty* (London: Longman, Roberts and Green, 1869). Siehe auch Friedrich Hayek, *The Constitution of Liberty* (Chicago, IL: University of Chicago Press, 1960).

11 Siehe Philip Pettit, «Liberalism and Republicanism», *Australian Journal of Political Science*, 28 (1993); *Republicanism: A Theory of Freedom and Government* (Oxford: Clarendon Press, 1997); und *A Theory of Freedom* (Cambridge: Polity Press, 2001); und Quentin Skinner, *Liberty before Liberalism* (Cambridge: Cambridge University Press, 1998).

12 Argumente für diese Pluralität habe ich in meinen Dewey Lectures von 1984 vorgelegt; siehe «Well-being, Agency and Freedom: The Dewey Lectures 1984», *Journal of Philosophy*, 82 (1985); siehe besonders die dritte Vorlesung.

13 Siehe dazu mein «The Impossibility of a Paretian Liberal», *Journal of Political Economy*, 78 (1970), und in *Collective Choice and Social Welfare* (San Francisco, CA: Holden-Day, 1970, und Amsterdam: North-Holland, 1979), Kapitel 6.

14 Siehe besonders Christian Seidl, «On Liberal Values», *Zeitschrift für Nationalökonomie*, 35 (1975).

15 Siehe Kotaro Suzumura, «On the Consistency of Libertarian Claims», *Review of Economic Studies*, 45 (1978); und Peter Hammond, «Liberalism, Independent Rights and the Pareto Principle», in J. Cohen (Hg.), *Proceedings of the 6th International Congress of Logic, Methodology and Philosophy of Science* (Dordrecht: Reidel, 1981), und «Utilitarianism, Uncertainty and Information», in Amartya Sen und Bernard Williams (Hg.), *Utilitarianism and Beyond* (Cambridge: Cambridge University Press, 1982).

16 Siehe Julian Blau, «Liberal Values and Independence», *Review of Economic Studies*, 42 (1975); Michael J. Farrell, «Liberalism in the Theory of Social Choice», *Review of Economic Studies*, 43 (1976); Wulf Gaertner und Lorenz Krüger, «Self-

Supporting Preferences and Individual Rights: The Possibility of a Paretian Liberal», *Economica*, 48 (1981).

17 Im Folgenden habe ich auf meine Erörterung dieses Themas in «Minimal Liberty», *Economica*, 59 (1992) zurückgegriffen.

18 Siehe Roy Gardner, «The Strategic Inconsistency of Paretian Liberalism», *Public Choice*, 35 (1980); Friedrich Breyer und Roy Gardner, «Liberal Paradox, Game Equilibrium and Gibbard Optimum», *Public Choice*, 35 (1980); Kaushik Basu, «The Right to Give up Rights», *Economica*, 51 (1984).

19 Siehe Brian Barry, «Lady Chatterley's Lover and Doctor Fischer's Bomb Party: liberalism, Pareto optimality, and the problem of objectionable preferences», in Jon Elster und A. Hylland (Hg.), *Foundations of Social Choice Theory* (Cambridge: Cambridge University Press, 1986); und R. Hardin, *Morality within the Limits of Reason* (Chicago, IL: University of Chicago Press, 1988).

20 Robert Nozick, *Anarchy, State and Utopia* (New York: Basic Books, 1974), S. 165–6; deutsch S. 221 f. (Übersetzung leicht geändert). Mit «Sens Resultat» ist die Unmöglichkeit eines paretianischen Liberalen gemeint.

21 Siehe besonders Peter Gardenfors, «Rights, Games and Social Choice», *Nous*, 15 (1981); Robert Sugden, *The Political Economy of Public Choice* (Oxford: Martin Robertson, 1981), und «Liberty, Preference and Choice», *Economics and Philosophy*, 1 (1985); Wulf Gaertner, Prasanta Pattanaik und Kotaro Suzumura, «Individual Rights Revisited», *Economica*, 59 (1992).

VIERTER TEIL
ÖFFENTLICHER VERNUNFTGEBRAUCH UND DEMOKRATIE

15. DEMOKRATIE ALS ÖFFENTLICHE VERNUNFT

1 Aldous Huxley, *Point Counter Point* (London: Vintage, 2004), S. 343–4.

2 Siehe besonders Rawls, *Eine Theorie der Gerechtigkeit* und *Politischer Liberalismus*.

3 Jürgen Habermas, *Strukturwandel der Öffentlichkeit* (Neuwied 1962; Neuauflage Frankfurt am Main: Suhrkamp, 1990); *Theorie des kommunikativen Handelns* (Frankfurt: Suhrkamp, 1981) und *Moralbewußtsein und kommunikatives Handeln* (Frankfurt: Suhrkamp, 1983).

4 Die so genannte liberale Theorie staatlicher Entscheidungsprozesse hat Bruce Ackermann, *Social Justice in the Liberal State* (New Haven: Yale University Press, 1980), entschlossen vertreten. Siehe auch seinen temperamentvollen streitbaren Essay, «Why Dialogue?», *Journal of Philosophy*, 86 (1989).

5 Seyla Benhabib, *Another Cosmopolitanism* (New York: Oxford University Press, 2006), enthält ihre Diskussionen mit Bonnie Honig, Will Kymlicka und Jeremy Waldron. Siehe auch Seyla Benhabib (Hg.), *Democracy and Difference* (Princeton, NJ: Princeton University Press, 1996). Zu verwandten Themen siehe auch Elizabeth Anderson, *Value in Ethics and Economics* (Cambridge, MA: Harvard University Press, 1993).

6 Siehe Joshua Cohen und Joel Rogers (Hg.), *On Democracy* (London: Penguin, 1983), und *Associations and Democracy* (London: Verso, 1995).
7 Ronald Dworkin, *Is Democracy Possible Here? Principles for a New Political Debate* (Princeton, NJ: Princeton University Press, 2006).
8 James Buchanan, «Social Choice, Democracy and Free Markets», *Journal of Political Economy*, 62 (1954). Siehe auch James Buchanan und Gordon Tullock, *The Calculus of Consent* (Ann Arbor, MI: University of Michigan Press, 1962).
9 Rawls, «The Idea of Public Reason Revisited», in *Collected Papers* (Cambridge, MA: Harvard University Press, 1999), S. 579–80. Siehe auch seine *Theorie der Gerechtigkeit, Politischer Liberalismus* und *Gerechtigkeit als Fairneß.*
10 John Rawls, «Reply to Habermas», *Journal of Philosophy*, 92 (März 1995).
11 Samuel Huntington, *The Third Wave: Democratization in the Late Twentieth Century* (Norman, OK, und London: University of Oklahoma Press, 1991), S. 9.
12 Diese allgemeineren Verbindungen habe ich dargestellt in «Democracy as a Universal Value», *Journal of Democracy*, 10 (1999); «Democracy and Its Global Roots», *New Republic*, 6 October 2003; *Die Identitätsfalle*, S. 64–68.
13 Aldous Huxley selbst kannte sich offenbar in der Literatur über altindische Experimente mit städtischer Demokratie aus, wie aus den Büchern deutlich wird, die Sidney Quarles seiner Frau nennt, um ihr vorzuspiegeln, dass er zu Forschungszwecken in die Bibliothek des British Museum fährt.
14 Ausführlicher wird dieses Thema in meinen Büchern *The Argumentative Indian* und *Die Identitätsfalle* behandelt.
15 Eine vollständigere Darstellung dieser Traditionen mit Hinweisen auf das Quellenmaterial findet sich in *The Argumentative Indian* und *Die Identitätsfalle.*
16 Siehe Nakamura Hajime, «Basic Features of the Legal, Political, and Economic Thought of Japan», in Charles A. Moore (Hg.), *The Japanese Mind: Essentials of Japanese Philosophy and Culture* (Tokyo: Tuttle, 1973), S. 144.
17 Siehe Ramachandra Guha, «Arguments with Sen: Arguments about India», *Economic and Political Weekly*, 40 (2005), und Amartya Sen, «Our Past and Our Present», *Economic and Political Weekly*, 41 (2006).
18 Nelson Mandela, *Der lange Weg zur Freiheit*, übersetzt von Günter Panske (Hamburg: Spiegel-Verlag, 2005), S. 35.
19 Maria Rosa Menocal, *The Ornament of the World: How Muslims, Jews, and Christians Created a Culture of Tolerance in Medieval Spain* (Boston, MA, and London: Little, Brown & Co., 2002), S. 86. Deutsch: *Die Palme im Westen* (München: Kindler, 2003).

16. DIE DEMOKRATISCHE PRAXIS

1 Zu den Quellen für diese und andere Zitate zur bengalischen Hungersnot siehe mein Buch *Poverty and Famines* (1981), Kapitel 9 und Anhang D.
2 Über die Hungersnöte in Nordkorea und den Zusammenhang mit einer autoritären Regierung siehe Andrew S. Natsios, *The Great North Korean Famine* (Washington, DC: Institute of Peace Press, 2002), und Stephan Haggard und

Marcus Noland, *Famine in North Korea: Markets, Aid, and Reform* (New York: Columbia University Press, 2007).

3 Siehe T.P. Bernstein, «Stalinism, Famine, and Chinese Peasants», *Theory and Society*, 13 (1984), S. 13. Siehe auch Carl Riskin, *China's Political Economy* (Oxford: Clarendon Press, 1987).

4 Zitiert in Mao Tse-tung, *Mao Tse-tung Unrehearsed, Talks and Letters: 1956–71*, herausgegeben von Stuart Schram (Harmondsworth: Penguin, 1974), S. 277 f.

5 Siehe zum Beispiel Adam Przeworski et al., *Sustainable Democracy* (Cambridge: Cambridge University Press, 1995); Robert J. Barro, *Getting It Right: Markets and Choices in a Free Society* (Cambridge, MA: MIT Press, 1996).

6 Zu diesen Fragen siehe mein *Development as Freedom* (New York: Knopf, und Oxford: Oxford University Press, 1999) [*Ökonomie für den Menschen*]. Siehe auch Robin Jeffrey, *Politics, Women, and Well-being: How Kerala Became a «Model»* (Cambridge: Cambridge University Press, 1992); V.K. Ramachandran, «Kerala's Development Achievements», in Jean Drèze und Amartya Sen (Hg.), *Indian Development: Selected Regional Perspectives* (Oxford und Delhi: Oxford University Press, 1996).

7 Condorcet, *Essai sur l'application de l'analyse à la probabilité des decisions rendues à la pluralité des voix* (1785; New York: Chelsea House, 1972), in *Œuvres de Condorcet*, herausgegeben von A. Condorcet O'Conner und M. F. Arago (Paris: Firmin Didot, 1847–49), vol. 6, S. 176–7. Zu diesem und verwandten Punkten siehe auch Emma Rothschild, *Economic Sentiments: Smith, Condorcet and the Enlightenment* (Cambridge, MA: Harvard University Press, 2001), Kapitel 6.

8 Gandhi schrieb über dieses Thema; siehe *The Collected Works of Mahatma Gandhi* (New Delhi: Government of India, 1960). Siehe auch *Die Identitätsfalle*, bes. S. 174–78.

9 Siehe dazu *Die Identitätsfalle*.

17. MENSCHENRECHTE UND GLOBALE IMPERATIVE

1 Jeremy Bentham, *Anarchical Fallacies; Being an Examination of the Declaration of Rights Issued during the French Revolution* (1792); wieder abgedruckt in J. Bowring (Hg.), *The Works of Jeremy Bentham*, Bd. II (Edinburgh: William Tait, 1843), S. 501.

2 Diskussion und Verteidigung dieses Anspruchs in meinen Essays «Elements of a Theory of Human Rights», *Philosophy and Public Affairs*, 32 (2004), und «Human Rights and the Limits of Law», *Cardozo Law Journal*, 27 (April 2006). In diesen Essays entwerfe ich auch einen allgemeinen Rahmen für die Grundlage, Reichweite und die Implikationen der Auffassung, die Rechte als letzten Endes ethische, mit den Grundforderungen unparteiischer Argumentation übereinstimmende Ansprüche versteht.

3 Bentham, *Anarchical Fallacies* (1792); in *The Works of Jeremy Bentham*, Bd. II, S. 523.

4 Wird akzeptiert, dass zwischen den Kategorien ethischer und juristischer Pro-

klamationen ein genereller Kontrast besteht, wird damit natürlich nicht bestritten, dass ethische Ansichten womöglich zur Interpretation und zum substantiellen Gehalt von Gesetzen beitragen können. Dieses Zugeständnis mag einer streng positivistischen Rechtstheorie widersprechen (dazu siehe Ronald Dworkin, *A Matter of Principle*, Cambridge, MA: Harvard University Press, 1985). Aber es verwischt nicht die erhebliche Differenz zwischen primär ethischen Ansprüchen und grundsätzlich juristischen Proklamationen.

4 Thomas Paine, *The Rights of Man: Being an Answer to Mr Burke's Attack on the French Revolution* (1791); zweiter Teil, *Combining Principle and Practice* (1792); neu veröffentlicht als *The Rights of Man* (London: Dent, und New York: Dutton, 1906). Mary Wollstonecraft, *A Vindication of the Rights of Men, in a Letter to the Right Honourable Edmund Burke; occasioned by his Reflections on the Revolution in France* (1790) und *A Vindication of the Rights of Woman: with Strictures on Political and Moral Subjects* (1792); beide in Mary Wollstonecraft, *A Vindication of the Rights of Men and A Vindication of the Rights of Woman*, herausgegeben von Sylvana Tomaselli (Cambridge: Cambridge University Press, 1995).

5 H.L.A. Hart, «Are There Any Natural Rights?», *The Philosophical Review*, 64 (April 1955), wieder abgedruckt in Jeremy Waldron (Hg.), *Theories of Rights* (Oxford: Oxford University Press, 1984), S. 79.

6 H.L.A. Hart, «Are There Any Natural Rights?», *The Philosophical Review*, 64 (April 1955), wieder abgedruckt in Jeremy Waldron (Hg.), *Theories of Rights* (Oxford: Oxford University Press, 1984), S. 79.

7 Siehe auch mein «Well-being, Agency and Freedom: The Dewey Lectures 1984», *Journal of Philosophy*, 82 (April 1985); *Inequality Reexamined* (Cambridge, MA: Harvard University Press, und Oxford: Clarendon Press, 1992); und *Ökonomie für den Menschen*.

8 Robert E. Goodin und Frank Jackson, «Freedom from Fear», *Philosophy and Public Affairs*, 35 (2007), S. 250.

9 Eine ausführlichere Untersuchung dieser Unterscheidung und ihrer weitreichenden Implikationen findet sich in meinen Kenneth Arrow Lectures, «Freedom and Social Choice», in meinem Buch *Rationality and Freedom* (Cambridge, MA: Harvard University Press, 2002), Essays 20–22.

10 Siehe auch die Erörterung damit verbundener Fragen zu den vielfältigen Aspekten der Freiheit in meinen Büchern *Inequality Reexamined* (1992) und *Rationality and Freedom* (2002), Kapitel 20–27.

11 Die Bedeutung eines Rahmenwerks für ethische Argumente dieses Typs, das Raum für die Berücksichtigung von Konsequenzen hat, wird in meinen Essays «Rights and Agency», *Philosophy and Public Affairs*, 11 (1982), «Positional Objectivity», *Philosophy and Public Affairs*, 22 (1993), und «Consequential Evaluation and Practical Reason», *Journal of Philosophy*, 97 (2000) untersucht.

12 Immanuel Kant, *Kritik der praktischen Vernunft* (1788) und *Metaphysik der Sitten* (1797), «Metaphysische Anfangsgründe der Tugendlehre», I., 1. Teil, II. Buch, «Von den unvollkommenen Pflichten des Menschen gegen sich selbst»; und 2. Teil «Von den Tugendpflichten gegen andere».

13 Aristoteles, *Nikomachische Ethik*, S. 7.

14 Hierzu siehe Andrew Ashworth und Eva Steiner, «Criminal Omissions und Public Duties: The French Experience», *Legal Studies*, 10 (1990); Glanville Williams, «Criminal Omissions: The Conventional View», *Law Quarterly Review*, 107 (1991).

15 Eine kurze Darstellung und kritische Prüfung des Zusammenhangs zwischen Rechten und – unvollkommenen wie vollkommenen – Pflichten findet sich in einem früheren Artikel, «Consequential Evaluation and Practical Reason», *Journal of Philosophy*, 97 (September 2000), und in meinem Einleitungskapitel zum Bericht der Vereinten Nationen *Human Development Report 2000* (New York: UNDP, 2000), dessen Grundlage mein zusammen mit Sudhir Anand für diesen Report geschriebener Essay «Human Rights and Human Development» war.

16 Joseph Raz, *The Morality of Freedom* (Oxford: Clarendon Press, 1986), S. 180.

17 Siehe Ivan Hare, «Social Rights as Fundamental Human Rights», in Bob Hepple (Hg.), *Social and Labour Rights in Global Context* (Cambridge University Press, 2002).

18 Cass R. Sunstein, *After the Rights Revolution; Reconceiving the Regulatory State* (Cambridge, MA: Harvard University Press, 1990).

19 Siehe zum Beipiel Andrew Kuper's Analyse *Democracy Beyond Borders: Justice and Representation in Global Institutions* (New York und Oxford: Oxford University Press, 2004); siehe auch die von ihm herausgegebene Aufsatzsammlung *Global Responsibilities: Who Must Deliver on Human Rights?* (New York und London: Routledge, 2005).

20 Die Schriften von Thomas Pogge und seinen Mitarbeitern haben viele neue Bereiche für politische Analysen auf der Grundlage der Idee der Menschenrechte und der Forderungen der Gerechtigkeit eröffnet. Siehe besonders Thomas Pogge, *World Poverty and Human Rights: Cosmopolitan Responsibilities and Reforms* (Cambridge: Polity Press, 2002; 2. Auflage, 2008) [deutsch: *Weltarmut und Menschenrechte*]; Andreas Føllesdal und Thomas Pogge (Hg.), *Real World Justice* (Berlin: Springer, 2005); Thomas Pogge und Sanjay Reddy, «How Not to Count the Poor», in Sudhir Anand, Paul Segal und Joseph E. Stiglitz (Hg.), *Debates on the Measurement of Global Poverty* (Oxford: Oxford University Press, 2009); Robert Goodin, Philip Pettit und Thomas Pogge (Hg.), *A Companion to Contemporary Political Philosophy* (Oxford: Blackwell, 2007); Elke Mack, Thomas Pogge, Michael Schramm und Stephan Klasen (Hg.), *Absolute Poverty and Global Justice: Empirical Data – Moral Theories – Realizations* (Aldershot: Ashgate, 2009).

21 Deen Chatterjee, *Democracy in a Global World: Human Rights and Political Participation in the 21st Century* (London: Rowman & Littlefield, 2008), S. 2.

22 David Crocker, Ethics of Global Development: Agency, Capability, and Deliberative Democracy (Cambridge: Cambridge University Press, 2008), S. 389 f.

23 Siehe auch Christian Barry und Sanjay Reddy, *International Trade and Labor Standards* (New York: Columbia University Press, 2008).

24 Siehe Maurice Cranston, «Are There Any Human Rights?» *Daedalus*, 112

(Herbst 1983), und Onora O'Neill, *Towards Justice and Virtue* (Cambridge: Cambridge University Press, 1996); deutsch: *Tugend und Gerechtigkeit* (Berlin: Akademieverlag, 1996).

25 Onora O'Neill, Faces of Hunger: An Essay on Poverty, Justice and Development (London: Allen & Unwin, 1986).

26 O'Neill, *Towards Justice and Virtue* (1996), S. 131 f. Siehe auch ihr Buch *Bounds of Justice* (Cambridge: Cambridge University Press, 2000).

27 Maurice Cranston, «Are There Any Human Rights?» (1983), S. 13.

28 Siehe dazu die eindringliche Erörterung Bernardo Kliksbergs, *Towards an Intelligent State* (Amsterdam: IOS Press, 2001).

29 Siehe dazu meinen Essay «Elements of a Theory of Human Rights», *Philosophy and Public Affairs*, 32 (2004).

30 Einige Grundfragen erörtert John Mackie, «Can There Be a Rights-based Moral Theory?», *Midwest Studies in Philosophy*, 3 (1978).

18. GERECHTIGKEIT UND DIE WELT

1 Siehe J. C. Jacquemin, «Politique de stabilisation par les investissements publics», unveröffentlichte Dissertation von 1985 an der Universiät Namur. Jean Drèze und ich haben verschiedene Aspekte dieser Entsprechungen in *Hunger and Public Action* (Oxford: Clarendon Press, 1989), S. 65–8, erörtert.

2 Siehe auch Steven Scalet und David Schmidtz, «Famine, Poverty, and Property Rights», in Christopher W. Morris (Hg.), *Amartya Sen*, Contemporary Philosophy in Focus series (Cambridge: Cambridge University Press, 2010).

3 Mary Wollstonecraft, *A Vindication of the Rights of Woman* (1792); in Sylvana Tomaselli (Hg.), *A Vindication of the Rights of Men and A Vindication of the Rights of Woman* (Cambridge: Cambridge University Press, 1995), S. 294.

4 *A Vindication of the Rights of Woman* (1792), in Tomaselli (Hg.) (1995), S. 70.

5 Smith, *Theorie der ethischen Gefühle*, Bd. 2, S. 357–359.

6 Adam Smith, *Lectures on Jurisprudence*, hg. v. R. L. Meek, D. D. Raphael und P. G. Stein (Oxford: Clarendon Press, 1978; reprinted, Indianapolis, IN: Liberty Press, 1982), S. 104. [*Vorlesungen über Rechts- und Staatswissenschaften*, herausgegeben und übersetzt von Daniel Brühlmeier (St. Augustin: Academia Verlag, 1996)].

7 Zitiert in «Ginsburg Shares Views on Influence of Foreign Law on Her Court, and Vice Versa», *New York Times*, 12. April 2009, S. 14.

8 *New York Times*, 12. April 2009.

PERSONENREGISTER

SACHREGISTER

Personen- und Sachregister wurden erstellt von Florian Ehrensperger.

Aktuelle Themen bei dtv

Frederik Obermaier
Tanjer Schultz
Kapuzenmänner
Der Ku-Klux-Klan in Deutschland

ISBN 978-3-423-**26137**-1

Der Ku-Klux-Klan treibt nicht nur in den amerikanischen Südstaaten sein schreckliches Unwesen, die Autoren finden auch Spuren des Klans im NSU- und Pegida-Umfeld.

Tim Marshall
Die Macht der Geographie
Wie sich Weltpolitik anhand von 10 Karten erklären lässt
Übers. v. B. Brandau
dtv Hardcover

ISBN 978-3-423-**28068**-6

In zehn Kapiteln zeigt der Autor, wie die Geographie die Weltpolitik beeinflusst, wie seit jeher Berge, Seen, Meere, Flüsse und Wüsten den Entscheidungen der Regierungen Grenzen setzen. »Man kann das Buch nicht aus der Hand legen, was in Anbetracht der Komplexität des Themas erstaunlich ist.« *Nicholas Lezard, Evening Standard*

Michael Wolffsohn
Zivilcourage
Wie der Staat seine Bürger im Stich lässt

ISBN 978-3-423-**34885**-0

Zentrale Aufgabe des Staates ist es, seine Bürger zu schützen. Die Aufrufe zu Zivilcourage bedeuten, dass die Bürger sich selbst schützen müssen. Damit gehen sie ein sehr hohes Risiko für Leib und Leben ein.

Zum Weltfrieden
Ein politischer Entwurf

ISBN 978-3-423-**26075**-6

Staatskrisen, Bürgerkriege, Terrorismus – die Welt scheint aus den Fugen zu geraten. Wie kann man dem Wahnsinn ein Ende setzen? Michael Wolffsohn plädiert für ein radikales Umdenken, weg vom traditionellen Staatenmodell, hin zu föderativen Systemen. »Wolffsohn könnte sich noch als Prophet erweisen.« *Alan Posener in ›Die Welt‹*

Bitte besuchen Sie uns im Internet: www.dtv.de